世界经典家庭教育智慧

不吼不叫
培养好孩子

秦泉　主编

四川美術出版社

图书在版编目(CIP)数据

不吼不叫培养好孩子 / 秦泉主编. —成都:四川美术出版社, 2018.9
(世界经典家庭教育智慧)
ISBN 978-7-5410-8325-9

Ⅰ. ①不… Ⅱ. ①秦… Ⅲ. ①家庭教育-通俗读物
Ⅳ. ①G78-49

中国版本图书馆 CIP 数据核字(2018)第 216421 号

不吼不叫培养好孩子
BUHOUBUJIAO PEIYANG HAOHAIZI

秦泉　主编

出 品 人　马晓峰
策 划 人　杨建峰
责任编辑　秦朝霞
责任校对　董晏薇
出版发行　四川美术出版社
　　　　　成都市锦江区金石路 239 号
成品尺寸　186mm×126mm
印　　张　8
字　　数　260 千字
印　　刷　天津兴湘印务有限公司
版　　次　2018 年 9 月第 1 版
印　　次　2018 年 9 月第 1 次印刷
书　　号　ISBN 978-7-5410-8325-9
定　　价　150.00 元(全五册)

前　言

一位妈妈这样说：

“我们家女儿10岁，是那种比较难对付的小孩。每次只要我们没满足她的要求，她就开始大喊大叫，凡事都要按她的想法去做，否则就把家里闹个天翻地覆。我老对她发火。假如我们做父母的能改善改善，女儿会不会不这么过分？”

像这样的妈妈可以说是越来越多了，大部分妈妈都会朝孩子嚷嚷。对孩子发脾气，往往是因为某些事情超出了我们所能承受的底线。当我们意识到自己“就像当年我妈妈冲我又吼又叫一样冲我的孩子又吼又叫”，或者“喊得嗓子都疼了”，或者“吼叫是因为不知道还有什么其他方法能够让孩子听话”时，我们会觉得自己的教育方式不正确，然后我们会跟孩子道歉，会重新找回平静和耐心对待孩子。

要解决子女的问题，得先解决父母方面的问题，也许后者才是更重要的环节。英国著名的哲学家和教育思想家约翰·洛克早在300年前就提出：要尊重孩子，要精心爱护和培养少年孩子的荣誉感和自尊心。他断言："奴隶式的管教，其所养成的也是奴隶式的脾气。"洛克认为，孩子一旦懂得尊重和羞辱的意义之后，尊重与羞辱对于他的心理便是最有力量的一种刺激。

对于孩子来说，妈妈对他进行理智的、没有吼叫的教育，他是很容易接受的，也会认真去改正自己的过失。掌控情绪，才能掌握未来。在教育孩子的问题上，也是一样的道理。

《不吼不叫培养好孩子》全面总结了怎样做到不吼不叫教育孩子。做妈妈的一旦懂得了"不吼不叫"的教育精髓，学会控制自己的情绪，不吼不叫缓和紧张气氛，就能读懂孩子的心理，让孩子自觉做出改变；一旦把这些方法付诸行动，就能轻松地让孩子健康、快乐地成长。

2018年8月

目　录

第一章

理解孩子，好妈妈才能不吼不叫

孩子为什么总是说“不”

妈妈带着刚满 3 岁的女儿丫丫和她的表哥去踏青，路上，妈妈说：“丫丫，让哥哥拉着你的手走，这样不会摔倒。”丫丫想都没想就很坚决地吐出了一个字：“不!”妈妈听了，就继续劝她说：“哥哥拉着你会很安全的!”丫丫还是倔强地说：“就不！我就不!”于是妈妈就让丫丫表哥主动去牵丫丫的手，这下可把丫丫气坏了，竟然大哭起来，不仅把哥哥的手甩开了，还一屁股坐在地上不走了……丫丫妈妈奇怪：“女儿最近怎么总是这样反常呢，这么倔强，情绪也很暴躁，以前那个温顺可爱的女儿去哪里了呢?”

正常情况下，一周岁左右的孩子就已经可以步行甚至小跑，他们发现自己即使没有妈妈的帮助也可以去自己想去的地方。与此同时，孩子也开始对各种新鲜事物产生兴趣，思维也逐渐形成，并且开始试着表达自己的意见。

当孩子两岁左右的时候，运动能力、思维方式以及语言能力的发展让孩子学会表达自己的想法和主张。这时候的孩子，任何事情都希望亲自去做，很讨厌大人的帮助，比如洗脸的时候会拨开妈妈的手；还不会用筷子，却偏偏要自己拿筷子吃饭，如果帮他摆正拿筷子的方法，他还显得很不耐烦，会大发脾气。

妈妈总是突然发现原本乖巧可爱的孩子怎么好像变了一个人一样，无论妈妈要求他做什么，他都是一样的回答，“不！”很多妈妈为此烦恼不已，还有可能会对孩子大打出手。

其实当孩子说出“不”的瞬间，妈妈就应该意识到自己的孩子长大了！他说出“不”说明孩子正在形成自我意识，从此开始逐渐独立，不再任何事情都依靠妈妈了。“不”可以说是孩子向妈妈发出的独立宣言。

面对孩子的独立，妈妈应该高兴并且支持孩子的尝试。当孩子开始说“不”并且一切都要自己去尝试的时候，妈妈一定不要批评孩子的失误，更不能对孩子的失误冷嘲热讽。比如当孩子拨开你的手一定要自己吃饭，最后却打翻了饭碗时，妈妈千万不能说：“非要自己吃，打翻了吧？”这是对孩子独立要求的否定，会延缓孩子自我意识的形成。如果妈妈不顾孩子的想法，总是用命令的态度来对待孩子，这会让孩子感到耻辱，还会磨灭他想独立完成某一事情的意识，最后的结果只能是父母自己吃苦头。因为如果孩子小时候不能表达自己的主见，到了容易产生困惑的青春期甚至成年后，他可能会因为情绪不能自控而出现更大的问题。

当孩子自我意识形成的时候，他很可能会提出很多无理的要求，这个时候妈妈要怎么办呢？难道就听之任之？当然不是，这就需要妈妈开动脑筋去引导孩子形成好习惯了。比如，当孩子自己不会穿衣服的时候，给他穿上后他又偏偏哭着要脱下来坚持要自己穿的时候，妈妈不要训斥孩子是在制造麻烦，而是要表扬他能够自己试着做事情；妈妈也可以不跟孩子说自己的目的，只把孩子放在特定的环境里。比如孩子应该睡觉的时候，妈妈可以直接把孩子抱到床上，这样就可以减少被孩子拒绝的机会。如果孩子仍然大喊："我不睡觉。"妈妈可以说："不是让你睡觉，你可以在床上玩一会儿。"

其实父母如果意识到孩子的反抗是长大的体现，每天都为孩子的成长而感到高兴，这样不论抚养的过程多么艰难，父母也不会感到累，反而会体验到看着孩子成长的乐趣。

“人来疯”宝宝心里在想啥

“小麻雀”是王爸爸送给女儿的昵称，这个孩子从小就活泼好动，今年已经 4 岁了，虽然依然是个小淘气，但是也能坐下来安安静静地玩玩具或者看看书。爸爸经常觉得女儿长大了，开始懂事了，非常开心。可是，每次带女儿去亲戚家，或者参加婚宴，又或者家里来了客人的时候，小家伙就会马上恢复“小麻雀”的本性，变得特别兴奋，欢呼雀跃，大喊大叫。一会儿打开电视，把音量放到最大；一会儿上蹿下跳，模仿动物的叫声；一会儿又把洋娃娃抱出来，在客人面前玩过家家……如果爸爸妈妈制止她这种行为，她反而会闹得更厉害。

相信很多家长都遇到过这种尴尬的场面，甚至平时乖巧、礼貌的孩子也不例外，一旦有客人来了就无理取闹、撒野，弄得父母很难堪，不知如何是好。为什么孩子会出现这种“人来疯”现象呢？

儿童心理学家认为，家长对孩子的过度溺爱或者严厉的管束有可能会造成“人来疯”现象。我们知道，现在的孩子大多数是“独生子女”，平时就是全家围着孩子转，无限制地满足孩子的一切要求，导致孩子“以自我为中心”的意识特别强。孩子在心里觉得自己的地位“至高无上”，而且已经习惯了这种待遇。但是，在家里来了客人或者到别人家里做客时，父母关注的焦点发生了转移，把主要精力放在招待或应付客人身上了，对孩子的行为和心理状态没有平常那么敏感，孩子一下子感觉到自己从“宝座”上摔了下来，心理落差很大，所以要通过任性、不听话等方法来引起父母、客人的关注，这实际上是在提醒父母：还有我呢，不要把我忘记了。

过度严厉的管束也会引起孩子的“人来疯”现象，平时家长不让孩子与外界接触，孩子就像笼中的小鸟，被抑制了爱玩的天性。如果家中来了客人，而且客人还夸奖孩子活泼，这时候家长又很宽容，不好意思当着客人的面训斥孩子。孩子会敏感地感觉到这种变化，利用这个机会来解放自己。

另外父母要反思自己的家庭生活是不是过于平静，日复一日，气氛单调，所以有人来做客才会打破往日的平静，给孩子带来强烈的刺激，使孩子发“人来疯”。

那么，面对孩子的“人来疯”，父母应该怎么做呢？

首先，父母应该改善家庭教育方法，平时要多给孩子机会与外界接触，多与人交往，以减少看见客人时的新鲜感。家里有客人来时，让孩子与客人接触，学会问好和招待，使孩子懂得一些待客之道。同时还要注意把孩子介绍给客人，这样可以使孩子感觉到不受冷落，大人们交谈的时候，如果不需孩子回避，就尽量让他参加；如果需要孩子回避，也不要把孩子单独支到一边，可以派出父母中的一个去陪他。

其次，当孩子发生“人来疯”的行为时，家长不要急于改变这种情况，因为直接的说教可能会使孩子产生逆反心理。为了改正孩子的“人来疯”情况，家长应该试着和孩子玩在一起，等孩子丧失了戒备心之后，再有针对性地慢慢沟通和解决问题，而不要只是一味强硬地要求孩子改正。

另外，在批评孩子的行为的时候，也要注意方法。如果孩子还小，家长应该抓住时机及时教育，让他清楚自己错在什么地方。要对孩子讲清楚，这种行为是对客人的不礼貌，大家都不喜欢。

但是最好不要采取过激的态度，因为那样不仅会让客人尴尬，孩子也听不进去。如果孩子比较大了，最好不要当客人的面教训他，因为这时候的孩子自尊心很强，如果当着别人的面批评他，揭他的短，会让他觉得很难为情。

最后，家长也可以利用孩子的“人来疯”，引导孩子在客人面前展示自己的优点和其他特长，出于一种爱在别人面前炫耀自己的心理，孩子在客人面前的表现往往比平时好。

怎样剪断妈妈的“小尾巴”

4岁的男孩天天最近经常缠着妈妈，成了一个不折不扣的“小尾巴”和“醋坛子”。天天以前都是自己睡觉，最近忽然要求妈妈和他一起睡。有一天，妈妈给他讲完故事，看他已经闭上了眼睛，便想悄悄离开，不料妈妈刚一动身，他就猛地睁开眼睛，拉住妈妈的衣服央求道：“妈妈，我想和你一起睡。”

另外如果妈妈带着他到公园，他也不愿意离开妈妈去和其他的小朋友玩。如果勉强去和小朋友玩了，一旦看到妈妈在对某一个小朋友笑，就会马上冲过来抱着妈妈，对那个小朋友“示威”：“这是我的妈妈！”

妈妈对此非常发愁，她想儿子这么黏人，长大之后怎么成为一个有担当能独立处理问题的男子汉呢？

其实这是一个很正常的现象。因为这时候的孩子进入了情感表达的敏感期。当孩子到 4 ~5 岁的时候，他的情感世界就会被父母的爱唤醒，他对情感也产生了更加深刻的认识。所以，这个时候的孩子特别喜欢跟妈妈和爸爸在一起，总是喜欢和父母黏在一起，感受来自父母的温暖。这就是为什么孩子会忽然变得特别依恋妈妈的原因。

此外，这时候的孩子还希望父母能够把爱都给他，不能分心，否则他就会怀疑父母是不是不再爱自己了。所以如果妈妈去忙别的事情，或者跟其他的小朋友稍微亲近些，甚至妈妈笑着跟别人说话他都会很难过，会马上跑过去阻止妈妈去做这样的事情，有的时候甚至会哭闹不止。

那么这时候的父母应该如何满足孩子的情感需求，让孩子顺利地走过情感敏感期呢?

首先父母要尽量满足孩子的心理需求。当孩子处在情感敏感期的时候，一般都会表现得比较“脆弱”，所以父母一定要理解孩子，尽量去满足他的心理需求。比如当孩子晚上要求妈妈抱着他睡觉的时候，如果妈妈同意，他的感情需要就得到了满足。其实，表面看来是孩子要求妈妈抱抱，孩子真正的意思却是说自己想要得到妈妈更多的爱，当妈妈哄孩子睡觉时，可以一边拍着孩子一边说："妈妈喜欢宝宝，妈妈会永远爱宝宝的！"这样孩子的心理需求就得到了满足，孩子就会很快安然入睡。

其次，父母要给孩子表达感情的自由。因为孩子的语言能力发展并不完善，但是他们又急于表达自己的情感，所以处于情感敏感期的孩子总是喜欢亲吻父母，会经常往父母的怀里钻。其实，这不仅是孩子向父母索取爱的过程，也是向父母表达爱的过程。这个时候，父母应该高兴地接受孩子的感情，配合孩子，一定不要用自己的主观意识去解读孩子的行为，或者根据自己的心情去回应孩子。

不过值得注意的是，虽然孩子对妈妈产生依恋是正常的而且是成长过程中的必要阶段，也为孩子将来能够成功地与他人和睦相处打下基础，但是孩子的这种依恋不能长时间地存在下去。随着年龄的增长，到了上小学的时候，孩子还是强烈拒绝和父母以外的任何人亲近，这个时候就属于过度依恋了。这种过度依恋对孩子来说并不是好现象，所以，妈妈千万不要以为孩子眼里总有自己而感觉甜蜜。要知道，这种甜蜜的背后隐藏的是孩子成长的问题。

孩子总是欺负同学怎么办

> 8 岁的轩轩散漫、冲动、好斗，言行极具攻击性，一年级下学期就闻名全校。成绩门门红灯高挂，调皮捣蛋得出奇。老师见他头疼，同学见他害怕，上课破坏纪律，下课欺负同学，一会儿把同学的球抢过来扔掉，一会儿把女同学正在跳的橡皮筋拉得有十来米长，一会儿又故意用肩去撞对面过来的同学。如果谁说他一句，他就会对他拳打脚踢。

孩子之所以欺负人，其实是调动了自己的心理防御机制，将自己所遭受的虐待和承受的痛苦转移到别人的身上并从这个过程中取得自己心理上的平衡。孩子往往不懂得如何恰当地运用心理机制，那些曾经受过家庭虐待、遭受父母遗弃的小孩多数会选择这种心理防御机制。他们不敢或没有机会将父母带给他们的愤怒直接返还给父母，就把这种愤怒转移到另一个对象上去了。这些

“替罪羊”多为更加弱小的孩子，甚至是一些小猫、小狗等宠物。

孩子转移不安的方法通常是采取攻击性行为，也就是欺负别人。攻击性行为不单单指动手打架，它在不同的年龄阶段有不同的表现形式。幼儿园阶段主要表现为打架，是一种身体上的攻击；稍微长大一些的孩子更多的会采用语言攻击，谩骂、诋毁，有意给对方造成心理伤害。从性别上来分析的话，采取暴力攻击的多数是男孩，女孩以语言攻击居多。

通常具有这些暴力行为的孩子，家庭都不太和谐。培养出暴力孩子的家庭通常也有暴力父母，孩子经常会被父母的暴力手段惩罚，这会使孩子产生一种抵触情绪，并把这种恶劣的情绪“转嫁”到别的人身上，找别人出气；有时候父母喜欢看一些暴力电影，经常玩暴力游戏，这也会在无形中影响孩子的行为。此外，家长过度的溺爱也会铸就这种惹事“小霸王”。有时候，父母看似为孩子好的一句话也会引起孩子的暴力行为。

有儿童心理专家曾经提出过这样一个观点：那些总是去欺负别的小朋友的孩子，其实在心里觉得自己是非常弱小的。的确，只有那些觉得自己非常弱小的孩子，才会通过欺负别人的方式来证明自己的强大。但是很明显，孩子的这种自我意识是非常不健康的。

那么，有哪些因素使得孩子把自己定位为弱小的人呢？ 不管家长愿不愿意承认，家长都要对此负有不可推卸的责任。 总是有些家长认为，自己的批评可以使孩子变得强大，但事实却正好相反，孩子不仅没有变得强大，他反而会觉得自己是不被父母接受的孩子，在这个复杂的世界中只有自己才能帮助自己，这让孩子顿时觉得自己很渺小。 同时家长的批评让他对人际关系产生很强的恐惧感，这种恐惧感很有可能会伴随他一生。 在人际关系恐惧感的影响下，他不会交朋友。 但是如果孩子错过了学习如何交朋友的最佳时机，他以后都不会在社会交往中有很好的表现。

为了改正孩子的攻击行为，父母应该注意以身作则，停止自己的那些攻击性言行，创造一个良好家庭气氛；要注意控制有暴力镜头的电影、电视，不让孩子玩有攻击性倾向的玩具；不要鼓励孩子的攻击性行为，要引导孩子进行换位思考，让孩子慢慢放弃用暴力解决问题。

孩子得了“多动症”怎么办

5岁的明明是个很难管教的男孩。他几乎没有一刻安静的时候，总是动来动去，即使是在房间里，也总是不停地跑跑跳跳，不是撞到茶几，就是打翻杯子。他出门之后再回家，腿上总是青一块紫一块的，连自己都不知道是什么时候磕的。他吃饭的时候也不老实，总是扭来扭去的，不能安静地吃东西。连睡觉的时候，他都在不停地动，一会儿踢开被子，一会儿把枕头弄到地上。

明明的妈妈听人说，得了多动症的孩子就是这样“屁股长钉子”，怎么也坐不住，因此她觉得孩子患上了多动症。但是医生说，明明只是活动量过大而已，并没有多动症。

那么，什么是多动症呢？它和活动量过大有什么区别呢？

活泼好动是儿童的天性，也是他们的可爱之处。但是日常生活中有些孩子不是活泼好动，而是不听家长、老师的劝阻，不分时间、地点地乱动乱跑，这些儿童很可能就是患上了儿童多动症。

儿童多动症又称为注意力缺陷障碍，是一种以注意力缺陷和活动过度为特征的行为障碍，一般在学龄前出现，其中男孩多于女孩。

多动症的主要表现就是活动过度，多动症儿童经常不分场合地过多行动；但是不是所有的活动量过大都是多动症，那只是多动症的一个表现而已。多动症患儿的行动往往没有目的性，做事经常有始无终。而活动量大的孩子行动是有目的性的，自己还会对行动进行计划。

此外，注意力不集中也是多动症的一个显著特点，与正常儿童相比，多动症儿童极易受外界的干扰而分散注意力，总是不停地从一个活动转向另一个活动。他们在任何场合都不能较长时间集中注意力，即使是在看动画片的时候，也不能专心去做；而那些仅仅是活动量过大的孩子，在做自己喜欢的事情时，是能够全神贯注的。

情绪不稳、冲动任性，易激动、易冲动等都是多动症儿童的典型特征。有研究表明，80% 的多动症儿童都喜欢顶嘴、打架、纪律性差，有的甚至还有说谎、偷窃、离家出走等行为。同时由于注意力不集中，多动症儿童还常常出现学习困难，但是要注意的是多动症儿童的智力发育是正常的。

多动症如果得不到及时治疗，将会影响一个人生活的各个方面。青春期时，患儿就会出现一系列问题，如逃学、反社会行为等。到成年期，虽然很多患者会发展出一套行为机制来隐藏多动症症状，但是他们依然无法避免多动症带来的影响：难以与他人融洽相处，因此社会关系紧张；很难较好地完成工作任务，因此无法维持固定的工作并且收入低。

那么面对患有多动症的孩子，妈妈应该采取什么样的方法来最大限度地减少多动症带来的影响呢？

首先妈妈要正视现实，给孩子更多的关心、教育和培养，带孩子去医院进行心理咨询和检查，听听医生的分析。如果确定孩子患有多动症，就要配合医生进行治疗。目前对多动症的治疗主要是药物治疗，但是要在医生的指导下进行，家长不能胡乱给孩子用药。

另外还有一系列的心理治疗方法，妈妈要协助孩子完成。首先是提高孩子自我控制能力。妈妈可以试着给孩子一个简单的题目，让孩子在完成题目之前做好一系列的动作。首先停止其他活动；然后看清题目，听清要求；最后，回答问题。这种训练可以随时随地进行，比如当孩子要看书的时候，让孩子自己把书本、凳子摆好，打开台灯，完成这一系列动作之后再看书。需要注意的是，在进行自我控制训练时，任务要由简到繁，时间要由短到长，自我命令也要由少到多。

另外在生活中，多动症儿童的父母还要注意以下几点：

(1)要正视孩子，不能歧视他，要有耐心地进行教导。

(2)对孩子的要求要适当。不要用对正常孩子的要求来要求患有多动症的孩子。要先把他们的行动控制在一定范围内，然后再慢慢提高要求。

(3)多动症儿童的注意力本来就很难集中，因此在孩子吃饭、做作业时，父母千万不要主动分散他们的注意力。

最重要的是，多动症患儿的父母一定要明白爱才是影响孩子治疗效果的决定性因素。父母应该全面了解孩子的病情，关心孩子，爱护孩子，这样孩子才能逐渐好转。

孩子犯了错误总是狡辩怎么办

田女士是一个讲民主、尊重孩子的妈妈，一般不会强迫女儿做什么事情，女儿也因此思维活跃、能言善辩，不过现在田女士却面临着一个困惑：女儿越来越喜欢狡辩，无论做什么事总有自己的理由，不愿意听取父母的建议。比如，孩子见到田女士的好朋友从来不叫阿姨，田女士告诉她这样不礼貌之后，她还是不叫，而且还列举了各种理由：我不喜欢叫；我不喜欢这个阿姨；我当时想睡觉等等。几乎所有的问题，只要她不想做，都有很多理由。田女士不禁为孩子的表现担心起来。

在一个民主自由、喜欢讲道理的家庭中，孩子比较容易养成能言善辩、自作主张的行为习惯，相应地，也容易变得不愿意听取别人意见，喜欢一意孤行。好的教育应该让孩子既有主见，又能听取别人的合理意见，并对自己的行为做出调整。这样的孩子对自己和他人的意见具有较强的分辨能力，不至于演变成顽固地坚持自己想法的人。

讲道理是值得提倡的教育方法，但是为什么很多父母感到给孩子讲道理没有用呢？对于孩子来说，尤其是12岁以下的孩子，他们的心理发展特点是以形象思维为主，还很难理解许多抽象的名词概念，因此这时候对孩子的教育应该以行为训练为主，最好不要用讲大道理的方式进行。比如当孩子不喜欢叫“阿姨”的时候，不必讲很多为什么不叫“阿姨”是错误的大道理，只要培养孩子礼貌待人的行为习惯就好。

另外家长还要反思自己是不是在某些时候对孩子的狡辩表示了赞赏的态度。比如有时候，孩子“狡辩”之后，家长会说：“你这小嘴还挺能说！”“你还挺有主意！”还有的家长会用假装生气的态度对孩子说：“不许狡辩！”但是内心却存在对孩子的欣赏。这种潜在的欣赏比直接的表扬更让孩子有快感，于是他知道了：反驳父母的建议反而能获得父母的好感，所以不听取父母建议的习惯就这样形成了。

此外，父母还要注意的一种情况是，虽然在大多数情况下，父母的要求和做法都是正确的，但还是不能忽略孩子的态度和意见。现在是个多元化的时代，教育的难度增大了。但是我国多年形成的文化中，总是希望孩子听话。可是如今的孩子有了自己的思想，对家长不再言听计从，有时候甚至还会对着干。面对这种情况，家长应该与时俱进，转变观念，和孩子一起成长。时代进步了，不能把自己看不惯的事物通通看作“大逆不道”。要对孩子进行正确地引导，学习与孩子沟通的技巧，建立良好的关系，而不是单纯地责怪和打骂。

父母应该常常鼓励孩子说出自己的想法，不要以“小孩子什么都不懂”为理由剥夺孩子表达自己的权利。如果孩子长时间得不到尊重，就会变得不自信，失去应有的创造力；或者会变得非常叛逆，无论什么事情都要进行狡辩，与父母关系恶化。父母在给孩子的建议应该为他留下一定的自由选择空间，让孩子感到配合父母的建议是快乐的、身心愉悦的，这样的话他合作的积极性就会提高。

孩子遇到困难只会哭鼻子怎么办

常听到家长说，孩子一遇到困难就哭，比如玩积木、拧瓶盖什么的，只要是弄不好，就会大发脾气，开始大哭。

两岁多的欣欣在玩新买的积木，这种拼插的塑料积木是她第一次玩，由于拼插的接口不一，需要仔细观察找准相对应的接口才能拼插好，这对她而言是一次新的挑战。玩了一会儿后，欣欣碰到困难了——两块积木怎么也插不进去！欣欣小脸憋得通红，用尽全身之力再试一次，还是不行！她气急败坏地把玩具往地上一扔，大哭起来，"这个玩具不好，拼不进去，我要扔掉它们！"

很多孩子遇到困难也像欣欣这样，喜欢哭或者发脾气，比如扣子总是扣不上、玩具总也插不进、剪纸老是剪不好，碰到这样的挫折时，烦躁得不得了。孩子为什么一遇挫折就哭呢？

这是因为孩子年龄小，各项能力还不足，某些事情大人能轻而易举地完成，对于孩子却无比艰难。这时，大人要做的是安慰他，告诉他做不好是因为他还是个小孩子，力气不够，手还不够灵巧，等他多多练习就会做好的。孩子慢慢会明白他做不到不是因为自己不够好，只要多多练习和时间够长的话，他最终能成功。

每个父母都希望自己的孩子能够独自面对社会的压力，越能抗压，说明孩子越强大。其实，锻炼孩子的抗压能力，家长不必刻意制造挫折，只要利用生活中的“挫折”顺势而为即可。孩子在遇到挫折哭闹时，家长要充分信任孩子，相信孩子有抗挫折的能力。孩子在克服困难后会产生成就感和自豪感，感觉到自己的“力量”，并激发下次面对挫折勇于挑战的信心。

但是，中国的父母有的时候，却非常乐意去干那些为孩子扫清前进障碍的活。其实，在最初的时候，每个孩子遇到困难时，都有一种强烈的内心需求：想通过自己的力量去思考、探索、克服，哪怕这个过程历尽千辛万苦。所以孩子碰到成人在提供不必要的帮助时，他们会反抗会哭泣。但是如果成人长期给予孩子不必要的帮助，孩子就会依赖于成人的帮助，不去尝试、不去探索，更不去自己思考了，遇到困难直接找大人求助，自己不会解决。这种情形才是令人担忧的。

在孩子看来，不必要的帮助等于成人在对他说：你不行，我帮你。这样，他不会认为你在帮助他，他感觉到的是你的不信任和轻视。孩子只有通过自己一次次错误和失败的尝试而解决问题后，才能得到自豪感和成就感，从而建立自信。这比成人对他泛泛地说你真棒要有用很多。

有些成人意识到了不必要帮助的弊端，但是有时候克制不住帮助孩子的冲动，其是看到孩子做某些事情完成得很糟糕或是让我们胆战心惊的时候，就会情不自禁地对孩子施以援手。比如当孩子笨拙地提起裤子，裤子没有整理好的时候，妈妈会情不自禁地想帮孩子把裤子整理好；又比如孩子颤颤巍巍跨小水沟似乎又跨不过去的时候，家长忍不住一把把孩子提起来，帮他跨过去。

这样其实破坏了孩子独立完成一件事情的完整性，给孩子传递的信息是：孩子什么都不会做，什么都做不到，要在大人的帮助下才会成功。

所以，家长要尊重孩子所做的努力，尊重孩子的劳动成果，哪怕这个结果不太完美，甚至有些糟糕。在当今世界，事业的成败、人生的成就，不仅取决于人的智商、情商，也在一定程度上取决于人的抗挫折能力。不仅是成功，幸福的人生一样要有较强的抗挫折能力，这样在任何挫折面前才能泰然处之，永远乐观。

第二章

关注内心，让孩子真正接受你

归属感是孩子最早的安全感

建筑师要想修建一所结实的房屋，需要有又稳又深的地基。人的生命要想健康长久地成长，也需要有稳固的地基。小孩出生后，地基便开始“建筑”，在这里，生命的地基便是人的“安全感”。

安全感是一种人在社会生活中感到安心不害怕的感觉，当环境中可能出现对身体或者心理有危险甚至潜在危险的情况时，安全感能够使人预感到出现的环境变动，人在其中主要表现为确定感和可控感。

安全感是生命的地基，即心理健康的基础，孩子在满足了安全感的基础上才能带着稳定的心理去探索未知的广阔世界，追求更高一层的需要，带着自信心去和小伙伴打交道，融入学校生活里，在小伙伴和学校里体会到自己的价值。相反，如果孩子有过度的不安全感，将会引发孩子的心理问题和疾病，导致精神障碍，甚至神经症。

当孩子从妈妈身体中分离出的那一刻起，脱离了妈妈身体的庇佑，孩子面对陌生的环境十分恐惧和不安。为了减少恐惧，孩子会在妈妈那寻找心理上的安全感和归属感。而这安全感和归属感会成为影响孩子身心健康的基础。变动可以引起孩子极大的无归属感和无安全感。

2009年，深圳市妇儿工委办联合市妇儿心理咨询中心对全市1500个8～17岁的流动儿童心理情况进行了抽样调查。调查结果显示，深圳市近六成流动儿童感到自卑、敏感、情绪不稳定，他们与人交往合作能力较差。其中，自卑是这些流动儿童心理问题的集中表现，近30%的流动儿童感受压抑、被歧视，认为城里人看不起他们。这些孩子大多性格内向，行为拘谨，自卑心理较重，自我保护、封闭意识过强，存在相对孤僻性，以至于不敢与人交往，不愿与人交往。占一半以上的流动儿童通常是与自己的老乡一起玩耍，因为熟悉和有伙伴，这些小孩更喜欢老家，而不是现在生活的地方。

流动儿童是伴随我国经济的快速发展，越来越多的农村剩余劳动力流入城市里出现的现象。这些孩子出现的自卑、敏感、情绪不稳定等各种心理问题，都是由于流动问题导致他们没有家的归属感。孩子在幼年时期缺乏家的归属感在流动儿童中最为典型。妈妈们可以从这些流动儿童中看到归属感对小孩的人格发展的影响是多么重要。

所谓归属感，是指孩子觉得自己属于爸爸妈妈组建的家庭中的一员，属于学校班集体里的一员，属于伙伴们中的一员。在这一个个集体中，自己被集体中的其他成员接受、认可，在集体中是有价值的，必须存在的，不是可有可无的，能和集体有共同的感受。当孩子觉得自己被加入的群体接受时，会感到一种安全感和踏实感。

据有关研究发现，归属和爱的满足与生活满意度有很高的相关度。流动儿童因为生活的颠沛流离，有先天的生活条件不足的缺陷而得不到归属和爱的满足。美国著名心理学家马斯洛 1943 年提出“需要层次理论”，他认为，“归属和爱的需要”是人的重要心理需要，只有满足了这一需要，人们才有可能“自我实现”。

研究人员给 31 名严重抑郁症患者和 379 个社区学院的学生寄出问卷，问卷内容主要集中在心理上的归属感、个人的社会关系网和社会活动范围、冲突感、寂寞感等问题上。调查发现，归属感是一个人可能经历抑郁症的最好预测剂。归属感低是一个人陷入抑郁的重要指标。

早在 1998 年夏天，美国心理学专家就断言：随着中国商业化进程的不断推进，心理疾病对自身生存和健康的威胁，将远远大于一直困扰中国人的生理疾病。上述表现概括起来就是思想上无所寄托，生活上丧失信心，对亲友无牵挂感。说到底就是归属感不强。

在孩子的安全感形成过程中，归属感是孩子最早的安全感。归属感和安全感从来都是相伴左右，有着密切的关系的。妈妈们在孩子小的时候，给了孩子充足的归属感，孩子能够体会到父母的爱和家的温暖。孩子会对世界感觉到安全，认为这个世界是安全的、可靠的、善良的，并在此过程中建立对世界和对自己的基本信任。因此，妈妈要给予孩子充分的归属感，让孩子感受到安全，并在安全的环境下健康成长起来。

爱孩子，不妨直接告诉孩子

孩子在成长过程中需要糖、蛋白质、脂肪和维生素等各种营养物质，父母为了孩子的健康成长也尽最大努力为孩子补充各种营养素。然而孩子们不光需要物质上的营养品，还需要另外一种特殊的营养物质——对孩子爱的表达。

科学研究显示，如果婴儿能够得到妈妈更多的拥抱和抚摸，那么孩子长大后就会遇事不惊、沉着冷静，并善于调节自己。妈妈的关爱为何与孩子今后的个人素质产生了神奇的关系呢？这其中的奥妙便是拥抱和抚摸会使孩子大脑中的激素水平明显不同，抚摸会使体内的“压力激素”水平降低。这就是触摸与爱抚的神奇作用，专家解释说，触摸能刺激孩子体内分泌更多的激素。此外，触摸还能诱发分泌另外一些激素，这些激素可以促进营养成分的吸收，使孩子保持良好的身体状态。

有报道说，有位年轻夫妇单位距家远，每天早出晚归，每当他们回到家中时，孩子已经睡着了。为此他们感到很内疚，双休日给孩子买来爱吃的食品和玩具，可是孩子又砸又摔。爸爸看到儿子如此“无理取闹”，气急了就狠狠地打他的屁股。可这时孩子却静静地趴在爸爸的腿上任其打，并有一种奇特的满足感。这种情况以后又反复发生，令家长无法理解。殊不知，这正是孩子长期得不到亲人的爱抚与触摸，感情营养失调而产生的变异现象。这种“无理取闹”，实际上是一种无意识地企求父母“皮肤触摸”的反常行为。

心理学家研究认为，人类和其他所有热血动物一样具有一种天生的特殊需求，即互相接触和抚摸。这是一种无声的爱的语言，是必不可少的良性刺激，是儿童发育的心理营养素。这是一种情感上的需求，而这种需求是无法从饮食中得到满足的。孩子们这种天然的感情需要，若能从感觉上给予适当的满足，他们与父母的感情就会更加深厚，心理就会产生良好的刺激，大脑的兴奋与抑制也会变得协调，因而能更好地促进大脑的发育和智力的提高。妈妈如果爱孩子，不妨直接用语言和行为告诉他。

如果经常对孩子说“我爱你”“真高兴，你是我的宝贝”等体现对孩子的爱的话语，以及经常拥抱、抚摸和亲吻孩子，会慢慢地给孩子以自信。孩子们长大后注定要在充满压力的环境中生存，而自幼就得到亲子行为温暖的人更能对付社会环境的压力，并避免那些与压力有关的疾病。

因此，为了您的孩子身体、智力的健康成长，一定不要忽视抚摸的作用。家长应积极为孩子创造条件，让他们通过正常、合理的方式来满足这种心理需求。具体说来，应从以下几个方面入手：

首先，建立一个温馨、和睦的家庭。在温馨亲切的家庭和亲密无间的氛围中成长起来的孩子，大多数性格开朗活泼，心理素质好。

其次，尽量自己哺乳。母乳不仅营养丰富，还可以增加母婴之间的皮肤接触，增进母子之间的感情。宝宝在母亲的温暖的怀抱中，安静地“享受”母亲甘甜的乳汁，对促进身心健康、解除“皮肤饥饿”大有裨益。

再次，掌握“皮肤饥饿”的周期性。人的某种需求是有周期性的，孩子的“皮肤饥饿”同样也有周期性。对于婴幼儿，每天至少应由父母搂抱一次，每次临睡前再做一次背部或颈部的按摩。对于大一点的孩子，则要全身地搂抱，抚摸背部、颈部或按摩手臂。

最后，想方设法弥补不足。工作极其繁忙的父母，如果没有时间与孩子接触，可托付给爷爷、奶奶，或外公、外婆照料，但要嘱咐他们每日搂抱、抚摸孩子，时间不少于两个小时。外出散步、游玩时，不要总是推着童车，也要适当给予孩子搂抱或抚摸。

让孩子学会表达爱

每个父母都爱自己的孩子，恨不得把所有的爱全部倾注在孩子身上，但父母在付出爱的同时，忘记了教会孩子如何表达自己的爱，而不是一味地只知道给予。爱是相互的，父母爱孩子就要把自己的爱以适当的方式传递给孩子。让孩子学会表达爱也是爱孩子的一种方式。

一位妈妈曾向教育专家倾诉孩子不知道体谅自己的辛苦：

> 儿子今年13岁了，从他小时候起，每天我都很辛苦地为他做事，从日常生活的饮食起居，到学习辅导、兴趣培养，都由我一手打理。可是孩子却很冷漠，对我所做的一切毫不领情，我有时抱怨他不知体谅我的辛苦，他反而不耐烦地说："是你自己愿意做的，又不是我让你做的。"我既生气又寒心，孩子怎么不知道感恩呢？

在现实生活中，有许多父母有类似的困惑：为什么我为孩子做了那么多，孩子却没有心存感激呢？究竟父母应该怎样做，才能让孩子学会感恩呢？父母仅仅爱孩子是不够的，在父母为孩子付出一切的时候，如果没有把爱以适当方式传递给孩子，孩子内心便无法真正感受到父母的爱。孩子不感恩，有很多原因，妈妈可以试图让孩子学着爱人，给孩子表达爱的机会，让孩子渐渐明白父母是如何爱自己的。

为此，父母一方面要引导孩子表达爱，另一方面要对孩子的爱给予积极的回应，使孩子感到他们的爱是父母生活中的一种力量。比如，孩子的爸爸过生日，妈妈可以与孩子一起为他精心准备礼物，做一顿丰盛的美食，孩子可以从中学习如何表达爱。爸爸感动于母子两人的爱心，流露出激动与喜悦，会使孩子得到鼓励和信心。英国教育家夏洛特·梅森认为每个孩子心中都有一口爱的源泉，它唯一的事情就是流淌，而在父母这方则要保持体贴、友好、感恩、孝顺、奉献这些渠道不封闭、不阻塞，而且永远向前流动。让孩子感觉到他们每一次爱的流露所创造的喜悦，从小在家庭中培养感恩之心。当孩子学会对父母心存感激之时，才会把这种情感扩大到他人与社会。

爸爸妈妈让孩子学会表达自己的爱，就要通过自己以身示范如何爱人。

理解孩子，小孩也会“心累”

小迪由于刚刚上了初中，对初中的学习和生活不太适应，所以每天疲于应对各科作业，对那些课堂小测验更是应接不暇，后来干脆书本连碰都懒得碰，总是用尽各种方法逃避上学，迟到早退，赖床，无所不用其极，最后索性不再去上课。

小迪的父母很是着急，怎么劝说都没用。问她原因，她也只是说看不清黑板上老师的板书或者身体不舒服等。面对父母的责备，小迪的情绪也反反复复，今天说一定会努力，争取考上重点高中，明天又说不考了。

小迪的情况其实就是学习上的疲劳。学习上的疲劳分为两种，一种是生理性疲劳，这种疲劳用短暂的休息就能得到消除；另一种是心灵上的疲劳，这种疲劳单靠休息是不行的，小迪这种正是由于功课和考试的紧张所导致的心理上的疲劳。当孩子遇到类似于这种情况时，妈妈就需要特别注意了。

一般情况下，心理疲劳表现为无精打采，对曾经爱好的事物也提不起兴趣。举例来说，体育场上的运动员比赛，胜利的一方会因胜利的喜悦而冲刷掉疲劳生机勃勃，失败的一方则通常会表现的懊丧不已，甚至会短暂地失去信心。即使提起精神应对下一场比赛，也会失去热情，丧失斗志。

别以为孩子年纪小，就不会感到疲劳。孩子同样会出现心理疲劳的现象，具体到行为上，就会表现为不想上课、不愿做作业、注意力无法集中、对父母过问学习上的事表现得极其不耐烦、上课打瞌睡、下课也不够活跃等等。这种心理上的疲劳一般都不是突然发生的，而是长时间的压力过大导致精神紧张所造成的。长期在这种紧绷状态下，孩子就会因为精神后劲供应不足而产生心理疲倦，学习精神也随之衰竭。这就像心脏血液的供给，一段时间内处于高速供应状态，一旦出现纰漏，那么就很容易出现心脏衰竭的情况。

科学家研究表明，如果只讨论脑的话，大脑即使在工作 8 到 12 个小时之后，也完全感受不到疲倦。那么，孩子的这种疲倦感又是从何而来呢?

如果让一个成年人连续不断地做一件事情时，他也会感到厌倦，孩子就更是如此。厌倦的情绪会令人提不起精神，做事无力也无热情，进而形成心理上的疲劳。如果妈妈发现孩子已经有心理疲劳的迹象，那么就应帮助孩子放松，多和孩子唱唱歌、听听音乐、做做游戏等，多让孩子感受生活的乐趣，同时放松身体。有的时候，身体疲劳的减轻也有助于心理疲劳的缓解。

对孩子过高的期望也会给予他沉重的压力，进而造成心理疲劳。如果孩子达不到家人的期望值，就有可能会对自己的能力产生怀疑，甚至还会自暴自弃，这无论是对孩子当前的学习还是今后的生活都会造成极其恶劣的影响。身为孩子的妈妈，更要经常对孩子表达鼓励之情，巩固孩子的自信心，即使他取得了一丁点儿的进步，也要及时进行鼓励。成功是一步一步走出来的，即使孩子一时失败了，也要相信他，不要让他过于自责，因为一定的自我反省可以让人得到发展，但如果过于自我苛责的话，非但不会发展，反而会让孩子消极。

股神巴菲特曾经这样总结他的商业经，“我和你没有什么差别。如果你一定要找一个差别，那可能就是我每天有机会做我最爱的工作。如果你要我给你忠告，这就是我能给你的最好忠告了。”比尔·盖茨和巴菲特总结的也是差不多，“每天清晨当我醒来的时候，都会为技术进步给人类生活带来的发展和改进而激动不已！”可见，保持积极的心态，对所做的事情充满喜爱之情，是避免心理疲劳的最有效办法。

因此，妈妈就要在平日的生活中多挖掘孩子的兴趣，让孩子对所做的事物充满喜爱之情，让他摆脱疲倦的状态重新燃放出活力，这是最重要的。对于学习来说，不以分数为衡量孩子价值的区别，不做横向比较，多做纵向比较，和孩子一起理好近期和远期的奋斗目标，这是妈妈最应该做的事。

总而言之，当你的孩子对事物感到厌倦时，不如就让他停下来歇一歇，告诉他“妈妈理解你”“你做到现在已经很棒了，对自己的要求要符合你自己的实际情况，不要过分苛责自己”“只要你尽了力，无论什么结果，对于妈妈来说都是最好的”让孩子感受到来自妈妈的关心、理解和关爱，这是解除他心理疲劳的最有效的办法。

开心的父母才有快乐的孩子

对每个妈妈来说，让孩子生活得幸福快乐，让孩子时刻感受到自己被爱和快乐所包围，是宁愿倾自己所有也愿意为孩子实现的。从某些方面来讲，孩子的幸福就是为人父母的幸福，当你忙碌一天回家，看到孩子那张洋溢着快乐阳光的脸时，便会觉得再辛苦也值得。

如何才能让孩子体会到幸福快乐呢？妈妈永远都是孩子的典范，一个懂得营造家庭轻松气氛，让家里充满温馨，懂得如何让生活轻松而快乐的妈妈，对于孩子的成长中所起的作用是老师或者孩子周围任何其他人都替代不了的。美国作家杜利奥曾说过，只有开心的父母，才有快乐的孩子。

金金是一名小学生，学习成绩优秀，还弹得一手好钢琴，同学们都很羡慕他有一个作曲家爸爸。可是金金却一直闷闷不乐的。有一次，金金去同学家里玩，这个同学家里条件没有自己家里好，但是家庭很温馨。回家的时候，金金拉着同学妈妈的手说："阿姨，我真想住在你们家！"原来金金的爸爸总是忙于自己的工作，由于工作的特殊，爸爸的眉头总是拧得紧紧的，每当缺乏灵感他更是会大发雷霆。这种情况下，金金的妈妈总是一声不吭地躲进房间抹眼泪。

对于孩子来说，家庭是可以避风的港湾，即使受到再多伤害，只要一回到家，就能重获安全了。在一个幸福快乐的家庭里成长起来的孩子，比那些在不幸家庭里的孩子要幸福得多，因为他们从小被快乐的氛围所熏陶，自然就会有乐观的性格，遇到事情能以乐观的心态看待并积极地想办法去解决，而不是消极的逃避或者听之任之。

孩子的情绪很容易受到大人的影响。做一个快乐的妈妈，比做一个为了孩子而放弃了自己的快乐的妈妈，为孩子带来的幸福要更加的长久。有些父母省吃俭用一生，为孩子牺牲太多，每天很少有余力去开拓自己的兴趣，这也相当于放弃了自己的一部分快乐。每个人都有自己的精神世界，放弃了自己兴趣和快乐的父母无形中就会将自己放弃的东西寄托在孩子身上，这样一来免不了会为孩子带来压力。试想，一个背负了巨大压力且生活在没有欢声笑语的家庭里的孩子，又怎么能感受到快乐呢？

小林在和朋友的一次聊天中，回忆起了年幼

时爸爸妈妈为了节省从未吃过一顿好的，从未穿过一件好衣服，感慨不已。于是，他下定决心："一定要舍得为自己花钱，平时多出去玩玩，和朋友到处逛逛，要让自己开心，不要想着为孩子省钱而放弃了自己的快乐。即使你已为人父母，也有享受自己生活的快乐的权力。"

小林的一位朋友对此也深感认同。她的妈妈是一位永远懂得如何追求自己的生活目标的人，"每次想到她，我就可以全身都充满活力去追求自己的目标，战胜困难。"

只有自己先感到快乐，才能带给别人快乐。只有家长自己心灵得到充实以后，才会由内而发出乐观积极的心态，并将这种乐观积极的心态传递给孩子。拥有物质上的一切并不代表快乐，真正的快乐是极易感染到他人、让他人从心里感到温暖和快乐的。营造和谐快乐的家氛围，将自己的快乐传递给孩子，就能让孩子更快乐。

要营造和乐的家庭气氛，妈妈不妨偶尔制造一些意外的惊喜。比如，圣诞节的时候给自己戴一顶圣诞帽，然后在孩子的鼻子上放一只红红的麋鹿鼻子，让他觉得很滑稽也很快乐。再比如，休息日带着孩子出门踏踏青，多接触大自然，给孩子一个可以接触新鲜事物的机会，培养他开朗豁达的心境。

有这样一个说法，“一个人一天需要 4 次拥抱才能存活，8 次拥抱才能维持，16 次拥抱才能成长。”当你心情愉悦的时候，就不要吝啬表达你的快乐心情，不妨笑出声来。有的家长为了保持威严，经常在孩子面前摆出一副严肃的形象，殊不知那只会让孩子不再敢与你接近，而笑声则能让你与孩子的距离更加贴近。妈妈们，不妨多笑一笑，在有益自己身心的同时，也能让孩子得到快乐。

第三章

好好说话，让孩子理解你

低声说与大嗓门，哪个更有效

现实生活中，我们总是可以见到这样的场景：面对放声大哭的孩子，母亲越是歇斯底里地高声斥责，孩子哭闹的声音反而越大。实际上，孩子的大嗓门是被母亲的高分贝吊上去的。这种母与子之间的交战，只有等双方中某一方的筋疲力尽才能结束。

美国的凯尼让大学语言研究班曾经与美国海军合作，研究在军事行动中一项指令的下达应该以多大的声音发出最合适。实验者们通过电话、舰船上的传声管，向接收者发送各种分贝的声音，结果表明：发送者的声音越高，接收者回答的声音越高；发送者的声音越低，接收者回答的声音越低。

这个规律告诉我们，当交谈双方的情绪处于紧张和敌对时，一方的低声也有助于降低对方的音量，从而缓解双方的对立状态。这就是心理学中的“低声效应”。这种效应给家庭教育的其实就是：有理不在声高。父母在批评孩子的时候，使用较低的声音要比使用较高的声音效果更好，而且越是批评、呵斥的话题，就越应该用低于平日的声调来讲。

妈妈有一天带着3岁的铭铭到邻居家做客。铭铭刚开始还很安静，但是过了一会儿，就开始在别人家床上蹦蹦跳跳，张牙舞爪。看到这种情况，铭铭的妈妈没有发怒，而是走到铭铭跟前，用轻得几乎让人听不见的声音在铭铭的耳边说："你觉得不经允许就随便在人家床上乱蹦乱跳，是一件好事吗?"

妈妈的声音十分轻柔，脸上挂着和蔼的微笑，但铭铭却像听到了严厉的批评一样，马上停止了乱蹦。

其实这个事例就体现了"低声效应"的作用。在家庭教育中，降低声调、压低声音的讲话方法有很多好处。

首先，从物理学的意义上来讲，一方用低声讲话，对方就必须要集中精力才能听清。在这种情况下，即使他并没打算认真听这些话，但是由于条件反射的听觉动作，还是会不自觉地捕捉你谈话的内容，并进行理解。

其次，洪亮的声音一般是用来面向公众的，比如用于演讲、舞台剧等；而小声说话则突出强调了这是两个人之间的谈话，不涉及其他人，是针对个人私下里讲的话，所以很容易形成一种“促膝长谈”的良好气氛。这对于正在挨批评的孩子来说，是一种不会引起紧张感的气氛。

此外，低声讲话给人的感觉是“理性”的表述，而不是感情的宣泄。低声讲话可以让听话的人感到你是理智的，从而让自己的话更有说服力，同时也促使听话的人保持理智。如果孩子在你的面前大声哭闹，那么你必须首先保证自己的情绪不被孩子的情绪感染，然后才能理智、冷静地分析孩子哭闹的原因，进而把孩子从波动的情绪中引导到理智的状态中来。

用不同于平日说话的低声来跟孩子交谈，其实也是在暗示孩子：现在爸爸妈妈的态度是异乎寻常的郑重，你一定要认真听才可以。

总之，低平的声音、沉稳的语调，能够促使对方认真倾听你的谈话，至少可以防止父母在教育子女时与孩子竞相拔高声音，使矛盾升级。低声说话可以使双方都处于冷静自制的状态中，可以为进一步说服孩子创造条件。相反，面红耳赤、声嘶力竭地数落孩子只会起到适得其反的效果。

南风效应：温暖的沟通法最得孩子心

法国作家拉封丹写过一则寓言，北风和南风相约比武，看谁能把路上行人的衣服脱掉。于是北风便大施淫威，猛掀路上行人的衣服，行人为了抵御北风的侵袭，把大衣裹得紧紧的。而南风则不同，它轻轻地吹，风和日丽，行人只觉得春暖身上，始而解开纽扣，继而脱掉大衣。北风和南风都是要使行人脱掉大衣，但由于态度和方法不同，结果大相径庭。

这则寓言反映出这样一个哲理：即使出于同样的目的，采用的方法不同，最后导致的结果也会不同。心理学将这一哲理称为“南风效应”。

南风效应告诉了我们一个道理：温暖胜于严寒。这也就是说，妈妈在教育孩子时，要特别讲究教育方法，如果你总是对孩子横加指责甚至体罚，就会令你的孩子把“大衣裹得更紧”；而如果你采用和风细雨“南风”式的教育方法，那么你会轻而易举地让孩子“脱掉大衣”，达到你的教育目的，收到更好的教育效果。

有个初三的女学生深深地爱上了她的同学而不能自拔，于是给他写了一封热烈的情书，没想到却被老师知道了。老师把这件事连同那封情书交给了女孩的妈妈，女孩既感到无地自容，又感到恐惧万分。

她硬着头皮回到了家里，可没想到妈妈并没有什么异样。女孩心里忐忑极了，她一晚上都在偷偷观察着妈妈，可最终也没发现妈妈有什么不寻常的变化。等到临睡之前，她的心终于稍微放松下来了，她随手翻起了放在桌子上的小说，却发现那封情书就夹在里面，另外还有一张妈妈的字条：“今天老师把这个交给了我，现在妈妈把它还给你。妈妈相信你可以自己处理好这件事情，相信你能权衡好感情和学业孰轻孰重。晚安，宝贝！”

俄罗斯思想家别林斯基说过：“幼儿的心灵最容易受

到各种印象的影响，甚至最轻微印象的影响……常常受到强烈的惩罚而变得粗暴的人，会残忍起来，冷酷起来，不知羞耻，于是连任何惩罚对于他都很快变得无效了。”的确，长期生活在北风式教育方式下，孩子可能会走向两个极端，要么对许多事情失去兴趣，给自己和他人造成伤害；要么不敢寻找独立，成为父母和老师眼中的“好孩子”。这样的孩子走上社会后，要么缺乏解决问题的能力，不敢承担人生的责任；要么缺乏自信，一生唯唯诺诺，活不出自己。

孩子都有本能的自我保护意识，他一旦发现妈妈想要教育他，就会扣上心灵全部的纽扣，把整个心都封闭起来，进行紧张的心理防范。如果妈妈能从孩子的心理出发，消除被教育者——孩子的对立情绪，创造心理相容的条件，就能顺利开启孩子的心理围城，脱去他紧护心灵的外衣，敞开心扉。

因此，妈妈要时刻谨记：家庭教育中采用棍棒、恐吓之类“北风”式教育方法是不可取的。实行温情教育，多点表扬，培养孩子自觉向上的能力，才能达到事半功倍的效果。

超限效应：说教切忌唠唠叨叨

小博从小身体就很弱，所以妈妈总是非常担心他的健康。每天早晨一起床，妈妈就开始了唠唠叨叨：“小博，多吃点儿饭，这样身体才能好！”“小博，今天天气冷，多穿点衣服别感冒了！”“小博，外面刮风了，别忘了戴上帽子！”“小博……”终于有一天，小博生气地对妈妈说：“天天就是这些话，烦不烦啊！”说完背起书包夺门而出。妈妈则是眼泪汪汪，觉得十分委屈：我这不都是为了孩子好吗？孩子怎么能这么说我？

实际上父母过多的叮咛，并不能起到预期的效果，反而会因为过于“唠叨”使孩子感到不耐烦而听不进去，或者听得太多感到麻木，这都是因为产生了“超限效应”。

心理学上，机体在接受某种刺激过多的时候，会出现自然而然的逃避倾向。这是人类出于本能的一种自我保护性的心理反应。由于人的这个特征，在受到外界刺激过多、过强或者作用时间过久时，会使人的心理极不耐烦甚至产生逆反情绪。这种心理现象就叫作“超限效应”。“超限效应”提醒家长们：人的心理对任何刺激通常都会有一个承受的极限，如果超过了这个极限，就会向相反的方向转化，也就是我们常说的“物极必反”。

当父母批评孩子的时候，应该记住：孩子犯了一次错，只能批评一次。如果需要再次批评的时候，要注意换个角度，用不同的话语去提醒孩子，这样才不会让孩子觉得因为同样的错误被父母“穷追不舍”，也不会因此对父母的说教感到厌烦。如果对于一个错误，父母一次、两次、三次，甚至四次五次地做出同样的批评，就会使孩子原本感到有些内疚不安的心情转变为不耐烦，最后发展到反感至极，甚至出现“我偏要这样做”的逆反心理。

为了避免批评时的“超限效应”，父母在教育孩子的时候要注意：要订立规则。如果孩子违反规则一次、两次，可以批评，但如果在此基础上仍旧违反，就要根据规则采取一些惩罚性的措施，不能只说不做，否则也会降低父母在孩子心中的威信。

有些父母可能认为，对孩子批评多了不好，那多表扬肯定没错了吧？其实表扬也同样存在着“超限效应”。表扬太多，会让孩子觉得父母是在哄自己，名义上是表扬，实际上是在提醒他这些方面做得不够好，要多注意。于是孩子一听到类似的表扬，就会感到不舒服。

还有些父母喜欢对孩子进行过多的大而空的说教。孩子即使认为父母的话在理，也会由于在短时间内遭受集中“轰炸”而感到难以承受。这也是许多青少年爱和父母犟嘴的原因。

从上边的内容可以看出，无论是批评还是表扬，甚至只是平时的教育，父母都应该掌握好“度”。任何事情如果过度，就会产生“超限效应”；如果不及，又达不到既定目的。所以只有掌握好火候分寸，做到恰到好处，才能得到理想的教育效果。

一个拥抱胜过十次说教

在人际交往中，身体语言往往能比口头语言传递更多的信息。所以父母在和孩子的交往中，不仅要留意自己的语言所传达的信息，还要学会利用身体语言。

当孩子跌倒的时候，我们常常可以看到一些家长嘴里说着："宝宝快起来，不疼不疼！"可是脸上却带着惊慌失措的表情，手也不由自主地伸向孩子。孩子看到妈妈这时候的表情，就会大哭起来。

其实孩子年龄虽小，但是第六感是相当敏锐的，他们能从父母微妙的表情和动作中判断出父母的态度。如果在孩子跌倒的时候，以坚定的目光看着孩子，并对孩子说："自己起来吧！"孩子就会知道父母不会帮助自己，然后就会自己站起来。

曾经有这样一个实验：

让妈妈面无表情地看着正在笑的六个月大的孩子，结果，不一会儿，孩子就不再笑了。当妈妈离开后，再次回到孩子身边时，他根本就不看妈妈。这个实验证明，面无表情或郁郁寡欢的妈妈很容易刺伤孩子的心。

孩子虽小，但他却能清晰地从妈妈的表情、动作上感觉到妈妈的态度。

也许父母不知道，孩子对于表情的敏感程度，远远超出了家长的想象。据研究，在孩子语言能力没有成熟前，父母与他交流时，这种非语言的表达方式能占到97%的比重。大一点的孩子就更不用说了，他们更善于观察父母语言之外的其他东西。因此父母在与孩子的交往中，一定要留意自己的身体语言所传达的信息。

当孩子想妈妈了或者被别的小朋友欺负了，可以把孩子搂在怀里，脸贴着脸，缓缓地拍着他的背部，嘴里轻轻地说些安慰话，这样孩子那颗惊恐失措的心会渐渐趋于平静。当孩子说着不着边际的话时，家长最好也要面带微笑地等他说完再发表见解，可以伴些手势和面部表情，这会使孩子觉得自己像大人一样被尊重。当和孩子玩游戏时，调皮的孩子故意耍赖，妈妈要么刮刮他们的鼻子，要么摸摸他们的头，再不然就亲亲他们……这时候孩子们就会围着妈妈又蹦又跳，显得特别开心。

总之，除了正常的语言交流外，家长适时地给予孩子的一个拥抱或者一个吻，都可以很好地激发孩子的积极性，让他们体会到父母的可亲可敬。而对于那些调皮捣蛋的孩子来说，父母一个严厉的眼神，也许比责骂更有效果。

此外，在父母和孩子的交往过程中，还要学会读懂孩子的身体语言，以此来“透视”孩子的内心世界。当一个小孩撒了谎的时候，他很可能会在说完之后立刻用一只手或双手捂住嘴巴；如果不想听父母唠叨，他们会用手捂住耳朵；如果看到可怕的东西，他们会遮住自己的眼睛。当孩子逐渐长大以后，这些身体语言依然存在，只是会变得更加敏捷让别人不易察觉。

一个妈妈在与孩子谈话时，十分注意孩子的眼神。她这样总结自己的孩子：“孩子眼神定向专注，表示注意力集中；眼珠发亮，表示思维活跃；眼珠放光，表示懂了；眼珠不亮，表示在思考，但还不明白；眼珠亮点闪烁，表示思想上处于矛盾斗争中；眼睛湿润，表示激动。”

不同孩子的身体语言不一定相同，但是只要父母认真观察，就不难掌握孩子的身体语言特点。

而在教育孩子的过程中，父母也要适当地运用肢体语言，这样可以强化口头语言的使用效果。特别是对年龄偏小的孩子来说，父母的肢体语言可以使他们柔弱的心灵得到莫大的安慰，一个鼓励的眼神、一个温暖的拥抱，都会使他们觉得温馨，具有安全感。

了解孩子的肢体语言，就可以在孩子需要帮助的时候像春风一样温暖孩子的心；学会用肢体语言表达自己的情感则会让孩子收获更多的关爱和欢乐。请父母们时刻把这样一句话放在心头：任何时候，孩子都更愿意相信父母的表情，而不是父母的话。所以，不要吝啬自己的肢体语言，让它们带给孩子一份特别的鼓励和关爱吧！

让孩子理解你，不是服从你

《新文化报》的记者曾经在一个地区的三所省重点中学发了 280 份问卷调查，结果令人震动：

问题一：你的袜子谁来洗？

95% 妈妈或其他长辈洗；5% 自己洗

问题二：你认为妈妈辛苦吗？

22% 一般；59% 很辛苦；19% 不辛苦

问题三：你常与妈妈沟通吗？

22% 经常；26% 偶尔；52% 几乎从不

问题四：你给妈妈做过饭吗？

20. 5% 没有；66% 有过一两次；13. 5% 经常做

问题五：你为妈妈洗过脚吗？

17% 洗过几次；20% 只洗过一次；63% 从来没洗过

问题六：你常对妈妈说感激的话吗？

39% 是；20% 只是偶尔；41% 几乎从不

问题七：妈妈不高兴时，你安慰过她吗？

62. 2% 有；5. 4% 没有；32. 4% 有一两次

问题八：你觉得应该回报帮助过你的人吗？

20% 没考虑过；62% 应该；18% 不用

问题九：遇见教过你并常批评你的老师，你会说话吗?

86% 不理她（他），假装没看见；14% 会主动上前打招呼。

在这份问卷调查中，有 52% 的孩子表示自己几乎从来不和妈妈沟通。对于“你认为妈妈是否辛苦”的这个问题，有 19% 的孩子觉得妈妈不辛苦。“我一点也看不出妈妈辛苦。他们每天早上起来给我做早饭，然后送我上学，晚上再来接我回家。天天如此，从来没有听他们说过自己很辛苦啊。”妈妈只是没有把生活的辛苦和沧桑挂在脸上，孩子们就以为自己的妈妈一点都不辛苦。

从另一个角度上，很多妈妈总是以为只要给孩子吃好穿好，让孩子听话懂事就行了，她们不愿意让孩子知道自己工作生活上的辛苦，也从来没有给孩子理解自己的机会，只是觉得自己既然不辞辛苦为孩子撑起了一片天，孩子就应该服从自己，听自己的话。但是，孩子并不认同这个道理，他们并不会认为自己一定要服从妈妈。其实，让孩子服从你，不如让孩子从内心理解你。当孩子越是了解妈妈付出的辛苦，就越会从心里理解和尊重妈妈，也才能真正心服口服地听从妈妈的劝告。否则，孩子只会觉得自己所得到的一切都是理所应当的。

其实，当妈妈与孩子之间是地位平等、相互尊重、相互理解的时候，孩子往往能更好地感受到妈妈对自己的爱以及妈妈做出的牺牲；当孩子完全从属于妈妈的时候，他们就会无视别人为自己所做的一切了。

如果你的孩子也是这样不理解妈妈，那就应该想办法引导孩子认真思考一下：妈妈每天不仅要做好自己的工作，还要费尽心思照顾全家人的生活。即使面对着工作和家庭的经济压力，也很少跟孩子提起，实在是很不容易。妈妈空闲的时候，也可和孩子讲一讲自己工作上的情况，让孩子对妈妈工作的艰辛心里有数。要让孩子明确这样一个观念：无论妈妈从事什么样的工作，都是靠自己的双手在劳动，凭自己的本领在吃饭，都值得孩子敬重。

为了让孩子更理解自己，妈妈可以试试以下的这些方法：

(1)教育孩子学会理解他人。凡事除了从自身的角度考虑之外，还要推己及人，站在他人的角度理解一下，这样才能不失偏颇。

(2)通过让孩子参加一些简单的家务劳动让孩子学会珍惜妈妈的劳动。在劳动的过程中让孩子体会到做任何事情都不是轻易可以成功的，必须要付出努力才可以得到好的结果。

（3）最重要的一点是要和孩子建立亲密的沟通，让孩子了解妈妈的烦恼和辛苦。妈妈可以在晚饭的时候和孩子多聊聊天，不仅要关心孩子的学习生活，让孩子知道自己在工作中遇到的问题和烦恼。

当孩子不能理解妈妈的苦心时，妈妈应该静下心来与孩子进行交流，告诉他你的困难、辛苦以及工作的状况，让孩子去理解你、关心你，这样才能更有利于孩子的健康成长以及建立良好的亲子沟通关系。

缺乏沟通时间，你可以试试这样做

佳佳所在的学校布置了这样一道家庭作业：周末与父母闲聊，周一班会上要交流闲聊情况。

周末，佳佳的爸爸要到田里去掐豌豆头，佳佳为了完成作业也跟着去了。爸爸在前面掐，佳佳在后面跟。佳佳不时发问："豌豆头被掐了，它会疼吗？还能长出新头吗？豌豆怕冷吗？会被冻死吗？"对她的问题，父亲全都不厌其烦地一一做了回答。后来佳佳告诉爸爸，跟爸爸闲聊，使她长了不少知识，也感到很快乐。

其实父母与孩子之间的相处从某种意义上来说，与夫妻关系也有相似之处。如果夫妻俩白天都忙于工作，回家后依然是那样正经地说话，那么家庭就不会有朝气和活力。同样的道理，父母白天有许多工作要做，孩子有许多功课要学，如果在父母下班、孩子放学后，父母还像上班时候那样正经八百地和孩子说话，父母和孩子之间的感情就不容易得到很好的沟通，也会使双方的距离越来越远。在家庭休闲生活里，父母和孩子之间如果来点“废话”“闲话”，作为生活的“调味品”，可以使自己和孩子的情绪都得到放松，在无形中达到思想和情感的沟通。

“调味品效应”原本是指夫妻之间由于说些“废话”“闲话”而产生的心理交融的现象。这种废话、闲话，对生活起到了“调味品”的作用，也就是给感情生活增加了点缀和调剂，使之更加丰富有趣；也使夫妻在不断地闲聊中，一点一滴地增加相互的了解，更容易形成默契，减少误会的产生。夫妻之间这种类似调味品的“废话”，其实并不是“废话”，它可以使两颗心靠得更近，使双方思想更加协调，感情更加融洽，生活更加美满。

在家庭教育中，父母和子女之间也可以利用“调味品效应”，来达到使家庭氛围和谐、亲子之间沟通更顺畅的目的。

也许很多家长会说：“我一天到晚忙得要命，哪里来的闲工夫和孩子瞎扯？”其实父母忙，无非是忙工作，忙家务，为挣钱，归根到底在很大程度上也是为了孩子忙。

其实，与孩子沟通，并不需要拿出大块的时间来与孩子聊天。做家务的时候，工作的间隙，都可以拿来与孩子闲聊一下。闲聊可以丰富孩子的生活，使孩子的情绪得到调剂和放松，同时也不要小看闲聊的作用，在这些闲聊中，父母同样可以及时了解孩子的思想动态，为进一步有针对性地进行教育打下基础。

如今的孩子大多数是独生子女，虽然物质生活比较优越，但是精神生活却相对空虚。孩子们周一到周五的时间在学校度过，有老师和同学相处倒还算充实。而到了周末这两天，父母只顾上班或干活，顾不上孩子。孩子在完成作业之后，只能与电视为伴，会感到十分孤独和无聊。如果这时候，父母抽出一点时间与孩子闲聊，就可以让孩子的课余生活变得更丰富更有意义。

与孩子闲聊的话题有很多，从天文到地理，从凡人到名人，从思想到生活，从学习到玩耍……只要是孩子感兴趣的，都可以拿来聊。教育学家总是在大声疾呼：孩子的思想教育不能放松。其实跟孩子闲聊，就是对孩子进行思想教育的很好的方式，而且闲聊在改变孩子不良的心理和行为方面，有着独特的作用，因为闲聊可以生动地让孩子明白道理，而不会因为枯燥的说教让孩子感到心理压力，或者产生逆反心理。

当然“调味品”并不是越多越好，它不能充当“主菜”，否则就起不到“调味”的作用了。但是父母与孩子之间的闲聊，可以“润物细无声”地向孩子传输某些知识和观念，并且密切亲子之间的感情，在这一点上，闲聊有着不可替代的作用。

第四章

赏识与批评，一个都不能少

多一点赏识，让孩子更看重自己

父母认为孩子“好”还是“不好”，对孩子一生的影响的确很大。作为父母如果敢于肯定自己的孩子，对孩子发出“你一定能行”的正向信息，那就会使孩子对自己越来越有信心。相反，如果父母总是对孩子心存过度的担心和保护，对孩子发出的是“你不行”的负向信息，那么时间长了，孩子会真的认为自己不够好。孩子能否有足够的自信心，实际上很大程度取决于父母和老师的态度。

心理学上有一个名词叫作“马太效应”，它来自《圣经·马太福音》中的一则寓言。《圣经·新约》中的马太福音部分有这样两句话：“凡有的，还要加给他叫他多余；没有的，连他所有的也要夺过来。”这句话通俗的意思就是说，好的往往更好，坏的往往更坏；多的往往越多，少的往往越少。1973 年，美国科学史研究者莫顿曾经概括过这样一种社会现象：越是有声望的科学家越是能够获得更多的奖项，而越是不出名的科学家得到的奖项就越少。莫顿将这种社会现象命名为“马太效应”。

强者越强，弱者越弱，这种效应在学校教育和家庭教育中普遍存在，如果稍微不注意的话，就很容易导致“优生更优秀，差生更差劲”的现象。在日常生活当中也经常会出现这样的现象，家长总是夸耀那些听话学习好的孩子，而对那些不听话学习差的孩子持有批评的态度，时间长了之后，这两种孩子的发展就拉开了差距。

当然，任何事情也都是过犹不及，假如有一个品学兼优的学生，无论是学校领导、班主任还是家长都很喜欢他，这些看似能够使他更“优秀”的因素，却不能给他带来快乐。有些孩子，老师越是夸奖，家长越是宠爱，他就会越发的骄傲自大，目空一切。这样的孩子极有可能会遭到别人的嫉妒、疏远、仇视、孤立。这也并不利于那些好孩子的心理健康，他们很有可能会在学习和生活中形成一种不健康的认知体系和心理模式。

兰心今年上小学五年级了，她长得非常漂亮，学习成绩也不错，成绩在全班总是名列前茅，不仅如此，兰心还能歌善舞，综合素质的发展比较全面，在学校中是个受欢迎的孩子。学校领导很重视她，班主任老师更是将她视为班级中的骨干，在家中，兰心是爸爸妈妈的掌上明珠，在家里说一不二。

但是兰心并没有像家长老师所期望的那样越来越优秀，反而变得自负起来，和同学之间的矛盾也越来越大。在这个学期开学之初，学校重新成立了班委会，班主任很想听听她的意见，她挨个说了同学的缺点，甚至刻薄地说：全班除了她，没有一个人还能有资格当班干部。她的这种态度，引起了同学们的不满，最终在班干部竞选时，她差了十几票落选，当时就哭了，回家之后任凭父母怎么劝说她都不肯吃饭，就因为这点小事郁闷了很长时间。

表扬孩子是必要的，只不过赏识也应该要有度，不能过分地赏识。

马斯洛说人有满足自我的需要，然而赏识就是满足自我的最大途径了。一个没有经历过任何赏识的孩子，心理就是不健全的，这样的孩子很容易自卑怯懦，长大之后也很少有勇气去面对自己想要做的事情，成功的概率自然也会很低。

当然，赏识孩子并不是一件容易的事情，赏识得不够、赏识得过多，都会对孩子内心产生不良的影响。对孩子的赏识是一种教育的艺术，作为父母要根据自己孩子的特点及心理，遵循一定的赏识原则才能够让孩子在赏识教育中受益。

首先，赞赏要及时。

如果孩子做了一件好事，或者取得了小小的成功，父母要及时给予肯定，及时的赏识可以强化他的记忆和感受。

其次，要根据具体的事物进行赏识和表扬。

一些不符合孩子内心的空表扬，对孩子来说并没有什么效果，所以表扬一定要很具体，让孩子知道自己为什么要受到表扬。比如孩子帮助老人拿东西，妈妈夸奖说“宝宝今天真乖”，孩子可能不会有什么感觉。如果妈妈说“宝宝今天帮助老奶奶拿了东西，做得真好”，孩子就会觉得自己得到了肯定，也会很高兴。

最后，要发自内心的表扬孩子。

如果爸爸妈妈对孩子的表扬并不是发自内心的，那么这样的表扬就是虚伪的，孩子也不会觉得这些表扬有什么意义。赏识是一种交流，如果用假惺惺的话来哄孩子，那孩子也不会相信的。所以在赞赏孩子的时候一定要发自真心，让孩子感受到你的真诚。

赞美孩子，从一言一行开始

情商是近些年来心理学家们提出的智力与智商相对应的概念，它主要指的就是人在情绪、情感、意志等方面的品质。一个情商高的人能够很客观很全面地认识自我，并且能够成为自己的主宰。认识自我，也就是通常所说的“自知”。能够自知的人就能够很正确地认识自己，并且能够客观地评价自己，不会被别人的评价所左右。

心理学家们根据研究表明，6 岁以前的儿童正处于构建自我的重要阶段，这个阶段的儿童，需要通过外界对他的评价来认知自己。所以这些孩子对外界的评价很敏感，如果他从小收到的信息是客观中肯、包容接纳的，那么这个孩子就能够很正确地认识和评价自己。

对孩子不能不夸，也不能盲目地夸，家长鼓励孩子的目的就在于要让孩子能够正确地认识自己，接纳自己。孩子的自信是建立在成就感的基础之上，而并不是建立在空洞的表扬之上。所以家长不需要过度地表扬孩子，否则会让孩子依赖于表扬，产生自大或者自卑的心理情绪。表扬不仅要适度，更要合情合理。

有一位教育专家曾经讲过这样一个案例：

有一个8岁孩子的妈妈问："孩子每做一件事情都要得到我的表扬，如果我没有表扬他，他就会大发雷霆。这是为什么呀？"

我问她："是不是表扬太多的缘故？"她说："是的，以前我批评得多，后来我发现这样不好，为了让他建立自信，给他的表扬就比较多了。现在他时刻关注我的情绪，如果我高兴，他就开心；如果我的情绪不太好，他就会暴躁。"

我跟这位妈妈说："这说明孩子不能正确认识和评价自己，他的情绪都建立在你的情绪基础上。他的内心不自信，所以他需要获得别人的表扬来证实自己。你以前批评多，后来表扬多，两者都不对，走了两个极端。"

那位妈妈问："那我该怎么办呢？"我说："你要减少对孩子的评价，更不要对孩子进行主观的评价。外界的评价尤其是不客观的评价过多，孩子将会失去自我评价的能力。你的孩子就在逐渐失去自我评价的能力，所以他必须要你表扬他，才能证实自己。”

那是不是就不能夸孩子了呢？ 当然也不是，夸孩子是给孩子积极的回应，孩子需要父母的认可、肯定和鼓励，并且通过父母给他的积极回应来认识自己，这个“积极回应”要怎么去回应呢？

怎样夸奖孩子的效果才是最好的呢？

首先，不能将“夸奖”当成孩子前进的动力。 这就要求家长观察孩子做事情的动力，是为了获得夸奖，还是从内心当中自发自愿的呢？ 另外，夸奖孩子一定要在事后，而不要在事前，很多家长都喜欢用夸奖的方式去引诱孩子做某些他不愿意做的事情，比如说孩子不太愿意画画，妈妈说：“妈妈觉得你的画画得很好，来给妈妈画一张吧。”父母这样的方式影响了孩子的精神自由，孩子能够感觉到，成人试图在左右他。

而孩子事前需要的是鼓励，而不是夸奖。 明明刚开始学习滑轮的时候，掌握不了平衡，摔倒过很多次，有一次他气坏了，哭着说：“我不要这双滑轮鞋子了，我怎么老是摔倒呢。”妈妈很平和地对他说：“学习滑轮是一件比较困难的事情，很难掌握平衡。但是我相信，如果你练习了很多次之后，总有一天是可以学会的。”在妈妈的勇敢鼓励之下，明明不断地跌倒，然后又不断地爬起来，不到一个星期之后就学会了。

其次，要让孩子感受到，无论是夸奖还是赞美，是真心的赞赏而不是虚假的敷衍，这一点很重要。夸奖，应该是真实的、客观的，既不能夸大也不能缩小。比如说明明在滑轮的时候摔倒了，如果家长还鼓励他说“你滑得挺好的”，这样名不副实的夸奖只会让孩子觉得大人的话是虚假的，不值得信赖的。

最后，夸奖必须是具体的，要用平实的语言来描述孩子做得好的事情，不要用“你真棒”“你真聪明”这样泛泛的语言来夸奖孩子。当孩子能够独立地做好一件事情之后，他的成就感足可以让他获得最大的满足，他的内心充满着喜悦与自信，这是对他最大的肯定与表扬了。

发自内心的表扬才是有效的激励

每一个孩子都需要父母的肯定与鼓励，这一点毋庸置疑，但是如果仅仅是空洞的表扬，或者是不着边际的吹捧，并不能培养孩子真正的自信。父母要抓住孩子的长处，并且加以肯定和表扬，才能够将真正的自信植入孩子心灵的深处。

彤彤是一个浓眉大眼的小孩，既聪明又可爱，家里的人都很喜欢他。彤彤在家里早就听惯了各种各样好听的话，所以不免有些骄傲，但同时他对所有的赞赏都表现得不屑一顾，他觉得获得赞赏是理所当然的一件事情。可想而知，后来彤彤成长为一个很刁蛮的小孩，别人根本说不得，什么话都听不进去。

美国心理学家里维斯博士认为，赞扬应当在孩子完成某一个值得肯定和鼓励的行为时进行，而且要恰如其分。对孩子空洞或不恰当的赞美，不仅无益，还会引起相反的效果。里维斯发现，许多妈妈常常用“你是个好孩子”之类的话来称赞孩子。这种总体的、笼统的赞美，起不了引导孩子正确自我估价的作用，因为他们无法知道自己好在哪里。妈妈应当对孩子具体的行为进行及时具体的表扬，如孩子洗了手绢，可以夸赞他洗得真干净；孩子收拾了玩具，可以表扬他收拾得真干净。只要孩子有进步就要鼓励，有好的表现就要加强鼓励的感情色彩。如果妈妈留心，总会找出具体理由来称赞与表扬孩子。

同时，家长对孩子具体行为的夸奖也要适度，廉价的赞美一定会贬值，这样的赞美在孩子心中不会起任何作用，或者使孩子形成不切实际的自我估价而盲目自满，总之是会危害他们成长的。

表扬是一门艺术，过多的表扬一定会影响孩子的行为动机，还会促使孩子为了得到表扬而采取行动。所以，聪明的家长一定要学会表扬孩子的方法，没有价值的赞美最好尽量杜绝。

那么要如何表扬孩子，才会成为有效的激励呢？

首先，要让孩子知道父母表扬他的理由，也就是说父母表扬得越具体，孩子就越明白哪些行为是好行为，也就越容易找准努力的方向。如果父母总是用一些泛泛的语言来表扬孩子的话，这样虽然从表面上看是提高孩子的自信心了，但是孩子会不明白自己究竟好在哪里，为什么受表扬，以后就会逐渐听不进去别人的批评了。

再有，要针对孩子的个性进行适度的表扬，对那些性格很内向、个性很懦弱、能力也很差劲的孩子，要多表扬才能够肯定他们的成绩，增强他们的自信心。相反，对那些虚荣心很强、态度又很傲慢的孩子，就要有节制地运用表扬的手段，否则就会助长他们的不良性格，影响他们的进步。

最后一点就是，表扬不仅仅要看结果，更要看到过程。比如说孩子好心办了坏事怎么办？家长是要表扬呢，还是要批评呢？聪明的父母看到这样的情况，一定要对孩子的“好心”提出表扬，然后再帮助孩子分析“坏事”的原因，告诉他要如何改进，这样就会收到良好的效果。

表扬孩子的方式有很多，不一定只是口头表扬，只要是适合孩子的表扬方式都能够收到很好的效果，比如说为孩子购买图书，购买玩具对其进行物质奖励，也可以是对孩子做出搂抱、竖大拇指之类的表情奖励。总之，恰当的表扬方式，会收到最好的表扬效果。

孩子有尊严，尽量私下批评他

伟大的教育家洛克说：“父母越不宣扬子女的过错，子女对自己的名誉就越看重，因而会更小心地维护别人对自己的好评。如果父母当众宣布他们的过失，使他们无地自容，他们就会越觉得自己的名誉已受到打击，维护自己名誉的心思也就越淡薄。”

每个孩子都是活生生的生命个体，他们不仅仅满足于被爱，被保护，他们更渴求得到尊重和理解。但是，总有些家长喜欢当众给孩子“揭短”，越是人多的时候，就越是要批评他。

妈妈和客人正在客厅聊天，倩倩拿着试卷走上前来。“又考那么低！看看这分数！还好意思拿到我面前，真丢人！”妈妈抖着哗哗作响的试卷，像在寻求客人的同情。客人略显尴尬。

看着倩倩没有动静，妈妈更加生气：“我说错了吗？她一直都这样，我看是改不了了！我也不报什么希望了!”妈妈气愤失望的表情让倩倩无地自容。“孩子小，一两次考得不好是正常的情况，别这么说孩子。”面对客人的担忧，妈妈仍然“不解恨”地说:“小孩子不说她就不懂，非得我来骂她两句!”

有的妈妈总是喜欢在众人面前批评自己的孩子，因为这可以让其他人在“无意中”看到自己做妈妈的“权威”，从而令自己“有面子”。但是，这种当众揭孩子的短的做法，虽然成全了妈妈的这种自私心理，却极大地损伤了孩子的尊严，让孩子觉得无地自容，脸上无光而羞于见人，无形中不良刺激强化了孩子的弱点。

其实，孩子的面子比大人的面子更重要，孩子越大，自尊心就越强。而且，孩子每一个行为都是有原因的，也许这些原因在成人看来是微不足道的，但在孩子的眼里那是很严重的事情，不了解原因当众批评孩子，非但不能解决问题，反而会使问题变得更糟，令孩子产生逆反抵触情绪，继而与家长产生深深的隔阂。

一个教育专家在和家长谈论对孩子的教育

问题。

妈妈带着孩子来找这位教育专家，见到之后，跟孩子讲："问叔叔好。"

孩子很懂礼貌地和这位专家问好。

妈妈接着开门见山地当着孩子的面问这位教育专家："您说，我的这个孩子怎么老是比别人反应慢呢？"

教育专家示意家长不要当着孩子问这样的问题，故意把话题岔开了，但是家长并没有意识到。

等到把孩子支走之后，教育专家对这位妈妈说："大姐，我跟你说实话啊，不要在孩子面前评论他。这样还能指望他变聪明吗？"

其实，有的妈妈也明白孩子的自尊心非常敏感，不能伤害。但是有时候看到孩子还是老样子，就忍不住怒火攻心，恶语相向了。怎样避免这种情况呢？很简单，当你觉得自己在气头上的时候，就忍住怒气，离开孩子。当你有意识地躲避孩子，就会少说很多令他伤心的话。这也是一个无可奈何的解决方法。

在家庭教育中，教育者的心态和教育的出发点直接影响着教育结果。因此，不要因为他是你的孩子，就蛮横地在众人面前使他的缺点一览无余，或是因为无法掩饰你愤怒的情绪，无辜地伤害孩子。孩子的自尊心有时是透明的玻璃物，碎了就很难黏合起来，伤害是永远的。爱孩子，就要真正地为他着想，停下嘴中的不满，尤其在众人面前。即使孩子在众人面前犯了错误，妈妈也要先维护住孩子的“面子”，等到没有人的时候，在私下里心平气和地指出孩子错误的行为。这既保全了孩子的自尊，也会让孩子更容易认识到自己的错误，接受妈妈的批评。

让孩子尝尝“自作自受”的后果

18 世纪法国教育家卢梭认为：“儿童所受到的惩罚，只应是他的过失所招来的自然后果。”这就是卢梭的自然惩罚法则，是世界教育史上的一个里程碑。

所谓自然惩罚法则，就是让孩子学会为自己的行为负责，让他尝一尝“自作自受”的滋味，强化痛苦体验，从而吸取教训，改正错误。例如，孩子不爱惜家里的东西，总是会弄坏一些东西，一次他把吃饭坐的椅子弄坏了，那么家长就不妨毫不留情地让他连续几天站着吃饭。简而言之，自然惩罚法则的关键就是让孩子感到受惩罚是自作自受，是应该受惩罚的。

一个孩子很任性，动不动就摔东西来表示自己的“抗议”。一天，因为妈妈没给他买他想吃的东西，他就把一件新玩具摔坏了，把一本书撕烂了。妈妈更是“强硬”，马上宣布一个月之内不再给他买新玩具和书，一个月后若他还没有改正的行为则继续延长惩罚时间。

英国教育家斯宾塞曾断言："真有教育意义和真正有益健康的后果，并不是家长们自封为'自然'代理人所给予的，而是'自然'本身所给予的。"自然惩罚实际上是自然后果带给孩子的惩罚，这种教育方法可以很好地避免孩子任性和依赖。

让孩子接受自然惩罚有三点好处：

首先，它是完全公正的。几乎每个孩子在受到自然惩罚时，都不会感到委屈，因为那是他自己造成的；如果受到人为惩罚，孩子们多少会有委屈感，因为人为惩罚常常会被放大。一个不爱护衣服的孩子把衣服弄脏，按自然惩罚的原则，只是让他接受洗衣服的苦头，而孩子则会把这里的原因归结为自己的不小心。相反，如果大人去责骂、体罚孩子，孩子则会觉得不公。

其次，它可以使孩子和父母避免冲突、减少愤怒。但凡认为惩罚、责骂孩子，父母和孩子往往都会生气、愤怒。但是在自然惩罚下，亲子关系因为比较亲切、理性而会联系得更紧密，亲子关系不会受到任何影响。

再次，它可以明确孩子的是非观念，强化孩子的责任心。责任心是一个人在社会中发展必不可少的品质，是孩子健康成长的基石。从小就有责任心的孩子，长大了才能对自己所做的任何事情负责任，才会成为一个站得正、行得端的堂堂正正的人。

不过，让孩子接受自然惩罚，妈妈必须明确的一件事——惩罚不是体罚。这也就是说，当孩子做出过失行为并造成自然后果时，你需要分析这种自然后果是否会伤害孩子的身体健康。如果这种后果已经对孩子的身体健康造成伤害，那么就会失去教育作用。

当孩子做出一种行为时，妈妈可以帮助孩子分析这种行为可能产生的后果并告诉他。如果孩子坚持做出这种行为并产生不良后果时，妈妈不必给孩子讲道理，让孩子顺其自然地接受后果，自己去处理他造成的烂摊子。但是，在孩子处理自己的烂摊子时，妈妈在一旁冷眼旁观即可，而不能添油加醋地嘲讽，否则就不利于孩子正视自己的行为，甚至还会变本加厉地重复错误的行为。

再有，每个孩子都有不同的个性特征，在实施自然惩罚时，妈妈还是应该有所区别。比如有的孩子对自然惩罚满不在乎，抱一种无所谓的态度：玩具坏了不给买，我不玩；衣服撕破了不给换，我就穿破的。如果是这类孩子，那么自然惩罚对他是产生不了刺激作用的，所以妈妈也没有必要采用这种教育方法，而应当换另外一种行之有效的办法。

第五章

面对冲突，冷静应对莫暴躁

用自然结果法解决与孩子的冲突

我们不应该再像过去那样要求孩子绝对服从。对孩子不是施加压力和逼迫，而是引导和影响，不是让孩子服从我们，而是服从社会规范，不是用惩罚来制服孩子，而是让结果来引导孩子。

5岁的吉米每次吃饭时不是看电视就是正玩得高兴，总是不来吃饭。气得妈妈只得打他几下。但有时刚刚揍完，他泪痕未干，就又东张西望不好好吃饭，或者只是这顿好好吃，下顿又不按时吃。妈妈为难了，端着盛好饭的碗束手无策。

妈妈总是想要告诉吉米："让你吃饭你就吃。"而吉米的行动却告诉妈妈："我想什么时候吃，我就什么时候吃。"

如果我们采取强迫手段一定要孩子吃饭，孩子就会反抗，互相对抗的结果会变成我们在鼓励孩子反抗。如果妈妈和孩子天天较量，这种关系就很难改变。我们不妨用自然结果法来解决这个问题。如果叫了吉米两声，他还不来按时吃饭，等大家用完餐后，就把饭菜收起来，不再给他吃。如果他再来要零食，要喝牛奶、吃儿童饼干，则坚决不给，要吉米等到下顿饭一起吃，就这样坚持下去。吉米饿了，又不能吃零食，下次就会按时来吃饭。我们的态度应很明确："吃饭是自己的事，你不来吃，就只有饿肚子。"

在各类撤退方式中，妈妈们喜欢用的一种技巧是躲入洗手间，通常洗手间里设有梳妆台，再准备一些书，因为洗手间是最私人的地方，躲入这里便是挂起了"请勿打扰"的牌子，如果在里面再装上一个收音机，挡住从外面传来的吵闹声，这里可以说是最理想的撤退场所。

5岁的珍珍要妈妈带她去儿童游艺室，妈妈解释自己正在准备晚餐，等一会儿爸爸回来再带她去，现在可以先看一会儿电视或干其他事情。珍珍安静了一会儿又回来找妈妈，提出同样的要求，说她等爸爸已经等不及了，妈妈说："爸爸已经在路上，快回来了，等爸爸一进门就带你去。""我不想等，我要现在就去，我不管你现在正在干什么。”看样子珍珍要闹一场了，这种情况以前也出现过。妈妈一看苗头不对，摘下围裙来到卫生间将门撞上。任珍珍在外面又吼又叫就是不予理睬，“开门，让我进去！”“我要方便一下，不要吵！”说完妈妈便不再说话，任珍珍在门外敲打，最后珍珍说：“妈妈你出来，我不闹了，我等爸爸回来。”随后没有声音了，又过了一会儿妈妈开门出去，见珍珍正在自己的房里画画儿，她抬起头看了妈妈一眼，妈妈赞许地冲她笑了一下，转身回到了厨房。

孩子当众发难的处理方法

我们应该让孩子知道，在家中的一些不良行为，虽然由于父母的疼爱，勉强可以逃避责难。但是在公共场合，虽然妈妈会同情孩子，但绝不能保护他不受外界的谴责。

4岁的特特喜欢将桌子上的东西扔到地板上。有时玩得高兴时，突然间劈劈啪啪把桌上的东西一扫而光。妈妈多次训导，甚至惩罚，他还是时常发作一番。有几次他把好看的玻璃杯还有其他用具都扔到地下摔碎了，妈妈很生气地教训了他一顿。元旦节到了，妈妈带特特到科技馆去玩。馆里布置得很漂亮，其中一个厅里还布置了舞台，要义务表演元旦庆典活动。舞台的一张桌子上摆着做道具用的饼干。演出开始前，几个小孩在舞台上玩耍，特特也要上去玩。妈妈见他在底下转几圈也实在很无聊，就叮嘱他上去不要乱动，便由另外几个孩子将他举了上去。开始几分钟，他表现得还不错，随着另外几个孩子在上面蹦蹦跳跳，他也忘乎所以起来，走到桌子前一举手，把桌子上摆着的几个做道具用的饼干打到了地上。这时饰演老奶奶的演员急步走来，一边将饼干捡起，一边大声对特特说："你要干什么？下去！"妈妈从来没有这样大声训斥过特特，特特一下子愣在那里，他眼里充满了惊恐，妈妈过来伸手将他接了下去。妈妈虽然有些怪那位老奶奶对特特过于严厉，但一想这样可以给特特一个教训，或许比自己以往讲的道理更有用，就抱起特特，没有说任何安慰的话。特特看着妈妈，想知道妈妈是什么反应。"老奶奶为什么骂你？""我打掉了饼干。""对不对？""不对。"特特流着眼泪一副可怜兮兮的样子说。妈妈什么也没有说，只是用手绢给特特擦了一下眼泪。演出开始了，特特安静地坐在那里，没有再生任何麻烦。随后几天妈妈看到特特在行为上有明显改进。

特特因为自己的行为尝到了当众受训的滋味。如果妈妈婉言安慰，用同情来维护特特不受伤害，特特会认为妈妈是站在他的一边，妈妈同情他，会保护他不受外界的谴责，自己的这种行为不但在家里可以逃脱责难，在公共场合也一样可以通得过。这种错误的理解会进一步鼓励特特的行为。妈妈明智地让他独自承担了这一教训，没有指责老奶奶的粗暴，让现实后果教育了特特应该如何约束自己的行为，显然是很有效的。

用坚决的行动制止孩子的胡闹

有客人在场，不能花时间教育孩子，也不能当着客人发太大的脾气，而孩子又不懂自重，令大人十分尴尬。这要用最坚决的行动，低缓简明的话语，制止孩子的胡闹。

妈妈和爸爸正在客厅里陪客人聊天，马东来到客厅看了一眼，在父母的暗示下离开了。

一会儿，马东又返回客厅，让妈妈给他的作业签名，妈妈照办了。不久马东又回来说明天要上游泳课，要妈妈准备游泳衣，妈妈告诉他在哪里能够找到。马东走了一会儿，又进来说找不到，要妈妈去找。“马东，等晚上妈妈再给你找，妈妈有客人。”“不，我现在要!”妈妈很有些不好意思，但当着客人的面又不便发作，于是道歉，起身带马东离开了客厅。

“马东，你若想在客厅听大人谈话，可以找本书在客厅里一边看，一边听我们聊天，但不许说话，也不要生出什么事来打扰我们。不然，就待在自己房间不要再到客厅里来，你看怎么样?”

“好的，没问题。”马东高兴地与妈妈回到客厅。但是5分钟后，马东就开始忘记妈妈的话，很冒失地插起话来，使谈话变得很困难。妈妈没有再说什么，站起身拉住了马东的手，将他领出了客厅。

在过道里，妈妈轻声但严肃地对马东说：“看来你更愿意回自己的房间去，去吧!”马东自知无理，便上楼回到了自己的房间。

有客人在场，不能花时间教育孩子，也不能当着客人发太大的脾气，而孩子又不懂自重，令大人十分尴尬。就要用最坚决的行动，低缓简明的话语，制止孩子的胡闹。

有时忽视也是一种力量

有人说沉默是金，其实这只说出了沉默内涵的一个方面，在对孩子的教养中，你还可以体会到忽视也是一种力量。

妈妈和4岁的西西在车站等车，西西看见旁边的饼干屋，一定要买一块来吃。“亲爱的，你今天已经吃了两块糕点了，我们回去马上就吃饭，不能再给你买了。”“不，我要吃，我要吃。”他拉着妈妈的手扭动起来。妈妈将眼睛盯着路上来往的汽车，不再作声。“你在看什么？”“看汽车，亲爱的。”“我要买饼干。”没有回答，妈妈的眼睛又回到汽车上。西西突然意识到再闹下去妈妈就要上车走了，他也许会被丢下，那可糟了，便很知趣地看了妈妈一眼说：“我们一回家就吃饭，西西不再吃饼干了。”

“西西对妈妈讲道理，这才是乖孩子，真懂

事。”妈妈这一招很管用，西西被“震”住了，终于跟着妈妈回家了。

寻找疼爱与规训之间的平衡

父母与孩子的全部关系，都可以在介于疼爱与规训之间精心维护的一种平衡之中找到。疼爱与规训，这两个变量之间的相互作用是关键，与我们能成功培养孩子紧密相关。

父母对孩子的疼爱是天性，但是过度的爱或“超级的爱”也对孩子有危害，这一点却并没有得到充分的认识。有些孩子被爱或以爱的名义给毁了。有些人把自己所有的希望、梦想、期待和抱负都倾注到孩子身上。这种哲学的自然顶点就是对下一代的过分保护。

一位紧张的母亲说她的孩子是她生活中唯一的快乐源泉，在长长的夏日里，她的大部分时间都坐在房间的窗户前，看她三个女儿玩耍。她担心她们可能会受伤或需要她帮助，或者她们可能会骑自行车到街上去。尽管她丈夫有强烈的怨言，她还是牺牲了她对家庭的其他责任。她没有时间做饭或打扫房间，在窗前看管孩子的任务是她唯一的生活。她被她深爱的孩子可能受到伤害的危险所带来的恐惧紧张折磨着。

童年时期的疾病或突然而来的危险，对于很爱孩子的父母来说总是难以忍受的，但是对于过分保护孩子的妈妈或爸爸来说，哪怕是最轻微的威胁也能产生难以承受的焦虑。不幸的是，父母并不是唯一受罪的人，孩子经常也是这种焦虑的牺牲品。他们得不到允许去经历合理的危险——一种作为成长和发展的必要序幕的冒险。同样，对孩子们的任何要求不能拒绝的家庭中，前面所描述的物质问题往往会发展到最严重的程度。孩子情感长期不成熟，是父母过分保护的又一个常见的后果。

在控制孩子的极端家庭中父亲和母亲通常都遵循一种相似的模式，父亲是一个非常忙的人，他深深地陷在工作之中。他从早到晚都不在家，而当他终于回来的时候，他带回家一个装满工作的公事包。他可能经常出差。当他偶尔在家并且不工作的时候，他总是精疲力竭地倒在电视机前看棒球比赛，他不想被打扰。因此，他管理孩子的方式是严厉而冷漠无情的。他时常发脾气，孩子们都知道要与他保持距离。

相反，妈妈则对孩子顺从得多。她的家庭和她的孩子就是她快乐的源泉。事实上，这已经取代了那些从她的婚姻中消失的浪漫火花，她为爸爸对孩子们缺少感情和温柔而担心，她觉得她应该通过向另一个方向倾斜来弥补他的严厉。当他不让孩子们吃晚饭就叫他们上床睡觉时，她偷偷地塞给他们牛奶和饼干。由于她是爸爸不在时唯一的权威，因此在家中居支配地位的旋律是不成章法的宽容。她太需要这些孩子们了，以至于不愿冒险去控制他们。

这样，两个家长权威的象征是相互矛盾的，孩子被夹在他们中间。孩子对任何一个家长都不尊敬，因为一个会破坏另一个的权威。这种自我毁灭的权威形式经常会埋下一颗反叛的定时炸弹，它会在青春期引爆。大家所知道的最不友善、最野蛮的孩子就是从这种极端相结合的家庭中产生的。

如果我们想培养出健康、负责任的孩子，就必须寻求疼爱和控制的“中间地带”。

当你被孩子的反叛挑衅时，要取得决定性的胜利。当孩子问“谁说了算”时要告诉他答案。当他咕哝着抱怨“谁爱我”时，让他投入你的臂膀之中，用感情将他包围。尊敬孩子，不要伤害他的尊严，并希望从他那里得到相同的东西。这样，你就可以开始享受到有权威的父母地位所带来的令人陶醉的好处了。

第六章

不吼不叫，培养孩子的好品质

让孩子拥有一颗善良的心

一个健康的孩子就好比一棵树，必须以善良为根，正直为干，丰富的情感为蓬勃的枝丫，这样才能结出美丽善良的果子。善良的情感及其修养是人道精神的核心，必须在童年时悉心培养，否则就不会有效果。

一个人最重要的素质之一就是爱心，它可以说是人性的基础。一个没有爱心的人，就是一个冷漠的人，一个与社会脱节的人。而爱心的产生，是基于个体社会情感的需要，它也不是与生俱来的品质，而是一种在后天的环境和教育的熏陶下逐渐形成的习惯性心理倾向。

孩子可以被看作是一面镜子，给他们爱，他们会报之以爱；无所给予，他们便无所回报；无条件的爱得到无条件的爱的回报，有条件的爱得到有条件的爱的回报。

因此，不管你怎样把净化和丰富精神世界的活动引入家庭生活，记住，有一点是最重要的：如果你的内心没有爱，就不可能给别人爱。父母首先要做的是，要让内心世界充满爱，这样你才有多余的爱给别人，才能培养引发你们的孩子来自内心的爱。

父母应该让孩子理解，无附加条件地服务于他人，就是不要任何回报的服务和爱的给予。学会把孩子看作是与你脱离的、独立的人去爱他们，你的职责是把他们变成与你一样的人，即让他们通过自己的努力尽力成为最好的人。

古今中外，爱心被认为是一个人的基本道德和社会的灵魂。孔子说“仁者爱人”，孟子讲“王道”，他们都是以爱为核心的。费尔巴哈说：“新哲学建立在爱的真理上，感觉的真理上。”“爱是存在的标准——真理和现实的标准，客观上如此，主观上也是如此。没有爱，也就没有真理。”由此，以爱为基础的新哲学被他建立了。

那么，应该怎样来培养孩子的爱心呢？

1. 热爱动物，热爱生命

我们时常会看到这样一些情景：孩子在逛街时，迎面跑过来一只小狗，孩子会情不自禁地抚弄小狗，眼里流露出爱怜的神情。像动物园、公园这些场地，往往是孩子们的天下，孩子们在这里会和小动物们嬉戏、玩耍，并且会觉得快乐异常，显现出爱的天性。

相反，我们也会看到一些搞恶作剧的孩子，他们抓住小猫、小狗的尾巴，听到它们悲惨的嚎叫而开心不已，这些都是他们没有爱心的表现。

西方国家大多制定了法律，禁止虐待小动物，目的是用法律抑制残忍。英国有句名言：“爱我者爱我的狗。”把狗等同于人，借用小动物启迪孩子的爱心，是最直观和便捷的方法。现代社会掀起“宠物热”，并非全是精神空虚，它也是人类在人情淡薄的后工业社会中，借用宠物培育爱心，呼唤美好人性的一种表现。

2. 帮助孩子克服自私自利的性格

“我的，给我，我要！”这是小孩子最常说的几个词。可见，小孩子的自我意识很强烈，这往往被用来证明“人生来是自私的”。

诚然，人有自私的一面，自私属于动物的普遍共性，但并非不可改变。婴儿学会的语言中，最早还有“爸爸”“妈妈”这些词，说明婴儿最早感受到的他人便是父母。父母的爱是无私的，父母精心呵护孩子，让孩子最先感受到人间的温暖。

父母之爱是无私的奉献，历来为人们讴歌，但切不要把它当作对孩子的馈赠，否则便成了溺爱，反而会助长孩子的自私心理。

3. 给孩子做关心别人的榜样

言传身教，榜样的力量是无穷的，也是最有效的。要使孩子富有爱心，父母必须从自己做起，从孩子一生下来就开始做。

当代著名的社会生物学家威尔逊，有一次意外地发现一个有趣的现象：

一只雌性的成年斑鸠在看到一只狼或者其他食肉动物接近它的孩子的时候，便会假装受伤，一瘸一拐地逃出穴窝，好像它的翅膀折断了。这时，食肉动物就会放弃攻击小斑鸠转而攻击成年斑鸠，希望能够捕食这只“受伤”的猎物。

一旦这只成年斑鸠把这只食肉动物引到一个远离穴窝的地方时，它就会振翅飞走。这种方法往往能够取得成功，当然，有时也会遭到不测。

斑鸠就是用这种富有爱心的举动来保护幼小的斑鸠，使它们能够活到成年，繁殖后代。而小斑鸠在耳濡目染成年斑鸠的做法后，也会仿效。由此可见，爱心是一种后天强化的行为，只要父母提供榜样，孩子就会模仿。因此，父母在有意识地对孩子进行爱心教育的同时，更要以身作则，通过自己的言行来对孩子起示范作用，在家庭中营造爱的氛围，感染孩子的心灵。

4. 移情训练

爱心培养还需要移情训练，可以经常让孩子把自己痛苦状态时的感受与别人在同样情境下的体验加以对比，体会别人的心情，这样可以让孩子学会理解别人，学会移情。

例如，看到小朋友摔倒了，可以启发孩子："想想你摔倒时，是不是很疼？ 小弟弟一定很难受，我们快去扶起他，帮他擦擦脸。"这样，孩子的同情心不知不觉就培养起来了。

5. 培养孩子的同情心

同情他人是爱心的一种体现。 缺乏同情心的孩子只关心自己，只顾自己的快乐，而无视别人的痛苦，甚至会把自己的欢乐建立在别人的痛苦之上，这种孩子是很可怕的。 有同情心的孩子往往比较会关爱他人，因此，父母要在生活中培养孩子的同情心。

父母可以为孩子创造一些和人交流的机会，在交往的过程中，孩子能亲身体验到别人的感受和想法，这样有利于同情心的培养。 比如，许多大城市中组织的"手拉手"活动，是在城市和贫困地区的孩子之间建立起来的互助合作，让城市孩子真切体会到农村孩子没有书包、没有书本、没有橡皮的感觉，父母可以鼓励孩子多参与这样的活动。

6. 让孩子了解一些生活的真实情况

父母们总是担心孩子吃苦头，担心孩子遭受挫折。尽管父母自己面临着许多生活的曲折和坎坷，尽管父母有许多不快乐和情绪不稳定，但父母们总是竭力在孩子面前保持平稳。父母总是希望孩子不要过早地承受生活重担，其实这是错误的。事实上，父母要学会与孩子成为朋友，要学会让孩子了解一些生活的真实情况。有些父母总是自己累死累活，但对孩子的各种要求却无条件地满足，这样孩子就会越来越缺乏爱心。

父母亲是孩子最直接的教育者，应该把自己的辛劳告诉孩子，让孩子明白父母之爱的伟大，懂得父母为了自己的成长做出多么大的牺牲。这样，孩子便会体谅父母，不再心安理得地接受父母的伺候。有机会也让孩子学习照顾父母、长辈，明白爱心是相互交流的，不只是单方面的索取。创造一个富有爱心的家庭气氛，能克服孩子的自私心理，让孩子养成关心别人的习惯。

培养出一个有责任心的孩子

孩子并不是天生具有责任心的，它是在适宜的条件和精心的培养下，随着年龄的增长和心理的发展而形成的。家庭是孩子责任心赖以滋长的土壤，父母对待孩子的态度、教育孩子的方法是他能否健康成长的重要条件。

责任心是孩子健全人格的基础，父母都希望自己的孩子有责任心，因为责任心是一个人立足于复杂的社会，能担当重任的重要条件。

责任心，是指一个人对自己和他人，对家庭和集体，对国家和社会所负责任的认识、情感和信念，以及相应的遵守规范、承担责任和履行义务的自觉态度。责任心是孩子健全人格的基础，是能力发展的催化剂。每个人都有一种积极向上的内在趋势。孩子以幼儿阶段所表现出各种主动尝试的愿望，正是一种责任心的萌芽。如幼儿独立吃饭、试穿衣服、手脏了自己洗等行为都是孩子责任心的表现。父母的责任是密切地关注他、帮助他、鼓励他，在他尝试的过程中，培养其意识，增强其自信，逐步成为独立自主，对个人、社会负责的人。

责任心的培养应遵循这样一个规律：从自己到他人，从家庭到学校；从小事到大事，从具体到抽象。不可想象，对自己不能负责的人，何谈对他人负责？对家庭没有责任心，何谈对社会有责任心？因此，家长对孩子责任心的培养应从家庭做起，从日常生活的小事抓起，循序渐进，由近及远，从具体到抽象。

有责任心的孩子能运用他自己的智慧、信心和判断力去做出决定，独立行事，考虑他的行为后果，并且在不影响他人权利的情况下实现自己的需要。他们明白自己的义务，并主动履行义务，并愿意承担自己行为的后果。

家庭责任心主要是指能尊重其他家庭成员的权利，自愿承担家庭义务，为自己的行为承担责任。一个具有家庭责任心的孩子，不仅能在现在的家庭生活中扮演好家庭成员的角色，在未来的生活中也有能力组织好属于自己的家庭。他的一生不仅能享受到家庭生活的充实、快乐，同时，也能创造出温馨、和睦的家庭气氛。

孩子作为家庭的一名成员，既应该享受其权利，当然也应承担一定的家庭责任，包括承担一定数量的家务劳动。父母可以通过鼓励、期望、奖惩等方式，督促孩子履行职责，培养其责任心。如果一个孩子在家庭中的责任心难以确立，将来一旦走上社会，就很难有社会责任心。

培养孩子的家庭责任感不仅在于家长是否具有家庭责任感，还在于家长是否给孩子锻炼的机会。如果你不是一个尽职尽责的父亲或母亲，怎能对孩子进行责任心的教育呢？父亲与朋友玩麻将通宵达旦，不顾及对家人的干扰；母亲忙于在外应酬，家里一团糟，这样的父母又有什么理由和资格去埋怨孩子不愿回家呢？

在一个专制的大人王国里，也难以培养出有家庭责任感的孩子。因为家长对孩子控制得太死，管制得太多，使孩子没有机会就某件事做出负责的行为，孩子做事只是服从，听命于大人的意见，而我们强调的责任感并不是指你的孩子按照你告诉他的方式去行事，而是他能主动发现并自主地做出反应。

只有民主的家庭，才是家庭责任感生长的最佳环境。在这样的家庭里，家长和孩子相互独立，但并非各行其是，漠不关心，而是彼此尊重又相互关照的。孩子受到重视，家长具有威信。在讨论家庭中的责任与分工之前，父母应该想一下自己是否是一个有家庭责任感的人？自己惯用的教养态度和方式是否有利于孩子责任心的培养？在抱怨自己的孩子缺乏责任感之前，先检查一下自己是不是孩子的榜样。然后就有可能从抱怨孩子转而反思自己。要想改变孩子，也应当从改变自己开始。这是最关键的问题。

在家庭生活中如何创造或抓住机会培养孩子的责任感？ 关键是父母必须赋予孩子一定的责任，以便有针对性地进行教育。 空洞的说教是不能培养孩子的责任心的。 通过赋予孩子责任，或感受他们自己某些行为的不良后果，才能培养孩子的责任心。

那么如何培养孩子的责任感呢？

1. 自己分内的事自己做好

在家中应该明确哪些事情是由爸爸妈妈来做的，哪些事情可以由爸爸妈妈帮孩子做，又有哪些事情是必须由孩子自己做的。 对第三类事情必须给孩子一个明确的概念和范围，在不同的年龄给他制定不同难度的自理工作范围，对于这些父母绝不要包办代替。

2. 家里的事别人的事帮着做

要让孩子明白，仅把自己的事做好是不够的，因为他还是家庭、集体中的一员，他还有责任协助做一些家里的事、集体的事，以此来为家庭、集体尽责，只有这样将来才能为社会尽责。 要对自己的行为后果负责，就要善于抓住生活中的点滴小事，无论事情的结果好坏，只要是孩子的独立行为结果，就要鼓励他敢做敢当，不要逃避，要勇于承担后果。家长不应替他承担一切，以免淡漠孩子的责任感。

3. 要履行自己的诺言

从小教育孩子，自己答应了别人、许下了诺言就要尽全力履行诺言，即使自己不情愿也要这样做，因为这样做是对别人负责，也是对自己负责。

4. 要积极参加社会公益活动

要教育孩子自己是社会集体中的一员，权利与义务是并存的，他有义务为社会做自己力所能及的事，这是培养孩子对社会负责的重要途径。

孩子并不是天生具有责任心的，他是在适宜的条件和精心的培养下，随着年龄的增长和心理的发展而形成的。家庭是孩子责任心赖以滋长的土壤，父母对待孩子的态度、教育孩子的方法是他能否健康成长的重要条件。

在家庭环境中有责任心的孩子，才能在更复杂的学校、社会环境中经受考验，得到修正和磨炼，最终成为一个自强、自立的人。

培养孩子勤奋的美德

培养孩子对学习的热爱，对学习的勤奋精神以及让孩子接受一流的教育，是最重要的。事实上，一个孩子掌握知识的多与少，完全取决于他的勤奋程度。

“宝剑锋从磨砺出，梅花香自苦寒来。”意思是一切成功的背后都有辛酸的磨炼。只有具有坚忍不拔、吃苦耐劳的精神才能成才。

“书山有路勤为径，学海无涯苦作舟。”浏览一下历史我们会发现，不论是善于治国的政治家，还是胸怀韬略的军事家；不论是思维敏捷的思想家，还是智慧超群的科学家，他们之所以在事业上取得不同凡响的成就，都是与他们的勤奋好学分不开的。

在浩瀚的宇宙中，所有的事物都在根据自身的规律永不休止地运行着。“世界上最伟大的法则就是工作，”有人说，“工作使有机的事物缓慢而有条不紊地朝着自己的目标前进。”任何地方一旦停止了活动，那么，就一定会后退。我们一旦不再使用自己某个部分的器官，它们就会开始衰退。只有那些我们正在使用的东西，大自然才会赋予我们力量，而那也是我们唯一能支配的东西。

现在的父母们望子成龙的心情太过急切，常常重视孩子的智力开发而忘记培养孩子一些决定他们命运的好习惯。为了把你的孩子打造成一个你心目中的“天才”，就要用正确的、合理的方法去培养孩子，激发他们的斗智，通过自我努力、自我教育形成勤奋刻苦的好习惯。

以下是给父母们的一些建议：

1. 通过劳动促使孩子勤奋

勤奋不仅表现在学习，更表现在工作和劳动上。当孩子走上社会后，他的勤奋就直接表现在工作中。因此，父母要有从小就通过劳动来培养孩子勤奋工作的好习惯。

首先，父母要树立勤奋工作的榜样。许多时候，父母会做一些艰辛的工作，例如在非常恶劣的环境中，长时间地从事体力劳动，做一些又脏又累的活等。如果父母咬紧牙关，认真地去做这些事，孩子也会学到父母的这种勤奋。

其次，告诉孩子零花钱需要通过自己的劳动去挣，如果孩子想获得更多的零花钱，他就得通过自己勤劳的双手去干活。这样做的目的就是为了让孩子懂得，只有努力干活才可以有收获，懒惰的人是什么也得不到的。这样，等孩子长大后，他就能够勤奋地工作了。

2. 让孩子有替父母分忧的孝心与责任感

经受过一番勤奋刻苦磨砺的人，一定是一个已经具备责任心的人。责任，不但是要对自己负责，也要对关心自己的人负责。当一个孩子懂得了父母挣钱不易的时候，他就会想：我一定要争口气，让我的父母过上更好的生活。为了这个目标，他会更加勤奋刻苦地去学习，不辜负父母的一片苦心。

因此，让孩子有替父母分忧的孝心与责任感，往往会成为激励孩子去努力奋斗的一种动力。

3. 劳逸结合，不烦不腻

劳逸结合的办事效率远远高于死缠烂磨的办事效率，其中原因就是使孩子保持着对事物的兴趣和积极的态度。在做功课时要充分注意休息时间，让孩子舒展一下筋骨、放松一下精神状态。不要长久地磨时间去学习，那样既达不到学习的目的，也容易使孩子产生腻烦心理。所以，在教育过程中，父母要根据孩子的精神状况，让孩子进行适当的休息或调整。

4. 对孩子循循善诱

无论是意志还是毅力，孩子总是不如成人，为了让孩子养成勤奋的好习惯，父母不妨采用循循善诱的办法——就是有步骤地引导孩子去学习。循循善诱要注意几个问题：一是要注意培养孩子在学习方面的基本功，比如孩子要有一定的知识面；二是要注意适时的教育，引导孩子勤奋学习要抓住孩子有学习欲望的时候；三是要注意适量，孩子毕竟是孩子，不要以成人的标准去要求一个孩子，学习的内容不能越过孩子所能承受的范围；四是父母态度要平和，引导孩子勤奋学习应该怀有一种平常心，不要急于求成，否则只会得到适得其反的效果。

5. 父母要让孩子多听、多接触勤奋的事例

"天道酬勤"也好，"几分耕耘，几分收获"也好，这些都说明了养成勤奋刻苦好习惯的重要性。

父母要经常给孩子讲一些，比如：古时"头悬梁，锥刺股"的学习精神与现代的学习环境作比较；在电视上所看到的奥运、亚运会或全国运动会上的金牌得主，他们训

练的刻苦、拼搏的顽强，以及不夺金牌誓不罢休的毅力，无一不是勤奋刻苦的真实写照等等。让他们明白，一个知难而退、怕苦怕累的人，是必然一事无成的。因为世界上没有一件东西是可以不劳而获的。“付出才会有收获”的道理，需要父母以身作则的榜样示范、孩子亲力亲为的亲身体验。

父母还可以通过讲一些名人勤奋好学的故事，让孩子知道，只要能克服艰苦条件而勤奋学习都是可以取得成功的。让孩子知道，能够克服艰苦条件而勤奋读书，是很不容易的一件事，在崎岖的奋斗中能坚持下来，更需要一种毅力。但是只要坚持下来，就能拥抱成功。

一个人若想成功其实并不太难，只要他能够勤奋地做人，勤奋地做事，勤奋地学习和积累。一个人勤奋的品质，就是他人生的资本。越勤奋的人财富就越多；越懒惰的人，所失去的人生机会也就越多，等待他的也只能是个失败的人生。

教孩子学会宽容

宽容体现了一个人的素养与气度，表现了一个人的思想水平。教孩子学会善待他人的短处，这样孩子才可以与他人和睦相处；教孩子学会宽容对待他人的长处，可以使孩子不妒忌，从而不断地取得进步。

宽容是一种美德，它像催化剂一样，能够化解矛盾，使人和睦相处。诸如“退一步天高地阔，让三分心平气和”“大肚能容，容天容地，容天下难容之事；开口便笑，笑古笑今，笑古今可笑之人”这种不注重表面形式的输赢，而注重思想境界和做人水准的高低的行为是高尚的。正如有位哲人所说：“宽容是需要智慧的。”

现在的孩子大都以自我为中心，不管发生什么事情，很多人首先想到的是自己，而不是别人。如果别人做错了事，根本没有一点宽容之心，往往会逮住他人的缺点不放。

北京师范大学教育系与中国青少年研究中心，曾经对中小学生做了一次抽样问卷调查。其中，有一个问题是这样的：“当你讨厌的同学需要你的帮助时，而且你能帮助他，你会帮他吗？”对于这个问题的回答，表示愿意的小学生、初中生和高中生分别是59.8%、41.7%和37%。由此可见，虽然不少孩子对于他人的主动求助表示愿意帮助，但是，从小学阶段到高中阶段，表示愿意帮助他人的人数是递减的。在调查中，还有一个问题是这样的：“对于过去欺负过你或严重伤害过你的人，你会怎么办？”对于这个问题，只有29.9%的学生表示会原谅他，有近24%的学生表示很难原谅或绝不原谅，其余的学生则表示原谅但不忘记。从中我们也可以看出，能够主动宽容别人的孩子实在太少了，而事实上，宽容是一种重要的美德。

作为妈妈，应该充分认识到宽容对于孩子来说不仅是一种待人准则，而且能够保护心理健康。现代科学揭示，宽容有利于一个人的健康长寿。美国密歇根州立大学的研究人员进行的一项研究就发现：当人们想要报复他人时，血压会明显上升；而在宽容他人时，血压则显著下降。因此，作为父母一定要培养孩子宽容的心态。

那么，怎样让孩子学会宽容呢？

1. 不要把世俗的毛病传染给孩子

父母最好不要在孩子面前以自己的眼光议论其他小

朋友的缺点，这样容易让孩子对其他小朋友过于挑剔。相反，父母要尽可能表扬其他小朋友的优点，让孩子明白每个人都是有优点的，不要使自己的孩子产生一种以自己为中心的思想，这非常不利于培养孩子宽容的心态。

父母尤其不要对某些人和事物有偏见，更不要把这些偏见在孩子面前表露出来，从而让孩子在潜意识里也受到这种偏见的影响，而对这些人和事物有偏激的看法。

当孩子的小伙伴来自己家里时，父母对其他小朋友的态度不要过分冷落，也不要过分热情，尤其要教育孩子尊重小伙伴，让孩子平等地与人交往。

2. 教孩子换个角度看问题

不管什么时候，父母都可以教孩子学会从别人的角度来看待问题，让孩子把自己置于别人的位置，设身处地地站在别人的角度来思考问题。

在日常生活中，父母要鼓励孩子参与多元化的活动。无论孩子年纪多么小，都要鼓励他接触不同种族、宗教、文化、性别、能力和信仰的人，这有利于孩子与不同的人坦诚相待，遵从规则，平等竞争。

3. 教孩子善待他人

“要想公道，打个颠倒”。 宽容是一种美德，在生活中，即使别人错了、无礼了，你若能容忍他人、宽容他人，同样能获得信任和支持，同样能得到别人的友善相待。

在教孩子善待他人的时候，父母可以通过角色互换的方法让孩子摆脱以自我为中心的不良想法，学会心中有他人，宽容他人。父母应该教孩子对其他小朋友多一点忍让，多一份关心，这样别人也会遇事宽容自己，体谅自己，为自己着想。事实上，只要孩子学会了宽容，他就会赢得朋友，就会真正体会生活的快乐。

4. 父母要起表率作用

父母本身具备的品德，一般在孩子身上都可能找得到。因此，父母首先要为孩子创造一个良好的家庭环境。一个整天吵闹不休的家庭，是很难造就出一个具有和蔼品质的孩子的。父母对他人的热情、平等、谦虚等处世原则和行为，是孩子最好的直观而生动的教材，会在潜移默化中培养出孩子尊重别人、爱护别人、和谐相处的良好品行。

5. 创造一个和谐的家庭环境

让孩子生活在一个宽容友爱、温馨和谐的家庭环境中，用父母的言行影响孩子，这样，孩子就会逐步形成一种持久的宽容忍让的善良品质。

孩子的宽容心是一种非常珍贵的感情，它主要表现在对别人过错的原谅。这种感情对于孩子个性的健康发展，尤其是感情的健康发展以及对良好关系的建立有着非常重要的意义。宽容的人，时时刻刻都会受到人的爱戴。因此，他们更加容易处理好各种人际关系，能够很快地适应各种不同的环境，能够融洽地与人合作，充分挖掘自己的潜能。富有宽容心的孩子往往心地善良、性情温和、惹人喜爱、受人拥护。

然而，在现实生活中，总有那么一些人，心胸狭隘，小肚鸡肠，处事总是持“宁可我负人，不可人负我”的态度。对别人的不是，甚至并非不是之处也斤斤计较。往往使一丁点矛盾进一步恶化，最终酿成祸患。轻则使人受伤，重者致人命亡。作为父母，这些道理要对孩子讲清楚。

穿梭于茫茫人海中，面对一个小小的过失，一个淡淡的微笑，一句轻轻的歉语，就会带来包涵谅解，这就是宽容。不要苛求任何人，要以律人之心律己，以恕己之心恕人，这也是宽容。宽容地待人，待事，待自己，善待一切存在。让孩子知道，因为宽容，我们知道了幸福的真正意义，因为只有宽容，世界才会越来越多姿多彩。

第七章

用爱浇灌，给孩子一个健康的心理

让孩子生活在自信当中

自信是人生发展和成功的心理基础，又是能力和意志的催化剂。当孩子在某方面有了进步，父母应该对于他的进步进行夸奖，即使孩子没有什么进步，父母也应该寻找机会进行鼓励，这样就会让孩子有想要进步的欲望和动力，会让孩子更加渴望进步。

“自信”就是“相信自己”。自信心，是一个人最重要的个性品质。它建立在自我意识成熟的基础上，是自主精神的重要内容。自信心强的人，就会相信自己的力量，不指望依靠别人的帮助，确信自己经过努力一定能够有所作为。因此，自信心是一个人在事业上取得成就的必要条件。

每个父母都希望孩子可以受到良好教育，能早日成才、高人一筹。于是，各种各样的教育方法都被父母们所采用，从小就给孩子买一些锻炼智力的玩具，恨不得孩子一开口就是一口流利的英语，期望孩子会有绘画、演奏等方面的技能……为了这些，父母们让孩子接受各式各样的训练，参加花样繁多的补习班。但是，无数的事实证明，通过这样的教育而获得成功的例子寥寥无几。因为这种狂热、高压的教育方法，充其量只能使孩子习得优秀的外在技巧，而孩子真正需要的是内在力量和精神品格的培养，尤其是自尊心和自信心，它才是导致行动的内在品质。因此，教育的起点，就要从培养孩子自信的好习惯开始，要知道，自信心并非天生，而要靠后天培养。作为家长帮助孩子树立信心，是责无旁贷的。

那么，怎样才能培养孩子自信的好习惯呢?

1. 强化对自我的积极认识

自信是对自己能力的一种正确认识和信任，如果认识不到或是低估了自己的能力，那他很可能会有不自信的表现。孩子正处于一个需要别人引导、帮助和认可的时期，他们对于自己的潜能、长处和不足往往没有什么认识和把握，大多数时候，他们是通过别人对他们的态度来确定自我的价值的。如果父母对他们的思想和行为加以肯定，让他从中感受到成功的喜悦，那么，他的自信就会在父母鼓励的话语中不断地得到提高。如果孩子在某方面做得不好，或是失败了，父母就要帮助他们寻找并分析原因，鼓励他要不断地进行尝试，去争取成功。父母应该强化孩子对自我的积极认识，帮助孩子认识到自己拥有巨大潜能和广阔的发展可能性，使其深信：只要自己在某些领域的努力持之以恒，坚持不懈，就一定能取得成功。孩子的自我认识在其成长过程中，对培养孩子自信有着举足轻重的作用。

2. 培养孩子的特殊才能

如果孩子拥有一项特殊的才能，就可以大大加强他的自信。所以，父母可以根据孩子的兴趣和爱好来培养孩子的一些特长，让孩子通过发挥他的特长而树立起信心。只要孩子有兴趣去学，肯定会做得很好，父母就可以抓住机会夸奖孩子，让孩子明白自己也是有能力的，从而培养起孩子的自信心。当然，父母也可以通过展示孩子的特长，让其他人来认可孩子的能力，这样更能提高孩子的信心。

父母应该让孩子知道，每个人都会有自己的特长，自己可能会在一些方面不如别人，但是也完全有可能在其他方面超过别人。父母还可以教会孩子运用一些自我暗示，这样可以让孩子从对某件事的良好感觉中扩散出去，从而形成良好的自我感觉。

父母还可以多鼓励孩子参加课外活动，让他们在学业之外，培养其他的兴趣与爱好；鼓励孩子参加社区义工活动，让他们多接触那些需要别人关爱帮助的人群，这些都会增进孩子的自信心与自尊心。

3. 让一些榜样来引导孩子

无论国内还是国外，甚至就在孩子的身边，都有很多榜样，他们也都是天赋平平没有什么过人的才华，有时候他们甚至是身处逆境的。但他们不甘平庸、不屈服于命运安排，顽强拼搏，终于取得成功。父母可以把这些人的故事讲给孩子听，然后引导孩子向他们学习，为培养孩子的自信提供一些生活中的依据。

4. 尊重孩子的意见

父母一定要注意倾听孩子的想法，了解孩子的看法，一些关于孩子的重大事情要和他们一起商量，并且要尊重他们的意见。构建家庭民主格局，这是培养孩子自尊、自信的无声语言，也是最有效的做法。

5. 父母对孩子要有合理的期望

如果父母对孩子的要求太高，孩子就很难实现目标，一旦他们对父母制定的目标不能实现，就会很难建立信心，甚至会打击到他们的自信心。如果父母能够对孩子的实际水平适当地降低标准，孩子就会很容易取得成功。对于孩子来说，成功会带给他们意想不到的效果，孩子可以从他的成功中体验到快乐，并且能够获得充分的自信，这样，他们就会取得大幅度的进步。

6. 对孩子进行适当的夸奖

当孩子在某方面有了进步，父母应该对于他们的进步进行夸奖，这样可以调动孩子心中的积极因素，促使孩子期望自己取得更大的进步。即使孩子没有什么进步，父母也应该寻找机会进行鼓励，这样就会让孩子有想要进步的欲望和动力，让孩子更加渴望进步。

7. “笨鸟先飞”“勤能补拙”

对于一些必要的知识和技能，父母可以让孩子提前掌握，等到他正式学这个东西，或是和同伴们一起学习的时候，他就会有“这很容易”的感觉，再加上别的孩子可能没有学过，就会让你的孩子产生自信。

一个人成功的起点是自信，也是他前进的力量，而自卑则是其成才之路上最大的阻力。作为父母不应该只看到孩子成绩单上的成绩，还要看到孩子其他方面的长处。父母对孩子的信任和评价，对孩子树立自信心有着不可估量的影响，因为孩子的经验是很有限的，他的自信心最初是建立在别人对他的反应上。如果孩子认为自己讨人喜欢并具有一定的能力，那他就会勇往直前，对自己充满信心。因此父母要用微笑、赞许的话来鼓励孩子。如果父母成天都在孩子的耳边说“这孩子没出息，比某某差多了”。孩子就可能真的会认为自己没有出息。如果父母经常告诉孩子“你并不比别人笨”“别人能办到的，你也一定能办到”这些话语，这样就会对孩子产生一些效果，会让孩子拥有自信，而一旦有了自信，孩子就能通过自己的努力取得成绩。

让孩子的笑脸更灿烂

乐观的品格，对一个人的一生很重要。一个孩子如果拥有乐观的品格，便会生活得快乐。让灿烂的笑容永远洋溢在孩子的脸上吧！这样的孩子才会觉得自己能够驾驭生活，能够克服学习中的困难，能够摆脱一些挫折。

乐观是孩子对未来充满信心和希望而又不断进取的个性特征。孩子对那些能够满足自己需要的事物或对象，会产生一种积极的情绪，而对无法满足自己需要的事物则会产生消极的情绪。乐观的性格是孩子应对人生中悲伤、不幸、失败、痛苦等不良事件的有力武器。如果孩子无法乐观地面对人生，就会意志消沉，对前途丧失信心，长此以往，还会损害身体健康。儿童心理学家马丁·塞利格曼认为，乐观不但是迷人的性格特征，还有更神奇的功能，它能使人对生活中的许多困难产生心理免疫力。乐观的孩子不易患忧郁症，他们也更容易成功，身体也比悲观的孩子更健康。

从心理学角度讲，乐观的情绪，能够提高人的大脑及整个神经系统的活力，使体内各器官的活动协调一致，从而有助于充分发挥整个机能的潜能，有益于健康和工作效率的提高。相反，悲观的情绪可能使人的整个心理活动失去平衡，对人的身心健康都可能造成严重的不良影响。

值得庆幸的是，孩子乐观的性格是可以培养的。早期诱发理论认为，人的性格是在后天的环境中逐步形成的，乐观的性格可以通过实践逐步培养，悲观的性格也可以在实践中逐步改变。

想让孩子成为一个快乐小精灵的父母不妨尝试下面的方法：

1. 不要对孩子“控制”过严

很多孩子不快乐的主要原因是他们没有自己的自由。有些父母由于对孩子太过溺爱，往往会抑制孩子们的一些行为和举动，甚至会替孩子包办一些事情。这样，孩子就事事不用做，但是，这样一来，孩子就无法在做事中得到乐趣了。并且，孩子们也不见得就喜欢这样。所以，父母要把选择权交给孩子，让他们自己决定自己要什么东西或是做什么事情。比如，年纪小的孩子可以选择要吃什么样的午餐，大一点的孩子可以选择穿什么样的衣服上街，再大一点的孩子可以选择在节假日的时候去什么地方玩、可以选择买什么玩具，或是可以选择看什么电视，这样有充分选择权的孩子才会感到快乐自立。

2. 鼓励孩子多交朋友

不善交际的孩子大多性格抑郁，因为享受不到友情的温暖而感到孤独痛苦。性格内向、抑郁的孩子更应多交一些性格开朗、乐观的同龄朋友。这样孩子就能接纳各种性格的人，有助于养成豁达的心胸，快乐的性格。此外，家长自己也应与他人相处融洽，热情、真诚待人，给孩子树立起好榜样。

3. 允许孩子自由地表现悲伤

当孩子在遇到困难的时候，往往会自然地流露出悲伤的情绪。这个时候，父母应该允许孩子自由地表现出他的悲伤。假如孩子在哭泣的时候，父母要求孩子停止哭泣，不能表现出软弱，孩子就会把心中的悲伤积聚起来，久而久之，反而会造成孩子消极的心理。

对于孩子所表现出的悲伤或软弱，父母不要呵斥，应该让孩子尽情地发泄心中的郁闷，只要孩子发泄够了，他自然会恢复心情的平衡。当然，如果孩子需要父母的帮助，父母应该及时安慰孩子，用相同的心理去感受孩子的情绪，努力引起孩子的情感共鸣，从而缓解孩子的不良情绪。

4. 让孩子拥有广泛的爱好

开朗乐观的孩子心中的快乐源自各个方面，一个孩子如果仅有一种爱好，他就很难保持长久的快乐。试想，只爱看电视的孩子如果当晚没有合适的电视节目看，他就会郁郁寡欢。假如孩子是个书迷，但如果他还能热衷体育活动，或饲养小动物，或参加演出，那么他的生活将变得更为丰富多彩，由此他也必然更为快乐。

5. 引导孩子摆脱困境

生活中不如意者十之八九，没有谁能够没有一丝烦恼地走过整个人生，谁都会遇上一些让自己烦恼的事情，即使他是一个乐观的人。但是乐观的孩子和悲观的孩子在遇到同样的事情时，他们的处理方式却是截然不同的。他们的反应虽然和先天的遗传有关，但大多方面还是父母教育的问题。所以，当孩子遇到困境时，父母要多留心孩子的情绪变化。如果孩子闷闷不乐，父母无论自己多忙，也要挤出一点时间和孩子交谈，教育孩子学会忍耐和坚强面对，鼓励孩子凡事多往好的方面想，不要尽往消极的方面想。

父母对于孩子情绪的变化也一定要注意观察，只要孩子愿意与父母沟通，父母就要引导孩子把心中的烦恼说出来。这样，孩子的烦恼很快就会消失，他也就很快会恢复快乐。当然，父母也可以帮助孩子克服一些困难，教给孩子以正确的态度和措施来保持乐观的情绪，这些都是促使孩子摆脱消极情绪的好方法。

6. 拥有自信十分重要

一个自卑的孩子通常比较内向悲观——这就从反面证实拥有自信与快乐性格的形成息息相关。对一个智力或能力都有限，因而充满自卑的孩子，家长应该仔细观察他的言谈举止，适时适当并审时度势地多做表扬和鼓励。来自家长和亲友的肯定有助于孩子克服自卑、树立自信。

7. 父母要做乐观的人

父母在教育自己的孩子时，要以身作则，每个家长不管是在工作上还是在生活中也都会遇到各种各样的不如意，而父母对待这些事情的方式会直接影响到孩子的做法。如果父母在面对困境、挫折时能够保持自信、乐观的精神，那么孩子也就会受到父母的影响。当他们在遇到这种情况时，也就会自然而然地乐观面对。

让孩子学会坚强地面对困难

父母要从小教育孩子，不管面对多么糟的情况都一定要学会坚强，要具有跌倒了再爬起来的精神，这样孩子在以后的人生道路上，才能够走得更远。

在生活中，人们对于那些冲破困难和阻力、经受重大挫折和打击而坚持到底的人，其敬佩程度是远在生活中的幸运儿之上的。征服的困难愈大，取得的成就愈不容易，就愈能说明你是真正的英雄。当接连不断的失败使爱迪生的助手们几乎完全失去发明电灯泡的热情时，爱迪生却靠着坚韧不拔的意志，排除了来自各个方面的精神压力，经过无数次实验，电灯终于为人类带来了光明。在这里，爱迪生的超人之处，正在于他对挫折和失败表现出了超人的顽强的刚毅精神。

巴尔扎克说："苦难对于一个天才是一块垫脚石，对于能干的人是一笔财富，而对于庸人却是万丈深渊。"有的人在噩运和不幸面前，他会不屈服、不后退、不动摇、顽强地同命运抗争，因而在重重困难中冲开一条通向胜利的路，成了征服困难的英雄、掌握自己命运的主人。而有的人在生活的挫折和打击面前，变得垂头丧气、自暴自弃，进而丧失了继续前进的勇气和信心，于是成了庸人和懦夫。培根说：“好的运气令人羡慕，而战胜噩运则更令人惊叹。”

一个人在顺境之中当然会做出一些成绩，但是更容易出人才的却是在逆境当中，因为逆境和挫折的情境会磨砺出一个人的意志。在逆境中经过挫折千锤百炼成长起来的人，会比在顺境中生活的人更具有生存力和竞争力。因为，在顺境中成功的人只熟悉成功的感觉，却不知道怎样面对挫折，而在逆境中奋斗的人既有失败的教训又有成功的经验，他们会显得更趋成熟。他们能把挫折看成一种财富，深谙只有经历了失败才可能会得到成功，成功是建立在失败的基础上的，因此要具有笑对挫折、迎难而上的风范。

对于孩子来说，只有经历了失败，才会知道如何面对失败，才会在失败中变得更加坚强。每个孩子都会遇到这样或是那样的麻烦，在面对困难和挫折的时候，胆小懦弱的孩子往往没有坚强的意志去克服困难和挫折；坚强勇敢的孩子则能够做到持之以恒，凭借自己坚强的意志，战胜困难和挫折，越过障碍和绊脚石，从而取得成功。所以，父母要从小教育孩子，不管面对多么糟的情况都一定要学会坚强，要具有跌倒了再爬起来的精神，这样孩子才能在以后的人生道路上，走得顺顺利利。

1. 让孩子学会自己生活

一些父母对孩子百依百顺，什么事情都不让孩子去做，只让他们在舒适、平静、安稳的情况下生活，从而剥夺了孩子自我表现的机会，衣来伸手、饭来张口的生活方式，导致了孩子独立生活能力的萎缩。所以，父母的包办代替是孩子形成软弱性格的重要原因之一。

生活善于自理的孩子在生活中会表现出坚强的一面，在面对挫折和困难时，他们会用自己的能力去处理这些问题，不会无所适从。因此，父母要让孩子学会自己生活，让他们自己去面对生活。要让孩子自己去做一些事情从而让他们受到锻炼，当父母以后暂时离开时，稍大一些的孩子能够自己待着而不害怕；当发生意外情况时，也能够不惊慌、不哭泣等。这些看起来是小事，但是对培养孩子坚强、勇敢的品质是很有益处的。

2. 支持孩子大胆地去做事、说话

父母教育孩子要用正确的方法，父母可以在孩子未成熟期加以保护，但这种保护应当随着孩子的成长发育越来越少。父母要训练孩子单独生活、适应社会的能力，这种训练应随着孩子的成长越来越多。千万不要凡事包办，养成孩子胆小怕事的依赖心理。

还有一些内向软弱的孩子不喜欢过多地说话，对于这种孩子，父母应尽量避免对他们说："你必须这样或那样做"之类的话，而是应该多对他们说"你看怎样办"，"你有什么想法吗"之类的话，给孩子一个独立思考并发表自己意见的机会。

3. 不要把孩子当成弱者

想让你的孩子坚强，千万不要把孩子当成弱者来看待。只有让孩子自己去站立，他的双腿才会坚强，他的意志才会坚强。

在公共汽车上，有人给一个 5 岁的小女孩让座。孩子的妈妈却对让座的人说："让她站着吧，她已经到了该自己站立的年龄了！"

4. 教孩子凡事再坚持一下

有这样一句话“胜利往往来自再坚持一下的努力之中”，其实正是这样，当一个人在遇到困难的时候，能够有足够的意志去让他再“坚持一下”，这种坚强的意志足以让他取得成功。

当孩子在不断地训练下做出一些比较勇敢的事情，父母应该不断鼓励、称赞孩子，让孩子感受到勇敢的乐趣，觉得以前的胆小非常幼稚，让孩子从内心上勇敢起来。这样，孩子就会越来越胆大，越来越活泼。

5. 鼓励孩子与社会打交道

有些内向的孩子在年龄小的时候，只习惯于同自己熟识的人待在一起，与社会上的人打交道时会产生一种潜意识的惧怕。因此，父母在孩子小时候就要培养他们处世的能力，鼓励孩子与社会打交道，多接触各种人。

6. 帮助孩子增强应付他所害怕的对象或环境的信心

有一些孩子在成长过程中时常发生过害怕的情绪。那么如何帮助孩子克服害怕情绪呢?

儿童有害怕情绪时，父母不该嘲笑或处罚他们。如果孩子害怕一个人在房间里关灯睡觉，可在他床头上装一个灯的开关，让他掌握或明或暗的主动权，帮助孩子消除害怕。

经常给孩子讲一些有趣的知识，有助于消除他们的害怕心理。如有孩子害怕蜜蜂，可耐心地向他解释蜜蜂是如何辛勤劳动、采花粉酿蜜的，只要你不惹它，它就不会蜇你。

让孩子把一件事情坚持做下去

成功的过程中会遇到许多艰难、挫折、失败，战胜它们最有效的方法就是坚持。父母要培养孩子的敏锐目光，可以让他看清成功背后的景象；要培养孩子持续的毅力，坚持到困难向他退缩。

坚持下去，已经成为所有卓越人物的共同点，也已经成为他们生活中的一个基调。父母要让孩子知道，每一个成功的人，在确定了自己的正确道路之后，都在不屈不挠地坚持着，忍耐着，直到胜利。波斯作家萨迪在《蔷薇园》中写道："事业常成于坚持，毁于急躁。我在沙漠中曾亲眼看见，匆忙的旅人落在从容者的后面；疾驰的骏马落后，缓步的骆驼却不断前进。"

坚持对于一个人成就事业是相当重要的。说起来，一个人克服一点儿困难也许并不难，难的是能够持之以恒地做下去，直到最后成功。

其实，很多时候成功与失败的差距往往仅一步之遥，父母要告诉孩子，只要咬紧牙关坚持一下，便会拥抱胜利。但是，许多人正是因为在前面的困难中已经筋疲力尽，在最后的关头，即使遇到一个微小的困难或障碍都可能放弃而导致前功尽弃。事实上，对于孩子来说，胆怯懦弱是普遍存在的。美国斯坦福大学心理学家菲利普·津巴多在20世纪的七八十年代对近万人的调查中发现，大约有40%的人认为自己胆怯、腼腆。胆怯有许多表现形式，如公共场所胆怯、社交胆怯、特定情境胆怯、特殊动物胆怯等。

“习惯是人的第二天性”“教育孩子，就是逐渐培养他们良好的习惯”，这两句话告诉我们，好习惯是培养出来的，把教育内容以习惯的方式在孩子心中固定下来，随时随地应用，形成一种本能。在培养的过程中离不开坚持不懈，父母培养孩子坚持不懈的一种习惯，有利于许多好习惯的养成，有利于整个教育的顺利进行。

培养孩子做事有始有终、坚持不懈的好习惯，父母可以通过以下两点来教育孩子：

1. 让孩子做事有目标

父母可以为孩子设定一个目标，然后要促使孩子针对目标来采取行动，并在其身边推动这种行动的进行。父母可以在孩子完成目标的过程中鼓励他，但是不可以帮助他完成，要让他独立完成；当孩子想半途而废的时候，父母要制止他的行为，一定要让他把这件事做下去，实现既定的目标。

在实现奋斗目标的过程中，设立既定目标将会激励人们去克服困难，坚持不懈地去奋斗。实现既定目标的愿望越强烈，施行起来就越持久、越彻底。

父母在激发孩子成就大业的兴趣与耐力的时候，需要向孩子作远大志向的教育，树立正确的价值观、帮助孩子确立间接的远景性目标。但是仅仅靠这些是远远不够的，因为远景性的目标与孩子的当前实际情况有相当一段距离，而真正让孩子更加努力地为实现既定目标而奋斗，父母应该从小激发孩子内发性动机力量，并从小事培养孩子持之以恒的决心。

2. “磨难”是培养毅力的沃土

随着生活水平的日益提高，“磨难”对于孩子们来说是一个接近陌生的词语。但是许多事实证明“自古雄才多磨难”，“梅花香自苦寒来”。

张海迪自幼截瘫，无法上学，但为了学习文化，她长期不顾一切地顽强学习，终于成为作家，便是很好的一个例子。能不能坚持下去，其关键在于能否以不屈的意志、顽强的精神来与噩运抗争，创造出奇迹，做出常人无法做到的事。

在顺境中成长的孩子，磨难可能成为他们的致命伤；而在逆境中长大的孩子，磨难却成了人生道路上一笔可观的财富。因此，父母们应该在日常生活中给自己的孩子设置一些障碍，让他独立克服障碍、跨越障碍，父母可以在旁边关注，必要时要给予适当帮助，以此锻炼孩子面对“困难”而坚持不懈的毅力。

在困境中坚持不懈是逆商（AQ）的精华所在。这种坚持的力量是一种即使面临失败、挫折仍然继续努力的能力。我们常常能够观察到，正确对待逆境的销售人员、军人、学生和运动员能从失败中恢复并继续坚持前进，而当遇到逆境时不能正确对待的人（低 AQ 者）则常常会轻易放弃。

意志力坚强的人懂得培养自己的恒心和毅力，并将它变成一种习惯，无论遭受多少挫折，仍坚持朝成功的顶端迈进，直至抵达为止。

经得起考验的高 AQ 者常常以其恒心耐力获酬甚丰。作为吃苦耐劳坚韧不拔的补偿，不论他们所追求的目标是什么，都能如愿以偿。他们还将得到比物质报酬更重要的经验：“每一次失败都伴随着一颗同等利益的成功种子。”

英国首相丘吉尔不仅是一名杰出的政治家，而且是一个著名的演讲家，十分推崇面对逆境坚持不懈的精神。他生命中的最后一次演讲是在一所大学的结业典礼上，演讲的全过程大概持续了20分钟，但是在那20分钟内，他重点只强调了两句话，而且是相同的两句话：坚持到底，永不放弃！坚持到底，永不放弃！

这场演讲是成功学演讲史上的经典之作。丘吉尔用他一生的成功经验告诉人们：成功根本没有什么秘诀可言，如果真有的话，就是两个：第一个就是坚持到底，永不放弃；第二个就是当你想放弃的时候，回过头来看看第一个秘诀：坚持到底，永不放弃。

告诉孩子：敏锐的观察力、果断的行动和坚持的毅力是成功的必备要素，你可能用敏锐的目光去发现了机遇，同时也能用果断的行动去抓住机遇，但是最后还是需要用你坚持的毅力才能把机遇变成真正的成功。

第八章

循循善诱，让孩子拥有好人缘

从小培养孩子善于交际的能力

善于与他人交往的孩子不仅能够从容地与同龄人交往，而且能够从容地与老师等成人交往。良好的人际交往是适应社会的表现，孩子是否善于同别人打交道，在人群中人缘如何，对他以后的学习和人生的发展有很大的影响。

卡耐基曾经说过，一个人的成功，他的专业知识所起的作用是15%，而他的交际能力却占85%。所以，和谐的人际关系以及高强的交往本领，是未来社会判断成功者的重要标准。因为，只要一个人生活在社会中，他就不得不和他人打交道。

人际交往是人与人之间相互联系的一种最基本的方式，是父母在教育孩子的过程中不可忽视的一项内容。如果你的孩子没有同龄的伙伴，那么这样的孩子就会缺乏集体主义的意识。当他们步入社会以后也会无所适从或是不尊重他人，自傲、任性，或是封闭自己，自私、孤僻，种种不良的性格就会出现在他的身上。许多工作都是需要人们通过协作一起去完成的，所以，父母必须从小就培养孩子善于交际的好习惯。

其实不用父母强迫，孩子也总是希望能够和自己差不多大的孩子玩在一起，也希望会有几个在思想上、学习上或者生活中志同道合的朋友，希望可以从朋友那里获得鼓励、信任和支持。在与周围的人相处时，朋友的肯定态度总是多于否定的态度，孩子们就会感到与他人有一种休戚相关、安危与共的情感，并愿意牺牲自己的利益去为他人谋利益。

因此，父母要经常与孩子谈论关于朋友的话题，或是倾听孩子和他的朋友之间所发生的一些事情，千万不要阻拦或过多参与孩子们之间的交往，孩子们之间自有一套评价朋友好坏的标准。即使孩子们在交往中吃了亏，他自己也会从中吸取教训。

既然一个人的交际能力那么重要，父母应该怎样培养孩子善于交际的能力呢?

1. 多与孩子沟通

父母和孩子之间的沟通是培养孩子理解、关怀、接纳、自信和尊重心理的重要因素。有些父母不愿意与孩子共同探讨，他们认为那是浪费时间。只是一味地让孩子接纳自己的观点、尊重自己的权利，很少有父母会做一个换位思考。他们不会知道他们那样的教育方式，对孩子的内心平衡会产生多么不良的后果。所以，父母平时要多和孩子沟通，多了解孩子的想法，这样，才会有利于父母对孩子的教育。

2. 帮助孩子结交朋友

一个人不能离开朋友的陪伴，即使是孩子也需要伙伴，友情能使孩子有一种归属感，孩子和他的小伙伴之间会有共同的乐趣，共同的感情，共同的语言，所以孩子们都喜欢在一起。即使他们之间从不相识，甚至语言不通，孩子们也会一见如故，亲热地玩起来。所以，父母应该为孩子创造交友氛围，让孩子们之间建立起温馨美好的感情。在这种气氛熏陶下，孩子们就会相处得快乐融洽。在孩子们相处的过程中，给予他们正确的引导和支持，通过接纳他的朋友、招待他的朋友等种种方法帮助并鼓励孩子与人交友。

3. 多参加集体活动

父母应该鼓励孩子多参加团体活动，让自己融入集体生活中。在集体活动中做一些自己能做的事情，加强与同学的交往，增加同学对自己的好感和信任。在一个集体中，每个孩子都会有属于自己的智慧和个性，他们会发现自己和别人的不同，也会从中找到适合自己的一个角度。在集体中，也会让孩子无形中产生对一种信念的凝聚力，形成一种共同帮助而忘小我的团体意识。这种意识的形成，有利于孩子在以后的人际交往中，改变那种以自我为中心的傲慢、优越感，使他与大家形成一种融洽、和谐的相处关系。

4. 培养孩子的专长

有位专家说："友谊是以共同爱好为基础的。如果你的孩子朋友不多，你可以帮助他培养某些爱好，从而认识更多的朋友。"马克思与恩格斯的友谊，就是建立在有共同志向、共同语言等诸多共同爱好基础之上而结出的。所以，父母要挖掘孩子的各种专长，让孩子结交广泛的朋友，拓宽、延长孩子的交际之路。

5. 教给孩子一些交往技巧

随着时代的发展，现在的孩子非常讲究个性，要想与之保持良好的关系也需要一定的技巧。父母可以教给孩子一些交往的技巧，帮助孩子得到同学的友谊。以下这些交往技巧能够帮助孩子在与人交往中获得他人的好感。

(1)使用礼貌用语，如“谢谢”“再见”“对不起”“没关系”等，不要对别人说粗话、做不礼貌的动作。

(2)主动和同学打招呼问好，能帮助打开友谊之门。

(3)在和同学的交往中，宽容同学的缺点和过错，不要为一些小事而斤斤计较。

(4)与人交往要注重的是给予，而不是什么事情都希望得到回报。

(5)不要无故打断他人的讲话，当别人在说话的时候要认真倾听，不可以心不在焉或是只顾做自己的事情。

(6)不要在背后议论别人，也不要打听别人的秘密和隐私，更不可以把别人告诉你的秘密大肆宣扬。

(7)对待别人要真心诚意，讲信用，不欺骗说谎。

(8)不要用捉弄、嘲笑的方式吸引别人注意，这样反而会引起别人的反感。

(9)在和同学的交往中，善于发现别人的优点和长处，多赞美别人，不要因为自己的某些特长而处处炫耀自己。

(10)与他人说话，尽量讲一些两人都感兴趣的话题，不要独自说个不停而不考虑他人的感受。

(11)同学之间交往尽量不要有过多的物质往来。

(12)不对自己的成绩得意忘形，要体谅他人的感情。

(13)学会带领其他同学参与到集体交往中来，组织大家围绕一定的主题交流。

培养孩子与人合作的能力

与人合作的能力已成为当今世界人才的重要素质之一。目前由于孩子中独生子女的数量大大增加，任性、脾气大、与人合作能力差成为孩子中大多数人的弱点。所以，培养孩子与人合作的能力是父母刻不容缓的工作。

合作是现代人的一项基本素质与品格。如果一个人不能与人真诚合作，他就不可能成功。

合作不是一般意义上的人际交往，而是为了一个共同的目标结成的互助互利的双赢关系。一般来说，有交往与合作习惯的人，在心理学上被认为是外向的人。外向的人往往能够自觉地与人交流，做事的时候也喜欢询问他人，获得他人的帮助。但是，外向的性格并不是天生的，这种性格是可以后天培养的。

那么，怎样来培养孩子与人合作的能力呢？

1. 让孩子懂得与人合作的重要性

在日常生活中，有许多事情必须要两个或两个以上的人一起合作才能完成，只靠一个人的力量是无法做到的。父母可以利用这种机会让孩子体验一下个人无法完成的挫折感，从而懂得与人合作的重要性。

2. 让孩子体验合作的乐趣

成功的合作可以让孩子产生良好的体验，这种体验能够带给孩子无穷的乐趣，进而促进孩子的合作意识和合作行为。

3. 让孩子与同伴交往

让孩子有足够的时间与同伴在一起，他们可以一起交谈，一起分享玩具、一起做游戏、一起出去玩耍、一起做作业。父母要知道，孩子们应当有他们自己的生活，如果孩子不喜欢与别的孩子交往，父母就更要有意识地鼓励他（她）与同伴接触、交往。如果父母和老师因为怕孩子学坏而过多地干涉，甚至禁止他们的交往，那就无异于因噎废食，因为这种交往是孩子获得合作的能力与情感体验的最基本的条件，它有利于养成合群性，消除孩子执拗或孤僻的倾向。

4. 让孩子与同伴共同承担一定的任务

想要提高孩子的交往水平，可以让孩子与同伴分担一些任务，并通过力所能及的活动努力完成它。有时，对于一些复杂的任务，可以进行必要的分工，但必须保证他们活动的相互牵制性，以便他们通过必要的主动交往与协调达到总体任务的完成。否则，合作就会变成单干，不利于培养合作精神。另一个需要注意的是，一旦交给了他们任务，就要鼓励他们独立完成，即使遇到困难或者发生争执，只能提供咨询，而不要越俎代庖，代替他们完成任务。

5. 鼓励孩子独立解决与同伴交往中的矛盾和问题

这样做是进一步提高孩子的合作能力所必需的。孩子在交往中遇到矛盾是不可避免的，如果学不会妥善解决这些矛盾，就永远学不会合作。而且善于解决交往矛盾，是高水平的合作与交往能力的标志。因此，孩子交往时遇到矛盾与问题时，不要回避，也不要代为解决，而要鼓励孩子独立解决，最多也只能提些建议。培养孩子独立解决矛盾能力的主要途径，是让孩子迎着矛盾去主动交涉，而不是闭门思过，也不是回避或拖延。有的孩子只喜欢和一种同伴交往，而不肯和其他同伴交往，这种过于挑剔的交往倾向实际上就是回避交往的困难与矛盾。对于这种孩子更应有意识地引导、鼓励，设法使其体验到交往中解决矛盾的成功与满足感，从而乐于学会和各种人交往。

6. 让孩子知道竞争和合作是可以同时存在的

现在的孩子一般都是独生子女，一般在家里不会有人跟他争什么东西，父母也通常不会对他的言论提出什么不同的意见。但是在家里以外的地方，比如学校，就出现了竞争者和反对者。这样，孩子就认为反对他以及和他竞争的同学是不会成为合作对象的。所以父母要及时教育孩子端正他的竞争心理。竞争目的主要在于实现目标，而不在于反对其他竞争的同学。父母要教孩子把其他同学作为学习上的竞争对手，生活上的合作伙伴，千万不可一味地把他人当成竞争对手和敌人，不顾一切地对立他人。这种思想是不健康的。同时，父母要教给孩子与人合作的技能，教育孩子考虑集体的利益，学会在关键时刻要约束个人的行为，牺牲个人的利益。如果孩子缺乏这种意识或者精神，与人合作是不可能成功的。

能让孩子很好地和别人合作，前提是孩子必须具有和人合作的能力。那么，怎么样才能让孩子具有和人合作的能力呢？

1. 给孩子创造一种良好的家庭气氛

如果一个孩子生活在一个整天争吵不休的家庭里，是很难让他具有和谐的人际关系的。父母一定要把家庭成员之间的关系处理得恰当、合理。对邻居、对来客都要热情、平等、谦虚、有礼貌。这样，孩子就会以父母为楷模，逐步养成尊重别人、爱护别人的良好品德。

2. 树立平等观念

想要让孩子在平等的原则上为人处事，就要让孩子明白，不管对谁或是对什么事情都应树立平等的观念。要让孩子懂得，在人格上，人和人之间永远是平等的。不管碰到什么事情都要无私地对待，要言而有信。只有这样做，人与人之间才能互相信赖、和睦相处。特别是要教育孩子严于律己，宽厚待人，尊重他人。

3. 要让孩子多参加集体活动

有一些孩子常常会“以自我为中心”，这些孩子很难融入集体的生活中，也很难和同龄的小伙伴和睦相处。

但是，当他们碰了几次钉子之后，就会慢慢地改变了这种“以自我为中心”的行为。可能是因为在经历了几次碰钉子的事情后，意识到了在集体活动中一定要想到别人。所以，父母要让孩子多参加一些集体的活动，这样会让孩子在活动中获得与他人相处的经验，在以后和别人的合作中孩子才不至于犯“以自我为中心”的错误。

4. 保证孩子受锻炼的机会

孩子从小在家庭中学到的知识、培养的精神，都会渗透到他们的性格中去，并且会在长大后带入社会。一个懂得合作精神的孩子会很快适应工作岗位的集体操作，并发挥积极作用；而不懂合作的孩子在生活中会遇到许多麻烦，产生更多的困难，而无所适从。

教孩子学会与人分享

许多父母习惯于过度溺爱孩子，把孩子放在家庭的主导地位，在这种情况下，父母看到的却是心中没有他人的孩子。他们不会关心父母，不会关心他人，更不会关心社会，这样的孩子是值得父母焦虑的。教孩子学会分享，是这一问题的解决之道。

分享是一种美德，更是一种快乐。萧伯纳曾经说过："你有一个苹果，我有一个苹果，彼此交换，每个人只有一个苹果。你有一种思想，我有一种思想，彼此交换，每个人就有了两种思想。"分享能够让人减少痛苦，获得快乐。一个人在生活中需要与人分享自己的痛苦和快乐，没有分享，他的人生就是一种惩罚。

现在的孩子以自我为中心的现象，已经成为困扰广大老师和家长的一个严重问题，而孩子的这种自我中心的心理根源于父母的私爱和溺爱。为了不让孩子的爱心枯竭、泯灭，父母不仅要爱孩子，更重要的是要让孩子学会爱。如果父母只是一味地给予孩子爱，对孩子是没有好处的。"溺爱是父母与孩子关系上最可悲的事，用这种爱培养出来的孩子是不会把心灵献一点儿给别人。”这是一位教育家的经验之谈。所以，父母在爱孩子的时候，应该教孩子学会与人分享。

与别人分享好吃好玩的东西，对别人说一些关心体贴的话，同情并帮助有困难的人，不计较别人的过错，对别人能够宽容和谦让，孩子的爱心就是通过这样一次次的行为模仿和强化而逐渐形成的。

那么，怎样才能让孩子养成与别人分享的好习惯呢？

1. 让孩子尝到分享带来的乐趣

一般来说，以自我为中心的孩子会有以下三个特点：

(1)自私、故步自封。只看到自己而看不到别人的孩子是不会有什么进步可言的。

(2)缺乏自信。虽然有的孩子表现出娇纵的人格特征，但是就其本质而言，仍然是一种缺乏自信心的表现。

(3)社会性差，不合群。

自我中心作为一种人格特征，它所产生的消极作用和负面影响的第一要素就是自私。这就直接导致了那些以自我为中心的孩子在和外界的交往中会排斥“异己”、拒绝开放、忽视理性力量、回避真诚、吝啬付出、难以与他人合作、缺乏公心（为他人、为集体考虑）。所以，这就需要父母们用一些巧妙的计策把其自私的外壳击碎，让孩子能够拥有一份懂得分享的智慧。父母可以从家庭中的活动做起，父母要与孩子一同参与、共同分享，让孩子尝到分享带来的乐趣。

2. 通过移情引导孩子与他人分享

当孩子还只有几个月大的时候，父母就要让孩子学着与别人分享东西。孩子渐渐长大了，在餐桌上，要让他学着给长辈夹菜；鼓励孩子给爸爸妈妈拿东西；教孩子给客人让座，让孩子做这些力所能及的事，这些都会让他们从中品尝到做了有益于他人的事而给他们带来的喜悦。

3. 父母要学会分享孩子的东西

实际上，在这里所说的“分享”有两层意思：既要教孩子学会分享，还要父母学会分享——而这一点却往往会被父母们所忽视。

很多父母宁可自己受苦也不愿让孩子吃苦，把那些好吃的、好玩的、好用的全都放在孩子的面前。虽然他们在思想上也会担心孩子会成为一个不知道关心别人的冷血儿，但在行为上却不会与孩子分享。在一个家庭中，经常会发生这样的一幕：一个孩子诚心诚意请父母一块吃东西，父母却坚决推辞说："你吃，妈妈不吃"，或者"爸爸不喜欢吃油炸的东西，也不喜欢吃甜的东西"。就这样，孩子与人分享的好意被父母给扼杀了。慢慢，孩子也就养成了吃独食的习惯，那些谦让与分享的习惯也让他们丢到九霄云外去了。

4. 用交换的方法让孩子学会分享

许多孩子在公共场合里玩耍的时候，总是希望自己能够独自占有所有的东西。事实上，孩子的这种行为和想法都是不好的。但是，如果父母一味地批评孩子，则反而会产生负面作用。遇到这种情况，父母应该鼓励孩子与其他的孩子交换自己的一些玩具或是图书。让孩子学会把东西借给别人，再向别人借东西，通过交换东西而逐渐让孩子学会和人分享。

5. 允许孩子有自己的宝贝

其实每个人都会有不愿意与别人分享的宝贝，孩子也一样。有些东西可能是孩子特别喜欢的，也可能是孩子认为某些重要的人送给他的礼物，这些对孩子来说有着特殊的意义。总之，父母在提倡孩子与人分享的同时也要允许孩子有不和人分享的宝贝，而且要让孩子懂得珍惜自己的宝贝。当其他的孩子来家里玩的时候，父母可以允许孩子把他认为重要的宝贝“藏”起来，不让其他人分享。但是，对于大多数的东西，父母应该要求孩子与人分享。

只有孩子藏好了自己的宝贝，他才会大方地把其他东西借给别人，才会更好地和别人分享。如果父母强迫孩子把所有的东西都与人分享，这不但不合理，反而会激发孩子的逆反心理，让孩子做出相反的行为。

教孩子学会分享，可以提高其社会认知能力，从而增强社会适应性；学会分享，可以让孩子懂得在“资源共享”中获得“可持续性发展”；学会分享，可以让孩子重获脚踏实地的自信、勇于自主的独立性。所以，让你的孩子从自私的堡垒中冲出来吧，分享的天空下可以让他们自由的飞翔。

让孩子学会尊重别人

在人际关系中，要得到别人尊重最好的办法就是尊重别人。让孩子学会怎么去尊重别人，也就教会了孩子怎么得到别人的尊重。这样，孩子以后踏入社会就会自然而然地对别人表示出尊重，这对他的人缘也会有很大的帮助。

俗话说：不怕没有钱，就怕没尊严。尊严可以改变一个人的命运。所以，父母要培养孩子从小就要有骨气、有尊严。不仅如此，还要让孩子学会尊重别人的尊严。只有学会尊重别人，才是真正的尊重自己。

让孩子知道，也许只是一个微笑，一声问候，一句夸赞，一个祝福，都可以为人们彼此的沟通与交往架设一座心灵的桥梁。编织一条情感的纽带，在相互尊重中传递出温暖与关爱，接受着祝福与帮助。

现在的人们在考虑怎样处理和别人相关的一些问题时，通常95%的时间是在考虑自己，如果我们多分出一些时间来忘掉自己，好好地想一想对方的优点，不讲任何无价值的奉承话，真诚地评价对方，由衷地称赞对方，表现出你对对方的尊重。那么，你所说的话，他将牢记，并会不断地在他生命的长河中得到重视，一直到永远，你也会成为他所尊重的人。

可是，怎么样才能培养孩子尊重他人的习惯呢？父母可以考虑下面的五点做法。

1. 真诚地欣赏别人

美国哈佛大学的心理学家威廉·詹姆斯指出，人类本性最深的需要是渴望得到别人的欣赏。想要让孩子学会尊重别人，就必须让他学会诚实地、真心地欣赏不同的人，只有这样，他才会找出别人身上的特点，从而让他觉得尊重和敬佩。所以，应该让孩子学会找出每个人身上独特的地方，并欣赏他的特点，从而形成一种习惯。

现在的孩子都喜欢把人分类，诸如老师、学生、家长、孩子、同学、朋友等等，并认为只有少数人和他们是同一类的。这样一来就限制了他自己。假如他认为自己喜欢某种人的话，他就会和他所喜欢的那类人走得很近。但是，当他和其他类型的人相处的时候，就会觉得非常紧张。而且和他们不欣赏的人相处的时候就不会找出别人身上的特点，也就不会对别人表现出他的尊重。所以，父母要教会孩子和不同的人相处，不要把自己锁在一个小圈里，要学会欣赏不同人的特点，学会尊重所有的人。

2. 真诚地关心他人

你若不尊重别人，别人也很难尊重你。而尊重一个人最基本的做法就是去关心他。心理学家亚德洛说："对别人不感兴趣的人，生活中困难最大，损害也最大。"所以人类中的失败，都在这些人当中发生。美国前总统罗斯福非常受欢迎和尊重，一个重要的原因就是关心别人。想要与别人很好的相处，就应学会关心他人、尊重他人。当然，热心助人是要花时间和精力的。比如，孩子要交朋友，他们就有必要记住朋友的生日，并按时致贺，与朋友打招呼挂电话时，都要表现出热忱。

3. 培养感受别人经历的能力

要学会"体会"别人的感受，这将使孩子的生活更丰富。如果孩子经历过某种感受，就可以体会到别人在某个特殊情况下的感觉。譬如，当他还记得心爱的东西被弄坏时的那种感觉，现在他的一个朋友的书包上被人划了一条口子，他就可以体会朋友的那种感觉。他们或许还可以谈一下自己心里的感觉。父母要告诉孩子，要尽量记住别人的话，并且尝试体会他们的经历和感受。

4. 记住别人的名字

美国总统约翰逊，把与人相处的九条原则写在纸上，放在自己的办公桌里。其中第一条就是记住别人的名字，如果做不到，就意味着你对那个人不太关心。许多人往往对自己的事物较有兴趣，尤其是对自己的名字最感兴趣。如果能记住一个人的名字，并能容易叫出，这样会是对一个人最大的尊重。

5. 避免讥讽别人

讥讽别人不仅不讨人喜欢，而且是危险的。因为它伤害了一个人的自尊心，并会激起他人的反抗。所以，父母应该让孩子知道，即使你不喜欢一个人，你可以减少和他的交往或是接触，但是，绝对不能对他有不尊重的话语和行为。

在人际关系中要得到他人的尊重最好的办法就是尊重他人，任何人在心底都有获得尊重的渴望，受到尊重的人会变得宽容、友好、容易沟通。所以，让孩子学会怎么去尊重别人，也就教会了孩子怎么得到别人的尊重。这样，孩子以后踏入社会就会自然而然地对别人表示出尊重。

让孩子学会说“不”

要培养孩子成为有用之才，独立性和自信心的培养是关键。而教孩子学会拒绝，则是对孩子独立性和自主精神培养的一个方面。所以父母要培养孩子当遇到不正确的要求时，能分辨是非，敢于说“不”，不应该胆小、懦弱。

喜剧大师卓别林曾说：“学会说‘不’吧！那你的生活将会美好很多。”在拒绝别人时要讲究技巧，表达自己的意愿时语气要委婉，同时一定要记住，拒绝是对事不对人的。另外，在拒绝别人之前，可以先听一下别人所提出的要求，不要对方还没有说要让你帮什么忙或是做什么事，你就已经在找借口拒绝了，这会让对方误以为你在敷衍他；拒绝时要面带笑容、语气缓和、讲明理由；在拒绝之后，可根据对方的情况再提出建议。

英国心理学家朱莉娅、贝里曼等人提出的“破唱片技术”，对不会说“不”的孩子来说，具有很好的借鉴意义：如果你需要拒绝某人的不合理要求，或者想对他说“不”，或者想尽快结束某个你认为没有任何意义的讨论，你可以“像播放破损的唱片时总在一个地方一遍遍地重复那样，你要做的事就是以坚定的态度一遍又一遍地重复你的意见”。

亚杰带着复杂的心情来到了咨询室，他说在自己的心中藏着一个解不开的结，这个结常常让他觉得心情非常压抑，但是却又找不到原因，也不知道要怎么样去打开那个结。

“我不知道怎么拒绝别人，不知道怎样对别人提出的要求说‘不’。当别的同学提出一些要求的时候，我从来没有拒绝过，即使那个时候我很忙，很不愿意去满足他的要求，可我却从来不敢拒绝别人。就因为这样，我常常会打乱自己所制定的学习计划。”亚杰说这些话的时候显得非常的无可奈何。他还说，虽然自己的内心非常苦闷，但是这表面上他还是没有表现出一丝的不高兴。他常常责怪自己，为什么这个“不”字会那么难以说出口。

亚杰的这种情况属于 NSN 综合征。NSN，就是

NEVER SAY NO 的缩写。NSN 综合征是指人们由于不会拒绝而产生的紧张、焦虑、恐惧、自信心下降等一系列情绪障碍。

患有 NSN 综合征的孩子，都是太过看重自己在别人眼中的形象，他们会认为自我的价值是取决于别人的看法和观点上的。如果拒绝了别人，可能会招致反感，从而影响到人际交往。所以，即使别人向他提出一些不合理或是超出他能力范围的要求，他也不会拒绝别人，因为他害怕引起别人的不满；如果是偶尔拒绝了别人，也总会感觉到很抱歉而后悔万分；有时候，即使是别人伤害到了自己，也不会表达出自己的愤怒和不满。对于这些孩子来说，拒绝别人的要求自己的心里会很难受，但是，如果不拒绝他们则会更难受。由于他们的委曲求全，别人可能会提出更多或是更进一步的要求，这些要求有时会非常不合情理，有时甚至是挑剔、敌视的。这样会导致更严重的后果。也就是说，有的孩子会将自己的这种焦虑情绪压抑到极限，一直到他们不能或是不想再压抑的时候，最终会以攻击性的方式表现出来，这样只会对人际的交往造成不可弥补的损失。那些患有 NSN 综合征的孩子曲解了人际关系的平等原则，他们是把别人的“满意”建立在了自己的“痛苦”之上的。

NSN 综合征的形成有很多原因，其中不正确的家庭教育方式、对人际关系的错误认知等都有可能成为诱因，而自卑则是一个很重要的方面。出现 NSN 综合征的人，往往会感觉自己没有足够的吸引力，总是害怕惹别人生气，进而压抑自己情感的表达，总是把自己和别人放在不平等的位置。

想要让孩子学会拒绝，以下建议可供父母参考：

1. 营造民主的家庭氛围

这个条件是教孩子学会拒绝的前提。家长要明白不管孩子有多大，他都是家庭中的一个成员，是一个独立的人，绝对不能对孩子持独断专行的态度，而是要用商量的口吻向孩子表明自己的态度和想法，也要允许孩子把自己的意见、想法充分地表达出来，允许孩子对父母的想法和做法持否定意见。如果孩子提得对，或在某些方面有一定道理，父母应该尽量接受。这样既可以开发孩子的智慧，又可以培养其独立能力和锻炼其意志。

2. 让孩子独立

在日常生活中，只要是孩子自己可以做到的事情，就要鼓励孩子自己单独去做。父母没有必要包办代替。只有这样做，孩子才能从日积月累的亲身体验中积累经验、增长才干，才会有能力对父母或他人的行为做出接受与拒绝的判断。

3. 把握自己的情绪

父母要帮助孩子正确地把握自己的情绪，明辨是非。父母所要教孩子学会的拒绝是一种经大脑分析思考后的有意识行为，是对人、对事做出的理智判断，它与孩子感情用事、耍脾气，或无端拒绝父母合理的要求是两回事。

4. 体验别人的感觉

孩子是最单纯、善良的，当他了解到自己的一句话、一个举动可能会给小朋友带来了不愉快，心里就会感到不是滋味。父母所要做的，就是要给孩子解释清楚，他的言行在对方内心产生了什么样的感受。当体验到了他人的感受时，孩子也能设身处地地想一想，怎样让对方高高兴兴地接受自己的决定，轻而易举地达到目的。

5. 商量是一种交往技巧

拒绝别人有时候要和对方反复地“磨嘴皮子”，直到对方认可为止。比如芊芊不想把遥控飞机给嘉伟玩，于是就抱着飞机跑，而这种行为的结果就是两败俱伤。 与其这样，还不如找一个理由，对他晓之以理，让他心平气和地接受。 孩子的注意力一般会转移得很快，只要这个“岔”打过去，哪还记得明天和以后？ 以商量的口吻和小朋友对话，既可以巧妙地守住自己心爱的东西，又可以避免一场暴风雨。

6. 泰然接受他人说“不”

父母要在孩子很小的时候就应该在孩子的头脑中强化一个概念，那就是——别人的东西不属于我，只有在人家同意的情况下，才能享用一会儿。 如果能和小朋友换着玩，一件玩具就能换来很多种，孩子们都能玩到自己没有的东西。

其实社会就是一个巨大的关系网络，在很多情况下，孩子在其中都必须与他人共同分享许多权利，不能一个人独占。 父母所要做的，就是教会孩子如何平和、友好、委婉、商量地拒绝小朋友的要求；同时泰然自若地接受他人的拒绝。 这将会使他们受益终身。

第九章

耐心培养，孩子的智慧是教出来的

打破孩子的定势思维

孩子正处于一个身体心智发展的成长时期，如果养成定势思维的不良习惯，就会对孩子思考能力的发展、智力水平的提高产生巨大的阻力，还会限制孩子想象的空间。 这些对孩子的学业进步以及身心健康是有百害而无一利的。

人们常常会按照一种常规性的思维模式来思考问题，久而久之就形成了一种难以阻遏的惯性，它对人们的思维活动产生着严重的影响。

有这样一个故事。 有两个小孩子长得一模一样，他们的出生年月日、家庭住址、电话号码、家长的姓名也是完全一样，第一次看到他们的人都认为这两个孩子是双胞胎，可是这两个孩子却说不是。 大家都感到挺疑惑的，就问他们是什么关系。 原来，他们不是双胞胎，而是三胞胎中其中的两个。 在这里，大多数人就是犯了定势思维的错误，因为在许多人的心中两个长得像的孩子就是双胞胎，可是他们忘了还有三胞胎的存在。 所以，当我们在思考问题的时候，如果可以转换一个方向，就会有很多可能性，也会得到很多不一样的答案。但是，怎么样才能打破孩子的定势思维呢?

1. 培养孩子善于思维的兴趣

好奇心是孩子语言和思维的突破口。孩子的好奇心理可以凝聚成为一个又一个“为什么”，也可以说，好奇心是孩子思维最直接的反映。他们对事物越是好奇，他的思维运动就越强烈。从这个意义上来说，激活孩子的好奇心，有利于培养孩子独立思维的好习惯。

好奇心是孩子的专利，父母要通过正确的引导来保护孩子的好奇心，培养孩子打破砂锅问到底的习惯，对于孩子所提出的问题一定要表现出兴趣，和孩子一起寻找答案，这样可以开发孩子独立思维的能力。

2. 开发孩子思维的丰富性

讲故事、猜谜语是激发孩子想象力的重要途径。孩子酷爱听故事，尤其是童话和神话故事，最能激发孩子的想象力。

童话是通过幻想创造的情境和形象来曲折地反映生活的，家长可以在娱乐中对孩子进行启发和教育。比如说：常常给孩子讲一些童话故事，常用一些富有童话式的语言，比如“月亮婆婆”“太阳公公”等，或者用童话情节将触景生情的一幕给孩子讲述出来，或者在孩子的小房间里摆放一些玩具，在墙壁上张贴一些童话故事，家具样式小巧、别致、颜色丰富等，给孩子营造一个具有童话特色的小空间，让孩子在“童话世界”中遨游。也就是说让孩子的想象力在听童话、看童话、讲童话中得到启发。

实践证明，长期感受“童话氛围”的孩子，思维能力、想象能力、创造能力等各方面都会超过很少接触“童话氛围”的同龄孩子。

3. 培养孩子思维的细腻性

不论是培养孩子的观察力、还是培养他的想象力，在这些过程中，都无法忽略孩子在其中的存在和作用。观察是一种有目的、有计划、有组织的知觉，是一个主动的知觉过程。观察力就是指一个人对事物的观察能力，所以有人将观察称为“思维着的知觉”。

所以父母应该从培养孩子的观察兴趣开始，向他们提供大量的观察环境与观察的感性题材，在此基础上来发展他们的思维能力。

比如带着孩子走进大自然，一起和他们观察花草树木的变化、虫鱼鸟兽的习性。他们会提出一些“为什么天一下雨蚂蚁就搬家”“天为什么是蓝的？云为什么是白的”“鸟为什么会飞？虫为什么会爬”等问题。

大自然里会有无数的“为什么”从孩子的思想中迸射出来，荒诞的、奇怪的、值得成人深思的，甚至是现代科学仍无法解答的问题。无论其对与错，这些都是孩子思维运动的结果，他们的思维一旦飞起来就是神奇的，有时也是相当深奥的。如果与此同时，家长有意识地引导孩子去想象、比拟，这些事物就会在孩子头脑中变成无数美好而奇异的童话。在孩子想象的同时，家长可进一步引导孩子把自己的想象用语言描述出来，或用图画将其表达出来。

4. 培养孩子思维的灵活性

引导孩子对已经熟悉的事物变换一个角度或多个角度去认识，从而培养孩子灵活的思维能力，这样就会使孩子遇到问题时总是从多方面去发现事物的多面性、多样性、多变性，以形成考虑事情全面的好习惯。

比如，当孩子在解答出一道数学题后，家长可以对孩子进行表扬，可以鼓励孩子：“如果你能用另一种方法再将其解答出来，那样会比别人掌握得更好。”凭借孩子好胜的心理，他就会努力去找出另一种解题方法。然后家长可以用更动容的表情或语言让孩子明白他很聪明。当孩子的兴趣被激活时，家长还可以再次鼓励孩子分析这道题是否还有更简洁的解题方法。如此这样，一方面让孩子对数学产生一种“剖析”兴趣，另一方面使他明白事物具有的变通性。

一个人思维的发展，不仅与其智力因素有关，而且和一系列非智力因素的个性特征也是相关的。善于思维的好习惯可能是由众多特征构成，其中包括孩子的种种才能和其不同于他人的人格特征。

5. 让孩子走进自然，接触社会

现在的孩子生活面并不很宽，见识也比较少，再加上受传统的定势思维习惯的影响，思维水平自然就受到了许多限制。家长要利用一切有利时机让孩子走出家门，走入社会，到公园、博物馆、动物园、科技中心等地，了解社会生活，接触更多的人，开阔眼界，增加知识积累，扩大思维范围。孩子一旦具备了一定的见识，他思考问题的方向就会灵活得多，就不会被旧思维老办法限制。写河流，就到河岸上走一走，看看鱼虾飞鸟、山花野草，收集关于河流的传说、神话、历史等，激发写作灵感，增加知识，扩大思维的范围。

6. 营造宽松、自由的创新氛围

克服定势思维，其实就是打破传统，创造求新。创新思维只有在自由、宽松的环境中才能孕育、诞生。家长不要给孩子过多的限制和压力，应留给他们足够的自由思考的空间和放松的心情，以便能深刻、全面地掌握知识，提高学习成绩。

7. 从不同角度看待问题，同中求异

我们可以经常发现，对于同一个问题，不同的孩子的回答却是千篇一律，缺乏新意。父母在这一点上应该给孩子适当的帮助，引导他们从不同的角度、不同的方向去思考问题，鼓励孩子发表个人意见，提倡一题多解，并且能够同中求异。

培养孩子的抽象思维能力

一个人智力水平的高低，可以通过孩子的抽象思维能力反映出来。父母应该对抽象思维有正确的认识，并且在教育培养孩子过程中自觉地采取措施，这样才能让孩子变得更聪明。

抽象思维又称逻辑思维，是思维的一种高级形式。它的特点是以抽象的概念、判断和推理作为思维的基本形式，以分析、综合、比较、抽象、概括和具体化作为思维的基本过程，从而揭露事物的本质特征和规律性联系。

在这里介绍一下抽象思维的特征和特征的实质。

抽象思维有两个最基本的特征：抽象性和确定性。由这两个特征还派生出其他一些特征，如形式性、精密性、简单性、理论性和分析性等。不过后者都是由抽象性和确定性所决定和制约的。所以，主要介绍抽象思维的抽象性特征和确定性特征。

1. 抽象性

人们透过事物的现象，认识事物的本质和变化规律，把握事物间的联系，达到真理性的认识，始终离不开理性的抽象。也就是说，人们从现象到本质的认识在思维中是通过抽象来完成的。

以数学的发展为例：古埃及人和古巴比伦人尽管掌握了关于空间和数量关系的大量知识，但这些知识主要是凭经验进行考察的结果。在所有古埃及人的著作中，法则仅能应用于为数有限的具体情况。在他们的几何学中，没有用一个三角形来代表一切三角形这种在建立演绎体系时所必需的一般化的抽象概念。抽象的数的概念还有待引进。古希腊人则不同。数学之所以会在古希腊发展起来，就是因为古希腊人依靠古埃及人和古巴比伦人的数学素材，进行了“智力革命”，从事物的多样性中辨别出共同性，并把它抽象出来，加以一般化，从而导出与更广泛的经验相符合的新关系。就是由于这个缘故，古希腊人被称为是科学方法的倡导者。亚里士多德把抽象称为自然研究的路线或途径。

抽象性的实质，我们可以从三个方面去理解。

首先，抽象就是抽取事物的共同点。抽象最主要的是对同类事物去除现象的次要的方面，抽取它们的共同点，从而使思维从个别中把握一般，从现象中把握本质。

其次，抽象就是选取事物的深入点。一个事物往往有几个特点。抽象的实质是从这些特点中选取一个被认为在某个方面特别重要的特点，而忽视所有其他特点。这样，抽象能够限定探究范围，突出某一重点，限制其他思路，并把某一种思路引向深入，从而使我们能够深入地研究认识对象。

再次，抽象就是理想地复现认识对象。抽象的目的在于把事物加以理想化而再现于思维之中。因为不可能单纯通过从可观察现象概括共同点来把握理想事物，所以必须脱离直观地运用思维的抽象力量创造出理想客体。同抽取共同点相比，理想化是更深刻的抽象。

抽象既是抽象思维的重要手段，也是抽象思维的重要特征。正是在这个意义，我们把这种思维叫作抽象思维。

2. 确定性

确定性是抽象思维的又一基本特征。从信息论的观点看，所谓知识，就是不确定性的减少。所以，认识真理的意义，就在于不断减少和消除对自然界和社会在认识上的不确定性。一般说来，认识中的不确定性来源于认识主体的感性活动和思辨的猜测。经验认识是人的感官对于自然现象的直觉认识，这种认识通常只是知识的准备和原料。作为“前知识”，这种认识的最主要特征是不确定性。抽象思维要获得本质，就必须以确定性去减少和消除这种根源于事物现象偶然性的不确定性。只有确定性的思维所获取的认识才称为知识。因此，可以说理论知识和日常知识之间的最重要的区别就在于理论知识的命题必须具有严格的确定性，而日常知识不需要严格的规范。

爱因斯坦曾说过，科学的概念最初总是日常生活中所用的普通概念，但它们经过发展就完全不同了。它们已经变换过了，并失去了普通语言中所带有的含糊性质，从而获得了严格的定义，这样它们就能应用于科学的抽象思维中。例如，信息和系统原是日常生活中的普通概念，信息论和系统论对它们作了严格的定义，使之成为这两门学科中的科学概念，而信息论和系统论也正是由于引入了这两个具有确定性的概念，才奠定了这两门学科的基础。

抽象性和确定性是抽象思维的两个基本特征，二者是统一的。爱因斯坦有一句话，可以说是言简意赅地表达了抽象思维的抽象性和确定性的这种统一。他说：“科学家必须在庞杂的经验事实中间抓住某些可用精密公式来表示的普遍特征，由此探求自然界的普遍原理。”

仔细玩味这句话，我们便可以体察抽象思维中抽象性和确定性的统一关系。

孩子思维的成熟过程，其实就是人类由蒙昧走向文明的缩影。牙牙学语的婴儿，最初不会有什么抽象思维能力，他们也许连苹果与梨的差异都搞不清。然而生活能使孩子们学会抽象，比如小宝宝淘气，用手触摸火炉，结果烫起几个泡。有过几次教训后，他就不会再触摸任何火炉包括那些不曾烫过他的火炉了。他显然自发地形成了这样一种朦胧意识：那些东西也是火炉，也会烫人的。这种朦胧意识十分可贵，因为他已经自发地从同类事物的个体中抽象出了该类事物的共性。

不过，如果仅靠自然形成，没有足够的刺激，孩子的智力发育就会相对缓慢很多。3 岁之前的孩子，对他进行训练，会显得过早；而对学前的孩子，父母则完全可以运用各种手段，在潜移默化中对孩子进行这方面的启蒙了。

1. 教孩子归类

父母可以把日常生活中的一些东西根据某些相同点将其归为一类，如根据颜色、形状、用途等。父母应注意引导孩子寻找归类的根据，也就是事物的相同点，从而使孩子注意事物的细节，增强其观察能力。

2. 教孩子认识大群体与小群体

首先，应教给孩子一些有关群体的名称，如家具、运动、食品等，使孩子明白，每一个群体都有一定的组成部分。同时，还应让孩子了解，大群体包含了许多小群体，小群体组合成了大群体。如动物——鸟——麻雀。

3. 让孩子了解顺序

了解顺序的概念有助于孩子今后的阅读，这是训练孩子逻辑思维的重要途径。这些顺序可以是从最大到最小、从最硬到最软、从甜到淡等，也可以反过来排列。

4. 让孩子建立时间概念

幼儿的时间观念很模糊，掌握一些表示时间的词语，理解其含义，对孩子来说，无疑是必要的。当孩子真正清楚了“在……之前”“立即”或“马上”等词语的含义后，孩子也许会更规矩些。

5. 理解基本的数字

有些孩子两三岁就能从 1 数到 10，甚至更多。但与其说是在数数，不如说在背数。应该把数字具体化，如“1 个苹果”“3 个人”等。父母在孩子数数时，应多点儿耐心。让孩子一边口里有声，一边用手摸摸物品，逐渐过渡到用眼睛“默数”。日常生活中，能够用数字准确表达的概念，父母们尽量讲得准确。同时，还应注意使用“首先”“其次”“第三”等序数词。

6. 掌握一些空间概念

大人们往往以为孩子天生就知道“上下左右，里外前后”等空间概念，实际并非如此。父母要利用日常生活中的各种机会引导孩子，比如：“请把勺子放在碗里”。对于孩子来说，掌握“左右”概念要难些。

7. 在游戏中发展孩子的思维

游戏是培养孩子抽象思维能力最有效的途径之一。通过游戏，孩子的活动变得更复杂，其思维发展水平更高。如通过搭积木、玩魔方、走迷宫、下棋、拼拼图等玩具类游戏，可以训练孩子对空间、规则等方面的认知，从而提高其抽象思维能力。

不要剪掉孩子想象的翅膀

孩子的想象力是无处不在的，父母其实不需要做太多的事情，只需要开放自己的思维，放开孩子的手脚，让孩子可以在想象的空间里自由地飞翔就可以了，千万不要剪掉孩子那双飞翔的翅膀。

作为家长，应该正确地引导孩子的想象力，也要积极参与孩子的想象游戏，同时让孩子主持游戏，给孩子发挥自己的想象力留下足够的空间。也可以考虑为孩子提供独自游戏的机会，让孩子在游戏或其他创造性的活动中发挥无拘无束的想象。父母可以经常给孩子提一些“开放式”的问题，让孩子用多种答案来回答问题，这样也可以启发孩子的想象。讲一些有启发性的故事给孩子听，让孩子想象下面的故事情节，使孩子有发挥想象力的机会，培养孩子复述情节生动又富有想象的故事，这对培养孩子的想象力更有好处。

我们常常惊叹：美国在科技创新方面总走在世界前列！然而许多人却不知道或不愿意接受美国的《公民权

法》中的两项规定——幼儿在学校拥有两项权利：1. 玩的权利；2. 问为什么的权利。

据说，这一规定与美国历史上的一个精神赔偿案有关。

1968年的一天，美国一位3岁女孩指着一个礼品盒上的“OPEN”对她妈妈说，她认识第一个字母“O”。这位妈妈非常吃惊，问她是怎么认识的。女孩说是幼儿园的老师教的。这位妈妈在表扬了女儿之后，一纸诉状把幼儿园告上了法庭，理由是该幼儿园剥夺了孩子的想象的权利。因为她女儿在认识“O”之前，能把“O”说成是苹果、太阳、足球、鸟蛋等等圆形的东西。但是，自从幼儿园教她认识了字母之后，孩子就失去了这种想象的能力。她要求幼儿园对此负责，并进行精神赔偿。

此案在法院开庭时，这位妈妈做了如下辩护：“我曾在一个公园里见到两只天鹅，一只被剪去了左边的翅膀，放在较大的水塘里；另一只完好无损，放在很小的水塘里。管理人员说，这样能防止它们逃跑，剪去左边翅膀的因无法保持身体平衡而无法飞行；在小水塘里的因没有足够的滑翔路程，也只能待在水里。现在，我女儿就犹如一只幼儿园的天鹅，他们剪掉了她一只想象的翅膀，过早地把她投进了那片只有ABC的小水塘。”

陪审团的全体成员都被感动了。幼儿园败诉！

父母是孩子的第一任老师。然而许多的父母望子成龙心切，过早的用成人的观点教育孩子，常常否认、甚至耻笑孩子的想象。孩子进入幼儿园后，幼儿园为满足家长的心理，开始教孩子许多所谓规范的知识。进入中小学之后，更是把孩子“好玩”的天性视为“洪水猛兽”，进行严厉的教育。在教学中，教师常常把自己的观点强加给学生，总是强调答案规范统一。这样就扼杀了学生的想象力，不利于学生创造能力的培养。

孩子的想象力是无处不在的，作为父母的我们不必刻意限制或是多加管教，让孩子自由发挥自己的想象力，可能会取得事半功倍的效果。

爱因斯坦说过：“想象力远比知识更重要，因为知识是有限的，而想象力概括着世界上的一切并推动着进步。

想象才是知识进步的源泉。”由此可见，孩子想象力的培养是非常重要的。孩子的想象也许有时候看起来有些可笑和不切实际，但是作为成人的我们是否想过，瓦特正是有了“为什么蒸汽能把壶盖顶起来”的思考，才有了后来蒸汽时代的到来；莱特兄弟正是有了“人能否长上翅膀，像鸟一样在天空中飞翔”的异想，才有了人类飞翔天空的现实……可是看看当今的孩子们，他们的想象力究竟还有多少呢？

有这样一个真实的故事，在某个学校的考试中，有这么一个问题：“雪化了是什么？”这个问题对于稍微有点常识的人来说，是很简单的，但是老师在后来的阅卷中发现，有一个孩子给出了一个出人意料的答案：“雪化了是春天。”然而，这个别出心裁的答案被打上了一个鲜红的“叉”号，至于原因，自然是因为跟标准答案不符。

好一个跟标准答案不符！它如同一把坚硬的锉刀，毫不留情地磨掉了孩子们的想象力。但判卷的老师也是言之凿凿：我们这道题目考察的是孩子对于物理知识的掌握，雪化了当然就是水，虽然这个学生的答案非常有想象力，也很有诗意，但是他的答案与标准答案不符，不管他的想象力何等丰富，我们也只能给他判错。

其实，社会上已经有许多有识之士开始着手保护孩子的想象力了，哈尔滨市少儿活动中心就曾经创办了一个想象绘画班，然而最后的结果，却叫主办者哭笑不得。在想象绘画班开办了一段时间后，主办方为家长们开了一个绘画成果展，然而没想到的是，看着孩子们把马画成蓝色、绿色，家长们生气了，这是咋教的？ 这不是误人子弟吗？ 尽管校方再三解释这是要给孩子一个想象的创作空间，可班上 80% 的家长还是让孩子退了学。

这不由得叫人想起一个故事：

> 世界著名作家歌德小时候，他母亲常给他讲故事，但他母亲讲故事的方法比较独特，总是在讲到中途的时候停下来，留下一个让小歌德想象的余地，让他自己发挥想象，继续说下去，这就很好地激发和保护了孩子的想象力，使歌德后来成为举世闻名的大作家。

事实上，我们现在许多家长和老师在对孩子进行教育的时候，往往喜欢用讲故事的方法来引起孩子的兴趣，那么我们何不试着像歌德的母亲那样，把我们的故事，换一种方式来表达出来呢？ 让孩子用他那双想象的翅膀在想象的海洋里自由地飞翔。

培养孩子专注的能力

注意力分散是孩子的一个普遍问题。一般来说，孩子的注意力是不太稳定的，往往对什么事都感兴趣，注意力容易随兴趣转移；同时，孩子的注意范围较小，注意力常会受情绪影响，注意分配能力也较差。所以，父母要对孩子的注意力加以引导。

激发孩子学习潜能的一个必要条件就是专注。一旦孩子养成了专注的习惯和个性，那么他的智力活动便进入了一个质的提高期，而这种让他专注的事物也必将成为他日后极其重要的部分。所以，当一个人在做某件事情的时候一定要专注。那些今天想当歌唱家，明天想当影视红星，后天又想当艺术家的孩子，注定要一生无所适从，一事无成了。

培养孩子做事专注的习惯，将会在他的人生中产生重大的影响。要知道，只有让孩子先形成一种专心的习惯，才有可能在日后对自己的事业全身心投入，不会被其他事情所干扰。所以，父母就要在孩子小的时候把孩子的专注能力给激发出来。当孩子在做某件事的时候，父母可以要求他在规定的时间内完成并帮助他排除外界的干扰；让孩子对他所感兴趣的问题不断寻根问底，深入思考；让孩子在兴趣广泛的基础上，选择最着迷的对象深入下去，父母还要有意识地强化孩子这方面的兴趣。

1. 让孩子在一个安静的环境中学习

想要让孩子能够在学习的时候集中精力，父母就应该让孩子在一个安静的、没有任何干扰的环境中学习，因为，孩子周围的环境往往会导致孩子注意力的不集中。所以，在孩子的学习环境中一定要物品摆放整齐有序，也不要有太多不必要的东西，更不要布置一些照片或是图画等和学习没有关系的装饰品，书桌上面也不要放和学习没有关系的东西，这样就不会让孩子的注意力集中到别的地方而忘了学习。当孩子在做作业的时候，父母要尽量不要讲话，保持安静，更不要打开电视机，从而达不到让孩子专心学习的效果。

很多父母会犯一个错误，那就是，当他们让孩子认真学习的同时，自己在孩子学习的周围，制造出一些让孩子不能专心学习的声音。比如，有的父母会在孩子学习的时候在客厅看电视，有的父母会用很大的声音彼此聊一些事情，甚至有的一些父母会在孩子学习的时候总是问孩子一些问题。一定要记住，当孩子开始学习的时候，父母要尽量避免和他说话，也不要在孩子学习的周围制造出声音，更不要在孩子学习期间询问孩子一些问题，因为这些都可能会成为孩子不能集中注意力的原因。

2. 让孩子按时完成作业

一般父母都会遇到这样的情况，如果要求孩子在一定的时间内完成作业的话，孩子就会按时完成甚至是超时完成，而且正确率非常高。这个时候，孩子在学习时的注意力是绝对集中的，可是如果孩子没有被这样要求，那么，他用的时间就会很长，并且正确率明显比前一种情况低得多。虽然他用了很长时间来做，但是他的注意力却没有集中。所以，父母应该根据孩子的作业量订出时间，要求孩子在规定的时间内集中注意力，认真完成作业，如果孩子可以按时完成或者是超时完成的话，父母可以让孩子做一些适度地放松。

如果孩子的作业实在是太多的话，父母可以把孩子的作业分开，让孩子一部分一部分地来完成，这样不但对集中孩子的注意力有所帮助，而且还能够让孩子的学习有松有紧，可以提高孩子的学习效率。可是，如果父母要让孩子一次性把大量的作业做完，不许孩子在中途休息，并且还在孩子的身边不停地唠叨的话，就会让孩子开始产生抵触的心理，从而对学习失去兴趣，注意力当然也就不会集中了。

3. 给孩子玩的时间

父母总是希望孩子把大把大把的时间都花在学习上，成天趴在书桌上认真的学习，最好从来不会有想要玩的念头。可是，孩子的天性就是玩，如果父母把孩子的天性都剥夺了，那他怎么可能会专注于其他事情呢？如果父母硬要孩子只是学习，一点儿玩的时间都不留给孩子的话，那么孩子就会在学习的时候有意地拖延时间，有时候明明可以一个小时就做完的功课，他可能会花上二到三个小时，那么，多出来的那些时间他就会用到走神、发呆或者是玩铅笔上。因为他知道，父母只有在看到他学习的时候才会高兴，为了取悦父母，他只能这样做。

可能有的父母对于专注的含义不是太了解，专注的意思是指在一定的时间里高度地集中注意力，而不是说必须长时间地集中注意力。更何况，长时间地集中注意力对于孩子来说，不但不是什么好事，反而会让孩子不能更好地专注于一件事情。

4. 培养孩子的有意注意

有意地注意一件事情或是一个东西对于孩子来说很重要，有一些孩子的学习成绩差并不是因为他的智力差，而是因为他的注意力太过涣散，精神也集中不起来，所以，才导致了他们学习成绩不好。大家都知道，对于学生来说，最重要的就是听老师讲课。如果孩子不能在刚刚接触听讲时养成良好的听讲习惯的话，他的学习生活将会遇到一些困难。所以，父母要在孩子上学之前让孩子多做一些需要集中注意力才能进行的活动，这样对培养孩子的注意力是很有好处的。

很多孩子会对老师所讲的内容没有什么兴趣，所以他们的注意力才会涣散，才不能专心听讲，但是孩子又必须要注意听老师所讲的内容，因为，只有这样，他们才会学到知识。针对孩子的这种情况，首先，父母要让孩子知道听老师讲课的重要性，然后再找出对老师讲的有兴趣的地方，提高自己在听课时的注意力。如果孩子对于老师讲的实在是提不起什么兴趣，父母还可以让孩子自己告诉自己，一定要认真听课，如果把这堂课听懂，下次考试的时候就会容易得多了，自己就会轻而易举地取得好成绩了。另外还可以让孩子告诫自己，如果自己今天能够把这堂枯燥乏味的课听下来，就说明自己有很好的控制能力，这样不仅可以锻炼自己的控制力还可以让自己多学一些知识，何乐而不为呢。

5. 不要对孩子重复交代

总是有一些父母在对孩子交代的时候重复好多遍，生怕孩子记不住，孩子听多了也总会感到厌烦，所以当父母说话的时候，他们总会显得漫不经心。而在和别人交谈的时候，也就没有办法准确地抓住别人所讲的主题，因为，他已经习惯了别人不断地重复。所以，当父母在对孩子说某件事情的时候，只要说一遍就可以了。这样，可以让孩子在听父母讲话的时候集中注意力，抓住事情的主要内容，就会提高孩子集中注意力的能力了。

6. 通过玩游戏训练孩子的注意力

游戏是让孩子最感兴趣的一件事情，也是能够让孩子的注意力在一定时间内保持高度集中的一件事情。父母不要认为孩子做游戏是在浪费时间，其实游戏是可以用来培养孩子注意力的最好方法之一。因为，如果孩子想要在游戏中取得胜利的话，他就必须在游戏时把自己的注意力集中在游戏上，克制自己不分散注意力。所以，让孩子多做一些游戏，这也是一项提高孩子注意力的法宝。

让孩子拥有善于观察的能力

观察是有目的、有计划、比较持久的知觉。这是人对客观事物感性认识的一种主动表现，是有意知觉的高级形式。观察是孩子增长知识的主要手段，它在孩子的实践活动中，具有重大的作用。

观是看，察是想。让孩子观察问题，不仅仅应该让孩子知道事物是这样的，而且必须知道为什么是这样的。孩子要认识一个事物，总是从观察开始的，有了观察，便开始有了注意、记忆、想象和思维等，如果把孩子的观察比作蜜蜂采花粉，那么思维等心理活动就好比将花粉酿成蜜，没有花粉就酿不出蜂蜜。没有良好的观察，孩子的思维就会因为缺少材料而得不到良好的发展。所以观察是认识的基础、思维的触角。

观察是孩子认识世界、增长知识的主要手段。它在孩子的一切实践活动中，具有重大的作用。孩子通过观察，获得了一些知识，对一些事物有了一些鲜明的印象。观察和随便看看、随便听听是不一样的。而孩子观察能力的强弱决定着孩子智力发展的水平，因为观察力是一个人智力活动的基础，想要发展孩子的智力，首先就必须把观察的大门敞开，让外界的信息源源不断进入孩子的大脑。如果把孩子观察的大门堵住，老是让信息吃闭门羹，那么，他的智力不仅不会提高，反而会每况愈下。

心理学专家认为，如果让孩子生活在缺少日常刺激使感觉起作用很少的环境下，会使他们的知识内容显得苍白无力，而且注意力涣散，容易受到暗示，并且缺乏学习能力。另一个实验表明："仅仅遮断触觉刺激，也会使被试者智力迟钝，手指尖的灵巧性下降，感情容易冲动，并出现离奇古怪的思维。"既然缺少一般性的感知，就会使孩子的智力活动受到如此明显的不良影响，那么，缺乏有目的、有计划的观察，对孩子智力活动的消极影响是不言而喻的。

大量的事实证明，观察力是一个学者不可缺少的品质。认识来源于经验。我国著名科学家李四光以他敏锐洞悉各种现象的观察力著称于世。他走到哪里，就观察到哪里，处处留心，时时注意，从不放过任何一个微小的观察机会和意外情况。无论是出国讲学，参加国际会议，还是旅行、散步，他都要找机会进行地质观察。

一个有作为的人是否能够提出并解决新问题的前提也是观察力。人类如果要进步，就要不断地发现新问题，解决新问题。一个具有敏锐观察力的人，即使在众人司空见惯的事物中也能发现新问题。我国古代的名匠鲁班上山时被草叶划破了手指，他从草叶边缘呈锯齿形的特征中受到启发，发明了锯。德国著名的科学家魏格纳病在床上，仔细观看起一幅世界地图来。普通的一张世界地图，人们不知看了多少遍，而魏格纳却通过观察发现，各大洲的边缘，像锯齿一样参差不齐，却恰好可以互相拼接在一起，由此提出了“大陆漂移学说”，后来得到证明，一举成名。生物进化论的创始人达尔文，有一次发现许多昆虫落到一种特殊植物的叶子里面，植物受刺激后，分泌出一种消化液，把昆虫吃掉，变成这种植物体的营养。后来达尔文经过 16 年的观察研究，写出了《论食虫植物》一书，为生物学研究做出了贡献。我国著名的药物学家李时珍的巨著《本草纲目》，著名地理学家徐霞客的《徐霞客游记》都是他们不辞劳苦，有计划、有目的地进行实地观察的结晶。

这些大量的事实证明，没有敏锐的观察力，就不会有什么新的发现，也就不会有人类的进步。

观察力还是孩子进行学习活动的必要条件。学习活动是一种复杂的智力活动，智力活动的基础就是观察。没有一点观察力就无法写作文，孩子就无法解数学题，无法听课。观察力在孩子的一切活动中都是必不可少的。将来要当科学家、艺术家、企业家或领导人都应具备高度敏锐的观察能力。

苏联教育家赞科夫经过几十年研究，发现学习成绩差的孩子有一个共同特点，就是观察力差。学习的基础是以直接经验为主，间接经验为辅。而观察是孩子们获得直接经验的重要途径，观察力的强弱，直接影响着学生的学业成绩。

例如在语文学习中，两个字的字形、写法只有细微差异，观察力较强的同学就能看出来，观察力较差的同学就常常把它们认错或写错。在写作上，如果观察力较强，就可以抓住现实生活中的大量材料，感到有东西可写，对人物、事件的描写就细致、深入、具体、生动；反之，在这方面能力较差的学生，就感到没有什么可写，写不具体，或就事论事，空洞无物。

在数理化的学习中，如果有较强的观察力，在老师用实验演示或图形说明某一个概念时，就能抓住本质，看到数量关系的变化，理解概念的实际意义。在简便计算和速算过程中，也需要有较强的观察力，才能发现运算的各个数的特征，选择合适的简便方法。例如，要求同学们找出下列数的关系，在（　）中填上适当的数 1，2，3，

5，8，（　）。观察力好的同学，很快能从数的顺序上观察出数量关系的变化，填入恰当的数，而观察力差一些的同学可能感到无从下手。

在理化实验中，观察力更为重要，特别是通过对实验现象的观察，推断物质的结构和性质。例如：初三学生做钠和水反应的实验，观察力强的同学，能全面而细致地观察到钠与水激烈反应的现象：钠与水激烈反应而熔化成小圆球，浮在水面上，做无规则运动，发出嘶嘶声，并且钠球不断变小，最后全部消失。而观察力差一些的同学，只能看到钠浮在水面上着火了，而描述不出更多的现象，这种观察力的差别必定造成对钠的结构性质进一步思维和记忆的能力的差别。

通过以上的说明，父母要让孩子在做好功课的同时要尽量多参加科技活动，进行实践中的认真观察。

我们下面谈谈观察力的特点。观察力的特点又称作观察力的品质。了解观察力的特点对提高孩子的智商有着重要的意义。

1. 观察的目的性

如果一个人在进行感知时，没有明确的目的，那么就只能算是一般的感知，不能称作为观察。只有当那种感知活动具有明确的目的时，它才能算是观察。因此可以说，目的性是区分一般感知和观察力的重要特点之一。

作为观察的目的性，至少应当包括：明确观察对象、观察要求、观察的步骤和方法。而这些内容，可以在观察前的观察计划中以书面的形式写下来。一般来说，不论是长期的观察，系统的观察，还是短期的、零星的观察，都必须制定观察计划。

观察的目的性，还要求我们在进行观察时，必须勤做记录。这种记录是我们保存第一手资料最可靠的手段。记录要力求系统全面，详尽具体，正确清楚，并持之以恒。实践证明，要做好观察记录，特别是长期的系统的观察记录（如观察日记），必须坚持到底，持之以恒。切忌半途而废，功亏一篑。中国科学院副院长、气象学专家竺可桢在北京几十年如一日，对气候变化，进行长期观察，从不间断。他每天都坚持测量气温、风向、温度等气象数据，直到逝世的前一天。而他的观察和记载也为编写《中国物候学》积累了丰富的资料。

2. 观察的条理性

观察是一种复杂而细致的艺术，不是随随便便地进行所能奏效的。观察必须全面系统，有条不紊地进行。

长期的观察需要如此，短期的观察也需要如此。

一般来说，有这样几种方式。

按事物出现的时间，可以由先到后进行观察。

按事物所处的空间，可以由远及近或由近及远地进行观察。

按事物本身的结构，可以由外到内，也可以由内到外，或者由上到下，由左到右，可以由局部到整体，也可以由整体到局部进行观察。

按事物外部特征，可由大到小或者由小到大进行观察。

观察力的条理性，可以保证输入的信息具有系统性、条理性，而这样的信息，也就便于智力活动对它进行加工编码，从而提高活动的速度与正确性。如果一个人做事杂乱无章，那么通过他所获得的信息也就必然是杂乱无章的。这样，他要想在一堆乱麻中理出一个头绪来，必然要花费较多的时间和精力，甚至还可能影响到结果的正确性。

3. 观察的理解性

观察力包含两个必不可少的因素：一是感知因素（通常是视觉），二是思维因素。

思维因素是观察力的主要作用，它可以提高观察的理解性。理解可以使我们及时地把握观察到客体的意义，从而提高我们对客体观察的迅速性、完整性、真实性和深刻性。

在观察过程中，运用基本的思维方法，对事物进行有效的比较分类、分析、综合，找出它们之间的不同点和相同点，这样，就易于把握事物的特点。考察事物的各种特性、部分、方面以及由这些特性、部分、方面所联成的整体，就会使我们易于把握事物的整体和部分。

4. 观察力的敏锐性

观察力的敏锐性是指迅速而善于发现容易被忽略的信息。科学家和发明家的可贵之处就在于此。牛顿根据苹果坠地发现了万有引力规律，瓦特根据水蒸气冲动壶盖发明了蒸汽机。在学习活动中，同学之间的观察力也是千差万别，同是一个问题，有的同学一眼就看出问题的要害和内在联系，有的同学则相反。敏锐性的高低是观察力高低的一个重要指标。

观察力的敏锐性与一个人的兴趣往往是密切相关的。不同的人在观察同一现象时，会根据自己的兴趣而注意到不同的事物。兴趣可以提高人们观察力的敏锐性，例如，同在乡野逗留，植物学家会敏锐地注意到各种不同的庄稼和野生植物；而一个动物学家则又会注意到各种不同的家畜和野生动物。

达尔文曾经谈到自己和一位同事在探测一个山谷时，如何对某些意外的现象视而不见：“我们俩谁也没有看见周围奇妙的冰河现象的痕迹；我们没有注意到有明显痕迹的岩石，耸峙的巨砾……”显然，达尔文对各类生物的观察力是非常敏锐的，但对于地质现象却没有什么兴趣。

观察力的敏锐性是与一个人的知识经验密切相关的。一个知识渊博、经验丰富的人，他在错综复杂的大千世界中，自然容易观察到许多有意义的东西。相反，一个知识面狭窄、经验贫乏的人。他面对许多被观察的对象，总有应接不暇的感觉，而结果是什么都发现不了。

当然，知识对观察的敏锐性有时也有消极作用。有些人常常凭借知识对一些事物进行主观臆断。歌德曾说过：“我们见到的只是我们知道的。”

5. 观察力的准确性

首先，正确地获得与观察对象有关的信息。在观察过程中，不仅要注意搜寻那些预期的事物，而且还要注意那些意外的情况。

其次，是对事物进行精确地观察，既能注意到事物比较明显的特征，又能觉察出事物比较隐蔽的特征；既能观察事物的全过程，又能掌握事物的各个发展阶段的特点；既能综合地把握事物的整体，又能分别地考察事物的各个部分；既能发现事物之间的相似之处，又能辨别它们之间的细微差别。

再次，搜寻每一细节。一个具有精确观察力品质的人，他在观察事物的过程中，就会避免那种简单的、传统的、老一套的方式，选择那种不寻常的、不符合正规的、复杂多变的创新方式，这往往是富有创造力的表现。例如，让被试者在30分钟之内用22种不同颜色，一寸见方的硬纸片，拼成24厘米长、33厘米宽的镶嵌图案时，创造能力高的人通常会尝试把22种颜色全部用上；而较平凡的人则趋于简单化，利用颜色的种类较少。不但如此，创造能力较高的人所拼的图案，近乎奇特，无规律，不美观，他们不愿意依样画葫芦，仿拼任何普通图形，而愿意大胆地独出心裁，标新立异，不怕冒险，向通俗的形、色挑战。

各种观察力的品质在学习活动中有各自不同的作用。观察的目的性是学习目的性的一个有机组成部分，它可以保证我们的学习能够按照一定的方向和目标进行。观察的条理性，是循序渐进地从事学习的不可缺少的心理条件，它有助于我们获得系统化的知识。观察力的理解性可以帮助我们在学习中对由观察而获得的知识的理解，不至于生吞活剥，囫囵吞枣。为了获得某些看来平淡无奇，实际上意义较大的知识就必须具有敏锐的观察力。精确性可以帮助我们对所得到的知识深刻准确地领会，不至于似是而非，以假乱真，错误百出，纰漏丛生。在学习中，我们必须把观察力的各种品质结合起来，按照预定的目标去获得系统的、理解的、深刻的、真实可靠的感性知识。

第十章

巧妙引导，靠吼叫孩子养不成好习惯

好习惯将使孩子受益一生

马克思说："父母的职业是教育孩子。"从道义上讲，科学教育子女是父母义不容辞的责任。父母应树立科学的教育理念，力争用科学的方法使孩子养成良好的习惯，使孩子的智力得到最大程度的发挥。

关于习惯，我国古代大思想家墨子最有名的思想就是"束丝说"："染于苍则苍，染于黄则黄，固染不可不慎也。"的确，孩子生下来就像一束白丝，父母把它染成黑的就是黑的，染成黄的就是黄的，所以说染丝不可不谨慎，对孩子的教育也是这样，千万不能掉以轻心。

大教育家叶圣陶先生曾经说过："教育其实就是培养习惯。"培根也说过："习惯是人生的主宰。"之所以这么说，是因为习惯一旦形成，就会成为一种半自动化的潜意识行为，对人生、事业、生活起着永久性的作用。良好的习惯就像人存放在自身当中的"道德资本"，会使人终身受益。

在一次诺贝尔奖得主的聚会上，记者问一位

科学家：“请问，您认为您在哪所大学学到了最重要的东西？”

这位科学家说：“在幼儿园。”

“在幼儿园学到了什么？”

“学到了把自己的东西分一半给小伙伴；不是自己的东西不要拿；做错事要表示歉意……”

这位大科学家所谓的最重要的东西，其实就是良好的习惯。

习惯是今后伴随孩子一生的东西，影响其生活方式和成长的道路。习惯是不断重复或练习而形成的固定化行为方式，其最大特点是自动化。一个人一旦养成良好的习惯，其学习、生活和工作效率便会大大提高，具体表现在以下几个方面：

(1)养成了习惯，则无须花费时间考虑，无须高度集中注意力就能顺利完成一系列活动，既节省精力又能提高功效。

(2)养成了习惯，人的动作会更加协调、准确。人就可以得心应手地从事某些复杂、难度高的动作。

(3)人的动作习惯一旦形成，就会长久地保存下来。

换句话说就是，习惯能使人的行为能力得到贮存。当需要时，潜意识马上就会唤醒那些中断了的行为习惯，肢体感官随即也能按定势做出相应的反应。所以，恢复过去的某些行为，要比当初学这些行为快得多。

习惯是在人的生活、学习过程中逐渐形成的，是可以培养的。父母要想使自己的孩子更出色，就得从培养孩子的好习惯入手。

那么，父母应如何科学地培养孩子良好的习惯呢？专家认为主要应从以下几个方面入手：

1. 明确要求，严格执行

对孩子行为习惯的要求，父母应交代得详细明确，让孩子清楚明白，决不能含含糊糊，使孩子看不见摸不着，不知从何入手做。

“没有规矩，不成方圆”。在孩子了解清楚明确的基础上，就应严格实施。父母决不能只提要求，在行动上却不加以督促。不严格要求孩子，遇到困难就放任孩子打退堂鼓，非但不能使孩子养成良好的习惯，反而会加重孩子的惰性，使孩子变得散漫任性。因为在好习惯形成过程中，常常有相反力量在作祟。如拾金不昧等，只要有一回因私心杂念夺去了孩子对好品德的追求，重新做起来就会变得困难了。

所以，对孩子的要求一旦提出，就应严格施行，毫不退让，更不能轻易改变。这样，才有助于孩子良好习惯的养成。

2. 孩子有了好的表现要及时鼓励

心理学家威廉·杰姆斯曾说过："人性最深层的需求就是渴望别人的赞赏。"著名作家马克·吐温也曾深有体会地说："靠一个美好的赞扬我能多活上两个月。"谁都希望得到别人对自己优点和长处的赞赏，天真烂漫的孩子尤其是这样。因此，父母要抓住适当的时机，对孩子多加赞赏。

父母鼓励孩子的方法有很多，对孩子来说，父母一句赞赏的语言，一个信任的神态可能都是不小的鼓励。父母鼓励孩子的机会也很多，孩子自己动手叠被、整理衣物时，父母可以对孩子说："宝贝，自己的事情自己做，真是好样的！"孩子为他人、为社会做了好事时，父母可以对孩子说："关心他人、助人为乐是一种了不起的行为，爸妈为你感到自豪！"孩子在学习或生活上遇到了困难、打击却不灰心，父母可以对孩子说："困难是暂时的，爸妈相信，只要你不向困难低头，就一定会成功！"

等等。

3. 树立正确的教育理念

每一位年轻父母生下孩子的时候，都会感到无限的欣慰，全家人感到莫大的幸福，因为孩子会给家庭带来幸福、欢乐，使家庭生活大放光彩。沉浸在欢乐之中的父母，没有不想把孩子教育好的，然而由于教育方法不得当或者其他方面的原因，随着孩子年龄的增大，这份光彩很快就会消失，代之而来的则是无限的烦恼、痛苦和悲伤，甚至是社会的灾难。

有关数据显示：未成年犯人和普通未成年人之间的差异是父母对孩子思想品德的关心程度不同。未成年犯人父母往往是更多地关注孩子的健康、学习功课、吃饭穿衣，思想品德在他们的教育理念中的地位是微乎其微的；普通未成年人父母则把思想品德放在第一位，然后才是健康、学习功课等。“重智轻德”的错误教育观必然会导致许多不良习惯的形成。

从道义上讲，科学教育子女是父母义不容辞的责任。马克思说：“父母的职业是教育子女。”父母要放下架子，学会尊重孩子；在新知识面前，要和孩子共同学习；从古代、现代的家教典故中学习，从身边的好家教中学习。

作为父母，要自觉学习教育孩子的方式方法，不断提高自身的教育能力，特别是培养孩子良好习惯和矫正不良习惯的能力。

4. 防微杜渐，及时矫正孩子的不良习惯

对于孩子的行为，父母不能听之任之。父母一定要把孩子的坏习惯消灭于萌芽状态，防患于未然。否则“小洞不补，大洞吃苦”，等到孩子的坏习惯发展到违法犯罪的行为时，就为时已晚了。父母应让孩子明白“勿以恶小而为之，勿以善小而不为”的道理。对孩子身上已经出现的不良行为习惯，父母一定要帮助孩子及时矫正。

5. 做好打持久战的准备

良好习惯的养成不是一朝一夕的事，它必须经过长期的训练。虽然美国有专家研究发现，养成一个习惯需要21天，但这21天是个平均数，养成的习惯不一样，每一个人的认真程度不一样，刻苦程度不一样，所用的时间也肯定不一样。

虽然我们无法确定让孩子养成一个习惯究竟需要多

长时间，但可以肯定的是，所用的时间越长，孩子的习惯就会越牢固。所以，对于孩子每一个习惯的培养，父母都应做好心理准备，长时间坚持。这对父母来说是十分艰巨的任务，但为了孩子的终生幸福，广大父母要不怕反复，要持之以恒。

美国心理学家威廉·詹姆斯说："播下一个行动，收获一种习惯；播下一种习惯，收获一种性格；播下一种性格，收获一种命运。"用科学的方法培养孩子良好的习惯，才能使孩子的智力得到更有效地发挥。

可以说，一个好的习惯将使孩子受益一生。

让孩子学会理财

很多父母都认为，自己应多赚些钱留给子孙。事实上，这样做只会剥夺孩子自立生活的能力。多给孩子留一分钱，孩子便会多一分软弱。父母所能给孩子的最宝贵的遗产，就是教会孩子自己去开辟生活，自己去理财。

乱花钱是许多孩子普遍存在的问题。许多父母对孩子宠爱有加，孩子要什么就给什么；总是宁愿自己节约，也要省下钱来满足孩子的愿望。殊不知，这种做法最终只会使孩子变本加厉，内心的欲望不断膨胀。

在市场经济的新形势下，每个父母都应该让孩子从小就养成自主理财的好习惯。实际上，理财教育只是一种工具和手段，其目的并不是让孩子学会攒钱，或一定要让他经商，而是要让他真正成为一个能干的、健全的人。

在美国等许多发达国家，父母从孩子三岁左右就开始对他们进行理财教育。这些父母大都认为，培养孩子自主理财的习惯，最主要的是让孩子正确理解金钱。让孩子认识到金钱在生活中是必需的，要得到想要的东西就必须用钱交换；自己所花的钱都是父母辛辛苦苦用劳动换来的，不是想有多少就有多少的；钱不是万能的，金钱并不能买来亲情、健康、生命等人生最重要的东西。

那么，在日常生活中，父母应该怎样来培养孩子理财的习惯呢？

1. 让孩子自己去开辟生活

父母应该让孩子对金钱有一种正确的观念，如果孩子坐拥巨额家产，不用劳动也能满足他们的各种贪婪的享受，那么这无疑是把孩子推向了堕落的深渊。孩子由于体会不到挣钱的辛苦，他会无法控制自己的贪婪，从而会成为金钱的奴隶；一旦某天他没有了钱，就有可能受人控制，走向堕落。

比尔·盖茨甚至公开表示过："我不会将自己的所有财产留给自己的继承人，因为这样对他们没有一点好处。"

2. 给孩子钱要有节制

儿童教育专家认为，孩子越早接触钱，就会越早具备理财的观念，长大后也就越会赚钱，关键是家长如何教孩子花钱、理财。父母要学会用生活事例教孩子钱是来之不易的，花钱要有节制。

父母在给孩子零花钱时，一定要有节制，不可随意多给，也不要有求必应，要把钱的数额控制在孩子有能力支配的范围之内。应给多少，数额应根据孩子的日常消费来预算，例如，主要包括餐费、交通费、购买学习用品的费用、必要的零食费等。

一般来说，从孩子一年级开始就可以给孩子一些零用钱。最好的方法是每星期的同一天，给孩子同样数目的钱，这样可以使孩子做到心中有数。随着孩子年龄和责任心的增长，给孩子的零花钱也可逐步增加。

3. 让孩子控制自己的欲望

适当地拒绝孩子很重要，即使父母完全可以满足孩子。父母也必须让孩子知道，不是想要什么就能得到什么。

许多父母都有这样的体会，每当带着孩子走进玩具店或者商店的时候，孩子总是会没完没了地要求父母买各种玩具和食品等。这是许多父母感到头痛的问题。

有一位妈妈非常明智，她每次带女儿去商店前，总是先跟女儿说：“妈妈带你去商店玩，你只可以买一件你最想买的东西，价格在20元以内。你得先想好要什么，如果你要好几件东西，妈妈就不带你去了。”女儿听完“条件”后，总是高兴地回答：“妈妈，我知道了，我最想要一个小娃娃，不过我还得去店里看看什么娃娃漂亮。”就这样，妈妈虽只给女儿买了一个娃娃，但孩子却很高兴。

4. 要让孩子明白自己的钱花到哪里去了

当孩子手中有了一定数目的钱时，父母要帮助孩子科学合理地使用。许多孩子的毛病就是父母给多少就花多少，花完了再向父母要。针对这点，父母要督促孩子制定一个合理的消费计划。当然，消费计划主要由孩子来制定。

例如：父母在给孩子钱的时候，可以提出一个支出原则，让孩子自己去制定计划，父母不要干预孩子制定计划，但是要对孩子的计划进行监督、检查，看看孩子是否根据计划合理地使用零花钱。通过父母的指导和监督，孩子就会提高理智消费的能力，能够有所节制地花钱。

5. 要教孩子一些少花钱的方法

告诉孩子，一个人可以在生活中尽量减少金钱的支出，这样，手中的钱就会多起来。有什么方法可以少花钱呢？

例如，买东西之前必须要想清楚是否真的需要，可以让他在心里问自己“我需要这个东西多久”，“是不是已经有其他东西可以替代打算要买的东西”，这些问题可以帮助孩子认识到有些支出是不必要的。教孩子每周在固定的一天去购物，而不要天天购物。购物之前一定要列个清单，要根据自己的需要去买东西，不要见什么买什么。

6. 经常性地让孩子来持家

无论做什么事，如果不能设身处地、亲身去体验，就无法知道其中的艰辛。不当家不知柴米贵。父母只有让孩子积极参与到家庭理财中，其理财能力才能得到快速提高。

为了让飞飞自觉做到计划开支、节约开支，妈妈提议实行家庭成员轮流理财。

到了飞飞理财的那个月，刚开始天天买鸡鸭鱼肉，大手大脚地花钱，不到10天，就用去了当月收入的一大半。爸爸提醒他，这个月还有三分之二的时间。飞飞为难了，从此每天只吃白菜萝卜。结果，当月只结余20元。即便如此，妈妈仍鼓励他说："还算不错，略有结余嘛！零花钱也花得比前些日子少得多了。但以后理财还要注意一个问题，那就是认真地做好计划开支，不能时而过紧，时而过松，要做到细水长流。"

那年暑假，他们一家三口外出旅游。爸爸妈妈将旅游理财的任务也交给了飞飞。买票时，飞飞考虑再三，还是买了硬座票。他说这样三人往返车票可以省下500多元。买盒饭时，爸爸本来要给飞飞买15元的，但飞飞说一律买5元的。

让孩子持家理财，可以让孩子真真切切地体验到理财的重要性，学会理财的方法，从而对理财有个明确的认识，并应用于实践。

在现实生活中，父母应该给予孩子一定的机会去买菜、交水电费、电话费等，让孩子知道家里的钱是怎么花出去的，同时让孩子知道一个家庭的必要开支，体验到生活的艰难。

一些家庭条件不是很好的父母，认为和孩子谈家庭状况，面子上过不去，而且会加重孩子的心理负担。其实不然，许多孩子在了解了家庭状况后，反倒能够替父母着想，控制自己花钱。

7. 让孩子花自己挣的钱

让孩子花自己挣的钱，是培养其自立能力的重要方面。也只有花自己挣的钱，孩子才能真正长大。

国外很多父母都比较重视培养孩子的自力更生能力。美国的中学生有句口号："要花钱，自己挣！"在孩子十几岁的时候父母就应该让他们认识劳动的价值，让孩子自己动手做一些力所能及的事情。孩子只有在使用自己劳动所得的钱时才会比较珍惜。

因此，父母应该让孩子意识到劳动和工作的重要性，让孩子明白：要获得报酬，你就得工作。只有工作，你才有工资用来买吃的、穿的以及支付水、电等家庭必要开支。

怎样对孩子进行诚信教育

孩子是否诚实守信，在很大程度上取决于父母的教育。对于孩子经常出现的不诚信行为，父母应该多从孩子的认识发展上找原因，千万不要把孩子的这种行为看成是道德败坏进而打骂孩子。

本杰明·鲁迪亚德曾经说过："没有谁必须要成为富人或成为伟人，也没有谁必须要成为一个聪明的人，但是，每一个人必须要做一个诚实的人。"

诚信是人性一切优点的基础，这种品质比其他任何品质更能赢得尊重和尊敬，更能取信于人。诚信是立身之本，是一个人最宝贵的财产，它能让孩子保持正直、挺直脊梁、光明磊落地做人，还能给孩子以力量和耐力。

每个父母都希望自己的孩子具有诚信的习惯，不喜欢孩子撒谎。孩子是否诚实守信，在很大程度上也取决于父母的教育。对于孩子经常出现言行不一、不履行诺言的行为，父母应该多从孩子的认识发展上来找原因，不要把孩子的这种行为看成是道德败坏而打骂孩子。如果父母从小就注意对孩子进行诚信教育，孩子是可以养成诚信的习惯的。

那么，应该怎样来培养孩子诚信的习惯呢？

1. 对孩子进行诚信品质的教育

诚信是人的立身之本，父母应该加强对孩子进行诚信品质的教育，从小就教育孩子守信用、负责任。告诉孩子，一个言而无信的人，是没有人愿意与他合作的。

进行诚信品质教育父母需要借助实例，以故事的形式讲给孩子听，让孩子明白，诚信对一个人来说是非常重要的，不诚信会带来什么恶果，诚信会有什么收获。

在美国华盛顿州塔科马市，10岁的汉森正在与小朋友在家门口的空地上玩棒球。一不小心，汉森将球掷到了邻居的汽车上，车窗玻璃被打坏了。

见闯了祸，其他小朋友都吓得逃回了家。汉森呆呆地站立了一会儿，决定亲自登门承认错误。刚搬来的邻居原谅了汉森，但还是将这件事告诉了汉森的父母。当晚，汉森向父亲表示，他愿意用替人送报纸储蓄起来的钱赔偿邻居的损失。

第二天，汉森在父亲的陪同下，又一次去敲邻居家的门，表示自己愿意赔偿。邻居听了汉森的话，笑着说："好吧，你如此诚信，又愿意承担责任，我不但不要你赔偿，还乐意将这辆汽车送给你作为奖赏，反正这辆汽车我也打算弃掉了。"

由于汉森年纪还小，不能开车，所以这辆汽车暂时由他父亲保管着。不过，汉森已经请人修理好了车窗，经常给车子洗尘打蜡，就像是宝贝一样。他经常倚在那辆 1978 年出厂的福特"野马"名车旁边说："我恨不得快快长大，好驾驶这辆汽车。我至今仍然不敢相信它是我的。"汉森还说："经过这个事件，我更懂得诚信是可贵的。我以后都会诚信待人。"

由此可见，诚信自有它的报偿。孩子付出了诚信，他自然会收获信赖。相反，如果孩子付出的是虚伪，那么总有一天他也会受到别人的欺骗。

当然，诚信品质的教育必须从小时候培养，坚持不懈。父母应该教导孩子从小就做一个诚信的人，要始终如一地要求孩子，教导孩子出现缺点和错误时要勇敢承认，接受批评，绝不隐瞒。针对社会上那种坑蒙拐骗的行为，父母要态度鲜明地进行批判，要让孩子坚信，这种弄虚作假的行为是必将受到惩罚的。只有这样，孩子长大以后才能成为一个光明磊落的人。

2. 满足孩子合理的需要

孩子不诚信的行为大部分是出于某种需要，如果孩子合理的精神需要、物质需要没有得到满足，他必然会寻求满足需要的办法，如果父母对这种合理需要过分抑制，孩子就会换种方式，以某种不诚信的行为来满足自己的需要。因此，父母应该认真分析孩子的需要，尽量满足其合理的部分。

要分析孩子的需要，父母应该认真倾听孩子的心里话，而不要以成人的想法推测孩子的心理。当孩子向父母讲述了他的需要以后，父母应该跟孩子一起分析哪些是合理的，哪些是不合理的；哪些是现在可以满足的，哪些是将来才能满足的。然后及时满足孩子合理的需要，对不必当时就满足的需要可以留到以后慢慢满足；对于不合理的需要，则要跟孩子讲明道理。如果父母不善于判断孩子的需要是否合理，可以请教老师或其他的父母，也可以阅读相关的书籍，避免盲目行动，给孩子“可乘之机”。

如果孩子出现了言行不一致的行为，父母一定要及时指出来，严肃地向孩子讲明道理，并督促孩子认真履行自己的承诺。同时，父母还可以讲讲信义在人际交往中的作用，让孩子懂得履行自己的诺言是多么重要。千万不要觉得孩子还小，或者觉得事情无关紧要就放纵他们的缺点，这样，孩子会不断强化不良的行为，从而形成不良的品格，进而影响他的人生。

3. 相信孩子

我们经常会看到这样的父母：他们要求孩子吃完饭在房间里学习半小时，结果却每隔五分钟进去看一下孩子是否在偷懒；他们要求孩子去买件东西，也总担心孩子把多余的钱买零食吃。

父母们的这些行为，往往导致孩子用撒谎来对抗，而父母们却认为自己的怀疑是有根据的，这就更加滋长了孩子的不诚信。

4. 父母要敢于承认错误

在现实生活中，许多父母都有可能不自觉地对孩子讲一些不诚实的话，或者讲过的话没有兑现。这时候，父母一定要放下架子，以平等的身份向孩子承认错误，以求赢得孩子的信任。

妈妈曾经给森森讲过一个撒谎后鼻子会变长的故事，森森对此深信不疑。

有一天，森森在学校里又听到了这个故事，于是回家跟妈妈说："妈妈，以后我不会撒谎的，撒谎的人鼻子会变长的。你们也不要撒谎啊，要不也会长出长鼻子的。"这时，妈妈觉得有必要给森森讲讲关于故事情节真实性的问题。

妈妈对森森说："孩子，其实这只是一个童话故事。在现实生活中，一个人说谎是不会长出长鼻子的，只会受到良心的谴责。"

森森有点迷惑了："那我们是不是就可以说谎了?"

“当然不是，”妈妈回答，“一个人应该说实话，他说了谎话就会失去朋友，这比长长鼻子还要可怕。”

年幼的森森这才真正明白，童话故事是虚构的，但它并不是不诚实的表现，而是以另一种方式劝人们要讲真话。

让孩子成为真正的动手操作者

教导孩子动手“操作”是一件很复杂的事。如果没有适当的教导，孩子的操作便会乱七八糟，而这类杂乱无章的动手操作正是孩子的特征；如果父母能对其加以指导，使其动作具有明确的目的性，这样孩子便会静下心来，成为一个真正的动手操作者。

“孩子的智慧在手指上”，换句话说就是，要开发孩子的智力，最简单高效的方法就是让孩子多运动自己的双手。特别是幼儿时期，孩子的大脑发育很快，双手动作灵活，这时多动手更能促进头部机能的发展，使大脑变得更聪颖。世界上有许多奇思妙想，都是通过手变成现实的：劳动的手创造了世界，也造就了人类。

所以说，培养孩子从小动手操作的好习惯是非常重要的。

实践也证明，许多成功人士所取得的成果，也都是通过无数次动手操作才取得成功的。

诺贝尔，世界杰出的科学家、发明家和企业

家，17 岁时赴外国学习和参观，学习机械、化学等知识，回到瑞典后从事硝化甘油的研究工作。之后一直从事炸药的研究、制造、生产、销售工作，同时也涉及其他的科学领域。

在诺贝尔的一生中，他的父亲对他的影响最大。他的父亲是一个“发明狂”。在父亲的影响下，诺贝尔对炸药产生了浓厚的兴趣。

有一次父亲带诺贝尔去参观自己的火药工厂。诺贝尔接触到了许多使他感到新奇的事物。此后，诺贝尔就更加勤奋地阅读各种书籍，尤其是有关科学研究的基本原则，有关机械、物理、化学方面的书，好让自己快一点明白父亲所说的那些陌生的东西。他在父亲的书架上，找出化学读本，翻看制造火药的方法。当他发现火药就是用硝石、木炭和硫黄混合制成的时候，兴奋不已，并准备亲自尝试火药的威力。

备齐了原料，他便在药品库中找到装硝酸钾的瓶子，并把里面的白色粉末倒在小袋子中，拿回家后立刻关起房门开始做实验。经过一次次改进，他终于找出了一种最佳的混合比例，使火药的威力显著增强。在实验中他不断总结经验，还发现一个有关炸药的基本原理：把火药包扎得越紧，爆炸的强度就越大。

就这样，诺贝尔从游戏中、从不断的实践中完成了一个突破，为他以后从事炸药事业跨出了重要的第一步。这一步来自他对自然的好奇，来自他对书本的钻研，来自他对危险的无畏，最重要的是来自于他反复的实践操作。可以说，是“手”为创造力提供了一套“有思想的工具”。

培养孩子善于操作的好习惯，是为了使孩子的身心头脑更协调，这也是家庭教育工作的关键和指南。著名教育家蒙台梭利指出：自由就是动作，动作是生活的基础，动作练习具有发展智力的作用；教导孩子动手“操作”是一件很复杂的事，如果没有适当的教导，他们的操作便会乱七八糟，而这类杂乱无章的动手操作正是孩子的特征；如果父母教他们动手操作，使其动作有明确的目的性，孩子便会静下心来成为一个真正的动手操作者。

手是伟大的，父母培养孩子从小动手操作的好习惯，相当于给孩子埋下了一颗“长青果”。至于如何培养孩子从小动手操作的好习惯，我们建议父母从以下几点入手：

1. 让兴趣引导孩子勤动手

孩子对身边的一切新鲜事物都有着很强的好奇心，这是由人的本性所决定的。孩子会认为帮助父母是一件很光荣的事，父母应趁此机会让孩子勤动手，并引导其成为一种习惯。

孩子常常会摆出“小大人”的样子，说“我自己来，我会”，“妈妈放手，我能”等言语。在这种情况下，父母应该放手，让孩子自己来。

在生活中，父母可以用一些废弃物品与孩子共同动手制作工艺品，比如用蛋壳制作人头像或用泡沫雕刻一些形状简单的东西。这样一方面能让孩子从小认识到双手的魅力，并让其懂得生活中有很多废弃物是可以利用开发、变废为宝的；更重要的是，“成就感”可以增强孩子动手的兴趣。

平时要多买一些手工制作图片或书籍，让孩子从中展开制作的想象力，并逐步培养自己动手制作的兴趣。多让孩子做一些动手的游戏，像折纸、剪纸、粘贴、组装玩具等，多为孩子提供动手的机会。

2. 鼓励动手，增强孩子的信心

称赞是鼓励孩子、增强孩子信心再合适不过的一种激励方式。

当孩子做出一些“小成绩”的时候，你不要忘记告诉孩子，他们是多么的优秀；当孩子帮你做了某一件“小事情”的时候，切不可忘记告诉孩子，你是多么感激他们对你的帮助。这种真诚的感谢会令孩子更积极、更认真、更负责地做一个自信、热爱劳动的好孩子。

不要让孩子失去动手的机会。有时父母会因为孩子动作太慢、太笨，而代替孩子去做。这样容易使孩子养成依赖心理，产生很大的惰性。不要强迫孩子做其不愿意做的事，或者其力所不能及的事，希望孩子做的，一定是孩子能够完成的，否则会挫伤孩子的信心与勇气。因为父母一个否定的眼神或一声消极的语气，都对孩子有极大的“摧毁力”；相反家长一个赞赏的表情或一句激励的话语，又有着使孩子充满自信并取得成功的力量。

3. 手脑结合开发孩子的智力

孩子的动手能力是对大脑发育最好的刺激。三岁前父母应该教孩子握笔、写字、做手工、拿筷子等，动手的同时就将新的刺激源源不断地输入大脑。脑的使用度愈频繁，其成熟度就会愈高。

脑越用越灵，手越用越巧。因此，父母应该安排孩子做一些必要的家务活。例如，起床后自己叠被、扫地、擦桌子、饭后洗碗、刷锅、购买小件物品等。这些应当要求孩子主动来做，这对孩子能力和责任心的培养作用都不可小视。

父母可以帮助孩子做一些简单的小实验，让孩子在动手的过程中开发智力，体验成功的快乐。使孩子的思想及时地由被动操作向主动实践转换，从而养成手脑并用的好习惯。

培养孩子持之以恒的习惯

培养孩子具有恒心的方法有很多，如参加体育锻炼、读书自律等。父母要根据自己孩子的意志特点，有针对性地培养训练，刚柔相济。但根本之点在于启发孩子的自我需求，让其主动养成持之以恒的好习惯。

持之以恒是一个主观能动的心理过程。具体来说就是，人在自觉地确定目标之后，能够根据目标来支配、调节自己的行动，坚持不懈，克服种种困难，最终实现目标。

其实，一个人要想生存就得不断积累经验，让自己无休止地自我创新。而无论是经验还是无休止的创新，都需要持之以恒的毅力。毅力不是瞬息而就，说有就能有的东西，它的形成需要一个过程。它的形成应该在家里，而不仅仅是学校。持之以恒的毅力对于孩子的意义是不言而喻的，但它恰恰又是孩子容易缺乏的。

“千里之行，始于足下；九层高台，起于垒土”凡事业上有所作为的攀登者，无不是从小事做起，锤炼自己的意志。

一个孩子，如果连自己的学习用品都丢三落四的，怎么能保证演算习题时不粗枝大叶呢？ 所以父母培养孩子的意志要持之以恒地从小事抓起，决不姑息迁就，要一抓到底。

曾有学生问大哲学家苏格拉底，怎样才能修学到他那样博大精深的学问？ 苏格拉底听了并未直接作答，只是说："今天我们只学一件最简单、也是最容易的事，每个人把胳膊尽量往后甩，再尽量往前甩，"苏格拉底示范了一遍，说，"从今天起，每天做 300 下，大家能做到吗？"

学生们都笑了，这么简单的事有什么做不到的？

过了一个月，苏格拉底问学生们："哪些同学坚持了？"有九成同学骄傲地举起了手。

一年过后，苏格拉底再一次问大家："请告诉我，最简单的甩手动作，还有哪几个同学坚持了？"这时，只有一人举起了手，这个学生就是后来成为古希腊另一位大哲学家的柏拉图。

人人都渴望成功，人人都想得到成功的秘诀。 然而，人们常常忽略这样一个道理：即使最简单、最容易的事，如果不能坚持下去，也绝对不可能打开成功之门。成功并没有秘诀，但坚持是它的过程。

培养孩子的恒心应从小事做起，不断进行训练。一个人的意志是否坚强，可以从他的意志行为中得到体现。在成长的过程中，独生子女缺乏恒心与毅力的现象比较普遍，这在很大程度上会影响孩子的学业、交往、品德及心理健康。很多时候，成功与失败往往就取决于一个人能否坚持到最后一刻。

培养孩子持之以恒的习惯的方法有很多，在此择要介绍几种：

1. 用兴趣引导孩子持之以恒的决心

兴趣是孩子高效率把事情做好的前提。在现实生活中，并不是对必须去做的每件事，孩子都一定感兴趣，但是孩子对自己感兴趣的事，都有着明显的自觉性、持久性等高效率特点，而对于自己不感兴趣的事则往往需要父母的约束与督促。为了使孩子提高做事效率，父母应该引导孩子对事物产生兴趣。

很多上学的孩子比较喜欢的口头禅是“郁闷”或者“烦”。事实上，学习本身的确没有多少乐趣可言。然而父母并不这么认为，他们一厢情愿地认为学习是最有意义的事情，并且一味地强迫孩子对学习产生“兴趣”。孩子的学习兴趣是需要父母去加以引导的，而不能靠强迫的方法来获得。

孙欣沉溺在电脑游戏中不能自拔，虽然三番五次地向妈妈写保证书，但一点也不起作用。为了帮助孩子改掉坏习惯，妈妈采取了这样的措施：限制每天上网的时间和内容，并引导孙欣将上网与学习联系起来。结果孙欣通过上网来辅助学习，出现了一学就是半天，甚至忘记吃饭的现象，并由此对学习产生了兴趣。为达到一定的学习目标，孙欣还为自己制定了一个苛刻的学习计划表，并持之以恒，最终实现了这个目标。

2. 让强烈的欲望与责任感激发孩子的行动

无论做什么事，仅有明确的目标是不够的，还必须有实现目标的强烈欲望与社会责任感。 例如登泰山是很多人的强烈欲望，从山麓的红门到山巅的玉皇顶有七千多级台阶，而且越上越陡，到十八盘，每盘两百级，几乎是直上直下，每登一级都要付出极大的努力。对于一般的游客来说，如果体力不支，中途而返也无可非议，因为没有社会责任和义务。但对于挑夫来说就不一样了，从中天门出发肩挑120斤砂石、水泥等重物，一天上下两个来回，支撑他们从事这种艰苦工作的力量是恒心，是所承担的社会和家庭责任。

许多孩子不能攀登成功的顶峰，并非没有目标，而是缺乏由强烈欲望和责任感所激发的意志行动。

3. 适度创设困难磨炼孩子的意志

逆境、困境能铸造一个人顽强不息的意志品质，中外历史上不乏这样的事例。现在大多数孩子养尊处优，稍遇逆境决心就动摇。在他们小时候，如果父母能人为地给他们适度创设困难，让他们接受强大心理承受能力的锻炼，那么有朝一日他们面对逆境和困难的考验时，就能经受住锤打。

1999年，18岁的成都女孩刘亦婷被美国哈佛大学、哥伦比亚大学等四所世界一流高等学府录取，还获得全额奖学金，成功的背后总蕴藏着艰辛。刘亦婷10岁上四年级时，父亲给她设计了一个奇特的“忍耐力训练”：捏冰一刻钟。刘亦婷捏的是冰箱里特意冻得结结实实的一大块冰，父亲手拿秒表，一声“开始!”刘亦婷就把冰放到手里。

第一分钟感觉还可以；第二分钟，就觉得刺骨的疼痛，她急忙拿起一个药瓶看上面的说明，转移注意力；到第三分钟，骨头疼得钻心，她就用大声读书的方法来克服；到了第四分钟，让她感到骨头都要被冰冻僵了，这时她使劲咬住嘴唇，让疼痛转移到嘴上，心里想着：忍住、忍住；第五分钟，她的手变青了，也不那么疼了；第六分钟，手只有一点痛了；第七分钟，手不痛了，只觉得冰冰的，有些麻木；第八分钟，她的手完全麻木了……当爸爸说：“15分钟到了!”她高兴得欢呼起来。而她的手却变成了紫红色，摸什么都觉得很烫。爸爸急忙拧开自来水龙头给她冲手。此时此刻，作为父亲，为女儿有这么顽强的意志力而由衷地高兴。

手捏冰块自我折磨，这是对感受极限的挑战，是对毅力的考验。一些好奇的大学生都试过，可没有一个人能坚持一刻钟。由此可见，刘亦婷的成功绝非偶然。

艰苦的环境，特别是艰苦的生活环境和劳动，往往是对一个人意志最好的考验和锻炼，也最能培养人。

孟子说："天将降大任于斯人也，必先苦其心志，劳其筋骨，饿其体肤，空乏其身……"说的就是，恒心是在艰苦环境中自我锻炼出来的。所以父母给孩子创设一些困境，让孩子的心理得到锻炼，这对于培养孩子的恒心和毅力都是很有必要。

4. 鼓励孩子挑战自己的弱点

急躁、懒惰、缺乏毅力、什么事都干却都难干到底……这些都是人性的弱点，也是实现人生目标、理想的巨大障碍。一个人若能有勇气挑战自己的弱点，便能逾越障碍，获得成功。

春秋时期，吴王夫差打败了越王勾践，并霸占了勾践的妻妾。越王勾践忍辱负重，十年不食珍馐，不着锦缎，每天睡石床、舔尝苦胆，在艰苦的环境里挑战自己的弱点，以图他日能复国雪耻。后来，在勾践的不懈坚持下，吴王夫差终于被打败。

诸如此类的例子很多。家长可针对孩子意志的薄弱点，选取一两个突破口，鼓励孩子挑战自我。可以说，这是为孩子铸造恒心的良方。

培养孩子的恒心的方法还有很多，如：参加体育锻炼、读书自律、在集体中接受监督、严守诺言等等。父母要根据自己孩子的意志特点，有针对性地培养训练，刚柔相济。但根本之点在于启发孩子的自我需求，让其主动养成持之以恒的好习惯。

世界经典家庭教育智慧

哈佛凌晨四点半

秦泉　主编

四川美術出版社

图书在版编目(CIP)数据

哈佛凌晨四点半 / 秦泉主编. —成都:四川美术出版社, 2018.9
(世界经典家庭教育智慧)
ISBN 978-7-5410-8325-9

Ⅰ. ①哈… Ⅱ. ①秦… Ⅲ. ①成功心理-青少年读物
Ⅳ. ①B848.4-49

中国版本图书馆 CIP 数据核字(2018)第 216423 号

哈佛凌晨四点半
HAFO LINGCHEN SIDIANBAN

秦泉　主编

出 品 人　马晓峰
策 划 人　杨建峰
责任编辑　秦朝霞
责任校对　张晓梅
出版发行　四川美术出版社
　　　　　成都市锦江区金石路 239 号
成品尺寸　186mm×126mm
印　　张　8
字　　数　260 千字
印　　刷　天津兴湘印务有限公司
版　　次　2018 年 9 月第 1 版
印　　次　2018 年 9 月第 1 次印刷
书　　号　ISBN 978-7-5410-8325-9
定　　价　150.00 元(全五册)

前　言

美国哈佛大学，它的正式注册名称为：The President and Fellows of Harvard College，是位于美国马萨诸塞州波士顿城的一所私立大学，1636 年由马萨诸塞州立法机关创办，迄今已是美国历史最悠久的高等学府，是北美第一家法人机构，也是常春藤盟校成员之一。至今，哈佛大学是一所在世界上享有顶尖学术地位、声誉、财富和影响力的高等教育机构，并获誉“美国政府的思想库”。

哈佛大学被誉为高等学府王冠上的宝石，300 多年间，先后培养出 8 位美国总统、152 位诺贝尔奖获得者、32 位普利策奖获得者，以及数以百计的世界级财富精英，为商界、政界、学术界及科学界贡献了无数的成功人士和时代巨子。哈佛学者云集，人才辈出，教与学相辅而行，是实至名归的世界超一流的高等学府。

哈佛学子的成功，正是哈佛人生哲学教育的硕果、素质教育的结晶。哈佛教育的一大核心理念，就是让每个学生都学会创造自己的卓越人生。

也许，你并不能身处哈佛这个学习圣殿中获取知识，但是，翻开手边的这本《哈佛凌晨四点半》，你将收到哈佛送给你的这份珍贵无价的礼物。

本书用通俗易懂的语言、娓娓动人的故事、实际有效的例证，把哈佛送给青少年的每一份礼物呈现在读者面前。

现在，不管你身在何处，欢迎你的心灵加入哈佛！

2018 年 8 月

目　录

第八章 哈佛大学教给青少年:全神贯注

第一章

哈佛大学教给青少年：抓住机遇

于变化中预知机遇

著名管理大师彼得·德鲁克将创业者定义为“那些能寻找变化，并积极反应，把它当作机会充分利用起来的人”。

对于一个想成功创业的人来说，就要准确地预测出市场当前和以后的需要，看清市场发展的趋势，走在市场供需变化的前头。

网络书店亚马逊公司的创始人是杰夫·贝佐斯。这位古巴移民的后裔凭借其超人一等的眼光，在短短几年内，从无到有，使亚马逊公司成为世界最大的网上书店。他本人也成为比尔·盖茨式的美国新一代超级富豪，身家数十亿美元，创造了又一个“美国神话”。

杰夫·贝佐斯是个富有创造性的人。3岁时，他手拿螺丝刀，试图把自己睡的摇篮改造成一张大人的床。懂事以后，他一直梦想成为一名宇航员或物理学家，飞机模型和太阳能灶等实验器材摆满了他的房间。高中时的贝佐斯筹建了鼓励创造发明的“梦研究所”，并鼓动伙伴们积极参与，初次显露了他成为企业家的潜能。在普林斯顿大学获得电子工程与计算机科学学士学位后，贝佐斯成为华尔街一家投资基金的副总裁，负责对网络科技公司的投资。

一次，他被一份 Internet 发展报告吸引：当年互联网用户增长 2300% 。以注重数据出名的贝佐斯从这个数字中看到了汹涌的 Internet 潜流，以及这一革命性的信息传播浪潮将带来的无限商机。为此，他决定在网上开办一个商店。他列出了 20 种可能在因特网上畅销的产品，通过认真的分析之后，他选择了图书。因为他认为图书属低价商品，易于运输，而且很多顾客在买书时不要求当面检查一下。所以，如果促销有力，就能够激发顾客购买图书的欲望。况且在全球范围内，每时每刻都有 400 多万种图书正在印刷，其中 100 多万种是英文图书。然而，即使是最大的书店也不可能库存 205 万种图书。从这里，贝佐斯发现了图书在线销售的战略机会。

1994 年，深切体会到网络市场巨大机遇的贝佐斯出人意料地放弃了条件优越的工作，来到西雅图，于 1995 年 7 月在自家的车库里建起了网上图书销售公司——亚马逊，这个名字与世界流量最大的河同名。

创建之初，亚马逊就呈现出神话般的增长势头，如今亚马逊已经跻身世界公司 500 强。

亚马逊公司通过新的销售模式出售传统的书籍而赚取大把钞票。后来包括庞诺书店在内的许多竞争者也建立了网上书店，但他们已是在亚马逊会“跑”的时候才刚刚开始学“爬”，因而竞争力远远不如亚马逊公司。

事业成功的人都遵循一个潜规则，那就是：人无我有，人有我先。在国际互联网飞速发展之际，看出人们未来的需求，走在市场供需变化的前头，这些造就了杰夫·贝佐斯等一大批美国网络英雄。

在社会发展速度一日千里的今天，变化是市场的主流，因而，对于创业者来说，预测市场的变化走向显得十分重要。泰国正大集团总裁、华人企业家谢国民曾讲过自己成功的秘诀："我每天的工作中，有95％是为未来5年、10年、20年做预先计划。换句话说，我是为未来而工作。"的确，如今的社会日新月异，只有对事物发展变化的趋势与远景做到了然于胸，才能在事业上占据先机。

1994年，当时任贝恩公司中国区总裁的甄荣辉需要招募新人，他先在一份英文媒体上刊登了招聘信息，但效果很差。后来，经北京同事指点，他选择了在北京人爱看的一份当地报纸上刊登招聘信息，结果反馈很好。但甄荣辉自己却从中感到当时报纸的印刷质量太差。当时香港的《南华早报》每周有多达200多页的招聘专版，人力资源市场十分活跃。但是，比香港人口还多的北京却没有这样一份专业的招聘报纸。他隐约找到了人力资源市场的巨大空间。

到了1998年，中国内地的人才交流市场日趋活跃，无论是用人单位还是求职者个人，他们迫切需要一个更专业、定位于白领青年的招聘渠道。

甄荣辉感于这些变化，知道人力资源市场已经成熟，可以大干一番了。于是，甄荣辉和他的创业伙伴成立了一家人力资源服务公司。甄荣辉经人介绍，和《中国贸易报》合作，首先在北京推出了《中国贸易报·前程招聘专版》。北京《前程招聘专版》的推出，获得了很大成功，受到了企业以及求职者的普遍欢迎。受到北京市场的启发与鼓舞，甄荣辉和他的创业团队开始在全国复制北京模式。之后五年的时间里，在全国19个城市与当地媒体合作，推出了针对当地市场的《前程招聘专版》。

1999年，互联网经济正在全球兴起，网络给甄荣辉带来了新的机遇。顺应社会发展潮流，1999年1月，甄荣辉在上海推出了careerpost.com网站，当然内容只能算是《前程招聘专版》的电子版。也因此，网站在1999年年底易名为前程无忧招聘网（51job.com）。

因为中国的人才市场正处在发育阶段，同时甄荣辉的前程无忧招聘网给人们带来了极大的便利，所以前程无忧招聘网得以随着中国人才市场的成熟而成长。2002 年，前程无忧招聘网营业收入就增长了 25 倍。如今，前程无忧招聘网已成为中国最大的招聘网站之一。

任何事业的成功都离不开市场的需求，而市场的需求往往是因为一些变化带来的，如：居民收入水平的提高，私人轿车拥有量的不断增加，这就会派生出汽车销售、修理、配件、清洁、装潢、二手车交易、陪驾等诸多创业机会；随着电脑的诞生，电脑维修、软件开发、电脑培训、图文制作、信息服务、网上开店等创业机会也随之而来。

对于一个老企业来说，新的变化就意味着某种改变；对于一个新兴的企业来说，新的变化意味着新的机遇。 及早发现尚不明显的发展趋势与潜在的可能性，是赢得市场的关键。

英国作家培根也强调：“善于在一件事的开端识别时机，是成功者区别于失败者的一个方面。”对于大多数人来说，要想开创一番事业，就必须学会预测、掌握事物发展的趋势，从潮流的变化中捕捉创业的机遇。

在思考中挖掘机遇

人不怕口袋空空，只怕脑袋空空。只要肯动脑筋，垃圾也能变成黄金。也就是说，真正的财富不是口袋里有多少钱，而是脑袋里有多少东西。

在 IBM 全世界管理人员的桌上，都摆着一个金属板，上面写着“Think”。这个词是 IBM 创始人华特森提出来的。一次，在他主持的销售会议上，气氛沉闷，无人发言，于是，华特森在黑板上写了一个很大的“Think”，然后对大家说：“我们共同缺的是，对每一个问题充分地去思考，别忘了，我们都是靠脑筋赚得薪水的。”从此，“Think”成了华特森和公司的座右铭。

思考是认识世界的工具，也是改造世界的基础。人与人之间的能力强弱、贡献大小，很重要的一点，就在于善不善于思考问题。

一位富商，英年早逝。临终前，见窗外的市民广场上有一群孩子在捉蜻蜓，就对他三个未成年的儿子说，你们到那儿去给我捉几只蜻蜓来吧，我许多年没见过蜻蜓了。

为了满足父亲的愿望，三个儿子都出去捉蜻蜓了。

不一会儿，大儿子就带了一只蜻蜓回来。富商问，怎么这么快就捉了一只？大儿子说，我用你给我的遥控赛车换的，富商点点头。

又过了一会儿，二儿子也回来了，他带来两只蜻蜓。富商问，你怎么这么快就捉了两只蜻蜓回来？二儿子说，我把你送给我的遥控赛车给了一位小朋友，他给我 3 分钱。这两只是我用 2 分钱向另一位有蜻蜓的小朋友租来的。爸，你看这是那多出来的 1 分钱。富商高兴地微笑着点点头。

不久老三也回来了，他带来 10 只蜻蜓。富商问，你怎么捉到那么多的蜻蜓？三儿子说，我把你送给我的遥控赛车在广场上举起来，问，谁愿玩赛车，愿玩的只需交一只蜻蜓就可以了。爸，要不是怕你着急，我至少可以收到 18 只蜻蜓。富商高兴地拍了拍三儿子的头。

同样都有一辆遥控赛车，大儿子仅仅通过与别人交换遥控赛车的方式换来了一只蜻蜓；二儿子通过卖掉遥控赛车的方式租了两只蜻蜓；三儿子却通过出租遥控赛车的方式得到了10只蜻蜓，同时遥控赛车还归属于自己。不同的思维方式，导致了不同的效果，但显然善于动脑的三儿子办事的能力要强于他的两个哥哥。

想法改变人生，思考对于创业的人来说都很重要。企业家们有句名言：不怕口袋空空，只怕脑袋空空。只要肯动脑筋，垃圾也能变成黄金。某银行的销售广告也强调了思考的重要性："真正的财富不是口袋里有多少钱，而是脑袋里有多少东西。"

的确，脑袋就是一个人的想法、观念，想要使口袋有钱，一定要先让你有一个富有的脑袋。一个人贫穷，不是口袋贫穷，而是脑袋贫穷。一个人脑袋富有后，自然就能赚进许多财富，口袋也就富有起来。

19世纪中期，美国有位名叫海曼的画家，他靠为行人画铅笔素描维持贫困的生计。由于街头行人较多，画稿纷乱，他经常陷入找不到橡皮的麻烦。怎么解决这个问题呢？他日思夜想，后来，他灵机一动，将橡皮用一小块铁皮绑在铅笔的后部，于是，世界上第一支橡皮头铅笔就这样诞生了。当海曼了解到别人也遇到了同样的问题时，他决心推广自己的发明以解决人们的不便。他将这一发明卖给了一家铅笔厂，获得55万美元，这在当时是一笔非常可观的财富，海曼由此摆脱了贫困的生活。而那家铅笔厂更是通过该产品获利千万美元。

企业家格林伍德小时候也是一个爱动脑筋的人，他思考问题的方式常常与其他小朋友不同。15岁过圣诞节时，他得到了一双心仪已久的溜冰鞋。他高兴得皮帽子也忘了戴，就去屋外结冰的小河溜冰。可是几分钟后，他的耳朵就被冻得受不了，而戴上帽子却又热得满头大汗。格林伍德就想，全身上下只有耳朵冷，为什么就不能给耳朵做个套子呢？他跑回家，请妈妈给他做一副耳套。戴上棉耳套去滑冰，既可以使耳朵保暖，又避免了流汗。此后格林伍德就和他妈妈生产起耳套来。后来，他还申请了专利，办起了工厂，并因此成了百万富翁。

思考不仅是成就经商事业的摇篮，许多科学成就也是起源于它。英国科学家牛顿曾对人说起自己成功的原因："如果说我对世界有所贡献的话，那不是因为别的，而只是由于辛勤耐久的思索所致。"

著名科学家爱因斯坦出生于德国的一个小镇上，少年时期的他并没有显露出他所具有的天赋。他开口说话很慢，以至于教师感到他"迟钝、愚笨"。实际上，阿尔伯特·爱因斯坦是个具有聪明才智的人。他勤于思考，在回答任何问题之前，总要反复考虑很多东西。

爱因斯坦学得越多，需要思考的东西也就越多，思考的东西越多，提的问题也就更多了。但是，他提的问题往往很奇怪，通常老师回答不出来，老师常常会因此满脸通红，感到他很奇怪。他在 12 岁时就已自学了几何学和微积分——那是两门难懂的课程，一般要在中学和大学才学习。

后来，爱因斯坦对天体开始产生兴趣，为什么星星在天空中移动而不会互相碰撞？是什么将那些微小的原子组合在一起形成各种各样的物体？经过一番思考和研究，爱因斯坦意识到宇宙中的一切必有其内在的规律，大小物体均如此，并推算出一些依靠当时的仪器设备还无法观察得到的星体的存在，并被后来发达的科学技术所证实。

后来，爱因斯坦经过苦苦思索，力图解答诸如光、能量、运动、重力、空间和时间等方面令人费解的问题，并写出了具有重大历史意义的著作——《狭义相对论》。

机遇常常深藏在平庸无奇的偶然事件中，只要你善于调动智慧的精灵及时地捕捉它，机遇就会为你所有。英国学者埃德蒙·伯克认为："智慧不能创造素材，素材是自然或机遇的赠予，而智慧的骄傲在于利用了它们。"这就是说，有智慧的人善于发现和利用机遇，一个人只要富有智慧，总会找到属于他的"偶然性"或机遇。

一个人自呱呱坠地之后，上帝赐予他最好的一个财富，便是人的头脑，那是财富的所有！有的人勤于开动自己的脑筋，那么其创造新事物或解决生活问题的思路就比别人广阔，对事物的认识就比别人深刻或正确。因而，他们也比别人更容易成功。但是一些人不勤于动脑筋，使自己的脑细胞总处于沉睡状态，因而总是无法正确地认识事物，想不出独特的点子，也就无法挖掘出机遇了。

从空白处抓取机遇

市场空白点就意味着财富的起点，要创业就要善于捕捉市场空白点，从市场空白点来抓取机会。

有一句古语说：“人满之地常为患，无人区里任纵横。”意思是，在人多的地方，人容易拘束，感到不自由；在人少的地方，可以无拘无束，自由自在。这句话在商业中同样适用。

试想一下，如果你想从事比较受关注的行业的话，那么你就要面对相当多的对手，竞争自然就会很激烈；而如果你去从事一个刚起步或还没起步的行业，那么就不会有很多人跟你竞争，竞争的压力自然就会少些。因而，一个人要想创业成功，不仅仅要学会在一个热门行业保持自己的竞争优势，同时也要知道怎样在一个不受关注或没被人发现的地方开创自己的事业。

2001 年大学毕业后，关琳来到一家四星级酒店工作。她的工作是为一位刚聘请来的法国大厨当助手。因为大厨维克多是个雪茄迷，业余时间外出散步时，维克多对关琳讲得最多的就是雪茄。在一次闲谈中，维克多告诉关琳，在欧美国家，雪茄几乎无处不在。每个酒店里都有颇具规模的雪茄专卖店和商务会所，朋友会请你到雪茄室抽一支；去酒吧喝酒，侍应生会给你递来雪茄单，毕恭毕敬地向你推荐“大卫杜夫”“卡西亚维加”。可是在北京，想买优质雪茄却很困难。

听到维克多的“抱怨”，关琳忽然想到，北京少说也有十几万外国人，他们买优质雪茄如此困难，如果自己开一家雪茄专卖店，只要品种齐全，一定会大受欢迎的。

晚上，当关琳把自己想开雪茄店的打算告诉几位女友时，她们都认为这是个好主意。但是，雪茄是一种“奢侈品”，开一家专卖店需要投资很多钱的。如：产自牙买加的“麦克纽杜”价格为250元，多米尼加的“大卫杜夫”价格是400元，有的甚至上千元。到哪里去弄一笔启动资金呢？

第二天，当关琳愁眉不展时，维克多对她

说："我虽然讨厌做生意，但对你开雪茄专卖店创业的大胆想法很感兴趣。如果可以的话，我愿意以入股的方式投资一部分钱。"关琳惊喜异常，没想到，这位法国大厨关键时候竟帮了自己的大忙！

于是，关琳辞去酒店的工作，在靠近北京使馆区的地方物色到一个门面，同几个懂行的朋友一起动手装修，忙活了两个多月。2002 年 3 月，一家风格独特的优质雪茄专卖店就红红火火地开业了。关琳的店有 30 多平方米，很宽敞，招牌上没有中文，只有一行字母——Montecristo（蒙特），这是古巴雪茄中的一个著名品牌。内行一看就知道里面经营什么。

第一个月，关琳赚了近 3 万元钱，在外人看来这已经很不错了，实际上除去昂贵的房租和多项日常开支，几乎没什么利润。第二个月仍在这个数字上徘徊，关琳十分着急。若如此发展下去，用不了多久"蒙特"就会关门。

关琳知道，雪茄对于中国人来说，还没有太大的吸引力，其顾客主要是驻京的外国人。为了让更多驻京的外国人了解“蒙特”，她特意向领事馆发函介绍“蒙特”，同时还在一些主流英文媒体上做广告。这个办法效果很好。很快，使馆区的老外都知道“蒙特”经营着品种极为丰富的高档雪茄。从此每天都有许多穿着讲究、讲不同语言的洋人在店里进进出出。“蒙特”简直成了各国外交官的天下！

后来关琳根据顾客要求，又增加了酒水服务这个项目。因为不少外国人都喜欢边抽雪茄边品着威士忌、白兰地、人头马之类的洋酒。有的人还喜欢把雪茄放在威士忌酒里蘸一下，然后再拿出来点燃。他们围坐在特别舒适的休闲椅上，在若隐若现又无处不在的柔和灯光下，品着陈年美酒，听着抒情的爵士，品味着雪茄的香醇，谁能说这不是一种人生的超级境界。经过采取这一系列措施，关琳的店从第四个月开始赢利，当月除去各项开支净赚 2 万多元。第五个月，这个数字猛然上升到 4.6 万元！

谈到今天的成功，关琳说：“做生意要善于捕捉市场空白点，因为‘冷门’往往蕴含着巨大的市场前景，而且，由于很多人还没发现或忽略了其中的商机，竞争相对来说不那么激烈。对于初做生意的打工妹来说，这就是一个很好的机会。谁能够把握，谁就会成功！”

对于商海中的人来说，市场空白点就意味着财富崛起点。对于一个创业者来说，就要学会寻找市场空白点，找准市场空白点，然后“乘虚而入”“见缝插针”，这样就能创造出难得的商机，走向成功之路。

不满28岁的夏泓两年前就因所在工厂倒闭而下岗了，为了生活，她曾替人家卖过家电家具、服装布料、装饰材料等。口齿伶俐的她是一位有心人，不管卖什么，她都认真学习有关商品的知识，仔细研究顾客的消费心理，所以她卖货不但多，且能卖上好价钱。

一天，夏泓原单位的同事来请求她去帮助买结婚用的家电，凭着她卖家电时的经验和对卖货者心理的了解，很快她就把3种家电的价格讲到了让同事满意的程度。当天走出商场，同事对夏泓说出了心里话："我先后3次走进这家商场都没把价讲下来，没想到你一出马，竟给我省了400多元钱。"这位同事拿出100元塞给夏泓，夏泓说什么也不要，同事却说："如果不是你帮着讲价，这400多元块钱可就白白让人家赚去了，这点钱算是我付你的讲价费吧！"

拿着100元钱，想着同事的话，夏泓来了灵感：是啊，现在好多人对商品不是很了解，买东西总是买不到称心如意且价格实惠的商品。如果自己开个讲价公司，不是很有市场吗？说干就干，几天后，夏泓开办了属于自己的公司，并在当地电视台做起了广告。

广告打出的第二天，就有几个客户找上门来。凭着良好的商品知识和销售经验，她总能把商品的价格讲到令顾客满意，然后收取一定的服务费，这样她每天收入都在80元以上，最多的一天她接待了9位顾客，净赚了400多元。两个月下来，她赚了近万元。后来夏泓又招收了几位口齿伶俐的下岗大嫂，扩大了服务部的规模，正经八百地做起了"砍价老板"。

要想在商海中取得成功，自己就要学会分析市场，研究市场，善于从市场的空白点或薄弱的地方抓取创业的机会。不过，要想在市场的空白点有所作为，还要避免一味随大流，否则就容易使自己的经营变得被动和盲目，导致生意失败。

风险就意味着机遇

在这个充满机遇与挑战的年代，风险与机遇总是并存的，风险越大，机遇带来的价值就越大。

1899 年，约瑟夫·赫希洪出生在东欧拉脱维亚的一个村子里，他是家中 13 个孩子中的第 12 个，幼年丧父。6 岁那年，在母亲的带领下，他们搭火车，乘轮船，经过长途辗转，最终来到了美国纽约市的布鲁克林。母亲和姐妹们租了一间房子，开始了极为辛酸的生活。

因为生活在贫民区里，赫希洪从小就十分明白钱对于他们的重要性。在他还是小学生的时候，有一回，他偶尔从纽约证券交易所旁边走过，听人说，这里就是世界上最有钱的地方，他马上就被迷住了。他的眼睛突然睁大了，站在窗外看着人们打着各种各样的手势，就像说哑语一样，他咬着牙齿发誓："我一定要到这里来！"

3年后，赫希洪来到纽约证券交易大厦，当时他只有14岁。可是他的运气不是很好，因为那是1914年，第一次世界大战已经开始，可是他不知道这些，他想在这里落脚谋生。

后来，他艰难地在爱默生的留声机公司找到了一份在中午的时候还要为总机接线的工作。

他在这里老老实实地干了半年，一天，他很莽撞地向总经理韦克夫提出要求，他更喜欢做的工作是画股票曲线图和制图表。韦克夫居然答应了他的要求，从此他与股票沾上了边，成了一个股票制图员。

经过3年的努力，他成了一个专业的股票制图员，对股票的买卖有了很深的了解。就在17岁那年，他给母亲买了一幢房子，一家的生活终于有了好转。可是好景不长，一次股市狂跌，他买进了一家钢铁公司的股票，最后赔得一分不剩，他几乎成了穷光蛋。

那次失败给他上了一堂深刻的股票课。他决定再也不炒股票了，他看到数以百计的富翁一夜之间变成了乞丐，冷汗就不停地往下滴。他虽然不敢再进入股市，但是也不能坐吃山空，他来到了加拿大的多伦多，成立了赫希洪公司。

他在多伦多的《北方矿业报》上面看到了一则开矿的广告，里面煽动性的词语让赫希洪动心了，他认为这是一本万利的生意。他根据广告的指引，来到了报纸上所说的地方。

他经过仔细考察，找到了下一个目标：同那尔金矿。这座金矿是两个叫拉班的兄弟合开的，目前还没有挖到金子，而且他们资金已经枯竭，赫希洪相信这里一定可以挖到金子，于是决定冒一下险。他用 0.2 美元一股的价格买进了 60 万股。

几个月之后，这座金矿开始出金子，股票也开始上升。赫希洪就悄悄地把自己的股票一点一点卖了出去，等他的 60 万股全部卖完的时候，这座金矿的股票跌到了每股 0.94 美元。不到半年的时间，他就净赚了 100 多万美元。

赫希洪就这样不断地折腾，很多人的钱都流进了他的腰包，他最终成了亿万富翁。

对于一个人来说，不敢冒险就不能发展，如同乌龟走路一样，乌龟伸出脖子可能会遭到敌手的袭击，但是只有当它伸出脖子时才能前进。不愿意冒风险，实际上就是躲进避风港，甚至会像缩头乌龟一样走向死路。

世界“电脑销售大王”戴尔总裁经常这样教导员工：“生活就是一系列的尝试和失败，我们只是偶尔获得成功。重要的是不断尝试并学会冒险。”

对于敢于冒险的人来说，没有风险就是危险。世上没有十拿九稳的事，当一个机会来到你的面前，你就应该勇敢地去闯一闯，而不是担心失败而放弃。如果去闯一闯，你有可能成功；如果畏缩不前，你就永远没有成功的可能。

十多年前，打火机的零部件“电子”突然奇缺，温州威力打火机公司的老板徐勇水只身到广州向垄断“电子”的境外厂商进货。为了筹措购买资金，他跟在广州做生意的温州人借钱，做出“借5万元，一周后还6万”的承诺，一天之内几百万元奇迹般凑齐。正是他的这一举动，挽救了整个温州打火机行业，同时让他一次性赚取三四百万元！

成功往往蕴藏于风险中，而危险往往就伺伏在“风平浪静”的背后。

1993年之前，周成建还在温州妙果寺市场里，前店后厂加工服装销售。当时的市场可是全国屈指可数的服装源头市场，货品如山，人流如潮。就在摊主们每天笑呵呵地大把大把赚钱的时候，周成建却出人意料地撤出市场，将所有的资金“砸出去”创建美特斯·邦威公司。周成建后来这样解释自己当时的决定：市场上每家摊位都是自己加工服装销售，规模小不说，而且没有品牌，对顾客的吸引力会渐渐减弱，迟早市场是要关门的。事实证明他的预见没错，如今，妙果寺市场早已撑不下去了，改成了花鸟虫鱼市场，而周成建的公司已经成了全国休闲服生产销售龙头企业。

法国作家纪德曾说："若不先离开海岸，是永远不可能发现新大陆的。"风险与机遇如同一个硬币的两面，如果你害怕风险，那么你就会失去硬币；只有敢于承担风险的人，才有可能将硬币抓在手中。

把握机遇，事半功倍

懂得在生活中、工作上运用“顺手牵羊”，可以让我们较好地完成任务，同时也让我们时常有意外收获。

把握住机遇，事情就会发展得很顺利，有时让你时刻感受到随心付出的代价，有时不费一点力就会开花结果。

有一次，苏联的一个戴眼镜的男孩摔了一跤，把眼镜打碎了，镜片的碎玻璃刺进了他的眼睛，并刺伤了他的眼角膜。莫斯科外科手术研究所给他做了手术，清除了他眼中的碎玻璃，治愈了他的眼角膜所受的伤。

手术之后，出现了令人惊异的奇迹。这个男孩的视力比受伤前有了明显的提高，竟能看清他本来根本看不清的视力表上的最后一排符号。后来医学家们分析，这是因为在取出眼镜碎片的手术中，意外地改变了这个男孩眼角膜的弯曲度，从而带来了这个男孩视力的提高。费奥多洛夫博士也就由此而发明了通过改变眼角膜的弯曲度来治疗眼睛近视的新技术，使得亿万近视患者恢复视力成为可能。

费奥多洛夫博士发明治疗眼睛近视的新技术，可以说纯粹是意外收获，但是却对社会有着十分积极的作用，给亿万近视患者带来了福音。因而，一个人应该在思考和着手解决某个问题的过程中，看一看是否能获得一些其他的启示。

兰强是某乡镇农机厂的工人，1998 年下岗后回到农村老家做生意，可是赚的钱还不足以维持家庭的日常生活开支。当时，整个乡镇的生活水平逐年有了提高，不过生活垃圾也越来越多，人们不堪其扰，纷纷抱怨居住环境越来越差。

于是，热心的兰强自告奋勇当起了清理垃圾的人，一心想给邻居和自己一个好的居住环境。此时，在外地打工的弟弟来信提醒他，在农村办个废品回收站也许能赚钱。理由是：生活垃圾里面有很多还有利用价值的物品，可是目前农村捡破烂、回收废品的人却很少。

弟弟的提醒使他眼前猛地一亮，于是，他二话没说，在乡镇农贸市场旁边租了一间店面，走村串巷，回收各种废旧物品。一方面能保护环境，一方面也能挣点钱。每逢乡镇赶集日，老乡们也把废弃不用的日用品卖给他的回收站。店里人手不够，他就雇用了几个临时工，把回收来的物品进行分门别类，包装好，捆绑好，运往外地的旧货市场或相关的工厂，对废品进行加工、改造、利用。有时，他把回收来的家用电器请师傅重新修理好，卖给需要的顾客。

几年后，回收站的生意越来越红火，一个店面不够，他就租赁了3个。3年间，除上缴国家有关税收外，靠回收站获利30多万元，平均每年获利10多万元。现在他心中有个想法：要到全县各个农村乡镇去办废品回收站，人手不够就雇用一批下岗职工。这真可谓是一举数得，利国利民。自己不光赚了钱，也解决了部分下岗工人的就业问题，同时还保护了乡村居民的生活环境。

在做某事的时候，如果能和别人的事结合起来，那么就往往能一举数得，兰强的成功之处就在于此。在现代社会中，很多人在商业中也加强了这个方法的运用。比方说，一项体育赛事的举办本来是体育竞技的较量，但是往往有很多商家看中它的人气，因而就想冠名、赞助，这就会给举办方带来丰厚的收入。

在生活中，我们可能都有这个感受，在条件不成熟的时候你要说服别人去做某事肯定会很难，但是一旦你通过行动打消了别人的疑虑，就会很容易说服别人。

从前，山林中住着一群金丝猴，金丝猴长得比普通猴子漂亮多了，它们生活在高山的大树上。金丝猴像普通猴子一样，也是极讲团结和集体观念的动物。草地上离猴群最近的群体是牛，它们就住在山脚下，猴王在山上将它们观察得一清二楚。

俗话说远亲不如近邻。猴群和牛群没有根本的利害冲突，相互亲近，这使它们的生活都增添了无穷的乐趣。然而，最让猴王生气的是“群牛无首”，一盘散沙。每当狼向牛群发起攻击的时候，群牛总是四散逃去，老弱病残者和孩子们总是落在后头，狼若是追上了哪头牛犊子，也只有它的母亲回头解救，势单力孤，成功率极低。猴王觉得奇怪，为什么它们不能群起而攻之呢？如果是那样的话，再凶恶的狼也是不会成功的。

猴王觉得牛实在是太笨了，作为邻居，它有责任去启发它们、引导它们。于是，它把自己的想法向所有的金丝猴说了，群猴十分赞成。大王子踊跃报名，说它愿做使者，去教化群牛。猴王答应了。

大王子高高兴兴地下了山。它原想见到群牛之后，慷慨陈词一顿演讲，群牛点头，选出首领，团结一致，对付恶狼也就罢了，没想到这群牛个性太强，毫无集体观念。大王子讲得口干舌燥，最后问群牛："狼再来了怎么办？"群牛回答的还是那个字："跑。"

大王子被弄得哭笑不得。正这时，忽然一只山羊急急忙忙前来求救，它说："大灰狼正在追赶我们的羊群，希望牛大哥能前去解救。"听了山羊的话，牛群一动也不动，金丝猴大王子推推这个，拉拉那个，毫无效果。它只好拉着报信的山羊说：“走，听我的，一定能战胜大灰狼。”

山羊和金丝猴的大王子抄近路截住了飞跑的羊群。大王子高声喝道：“别跑了，再跑下去死路一条。现在听我指挥，掉头，壮年羊在前，其余在后，用你们的利角勇猛地抵向恶狼，大家一起冲上去。”正不知如何是好的一大群壮年山羊，听了金丝猴大王子的话，仿佛一下子有了主心骨，一齐奋力地转回头向狼扑去，吓得恶狼左躲右闪，仓皇逃去。

这时，牛群也跟着跑了过来，它们亲眼看到金丝猴大王子指挥羊老弟战胜了恶狼，受到了极大的鼓舞，纷纷表示：羊老弟能做到的，我们也一定能做到。大家一致要求大王子详细地讲一讲。金丝猴大王子跳上一块高地激昂地说：“你们以前吃亏就吃在了‘群牛无首’‘群羊无首’上。以后你们要选一个首领，一切行动听指挥，平日里要有站岗放哨的，有敌人来的时候，要群起而攻之。做到了这一点，别说是恶狼，就是猛虎也拿你们没有办法。大家记住了吗？”

“记住了。”群牛、群羊回答得十分响亮。大王子圆满地完成了父王交给它的任务。

把握机遇，可以让我们较好地完成任务，同时也让我们时常有意外收获，故而我们应该懂得在生活中、工作上运用这个技巧。

第二章

哈佛大学教给青少年：锁定目标

没有目标的人生是一片荒芜

哈佛作为一个世界知名的学府，它传达给学生的一个重要人生理念是：你的目标越高远，你所取得的成就也会越大。它要求哈佛学子要有长远的眼光，学会为未来投资。而要投资未来，就要定好未来的投资方向，也就是要及早地设定人生目标。没有目标，就谈不到发展，更谈不上成功。

哈佛大学曾做过一个非常著名的关于目标对人生影响的跟踪调查，调查对象是一群在智力、学历和环境等方面条件相差不大的年轻人。调查发现：在这些年轻人中 27% 的人没有目标；60% 的人目标模糊；10% 的人有着清晰但比较短期的目标；3% 的人有着清晰而长远的目标。

25 年后，哈佛再次对这群学生进行了跟踪访问，发现他们的现状及在社会阶层中的分布状况非常有意思：3% 拥有清晰而长远目标的人，在 25

年间朝着一个方向不懈努力，几乎都成了社会各界的成功人士，其中不乏行业领袖和社会精英；10% 拥有清晰而短期目标的人，他们的短期目标不断地实现，在不断地积累下已经成为各个领域中的专业人士，大都生活在社会的中上层；60% 目标模糊的人，他们安稳地生活与工作着，但都没有什么特殊的成绩，几乎都生活在社会的中下层；剩下的 27% 没有目标的人，他们的生活没有方向，过得很不如意。

这个调查生动地说明了成功在一开始仅仅是一个选择，你选择什么样的目标，就会有什么样的成就，它将影响你今后会拥有怎样的人生。

在人生的竞技场上，明确目标对于成功有着非常重大的意义，只有拥有了目标，你才会知道自己到底想做什么，你才能够竭尽全力地奔向目标，你的梦想才有可能变成现实。反之，没有确立明确目标的人，是不容易取得成功的，就像我们中的许多人，他们不乏信心、能力、智力，却在生活中一事无成，最根本原因就在于他们不知道自己到底要做什么，没有确立目标或没有选准目标，最终才在人生的竞技场上败下阵来。

人生目标，决定了一个人在人生道路上是否可以成功，是否可以幸福、快乐地生活。它既是人生努力的方向，也是人生获得成功的希望，若没有它，人生就会失去方向，陷入迷茫，前行的路上就会遭遇坎坷，甚至会绝望。有无人生目标，是伟大与平庸的最大区别，是聪明与愚蠢的分水岭。

美国前总统克林顿从耶鲁大学法学院刚毕业时，曾突发奇想准备写一本书，并且设想该书的主要观点是："我们必须列出自己短期、中期和长期的生活目标，按其重要程度进行分类，例如A组最为重要、B组次之、C组第三。然后，在每一个目标下列出实现这些目标的具体行动。"而且，他还为自己的人生制定了一个A组的目标，就是："我要当个好人，娶个好老婆，养几个好孩子，交几个好朋友，做个成功的政治家，写一本了不起的书。"

自此，克林顿开始不断制定清晰明确的阶段目标去落实愿景，从而一步一步向梦想靠近。

1973 年，27 岁的他从耶鲁大学法学院博士毕业，回家乡阿肯色州州立大学担任教授。在那里，他的家族有深厚的人脉资源和影响力，有利于他从政。3 年后，他出任阿肯色州司法部长，并于2 年后竞选州长成功，连任至 1992 年。在担任州长期间，为了扩大全国影响力，为竞选总统打下基础，他担任过美国南部经济发展政策委员会主席，兼任全美州长联席会议主席，并曾协助总统主持国家最高教育当局的工作。1990 年，又当选为民主党最高委员会主席。1992 年，当选美国总统。

30 年后，功成名就的克林顿显然认为自己已经实现当年定下的目标，唯有一点他不好意思自夸，调侃道："诚然，我是不是一个好人这一点，还得由上帝来判断。"

目标在我们的人生中如此重要，那么该如何制定?在人生的发展中，不可控因素太多，社会变化的速度这么快，要想制订出一个完整而精确的人生计划是不太可能的，所以我们必须随时准备面对出乎意料的情况——这些情况会引导我们走向未曾计划之处。 如果非要确定一个非常死板、僵硬的目标，比如自己要在20年内成为一个资产超过10亿的企业家，然后倒推自己几年后应该拥有多少资产，多少年后会成为什么等做法，这将会是非常不现实、也不科学的，没有任何人能保证你一定能如期实现目标。

因此，你所设定的目标和计划必须具有一定的弹性，僵化、教条式的目标计划是糟糕的，甚至比没有目标还糟糕。我们必须具备调适能力，从而达到可随时修正、改进这个目标的目的。

另外，要为自己确定一个终生不动摇的人生愿景，然后，根据愿景，结合实际情况，制定短期目标，并且全力以赴地去实现它。好比你的愿望是登上天界，为此你必须回到现实，先一块一块垒石头，造一座通天塔。任何宏伟目标的实现，都是依托在一个个小的阶段上的，要想实现你的愿望，你就要安排好眼前的生活，设定出一个个比较具体的目标。而这些具体目标的设立原则就是“我现在做的，能使我更接近最终目标”。如果你能造出通天塔，那么登上天界的愿望自然能够实现。从克林顿的事例中我们可以发现，他的职业愿景是“做个成功的政治家”，然后每两三年就实现一个阶段目标，直到成为总统，这就是一个很好的例子。

当然，或许我们大多数人初出茅庐时大概都有这样或那样的自我期许或人生愿望，但梦想成真的却非常少。那是因为在人生的道路上，他们不是慢慢地将自己的目标舍弃了，就是渐渐让目标沦为了缺乏行动的空想。正如一位哈佛教授所说：人不能总是梦想着靠偶然的机会一举成功，坐等着好运降临在自己身上；唯有目标现实可行，并且身体力行地一步步接近目标，梦想才能变成现实。

所以在设定目标时，要注意，目标一定不能是空泛的。你不能整天喊着诸如“我想成为头号业务员”“我想环游世界”或“我想在两年内赚到两百万美元”等口号，却在现实中毫无作为，这样目标肯定无法实现。

一旦确定好目标，面对这个大目标，你必须将它分解成每天、每周、每月的小目标。也许要做到这些的确很难，需要很大的耐心、毅力、恒心。但是，每当较小的目标完成后，你会更有信心去走下一步。像克林顿那样，自从他立志要做政治家以后，就没有让“人生愿景”停留在幻想中，而是不断制定清晰明确的阶段目标去落实愿景，从而一步一步向梦想靠近。

哈佛告诉我们这样一个人生法则：远大的理想是你伟大的目标，远大的目标是成功的磁石，仅仅拥有理想，你不一定能成功；但如果没有目标，成功对你而言就无从谈起。每一个渴望成功的人，都应该从今天起就播下目标的种子。有了目标，才能找到奋斗和前进的方向。漫无目标地飘荡终归会迷路，而你身上本来拥有的潜能宝藏也终会因为疏于开采而逐渐贫瘠。

为目标而奋斗的过程往往是艰苦的，甚至还会遭受旁观者的冷眼，以及身边的各种压力，因此，想要实现目标我们就应该经得起寂寞，抵得住诱惑。要知道世界上没有人能随随便便成功，我们需要一步步地为自己的目标和理想去努力。

给你的目标制订计划

一个人没有目标，就没有动力，没有动力的人都是碌碌无为的人，他们没有任何追求的事物，当然就不可能是一个成功的人。如果你有了目标而没有计划，那你也无从下手，计划之中包含着一个人的希望与日标，包含了目标实现的所有前景。而这种前景和未来对一个人的鼓舞是难以估量的。计划是人生的指南针，做计划的时间是最不可以省略的。

制订计划就是在我们所处的地方和我们想要到达的地方之间铺路搭桥，计划的制订与执行的好坏，往往决定一个项目的成败。

计划的意义非同一般：它能给你勇气，给你效率，给你能力，促使你突飞猛进，早日成才。如果想将自己培养成出类拔萃的人才，绝不应放松计划这一环。有了计划，就如同有了时间一样，我们的手中永远掌握着命运，而不是命运掌握着我们。我们的人生，也会变得井井有条，而不再是浪费时光。伟大的志向，造就伟大的人生，但要以把握住现在为前提。所以，计划对于任何人都非常重要。

计划可以让每个人明确自己的目标，鼓舞个人的斗志。让你的目标实现有据可依，按照这样的计划，你可以看见目标的实现。

同时计划可以驾驭生活，增强能力。

人们总是用自己以往的经验指导未来的生活。计划考虑的是未来，但它依据的是“过去”。同时一个好的计划还必须顾及当前实际和个人的客观条件，在对“过去”经历的回忆中，在对当前客观情况的考察中，在对个人主观条件的分析中，不仅提高了自我认识能力，而且对客观条件认识的能力也会得到锻炼和提高。对在未来实施计划的过程中可能遇到的问题有了勇于面对的信心，才能更好地实现未来目标。

最重要的是有了详细的计划，就可以合理地安排自己的时间，提高做事的效率。所谓效率就是单位时间内做事的多少。有了计划我们就可以少走一些弯路、不必要的岔道，不至于做很多的无用功，也不至于不知道做什么而观望犹豫。计划中每一步的事情已经很详尽了，因此一般来说不会有大的错误，也就可以避免时间的浪费，从而提高了做事的质量，效率自然就会提高了。

同样，计划可以促使我们养成良好的行为习惯。心理学家告诉我们，一种习惯的养成，一般需要三周左右的有规律的持续锻炼与培养。计划的连续性短则一学期，长则一学年，只要我们在执行计划的前 21 天内能坚持按计划来实施，一个良好的行为习惯就可能变为自觉行动。在实际生活中，会遇到一些意外的情况扰乱你的计划，也就会产生计划与现实的矛盾冲突，这时可以调整一下这一天的计划，但有时是不能调整的，要努力克服困难，保证计划的实施。

《孙子兵法》讲，失败的一方，是因为缺少周密计划。计划周密，制胜因素多；计划不周密，制胜因素少，何况根本不做计划，又怎么能取胜呢?

当然制订计划不是一件简单的事情，会花费很多的时间和精力。不要吝啬计划的时间，有在这上面的花费就有了未来的节约，磨刀不误砍柴工。

作为想要实现自己目标的人，你就要开始学会制定目标，给自己制订一个详细的计划，就是给了自己一个爬上高峰的梯子。

激活动力，瞄准目标

在自己的心里建一个加油站，直奔目的地，永不停歇。

一个人做事情，身上的动力很重要。对于命运的主宰能力来说，人在达到一定层面或高度后，特别是获得梦想实现的满足感后，就会开始出现动力上的惰性。这个时候就需要激活，也就是我们常说的受点刺激。人生动力，无非是生存、享受、发展三种。而其中最容易使人变得懒惰的就是享受到发展的过程。

对于一个发展者而言，过去或现在的情况并不重要，将来想要获得什么成就才最重要，除非他对未来没有设想，没有发展目标。

关于人类与其他动物的区别之处，我们过去所强调的人类会制造和使用工具、人类可以进行复杂的思维等，这些当然都是对的。但我们人类与动物的另一个区别常常被我们所忽略，那就是：只有人类生来就被赋予设想、梦想、希望和愿望以及实现它们的伟大的能力。也就是说，人会为自己设定一个发展目标，然后去努力实现它。

你可以为自己设立一个有价值的发展目标，在实现这个目标的过程中，你可以品味挑战和拼搏的喜悦，你还可以为发现了一个新的自我而感动。这是一切生物中，唯有我们人类才拥有的一项特权。更重要的是，这一发展目标会激活我们的内在动力。

心理学告诉我们，人真正追求的目标并非一种安逸的生活状态，而是朝着目标竭尽全力地努力，这才是一个人的价值真正所在。为了实现目标，百分之百地耗尽自己的生命，是一个人最大的喜悦之一。而且，在实现它的过程中，会产生无穷无尽的动力。

一个人要想发展，要想成功，要想更好地生活下去，必须有一个发展目标。如果没有一个有价值的发展目标，你不可能拥有一个成功的人生。没有发展目标，是因为你不知道你将去何方，所以，也就没有动力可言。

对于命运的主宰能力和程度来说，人在达到一定的发展层次之后，特别是进入了享受上的层次之后，就会开始出现动力上的“惰性”，这其实是非常正常的。因此，这个时候就需要进行“激活”，也就是刺激，强烈的刺激。要通过强烈的和有效的刺激，达到对人们动力的调动与唤醒，消除惰性。发展目标就可以担当这个刺激物的作用。

除了激活发展目标的内在动力之外，还有其他的一些因素是我们必须考虑的。激发人们劳动或者创造的欲望，可以使人产生强大的动力。

有人曾经做过这样一个实验：他往一个玻璃杯里放进一只跳蚤，发现跳蚤立即轻易地跳了出来。再重复几遍，结果还是一样。根据测试，跳蚤跳的高度一般可达它身体的400倍左右，所以说跳蚤可以称得上是动物界的跳高冠军。

接下来实验者再把这只跳蚤放进杯子里，不过这次是立即在杯子上加一个玻璃盖。“嘣”的一声，跳蚤重重地撞在玻璃盖上。跳蚤十分困惑，但是它不会停下来，因为跳蚤的生活方式就是“跳”。一次次被撞，跳蚤开始变得聪明起来了，它开始根据盖子的高度来调整自己所跳的高度。一阵子以后，发现这只跳蚤再也没有撞击到这个盖子，而是在盖子下面自由地跳动。

一天后，实验者开始把这个盖子拿掉，跳蚤

不知道盖子已经去掉了，它还是在原来的这个高度继续地跳。3 天以后，他发现这只跳蚤还在那里跳。

一周以后发现，这只可怜的跳蚤还在这个玻璃杯里不停地跳着——其实它已经无法跳出这个玻璃杯了。

现实生活中，是否有许多人也过着这样的“跳蚤人生”：年轻时意气风发，屡屡去尝试，但是往往事与愿违，屡屡失败以后，他们便开始不是抱怨这个世界的不公平，就是怀疑自己的能力，他们不是不惜一切代价去追求成功，而是一再地降低成功的标准——即使原有的一切限制已取消。就像“玻璃盖”虽然被取掉，但他们早已经被撞怕了，不敢再跳，或者已习惯了，不想再跳了。人们往往因为害怕去追求成功，而甘愿忍受失败者的生活。

人生动力的内容，就是生存、享受、发展。其中，动力最强大的来源是生存。因此，激励人的动力并刺激使之加强是必需的，越发展越需要刺激。在动力的激励上，要设法永远使之处在生存线这个层面上，永远不让他的生活享受处在稳定状态——可以享受，但就是不稳定、不保险、不安全，他就不得不努力，这种不稳定不是别的，就是一点：只要不努力就会摔下来；这种不安全也不是别的，而是职业与职位不保全。竞争是随时存在的，这样才能迫使其好好工作，否则便可能出现“生存危机”，至少也是“享受危机”。竞争、诱导和回报的综合办法、系统组合，可以达到这个目的。人是一种高级动物，高级动物也是动物，动物的激励方式有相同性。

记住：要想成功，必须激活自己的动力，消除自己的惰性。重复强调自己的目标，不要动摇和改变，更不能降低，降低就意味着失去意义。自我激励的方法，千万不要丢掉！

在自己的心里建一个加油站，直奔目的地，永不停歇。

找准自己人生的舞台

他从上海初到美国时，口袋里只有二十美元。他一边在餐馆打工，一边学习，每天只能睡三个小时，全年没有一天休息。

就这样，他靠着勤奋和乐观在美国站住了脚跟。

他在大学里是学化工专业的。站稳了脚跟的他当然不愿意一辈子在餐馆打工，他希望能找一份跟自己专业对口的工作。

可是，他每一次面试，都以失败告终。

在寻找工作的空闲，他看到电视上一个金融节目教投资股票，这一看，他就上瘾了。

就这样，没有任何金融知识的他，开始认真地学习金融知识，并学着炒了几次股票，挣了一些钱。

此时，他发现了之前自己找工作数十次面试失败的原因，是因为自己并没有一心一意地希望得到那些工作。换句话说，他找的那些工作只是出于养家糊口的目的，并不是自己感兴趣的。

他发现自己对金融行业有着特殊的兴趣的时候，便不顾一切地进入了投资银行这一全新的领域。

他进入新的领域后，干起工作来感觉有用不完的劲。他想，这才是能让自己充分发挥潜能的舞台。

事实上，他的确找准了自己的人生舞台。按照投资银行的惯例，一个刚进公司的职员要跻身高级管理层至少需要十二年，还要拥有 MBA 学位。而他，在没有 MBA 学位的情况下，只用了六年时间就做到了。

之后，他一路成为华尔街著名投资银行的高级经理、副总裁、董事、常务董事和副董事长。

没错，他就是从餐馆打工者到副董事长的唐伟！

唐伟的成功之路告诉我们：每一个人的潜能都是无限的，一个人要想成功，关键是要找到一个能充分发挥自己潜能的舞台。 找准自己的人生舞台后，只要坚持不懈地向着自己的目标前进，就一定能取得成功！

如何快速地实现目标

很多人都有过类似的疑问：到底怎样做才能快速地实现目标?

事实上，这个问题我们在前面几节中，已经明确的回答过了。现在，我们就把前面所讲的内容串起来，做一个系统的总结，而这也是快速达到目标的“妙方”。

1．知道你的主要人生目标是什么

所谓的人生目标，应当是你终生所追求的目标，你生活中其他的一切事都要围绕着它而存在。要找到这个重心，就要问问自己：我是谁?我想在这一生中获得怎样的成就?临终回顾往事时，让我感到最满足的是什么?生活中哪一类的成功让我最有成就感?

多问几次，多回答几次，记下你的所得，起初可能感觉意义不大，可慢慢地多尝试几次，或许你就能找到自己的终极目标了。

2. 用一个简单的句子表达出你的目标

在这一点上，职业的选择是你要重点考虑的问题。比如，你可以问自己："我现在做的事能够帮助我实现人生目标吗?"如果答案是否定的，那你可能要考虑换一份职业了。如果换工作不实际，那你可以再问自己："有没有一种方式能让这份工作与我的目标联系起来?"这个答案，很多时候都是肯定的。

3. 着手考虑人生规划中的具体细节

你需要有一个详细的职业发展规划，这个规划可以是三年计划，也可以是五年计划。不管它属于哪一种时间范围的计划，它至少要保证能回答下面的几个问题:

(1)我要在未来的三年到五年内实现一些什么样的目标? 比如，做到某一个职位，达到多高的薪资水平，在怎样规模的公司就职等。

(2)我要在未来的三年到五年内掌握一些什么样的技能? 比如，要掌握 CAD 制图，要会运用数据库，要学会一些必要的财务知识等。

这些问题的答案，会给你提供一份有关自己短期目标的清单，这样，你就知道接下来要做什么了。

4. 策划一下如何达成上述的短期目标

就上面的短期目标而言，你需要回答自己这些问题：

(1)我要通过什么方式来学习CAD、数据库和财务知识？

(2)是否需要花一些资金去参加培训班？现在的资金是否充足？

(3)牺牲一些什么样的娱乐时间？

(4)身边的哪些人能够给我提供一些帮助？

(5)为了让自己顺利学习，我需要排除哪些干扰因素？

5. 把梦想变成切实的行动

可以说，在所有的步骤中，这是最难的一步，因为你必须抛弃所有的幻想，毫不拖延地开始行动。良好的动机，只是确立和实现目标的一个条件，但绝非全部。如果动机不能转换成行动，它就永远是一个空想，目标也只能停留在想象阶段。

至于行动的问题，我们不再赘述了。无疑要克服懒惰、认真踏实、全力以赴。在实现终极目标的过程中，难免会遇到各种诱惑，任何闪失和偏差都有可能让你远离既定目标。但是，不要因为这一点就放弃，谁都会犯错，只要能吸取经验教训，就是一种成长。而这种成长，对实现长远的终极目标而言，有益无害。

6. 不断修正和更新人生的目标

当人生的某一目标达成时，别松懈，一定要继续更新目标，保持一种积极向上的精神。如果终极目标因为环境和条件的改变，很难按照既定方针继续下去时，不要轻易放弃，试着修正一下计划，让它尽可能切实可行。如此，前面的付出才不会白白浪费。

总而言之，找到你最想实现的梦想，制订最切实可行的计划，全身心地投入到行动中，拖延的毛病就能得到巨大的改善。因为梦想会让你充满激情，计划会让你思路清晰，行动会赋予你高效率。当这三者都具备的时候，你还有什么理由拖延呢?

第三章

哈佛大学教给青少年：严于自控

自控改变习惯，习惯决定命运

强有力的意愿是身体的主人，它总是借助于各种欲望或理念来指挥着我们的躯体。

哈姆雷特的掘墓工人是心甘情愿地选择了这种繁重的体力活。美国上将杜威和他的水手们也是自愿以自己的血肉之躯，冒着枪林弹雨抵达了马尼拉港，他们并没有丝毫的退缩和畏惧之意。殉教者可以无畏地将自己的身体奉献于熊熊烈火。音乐家帕格尼尼能够自由地指挥他的手指在小提琴上演奏出令人叹服的乐章。同样，受过训练的运动员也能够自如地引导身体各部位的力量，然而要知道，在练习的最初，这些不同部位的身体力量就如同脱缰的马一样难以控制。“接受不断的磨砺，并且顽强地挺过来，这是成长为一名优秀运动员的必经之路。”伊格内修斯的话揭示了一个道理：顽强的自控力对于生命有着重要的意义。而现代大学中的心理学研究者也把每一种身体的因素或力量视为一种工具、一种预兆、一种对个人精神状况的反映。

自控力对于躯体的支配作用常常可以在身体的控制

行为中发现。所有个人主动养成的习惯都可以作为这方面的证明。虽然习惯已经成了一种自觉行为，但它所表现出来的仍然是对自控力的一种长期实践。习惯养成以后，就变成了自控力对行为的一种无意识控制。

我们很容易找出这方面的证据，歌手展现美妙的嗓音是对平时练习的一种释放；音乐家熟练的指法，其实也是一种长期练习的结果；技术高超的骑士之所以在各种条件复杂危险的情况下也能恰如其分地控制自己的身体，是因为他的大脑已经能对各种境况快速、恰当地做出反应；雄辩的演说家能将自己的感受迅速通过肢体语言表达出来，也都是同样的道理。所有这些例子都表明自控力在发挥着作用，自控力把具体的行动与意愿协调起来，并最终实现了这一目标。其实，不管是哪种技能，不管它有多么复杂，其中每个具体动作都离不开自控力的作用，它们都需要自控力做出合乎情理的说明和指导。所以，尽管人们有可能没有自觉地意识到自控力的主导作用，但自控力却实实在在是人身体的统帅，并掌握着至高无上的权力。

这种自如的状态并不是意识直接控制的结果，但意识会形成一种无形的力量。如果这种潜能无法通过自控力的直接作用发挥出来，那么对自控力的所有练习都将是徒劳的，不管这些练习看起来多么有成效，结果只会使人的自控力削弱而不是增强。

在人类生活中，“无意识”或“潜意识”发挥了巨大作用。从某种程度上讲，人的思想可以唤醒一定程度的自控力，并将这一自控力通过巨大的力量贯彻到某一具体的行为中。那么，“一定程度的自控力”是不是表明此时的自控力并没有得到很好的运用呢？我们知道，事实上，在这种情况下，我们会表现出更加积极而强大的自控力。

如果一个人运用他的自控力凝视某一物体，那么他的眼神就会变得神采奕奕。如果他只专注于倾听，而在自己的意识里将其他感觉都排除，那么他的听觉就会变得极其灵敏。如果他将所有的注意力都集中在神经末梢，那么触觉就会极其敏锐，盲人就属于这种情况。当一个人全心全意地投入到某一运动中时，在强大的自控力的控制下，他的肌肉会完成一连串动作，并且做得极为出色。在一些刺激的作用下，如恐惧、爱慕、期望、宗教信仰和音乐陶冶等，精神和肢体都会被自控力唤起。

运动员在奥运会上取得辉煌的成绩，普通人在危难时的死里逃生，母亲对孩子奋不顾身的救助，演说家和传教士不懈的努力，精神病院为救治精神病人所取得的来之不易的成就，都离不开自控力发挥的巨大作用。

此外，通过控制自己的行为，自控力也可以创造出许多不可思议的奇迹。例如，逃跑的罪犯因为害怕被警察逮捕，可以装成死人而一动不动；骄傲和自豪能够让人克制病痛而不发出呻吟；爱可以使患绝症的病人忍住辛酸的泪水。

甚至在一些让人无法控制的情况下，神经受到刺激后，自控力也可以将其牢牢地控制住。强大的自控力还能治愈某些精神上的疾病。某些身体的习惯性动作，如脸部抽搐，四肢无意识的小动作等，都可通过对自控力进行练习而得到矫正，并且在个人生活或公共场合中表露出来的一些不好的习惯也可以通过自控力而戒掉。此外，当你认真阅读一本书时，外界的声音似乎被隔绝了。在你全神贯注做一件事时，甚至可以忘掉饥饿。在一些非常特殊的场合，人的一些非常明显的倾向也可能发生改变，甚至变得截然相反，这也表现了自控力的巨大作用。另外，人有时不惜付出巨大代价来坚持自己的观点、决不背叛自己的信仰，这也是自控力在发挥作用。

人的躯体是自控力的奴仆。遗憾的是，很少有人对自己的自控力进行各种开发和练习。

自控力的几种形态

在现实生活中，人们所表现出来的自控力的形态是多种多样的，每一种自控力都充满了对成功的渴望。

静态的自控力，或称积蓄起来的自控力，是人类力量之源。如同热量、阳光和生命都源于太阳一样，这种核心力量产生了各种各样的愿望和要求，它们都通过动态的自控力表现出来。

突发的自控力是大脑迅速支配所有力量的源泉。全部精神都集中于某一紧急的事情上，所有的意愿围绕着这件事情，并为之服务，由此而产生的力量简直无所不能。

坚韧的自控力需要有坚强的忍耐力，克服暂时的困难。有些人本来可能取得非常伟大的成就，可他有一个致命的弱点，那就是在适当的时候缺乏忍耐力而没有取得最后的胜利。从他对生活中某些事件的反应我们可以看出这一点。“该做的事情都已经做了，最后只剩下忍耐。”这条格言成了许多关键时刻成败与否的经验总结。关于自控力在这个阶段的作用，还是那句老话说得好："坚持就是胜利。"但是，这句话并没有包含所有成功的要素，要想取得最终的胜利，不仅要坚持，还要在一个目标上坚持下去，这样才能取得最后的胜利。

执着的精神需要自控力的自我激励。自我激励的自控力是生命之舟的舵手，它指引人生这艘小船勇往直前，不管前面风平浪静还是波涛汹涌，它都一直向前行驶，直至最终抵达目的地。

一个人，在坚持这种勇往直前、坚定不移的努力数年时间后，就可以应用自如地驾驭自己的自控力，从而实现普通人无法做到的事情。

尽管自控力有这么多的益处，但它需要坚忍不拔的精神和对之加以很好的控制。这样说似乎与自控力的本意自相矛盾，但事实上并不矛盾。发动机如果不加以控制，最终它不仅会变成一堆废铁，而且还会把其他机器零件全都毁掉。而想达到最快奔跑速度，也必须经过严格的练习和学习一定的技巧才能达到。同样，无论对什么人来说，让人向前的动力、催人奋进的冲力、使人坚强的自控力也必须有所节制。能否对其自控力加以克制，关系着一个人最终是否能够取得成功。这就是所说的自我进行控制的自控力。

在很多情况下，自控力要发挥作用就得拒绝各种诱惑。甚至有些时候为了做出新的决策，实现一个更加切合实际的目标，需要终止所有正在进行的活动向后转并退步。所以在人的一生当中，往往需要迅速做出决断，需要在出现紧急情况后，集中所有的资源和力量，应对各种困难和障碍。这就是决断的自控力。

上面提到了自控力的几种形式，它们在行为处事中很多时候都需要运用——不管这些事情是司空见惯的，还是不同凡响的。任何一个明白事理的人都会懂得，没有一种心理力量会像自控力这样能够为打算行动的人提供如此强大的动力。

比如，一个自控力强大的人说：“我一定要赢”。过了一段时间之后，他的这句话融入空气当中，飘散在风里，传遍四面八方，出现在夜晚的星空下，闪烁在耀眼的阳光下，随小河流淌，伴着海洋歌唱，在静谧的深夜的睡梦中呢喃，在白天喧嚣的闹市里吟唱，自控力最终包围了他的整个身心。

在心理上，他已经具备了成功的本能。走路的时候，他再也不像瞎子一样没有自己明确的目标。他的信仰更加坚定，他用自己敏锐的双眼审视着所有正在发生的事情。如果良知和道德感认可了他的目标，那么，无论经历多少艰难险阻，最终一定会实现自己的目标。

时时处处皆能锻炼自控力

你也许认为通过锻炼肌肉培养专注力很愚蠢，但千万不要忘了，大脑是与肌肉和神经相连的。调整神经和肌肉时，就在调节大脑，但是，如果让神经摆脱自控，大脑就会变得反复无常，就不会拥有定位力，这种定位力换而言之就是专注。因此，你应该认识到神经和肌肉的调节练习对培养专注的重要性。

每个人都在不停地接受外界刺激。要想过一种成功的生活，就必须对这些刺激进行引导和控制。这可以解释为什么一个人必须控制自己眼睛、双脚、手指的动作，而这也是控制呼吸的另一个重要原因。缓慢、长时间的深呼吸具有重要价值。它能稳定血液循环，调节心脏活动、脑部肌肉和脑神经。如果心脏狂跳不止，血液循环就不会规则，而肺部活动不均匀时，大脑便变得不稳定，从而不适于集中精力。为什么受控呼吸是身体健康的基础，这是一条非常重要的原因。

不仅应该专注于思维，还应该将眼、耳和手指的动作汇聚在一起。这些做法中，每一种都含有由高明的驾驭者控制的微观智能。充分认识到这一点，就能更快地培养专注。

如果你曾经与某些大人物交往，或读过他们的传记，就会发现，他们经常由着别人说话。说话比倾听容易得多。没有哪种锻炼能比别人说话时你密切关注其表情与语言更能培养专注。除了从他们将要说的话中受益外，你还能从精神和肉体两方面培养自己的专注力。

与某人握手时，不妨将你的手想象成拥有数百个独立大脑的东西，每个大脑都有自己的一份智能。将这种感觉注入握手中时，握手便能体现个性。如果握手时慵懒无力，这种握手便表示怯懦、缺乏力量和性格魅力。当握手无力而呆板时，此人的本性中便没有爱，没有激情，也没有吸引力。如果你的握手与此恰恰相反，你会发现自己的性格也与上述相反。无爱者没有吸引爱的力量，他通过自己毫无魅力的握手，显露出自己恰恰就是毫无魅力的人。个性鲜明的两个人握手时，绝对不会轻轻一握，当两股电流交汇时，会有一种战栗涌遍两个人的全身。无论本性积极还是消极，爱都会唤醒与其对应的电流，没有了爱，生命就失去了应有的魅力。被唤醒的爱，能很快从手上体现出来，这就是为什么必须学习握手艺术、培养社交感情的原因。一个爱他人的人能体现出爱，但一个恨他人的人则体现出恨。 脾气暴躁、仇恨他人、心术不正、情感邪恶的人会反复无常、三心二意、用心不专。 当你任凭自己变得暴躁时，不妨观察自己是怎样呼吸的，你将从中得到宝贵的启示，观察自己幸福时怎样呼吸，观察自己怀恨时怎样呼吸。 观察自己对整个世界充满柔情、高尚情操令你陶醉不已时怎样呼吸。 心中充满美好想法时，你会将外界提供的大量氧气吸进肺脏，让大量的爱充斥灵魂。 爱能从肉体、精神和社交上造就一个人。 幸福时做深呼吸，你将获得生机与力量；你将得以稳定自己的情绪，培养出自己的专注力，变得魅力无限、强大无比。

如果想从生活中收获更多，就必须对爱予以更多关注。 不对某事某物怀有真正爱心，就不会有情感、甘甜、魅力。 所以，随时随地唤醒你的爱心吧，你将拥有一种更加充实的生活。

充满爱心的手永远具有吸引力，但它必须坚定而受控。 爱可以浓缩在你的握手中，而这正是感化对方的最佳途径之一。

下一次觉得自己怒不可遏时，运用你的意志力，忍一忍，这是锻炼自控能力的好方法。 如果发现自己正准备急急忙忙地说话，不妨控制一下自己，说得慢一些、口齿清楚些。避免抬高或压低嗓音，将精力集中于你决心保持的矜持姿态上，你将大大提高自己的专注力。

如果遇到某些大人物，要在他们面前呈现出沉稳的态度。每次见到这种人时都要如此，不仅观察他们，也要观察自己。稳定情绪的锻炼能培养爆发力，并提高专注力。如果觉得自己正要发火、不安或软弱，不妨挺起胸膛、两脚笔直地站立，深吸一口气。你将发现，暴躁情绪消失了，一股无声的宁静随即将传遍你的全身。

如果你有与敏感者、易怒者交往的习惯，赶紧停止与其交往，直到你的专注力变得强大为止。因为易怒、生气、烦躁、专横、乖戾的人，会削弱你所具备的相应抵抗力。

戒掉瘾症，驱走内心的魔鬼

生活中，我们常常会遇到一些有烟瘾、酒瘾的人，还有些工作狂、网购狂，他们会不自觉地被“瘾”所牵引，严重影响正常的生活和工作。

丽丽是一个好学而且聪明的学生，从小学到初中的成绩一直都在班里名列前茅。她有一个爱好，就是看小说，尤其是武侠小说。平时，因为父母管得紧，而且又没有过多的钱租书或者买书，所以，她也只能把节假日父母给的零用钱省下来租书看。

后来升到高中，每个月家里给的零用钱比之前多了。于是，她“拉开架子”把学校附近书屋的武侠小说、古典名著、国外名著等几乎全部看了一遍。爱看书本没有错，可是看书成瘾却严重影响了学习，她的成绩直线下滑，尽管高三那年在老师和家长的双重督促下有所控制，但最终丽丽只考上了一所普通本科学校。班主任郭老师后来家访的时候说："丽丽这孩子，本来是一个好苗子，有很大希望考上清华、北大的，可惜她过于痴迷课外书籍，影响了自己的前程。"

爱看书本是好事，但沉迷小说而把学业放到一边，结果影响了自己的成绩，实在令人惋惜。

瘾症若要戒掉，最好的办法就是把它转换成其他有利于身心的"瘾症"。如网购狂、酗酒、赌博等等，不妨用其他的爱好来代替。

替代原有的瘾症，人为培养新的瘾症，最好选择水瘾、锻炼瘾。因为这两个瘾症对人体是有益的。或许，你会感到疑惑，水和锻炼也会有瘾吗？锻炼成瘾，大家比较容易接受和理解，我们常能听到："好几天没有锻炼了，身体难受""太长时间没有打球，手痒痒了"等。水能成瘾，是因为身体会对水产生依赖，就像有些人喜欢品茗一样。清晨起来一杯水，润肺养颜；身体不适多喝水，去火排毒；饭前来个水饱，减肥去膘……其实身体对刻意去做的事情会形成深度记忆，一般一周左右就可以形成依赖。水和锻炼两件事相辅相成，可以有效地替代其他瘾症。

如果你有一些恶习或者不良瘾症，不妨参考如下的设计方案来戒掉：

步骤一：强迫喝水。日常生活中不要喝太多的水，当瘾症犯了的时候，可以猛喝一大口水。多次反复这样做，可以初步形成一种混合瘾症——水瘾和原有瘾症（烟瘾、网购等）。当然，此时喝水还只是次要的瘾症。研究发现，每当人犯了瘾症的时候，大脑一般会有 5 秒到 10 秒的自控时间，喝水就是要充分利用这个间隙。

步骤二：情绪主导。当喝下一大口水后，我们的情绪需要做出积极的回应，可以提醒自己冷静，深呼吸，然后提示自己"水真的让我感觉很舒服"。情绪引导下的意识，可以在水和原有瘾症间形成积极的对比，给身体带来舒畅的感觉。

以上两个步骤如果能积极运用，可以起到一定的遏制瘾症的效果，甚至可以让一个"烟鬼"短时间戒烟。接下来是比较关键的可以帮助最终戒掉瘾症的两个步骤。

步骤三：消耗能量。经过以上两个步骤的运用，对瘾症的遏制初见成效，此时，原来的瘾症并没有消除，只是因为注意力的转移逼迫大脑遗忘了，原有瘾症能量尚在，它压抑在心底积聚起来，如果不能很好地释放掉这些多余的能量，瘾症就会复发。此时最关键，所以必须让理智指引自己去锻炼，用体育锻炼消耗掉它们。

步骤四：理智自控。此时，你已经基本上戒掉了不良瘾症，但因为周围环境的影响，仍可能复发。所以，理智自控将扮演最重要的角色，意识形态中“妖魔化”周围有不良瘾症的人和行为，发自内心地同情他们，但千万不要试图去说服他人，因为这样做非常危险，心理学家研究发现，试图去说服和自己有同样的或者类似的不良瘾症的人时，往往会镜像为自己，会让戒除不良瘾症的付出和计划功亏一篑。

以上四个步骤需要依序进行，且不能操之过急，就像修炼武功秘籍一样，当修为达到第一层的时候才能进入第二层。也就是说，当原有瘾症和新形成的水瘾发生冲突的时候，内心开始纠结，即证明第一步起到了作用。此时可以启动第二步骤，否则会适得其反。同理，第二步只有“修炼”到让身体自发地感觉到爽快的时候才可以启动第三步骤。第三步骤形成习惯后可以启动第四步骤。

好了，朋友们，根据以上的步骤我们培养了水瘾和锻炼瘾，此时的你或许已经惊讶地发现，那些不良的瘾症已经无法对你构成威胁了。

以上提到的培养水瘾和锻炼瘾只不过是去除不良瘾症的一种办法而已，另外，如旅行、茶道、静坐、习武、参禅等都可以作为戒除不良瘾症的手段。只要找到适合自己的方法并持之以恒就一定可以戒掉瘾症。正所谓，合理有效的办法才是好办法。

拒绝向惰性妥协

惰性被定义为“因主观上的原因而无法按照既定目标行动的一种心理状态”，它是人懒惰的本性；不易改变的落后习性；不想改变老做法、老方式的倾向。当一个人有惰性心理时，做事就会迟迟不行动，一拖再拖。

人的惰性是一种可怕的精神腐蚀剂，它使人终日消沉，无精打采，甚至会让人丧失生活的信心和希望。富兰克林有句名言：“懒惰就像生锈一样，比操劳更消耗身体。”

惰性的强弱与自控力成反比，所以，如果想克服惰性，就要让自己拥有较强的自控力。这个世界上，一点惰性都没有的人并不多，没有谁天生就有很强的自控力。它是人们在执着追求生活的过程中衍生出来的，不惧艰难和挫折的精神。这种执着在每个人身上都可以找到，也可以说这是天生的，只不过因为各自不同的生活环境造成了后天表现的差异。

生活就是如此，只有不断地燃起激情去面对它，我们思想中的积极因子才能得到最大限度的激发，消极因子才会消减到最低。

一个铁匠用同一块铁，打了两把锄头，拿到集市上去卖。农民买走了其中的一把，回去后就开始用来锄地了；另一把锄头，被一个商人买走了，因为没有用处被闲置在商人的店铺里。

一晃半年的时间过去了，两把锄头偶然见面了。本来两把锄头的铸造方式、质地、光泽完全一样，但是如今两者的差别却很明显。农民手中的锄头，闪着银子般明亮的光芒，甚至比刚做好时更明亮；而另外一把锄头，由于长期被闲置，早已暗淡无光，周身布满了铁锈。

“我们以前是一模一样的，为什么时隔半年，你变得如此光芒四射，而我却成了这副模样？”那把锈迹斑斑的锄头问它的老朋友。

“原因很简单啊，我到了农民那里，几乎一天都没有闲过，每天都在劳动。”那把光亮的锄头回答道，“你现在之所以会变成这个样子，就是因为你总是侧身躺在那里不动，什么活儿也不干！”

锈迹斑斑的锄头听后沉默了，它无言以对。

刀越磨越锋利，锄头越用越光亮。如果勤奋是一种习惯，那么懒惰也是一种习惯，只是勤奋的习惯引领人走向光明，而懒惰的习惯把人带入黑暗的深渊。从两把锄头的不同境遇，我们可以看到勤奋和懒惰所带来的后果是多么悬殊！

在一把古老的钥匙上刻有这样一条意味深长的铭文——“如果我休息，我就生锈”，对于被惰性纠缠的人而言，这句警世恒言实在太形象了，甚至最勤奋的人可能也会从中得到警醒：如果一个人任其才能埋没，就如同废弃的钥匙一样，不久，它们就会显现出生锈的迹象。

虽然惰性是人与生俱来的弱点，但是它并不可怕，可怕的是我们被惰性缠身却毫不知情。如果我们可以洞察它，并重视起来，就不怕找不到战胜惰性的方法。

(1)承认要付出代价，但是收获更值得看重。很多人之所以会产生惰性，主要原因是惧怕付出，惧怕辛苦。所以，强调付出后的收获，肯定付出是值得的，将有助于我们战胜惰性。

(2)增强自己对辛苦的承受力。不妨从相对简单的事情做起，循序渐进，逐步提高对“辛苦”的承受力。

（3）坚持从小事做起。行动要迅速，不要因为事情小而不屑于做，更不要犹豫，不过是件小事，也不值得我们耗费时间纠结在是否做的问题上。

（4）将复杂的事情简单化。如果遇到的问题比较复杂，要学会将其分割成几个部分，然后逐个解决。当然，要保证分割本身是有意义的。

（5）不要在计划上浪费太多时间。计划是必要的，但是行动一定要随后跟上。

驯服欲望，自在人生

哈佛时常教导学生要正确面对和处理个人的欲望，因为欲望一方面是个人不懈追求的原动力，另一方面也是个人烦恼和痛苦的根源，它能催人上进，也能使人的内心处于烦恼不安的状态。

哈佛大学心理学教授塞得兹说："一个忘掉自己身份的人是可耻的。"而过度的欲望就常常令人忘掉自己的身份，使个人为满足欲望而绞尽脑汁，烦忧不已。想要避免成为不能准确认识自己的人，我们就应该时刻警惕过度欲望的烦扰和侵袭。在哈佛课堂上，教授给学生讲了这么一个平实而蕴含深意的故事：

有一对即将结婚的新人，兴奋地憧憬着未来的美好日子，因为他们中了一张高额彩券，奖金是7.5万美元。

可是，这对马上要结婚的新人，在中奖后一天，就为"谁该拥有这笔意外之财"闹翻了。两人大吵一架，并不惜撕破脸，闹上法庭。这是为什么呢？因为这张彩券当时握在未婚妻的手中，但是未婚夫则气愤地告诉法官：“那张彩券是我买的，后来她把彩券放入她的皮包内，但我也没说什么，因为她是我的未婚妻！可是，她竟然理直气壮地说彩券是她的，是她买的！”

这对未婚夫妻在法庭上大声吵闹，各持己见，丝毫不妥协、不让步，让法官伤透了脑筋。最后，法官做出宣判：在尚未确定谁是谁非之前，发行彩券单位暂时不准发出这笔奖金！而两位原本马上要结婚的佳偶因争夺奖券的归属而变成怨偶，双方也决定取消婚约。

在这个故事中，原本应该幸福的一对新人却因为内心对于金钱的强烈占有欲而对簿法庭，最终不欢而散，这样的结果是悲剧的，也是本不应该出现的。所谓“人心不足蛇吞象”，人的贪婪欲望一旦迸发，就可能让人失去自我，丧失基本的分辨和判断能力，并为了满足欲望而采取一些不当的措施。这不仅破坏了自己和他人之间的关系，也常常使自己的内心处于烦恼不安的状态，实在是得不偿失。

哈佛教授最后告诫自己的学生，人并非不能有欲望，但要掌握好适度的原则，一定要努力发挥欲望对个人成长的促进作用，尽量避免被过度的欲望所侵扰，这样的人生才会是快乐而有意义的。

有耐心，你才能赢

柏拉图曾说：耐心是一切聪明才智的基础。只要我们有坚忍不拔、锲而不舍的精神，就能够战胜困难，创造奇迹。

一位哈佛教授说，耐心没有什么秘诀可以传授，唯一能做的就是用行动去坚持，只有拥有一份耐心才能赢。在哈佛的课堂里，这位教授还讲了这样一个故事。

> 维勒是一位著名的推销大师，一生创造了无数个销售上的奇迹，他有过一场著名的演说。
>
> 演说在市中心的一个体育场内进行。这天，会场上座无虚席，人们在热切而焦急地等待着。大幕徐徐拉开，舞台的正中央吊着一个巨大的铁球。为了吊起这个铁球，台上搭起了高大的铁架。维勒在热烈的掌声中走了出来，站在铁架的一边。他穿着一件红色的运动服，脚下是一双白色胶鞋。
>
> 接着，两位工作人员抬着一个大铁锤，放在

维勒面前。主持人邀请了一位身体强壮的观众到台上来，请他用大铁锤敲打那个吊着的铁球，直到把它荡起来。

那位观众抡起大锤奋力向那吊着的铁球砸去，震耳的响声后，铁球一动不动。他用大铁锤接二连三地砸向铁球，直到自己气喘吁吁，还是未能使铁球晃动。

会场寂静无声，这时，维勒从上衣口袋里掏出一个小锤，开始认真地对着那个巨大的铁球敲打。他用小锤“咚”地敲了一下，停顿一下，再用小锤敲一下。人们带着诧异的表情疑惑地看着，维勒“咚”地敲一下，停顿一下，就这样持续地敲着。

10 分钟过去了，20 分钟过去了，30 分钟过去了，会场早已开始骚动，维勒却仍然一小锤一停地敲着，仿佛根本没有看见人们的反应。许多人愤然离去，会场上到处是空着的座位。

40 分钟后，坐在前排的人突然叫道：“球动了！”

霎时间，会场又变得鸦雀无声，人们聚精会

神地看着那个大铁球。铁球以很小的幅度摆动了起来，不仔细看很难察觉。维勒仍旧一小锤一小锤地敲着，人们则静静地听着那小锤敲打大铁球的声响。

铁球在一锤一锤地敲打下越荡越高，拉动着那个铁架子“哐哐”作响，它的巨大威力强烈地震撼着在场的每一个人。观众用大锤也没有打动的铁球，在维勒的小锤的敲打下却剧烈地摆荡起来，终于，场上爆发出一阵阵热烈的掌声。

这就是耐心的力量。生活中有很多事情都是需要耐心才能完成的。在电视上，我们可以看到蟒蛇捕食的惊心动魄的场面，蟒蛇的身体很庞大，所以它的行进速度相对来说不是很快。它为了吃到食物，唯一的办法只能是埋伏在丛林间，等待猎物经过。有时候猎物一天不出现，两天不出现，甚至十天半月也不出现，但是它知道，只要在那儿耐心等待，就一定会有猎物经过。当猎物出现时，蟒蛇便一跃而起，一口把猎物咬住，绝不放过任何机会。

从表面上看，蟒蛇埋伏着等待猎物时完全是被动的，但实际上它每时每刻都很警觉，即使睡觉的时候都在用耳朵听着，用身体感受着周围的变化。回到我们自己的生活中，我们对自己的机会、对自己的未来，也需要耐心，当机会到来的时候，就要十分敏捷地去捕捉。

用心等待，这是一种大格局，这样的人生波澜不惊，却胸有成竹。

面对诱惑，你是否能 hold 住

“天下熙熙皆为利来，天下攘攘皆为利往”——这句出自《史记 · 货殖列传》，在两千年前就为世人阐明了人生在世所必须面对的种种利益往来。

伴随着生活节奏的加快，来自生活各个方面的压力也越来越大，诱惑也越来越多：金钱、豪宅、豪车、荣誉、地位，等等。你是否能真正清醒地认识自己的处境和需求，懂得节制，能够 hold 住内心的欲望呢?

有这样一个穷人，他没有收入，没有住所，也没有任何亲人，只能依靠每天沿街乞讨艰难度日。每当看到那些从他身旁经过的富人，他都会拼命地磕头作揖，希望能多讨得几个怜悯钱。一天晚上，这个穷人蜷缩着身体依偎在大桥洞的一角，自言自语地说：“如果有一天，我有了钱，一定不会像这些世人那样吝啬……”

他的话被一个路过的精灵听到了。精灵决定用自己的力量改变这个穷人的命运，于是，他来到穷人身边说："我听到了你的愿望，我可以帮忙实现它。"接着，精灵取出了一个黑色的布袋交给这个穷人，说："这个布袋里永远都会有一枚金币，取之不尽。但是，当你认为钱已经够用，并且开始使用从布袋里取出的钱时，这个布袋也就会失去这个功能。"

穷人欣喜若狂又充满狐疑地待在那里，等他明白过来的时候，精灵已经消失了。穷人手忙脚乱地打开身边的布袋，里面果然有一枚金币。他拿出来后，再次伸手进去，里面又有一枚……于是，整整一个晚上，穷人不停地从布袋里拿出金币来。天蒙蒙亮的时候，他身边已经堆起了一个小小的金山了，他高兴得手舞足蹈，想着自己以后终于可以衣食无忧了。

穷人此时感觉到了饥饿，他想去买一些可口的早点，但是一想到布袋中再也不能取出金币来，他又犹豫了。然后，他坚持饿着肚子不停地从布袋里拿出金币。就这样，三天过去了，他的金币越来越多，足够他买豪车、豪宅了，一辈子都不用再担心受冻挨饿了，可是，他还是不满足，他希望自己成为世上最有钱的人。

五天过去了，他不吃不喝拼命取出的金币已经快堆满一屋子了。但是，这个穷人还是觉得不够，他虚弱地趴在金山上有气无力地说：“我还要更多的金币。”

最后，他终于筋疲力尽地晕了过去，然后死掉了……

故事中的穷人最终因为自己未能控制住金钱的诱惑，而失去了生命。不过换位思考一下，换作我们任何一个人，要想中途停下不再取出金子，或许都会感到困难。但是，当你真正放下后，你会发现你的选择是正确的，你已经获得了足够多的金子，生活可以得到很大的改善，可以富足地安享晚年，也不会因此丢掉性命成为人们的笑柄。

生活中，我们时刻都会面对类似的诱惑，所以，我们必须学会控制自我的欲望，适时放弃、抵制诱惑，否则，我们会被诱惑所诱导，成为欲望的奴隶，从而迷失自我，甚至会失去自己已经拥有的东西。

有个关于因纽特人的故事，据说他们有一套世代相传的特别有效的捕猎狼的方法。在严冬季节，他们会在锋利的刀刃上涂上一层新鲜的动物血，等血冻住以后，再接着涂第二层血，然后等冻住后，再涂……如此反复，刀刃就会被冻血埋藏得严严实实。

这时，他们将刀反插到地上，也就是将刀把扎在土里，刀尖朝上。当狼顺着血腥味找到这把刀时，会兴奋地舔食刀上新鲜的冻血。血液在融化时会散发出强烈的气味，这种强烈的血腥味刺激着狼越舔越快，越舔越馋，越馋越用力。狼在不知不觉中将所有的血都舔干净了，锋利的刀刃就会暴露出来。

这时狼已嗜血如狂，继续猛舔刀刃。在血腥味的诱惑下，狼就感觉不到舌头被划开的疼痛。在北极寒冷的夜晚，狼丝毫没有意识到它这时舔食的正是自己的鲜血，反而变得更加贪婪，舌头舔食得更快，血流得更多，直到精疲力竭地倒在地上，被因纽特人活捉。

其实，生活中那些内心充满贪念，不懂得适可而止的人，不正如舔食血的狼一样吗？在外界的诱惑下，失去理智，让自己终日为无休止的欲望疲惫不堪，最终耗尽自己的精力，继而付出惨重的代价。

在诱惑面前及时刹车，就是学会为自己的人生找到港湾，远离那些纷争和贪欲，让自己的生命没有沉重的精神负累，从而轻装前行，只有这样，我们才更容易接近我们的梦想，更容易找到心灵的乐园，得到幸福。

第四章

哈佛大学教给青少年：抓紧时间

生命的账单

人们对于金钱的开支，大多比较留心，但对于时间的支出，却往往不大在意。如果有谁为人们在工作生活等方面所用去的时间一一予以记录，列出一份“生命的账单”，不仅十分有趣，而且可能会令人有所感悟，有所警醒。

著名的《兴趣》杂志对人一生在时间的支配上做过一次调查，结果是这样的：站着，30 年；睡觉，23 年；坐着，17 年；走着，16 年；跑着，1 年零 75 天；吃饭，7 年；看电视，6 年；闲聊，5 年零 258 天；开车，5 年；生气，4 年；做饭，3 年零 195 天；穿衣，1 年零 166 天；排队，1 年零 135 天；过节，1 年零 75 天；喝酒，2 年；如厕，195 天；刷牙，92 天；哭，50 天；说“你好”，8 天；看时间，3 天。

英国广播公司也曾委托人体研究专家对人的

一生进行了“量化”分析，有些数字可以作为上面推算的补充：沐浴，2 年；等候入睡，18 周；打电话，两年半；等人回电话，14 周；无所事事，两年半。以上推算和量化分析并不全面，而且有些数字也不具有很强的说服力和可信性，但为我们大致列出了一个生命的账单。

不知道你看了这份“生命账单”是否有些触目惊心。这份账单上的时间开支，有一些是非花销不可的，但有的却完全可以节省。

所以，每个人在生活的每一天都必须考虑并安排好：我该为哪些事花费时间？哪一些可以忽略或缩短？

只有像对金钱那样计较时间，我们才能在有限的人生中做更多有意义的事情。

我们时常感叹，善于有效利用财富的人很少，殊不知更让人惋惜的是：懂得该如何利用时间的人更少。事实上善于利用时间比善于利用财富更重要，“一寸光阴一寸金，寸金难买寸光阴”。生活中经常看到这样的现象：有的人坐在椅子上，嘴里嘀咕着：“做点什么好呢，时间这么少，做什么都不够……”可我们发现，当他真的有大量时间空下来时，这个人还是什么事都不肯做，应该说这样的人将一生都一事无成。

看了这份生命的账单，你该明了时间的珍贵。而一个人对时间的重要性知道多与少，则直接影响到他未来的人生前途。年轻的朋友们，抓住宝贵的光阴，发挥你的勤奋，努力去完成自己的心愿，体现人生的价值。时间不会倒流，千万莫要等闲，白了少年头，空悲切。

切记：生命是一分一秒的时间堆积而成的，浪费了时间等同于浪费了生命。

时光是丢失最快的东西

有人说，世界上最长也最短的就是时间。它的长是因为无论外界如何变化它都不会静止，它的短是因为它流逝得快而无声。因此，从古至今，不少人都惊叹时间的流逝而慌忙奋斗。人的一生不但短暂而且渺小，他们认为，自己能够拥有的，只是生命中短短的一瞬间。

现实生活中，太多的人抱怨时间太少，而事情却太多，并且感到自己已经错过了人生中最好的时光。还来不及实现自己的梦想，时间便已经流逝了。于是，他们就这么认为，不管做任何事，都是来不及的。可是，他们不明白，事实并非他们想象的那样，很多时候只要用心去做便不会太晚。在决定做什么事之前，一定要先下定决心，并且保持积极向上的态度，那么即使时间晚了，想要的结果也不会晚。

安曼是个著名的建筑师，他一生都保持着对工作的热情，周围的人丝毫看不到他身上的消极，他总是积极、乐观地去实现自己的梦想，即便是垂暮之年依旧为自己的事业奋斗着。

在安曼退休之后，他仍然对工作念念不忘。刚刚退休的时候，他很不适应，显得失落和忧伤，一想到因为自己的年龄问题，以后都不能工作了，他就很不开心。不过，天生乐观的个性使他想到了一个好方法——建立一家属于自己的工程公司。他甚至希望将公司业务遍及世界每个角落，来实现自己的人生价值。

当安曼从福利优渥的港务局退休之后，他没有像别人那样，靠退休金来安享晚年。相反，他觉得现在是实现自己价值的最好时机，因为他有太多的设想要付诸行动。他不顾家人和朋友的反对，将所有的精力和热情都投入到工作中去，并且坚定地迈出每一步，不管遇到多么大的困难和挫折，他都不曾放弃。在之后的30多年中，他的那些大胆而创新的方案终于能够运用到工作中去了，他不断向世人展示他那精彩绝伦的创作：举世闻名的亚的斯亚贝巴机场和杜勒斯机场、大胆创新的伊朗高速公路和匹兹堡市中心地带的建筑群等，这些创作都被当作大学教材的案例，因为其已经成为一种经典。他人生最后一个作品就是世界上最长的悬体公路桥——美国纽约的韦拉扎诺大桥。这个乐观的老人花了30年的时间实现了自己的梦想，在生命已经接近尾声时，依然绽放出绚烂的色彩。太多人羡慕别人的成功，将失败归于命运的不公平，以时间短暂为理由，一次次地逃避。其实，结束也就意味着新的开始，只要你有完成这件事情的决心和激情，那么无论何时开始都不会太晚。

在实际生活中，有很多事情都是这样，只要你有决心，并且坚持下去，无论遇到什么样的困难和挫折都不放弃，那么即便是行将就木的年龄，也不会太晚。假如你的心里想要做某一件事情，却总是以没有时间为借口推托，不愿意将想法付诸行动，等到错过了最佳的时机，便真的来不及了。哈佛大学的一位教授曾经说过："当你心中存有梦想的时候，千万不要迟疑和等待，要乐观并且饱含激情地去对待它，只有那些敢于在下一秒就开始的人，才能获得成功。"

哈佛大学一直都有这样一个理念——“有教无期”，它的意思就是，无论在任何时候，人都有继续学习的机会。因此，在哈佛上学的人并不仅限于年轻人，许多老年人一样在哈佛继续学习。据了解，在每一年的哈佛录取名单中，总会有几名年龄在70岁左右的人。他们并没有因为年龄的关系而放弃学习，反而在退休之后选择了上大学为自己充电。对他们而言，年龄并不是阻碍学习的借口，如果总是以年龄为借口，不加以行动，那么也许真的就来不及了。

有很多人一生都不曾放弃自己的梦想，在垂暮之年依旧以积极的心态为自己的梦想而努力，创造着属于自己的人生价值。时间虽然短暂，但是梦想和时间的长短并不冲突，只要下定决心，并满怀激情，付诸行动，成功绝不会抛弃你。

不要浪费每一刻光阴，有好的想法就立即去实现，不要找多余的借口，只要你还活着，就来得及成功。

有多少时间被你随意浪费了

在讨论如何管理时间之前，让我们先看一个小小的案例：

阿玉是个公司白领，几乎每天都过着“朝九晚五”的生活。这天早上像往常一样，阿玉在到达公司之前的一段路上，边走边考虑着一天的工作计划，并暗暗打算：一到办公室就准备草拟下半年度的预算报表。

在9点之前她顺利地打完卡坐在了办公桌前，可正要开始工作时，她看到其他的同事都拿着笤帚或者抹布在搞清洁，于是她也收拾整理了一下自己周围的环境。

阿玉总共花了50分钟的时间，才使得她周围的环境变得整洁了许多。她虽然未能按原定计划于9点钟开始工作，但她一点都不认为这是在浪费时间，因为花费一些时间搞好环境卫生，不仅可以让自已心情愉悦，更重要的是可以提高接下来的工作效率。

她不禁面露得意之色，打开了电脑，然而她又无意中看见办公桌上摆着一本不知是谁的时装杂志，于是平时爱打扮的她就怀着强烈的兴趣翻看了起来。等她把杂志合上后，时间已经整整过去20分钟了。这时她才意识到有些不妙，因为她还没开始工作，身边的同事已经埋头工作了起来。不过，她想，杂志毕竟是精神食粮，也是获得资讯的媒介，适当了解一下也是有必要的。何况现在不看，中午或者下班之前也会看的。所以，她马上又心安理得了。正当她正襟危坐准备埋头工作时，电话铃响了，是部门主管打来的，要跟她确认一下工作进度。她只好硬着头皮说进展得很顺利。挂上电话，她去了趟洗手间。在回办公室途中，她闻到一股咖啡的香味，原来另一部门的同事正在享受“上午茶”，他们邀她也加入，她心里想，预算计划的草拟是一件颇费心思的工作，若无清醒的头脑则难以胜任，于是她毫不犹豫地欣然应允了，于是一边喝着咖啡，一边乐不思蜀地聊了一阵。等她重新坐到办公桌前时，她果然感到精神焕发，本以为可以专心工作了，可是一看表，已经将近11点，距离11点15分的部门联席会议只剩下15分钟了。她想，反正这么短的时间内做工作量很大的年度预算是不够的，索性下午再说吧。

人们常常会在毫不知情的情况下受到外界因素的干扰，从而离最初的既定目标渐行渐远，然而又时常抱怨时间不够用。其实时间本来是足够的，而我们却因种种缘由把它浪费在了那些琐碎无用的小事上面去了。浪费时间的行为不仅不能给生命带来任何价值，反而会让我们的生命在虚度中逐渐消耗殆尽。

清代的曾国藩曾经说过："天可补，海可填，南山可移。日月既往，不可复追。"我国古代著名的田园诗人陶渊明也曾这样感叹时间的易逝不易得："盛年不重来，一日难再晨。及时当勉励，岁月不待人。"这些先人的哲言告诉我们：时间是一条永远向前奔腾的河流，永远不要期待能够踏入同一条时间之河，流走的时间永远不会回头。

时间是一种不能再生的、特殊的资源，既不能逆转，也不能储存，一个人生命的价值就是时间的积累。一个人，假如他能活到80岁的话，大约有70万个小时。除去幼年的成长受教育期，以及老年的休养期，用于工作的时间可能为40年左右，除去公休及假日，再除去睡眠、吃饭的时间，那么，最后剩下的时间大约只有20万个小时。因此马克思指出：一切节约归根结底都是时间的节约。

时间的节约靠什么？效率。效率就是单位时间的利用价值。有效地利用时间，便是效率。无论是优秀的职员还是优秀的经理，他们在时间上都很“吝啬”，他们一般不会让没有价值的玩耍、闲聊等占用自己太多的时间，他们会对自己的时间做出最妥善的安排，把时间的浪费降至最低。这就是节约，这就是效率。因此，千万不要浪费时间，不要去做那些没有结果、毫无意义的事情。

没有结果的事就是不值得做的事情。做不值得做的事，会浪费自己做有价值的事的时间。此外，做不值得做的事，会让自己误认为完成了某件有意义的事情，从而心安理得；常做不值得做的事，不值得做的事就会生生不息，那么，你也就没时间去做真正值得做的事情了。

我们应明确自己心中真正所想，内心始终牢记自身所要追求的目标。树立紧迫的时间观念，我们应该减少自己的轻率行为，从而避免时间无谓的浪费。

今天的事情不要留到明天

对于那些珍惜时间的人而言，今天才是最珍贵的，今天的成就就是明天更好的开始，没有今天，明天就会一无所有。所以，他们会抓住今天的时光，为自己积累财富。那些总想着还有明天的人，永远都不会有成就。

如果你希望自己能够成为一名卓有成就者，那么，你必须从今天开始做起，也唯有从今天开始做起！著名作家玛丽亚·埃奇沃斯对于“从今天做起”而不是“从明天开始”的重要性有着深刻的见解。她在自己的作品中写道：“如果不趁着一股新鲜劲儿，今天就执行自己的想法，那么，明天也不可能有机会将它们付诸实践；它们或者在你的忙忙碌碌中消散、消失和消亡，或者陷入和迷失在好逸恶劳的泥沼之中。”

如果总是把问题留到明天，那么明天就是你的失败之日。同样，如果你计划一切从明天开始，你也将失去成为行动者的所有机会。明天，只是你愚弄自己的借口罢了。

Atari 公司的创始人、电子游戏之父诺兰·布歇尔在被问及企业家的成功之道时，他回答道："关键便在于抛开自己的懒惰，去做点什么，就这么简单。很多人都有很好的想法，但是只有很少的人会即刻着手付诸实践。不是明天，不是下星期，就在今天。真正的企业家是一位行动者，而不是空想家。"

有些人总是自欺欺人地暗示自己：只需等待，美好的未来便会自然而然地出现。就是这个画饼充饥的愿望无孔不入、无处不在。

采取某种现实而有目的的行动，这对于我们是否能够主宰自己的生活至关重要。

俄国著名作家列夫·托尔斯泰说："记住，只有一个时间最重要，那就是现在！它之所以重要，就是因为它是我们唯一有所作为的时间。"

依文斯生长在一个贫苦的家庭里，最初靠卖报来赚钱，后来在一家杂货店当店员。

八年之后，他开始创建自己的事业。然而，厄运降临了——他替一个朋友担保了一笔数额很大的债务，而那个朋友破产了。祸不单行，不久那家存着他全部财产的大银行垮了，他不但损失了所有的钱，还负债近两万美元。

依文斯经受不住这样的打击，绝望极了，生了奇怪的病：有一天，他走在路上的时候，昏倒在路边，以后就再也不能走路了。最后医生告诉他，他的生命只有两个星期的时间了。

想着生命只有十几天了，他突然感觉到生命是那么宝贵。于是，他放松了下来，好好把握着自己的每一天。

奇迹出现了。两个星期后依文斯并没有死，六个星期以后，他又能回去工作了。经过这场生死的考验，他明白了自寻烦恼是无济于事的，对一个人来说最重要的就是要把握住现在。他以前一年曾赚过两万美元，可是现在能找到一个星期三十美元的工作就已经很高兴。正是因为有这种心态，依文斯的工作进展非常快。

几年后，他已是依文斯工业公司的董事长了。而且在美国华尔街的股票市场交易所，依文斯工业公司是一家保持了长久生命力的公司。

正是因为学会了只生活在今天的道理，依文斯取得了人生的胜利。只有好好地把握住今天，才能创造美好的明天。

确实，成功者都知道“今天”意味着什么。俄国作家赫尔岑认为：时间中没有“过去”和“将来”，只有“今天”才是现实存在的时间，才是实实在在的、最有价值和最需要人们利用的时间。

昨天属于死神，明天属于上帝，唯有今天属于我们，只有好好地把握住今天，我们才能充分占有和利用好每个今天，才能挣脱昨天的痛苦和失败，才能创造美好的明天。

我们应该十分清楚地认识到，生命是一个过程，每天、每年都是岁月的篇章，岁月的日历翻过去，就会成为记忆中的永恒，一去不再回头。生命不会给我们任何承诺，重要的是我们对于生命中的每一天如何牢牢把握。

英国前首相丘吉尔平均每天工作 17 个小时，还使得 10 个秘书也整日忙得团团转。为了提高政府机构的工作效率，他在行动迟缓的官员的手杖上都贴了“即日行动”的签条。

向成功者学习，要想成功就要抓住今天，也只有今天我们才可以把握。正如一位哲学家所说：“昨天是一张过期的支票，明天是一张尚未兑现的期票，今天是可以流通的现金，好好运用它吧！”

把握住今天，既要解决自己的思想态度问题，又要有妥善的安排。把握住今天，不论一个人年龄大小、从事工作的繁简，也不论是在顺境还是在逆境，都要把它作为一个重要的原则来坚持，偷懒和懈怠都是要不得的。

任何事情如果没有时间限定，就如同开了一张空头支票。不要把今天的事情留到明天，因为明天还有更多的事情。只有懂得用时间给自己压力，到时候才能完成。所以，制订每日的工作时间进度表，记下事情、定下期限。每天都有目标，都有结果，才会日清日新。

时间的价值是“挤”出来的

鲁迅说：“哪里有什么天才，我只是把别人喝咖啡的时间都用在工作上了。”一天24小时，我们每一个人都用它投资来经营自己的生活。但是经营的结果却截然不同，一些人懂得时间是挤出来的，所以哪怕是一点一滴的时间他们也会合理利用起来。结果他们的一分钟变成了两分钟，1小时变成了两小时，一天变成了两天……他们用上天赐予人们同等的时间做了加倍的事，并且最终换来了成功。

亨利·福特说：“大部分人都是在别人荒废的时间里崭露头角的。”这也就是在告诫我们，要想取得比别人更大的成绩，就要付出比别人更多的时间，而要想在有限的时间获得更大的价值，就要学会“挤时间”。

张丽就职于一家顾问公司，她工作繁忙，几乎每年都要负责处理100多宗案件。由于这些案件的当事人在世界各地，因此她的大部分时间都是在飞机上度过的。她认为和客户保持良好的关系是非常重要的，所以，她经常利用飞机上的“闲暇时间”给客户写邮件。一次，旁边的旅客对她说：“在近3个小时里，我注意到你一直在写邮件，你一定会得到老板重用的。”其实，张丽早已是公司的副总了！

我们常常听到一些人抱怨说：“太忙了，我没时间。”所以，一年一年过去了，他们仍然一事无成。每个人每天都只有24小时，善于挤时间的人能让24小时增值成25小时、26小时……但是有的人却只会让24小时贬值，再贬值。

许多伟人之所以能流芳百世，一个重要的原因就在于他们十分珍惜时间。他们在一生有限的时间里，不但充分利用上天赐予他们的每一分每一秒，还善于把隐藏的时间找出来，一刻不停地工作、积累、进步。

让我们敬佩的爱因斯坦在组织享有盛名的奥林比亚科学院时，每晚例会，他总是愿意和与会者手捧茶杯，开怀畅饮，边饮茶，边谈话。他就是利用这种闲暇时间，来与大家交流思想，把这些看似平常的时间利用起来。他后来的某些思想和很多科学创见，在很大程度上都源于这种饮茶之余的种种交流。如今，茶杯和茶壶早已成为英国剑桥大学的一项“独特设备”，以纪念爱因斯坦利用闲暇时间的创举。

当今社会竞争越来越激烈，竞争归根结底是人才素质的竞争。要增强竞争力，就必须不断充电，提高自身素质，跟上时代发展的步伐，否则就会落后于时代，就会被社会所淘汰。随着现代生活节奏的加快，时间显得更为紧迫。

然而，我们又经常面临这样一种困境：想要不断地进修，提升自己，但总觉得时间不够用。怎么办？答案只有一个：挤时间。

把零碎时间串成个“珍珠项链”

我们每个人每天从早到晚都会有很多零零碎碎的时间，就像散落一地的珍珠。而这些零碎的时间常常会被我们所忽略。如果能够把零碎的时间用来从事零碎的工作的话，就可以最大限度地提高工作效率。比如我们所乘的公交车堵车时，可能会是三五分钟，也可能是二三十分钟的时间，如果你是一个珍惜时间的人的话，就可以用来学习、思考、简短地计划下一个行动等。充分利用零碎时间，短期内也许成效并不明显，但日积月累，将会有惊人的成效。

在日常生活中，我们一般都不太注意运用零碎时间，总是会在不经意间把这些时间浪费掉，但是，如果我们把这些零碎的时间都加起来，一天、一个月、一年以至一生的积累，将是我们人生的三分之一。费尔巴哈说：“在空间中，部分小于整体；相反，在时间中，至少在主观上，部分大于整体。因为时间中只有部分是现实，而整体只是想象的对象。现实中的每一分钟，对我们来说是比想象中的10 年更长的一段时间。”如果我们可以充分地利用它们，那么创造出来的价值将会超出一般人的想象。比如，一个人一天学习一小时，从16～70岁可以学习2万个小时左右，如果我们每小时读10页书的话，那我们利用这些零散的时间就可以读20万页，知道这是什么概念吗？堆起来有两层楼房那么高。由此，我们可以看出零碎的时间积累起来是多么惊人！

康杰是一家商场的员工，每天从早晨8点一直做到下午5点，每天下班的时候都会累得筋疲力尽。自然他自己对这份工作也不是很满意，为了能够找到更好的工作，他想去考注册会计师。可是他以前从未接触过会计学方面的知识，所以学起来难度还是很大的。

起初，康杰对于时间的管理也毫无头绪，不知道自己该怎么办，因为他还得解决温饱问题，工作尽管不喜欢，但还得上心，细心的他发现：有大量的时间无意识之间就从自己身边溜走了！

比如，他每天都是早晨6点起床，在他做早餐等水开的这段空闲时间里，他经常是无所事事地站在厨房里等待，或者是在屋子里走来走去。

于是，他想到可以利用这段时间复习一下昨天学过的知识，事实证明这样做的效果相当好！

他从住处到单位需要1小时的时间，后来为了节省时间，干脆搬到距离单位较近的地方住，这样只需要10多分钟就可以了。于是他又省下了50分钟的时间。

每天中午商场都有90分钟吃饭时间，康杰只要花15分钟就可以吃完了，于是他把这段时间也利用起来了。

以前下班后回到家，康杰是强打精神坐在桌子前看书。现在，康杰的做法是：进家先躺在床上放松10分钟或者是听15分钟的音乐，然后再开始学习。一旦学习累了的时候，就去做晚饭，这样一边做饭一边休息。吃完饭，他又可以轻松地接着学习了。

如此经过几个月的拼搏，康杰已经取得了注册会计师资格。经过面试，已经有几家单位要他去上班了，工作环境、工作时间以及待遇等各方面也比原来好很多！

从康杰的例子可以看出，只要我们留意一下身边的零碎时间，并把它们都充分利用起来，将会完成很多事情。

生活中有很多零散的时间是可以利用的。如果你能够做到化零为整，那你的工作和生活将会变得更加轻松。不要认为那些零碎时间只能用来办些不重要的杂务。最优先的工作也可以在这少许的时间里去完成。如果你照着“分阶段法”去做的话，把主要的工作分为许多小的“立即可做的工作”，你随时都可以做些费时不多却很重要的工作。这给你带来的好处是不言而喻的。

随时留心“墨菲定律”

墨菲定律是什么？这个定律实际上是由美国的一位名叫墨菲的上尉提出来的，因此得名墨菲定律。他认为他的某位同事是个倒霉蛋，不经意说了句笑话：“如果一件事情有可能被弄糟，让他去做就一定会弄糟。”结果就一直流传到了现在。

根据“墨菲定律”的理论：

（1）任何事都没有表面看起来那么简单。

（2）所有的事都会比你预计的时间长。

（3）会出错的事总会出错。

（4）如果你担心某种情况发生，那么它就更有可能发生。

其实就是说，很多事情不是我们想怎样就怎样的，现实和理想往往有较大差距。有时候不想发生的事情不管概率多小都有可能会发生，所以做事情的时候不要存有侥幸的心理。

随着历史的进程和时代的发展，人类虽然越来越聪明，但容易犯错误仍然是人与生俱来的致命弱点，不论科技有多发达，有些不幸的事终究是不可避免的。而且我们解决问题的办法越高超，面临的麻烦就会越复杂。同样，我们在安排自己计划的时候要按照实际的情况来安排时间，不能妄自尊大，否则麻烦就会找上你。

当然世界上不可能存在永远不犯错误的人。我们需要做到的就是尽量避免错误的出现，降低错误发生的概率。

2003 年，美国“哥伦比亚”号航天飞机在即将返回地面时，在美国得克萨斯州中部地区上空解体，机上 6 名美国宇航员以及首位进入太空的以色列宇航员拉蒙全部遇难。

“哥伦比亚”号航天飞机失事也印证了“墨菲定律”。如此复杂的系统是一定要出事的，不是今天就是明天，这是合乎情理的。一次事故之后，人们总是要积极寻找总结事故的原因，以防止下一次事故，这是人的一般理性都能够理解的，否则，或者从此放弃航天事业，或者听之任之，让下一次事故再次发生，显然，这是任何一个国家都不能接受的结果。

由此我们也获得一个经验，不出错是不太可能的，不管科技多么先进可靠，但总会有意想不到的问题产生，自以为是地认为自己的计划完美无缺，那就等于终将造成失败。所以当我们在给自己的未来做规划的时候，遇到不能确定的情况，就不要有侥幸心理。不管在做什么事情之前都应该进行全盘思考，将问题考虑得全面、周到一些。如果真的发生不幸或者损失，就可以从容不迫地去面对。

还有很重要的一点在于总结所犯的错误，而不是企图掩盖它，越掩饰，暴露的就越多。

其实归根结底，“错误”与我们一样，都是这个世界的组成部分之一，狂妄自大只会使我们自讨苦吃，我们必须学会如何接受错误，并从中不断学习，不断成长。

朋友们，让我们随时随地关注墨菲定律吧，减少我们在工作中犯错误的概率，从而更有效地利用时间。

5 分钟造就一生

卡尔·华尔德曾经是美国近代诗人、小说家和出色的钢琴家爱尔斯金的钢琴老师。有一天，卡尔给爱尔斯金授课的时候，忽然问他："你每天总共要练习多长时间钢琴？"

爱尔斯金说："三四个小时。"

"你每次练习间隔的时间都很长对吗？"

"我想是这样的，每次差不多一个小时，至少也是半个小时。我觉得这样才好。"

"不，不要这样！"卡尔说，"你将来长大以后，每天不会有很长的空闲时间。你应该养成一种用极少时间练习的习惯，一有空闲就几分钟几分钟地练习。比如在你上学之前，或在午饭之后，或在工作的休息中间，哪怕 5 分钟也去练习一下。把短时间的练习分散在一天里，如此，弹钢琴就成了你日常生活中的一部分了。"

14 岁的爱尔斯金因为听了卡尔的忠告，使自己日后得到了不可估量的益处。

当爱尔斯金在哥伦比亚大学教学的时候，他想兼职从事创作。可是上课、阅卷、交际等事情把他白天和晚上的时间完全占满了。差不多有两个年头，他一字不曾动笔，他一直苦恼的是“没时间”。

有一天，他突然又想起了卡尔·华尔德先生告诉他的话，于是到了下一个星期，他就重新开始实践“短时间练习法”，只要有5分钟左右的空闲，他就坐下来写作，每次100字或短短的几行。

出人意料，在那个学期终了的时候，爱尔斯金竟写出了厚厚的一堆手稿。

后来，爱尔斯金用同样积少成多的方法，创作了长篇小说。他的授课工作虽然每天都很繁重，但是他每天仍有许多可利用的短暂余暇用来写作和练习钢琴。爱尔斯金惊奇地发现，每天无数个几分钟的时间，足够他完成创作和弹琴两项工作，而且最后都取得了丰硕的成果。

当“没有时间”成为我们无所作为的借口时，平庸就会伴随我们一生。如果我们总想用一定的时间去做一件事，那我们可能永远一事无成。

时间像海滩上的沙粒，要一点一点地抓取，积累很多的时候，我们才知道它的分量。

做好时间管理表，才能心中有数

在哈佛商学院，教授们会提醒学生一定要做好时间管理。人生道路上，充满着很多不确定性，人们需要努力走好每一步才能更接近梦想。人生就像航海，充满了变数，但越是充满变化，人们越需要做好应对计划，去完成自己必须做的事情。

时间管理表也是人们连接目标的一座桥梁，所以时间管理表对于人生来说很重要。如果你的时间管理计划制订失败了，那么就注定你的行动也会失败。制订时间管理表时，要充分考虑到哪些事情会发生，然后安排时间去做，制订出一套切实可行的行动方案。只要做出一些时间计划，就可以按照时间表一步步地去做事，不会因为毫无头绪而浪费时间，也不会因为事情繁多而无从下手。

即使未来不会发生什么变化，时间管理表也是人们实现某一目标的最佳方法，使其行为更有效率，实现目标更加顺利。没有变化，并不代表你只能按照一种方式去做。从经济学的观点看，现代人总是在追求效益最大化，也就是说每一分钟、每一分钱都要花得值。任何一个理财能手都是一个有计划的人，公司会计会进行成本核算，提供资产负债等，这些都是经理们制订计划的依据。一切都在计划之中，才能做到游刃有余。

有效的时间管理一直以来都是许多人所缺少的，缺少的原因是因为人们没有真正地重视它。时间管理的重要性等同于战略、创新等管理议题，甚至比它们更重要。每个人真的很忙吗？人们对此问题的回答往往都很一致，通常都无力地回答“忙”。实际上在忙的背后，有三种表现：第一种是忙忙碌碌，这些人不会管理自己的时间，常常会被堆积如山的事情逼疯；第二种是忙碌，但学会了选择与放弃；第三种是假装的忙碌，因为人们已经将忙与成功联系起来。现在，人们必须给予时间管理以应有的重视。因为对于工作、学习的人来说，时间是最大的限制，他们需要在有限的时间内去完成不同的任务。对于管理者来说，他们无法雇用更多的员工来获得充裕的时间。在过去的企业管理中，没有时间管理。时间管理被认为是个人问题，个人应该去进行时间管理。现在，企业越来越意识到，提高绩效的最佳方法不是改进每个环节，而是改进最大的约束因素，而时间正是管理中的最大约束。过度忙碌的人们陷入筋疲力尽的状态，忙得没有时间去思考，所以逐渐失去了生活与工作的平衡。

快节奏的生活让人的步伐比之前至少快了一倍。白天，人们或者在上班的路上，或者穿梭于公司的各部门之间，又或者面对着一大堆的资料、文件，等等，忙碌而紧张的工作让你没有时间计划。晚上，回到家中，准备晚餐，晚餐后与家人度过难得的短暂时光，最后拖着疲惫的身体休息。轻松的家庭时光让你舍不得花时间去制订计划。好不容易熬到周末，又要带着家人逛街，或者外出郊游。繁忙的工作，沉重的压力让生活变得杂乱无章，一切周而复始，单调枯燥，始终没有自由的时间去做自己喜欢的事情。事实上，只要你做好时间管理，你的生活就会大有改观。

做好时间管理会让人们即使感到紧张，也井然有序；即使再忙碌，也会因为充实而更有效率；做好时间管理会让人们的思路清晰，能够得到事半功倍的效果；做好时间管理是自我管理的良好选择，对每个人来说都是必要的。如果你想改变自己的生活方式，就不要再说没有必要进行管理。做好时间管理不仅会让你轻松地面对工作，还会为你赢得陪伴家人的时间，做好时间管理而形成的良性循环所带来的价值一定会让你大吃一惊。

尝试将重要的事情变得更紧急

根据“二八法则”，如果每个人一天要完成10件工作的话，他只需要完成两件就可以，也就说完成其中的20%，完成这20%就能实现80%的价值。所以他首先要找出那两件工作，然后尽快完成它们。他完全可以将其他的8件事情放在那里，因为他当天的工作的80%的价值已经由那两件事情完成了。生活中，这样的例子很多。所以，人们应该反省自己，集中精力去处理那20%的事情。

哈佛商学院教授、美国“时间管理之父”阿兰·拉金曾经接受过一位竞选者的咨询。在参加当地竞选的前两个月，这名竞选者找到阿兰·拉金教授，表示自己希望能够在竞选中战胜对方，他一直对现任者的行政方式不满，他意识到自己必须利用好接下来的两个月的时间。但是，为了增加曝光率，他接受了很多没有必要的演讲，结果他发现自己根本没有空闲去安排时间。他知道自己事先没有很好地进行选择。但他觉得自己不可能去取消这些已经答应的演讲邀请，所以他认为解决问题的唯一方法就是在接受邀请的时候一定要先安排好时间。他总是觉得自己应该利用尽可能多的机会去向别人宣传自己的政治观点。

聊了不久后，阿兰·拉金让他将自己的演讲邀请列了出来，结果发现他有80%的曝光率来自20%的演讲。也就是说，他将80%的时间用在了那些意义不大的演讲上。而且，这些没有多大意义的演讲不仅占用了他的大量时间，还使他筋疲力尽，即使在重要的演讲上也打不起精神来。阿兰·拉金向他讲了尼克松的故事。尼克松在参加1960年的竞选的时候，即使到了最后的关键时刻，仍然坚持自己"踏遍50个州"的诺言。相比之下，他的对手肯尼迪却在那些人口众多的大州展开宣传，并最终赢得了总统选举的胜利。最后，这名地方竞选者认识到自己完全可以取消那些没有多大意义的演讲，将节省下的时间用来参加更重要的场合，最后他取得了那次竞选的胜利。

除此之外，一位家境富裕的女士还向阿兰·拉金教授寻求过帮助。这名女士总是答应别人的各种各样的请求，大到国会的事情，小到替别人粘信封这样的事情。这样持续一段时间后，她意识到自己并没有从这样的事情上得到满足感，因为这样的做法让别人完全控制了自己的生活。在这些所有她答应帮别人做的事情中，有80%的事情都是没有任何意义的，而且其中只有少数能够让她获得乐趣。当她向阿兰·拉金教授寻求帮助的时候，她列出了她过去的3个月中所参加过的100多次活动。然后，阿兰·拉金教授请她从里面挑出那些最重要的事情。对她来说，最具有意义的事情就是帮助政治候选人，与有趣的人交流，收集艺术品，做慈善活动等。而其他一些不重要的事情是帮助教堂推销蛋糕，参加某些女性小组的活动。

将所有事情都想清楚以后，她开始重新安排以后的活动，并鼓足勇气将那些不重要的事情从自己的活动表上去掉。这样以后，她开始有更多的时间去欣赏艺术品，并对花瓶艺术进行了初步的研究学习。另外，她还对本地的政治俱乐部进行了重组，并获得了大家的一致好评。

人们如果想要有充分的时间去做自己感兴趣的事情，就必须去减少那些没有必要的80%的事情。要想做到这点，人们最关键的问题就是告诉自己“不要去做什么”，并将那些活动从计划中去掉，最好将其彻底清理出自己的大脑。生活中有很多事情，人们都可以放弃，这样的事情有很多，比如整理一堆杂志，或者重新整理一下冰箱，即使上周你刚刚整理过，这些事情太多了，它们大多不值得去做，或者可以延迟一段时间后再做。而且有些不重要的事情过一段时间后就会自动消失。比如，在快要下雨的时候给草坪浇花，或者是把即将要丢弃的报纸分类，这些事情根本不需要去做。当你无法确定某件事情是否不用去做的时候，可以将这件事写在一张卡片上，然后放到固定的一个地方，做上标注。如果这些事情真的重要的话，总有一天你会想起来的。每周或者每个月你都可以检查这些事情，并将其中已经确定无用的事情扔掉，你会庆幸自己没有浪费时间去做它们。

当然，还有一些重要的活动，看似是琐碎的、微不足道的事情，但它们也可能会给人们带来巨大的损失。因为如果你将它放到一个大背景下去观察的时候，就会发现它们“举足轻重”。比如说，一名政府工作人员的工作主要就是给国会议员回信，确保议员的所有问题都可以得到解决。这些事情看似很不值得一提，但却很重要，因为对于政府的工作人员来说，国会议员是不好惹的。当一笔只有几美元的订单出现延迟的时候，销售人员也会努力去解释，因为这笔订单来自一家大客户，而这家公司每年的80%的收入都来自这个大客户。

“二八法则”常常会让人们有意想不到的收获。人们常说的事半功倍，就是“二八法则”运用的体现。对于聪明人来说，时间很充裕，他们通常利用一点时间就可以创造出很大的成就，主要是因为他们懂得在关键的事情上利用时间。

美国总统罗斯福就是一个很注重计划的人，他通常将所有的事情列出来，然后拟定一个时间表，让自己在规定时间做规定事情。这样，他就能够及时处理好重要的事情，从上午9点钟与夫人散步开始到晚上招待客人吃饭为止，整天都在他的计划之中。到晚上入睡之前，他已经将该做的事都做完了，所以就可以抛却一切烦恼，安心地睡觉去了。 认真地安排自己的工作，这是罗斯福做事的秘诀。 面对每一件需要处理的事情时，他总是先估算出需要多长时间，然后安排在时间表中。 他总是将能够产生最大价值的事情安排在前边，所以每天的重要事情都能够及时完成。

另外，人们在制订计划的时候，必须考虑计划的弹性。 应该将能力所能达到的80％作为计划目标，因为人们每天都会遇到一些意想不到的情况，比如老板所交代的临时事务。 如果你的计划每天都需要100％的时间才能完成，那么当你分配到临时任务时，就必定会破坏原来的计划。 每天都是新鲜的，与昨天不同的，今天的事情必须完成，所以千万不要拖到明天。 因此一定要做好计划，并按照计划去执行，这样才能修炼自己的品格，拥有令人敬仰的人格。 其实，人人都很容易下决心去做大事，但是只有那少数的20％的人才能够坚持不懈地去执行自己的决心，最后当然也是这20％的少数人才能够取得成功。 所以马上去做那20％的最有价值的事情吧，这样你一定会成为那20％的少数人!

第五章

哈佛大学教给青少年：不断创新

独辟蹊径，做别人不做之事

学生独特的创意与特色是哈佛大学教育的重点。人不能改变环境，但可以改变思路。人不能改变别人，但可以改变自己。做别人不做之事，读别人不读之书。要想出类拔萃，就要有独特的思维，要与众不同、独辟蹊径。多一个思路就多一条出路，思路决定出路，观念决定前途。

> 一家鞋业公司打算开发非洲国家的市场，就派两名销售人员前去实地考察。两个月后，突然有一天，甲销售员风尘仆仆地赶回来了，刚到总裁的办公室他就开始不停地诉苦："总裁先生，据我观察非洲的当地人是从来都不穿鞋的，全都赤着脚。根据他们的习惯，我们的鞋不可能在那里有市场！"总裁听到这个消息后，就想："幸亏去做了实地考察。"他怎么都没想到非洲的情况会如此糟糕，所以决定打消开发非洲市场的念头。

过了几天，乙销售员回来了，他看上去也比较疲惫和憔悴，但在向总裁汇报时却异常兴奋，他说：“总裁先生！您有所不知，当我看到那里的人们都没穿鞋时，我是多么开心！”看见老总惊疑的神情，他接着说：“他们没有人穿鞋子，证明那边的市场还是完全空白的，只要我们把握机会好好开发，一定会取得成功！”说完这些，乙销售员还拿出自己的调查报告和进行市场开发的策划方案给总裁，通过公司董事会的研究决定，公司委派乙销售员全权负责非洲市场的开发工作。没有想到的是，一年以后，这家鞋业公司在非洲取得了异常辉煌的业绩。

心态不同、思路不同，看问题的方法也不同。同一件事，不同的人从不同的角度分析，就会得出两种截然不同的结论。这就是要告诉大家，做一件事情的时候，不能只看到表面现象，要运用自己独特的思维，找到与众不同的方法，做出别出心裁的事来。俗话说，一个人若无超越环境之想，就绝对做不出什么大事。

一个人想要有所作为，就必须有自己与众不同的招牌，让自己拥有独特的优势，为自己的成功增加优势，才能在竞争激烈的社会中很好地生存、发展。经商更是如此，特色就是竞争力，是商家立足于商场的根本。

东京有一家理发店，店内生意极其红火，每天顾客盈门。店老板说，理发店生意兴隆的秘诀是："出租"女秘书。这个新颖的创意源自发生在理发店里的一件小事。一个大雨滂沱的下午，一位顾客来店里理发，理到一半的时候，顾客的手机忽然响了，原来是老板让他立即将一份拟好的协议打印出来并快速送给客户。

顾客急坏了，他望着镜子里刚理了一半的头发，不知如何是好。但是商场如战场，容不得半点耽搁。最后他还是放弃理发，冒着大雨去送协议。结果，在客户面前他显得很狼狈。不过，这件小事却给了理发店老板一个启示。经过一番精心策划，老板雇用了一名专门办理贸易手续的专家、一位日文打字员、一位英文打字员、一位英文翻译和两位办理文件的女秘书。如果理发的顾客是带文件来的，那么他在理发时店里的女秘书就会帮他整理文件；如果需要打印文件，也可以在店里完成；如果需要办理贸易方面的手续，店里的专家可以提供方便的服务。这样，顾客在等候或理发时，也不会影响自己的工作。这一新型服务推出后，一下子吸引了很多整日因工作繁忙而无暇理发的顾客，他们觉得来这里理发不仅可以很好地放松自己，而且还能及时处理掉手上的工作，真是两全其美的事啊！当然，因为这一特色的服务，理发店的营业额也成倍增长。

成功总是属于那些敢于“第一个吃螃蟹的人”。让他们学着用独特的方式做对自己更有益的事情，想别人不曾想、做别人不曾做，让自己变得更独特、出色。独辟蹊径是一种态度，学会它就可以寻找到一条让自己更有特色的出路。要创新，要勇于打破常规、独辟蹊径，寻找新的突破口。

做别人不想做、不愿做、不敢做的事情，你才能一枝独秀、一鸣惊人；做别人不做之事，你就会与众不同；做别人不做之事，你就有可能成功；做别人不做之事，你就会有意想不到的收获。如果有一点风险就裹足不前、不敢冒险，最终必将一事无成。俗话说，“胜在险中求”“无限风光在险峰”，只有将自己置于风险中，用独特的思维开辟出别具特色的道路，才能比别人更先一步到达成功的彼岸。有乐观的风险意识，敢于冒险，才能拥有自己的闪亮舞台，成功往往属于那些与众不同的人。

跳出思维的误区

智慧并不产生于学历，而是来自对于知识的终身不懈的追求。

一天，美国斯坦福大学的学生们听说著名的科学家爱因斯坦先生要来本校演讲，都兴奋异常，大家都想从这位伟大人物身上发现一些值得自己学习的东西。在那个早晨，他们每个人都准备好了笔记本，早早地来到了教室，企盼快点儿见到这位伟人，聆听这位伟人的每一句教诲。

9 点 30 分，在校长的陪同下，爱因斯坦先生准时来到了教室，人们的目光随着这位白发长者的身影移动着。然而，和人们想象的不同，爱因斯坦先生没有带演讲稿，甚至连一支笔也没带。

众人坐下之后，爱因斯坦并没有像其他伟人那样开始长篇累牍地大讲特讲自己的成功经历，而是给学生们出了一道思考题。

他说："有两位工人，他们同时从烟囱里爬了出来。一位是干净的，一位是肮脏的。请问他们谁会去洗澡？"

有学生立即回答："当然是肮脏的工人会去洗澡。"

爱因斯坦反问道："是吗？干净的工人看到肮脏的工人，他会认为自己身上一定也很脏，而肮脏的工人看到干净的工人，可能就不这么想了。我再问问你哪个工人会去洗澡？"

接着有一个学生立刻回答说："干净的工人会去洗澡。"在场的所有同学一致点头。都认同了这一答案。

爱因斯坦笑着说："你们又错了。理由很简单，两个工人同时从烟囱里爬出来，怎么可能一个是肮脏的而另一个却是干净的呢？"爱因斯坦接着说，"其实人与人之间并没有太大的差别，尤其是你们这些坐在同一间教室里，受着相同教育又都非常努力的年轻人，你们之间的知识差异更是微乎其微。有的人之所以最终能脱颖而出，是因为他们没有因循守旧。然而，要想做个与众不同的人，就必须跳出习惯的思维定式，抛开人为的布局，敢于去怀疑一切。”

爱因斯坦环顾了一下四周，继续说：“‘世上没有绝对的真理’，这就是我要对你们说的所有的话！”

培养思维能力，拥有多变的思维方式

哈佛大学第二十一任校长艾略特说：“人类的希望取决于那些知识先驱者的思维，他们所思考的事情可能超过一般人几年、几十年甚至几个世纪。”作为百年世界名校，哈佛大学非常注重培养学生的思维能力。思维能力在一个人的成长过程中，起着举足轻重的作用，拥有活跃的思维也是走向成功所不可或缺的。

意大利航海家哥伦布因发现新大陆而一举成名后，有些人很不服气。在庆功宴上，这些人不屑地说：

“发现新大陆有什么了不起？任何人通过航海都能到达大西洋彼岸。这是世界上最简单的事情……”听到这些刺耳的话，哥伦布没有说什么，只是从桌子上拿起一个鸡蛋，对着所有人说：

“先生们，这是一个普通的熟鸡蛋，谁能让它立起来呢？”鸡蛋在与会者中间传了一圈，也没有人能想出让它立起来的办法：当鸡蛋又传回到哥伦布手里的时候，他把鸡蛋的一端往桌上轻轻一磕，很容易就把鸡蛋立了起来。顿时，不服气的人停止了吵嚷。哥伦布平静地说：“你们都看到了，这难道不是世界上最容易做到的事情吗？然而，你们却没有做到。并不是你们缺乏做到的能力，而是你们没有这种思维。是的，这很容易，当人们知道世界上某种事情该怎么做以后，也许一切都很轻而易举了。但是，当你不知道该怎么去做的时候，都不那么容易。”

多变的思维是哈佛大学的第一教育原则。早在一百多年前，哈佛的毕业生、著名哲学和心理学家威廉·詹姆斯就曾说过：

“就培植自主与多变思维的妙处而言，除了哈佛大学，无出其右者。哈佛的环境不只允许，而且鼓励人们从自己的特立独行中寻求乐趣。相反，如果有朝一日哈佛想把她的孩子塑造成单一固定的性格，那将是哈佛的末日。”哈佛大学至今仍严守着这一原则。学生一入校，就会一遍又一遍地听到这样的话：“你们到这里，不是来发财的。你们到这儿来，为的是思考，并学会思考！”

生活中，我们常常有意识地去培养一种习惯。但对于思维，哈佛大学的教育理念要求同学们要学会多变的、灵活的思维方式。因为即使一种思维方式再好，如果成了习惯，就是思维定式，都将是灾难。

18世纪末的时候，强大的英国占领了广袤的澳大利亚，并宣布澳大利亚成为自己的领地。英国政府打算好好开发澳大利亚，但是荒芜之地是没有人愿意去受苦的。政府想了一个办法：把监狱里的罪犯派到澳大利亚去，开发新地盘。把犯人们运送到澳大利亚是一项不小的工程，这个工作被当时的私人船主承包了。为了方便计算需要支付的运费，政府就以从英国上船的人数为依据。由于运送犯人的船只设施非常简陋，没有储备药品，更没有随船医生，条件十分恶劣。船主为了牟取暴利，上船前尽可能多装犯人，一旦船离了岸，船主按人数拿到了钱，就不管这些人的死活了。他们把生活标准降到最低，有些船主甚至故意断水断食，致使三年间从英国运到澳大利亚的犯人在船上的死亡率高达12%。

政府遭受了巨大的经济和人力资源损失，民众对此也极为不满。政府开始想办法改善这种状况。他们在每艘船上派一名官员监督，再派一名医生负责医疗，并对犯人的生活标准做了硬性规定。但是犯人的死亡率不仅没降下来，甚至许多监督官和医生也死在了船上。原来，一些船主为了贪利而行贿官员，官员如不顺从，就被扔进大海。一位议员认为，私人船主钻了制度的空子，制度的缺陷在于政府付给船主的报酬是以上船人数来计算的！如果倒过来，政府以在澳大利亚上岸的人数为准计算报酬呢？政府采纳了这个建议，不论船主装了多少人，到澳大利亚上岸时再清点人数，依此向船主支付运费，难题便迎刃而解了。船主们聘请医生跟船，在船上准备药品，为犯人改善生活，尽可能让每个犯人都健康抵达澳大利亚。因为在船上死掉一个人就意味着减少一份收入。这之后，船上的死亡率降到了1%以下，有些船只经过几个月的航行竟然没有一人死亡。

其实，做任何事都一样，当我们做这些事情的时候，有没有想过：这样做是最好的方式吗？这样做存在什么弊端吗？如果换一种思维的话会怎么样呢？每个问题的解决，必定有很多条途径。有些问题采取不同方法解决，结果没什么差别；而有的问题，解决的方法不同，可以出现完全不同的结果，因此这就要求我们考虑多种思维方式，善于思考。思维不需要成本，灵活多变的思维方法是取之不尽用之不竭的资源，也是成功道路上的助推器。很多时候，成功者之所以成功的最大原因，就是他们不同的思维方式使他们拥有了最好的方法。

年轻人，不要太死板

生活中的大多数问题并非只有一个正确答案，就像每一个学生论证的思路各不相同，但都解决了问题。我们应该努力去寻找第二个、第三个最佳答案。往往第二个或第十个答案才是解决问题的最有效方法。

一天上午，哈佛大学的彼得·林奇教授给学生出了这么一道思考题：

“一个聋哑人到五金商店去买钉子，先用左手做持钉状，捏着两个手指放在柜台上，然后右手做捶打状。售货员递过来一把锤子，聋哑人摇了摇头，指了指做持钉状的两个手指，售货员终于拿对了。这时候又来了一位盲人顾客。同学们，你们想象一下，盲人将如何用最简单的方法买到一把剪子？”

一个学生是这样回答的：

“噢，很简单，只要伸出两个指头模仿剪子剪布的模样就可以了。”全班同学都表示同意。教授没有否定学生的答案。不过，他又笑笑说：

“其实盲人只要开口说一声就行了。”

其实两个答案都没有错，但学生的回答缺乏变通。多年以前，彼得·林奇教授就意识到，突破思维定式，运用变通思维解决问题将是哈佛无数学子成功的方法。哈佛的许多学生习惯于运用比较熟悉的思考方法，这样做使得他们省去很多精力。然而，正如哈佛商学院荣誉教授希尔多·李维特所说：“成功组织的最大特色，就是自愿放弃长期以来的成就。”于是，彼得·林奇教授给自己的学生讲述了他们的前辈，同为哈佛学子的美国出版界明星人物阿尔伯特·哈伯德的故事。

阿尔伯特·哈伯德出生在一个富足的家庭，但他立志创立自己的事业，因此他很早就开始了有意识的准备。他明白像他这样的年轻人，最缺乏的是知识和经验。因而，他有选择地学习一些相关的专业知识，充分利用时间，甚至在他外出工作时也总会带上一本书，在等候电车时一边看一边背诵。他一直保持着这个习惯，这使他受益匪浅。后来，他有机会进入哈佛大学，开始了一些系统理论课程的学习。

在一次欧洲考察之后，阿尔伯特·哈伯德开始积极筹备自己的出版社。他请教了专门的咨询公司，调查了出版市场，尤其是从从事出版行业的威廉·莫瑞斯先生那里得到了许多积极的建议。这样，一家新的出版社——罗依科罗斯特出版社诞生了。由于事先的准备工作做得好，出版社经营得十分出色。他不断将自己的体验和见闻整理成书出版，同时拥有了名誉与金钱。

但阿尔伯特并没有就此满足，他敏锐地观察到，他所在的纽约东奥罗拉当时已经成为人们度假旅游的最佳选择地之一，可这里的旅馆业非常不发达。这是一个很好的商机，阿尔伯特紧紧抓住这个机会。他抽出时间亲自在市中心做了两个月的调查，了解市场行情，考察周围的环境和交通。他甚至亲自入住一家当地经营得非常出色的旅馆，研究其经营的独到之处。后来，他成功地从别人那里接手了一家旅馆，并对其进行了彻底的改造和装潢。

在旅馆装修时，他进行了广泛的调查，接触了许多游客。他了解了游客们的喜好、收入水平、消费观念，注意到这些游客多是平时工作繁忙，周末才来这里放松的，他们需要更简单的生活。因此，他让工人制作了一种简单的直线型家具。这个创意一经推出，很快受到人们的关注，游客们非常喜欢这种家具。他再一次抓住了这个机遇，一家家具制造厂诞生了。家具制造厂蒸蒸日上，也证明了他准备工作的成效。同时他的出版社还出版了《菲利士人》和《兄弟》两份月刊，其影响力在《致加西亚的信》一书出版后达到顶峰。

正是因为阿尔伯特·哈伯德在遇到问题时并不囿于思维定式，能运用变通的思维方式来灵活地解决和应对，才能一次又一次地抓住成功的机遇，成就人生的精彩。

让自己拥有360度的思维

在一个竞争激烈的时代里，成功其实并没有固定的模式可言：当哈佛成为全球学子所向往的智慧宝库时，比尔·盖茨却选择了果断退学；当人们认为哈佛商学院将会以培养世界顶级企业CEO为主要目标时，却有约翰·肯尼迪、乔治·沃克·布什、贝拉克·侯赛因·奥巴马等数位商学院学子成了美国最高政治领袖。由此也可以看到，哈佛对于学子的发展也是兼容并包式的：成功从来不需要先期固定，有时候，当你在某一条道路上无法成功时，换一种思路，你便会发现一片崭新的天地。在这样的情况下，你应该学会发散思维，让自己拥有360度的思考能力。

20世纪初，美国一家名为史古特的纸业公司购买了一大批纸品准备制作成各种写作材料。但是，由于运送过程中工作人员的疏忽，使得纸面变得潮湿无比，同时还产生了褶皱，因而无法使用。

面对着一整个仓库即将报废的纸品时，大家都不知如何是好。在高层主管会议上，有人提出建议：将这些已经受损的纸全部退还给供货商，以减少损失。这一建议几乎获得了所有与会者的赞同。

时任总经理的史古特却认为这样做不妥当，不能因为己方工作人员的疏忽而将责任推卸到他人的身上，这样做不仅会造成他人的负担加重，更会使公司的信誉蒙尘。在经过一段时间的思考与反复的实验之后，他决定在这些卷纸上打上小洞，让纸片更容易撕成小张小张的。由于纸上本身就有褶皱，使得纸质变得更加柔软起来，再加上后期打上的小洞，这种本应被弃之不用的材料，竟然成了极方便的卫生用品。

史古特将这种纸品命名为“桑尼”牌卫生纸，并将它们卖给了饭店、车站与学校等各大机构，令人意想不到的是，由于这种卫生纸非常好用，因而大受欢迎。如今，这种柔软、便捷的卫生纸早已成了人们日常生活中不可或缺的生活用品。

每一个人的思想都有所不同，思维方式也因先天条件与后天影响而不同。思维往往呈现为永无止境的进步形式，个人不断地进行新事物的接收，并同时学习自己不懂的技能，而个人的思维广度也会随之不断扩展。

想要培养发散思维，进行思维的扩展，我们可以参考以下方式与途径：

1. 积极地发挥自我想象力

德国著名哲学家黑格尔曾言：“创造性思维需要个人拥有丰富的想象力。”培养个人创造性需要个人拥有善于从生活中捕捉可以激发自我创造欲望的能力，平日里，不应让自己局限于单一的“寻求正确答案”影响之中，而是应该更加积极地展开丰富而合理的想象，对自己所遇到的问题进行二次思考，利用曾经拥有过的经验与知识来扩展思维，找到更多解决问题的方法，同时对众多方法进行甄别，挑选最优答案。

2. 将标准答案淡化，让自己进行多向思考

单向思维往往属于低水平的发散，多向思维才能体

现出高质量的思考。不管是个人学习还是工作，都应不唯书、不唯上，不轻信、迷信他人。在思考问题时，尽可能多地为自己提出一些“假定……”“假如……”“否则……”一类的问题，才能强迫自己去换一个角度思考问题，想他人从来没有想过的问题。

3. 敢于打破常规，将思维定式弱化

法国著名科学家贝尔纳曾经说过：对学习造成妨碍的最大障碍，并不是未知的东西，而是那些我们早已知晓的东西。思维定式往往可以让我们在处理问题时驾轻就熟、得心应手，从而使问题得到圆满的解决。在对待生活中的一般问题时，这样的思维方式往往会让我们节省大量的做事时间，但是在需要进行创新与开阔性思维时，思维定式便会成为个人的“思维枷锁”，使个人新思维、新方法的构建受到阻碍，使新知识的吸收受到影响。

因此，唯有让自己敢于进行创造性思维，敢于去打破常识思考问题，并在新的思考方法的基础上，生产出更有价值、更有意义的东西来。唯有如此，才能让自己培养起较强的思维创造能力。

4. 敢于对已有定论进行大胆质疑

中国明代学者陈献章曾言："前辈谓学贵有疑，小疑则小进，大疑则大进。"一个人是否拥有质疑能力，对个人学习思维与创新思维的发展有着重大的影响，而质疑往往是培养创新思维的重要突破口。

平日里，在面对已形成定论的问题寻求解决方法时，让自己有根据地进行质疑，同时尽量寻找可以在更节约时间、能力的基础上，能更快速完成工作的方法，让自己不断地体会新的学习创造方法，并对自己原有的思考与结论进行反思，采取批判性的态度去看待已成定论的问题。 在这种良好的自我学习与创造过程中，往往会培养起极强的创新思维能力。

5. 学会进行合理反向思维

反向思维也被称为逆向思维，是指按与认识事物相反的思维方向对问题进行思考的能力，从而让自己提出不同凡响的超常见解。 反向思维往往不受旧观念的束缚，而且会积极地突破常规，使个人敢于标新立异，从而表现出对探索新事物、新方法的积极进取态度。 拥有反向思维的人往往不会满足于"人云亦云"，敢于在立足于实际的基础上质疑传统看法。

美国著名的贝尔实验室认为，敢于反向思维是个人超越局限、打破常规、取得新发现的关键：“有时候，你需要离开经常行走的大道，潜入森林中，你便能发现前所未见的东西。”学会让自己去潜入“森林”中，敢于另辟蹊径，去领略、发现那些前人未曾见过的旖旎风光，你才有机会看到他人不曾观赏过的风景。

很多人在遇到问题时，总是按“两点之间直线最短”的思维方式来思考。但事实上，许多问题的求解是无法靠直线方法来完成的。在这种情况下，让自己尝试着使用360度的思维去观察问题、思考问题，敢于利用迂回的角度与方法审视问题，或许便能使问题迎刃而解。

第六章

哈佛大学教给青少年：学无止境

一分耕耘一分收获

世界上的事，从来都是“一分耕耘一分收获”。怕吃苦，图安逸，是成不了大事的。试想：哪位杰出人物不是吃尽人间诸多苦才奋斗出来的。

美国媒体大亨泰德·特纳经常引用老师对他的劝告，他的老师约舒·雷诺德常说：“那些想要超过别人的人，每时每刻都必须努力，不管愿意不愿意。他们会发现自己没有娱乐，只有艰苦地工作。”虽然工作辛苦，但是对特纳而言这是自己喜欢的事情，并且为他带来了丰厚的回报。

美国伟大的政治家亚历山大·汉密尔顿曾经说过：“有时候人们觉得我的成功是因为自己的天赋，但据我所知，所谓的天赋不过就是努力工作而已。”

很久以前有一个老人，他收集了三只大钟，其中两只已经很旧了，而另一只却是全新的，当老人给新钟安装上零件后，三只钟都响了起来。

一天，有一只老钟对新钟说："让我们一起工作吧。不过我有一些担心，我不知道你能不能走完我们要走的路，那可是3200万次啊，只有走完这3200万次以后，主人才会再给我们动力。"

呆了，完全呆了，新钟听完老钟的话后呆呆地说："天啊！3200万次。那是一个什么样的数字啊！做这么多的事，我真的办不到，我怕我到不了那个时候就不行了。"

这时另一只钟说话了："你别听他乱说，他就是吓吓你，你只要每秒动一次就行了，我们也是这样过来的。"

"没这么简单吧！"新钟很不信地说道。

"你相信我吧！"那只钟说。

"嗯！我试试吧！"新钟说道。

就这样，新钟轻松地一秒动一次，一秒动一次，不知不觉中，3200万次过去了。

是啊！3200万，看上去是一个天文数字，但是我们只要坚持每时每刻不停地走下去，总有一天我们会走完的。

现实生活中，很多成功与不成功之间的差别并不像大多数人想象的那么大。成功与不成功之间差别就在一些细小的事情上。如果我们能从这些小事着手，从每一步做起，取得每一点每一滴的成功，我们就会越来越强。

有一位老人，他从北方的一个城市里骑自行车绕着中国的海岸线，跑了一圈，当他经过长途跋涉，克服了重重困难，到达目的地的时候，有人问他是如何鼓起勇气走完这条路的。

老人这样回答道："我走一步路不需要勇气。我的举动就是这样。我先制定了一小段路的目标，当我到了那儿，再重新开始，再走一段，就这样一次又一次地开始完结，我就到了这儿。"

始终坚持比别人多付出一些、多努力一些，尽量别让自己停下来，特别是在一帆风顺的时候。做任何事，只要你走出了第一步，再努力一点，然后一步一步地走下去，离成功也就不远了。

今天的努力就是明天的收获，不要因为今天取得了一定的成就而沾沾自喜，不要因为今天取得了一点成功就停了下来，如果这样你以往的努力就全都白费了，所以要始终坚持地做下去，成功后还要给予自己更大的压力，不断地提出新目标，让自己永远努力下去。

范光陵是中国台湾的电脑专家，他在美国获得多个学位，美国斯顿豪大学的企业管理硕士、犹他州州立大学的哲学博士学位。可后来他去专攻电脑，并获得了极大的成就。他写的一本叫《电脑和你》的通俗读物，畅销于台湾甚至东南亚各个地方，他还举办讲座，召开电脑国际会议，发表电脑演讲等，在电脑方面做出了很大的贡献，为此他还得到了泰国国王、英国皇家学院的奖励。

然而，我们许多人都只是看到了范光陵成功的一面，没有看到他失败的一面。范光陵刚到美国时，是靠打工吃苦才生存下来的。刚到美国时，他在一家饭店里打杂，好多烦琐的事都由他来完成。对于他来说，做饭、切菜、倒垃圾、打扫厕所等事情都是他一个人加班完成的。每天在别人休息以后他还在忙碌地工作着。

还有一段时间，他口袋里一分钱都没有，肚子饿了就喝清水，晚上没有睡觉的地方就睡公园或桥洞。但是他仍然不停地努力，他相信自己能够取得成功。功夫不负有心人，他确实成功了，经过他的努力他终于找到了一条属于自己的路。事实也正是如此，世界上的事，从来都是付出多少收获多少。怕吃苦、图享受是什么事也做不成的，看看身边那些成功的人，哪一个不是经过多年的努力换来的。

要做出成就，必然要付出比别人多几倍的努力，许多优秀的人才既不缺少情商也不缺少智商，但他们缺少了比别人多吃苦多努力的精神。这不是其他人的错误，而是他们自己的责任，如果他们能每天多努力一点，多奋斗一点，他们吃苦耐劳的精神在不久之后就会养成了。

每个人都有自己的路，但我们前进的方向都是相同的——追求自己的理想。当我们在前进的道路上行动时，只有多努力一点，多一些付出，才会为自己创造更多的成功机会，更多的成功资本，也才能在竞争中脱颖而出，得到老板的肯定，得到成功的肯定。

很多人想早点获取成功，可是他们无法一步登天。成功是慢慢积累的，是通过我们一天天的努力奋斗而换取的。所以我们要想获得成功就必须比别人多付出、多努力。换句话说就是：每个人都下定决心每天多做一点点。就像修房屋一样，每一层房屋都是由一块块的砖头堆砌成的；也像我们的知识一样，是一点一滴积累起来的。

所以，不管做什么事，都应该多努力一点，这样我们就能得到更多，成功的机会也会更多。

知识改变命运

歌德说："人不只是靠他生来就拥有的一切，而是靠他从学习中所得到的一切来造就自己。"

一个人很难面对自己的不足，更难弥补自己的不足。因为，这些都需要面对自己真实的缺口，看到自己的丑态。可是，如果我们还希望有所成就，这一点就必须面对，在生活中去积累自己不知道的，学习自己不会的。无论是书本知识还是社会知识，唯有走学习的路，我们才可以不断地完善自己，收获不一样的人生。

知识是无处不在的，所以，学习也是。我们平时会因为多做一件事情而愤愤不平，却不想它会给你多带来一次学习的机会。我们平时会因为公司提供培训而大皱眉头，却不知它是让你获得知识的一个非常好的平台。学习不可能一蹴而就，需要日积月累。如果我们愿意把平时不懂的东西都记录下来，如果我们能够在平时想方设法去改进一些东西……机遇是无处不在的，只是它偏爱善于学习的头脑，只要你相信学习可以改变命运，并坚持不懈地去努力，那么，成功绝不会再与你擦肩而过。

1984 年，美国最具权威、最有影响力的金融经济报纸《华尔街日报》报道：美籍华人蔡志勇被任命为美国制罐公司的主管人和主席。1985 年《财富》选出的美国 500 家最大工业公司之中，蔡志勇的美国制罐公司排名第 124 位，蔡志勇在华尔街的地位显然是毋庸置疑的。在美国商场上，是否精通经营管理，是事业成败的关键所在，而蔡志勇正是拥有高学历又有生意头脑的一流人才。他在“忠诚”管理及研究公司工作的 6 年时间里，使这家公司经营的互惠基金业务的收益，以每年 15％的速度增长，因而在公司行业中的知名度大增，他被誉为“拥有点石成金术的人”。1965 年，蔡志勇将他拥有的公司股票卖掉，创立了他自己经营的互惠基金业的蔡氏经营与研究公司，奠定了自己在美国金融界崛起的基础。

蔡志勇的创富经历绝非侥幸，可以说他取得的点点滴滴都是靠“知识”挣回来的。这位在华尔街打拼几十年，拥有 4 亿美金身家的“金融魔术师”从小就深受父亲的影响，父亲的言传身教，令他从少年时代就有了强大的创富欲望，从而在日常的点滴中刻意注意学习和积累。知识决定命运，一是指知识本身所具有的前所未有的巨大的作用；另一方面，知识能够重塑人的性格，通过学习造就成功的人生。对此，许多智圣先贤，已有过明确而精彩的论述。

西汉扬雄认为："学者，所以修性也。视、听、言、貌、思，性所有也。学则正，否则邪。"

曾国藩曾说过："人之气质，由于天生，本难改变，唯读书学习可以改变人。"

培根在《论读书》中论述："读史使人明智，读诗使人聪慧，演算使人精密，哲理使人深刻，伦理学使人有修养，逻辑修辞使人善辩。"

显然，他们认为学习是可以对人有所改变的。

休谟则从另一个角度论述道："认真留意于科学和文艺，能使心性变软且富于人情，使良好情感欢乐，而真正的美德和尊严就在其中了。一个有鉴赏力和学识的人，由于他的心灵致力于思考学问，必定能克制自己的利欲和野心，同时必定能使他相当敏锐地意识到生活中的各种礼节和责任。他对品格和作风上的道德差别有比较充分的识别力。他在这方面的良知不会被削弱，相反会由于思考而大为增进。教育的丰硕成果能使我们确信，人心并不全是冥顽不可雕的，可以探根求源对它进行许多改造。只要让一个人给自己树立一个他所赞美的品格榜样，让他好好熟悉这个榜样的具体特点以便塑造自己，让他不断努力地警惕自己，避开邪恶，一心向善，我不怀疑，经过一段时间，他就会发现他的品格有了一个较好的变化。”

与之相反，如果一个人不读书、不求知、不上进，那他的生活将会是怎样的呢？林语堂先生在《读书的艺术》里就有这样的一段论述：

“那个没有养成读书习惯的人，以时间和空间而言，是受着他眼前的世界所禁锢的。他的生活是机械化的、刻板的；他只跟几个朋友和相识者接触谈话，他只看见周遭所发生的一些事情。他在这个监狱里是逃不出去的。”

可是，当他拾起一本书的时候，情况就大不一样了。

“他立刻走进一个不同的世界。如果是一本好书，他便立刻接触到一个世界上最健谈的人。这个谈话者引导他前进，带他到一个不同的国度或不同的时代，或者对他发泄一些私人的悔恨，或者跟他讨论一些他从来不知道的学问或生活问题。”“读一本好书，就是和许多高尚的人谈话。”歌德也曾做过这样的论述。在当前竞争日益加剧的社会里，等到对手碰面，胜负其实早已决定了。就像武林高手决斗，最终拼的是内功，是靠武学的修为和领悟而决胜负的。因此竞争早就开始，比的就是“准备”，比的就是日积月累。

类似这样的积累和准备，可以说是知识的积累和准备，也可以说就是心态的准备、目标的准备和行动的准备(调整心态，明确目标，采取行动，都可以视作求知的一部分)。美国发明家爱迪生说道：“知识仅次于美德，它可以使人真正地、实实在在地胜过他人。”那么你是否会意识到，假如没有知识(包括资讯、心态、目标等)的准备，你将不会找到什么，也不可能碰到什么。知识的准备和积累，不仅仅是书本知识，而应该是广义的知识。按墨家的说法，知识大概有三种：一是亲知；二是闻知；三是说知。亲知是亲身体会得来的，即从实践中、从“行”中得来的；闻知是从旁人那儿得来的，或由师友口传，或由书本及其他传媒传达的，都属此类知识；说知是推想出来的知识，是新创的知识。从这个意义上说，调整心态、明确目标、采取行动的过程，实质也就是一个求知创新的过程。

一个人不能为读书而读书，读书的最终目的是为了实际生活当中的应用。生活中有不少人也经常在读书，甚至有的还自认为是博览群书、自命不凡，但是他们却没能将所学的知识做到活学活用，尤其是在商品经济的大潮中，这群平时不注意接近现实，对外界知之甚少或者完全不知的人，其结果是书读了和没读也没有太大的区别，甚至有的还带来了害处。

学习就是创新。在学习中创新，在创新中学习，学习创新，创新学习，循环往复，不断进步。一如苏联科学家齐奥尔科夫斯基所言：“我在发明创造中学习。”因此，广义地说，学习是创新的唯一捷径，也是成功的唯一捷径。成功无止境，创新无尽时，学习无绝期。

更新知识，与时俱进

我们正处在一个知识迅猛发展的时代，科学技术日新月异，知识迅速更新，要适应社会的发展就必须不断地学习。不意识到这一点，难免成为新时代的文盲。

我们的生理每天都在进行新陈代谢，我们的知识，我们的社会经验，我们的智慧也应该每天得到更新。一天不洗脸，一个星期不洗澡，我们会觉得不舒服；但更重要的是我们头脑的更新，这一点却常常被我们忽略。

三国时期，孙权部下吕蒙虽身居要职，但因小时候没有机会读书，学识浅薄，见识不广。有一次，孙权对吕蒙说：“你现在身负重任，得好好读书，增长自己的见识才是。”吕蒙不以为然地说：“军中事务繁忙，恐怕没有时间读书了。”孙权说：“我的军务比你要繁忙多了。我年轻时读过许多书，掌管军政以来，又读了许多史书和兵书，感到大有益处。希望你也不要借故推托。”孙权的开导使吕蒙很受教育。从此他抓紧时间大量读书。后来，在一次交谈中，善辩的鲁肃竟然理屈词穷，被吕蒙驳倒。鲁肃不由得感慨：“以前我以为老弟不过有些军事方面的谋略罢了。现在才知道你学问渊博，见解高明，再也不是以前吴下的那个阿蒙了！”吕蒙笑笑：“离别三天，就要用新的眼光看待一个人。今天老兄的反应为什么如此迟钝呢？”后来，孙权赞扬吕蒙等人说：“人到了老年还能像吕蒙那样自强不息，一般人是做不到的。一个人有了富贵荣华之后，更要放下架子，认真学习，轻视财富，看重节义。这种行为可以成为别人的榜样。”

世间万物始终都处在新陈代谢、交替更新之中。我们的知识、思想也应该处于不断地更新之中。今天应该比昨天进步，明天应该比今天进步。每一天都有进步，每一天都有成长，不断地更新自己。就像机器，长期使用却从不更新，就会老化，失去原来的效率。

家用电器、车子、房子，一切的事物都会随着时间流淌而不断变旧、变破，我们头脑中的知识也一样逃避不了折旧的命运。在激烈的竞争中，那些思想陈旧、脚步迟缓的人，瞬间就可能会被甩到团队的后面。

即使是一个经验丰富的资深员工，如果倚老卖老、妄自尊大，也会被淘汰出局。公司或者团队会为了集体的利益，舍你而去，即使战功赫赫。许多演艺界的老音乐人和老演员经常在媒体上感叹压力和辛苦。每天都有前赴后继的新人，以惊人的速度抢占市场，稍稍沉寂就会被大家遗忘。有位歌手感叹说：老并不可怕，未老先衰才可悲。面对推陈出新的市场，不断学习和创新才能不被挤出飞速前进的轨道。要居安思危，经常忧虑自己的技能现状，这样的忧虑是自己不断进步的动力。

美国的职业专家指出，现在职业技能转换期越来越短，特别是从事信息、通信产业的科技人员，如果不抓紧学习，更新知识体系，用不了几年就会老化。就业竞争加剧也是知识折旧的重要原因，根据统计，25 周岁以下的从业人员，职业更新周期是人均一年零四个月。当 10 个人中只有 1 个拥有一项技能，他的优势是明显的。而当 10 个人中有 9 个人拥有这项技能的时候，优势就不复存在。有人预言，未来社会只有两种人：一种是忙得要死的人；另外一种是没有工作的人。现在就出现了有的事没人做，有的人没事做的情况。

不懈地学习成了保证自己不被淘汰的利器，在工作岗位上奋斗的人，学习有别于在学校学生的学习，由于缺少时间和心无杂念的专注，以及没有专职的人员教授知识，所以抓住时间，充分学习更为困难。

现在，我们正处在一个迅猛发展的时代，科学技术日新月异，知识迅速更新，要适应社会的发展就必须不断地学习。不意识到这一点，难免会成为新时代的文盲。

《抱朴子》中曾这样说："周公这样至高无上的圣人，每天仍坚持读书百篇；孔子这样的天才，读书读到'韦编三绝'；墨翟这样的大贤，出行时装载着成车的书；董仲舒名扬当世，仍闭门读书，三年不往园子里望一眼；倪宽带经耕耘，一边种田，一边读书；路温舒截蒲草抄书苦读；黄霸在狱中还师从夏侯胜学习；宁越日夜勤读以求15年完成他人30年的学业……详读六经，研究百世，才知道没有知识是很可怜的。不学习而想求知，正如想求鱼而无网，心虽想而做不到。"

《抱朴子》中又说："人性聪慧，但没有努力学习，必成不了大事。孔夫子临死之时，手里还拿着书；

董仲舒弥留之际，口中还在不停诵读。他们这样的圣贤，还这样好学不倦，何况常人，怎可松懈怠惰呢?”

求知的传统要继承，苦读的精神要发扬，同时学习的观念也要发展。

昨天的文盲是不识字的人，今天的文盲是不会外语、电脑的人，那么，谁是明天的文盲呢？联合国教科文组织已对此做出了新的定义：“不会主动求新知识的人。”

知识经济里“知识”的概念，已经比传统概念扩大了，它包括四个方面：

第一，知道“是什么”的知识，即关于事实方面的知识，如某地有多大面积、多少人口，等等。

第二，知道“为什么”的知识，即指原理和规律方面的知识，如物理定理、经济规律，等等。

第三，知道“怎么做”的知识，即指操作的能力，包括技术、技能、技巧和诀窍，等等。

第四，知道“是谁”的知识，包括了特定社会关系的形成，以便可能接触有关专家并有效地利用他们的知识，也就是关于管理、控制方面的知识和能力。

可见，这里的知识包括了科学、技术、能力、管理，等等。联合国教科文组织把第一、二类知识称为

“归类知识”；第三、四类知识称为“沉默知识”，即比较难以归类和量度的知识。一、二类知识可以通过读书和查阅数据库、资料而获得，也可以通过传授而获得；而三、四类知识，主要靠实践才能获得。其中第三类知识学习的典型例子是师带徒，言传身教，而且还必须通过亲身的实践才能学到手；第四类知识在社会实践中，有时还得通过特殊的教育环境学习。第三、四类知识是在社会上深埋着的知识，不易从正式渠道获得这些知识。

知识型经济的特征，是需要不断学习归类信息并充分利用这种信息，特别是选择和有效利用信息的技能和能力变得更重要。选择相关信息，忽略不相关信息，识别信息中的专利，解释和解读信息以及学习新的技能，忘掉旧的技能，所有这些能力显得日益重要。由于“知识”概念的扩展，使得学习的环境、目的、方式、内容等都比传统概念大大扩展了。

现在，学习的过程并不完全依靠正规教育。在知识型经济中，边干边学是最重要的，学习的一个基本方面是将沉默知识转化为归类知识，并应用于实践中去。目前，由于信息技术的飞速发展，非正规环境下学习和培训是更普遍的形式。

正如安妮·泰勒在《创造未来》一书中所说：“也许学校不再像学校。也许我们将把整个社区作为学习环境。”时代飞速发展，环境急剧变化，再没有一劳永逸的成功，只有不断创新的人。因此你必须不断学习。学习是一种生活，一种生存方式。没有学习，便没了“生存”。学习，是一辈子的事。

增强学习力，才能有竞争力

学习，是竞争时代的立身之本。在这个竞争激烈的社会，只有不断地学习，不断地让自己升级，才能不被这个社会淘汰。

很多时候，超越之所以困难，很大程度上来源于自己。超越自己，就是时时有危机感，步步不敢懈怠，放下过去的成就和辉煌，扬弃和否定自己。所以无论什么时候，都不要轻易认定自己已经到了“极限”。不要给超越找借口，要敢向极限挑战。

波特是诺基亚公司的一名员工。一天，他很不开心地说：“我们整天坐在研究室里，除了完成上面派给的任务，改进一下机型，就什么事也不做了，老拿不出新创意，我倒是觉得不好意思了！”

“嗨，我们的手机现在已经是世界著名品牌了，还上哪里去找创意？你也不想想，咱们研发部不像生产和销售部，又没有什么硬性指标，薪水甚至比他们拿得还多，该高兴才是啊！”同事回答他。

尽管同事们说得有些道理，但波特还是暗下决心：“一定要让诺基亚在自己的开发下有一个新的飞跃！”有了这个非同一般的目标后，波特每日除了完成任务，满脑子就考虑如何让诺基亚更符合消费者的需求。

一天，他在地铁中看到几乎所有的时尚男女都带着手机、相机和袖珍耳机，这给了他很大启发。

第二天，他马上找到主管说：“如果我们在手机上装一个摄像头，让人们在收听音乐的同时，把能看到的美好事物都拍下来，再发送给亲友，该是多么激动人心啊！”

很快，这种具有摄像和音乐功能的手机研制成功。波特不但实现了自身的价值，而且，还体验到了从未有过的充实和快乐！

组织中，最有竞争力的员工是这样一些人：善于学习，勤于学习，善于抓住工作和生活中细微的东西，努力掌握本岗位的业务知识，借鉴成功经验不断升级的人。这种竞争力不是与生俱来的，而是通过不断学习和经验积累换来的。他们能够通过自己的不断升级，为公司提供较多的附加值。这种人不管走到哪个工作单位、在哪个职位上工作，都会受到上司的青睐。

在这个竞争激烈的社会，学习是竞争时代的立身之本。能力的培养是和不断学习密不可分的，只有不断充实和完善自己，才能赢在各个起跑线上。

现在找一份满意的工作不容易，能“站住脚”更难。如果不能在工作中不断地学习，以提高自己的知识和能力，就算你曾是公司的三朝元老，就算你是硕士、博士甚至博士后，你不能应付自己的工作，不能为公司创造更大的价值，老板也会为了公司的利益，把你扫地出门。

要想在竞争激烈的职场中胜出，就必须在工作中不断学习，不断地汲取，以新的技能来支持你的成功。

“全球第一女CEO”，惠普公司前董事长兼首席执行官卡莉·费奥瑞纳女士，从秘书工作开始她的职业生涯，她是如何提升自我价值，一步步走向成功，并最终从男人主宰的权力世界中脱颖而出的呢？

答案是不断在工作中学习。

卡莉·费奥瑞纳学过法律，也学过历史和哲学，但这些都不是她最终成为CEO的必要条件。卡莉·费奥瑞纳并不是技术出身，在惠普这样的一家以技术创新而领先全球的公司，她是通过自己的不断学习来达到目标的。

她说："不断学习是一个CEO成功的最基本要素。这里说的不断学习，是在工作中不断总结过去的经验，不断适应新的环境和新的变化，不断体会更好的工作方法和效率。我在刚开始的时候，也做过一些不起眼的工作，但我还是从自己的兴趣出发，找最合适的岗位。因为，只有我的工作与我的兴趣相吻合，我才能最大限度地在工作中学习新的知识和经验。在惠普，不只是我需要在工作中不断学习，整个惠普都有鼓励员工学习的机制，每过一段时间，大家就会坐在一起，相互交流，了解对方和整个公司的动态，了解业界的新动向。这些小事情，是能保证大家步伐紧跟时代、在工作中不断自我更新的好办法。”

一个人在职场上是否有新发展前途、是否能有成就、是否过得幸福，是与他身上所展现出的才能成正比的，这是他赢得一切的真正资本。偶然的机遇不足恃，到手的财富不足恃，唯一可靠的保障是学习。

通过在工作中不断学习，就能提高自己的实际能力，作为一个员工，不论是在职业生涯的哪个阶段，学习的脚步都不能稍有停歇，要把工作视为学习的殿堂。你的知识对于所服务的公司而言是很有价值的宝库，所以你要好好自我监督，别让自己的技能落在时代的后头。

按照自己所需而学习

学习应当始终根据事业的需要进行；同时，学习不是静止不变的，而是动态发展的——不同时期所学内容应不同。

爱因斯坦在这方面做得很好。他上大学时不喜欢数学，常常让同学帮他记数学笔记而草率应付过去。当他攻占广义相对论堡垒时，所短缺的正是数学。这时，他为了更好地在事业上获得大成，就下功夫学了七年数学，调整了自己的知识结构，取得了辉煌的成就。

“成也在学，败也在学”——学习定成败，即学业成败决定事业成败。而决定学业的成败，“学什么”是关键！

毛泽东就是根据自己的志向、需要来确定学习内容的。他不被学校规定的所束缚，始终有自己的学习计划。在师范学校就读的五年半中，他一直我行我素，自己确定“学什么”。根据他“改革社会”的目的，他把“学什么”的重点放在与此关系密切的文、史、哲等社会科学方面。

毛泽东在“学什么”上的变革也是多层面的，他不仅根据自己的志向，自己选择学校规定的课程，而且不满足于学校规定的学习深度，在他最需要学习的科目——文、史、哲方面苦下功夫钻深钻透。比如，《二十四史》，毛泽东起码读了三遍；《唐宋名家词选》，他读过的本子就有四种。毛泽东对《饮冰室文集》、韩愈的古文、唐宋诗词等都是反复地读，直到能熟背出来。此外，报纸也是他重要的学习内容，他在湖南第一师范学校的几年里，把三分之一的钱都花在报纸上，从报纸中了解国家大事、国计民生。

毛泽东在“学什么”上的又一大变革则是——不仅重学知识，更重学能力、学素质；不仅读有字之书，而且读无字之书。他在湖南第一师范学校学习时就曾写道：“闭门求学，其学无用，欲从天下万事万物而学之。”他多次与好友用“游学”调查的方式来学“无字之书”。

究竟学什么呢？就要按照自己的实际需要而去学习，就是自己给自己安排“课程”和“课本”。这里的“课本”并不是指现成的书籍，而是完全结合自身实际来设计学习计划。一方面要把你自己将来要从事的工作和目标作为选择“课程”的依据，从而确定“专业课程”。如果你将来想做企业老板，就要把经营管理和财务作为主要课程；如果你将来想成为专业技术主管，不仅要学习与专业有关的知识，还要学习人力资源管理方面的内容；等等。

积累知识能力的提高，对你的成功有莫大的影响。在这个“知识经济”时代，我们必须注重自己的学习能力，必须能够勤于学习，善于学习，并且学会学习，才能在竞争激烈的社会中立于不败之地。

创造性学习，培养创新能力

知识是死的，只有具备运用知识的能力，才能使知识活起来，才能解决实际问题，产生实际效益。获取知识靠能力，运用知识靠能力，创新知识更要靠能力。无论从哪方面看，能力都比知识更重要。

爱因斯坦曾经说过："想象力比知识更重要，因为知识是有限的，而想象力概括着世界上的一切，推动着进步，并且是知识进化的源泉。"一个想象力就比知识更重要，其他许多能力，如观察力、思维力、创造力，更是比知识重要得多！

很多年前，爱因斯坦就对传统的以知识为中心的学习十分反感。许多人认为他很聪明，就考了他很多问题：比如，光的速度是多少？美国铁路有多长？爱因斯坦却回答说：这些我都不知道。看到人们惊愕的样子，他微笑着说：这些只要翻书一查，不就全知道了吗？

这些伟大人物，竟然都如此"无知"，而"无知"并不妨碍他们"有能"，有"大才""大能"。早在爱因斯坦、福特那个时候都可以方便地查询知识。在今天这个即时通信、即时查询时代，要想查询自己所需要的知识，更是极其方便了。

可是，直至今日，我们的学习却仍然死记硬背那些一查就知道的、陈旧过时的知识。

应试教育实际上是知识教育。“应试教育”的称谓并未切中要害，如果应的“试”是考能力的“试”，那么，应这样的“试”有何不好呢？“应试教育”糟就糟在它不考能力，只考知识，特别是只考书本上的死知识。这种死知识，往往没有什么价值。

著名物理学家杨振宁曾指出应试教育的弊端：“中国教育方法(东方的传统)是一步步地教，一步步地学。传统教学方法训练出来的小孩子，可以深入地学到许多东西，这对于他进大学考试有许多帮助。但这种教法的主要缺陷是学生只宜于考试，不宜于做研究工作，因为研究工作所要走的路与传统的学习方法完全不一样。传统的学习方法是指人家指出来的路你去走，新的学习方法是要自己去找路。”

我们要与时代同步，时代决定了我们该如何学习。如果你的学习不能适应时代，就不可能在竞争中占据优势，甚至可能遭到惨败。是否进行相应的学习革命，这是成为时代的巨人，还是时代的弃儿的分水岭。

联合国教科文组织国际教育发展委员会1972年所做的报告《学会生存》指出：“教育具有开发创造精神和窒息创造精神这样双重的力量。”——如果我们不实施创造性教育，就会窒息人的创造性精神。传统教育方式下的学习，属于继承性学习，继承已有的知识、文化。单纯的继承，必然窒息创造精神。而创造性学习，在学习的过程中更注重培养创造精神和创新能力。

教育家苏霍姆林斯基也说过：“如果教师的聪明才智深化到培养每个学生创造性的能力上来，如果教师所讲的话善于激励学生投入创造性的能力竞赛，那么，学校里将不会有一个平庸的学生，理所当然地，生活中也将不会有一个不幸的人。”在知识经济的现代社会，需要大量综合型的具有创新意识和创新能力的人才。我们若能在课堂教学这一主战场中让学生变传统的继承性学习为创造性学习，就会在创造性的培养上大见功效。

我国的传统教育根本不重视“提出问题”的教育。从小到大，学生只有死记硬背老师所讲的东西，却没有鼓励养成好问的习惯，培养提问的能力，爱提问的学生反而会遭到老师的反感和讨厌。巴尔扎克说：“打开一切学科的钥匙都毫无异义地是问号；我们大部分的伟大发现都应归功于如何问，而生活的智慧大概就在于逢事问个为什么。”这就要求教学要变学生“不问”为“敢问”，变“敢问”为“善问”，问得精，问得深，问得有价值、有水平。只有当学生领悟到提问的价值时，才能自觉主动地从问题中求取智慧，获得发展。也只有这样的学习，才能够培养出胸有实能、腹有良策的创造型人才。

在学校教育中，创新能力培养的关键在于开发学生的创造性思维、培养学生创造性学习能力。我们教师只要转变观念，在教学中放开手脚，引导学生进行创造性学习，学生的创新人格、创新能力就会突飞猛进！

企业要保持竞争能力，就得雇用能够时时掌握先进技术，紧跟时代发展的员工。这样的人，必然是具有创造性学习能力的人。在知识铺天盖地又可轻易取得的情况下，创新更加难能可贵。今天，成功者不是继承型的人，而是创新型的人。继承性学习是以积累知识为主要特征，而创造性学习，则是把学习知识与创新知识结合起来，不只是学到知识，还能推动创造。

创造性学习能力，在任何时代都不会过时。无论时代怎样变化，一旦拥有这项能力，不仅能够永远立于不败之地，而且能够永远成为时代宠儿。因此，拥有创造性学习能力，才能走在最前列。

第七章

哈佛大学教给青少年：拒绝拖延

只有普通人才会拖延吗

拖延不只是普通人的毛病，伟人也同样会沾染这个陋习，就像达·芬奇，那绝对称得上是一个“拖延狂人”。其实，这也不是什么新鲜事，拖延与注意力涣散的人自古就有，拖延的名人也不胜枚举。这里就闲聊一下著名的拖延症患者，看看拖延症是如何“坑害”他们的！

1. 圣·奥古斯丁

生于公元前354年的圣·奥古斯丁，是著名的神学家和哲学家。他年轻的时候，一方面陷入肉体的情欲中，另一方面又在寻求思想上的升华。33岁那年，他皈依了基督教，可他仍然没能彻底与情欲决裂。

他曾经向上帝忏悔：“当你向我呈现那些真理时，我知道你是对的；尽管我确信它的神圣，却仍然只能重复那些没有信心的话：立刻、一分钟、给我一小会儿！但是，‘立刻’从来都不是指从现在开始，我要的‘一小会儿’也被自己无限地拉长……我向你祈求我的贞洁，但却不是现在。”

从这番话里就能看出，圣·奥古斯丁是多么痛苦和煎熬，如果他能早点跟情欲决裂，不这么拖拖拉拉，也许他早就解脱了。

2. 乔治·布林顿·麦克莱伦

他曾是西点军校的优等生，后来成为北方军的著名将领。科班出身的他，因为系统改造了北方军队的后勤，让他声名大噪，最后被提拔为北方军总司令。他，就是大名鼎鼎的麦克莱伦。

多年来，他坚持一个理念：不打无准备之仗。可恰恰就是这个理念，让他后来屡屡为此所累。最初，他以准备不充分为由拒绝进攻，与总统闹僵了；后来，他因过分谨慎不愿意追击，丧失了胜利的机会。直到 1862 年的安提坦关键战役，他又犯了犹豫不决的毛病，最后在有利的条件下竟然错失了全歼南方军的机会。战争又因此迁延了三年。

这一切，摧毁了军政界对麦克莱伦的信任，最后他遭到众口交攻，被解除了军职。就连林肯也曾经抱怨说：“如果麦克莱伦将军不想好好用自己的军队，我宁愿把它们都借给别人。”

由此可见，严谨和一丝不苟有时未必能应付风云突变，在激烈的变化中坚持所谓的“理想主义”，确实不太合时宜，而且这也是导致拖延的一大重要心理因素。

3. 道格拉斯 · 亚当斯

若问谁是英文世界里的幽默讽刺大师，道格拉斯 · 亚当斯绝对是个典范。他能够把喜剧和科幻完美地结合起来，《银河系搭车客指南》就是最好的说明，仅仅英文版的销量就超过了1500万册。2001年，这位伟大的作家因心脏病去世了，年仅49岁。

说出来很少会有人相信，这么一位才华横溢的作家，其实非常痛恨写作，他经常在截稿日期来临之际交不出稿子，可谓是典型的拖延症患者。他曾调侃地说道："我 90% 的工作，往往都是在最后 10% 的期限里完成的，我拖延的借口比我的小说还要精彩。我爱最后期限。我喜欢听截止日期呼啸而过，'嗖'的一下稍纵即逝的声音。"有时，出版商和编辑把他锁在房间里逼他写作，甚至对他怒目而视，直到他提笔。

听起来是不是很夸张？可事实就是如此。他的朋友在提及他的拖延症时说道："道格拉斯把拖延上升到了艺术的境界。如果我不跑到英国，在他的门外扎营，《银河系搭车客指南》永远也不会完成。"

很多人很好奇，道格拉斯在拖延的时间里做什么呢？他懒懒的喝着下午茶，或是泡在浴室里，要么就跟婴儿一样在床上躺着，这些都是他拖延的"手段"。

看过这些名人的拖延经历，你是不是略微找到点平衡和欣慰呢？至少它说明，拖延不是一事无成者才得的病。换个角度说，就算患了拖延症，也还是有可能成为伟人的，前提是得努力戒掉它！

别再为自己的拖延找借口

拖延者最擅长的就是为自己的拖延找借口。在这一点上他们简直是天才级别的。就像国足为自己输球的辩解一样，尽管在旁人听来这些理由简直让人哭笑不得，但这样一些理由还真就具有相当的“说服力”。

1. 太忙，永远是太忙

首要的理由肯定是忙碌。因为，这是最容易找的理由。在自己想要拖延的时候，他们总是可以想到各种各样被他们抛在一旁现在就必须搬回来的事情来做。比如当妈妈叫你：“小宝，家里的酱油用完了，你帮我去买一下好吗?”“不行，我现在要学习，没空。”可事实上，你正戴着耳机玩着电脑游戏，根本没有学习的意思呢。

拖延者用忙碌做借口时，不仅嘴巴说是忙碌，更能表现得真的很忙碌的样子——前一秒钟你看他还在无所事事上网聊天，而一旦你询问一下那件工作的进度，他就真的开始“忙”了起来，电话打个不停，邮件写个不停，还总是会有意识地看着手表说：哎呀！我约好了客户要去洽谈了，明天还得开会，这件事就先等一下吧。然后匆匆地收拾东西准备出去。

忙碌永远是拖延的第一借口。因为这是最好找，也最让人没有办法反驳的理由：客观条件制约着你不能去完成这一项任务，这等于是推卸责任的一种——不是我不想干，而是真的我太忙干不了，所以不能怪我啊。

2. 太累，实在是太累。或者我病了，或真的很不舒服

“我累了，这件事情等明天吧”“我今天身子不舒服，想早点回去”“很晚了，我困死了，我要去睡觉了”……这是自己能拿来说服自己去拖延的第二大理由。大家都知道身体是革命第一本钱，留得青山在不怕没柴烧，所以什么任务啊活儿啊，比起自己的身体健康那简直是啥都不如。所以这也是拖延者最好说服自己拖延的借口之一。

奇怪的是，只要我们不让他干活，拖延症患者立马可以表现得生龙活虎——很多人都试过装病不上学吧？自己早上起床摸着头“哎哟我头好疼，我可能发烧了”，心疼自己的父母只好去学校帮你请假，可是请假

完了后，自己立刻打开电脑上网聊天、玩游戏，刚刚的头疼宛如不存在一般；或者刚刚跟公司请了病假，说自己身子不舒服要去看病，结果刚请完假就立刻收拾行装出门逛街买东西……这些疲倦和病症大多数都是随着任务的实施而存在的并发症，每次都在拖延症患者工作的时候发作。

3. 感觉还有比这件事情更重要的事情

“这件事不是目前最重要的，目前对我来说首要的是……”这样的借口也是非常常见的。这就如同之前太忙一样，自己想要拖延时，怎么都能够找到另一件比这件任务更重要的事情。比起买酱油来说自然是学习更重要吧？比起忙公司的事情自然是自己的身体更要紧吧？比起等下的会议，自然是这一张好不容易花大钱买来的演唱会入场券更重要吧？鱼和熊掌不可兼得，我为了照顾这边的完美，所以实在是不好意思，另一边的事情就先推迟一下子吧。

4. 还有时间，怕什么啊

这种自信的发言，就算是期限火烧眉毛了，他们都能够不紧不慢地说出这样的借口——你着急什么呢，时间不还有的是么?

我们最初使用这样的借口基本就是面对着自己的寒暑假作业时，看着自己因为放长假乐得整天玩耍睡觉，爹妈总是会担心地说别总是玩啦，作业还没做呢，可你仍然觉得这是在瞎操心。暑假这么长呢，作业什么的管他的呢。

5. 我就是不想干

这是最牛的借口了，直接就是我不想干了的级别，而且还很理直气壮：我们努力工作的目的就是为了让自己能够过得开心，既然如此，这件事情这么让自己不开心我还要去做，那不是本末倒置么? 又或者：人生苦短及时行乐，没必要把精力、时间用在这些事情上。乍一看好像很有道理，只是，敢说这种话的人多半也都是玩世不恭的。人活在世上自然必须承担相应的责任，而用“这些责任会带给你痛苦”这一点作为自己拖延的理由，那真的很有必要改变一下自己一直以来的价值观。

拖延症患者为自己的办事不力找借口简直是花样百出，但是归纳总结起来，不外乎上面这几点。想一想以前自己一本正经地为自己的拖延找借口时，是不是也有过这么滑稽的曾经? 也许自己在找借口时感觉不到，现在这样列举出来，自己作为第三者看看这一类的借口，是不是觉得这些理由真的有些幼稚也有些可笑呢?

当我们在拖延的时候，就算自己不去想也会知道，现在我必须干什么，我现在不该干这个。虽然人都会有真的累了、烦了、困了的时候，但不拖延的人往往能够及时地处理好这一些让拖延者一看就希望丢弃不管的难题。这又是为什么?当你总可以为你的拖延找出种种的借口时，不如想一想你身边那些从不拖延的人是怎么做的，理解了这一点后，自己也努力尝试一下与其寻找这些借口，不如啥都不想直接开工，这才是更加省心省事的做法。

端正态度：我才是事情的执行者

成功也好失败也好，去执行的终究是执行者自己。虽然你经常会在重复着以前的失败时不停对自己说“不行，我不能这样，这次我要振作”，但最终还是被自己的潜意识左右了自己的做法。该如何端正自己？这是自我管理上的问题。因为说到底，当自我能够管理好自己，约束好自己，那么拖延也自然而然地不复存在了。

1. 完美的自己

行动上虽然一直严于律人宽于待己，但潜意识上完美主义者对于自己的要求还是很高的。他们不允许自己有不懂的事情存在——比不过专业研究者，至少也要懂个皮毛好糊弄不明真相的群众。所以，他们经常把时间浪费在看各种杂学知识上，不管是天文地理国内国际股票汇率什么的，总是喜欢看个一二三然后没事卖弄。在这里笔者并不是要阻止各位完美主义者对于知识的热衷，只是希望他们不要那么刻意营造出这样一个完美的形象出来。虽然没被揭穿前可能自我感觉良好，优越感满满的，但一旦碰上一个刨根问底的人问个不停从而损害到你的完美形象，你能否像没事人一样一笑置之？是否过了很久都一直耿耿于怀？

抛弃完美的第一点就是抛弃自己心目中那个完美的自身形象，正确地看待自己。虽然你经常会在脑海中塑造一个如同游戏里所有天赋技能的点数都是最高值的角色一般的自己，但是在实际生活中的你根本没有，也没法子让现实的自己达到这样一个完美的形象。你希望你自己精通八国语言，可你有那个时间和天赋去学习么？你希望自己体育全能，可你连最起码的身体锻炼都不去做。你希望自己能把事情安排得井井有条，可事实上你自己正为拖延所困扰并且还为此在看这本书……因此，别再苦苦为自己的完美形象烦恼了，正如列夫·托尔斯泰说的——最伟大的真理是最平凡的真理，正视自己，才能让自己发出最真实而耀眼的光芒。

2. 优点和缺点

正视自己是什么呢？就是认清自己是一个怎样的人，自己好的一面在哪儿，不好的一面又在哪儿。擅长的是什么，不擅长的又是什么。不要刻意去追求面面俱到的所向无敌，发挥你的长处——你理科好，那就努力把理科学得更好；你画画好，就努力在美术上发展；你细心周到，你擅长烹饪……这些虽然小，但都是属于你自身的闪光点，不要总是在你不擅长的事情上努力，如果希望外界更多地给予自己好评，那就多多表现出你优秀的一面；反之也一样，如果能弥补缺点那自然很好，但是若是不懂硬要装懂——明明英语只有半桶水还硬要死撑自己精通；明明五音不全还非要自我感觉良好地当麦霸……不擅长的事情请不要总是将其展示出来，那样只会让外界对你的评价越来越低。而一旦你得到了许多来自负面的评价，那就更容易让自身产生危机感与空虚感。

所以不管你喜欢的是什么，不管你擅长的是什么，努力发掘它们出来，去做更多，去将这一些属于你的优点磨炼得更加优秀，让自己活得更加充实和自然。

重要的事情都要记录下来

既然是重要的事情，自然是要好好记得的——虽然这么说，我们的拖延症患者似乎很少长这记性。拖延症患者依赖自己不靠谱的记忆力更甚于做记录——还要掏出纸跟笔或者电脑或者手机，多麻烦。话说回来，大部分自己认为“绝对不会忘记的事情”还真的是最容易忘记的事，任务更新频繁的工作尤甚。

1. 事无巨细，统统记录下来

为什么要让自己落得只能委屈地说“我忘了”来面对其他人责难的目光？既然是重要的事情，那就一件一件不要有任何遗漏地记录下来：

10 点 10 分将样品带给客户（必须事先联系设计部的小林）。

下午 3 点有会议，关于这次业绩的汇报有必要先做一个小总结。

客户大概是 6 点的飞机（中山路维修，金沙路在下班路段会很拥堵，要提前出发）。

下周三(25 日)有股东大会。

明早(7 日)联络供应商要求其解决这次原材料问题(原材料问题相关资料必须事先准备)。

临时变更，本周周会主持人是我，必须跟原定主持人交接议题。

营业部小王已办理事假，他的工作暂时移交小沈。

诸如此类，事无大小一一记录下来，本身就已经是一个很好的加深记忆的过程，然后养成时不时拿出笔记本确认的好习惯，确认自己该做的和没有做的重要事情。

2. 日记式记录法

有些人觉得上面这样无顺序的记录方法实在太糟糕，整理起来也不方便，那么我们也可以采取日记式的记录方法：

7 月 21 日

（1）听证会 9 点举行，预定 12 点结束，但可能有所拖延。

（2）午餐约了部长，吃完后马上出发会见客户。

（3）投诉样品必须带上。

（4）下午3点电话联系小王寄出快递和发邮件提醒对方注意签收。

7月22日

（1）今天必须提交投诉分析报告书。

（2）约了人事部小黄询问最近的人事变动（10点）。

（3）科长吩咐下午2点之前统计一下最近某客户的投诉数据，转发给品质部的小林。

（4）部长私人拜托购买的球赛门票今天下班后处理。

3. 日历式记录

相对而言，日历式的记录方法更清晰实用。

如同上面的表格一样，完成了的事情可以做个记号，由于是私人用，也可以使用一些自己才看得懂的记号表示，像会议可以用“△”，访问可以用“○”，加班可以用“#”之类，这样更加方便而一目了然。无论如何，重要的事情都要记录下来怎么也不会是一件坏事，并且没事多翻翻自己的备忘录，不要因为自己靠不住的记忆力导致重要的事情被耽搁甚至被遗漏。

4. 杂事也要及时处理

与这些重要的事情相比，工作中难免会有很多琐碎的杂务。比如复印打印一些文件，将不要的过期的文件作废放入碎纸机，购买文具，把这份文件拿去给其他部门的同事……诸如此类的跑腿儿、茶水杂务，因为实在是太琐碎了，我们难免会忘记，但是这些杂务往往关系到后面工作的进展——要是你刚好要参加会议，才发觉你忘记把会议资料打印出来，那确实很让人暴躁。

对于这些杂务活，如果是可以顺路同时解决的，或者去跑腿的时候可以顺便解决其他事情——比如将一些资料交还给技术部，那么你可以顺路去请教一下在工作时遇到的技术上的小疑问，或者问问其他人有没有东西需要一起托付的。当然，最好的方法就是不要拖——往往都是非常简单的事情，跑跑腿儿、打打印、点一下机器而已。

也许有的人不信，但我们在做事情的时候确实有一种叫作“节奏”的东西：事情刚上了轨道，自己好不容易把身心都投入在了工作上，觉得现在很有冲劲，很有状态，这就是一种工作的节奏。然而，当你处于这种节奏中突然插入了这么一丝不和谐——比如你正文思如泉涌般地编写着报告书时，突然上司要你跑一趟腿去其他部门拿点什么之类，这样的小插曲实在是很泼人冷水。而如果死皮赖脸地拖着，被对方问起来不仅不好意思，还会让对方对你留下坏印象，最后只能在打乱了自己干活的兴致和节奏的前提下，去干这些琐事。所以面对这一类杂务活，最好的办法就是赶快解决掉。然后，以最快速度回到自己的工作岗位上，重新调整自己的心情，让自己回到工作节奏上来。这样，因为杂务活儿导致的那点不协调和不爽的心情很快就会被高涨的工作兴致消除掉。

终结拖延的恶性循环

2012 年末，一首外国朋友创作的《拖延症之歌》以轻松的旋律和诙谐的歌词描述了拖延症患者的表现和生活，引来众多网友纷纷大呼“中枪”：“进度条每前进一秒，我的膝盖就中一箭!”“中了无数枪，目测已被扫射成沙漏。”而在随后新浪微话题发起的“你有拖延症吗?”的投票中，受访网友中相当一部分表示自己患有此症。视频中，几乎所有拖延症候群的症状都在歌词中得以体现，欢快的节奏说出了现代人在压力下养成的拖延习惯。

每天出门前总会磨蹭很久，迟到是家常便饭；总结报告总是到最后关头才能写好；项目截止期倒数几天一定会进入挑灯夜战的模式；明明知道必须开始工作，但总是会分心去做其他事……这些情形是否在你的身上发生过？或者经常发生？如果你的回答是肯定的，那么你已经成为拖延一族的成员了。

“拖延”的英文单词是 procrastinate，意为“推迟，延后，延缓，延长”，而 crastinus 的意思是“属于明天”，合起来的意思就是“往后挪到明天”。一个人认为自己3天之内可以完成一件事情，所以距离期限还有10天的时候并不着急，直到倒数第4天才开始着手准备。通常这种紧迫感和焦虑可以激发人的潜能和斗志，让自己对压力状态下的表现反而感到惊喜，最终反倒强化了自己有能力应付短期高压状态下的工作的信心，并且会将这种心态贯穿到之后的工作和生活中。

张丽是一家私营公司的文秘，论能力她并不比其他人差，但是拖延的毛病却是她最大的弱点，也给她的工作带来了很大的困扰。

周一，公司开例会。老总吩咐张丽把会议记录整理好，最迟周四上交。周一、周二部门的事情也不多，张丽漫无目的地打开文档开始写，但是每写几个字就会停下来，后来就索性不写了。张丽还总安慰自己时间来得及，无论周一、周二的时间有多么宽裕，张丽都不会抓紧时间先把会议记录完成。她不是浏览公司内部论坛，就是做点无关紧要的琐事。

到了周三上午，她依然不紧不慢，和同事们说说笑笑。直到下午，张丽才开始对着电脑一通狂敲，通常一个下午无法完成，张丽就会拖到晚上，常常熬到半夜，甚至凌晨才从公司离开。

周四，她又会提早来公司，把前晚熬夜弄出来的东西匆匆过一遍，再带着一脸的疲惫亲自交给老总。

张丽曾无数次告诉自己要改正这个毛病，但是几年过去了，她依然如此。

拖延的习惯容易让人懈怠，消耗人做事的精力。它是可怕的敌人，不仅会损害人的品格，消磨人的意志，还让一个个好的机会从身边溜走。记得明代的学者钱鹤滩有一首脍炙人口的《明日歌》：“明日复明日，明日何其多。我生待明日，万事成蹉跎。”说的就是拖延。

拖延行为的普遍存在，几乎让人们认为它是自然存在于人类潜意识里的欲望。实际上，拖延之所以会产生，无非是因为它可以维持一种自我欺骗的短暂轻松和安稳感。一方面，人们对自己不想做的事情，希望通过拖延的方式暂时摆脱。同时，人们也希望可以通过拖延等待转机的出现，甚至奇迹发生。另一方面，人的天性是只关注当下，认为将来的事情还很远。对于那些需要立刻付诸行动却要在未来某个时间才会获利的事情，往往采取拖延的方式予以回避。

拖延症如同我们体内的毒瘤，随着时间的推移，慢慢吞噬着我们行动的细胞。如果你深陷拖延的泥潭而无法自拔，饱受它的迫害而无处解脱，就一同向拖延症发起郑重的抗争！

（1）掌握二八法则。分清主次，将手头的事情按照轻重缓急进行分类和分解，并依次序完成。

（2）如果你觉得做事情时总会受到干扰，试着找出原因，将所有可能会影响到工作效率的东西一律移除，集中精力去做事情。如关掉音乐、关掉QQ，把手边的零食清走，把电视关掉……

（3）不要给自己太充裕的时间。很多时候，时间拖得越长，工作效率反而越低。

（4）寻求与拖延作战的战友，并肩作战要比单打独斗更容易见到战果；也可以让家人或者朋友参与进来，让他们证明你会在特定的时间完成工作；或者用别的方式让自己克服拖延。

（5）细化目标。将待做的事项分割成一个个可控的小目标，逐步达成。

（6）如果拖沓的现象很严重，已经对你的生活和工作造成巨大的困扰，不妨去专业的机构寻求帮助。

认清拖延类型，对症下药来矫正

博·贝克尔是哈佛商学院商业管理专业助理教授，负责教授MBA的一些必修课程。对于拖延问题，贝克尔认为，尽管很多人都有拖延的行为，但每个人的拖延风格却不尽相同。要想纠正拖延的习惯，首先就应该对自己的拖延类型有所了解，对症下药地选择自己的矫正方向，才不会将时间浪费在错误的干预方式上，才能够取得事半功倍的效果。

通常，人们将拖延划分为以下几种类型。

1. 行为型拖延

行为型拖延，是当你在进行项目的计划、组织或者在执行过程中过早选择退出，从而导致自己没有获取预期的效果。比如当一个人花了一段时间对自己想要自学的音乐资料收集完全之后，却将这些材料都放在文件柜里，再也不拿出来看；政府在会议上做出改革的指令后，却没有采取任何实质性措施；公司发现一个新的市场机会，却只是在会上讨论后便没有了下文；等等。

行为型拖延者在执行计划实施的项目时常常半途而废，而要想纠正这种行为，可以首先分析哪些项目是自己没有坚持到底的，具体是在什么阶段，以什么方式让自己停了下来，造成自己半途而废的原因是什么。在对这些问题进行了解之后，即可以尝试纠正拖延行为。具体说来，可以选择两个比较有信心去实施并且完成的项目，并为突破执行过程中可能出现的拖延行为制订一个解决计划，这样，在任务执行过程中遇到停顿地方的时候，依照这个计划尽量克制自己分心或者是半途而废的冲动。

2. 保健拖延

保健拖延，就是尽管面临很多能促进自己身体健康的选择，但做出的决定却常常对健康无益，比如不断推迟保健计划的实施、日常保健活动等。因为在健康领域的拖延，人们的工作和生活很可能要承受悲剧性的后果。据统计，在做过心脏搭桥手术的患者中，有半数的人不到三年的时间就不继续服药，而且还恢复了那些对心脏健康有害的生活习惯。而尽管很多人都知道肥胖人群面临较高的健康风险，也知道运动可以达到减肥以及健身的目的，然而，将运动坚持到底的人却仍然是少数。具有保健拖延习惯的人，往往会逃避例行的医疗检查，也不太容易坚持健康的饮食和保健习惯。

要想纠正保健拖延习惯，首先应该找出自己的保健拖延行为，列出拖延借口，同时以书面形式将采取积极保健措施的意义以及自己为了解决保健拖延问题而愿意采取的积极、具体而且有效的行为以及具体执行日期都列出来，从而强化改变意识，并通过积极行动不断增强自己坚持保健的决心和信心。

3. 反抗型拖延

反抗型拖延，是人们在认为自己的某种权利、便利等利益受到侵害时，采取的一种反抗态度或者行为。在人们坚信自己的自由受到威胁之时，所产生的感觉、思维以及行为都蒙上了反叛的色彩。人们开始反抗那些喋喋不休的劝告。即便最后期限已经对自己想做的其他事情造成了干扰，人们依然会尝试绕过这件事，通过这种方式来表达自己内心的不满与反抗。比如，一位肥胖症患者非常喜欢食用高热量的食品，因此，面对医生提出的减肥建议，他表现出了憎恶的态度，并有增无减地进行着高热量食品的摄取；由于资金紧缺，工厂暂时对所有员工实施了调薪，面对工资的减少，有些员工就不好好工作，甚至出现拖延工期的问题。

存在反抗型拖延行为的人，首先应该仔细分析自己在哪些方面存在这样的问题，并对长期的利害展开分析，想清楚这种习惯给自己带来的好处是什么，弊端特别是长期危害在哪里，从而通过对总体后果的权衡，来树立摆脱反抗型拖延问题的意识，进而做出改变。对于这一类型的拖延者来说，只要分清利弊，接下来的调整工作便不是问题。

4.改变拖延

改变拖延，就是对应该做出的改变采取回避的态度。当面临不确定因素，感觉事情做起来不是很简单，或者心中有某种阴影存在的时候，拖延者的这种行为往往也就会变得非常频繁。通常情况下，在人们讨厌自己必须放弃一件事而展开另外一项行动，或者当改变挑战了自己早已形成的观念的时候，改变拖延往往会和反抗型拖延同时出现。

为了纠正改变拖延习惯，对自己的拖延习惯进行分析是非常必要的。比如，找出在什么情况下会为了压住内心对遭遇不确定性的恐慌而出现停滞不前的情况，在发生改变拖延行为的时候自己在心中为这种拖延找了什么样的借口；既然改变是无法避免的，那么改变会给自己带来哪些好处，可以采取哪几种方式来帮助自己实现改变。通过对这些问题的思考，将有益于改变的技巧列举出来，来改变畏惧或者反抗心理，从而以积极的心态来面对改变，积极促成改变。

5. 迟到型拖延

迟到型拖延，是指人们在开会、约会或者其他社交活动中，习惯性地比约定时间晚到的行为。迟到型拖延习惯一旦养成，就非常难以戒除。这种拖延类型的显著特点就是每当人们将赶赴约定好的地点时，就往往被打电话、冲澡、找服装或者工作之类的事情所耽搁。

迟到型拖延者要想做出改变，首先应找出自己较晚出发的意义何在，并思考习惯迟到的原因是不是向来如此，有没有其他的原因。在采取纠正措施之前，要想好如何激励自己，如何促使自己采取改变这种模式的措施。而在实际操作中，为了避免重复迟到的行为，可以自己设定提醒闹钟，或者在自己的答录机上留言，将自己要做事务的详细步骤都交代清楚。然后在出发前一个小时，将答录机的内容播放一遍，以便加深自己的印象，提醒自己尽快行动。

6. 学习拖延

学习拖延，指的是人们对研究或者学习的逃避态度。和其他拖延分类相似，学习拖延也比较复杂且多见。比如，在职场、学校甚至是在家里，人们便常常出现学习拖延的情况。具有这种拖延习惯的人，尽管可以通过学习达到扩展自己知识、提升自己能力的目的，却由于没有坚持而最终错失了机会，对于学习计划或者半途而废，或者从未执行。比如为了提高自己的文学素养，有些人往往会买回一大堆古典名著，但从将书拿回来摆在书架上的那一刻起，就再也没有与这些书产生过任何亲密接触。

要改变学习拖延行为，人们可以尝试在周围设置多种学习提醒。比如将学习计划贴在电脑屏幕旁，贴在床头、卧室的门上或者冰箱上、座椅上。这些提醒必须是具体而且具有可操作性的，比如每天看 50 页名著等。除了这样的提醒内容，人们还可以将自己应对拖延冲动以及学习时分心的有效措施写出来，以便督促自己尽快走出学习拖延的泥沼。

7. 空头支票型拖延

空头支票型拖延常常发生在自己承诺做出行动之

时，每当自己做出承诺要采取行动来跟进已经发生拖延的事务时，就又会产生一种习惯性的拖延行为。较为典型的空头支票型拖延，是人们常常在新年伊始痛下决心，制订很多计划，然而，直到岁末来临，人们采取的行动却依然有限。

要改变空头支票型拖延，首先应该明白自己的承诺要在哪些方面做出重要改变，了解自己在推迟一些对自己非常有益的活动之时采用了哪些宽慰自己的借口，并对这些借口进行评估。比如，设定一个5分评分系统，用1分代表事实真相，5分代表对事实的歪曲或者谎言，根据具体情况来为自己打分。如果评估结果显示，自己的借口根本是毫无根据的，便可以制订行动计划，通过采取具体的步骤来兑现承诺，纠正空头支票型拖延行为。

8.瞎忙型拖延

瞎忙型拖延，是指人们将自己的时间毫无目的地消耗在无意义的行为上，或者虽然做出忙碌的样子然而结果却是没有做任何有价值的事情。处于瞎忙型拖延状态中的人，也总会抱怨自己忙碌，抱怨自己没有时间，却始终不清楚，瞎忙才是导致自己没有什么成就的原因。

发现自己在一件又一件事情上忙得不可开交，却没有取得实质性进展的时候，就应该反思自己的行为了。不只思考这种状态产生的原因，还要考虑是如何说服自己继续沉浸于这种忙碌之中的。在纠正瞎忙型拖延行为时，首先应该将自己瞎忙过程中的错误观点都罗列出来，并一一进行改正。最开始的时候，不妨只选取其中一个实际目标，使自己坚持下来，避免将精力分散到其他杂务上，这样也容易树立起纠正拖延行为的自信。

9. 回避反对型拖延

回避反对型拖延者，常常采取小心翼翼的态度，希望通过忍气吞声来避免产生冲突，避免产生可能招致批评的举动。回避反对型拖延体现了一种浓厚的自我保护情绪，然而，这种拖延几乎无法避免反对意见的产生，因此，这种拖延也容易失去一些机会。

回避反对型拖延行为的产生，主要是基于人际关系的考虑。尽管想要跟他人融洽相处的思想无可厚非，但为了避免反对意见的产生，就做出非常大的让步，甚至使自己付出惨重的代价，则只会对自己产生更多不利影响。拖延并不是解决问题的方法，在意识到这种拖延行为后，应该尝试学着维护自己应该享有的权利，为了维护人际和谐，人们完全可以采取其他措施。在纠错过程中，要将自己在人际关系方面的期待考虑清楚，并考虑通过何种方式，才能在维护自身利益和真实地表达自我的同时，维护与他人的关系。

10.回避责难型拖延

回避责难型拖延和回避反对型拖延行为有相似之处，而区别则在于回避责难型拖延者，不只会逃避那些会招致批评的境况，而且会采取一些措施来掩盖那些明显的错误或者失败。回避责难型拖延行为，包含了诸如推卸责任、寻找漏洞、文过饰非一类的行为。这种行为在职场当中是最为普遍的。而身处职场之中，如果想避免出现这种拖延行为，最好的办法就是在别人开始产生拖延行为的时候，自己仍然一如既往地向前发展。通过不断努力，使自己成为所在领域的专家。当把时间都用于提升个人能力的时候，随着工作价值的提升，所面临的责难也会越来越少。避免出现回避责难型拖延行为，也需要人们在面对问题的时候，能够以巧妙而优雅的方式来解决问题，并且在这个过程中，勇于承认自己的不足，无条件地接纳自己。

博·贝克尔认为，面临不同的情形，会表现出各种不同的拖延行为。而无论行为是多么迥异，表现出来的拖延过程却是非常类似的。而当人们掌握了拖延过程，掌握了不同拖延类型之后，就可以通过努力，结合自己的实际来解决拖延问题。

突破自设障碍，改掉拖延习惯

33 岁的艾伦拥有一家不算小的公司。他愁眉苦脸地找到哈佛商学院的罗伯特·默顿教授，倾诉了自己的烦恼："我从哈佛大学毕业后，进入到一家咨询公司做项目经理，不久后就辞去工作开始创业。现在，我的公司不是很大，业绩好的时候每年也就 1000 万美元的利润，这让我很有挫败感。我是一个有理想的人，特别想成就一番大的事业，因为只有那样，才能证明我的能力。我的目标是最起码得让公司上市，这样每年至少要有 1 亿美元的利润。不然，我的人生就太失败了。我觉得我有能力实现我的目标，也不害怕遇到困难。只是，有个问题一直困扰着我……"

在看到默顿教授鼓励的眼神后，艾伦继续说道："我现在感觉非常有压力，心里常常会莫名其妙地产生一种不安……"

"压力很大？心里不安？有什么具体表现

吗？”默顿教授问道。

“在遇到事情的时候，我总是不能够当机立断，而要将思考或者执行的时间一拖再拖。”

“拖延？在什么情形下会有这种情况？能举个例子吗？”默顿教授引导着。

“比如，有一次，公司为了争取一个项目而和另外一家公司谈判。在谈判之前，我就听说对方谈判代表是一个不容易搞定的人。但第一轮谈判下来，我感觉非常成功，也能感觉到对方对我的赏识。第二轮谈判本该趁热打铁，尽早安排，但我却为自己找了很多借口，迟迟不肯和对方约定谈判时间，甚至不和对方联系。有几次我拿起电话，就要拨通号码的时候，又将电话挂断了。最后，还是对方主动联系到我们。虽然最终合作成功了，但每次遇到一些重要的事情，我总是想方设法地为自己找理由，将事情往后拖延。”

“还有没有其他情况呢？”

“另外一次，是我需要为一个项目准备一份文件。这份文件虽然不太难，但需要做大量的资料搜集和整理工作。我总是从白天拖到晚上，又从周一拖到周五，就是迟迟没有着手准备。当然，我准备了很多拖延的理由。结果，我最终没有采取任何行动，而这个项目就这样拖过去了……”

“也就是说，虽然你经常拖延，但是有些事情，你仍然取得了成功，而另外一些事情，就直接拖延过去了。是这样的吗?”默顿教授问道。

“没错，就是这样。”艾伦点点头。

默顿教授笑着说:“如果我猜得不错的话，你读书的时候，面对考试之前的复习，也经常会发生类似的拖延情况。对吧?”

“是的，您怎么知道?”艾伦有些疑惑，“读书的时候，我总是仗着自己脑子聪明，平时学习的时候也不好好学习。在临近考试的时候，其他同学都忙着复习功课，我却在一边忙着看小说，我将复习的时间一拖再拖，总觉得还有的是时间。直到考试的前一两天，我才会匆匆翻一翻书……”

“那你的考试成绩怎么样?”

“我这个人还比较聪明，虽然复习时间比别人少很多，但是考试成绩还不错。有些努力复习的人考得还不如我。”

“看到考试结果的时候，你有什么想法?”

“觉得自己非常聪明。你看，那些刻苦复习的同学，有很多都没有我的成绩好。老师和同学们也认为我非常聪明，我也常常感觉有些飘飘然。不过，也不是总是考得很好，也有考得糟糕的时候。但是，每次考得不好，我就会想，谁让我没有好好复习呢，老是拖延时间；当初好好复习，肯定能考个好成绩的。”

“现在怎么样? 每次拖延之后，有什么想法?”默顿教授把艾伦从回忆中拉出来。

“和以前一样。如果事情虽然经过拖延，但最后还是成功了，我就会自我感觉良好，认为自己很有能力；如果拖延之后事情失败了，心里就会觉得是因为自己拖延才把事情办砸了，如果当初没有拖延的话，凭自己的能力，一定可以将这个项目拿下。”

默顿教授点点头，表示理解他的想法：“可是，无论怎样，你还是隐隐约约地感觉到，做事的时候一直这样拖延，会让自己心里感到不安，感觉非常有压力，是不是这样?”

“是的，我就是这么想的，这种感觉让我非常不舒服。您说，这到底是怎么回事呢？”艾伦用求助的目光看着默顿教授。

默顿教授回答说：“你之所以会在遇到事情的时候采取拖延的态度，其实就是在给自己设置障碍，而且，久而久之，它已经成了你的一种行为模式。”

所谓自设障碍，就是在面临被评判的情况时，为了维护自己的自尊，往往会说出一些对成功不利的话，或者采取一些不利于成功的举动。这种言行就好像是给成功预先设置了一个障碍。

之所以会自设障碍，主要就是由于对成功信心不足，担心自己在全力以赴努力之后，却以失败告终，并因为失败而遭受来自他人的嘲笑，承受他人对自己的较低评价。为了维护自尊，他们就会采取一些自设障碍的举动。而通过自设障碍，他们在没有取得成功的时候，就可以将失败归咎于这些障碍，而不会追究到自己能力的层面上。这样，如果成功了，自己在他人眼里就会得到更高的评价；而如果失败了，也不会落到过于丢脸的地步。

另外，自设障碍还可以使自己的心理压力和焦虑情绪得到有效缓解。比如，艾伦在进行拖延之前总会找出各种理由，就是因为这些借口可以使他的心理得到安慰，认为自己之所以拖延是有正当理由的，是可以原谅的。这样，尽管并不能真正解决心理压力，但却能够起到暂时的缓解作用。

默顿教授指出，一个理性的人之所以会有意无意地通过自设障碍的方法来降低自己的成功概率，主要是因为他对自己的信心不足，担心自己会让他人失望，担心自己会得到他人的负面评价。自我设障者主要是想通过这种方法来维护自己的形象，暂时逃避或疏导紧张状态。

默顿教授告诉艾伦，如果想改变这种境况，他必须激发自己的活力，比如通过自我发问的方式来进行反思。具体说来，艾伦可以就以下问题对自己展开询问。

第一，为了迈出第一步，我可以使用哪些个人资源？对于这一问题的思考，是让艾伦反思自己是否因为断定某种状况太过复杂，不利于执行事务，而采取拖延政策。如果的确有这种情况，就应该及时调整思维过程。考虑到底是什么因素使这项任务变得艰难，自己可以通过哪种方法来解决这些问题。在思考过程中，要将信念、猜测和客观事实区分开来，以防从心底夸大解决问题的难度，影响自己执行任务的心态。

第二，考虑自设障碍是不是和期望的目标产生了矛盾。如果的确如此，就应该做出改变，在脑海中出现自设障碍的信念之时，在从心理上将事实的真相模糊了的时候，就立即采取措施。比如，把自设障碍式的拖延思维看成是一种长期存在的错误认知，并坚定自己能够纠正这种错误的信心，从而使拖延思维的这种具体形式暴露出来，为进一步纠正错误思维奠定基础。

第三，对自设障碍的思维和行为描述与“立即行动”思维和行为描述有何不同？通过将意识到的自设障碍的思维与行为与“立即行动”的思维以及行为进行比较，加强自己对自设障碍的思维与行为的认识。

通过这三个问题的解决，艾伦就会逐渐改变拖延思维。为了彻底改变艾伦的拖延行为，默顿教授还对艾伦展开了行为训练，通过训练来培养他“立即行动”的主动性和坚持到底的习惯，使他将开小差的思维扼杀在摇篮中，从而在拖延行为开始之前就采取应对措施，保证艾伦在开展事务的时候始终保持一股冲劲儿，最终以较高的热情在最后期限之前完成任务；而他的焦虑和不安，也随着自己按时完成任务而成了过去式。轻装前进的艾伦，正逐步靠近自己的目标。

如何把拖延发生的概率降到最低

网站上曾有人发起过一个活动：每天早上写下自己当日的工作计划，等到晚上的时候再跟帖说明一下完成的情况，看看自己是按时执行了，还是拖延了。参与这项活动的人很多，大多数人早上都信心满满地写下了要做的事，可到了晚上却都丧气地感慨："真烦啊！又没完成！"

看到这儿，很多并未参与这项活动的人表示，其实自己也跟他们差不多。虽然心里很想彻底摆脱拖延的毛病，可就是克服不了心理上的惯性，总感觉自己很难一口气完成某项任务。

对此，加拿大卡尔加里大学的教授皮埃·斯蒂尔用了十多年的时间，研究了上百种的拖延情况，最后得出一个结论：长期以来，人们对于拖延的解释——太忙了和太懒了，并不太正确。和普通人相比，患有拖延症的人更冲动、更古怪，令人捉摸不定，他们很少关注事情的细节，也不太尽职尽责。他们相信自己可以完成某项任务，并且很在乎自己是否真的能完成，这一点跟懒惰的人全然不同，懒惰的人根本不在意任务是否能完成。当然，拖延的人和懒惰的人也有共性，那就是他们都喜欢找一大堆天花乱坠的理由给自己开脱。

斯蒂尔教授对拖延进行深度研究后还发现，一个人是否拖延，以及成功戒掉拖延习惯的概率有多大，是可以计算的。对此，他提出了一个“拖延症计算公式”：

$$U = EV / ID$$

在这里，先给大家解释一下，公式中各个字母所代表的意思：

U：完成给定任务的愿望；

E：对成功的期望；

V：创造的价值；

I：任务的紧迫性；

D：主观拖延的程度。

这个公式意味着，人往往会拖延那些无法立刻见到回报的事，而是会把精力全部放在能够直接产生效益的活动上。

举个最简单的例子：有人让你做一件事，可以选择两种回报方式——马上给你 50 块钱，或者是一年之后给你 100 块钱。多数人肯定会选择马上就拿到 50 块钱，因为这是立刻能看见的回报，至于一年之后的事，那谁也不敢说。

如果换种方式：有人让你做一件事，依然是两种回报方式——五年之后给你 1000 块钱，六年之后给你 2000 块钱，那么多数人又会选择 2000 块钱，因为都是无法立刻看见回报的事，无所谓再多等上一年。

言归正传，回到拖延公式的问题上来。斯蒂尔教授认为，这个公式不仅可以计算一个人成功克服拖拉习惯的概率，还能预测拖延什么时候会发生。通过分析分子分母的大小，然后据此调整行为模式，就可以帮助人们把拖延发生的概率降到最低。对广大拖延的人来说，这个公式的确是值得一试的好办法。

第八章

哈佛大学教给青少年：全神贯注

让思想聚焦，注意力回归

我们每一个人都有自己的思想，所以形成了形形色色的人和社会。生活中，我们常常提到的世界观和人生观就是我们个体思想的终极表现，生活的轨迹以及经验累积都在沿着思想的标准前行并不断强化，形成一个恶性的或者良性的循环。

不难理解，缺乏自控力的人很难进行深入而持久的思考，因为几乎所有的思考行为都需要分析利弊、判断优劣的能力。而所有自觉的思考也都将对自控力的培养起到积极的作用。那么，我们不妨从现在开始，通过对思考的训练来提高自控力，增强意志力。

1965 年 9 月 7 日，美国纽约举行世界台球冠军争夺赛。路易斯·弗克斯一直处于领先地位，用不了多久冠军的奖杯就会属于他了。

最后一场决赛刚刚开始，他突然发现有一只苍蝇落在主球上，于是他挥杆将那只苍蝇赶走。

不过，戏剧性的一幕出现了，当他俯身准备再次击球的时候，那只苍蝇又飞了回来。

观众们都笑了，他再次扬手赶走了苍蝇。

此时，他的情绪已然被这只苍蝇破坏了。更让人不可思议的是，这只苍蝇仿佛偏偏要和他作对似的，等他一回到球台，就又飞回到主球上，观众们也哈哈大笑起来。

路易斯·弗克斯乱了方寸，接连出现失误，而他的对手约翰·迪瑞却越战越勇，逐渐赶上了他，并且最终战胜了他，捧走了本该属于他的冠军奖杯。

次日清晨，人们在河里发现了路易斯·弗克斯的尸体，他投河自尽了！

与其说这是一只苍蝇引起的悲剧，不如说是路易斯·弗克斯自己造成的悲剧。如果路易斯·弗克斯能够控制好自己，将注意力集中到该做的事情上，而不去理睬那只苍蝇，那么当主球飞速奔向既定目标的时候，那只苍蝇自然就会自己飞走的，也就不会最终演变为一场令世人唏嘘的悲剧。

其实，无论在生活中，还是在工作中，我们总能遇到很多对我们的思想和注意力形成干扰或者阻碍的“苍蝇”，而且更多的时候，我们在没有干扰的情形下，依然会无法控制好思想，任其漫无目的地云游。19世纪的一位哲学家有个怪癖：他在思考的时候，习惯在衣柜上放个苹果，倘若不这样做他就无法专心。也许我们也像他一样在某一情境下才能专心。那么，如何控制好思想，让注意力回归，从而提升工作效率，帮助我们更好地处理事务呢？

(1)找到事物的价值所在。假如你对开会很反感，常常精力无法集中，不如激励自己换个角度思考问题，总结下开会的好处在哪里，分析自己可以从中学到什么。

(2)分阶段逐步展开。我们要学会分割事情，将复杂烦琐的事情切割成简单的组合，这样做会帮助我们把注意力集中到当下正在进行的段落，不因受到干扰而导致分心。

(3)确定目标。清楚地知道自己的目标是什么，凸显出目标的重要，那么当下就不必浪费太多时间做与目标没有关系的事情。

(4)有时间观念。把要做的事情都列清楚，每件事情什么时候做都要事先规划好，这样可以帮助我们按部就班地逐步完成计划。

(5)分清主次。把要做的事情按照轻重缓急进行排序，然后从重要的开始做起。

(6)营造好的环境。打造一个可以让自己专心的环境，尽量让导致自己分散注意力的事情减到最少。

(7)千万别矫枉过正。适当地提醒自己要专心是有效的，倘若过分强调“不让注意力分散，我要专心”，反而容易造成紧张，导致工作效率下降。

集中精力的收获与时机

不要忘了，集中精力的真正收获在于摒弃外部想法——一切与所思考主题无关的想法。既然如此，为了控制意念，首先要控制身体。身体必须置于大脑的直接控制之下；而大脑则受意志的控制。你的意志十分强大，足以做想做的任何事，但必须意识到这一点。思维可以通过置于意志的直接影响下而得到极大增强。当思维通过意志的冲击得到适当增强时，它便变成一种更强大的思想“传送器”，因为它具有更多的力量。

集中精力的最佳时机，是读过某些鼓舞人心的读物之后。因为此时你的心理和精神都在“理想王国”中得到了升华。接下来的时间里，你可以做好专心致志的准备。如果在室内，先看看窗户是否打开，空气是否清新。平躺在床上，别用枕头。看看每块肌肉是否都在放松。现在，缓慢地呼吸，让肺部舒适地充满新鲜空气；尽可能保持长时间，不要使自己紧张；然后再慢慢呼气，呼气要以一种惬意的、有节奏的方式。以这种方式呼吸 5 分钟，让“非凡的呼吸”流遍全身，这种呼吸将净化大脑和身体的每个细胞，并使它们重获活力。

接下来，你要继续下去。现在，想想你是多么安详、多么放松。你会热衷于这种状态，将自己想象成将要接受某种知识，而这些知识比你以前曾经接受的知识伟大得多。现在，放松一下，让心灵鼓舞你、帮助你实现向往的目标。

不要让任何疑虑或恐惧插进来，只用感觉希望的东西即将显现。只用感觉它已经显现（事实上的确已经显现），因为就在你渴望完成某事的那一刻，这件事便已经在思维世界里显现了。无论何时专心致志，都要相信所渴望的目标会取得成功。保持这种感觉，不允许任何因素干扰，你将很快发现自己已经成为专注的支配力量。你会发现这种练习对你具有神奇的价值，发现你很快便能学会去做任何事。

学会专注：一次做好一件事

你是不是看见过这样的情景呢?

“真的好喜欢同时做几件事情！感觉像超人。”栀子说，“我觉得我是典型的双子座。”她还很相信星座。

每次打开电脑她都要重复做几件事，打开几个不同的邮箱，查看歌迷会的帖子，看自己的空间留言，百度也要走几趟，上电影院的网站看新的影片预告。这些都是最基本的常规行为，大概做完这些她才能够安安稳稳地继续看看新闻和写东西，在写东西的时候一定要听着歌曲或者她喜欢的戏剧。

栀子说她就是这样的，中学的时候作业很多，功课也很繁重，别人需要安安静静地专心做一件事，但她不是，她总要听着歌曲或音乐才能静下来做事。睡觉的时候，为了帮助睡眠她都要开着收音机，现在则是给电脑设个定时关机，给自己大概半小时的听东西的时间，她听着听着睡着了，电脑也正好关机。

在外人看来，栀子的生活绝对是多彩多姿，工作这件事绝对不会成为她的生活重心，游戏、玩耍、和朋友聊天吃饭、学英文、跳韵律舞、练瑜伽，事情都满满地排在她的日程表上。

她事情倒是做得很多，可是效率问题呢？肯定不会高，我们只有静下心来，专心于一物，心无旁骛，一心一意，才会把那件事做完做好。如果好高骛远，同时做好几件事情，那你就需要一会儿思考这个，一会儿考虑那个，也许你的头脑还没有转换过来，就着手进行别的事情了，这样怎么能做得好呢？所谓“搏二兔不得一兔”，就是这样，两条腿走路，一颗心做事。

古往今来，凡是卓有成就的人，他们都有一个共同点，那就是把精力用在做一件事情上，专心致志，集中突破，这是他们做事卓有成效的主要原因。

法国著名侦探小说作家乔治·西默农在写作的时候，就把自己完全和外界隔绝开来，不接电话，不见来访的客人，不看报纸，不看来信。也许他的方式是常人难以理解和做到的，但结果就是他能在相同的时间内完成常人花十倍时间也难以完成的任务。他之所以成为成功人士，不是因为他有比我们更高的天赋，而是因为他做事情比我们更加专注，更善于利用时间和管理时间。

在所有时间管理的原则中，最重要的一条莫过于要专心致志。那些在时间管理上有严重问题的人，大都因为他们想同时做很多的事情。的确，有些事情也很重要，不过还是不能一次同时解决。只有按照合理的次序，才能做到有条不紊。心急吃不了热豆腐，一口吃成个胖子的想法是不切合实际的。

一次只专心做一件事情，全身心投入并积极地希望它成功，这样你就不会感到筋疲力尽，不要让你的思维转到别的事情、别的需求或别的想法上去，专心于你已经决定去做的那个项目，放弃其他所有的事情。

同时做几件事，这种急功近利的做法是不可取的。当你集中精力于眼前的工作时，你就会发现你将获益匪浅——你的工作压力会减轻，做事不再毛毛躁躁、风风火火，变得条理清晰。

把你需要做的事想象成是一个大排抽屉中的一个小抽屉。你的工作只是一次拉开一个抽屉，令人满意地完成抽屉内的工作，然后将抽屉推回去。不要总想着所有的抽屉，而要将精力集中于你已经打开了的那个抽屉。一旦你把一个抽屉推回去，就不要再去想它。了解你在每次任务中所需担负的责任，了解你的极限。如果你把自己弄得筋疲力尽和失去控制，那就是在浪费你的效率、健康和快乐。选择最重要的事先做，把其他的事放在一边。做得少一点，做得好一点，才能在工作中得到更多的快乐。

一个人的精力是有限的，所以才需要我们对时间做更好的安排，按照事情的重要程度来依次往下做。只有这样才能知道事情的轻重缓急，不会一会儿挖地，一会儿放牛，摸不清自己的方向，做事没有效率。

一个人围着一件事转，付出了100％的精力；一个人围着全世界转，付出的努力就只有微乎其微了，最后全世界可能都会抛弃他。我们要选好重要的事情做下去，一段时间做好一件事情。

只专注对自己有益的事

看来，有必要提醒你只专注于那些于你有益而又对他人无害的成就。但却有许多人忘掉了他人和他人的权利，急不可耐地去追求成功。一切美好的事物你都可能拥有，但只有当你的自身力量符合这样一条法则时才能拥有：当我们在人生旅途上跋涉时，必须给同路人以公正的对待。因此，首先要仔细想想你想要的东西，看看它是否值得你拥有。对自己说："我想做到，我会努力工作以得到它。道路对我是畅通的。"

如果你从精神上完全抓住了成功的想法，并且每天都将其牢记在心，你就慢慢建造了一个样式或模板，这个样式或模板总有一天会成为现实。但是，一定要远离疑虑和恐惧，远离具有破坏性的力量。绝不允许这些东西与你的想法相关联。

最终，你将营造合意的环境，并且得到很多看不见的帮助。这样一来，你将会摆脱不合意的环境。从此，生活似乎对你青睐有加，因为你将唤醒心中帮你成为环境的主宰而不是其奴隶的力量，从而找到幸福。

对于初学这样思考的人而言，本书描述的某些事情也许听起来有些奇特，甚至有些荒唐，但是，不要对它们口诛笔伐，去试一试吧。 你会发现它们经得起考验。

发明家在物质世界创造出发明之前，必须先从精神层面进行设想。 建筑师首先要看到想设计的房子的精神图像，然后从这幅图像开始，建出我们现在看到的房子来。 每种物质、每项事业，都必须首先创造于精神世界。

有这样一个人，他刚开始创业时只有 13 美分，而且连一美元的贷款也没有。 不出 10 年，他已经创立了一个利润丰厚的大企业。 他将成功归结于两点：相信自己成功的信念；努力工作。 有时候，看上去他似乎无法渡过难关。 他要受到债主的催逼，因为他们以为他破产了。 他们借给他的每美元才收回 50 美分，还自忖幸运至极。 但是，只要需要，他会坚持厚着脸皮延长还债时间。 如果确实需要在一定时间内筹集一定数额的钱，他总能做到。 当他有一大堆账单需要支付时，他会决定让他的债务人在某一日期还账，而他们也总是如期偿还。 有时候，他要等到延长时期的最后一封邮件来到时，才会收到他们的支票。 他在寄出一张支票的同时，满心等着第二天从自己的客户那里收到另一张支票。 他只不过相信自己有影响他人思维的能力，将思想专注于期盼那张支票上，但却很少失望。

只要付出必要的专心，未知的资源就将给你提供极大帮助。

请记住历经时间检验而经久不衰的话：“无论渴望什么，都要去祈求、奋斗，祈求就像你已经得到了一样，并倾尽心力争取，你便肯定能够得到。”

对干扰有免疫力

“干扰”“抗干扰”其实是通信行业的一个专业术语，在无线传播的通信信号中，因为空间和时间的不可确定性，常常对传播的信号造成干扰，从而产生了误码率、丢包率等，造成所传信号的不全或者错误。

我们发现，自身的注意力每时每地都有可能被分散。其实，人类本身存在着两种与生俱来的分散注意力的“罪魁祸首”，那就是对摔倒的担心和对噪声的忧虑。这两者都严重影响着注意力的集中。同时，因为它们是与生俱来的，和我们的生命无法分离，所以，我们唯一能做的事情就是，认识并了解它们。

在日常生活和工作中，我们正在进行的一些事情，或者希望达到某种目的而正在付诸努力的时候，这两个因素都会出其不意地出来干扰我们，我们会发自本心地担心失败和抵触旁人的评价。为了能够专注于自己的目标，不受这两个因素的影响，就必须坚定信念，不怕失败，倾听且有选择地吸收或舍弃旁人的评价，勇往直前。

另一方面，这两者会因环境的差异，导致对人的影响也有所不同。比如，我们在不小心摔倒时，会本能地用手扶住身边的某样东西，或者撑着身体。这在网球运动中并没有什么，但是如果对于花样滑冰而言，就是比赛中的大忌。日常生活中，和人打电话，声音大点一般不会影响到正常的通话，但是，倘若在出席聚会时，声音太大就很容易引起全体人的注意，干扰到聚会。

一日，佛陀准备去出席一场禅学会，路过一个小山村，村中一些人围住他百般刁难，恶语相向，甚至有人口出秽言。

佛陀始终面带笑容，安静地站在那里，仔细听着，然后说："非常感谢你们来找我，不过今日我有要事需要赶路，我要去前面的寺庙中参加一场禅学辩论会，明天晚上可以结束。如果你们可以等我，待明天晚上我赶回来，届时我会有充裕的时间，如果还有什么问题或者求助的事情，再一起过来探讨好吗？"

那些无端找事的人原以为佛陀会生气，会和他们争吵，但没有想到他会答应专程赶来听他们谩骂，一时间反倒没了气势："他是不是脑子有问题啊？"

人群中走出一个人问佛陀："我们把你说得一无是处，你难道没有听见吗？你怎么没有反应呢？"

佛陀说："如果你们是想看我的反应的话，那你们来得太迟了。倒退十年，我肯定大发雷霆，甚至会和你们动手。但是，这十年来我一直都在不断反省和修炼，有了自主的思想和观念，对事物的看法也不再像十年前那样偏激。现在我已成为自己情绪的主人，根据自己的想法在做事，不会轻易被别人所干扰。"

在我们进行一项任务时，影响和干扰我们有效集中注意力的关键因素是：经常会有意无意或者迫于外在原因，出现有头无尾、中途放弃的倾向。这说明我们需要加强控制自己思维的练习，做到一心一意。

假如你整日沉迷于过去，假如你未完成任务却把注意力转向了新的目标……这些情况都暴露了你思维跳跃、很难专注的问题，说明你还不能利用自身的智慧和技巧来排除干扰，既不能静下心来认真仔细、客观、全面地审视可能存在的干扰，也没有时间或者没有能力排除干扰。

要想改善这一问题，可以从以下三个方面入手。

(1)阻断多余的信息。提高专注力、排除干扰的关键在于设立意识隔离带，把那些多余的信息阻隔在外。也就是说，对于信息，我们需要针对要做的事情，做出选择。

(2)在黄金时间做黄金事。黄金时间，毫无疑问指的是人体能量的最佳时段。在能量高峰时段里，人体的反应、专注程度都处在巅峰状态。将最重要的事情安排到这个时间来做，势必会提高效率，也更有利于集中注意力。

(3)懂得自知、自控。找到容易分散注意力的因素，从而实施具体的对策。比如尝试外部提醒的方式，帮助自己收心。

专注给人以平和的心态

你会发现，专心致志者一般心态很好，而任思维漫游的人则容易焦躁不安。处于这种状态时，智慧无法从潜意识的“仓库”跑出来变成意识。必须先有心境的宁静，随后才有这两种意识的亲密合作。能够做到专心时，你便有了宁静的心境。

如果你有心理失衡的习惯，不妨再养成阅读文学作品的习惯，这种习惯有一种定神的力量。下一次你觉得自己的平衡状态开始倾斜时，不妨说“安静”，然后在脑子里保持安静的想法。这样一来，就永远不会失去自控。

没有安宁的心境，就不会有专注的状态。因此，要始终想着宁静，按宁静状态行动，直到以平常心看待身外的一切为止。一旦达到这种状态，就能毫不费力地将精力集中于希望的任何事上。

拥有平静心态时，你不会胆怯或焦虑，不会惧怕或呆板，也不会允许让你分心的任何想法影响你。你抛掉了一切恐惧，将自己想成圣灵的火花，想成充斥于整个时空的“宇宙法则”显灵，从而将自己想成具有无限潜力的苍天之子。

在一张纸上写下：“我有力量做一切想做的事，有力量成为一切想成为的人。”始终在内心描绘这张纸，你会发现你的想法将让你大受裨益。

世界经典家庭教育智慧

西点军校送给男孩的最好礼物

秦泉　主编

四川美术出版社

图书在版编目(CIP)数据

西点军校送给男孩的最好礼物 / 秦泉主编. —成都:
四川美术出版社, 2018.9
(世界经典家庭教育智慧)
ISBN 978-7-5410-8325-9

Ⅰ. ①西… Ⅱ. ①秦… Ⅲ. ①男性-成功心理-青少
年读物 Ⅳ. ①B848.4-49

中国版本图书馆 CIP 数据核字(2018)第 216424 号

西点军校送给男孩的最好礼物
XIDIANJUNXIAO SONGGEI NANHAI DE ZUIHAO LIWU

秦泉 主编

出 品 人 马晓峰
策 划 人 杨建峰
责任编辑 秦朝霞
责任校对 刘珍宇
出版发行 四川美术出版社
成都市锦江区金石路 239 号
成品尺寸 186mm × 126mm
印 张 8
字 数 260 千字
印 刷 天津兴湘印务有限公司
版 次 2018 年 9 月第 1 版
印 次 2018 年 9 月第 1 次印刷
书 号 ISBN 978-7-5410-8325-9
定 价 150.00 元(全五册)

前　言

西点军校，全称是“美国联邦西点陆军军官学校”，它创建于 1802 年，至今已有 200 多年的历史。建校之初，西点军校在美国高等工程教育史上被列为第一所工程技术学校。它在 19 世纪美国引进技术和开展科学技术教育的过程中，起了开创性的作用。后来的数十年，它在美国的土木工程和数学等领域一直居于领先地位。在军事教育实践方面，西点为美国军事教育的发展也提供了成功的经验，在美国军事教育史和军事教育理论的发展上，占有领导和核心地位。它创造了世人为之敬仰的“西点传奇”。

200 多年来，西点军校先后培养了五万多名毕业生，还有几乎同样数量的年轻教官们在这里受过锻炼和熏陶。这里新老交替，风云汇集，人才辈出。一直由现役陆军军官担任的校长的军衔，也由最初的少校升为20世纪以来的中将。西点军校因培育了无数英雄、领袖、权贵、战士，使它声名显赫。它的传统、校风、成就和传说使它充满了传奇色彩，可以毫不夸张地说，一部美国历史和一部现代国际关系史，都与这所学校难解难分。

男孩，你们在20岁之前，都是父母眼中的孩子。因此，请允许我暂时称你们为：男孩。但我知道，在你们自己的眼中，你们已经是男子汉的预备役，是一个年轻的男人。你们渴望被认同，被理解，被赞美。你们讨厌唠叨啰唆的教条，反反复复的说理让你们困顿烦躁想要逃离。你们需要真正的偶像，渴望知道那些在你们心目中闪闪发光的人物曾经发生过什么样的故事。这里，没有老套的案例，不再提及教科书上念叨的名人。从现在起，翻开本书，与你的父母一起分享英雄的故事，期待榜样的力量！

2018年8月

目　录

第一章　西点军校送给男孩的第一份礼物:要保持坚强勇敢

第二章 西点军校送给男孩的第二份礼物:要珍惜责任和荣誉

第三章　西点军校送给男孩的第三份礼物:要懂得谨慎自制

第四章　西点军校送给男孩的第四份礼物：要时刻宽容谦虚

第五章　西点军校送给男孩的第五份礼物：要擅长团队合作

第六章　西点军校送给男孩的第六份礼物:要能够吃苦耐劳

第一章

西点军校送给男孩的
第一份礼物：要保持坚强勇敢

优秀是磨炼出来的

西点人强调的是，在严酷的磨炼中完善自我。机遇之神只青睐于有实力的人，西点精英训练营的课程堪称魔鬼炼狱，任何一位想成功毕业的学员都要经过难以想象的非人磨炼。西点是“炼狱”，任何想成就一番大业的人都能在此锻造自身、迈向辉煌！一大批跨国集团的总裁、征战沙场的将领、指点江山的国家元首就是从西点的“魔鬼训练工厂”走出来的。作为男孩，你要经得起严酷的磨炼。

西点军校的宗旨是为陆军培养合格的人才。它的校训是“责任、荣誉、国家”。通过在学校的教育和严格管理，让学员树立起职业军人所特有的自觉遵守纪律的观念、责任感和荣誉观念。所以学校用各种条令、条例对学员进行严格约束，事无巨细，什么都有规定。在这里既要按军事训练部门下达的任务完成各种军事训练科目，又要学完大学本科的全部课程。由于学习内容多，要求高，学员压力很大，整天紧张地学习、训练，生活很艰苦。

麦克阿瑟就是在这样的磨炼中成长起来的。在西点学习期间，他不以为苦，认为这种磨炼是在为今后承担更艰巨的任务做准备。

在西点军校的4年里，麦克阿瑟在学业上比别人更用功，晚上熄灯号吹响以后，他还点着灯在被窝里看书。由于他记忆力特别好，理解能力强，再加上学习勤奋，所以学习成绩优异，除在3年级时降为第四名外，其他各学年都是全班第一名。他毕业时的总平均分数是98．14分，据说这是25年来学员取得的最高分数。在体育方面，他擅长足球、网球，还是学校棒球队的一把好手，在比赛中经常得分。在军事方面，由于他从小在军营中长大，对各种队列、战术训练科目耳闻目睹，都有一定的了解，有些他还亲自操练过。所以在军事训练中，对各种科目他都很精通，尤其擅长马术和射击，再加上他有组织和领导才能，在校4年中他连续3年都获得了同年级学员中的最高军衔。

勤奋与磨炼使麦克阿瑟成为在西点军校历史上同时获得学员队第一上尉和毕业成绩第一双重荣誉为数不多

的人之一。

西点有很多很多的理念，有些内容也可能会遭到批判，但是西点认为对人在恶劣环境中进行培育、锻炼、磨炼，会使这个人以后有很强的抗压能力，这也是西点人成功率高的原因。 对于一个男人、一个未来的英雄来说，完善自我必经严酷的磨炼。

西点强调的是：能够在严酷环境中磨炼自己，就是强者。 因此，男孩要想成长为一个真正的自强不息者，就要敢于经受严酷的磨炼，并且借此机会完善自我。

那么作为男孩应该怎样磨炼自己呢?

1. 在挫折中锻炼承受能力

拥有良好的心态和对挫折的承受力，对个人的发展是非常重要的。 习惯的养成总是从小开始，对挫折的承受力也不例外。

现在的独生子女在其成长的过程中，父母总是想尽办法去排除一切干扰，让其健康成长。 但缺少甚至没有应激和磨难，适应力从何而来? 遇到挫折又怎能输得起呢? 应该有意识地培养自己的耐挫折能力，让自己在受挫中长一智，在抵抗挫折中不断成熟。

树立辩证挫折观，对挫折持积极态度。 要想培养心理承受力，首先就应该形成对挫折的正确认识和态度。

事实上，挫折和教训可以让自己变得成熟，有助于提高自己对社会生活的适应能力。应该坦然面对现实，意识到成功建立在自己努力的基础上，建立在战胜挫折和失败之上，从而可以正确地面对挫折。

2. 学会化解因挫折带来的痛苦，在痛苦中磨炼自我

不管怎么说，挫折和失败都会带来痛苦，在面对挫折时，往往采用不利的应对方式，表现出焦虑、攻击、退缩、退让、固执等情绪。因此，要采取有效的态度和行为来应对挫折。

能够找到挫折的原因，并总结教训，找到克服挫折和失败的新方法，就等于转移和化解了痛苦，这才是最好的方法。

3. 调整目标，正确认识自我

我们对自己的评价，往往来自周围的人对我们的态度和评价。有时由于对未来充满了期望和幻想，对困难和问题难度的估计往往不足，对自己的能力、特长也缺乏全面的认识，目标定位有一定的盲目性，自我评价偏高。

也正因为如此，有些时候尽管实力稍逊，但仍然保持着高目标、高期望不变。期望越高，由于能力所限而无法达成目标，失望也就越大，由此而产生的挫折感也就越强。

因此，应该正确地认识自己和评价自己，根据自己的条件，确立适当的目标，并学会在实践中调整自己的目标和行为，这样不失为一种减少挫折压力、提高心理承受力的有效措施。

勇敢做出决定

该出手时不出手，究其原因，就是怕犯错，怕“引火烧身”，而这种怕和顾虑却是一个人最大的弱点。

在历届西点军校的课堂上，都会讲到这样一个案例：

卡内基是一位身材矮小、相貌平平的青年。一天早晨，卡内基到达办公室的时候，发现一辆被毁的车身阻塞了铁路线，使得该区段的运输陷于混乱与瘫痪。而最糟的是，他的上司、该段段长斯科特又不在现场。

卡内基当时还是一个送信的，面对此事他该怎么办呢？或者立即想法去通知斯科特，让他来处理；或者坐在办公室里干自己分内的事。这是既能保全自己职业，又不至于冒风险的做法。因为调动车辆的命令只有斯科特段长才能下达，其他人干了，都有可能受处分或被革职。但此时货车已全部停滞。载客的特快列车也因此延误了正点开出的时间，乘客们十分焦急。

经过认真、反复思考后，卡内基将自己的职业与名声弃之一边，他破坏了铁路规则中最严格的一条，果断地处理了调车领导的电报，并在电文下面签上斯科特的名字。当段长斯科特赶到现场时，所有客货车辆均已疏通，所有的事情都有条不紊地进行着。他起先是吃了一惊，最后他却一句话也没有说。

事后，卡内基从别人口中得知斯科特对于他这一意外事件的处理感到非常满意，并且由衷地感谢卡内基在关键时刻的果敢、正确的行为。

有些孩子会有这样的“谬论”：不做决定，就不会犯错。所以，有的人尽量不去做决定，而且尽量拖延决定，那么他们就不会行动，也就做不成大事；也有的人习惯仓促地做决定，但他们所做的决定大都不成熟，而且往往会半途而废，他们时常在冲动与考虑欠周的行动中自寻麻烦。

一些伟大的人物都是一些果敢决策的高手，即使面对突然变故，仍然镇定自若，该出手时就出手。而有些人则优柔寡断，怕威胁自己的利益，怕做出错误的决定，怕吉凶难测，怕这怕那，所以他们不敢做出任何决定。这些人的能力并不比别人差，人格也没有什么缺陷，但就是因为优柔寡断、患得患失，导致不能展现自己的优势、发挥自己的潜能，碌碌无为地虚度一生。

记住一句话：世间最可怜的，是那些遇事举棋不定、犹豫不决，经常彷徨踌躇、不知所措的人，是那些自己没有主意、不能抉择、依赖别人的人。这种优柔寡断、意志不坚定的人，也难以得到别人的信任。

那些恐惧自主、恐惧批评、恐惧改变、迟迟不能决定的人，往往会因为犹豫而更加恐惧。所以，如果你想成为一名优秀的男子汉，在该做决定的时候就要勇敢决定！甚至简单到今天要穿什么衣服、到哪儿吃饭、先看哪本书等。在做决定之后，要按部就班地接着做下去，而不是过分担忧会有什么后果。

没有什么不可能

“没有什么不可能”，这是西点人的名言。西点军校教官鲁斯对学生这样说：“‘没有办法’或‘不可能’对你没有任何好处，它只能使事情画上句号，所以请马上删除这样的想法。无论遇到什么事情，总有一种最合适的办法。它使事情有突破的可能，你应该把它加入你的大脑中。”

第二次世界大战后期，盟军发动了一次进攻，当时的盟军统帅艾森豪威尔正在莱茵河附近散步，他遇到了一位看上去心事重重的上尉。“你有什么心事吗?”艾森豪威尔将军问道。

“将军，”那年轻人回答，“我心情很糟糕。”

“是你的士兵让你心烦吗?”艾森豪威尔将军问道。

“不是的，将军，是我的长官，他让我率领少得可怜的士兵执行一个艰巨的任务。我认为这不大可能。”

听到这里，艾森豪威尔将军忍不住给这位年轻的上尉讲述了自己的经历：“当年，我曾率领不到百名士兵攻占敌人的军事重地。在出发前，我也曾经疑虑重重，觉得根本没有可能攻下来。于是，我向长官解释敌人的地形，我军的劣势……但我的长官只说了一句话，‘没有什么不可能’。所以，我只能带着军队出发了，在激战中，我军马上就要被击垮了，但我始终记得长官的那句话，最后以不可思议的顽强战斗完成了任务。”

每个人的内心始终存在着两股力量，其中一股是：“我天生是来做伟人的，我应该什么都可以做到”；另一股力量却时时在打击我们：“你办不到！”两股力量的斗争在遇到困境与失败时会变得更加激烈。其实，我们每个人最大的敌人就是自我怀疑和畏惧失败。

“不让恐惧左右自己”，这是美国著名将领巴顿用以激励自己的格言。

在西点军校学习期间，巴顿有意锻炼自己的勇气。在骑术练习和比赛中，他总是挑最难越过的障碍和最高的跨栏。在学校的最后一年里，有几次狙击训练时，他突然站起来把头伸进火线区之内，要试试自己的胆量。他为此受到父亲的责备，却总是满不在乎地说：“我只是想看看我会不会害怕，我想锻炼自己，使自己不胆怯。”

巴顿的锻炼，使他的性格变得异常刚毅果断。巴顿在作战中总结出两条成功经验，那就是：“果断，果断，永远果断!”和“攻击，攻击，再攻击!”在进攻德军并取得胜利的布列塔尼战役中，他的这种指挥思想得到了充分的体现。在布列塔尼战役中，身为集团军司令的巴顿，命令第八军冒着两翼和后方暴露挨打的危险，向两英里外德军防守的布雷斯特进攻。这使得那些参谋顿生忧愁，认为这是铤而走险的做法。但巴顿认为，战机稍纵即逝，当时德空军已被逐出诺曼底地区，德军大部分装甲部队也被牵制于其他战场无法脱身，故正面之敌实不堪一击，因此要果断进攻，而不能畏缩不前。

巴顿抓住战机，果断地指挥部队快速挺进攻

击，使德军措手不及，从而把德军赶出了布列塔尼半岛的内陆，取得了此次战役的胜利。

他的勇猛果断，使他赢得了“血胆将军”的称号。巴顿在“不让恐惧左右自己”这一格言的激励下，实现了自己的雄心壮志。

西点《学员祷词》中有一句话：“竭力鞭策我们在生活急流中勇进。”这是对上帝的请求，也是对人生的标示。西点的用意在于，培养学员永远进取、永不畏惧，挑战一切别人看起来不可能的事情，为国家和民族多做贡献的品格。

困难可以克服，敌人可以打倒，关键是要具备迎难而上的勇气。勇敢面对一切挑战的人，是勇敢的人，也必定是有决心和方法的智者。他懂得冷静思考，懂得寻找一个最为缜密、保险的方法攻克一切。每当攻克一个困难，他的脚底便会多一块走向成功的垫脚石。一个逃避困难、不敢面对挑战的人，很难让人相信，他会真正担当什么责任。

每个人一定要树立这样的观念：承担责任光荣，推卸责任可耻；迎接挑战光荣，规避风险可耻。我受到的挑战越大，承担的责任越大，说明我的能力越强，我今后的机会就越多。很难想象一个不敢迎接挑战、不能承担责任的人会有好的发展前景。

有时候，困难与挑战并非来自外部，而是来自自己。我们习惯了以往的方法与模式，但恰恰是这些麻痹了我们的神经，让我们放松了警惕，丧失了迎接困难、挑战自我的勇气与能力。优秀的男孩不仅要随时准备应对来自外部的压力与挑战，还要保持清醒的头脑，不断挑战自我，学会逆风飞翔。

亨利·福特准备制造V－8汽缸引擎时，交给他的工程师去设计，要求把8个汽缸放在一起。图纸很快画出来了，但是工程师们却异口同声地说："8个汽缸放在一起，是根本不可能的事情。"

"天下没有办不到的事，无论如何要做出来。"福特没有理会他们。

"但是，那真的是不可能的啊！"工程师们坚持说。

"现在就动手去做，不论花多少时间，都必须完成。"福特没有妥协。

工程师们只得着手去做。因为他们知道福特的脾气，不按他的话去做，就会丢掉饭碗。过了半年时间，一点动静也没有。然后又过了半年，还是没有一点进展。工程师想尽了一切办法，都没有成功，很多人都想放弃了，只是不敢提出来。接着，又过了一年，工程师实在没有办法了，来到福特面前，说："那根本是不可能的。"

"继续做！"福特的口气没有丝毫商量的余地，"我要8汽缸引擎，一定要做出来！"

工程师们只好再次动手做起来，这一回，他们想到办法了，并很快做了出来，V－8汽缸宣告诞生。

美国著名钢铁大王安德鲁·卡内基在描述他心目中的优秀员工时说："我们所急需的人才，不是那些有着多么高贵的血统或者多么高学历的人，而是那些有着钢铁般的意志，勇于向工作中的'不可能'挑战的人。"这是多么掷地有声、发人深省的一句话啊！挑战的最高级别便是挑战自我、挑战已有的成功，把"不可能"的事情变成可能。每一个希望获得成功的男孩，都应该把这句话铭记在心！ 事实上，我们每个人的身上都蕴含着极大的能量。 勇于向不可能的任务挑战，有利于我们不断打破自我限制，充分发挥出自我潜能。

永远冲在最前面

西点军校 1933 届毕业生布莱德利有一句名言："微笑面对死亡的勇士将不会畏惧任何危险，勇气会贯穿他们的一生，牺牲是他们战胜一切困难的武器。"

不管是高举着战旗跑在最前面的人，还是吹响冲锋号时最先跃出战壕的人，不管是抢在前面接受挑战的人，还是站在游行队伍最前面的人，他们都是值得人们为之欢呼和崇敬的人，他们都是勇敢无畏的人。

谁都知道冲在前面是危险的，而正因为危险，所以冲在前面的人才更具有勇敢精神和牺牲精神，更令人钦佩。冲在前面的人也会最先尝到胜利果实，最先享受成功的喜悦。

来自西点的精英们同样是冲在前面的人，他们在战斗中冲在队伍的前面，也鼓励、号召年轻人勇敢往前冲。

在西点，凡是遇到两军对阵的训练，学长们总是冲在最前面。尽管这是最危险的位置，但对西点学生来说，这是一个象征荣誉的位置。恺撒说："如果我是块泥土，那么我这块泥土也要预备给勇士来践踏。"

西点学生明白，具有勇敢精神往往能使平凡的人做出惊人的事业来。胆怯和意志不坚定的人即使有出众的才干、优良的天赋、高尚的性格，也难成就伟大的事业。

在西点，军人非常清楚，他们的成就绝不会超出其勇敢精神所能达到的高度。假如拿破仑在率领军队翻越阿尔卑斯山的时候，说“这件事太冒险了”，那么，拿破仑的军队是永远不会越过那座高山的。所以，西点新生被灌输着这种冒险意识，无论做什么事，都争取冲在前面，只有冲在前面，你才会赢。

西点军人尊敬勇者，更敬佩冲在最前面的人。没有要冲在最前面的意识的人，势必会成为战场上的逃兵、生活中的失败者。

“永远冲在最前面”是一种积极的态度，是一种敢为天下先的勇气。面对危险，胆小鬼掉头逃跑，勇敢者却选择向前。

不让恐惧左右自己

毕业于西点军校的著名的巴顿将军，从踏入西点军校的那一刻起，就把杰克逊的一句名言作为自己的人生信条——“不让恐惧左右自己”。罗斯福也曾说：“我们唯一值得恐惧的就是恐惧本身——模糊的、莫名的、轻率的、毫无根据的恐惧。”

西点人深知恐惧是获得胜利的最大障碍：恐惧让人变得莫名的胆怯，不敢向前，让人安于现状，为了前进所付出的努力都付诸东流，最终让梦想遥遥无期。所以，西点军校为了让学员学会控制恐惧感，准备了各项体能训练，而且还在体能训练中加大恐惧感，放大困难，这样，学员不但可以在训练中体会什么是胜利和荣誉，还可以培养自己的勇气。

西点学员相信，很多时候，面对困难和挑战的时候，你不是输给了困难，而是输给了自身对困难的畏惧。正如西点校友，美国著名的学者本杰明所说：“失败的原因往往不是能力低下或力量薄弱，而是自信心不足，克服不了恐惧的心理，还没有上场就已经败下阵来。”因此，不要畏惧困难，而是要保持一颗平常心，这样才能更好地解决问题，收获胜利的喜悦。

1914 年 4 月，美国总统伍德罗·威尔逊以墨西哥当局扣留美国水兵为借口，出兵攻占墨西哥东海岸最大城市韦拉克鲁斯。在这次行动中，麦克阿瑟父亲的老部下芬斯顿将军指挥一个旅的兵力执行占领任务，麦克阿瑟本人则受命作为参谋部成员随芬斯顿将军于5 月 1 日到韦拉克鲁斯搜集情报。

麦克阿瑟发现，那里缺少机械化交通工具，要是陆军开过来，将完全依赖畜力运输。当他听说有几台铁路机车被藏在敌方防线后面时，便准备深入敌后进行侦察。但芬斯顿认为这样做太冒险，不予支持。麦克阿瑟经过冷静分析，认为确实有些冒险，但是依旧决定克服恐惧心理进行一次孤胆探险。于是，他找来两个向导，偷偷越过防线去查看虚实。结果发现那里确有5 台机车，其中 3 台完好无损，陆军可以使用。虽然他在归途中遭遇到了一些危险，但最终还是成功地返回了营地。

巴顿将军说过：“每个人都害怕，越是聪明的人，越是害怕。勇敢的人是这样一些人，他们不惧怕恐惧，强迫自己坚持去做。”麦克阿瑟将军就是这样一个勇士，他凭借自己的勇气和判断，深入敌后，为己方获得了重要的情报。

其实，每个人遇到危险、紧急的情况都会害怕，都想过选择退缩以策安全，但是勇士与懦夫的区别就在于：懦夫选择逃避，而勇士能够战胜内心的恐惧，强迫自己面对恐惧。如果你想成为一名勇士，你就要无所畏惧。

一直以来，在西点军校流传这样一句话：如果你选择了天空，就不要渴望风和日丽。西点人爱冒险，而冒险的首要前提就是必须克服内心的恐惧。这也正是西点军校为学员准备各种克服恐惧训练的原因。

当然，在现实生活中，要想成就一番事业也必须能够克服恐惧，这是成功的必备条件。敢想才能敢做，才有机会成功。其实，很多时候，成功离你只是寸步之遥，只因恐惧，过于恐惧，你没有迈出那最后的一步，最终失去机会，与成功擦肩而过。

一次，有人问一个农夫：“你是不是种了水稻？”

农夫说：“没有，我担心天不下雨。”

那人又问："那你种棉花了吗？"

农夫说："没有，我担心虫子吃了棉花。"

接着那人又问："那你种了什么？"

农夫说："为了确保安全，我什么也没种。"

对于成天恐惧这、担心那的人来说，这个世界上无时无刻不存在着危险。就像这个农夫，由于种种莫名的担心，觉得到处充满风险，为了避免损失，最后什么都不敢种。其实，这个农夫有些愚昧，什么也没有种，也就没有收获，这才是最大的损失。

如果你总是前怕狼后怕虎，对别人提出的问题或者看法，采取逢迎的态度，从来不去表达自己的观点和看法，生怕自己的想法有错误，惹来责怪、鄙视等，因此，什么都不敢想，什么也不敢做，只是一味地求安全，你就很难取得进步。

困难的出现经常出人意料，但只要不被困难吓倒，勇敢面对，就能克服看似克服不了的困难。那些充满恐惧，见到困难就会退缩，畏首畏尾的人注定是要失败的。所以，面对困难时，不要被恐惧本身吓倒，而是要认定自己的最终目标，积极地去寻求解决方法。

“软弱就会一事无成，我们必须拥有强大的实力。”这是艾森豪威尔将军对所有年轻人的忠告。其实，无论是西点的学员还是一个普通人，都应该学会克服恐惧，克服了自己内心的恐惧，就等于战胜了自己最大的敌人，即使面对再大的困难也绝不会后退。

年轻人，拿出你的冒险精神，开始一段充满挑战的人生之旅吧！

永不放弃，勇敢向前

西点军校的学员们在艰苦的训练中收获了“永不放弃”的精神。他们在面对危难时，不是选择坐以待毙，而是主动出击，发挥自己最大的能力战胜恐惧，不退缩，从而取得成功。

平静、晴朗的一天，北弗吉尼亚森林里有一队测量人员正在安静地分享午餐。突然，女人惨烈的痛哭和尖叫声传了过来，他们吃了一惊，并迅速站起身朝发出声音的方向奔去，想看看到底是怎么回事。

他们看到了痛哭和尖叫的女人，她的孩子不幸掉进了河里，但不远处就是高达数丈的瀑布，极其危险。一个中年人死死地抓住那个女人，不让她跳河去救孩子，因为他知道，只要她一跳下去，激流会把她和孩子一起卷到瀑布下面去。但是那个女人疯狂地想挣脱他，并大声叫着：“我的孩子快淹死了，我一定要去救他。”看到测量人员过来，她向他们发出求救声：“求求你们，让他放开我，让我去救我的孩子。”

测量队中有一个18岁左右的青年，他身材高大，了解了情势之后，他快步冲到河边，并迅速脱掉外衣，在观察了一会儿河里的礁石和乱流后，他看见了孩子的衣服和挣扎的双手。他跳入河中，任由汹涌的波涛拍打着，但他拼命地朝着孩子挣扎的地方游去。

所有的人都冲到河床边，用紧张的神情注视着河中的年轻人和若隐若现的孩子。孩子已经接近河中最危险的地方了。年轻人正在用他最坚强的意志拼搏着。他不顾岩石的撞击，不顾激流的冲击，他拼尽所有的力气奋力想去抓住孩子。可是好几次都在即将抓住孩子的那一刻，激流又将他们冲开了。眼看孩子就被卷进漩涡并被冲到瀑布下面了，但是年轻人依旧没有放弃，他奋力地与激流搏斗着。就在他终于抓住孩子并用健壮的臂膀托起孩子的那一刻，他们被漩涡卷了进去，并一起被冲到了高高的瀑布下面。

河床边的人们心都要跳出来了，他们朝着下游跑去，希望能看到奇迹发生。孩子的母亲带着紧张和希望也拼命地跑着。就在他们站稳后努力地向河中搜索年轻人和孩子的踪迹时，孩子的母亲狂喜地喊道："他们在那儿！他们安全了！感谢上帝！"

是的，年轻人和孩子都安全了，他们勇敢地从危险的涡流中逃脱了，来到了岸边上。孩子失去了知觉，但他的性命已经无忧了，而那个年轻人已经筋疲力尽地瘫倒在地上了。

这个年轻人就是后来著名的美国总统乔治·华盛顿。

激流、漩涡、瀑布，每个节点都充满了危险，每个节点都有可能会吞噬他的性命，但华盛顿没有在恐惧与危险面前退缩，他没有放弃，而是在用最坚强的声音不停地告诉自己"我能行"！

华盛顿的这种面对危险不退缩、不放弃的精神经常被西点军校作为典型的案例来教授西点学员。西点不允许退缩、不允许放弃，因为一旦退缩与放弃就意味着失败。就算是在毫无办法的情况下失败了，也要不舍不弃，用百折不挠的精神争取最后的胜利。

西点人深知，恐惧是取得成功的最大障碍，一个面对困难或风险畏缩不前的人是不敢渴望胜利与荣誉的。只有克服心里的恐惧，勇敢向前，才能获得最终的胜利。

我们也应该学习西点人不怕恐惧的精神，因为只要战胜了自己内心的恐惧，就等于战胜了最强大的敌人。接下来只要我们不放弃，只要我们努力坚持，最后的胜利就一定属于我们。

自己才是自己的征服者

巴顿将军说过："训练时多流一加仑汗，战场上少流一加仑血。"恐惧能摧残一个人的意志和生命，它能打破人的希望、消退人的意志，而使人的心力"衰弱"至不能创造或从事任何事业。许多人似乎对一切都怀着恐惧之心：他们怕风，怕受寒；他们吃东西时怕有毒，经营商业时怕赔钱；他们怕舆论；他们怕困苦的时候到来，怕贫穷，怕失败，怕收获不佳，怕雷电，怕暴风……他们的生命，充满了怕，怕，怕！恐惧能摧残人的创造精神，足以杀灭个性而使人的精神机能趋于衰弱。一旦心怀恐惧、不祥的预感，则做什么事都不可能有效率。恐惧代表着、指示着人的无能与胆怯。这个恶魔，从古到今，都是人类最可怕的敌人，是人类文明事业的破坏者。

卫斯里为了领略山间的野趣，一个人来到一片陌生的山林，左转右转，迷失了方向。正当他一筹莫展的时候，迎面走来了一个挑山货的美丽少女。

少女嫣然一笑，问道：“先生是从景点那边迷失的吧？请跟我来吧，我带你抄小路往山下赶，那里有旅游公司的汽车在等着你。”卫斯里跟着少女穿越丛林，阳光在林间映出千万道漂亮的光柱，晶莹的水汽在光柱里飘飘忽忽。正当他陶醉于这美妙的景致时，少女开口说话了：“先生，前面就是我们这儿的鬼谷，是这片山林中最危险的路段，一不小心就会摔进万丈深渊。我们这儿的规矩是路过此地，一定要挑点或者扛点什么东西。”

卫斯里惊问：“这么危险的地方，再负重前行，那不是更危险吗?”少女笑了，解释道：“只有你意识到危险了，才会更加集中精力，那样反而会更安全。这儿发生过好几起坠谷事件，都是迷路的游客在毫无压力的情况下一不小心摔下去的。我们每天都挑东西来来去去，却从来没人出事。”

卫斯里冒出一身冷汗，对少女的解释并不相信。他让少女先走，自己去寻找别的路，企图绕过鬼谷。少女无奈，只好一个人走了。卫斯里在山间来回绕了两圈，也没有找到下山的路。眼看天色将晚，卫斯里还在犹豫不决。夜里的山间极不安全，在山里过夜，他恐惧；过鬼谷下山，他也恐惧，况且，此时只有他一个人。后来，山间又走来一个挑山货的少女。极度恐惧的卫斯里拦住少女，让她帮自己拿主意。少女沉默着将两根沉沉的木条递到卫斯里的手上。卫斯里胆战心惊地跟在少女身后，小心翼翼地走过了这段“鬼谷”。

过了一段时间，卫斯里故意挑着东西又走了一次“鬼谷”。这时，他才发现“鬼谷”没有想象中那么深，最深的是自己心中的恐惧。

恐惧是人生命情感中难解的症结之一。面对自然界和人类社会，生命的进程从来都不是一帆风顺、平安无事的，总会遭到各种各样、意想不到的挫折、失败和痛苦。当一个人预料将会有某种不良后果产生或受到威胁时，就会产生这种不愉快情绪，并为此紧张不安，程度从轻微的忧虑一直到惊慌失措。现实生活中每个人都可能经历某种困难或危险的处境，从而体验不同程度的焦虑。恐惧作为一种生命情感的痛苦体验，是一种心理折磨。人们往往并不为已经到来的，或正在经历的事而惧怕，而是对结果的预感产生恐慌。人们生怕无助、生怕排斥、生怕孤独、生怕伤害、生怕死亡的突然降临，同时人们也生怕失官、生怕失职、生怕失恋、生怕失亲、生怕声誉的瞬息失落。

马克·富莱顿说："人的内心隐藏任何一点恐惧，都会使他受魔鬼的利用。"美国著名作家、诺贝尔文学奖获得者福克纳说："世界上最懦弱的事情就是害怕，应该忘了恐惧感，而把全部身心放在属于人类情感的真理上。"爱因斯坦说："人只有献身社会，才能找出那实际上是短暂而有风险的生命的意义。"循着哲人们的脚步，聆听他们智慧的声音，我们还有什么可以恐惧的理由？

而克服了恐惧，意志力的另一大敌人——绝望就出现了，它成为你前进的最后一重障碍，战胜了它，你就获得了真正无坚不摧、无往不利的意志力，你的人生也终将辉煌。

"天哪，面对厄运，我彻底绝望了！"这是懦弱者最常有的心态。的确，每个人都不希望厄运降临，希望自己顺顺利利地做成自己想做的事，但在现实生活中，这无疑是天方夜谭。正确的观念应该是——每个人都会遭遇厄运，都会面临绝望的境地，但对成大事者而言，厄运与绝望并不能置人于死地，相反是另一种命运的开始！

“马拉松人”约翰·布伦迪战胜了绝望，这是众所周知的事实。

1973年6月6日那天，约翰照常做20分钟的晨跑运动，然而他没想到的是，这次晨跑成了他一生中的最后一次跑步。

那天早晨跑完以后，约翰照旧到工地去，他和另外3人一同在屋顶上工作。天气非常炎热，工作也很艰苦，这时监工叫约翰拿一样工具给他，约翰便移动双脚，不料房顶水泥尚未凝固，就这样，他从上面掉下去了。

约翰失去了控制，他头朝下坠入空中。约翰事后回忆说：“那时候我听到很多杂音和脊骨断裂的声音……现在想起来真是害怕，我整个身体一直往下掉，整个人就像饼干一样，那一瞬间我发现脚一点知觉也没有。以后的数秒之中恐怖、愤怒、绝望一一向我袭来，我很想站起来，可是心有余而力不足，能听从脑部指挥的只有头部，其他部位已完全没有知觉。我好像听到有人在上面说，‘哎哟！约翰掉下去了。’我心里不断期望，也不断诅咒。我把头转向左边，看到10厘米远的地方有穿着鞋子的双脚，脚尖就在眼前，好像是我的脚，可是怎么会在这里呢？那一刻，我绝望了。醒来时，我发现头部两侧的针头已经取出来，原来我已经在医院里。当时我想，只要安静下来，痛苦就会逐渐减轻。令我惊讶的是，我全身竟像木乃伊一样，被白布包裹起来，而我一点知觉也没有。”

经过几个星期之后，约翰的伤势已被认定终生无法痊愈，可是他并未因此而绝望，而且依旧充满希望，盼望奇迹出现，使他的脊椎再度恢复健康，因此他专心致志地接受治疗。约翰急切地想知道自己的病情，唯一的方法只有向护士打听，有一天他听到护士指着他房间的方向对助手说：“四肢麻痹就是像他那个样子。”约翰从来没有见过四肢麻痹的人，他甚至没有想过四肢会同时麻痹，更未曾想到自己竟变成这个样子。

简单的一句话揭开了真相。原来他是一个年轻又健康的丈夫和父亲，可是现在他头部以下全部麻痹，完全形同废人。虽然如此，约翰仍然决定活下去，虽然痛苦不曾减轻，可是他活得比谁都坚强。约翰说：“我之所以决心生存下来，是因为有3个老师作为我人生的指针，这3个老师是愿望、献身、意志。我想活下去，想治好病，想知道自己究竟可以做什么事，我有这些愿望，这3个老师经常在心中，我为此而奋斗，并相信有一天我可以得到胜利，所以我永不绝望。”

如今约翰坐在轮椅上已经11年了，从人生的观点上来看，他实在太伟大了。他的心中没有埋怨，没有苦恼，也没有憎恨。他认为如果相信宿命或憎恨别人，对自己并没有好处；相反地，应该爱护他人，自己的身体虽然受到伤害，但是自己的心理却很正常。事实上，约翰证明了一件事，那就是即使你身处厄运与绝望之中，你仍然能够成功，仍然可以掌握自己的命运。

约翰一直这样告诉自己，厄运与绝望是不可避免的。他又这么想，厄运是自己一生的转折点，命运的不公不能让自己失去生存的勇气，失去生命的希望。自己应该下定决心努力。这种想法是既健康又正确的，所以约翰总是这么勉励自己。其实他认为自己并不是受害者，自己只是很自然地接受这个安排而已。当约翰骑电动轮椅进入超级市场或通过马路时，轮椅不断发出声音，引起许多孩子的注意，他们有的在笑，有的一脸迷惑，也有的说："蛮不错嘛!"像是很羡慕的样子。遇到这种情形，约翰会做各种鬼脸逗孩子们发笑，但是他并不是整天和小孩玩，他还经营公司，为附近社区做介绍婴儿保姆的工作。另外，他还在一家教会里，做"新希望电话商谈中心"之类的服务，他对人生充满新希望，非常愿意帮助那些绝望中的人寻找希望。

约翰胜利了，因为他能生存下去。他曾说过："艰苦的日子总有结束的时候。心中充满希望并能继续为生活而努力的人，才能享有新生命。"他不但明白这个道理，而且也是努力把厄运与绝望视为命运重新开始、希望重新孕育的人。要想战胜绝望，你必须寻找并抓住希望，哪怕是百分之一的希望。

一位饱经风霜的老人讲过这样一个故事：

"战时在桂林，等车非常困难。有一天，在马路上看到一张海报，说有一部车子开入昆明，还有三个空位。贴海报的日子已经过了好几天了，哪里还有什么希望。谁知，正是人人看了都以为没有希望的这三个位子，居然还有两个空着，正等着我和一位女同学——两个抱着何妨一试的心理去碰碰运气的人。而且，由于这次长途旅行，那位女同学变成了我的妻子。希望就是希望，无所谓百分之一、千分之一。”

在成功者的词汇里，从来就没有给困难与恐惧、挫折、失败、绝望以地位。如果你拥有无坚不摧、无往不利的意志力，那么困难与逆境可以成为强项，挫折可以化作动力，而失败也可以转化为成功，绝望之中也会孕育着希望。同样的，如果你能将这四重难关一一渡过，你将真正拥有一颗强大的内心，你就不会自己把自己吓到，到了那个时候，成功离你就不远了。

成大事者总会满怀希望

走在追求梦想的途中，太多羁绊使原本丰盈的生活日渐憔悴。

如何在到了绝境后又找到生还的途径？生活中，有的挫折单靠个人的努力难以战胜，因此，有的人便会不战而败，捶胸顿足，怨天尤人。这样的人永远也无法走出困境。

真正的成大事者，则会满怀希望。没有希望过却得到的，只能算作幸运；满怀希望并得到的，才算重生。幸运不常有，但人生却在自己的掌握之中。

有一位外国女人被抢劫犯在她的头部击了五枪，竟然还能继续活下去，医生把她的康复归功于求生的希望。她自己也说："希望和积极的求生意念是我活下去的两大支柱。"同她一样，许多癌症患者在面临死神的威胁时，对生寄托着希望，竟然活了许多年。在挫折面前只有充满希望，永不放弃，才有机会取得成功。

希望使人增强了对挫折的心理承受能力。经历过挫折打击而能心平气和地忍下来的人都有一种切身体验：

人之所以能够忍耐，是因为他对未来充满了希望。比如，一些受到不公待遇的人产生了极强的挫折感，他们本来可以找领导去讨个公道。可是，又怕因此会给有意整他们的人留话柄，说他们计较个人名利。为了今后的前途，他们忍了，一次、两次、三次，每次忍让时他们心中想的都是希望。否则，如果一个人绝望了，对未来不抱任何希望，他就不会忍耐，而会破罐子破摔，自暴自弃，不去做任何努力，对一点点挫折都失去了承受能力。

从这个意义上说，成大事者在对人生充满希望的同时，也表现了他们对人生积极乐观的态度。生命对于一个人只有一次，是否以积极乐观的态度去对待人生，那是大有讲究的。就像一首歌里唱的：

太阳忍受着悲伤
带给人间这希望之光
我们飞向遥远地方
去寻找美丽的梦想
……

欣赏这段词的人可能会明白，凡是有理想、有思想、有追求的人，都没有理由将这肥沃的希望之田荒芜，没有理由让灵魂苍白的活在凄凉的土地上。守护希望的人是乐观的，因为乐观才能一直将希望守护下去。

有这样一则故事很能说明乐观者的人生态度。

一个人同一位准备远航的水手交谈，他问："你父亲是怎么死的?""出海捕鱼，遇着风暴，死在海上。"

"你祖父呢?""也死在海上。"

"那么，你还去航海，不怕死在海上吗?"

水手问："你父亲死在哪里?"

"死在床上。"

"你的祖父呢?""也死在床上。"

"那么，你每天睡在床上不害怕吗?"

这个故事很幽默却含有深刻的人生哲理。言简意赅，反映出了水手明知祖父、父亲都死在海上，却没有因失去亲人的痛苦和挫折而改变自己的奋斗目标，仍然乐观地从事自己喜欢的事业。因为希望总是在明天而不在以前。

希望是奔向前途的航标和指路明灯。人若没有了希望就会迷失方向，生活就会失去意义。成大事者之所以对挫折的心理承受力强，就是因为他们相信“山重水复疑无路，柳暗花明又一村”。

乐观是指人在遭受挫折打击时，仍坚信情况将会好转，前途是光明的。从情感智商的角度来看，乐观是人们身处逆境时不心灰意冷、不绝望或抑郁消沉的心态。与希望一样，乐观能施恩于人生。当然，乐观必须根植于现实，如果盲目乐观，其后果绝不乐观。

做一个乐观的守护者吧，在面对挫折的时候痛也会少一点。因为乐观是一种良好的心理特征，能排遣和挫败一切痛苦与烦恼，给人生活的勇气、信心和力量。马克思也说：“一种美好的心情，比十服良药更能解除生理上的疲惫和痛楚。”

乐观的生活态度还有利于促进人际关系和事业的发展。持一种乐观、豁达的生活态度参与活动，你会发现很容易与人和谐相处。乐观者浑身充满活力，容易与社会合拍，由于心情舒畅，在与人交往中就会对别人谦虚、尊重、理解，自然会得到别人的理解和尊敬，双方情感的相悦就能形成和谐融洽的人际关系。这种力量把自己展现于外，参与人群和事业，从而得到成功和成就。成功和成就的愉快情感会使自己更乐观地去继续从事未完的事业或开辟新的天地，这样的良性循环使人们的事业充满生机，为人们的生活带来无穷的乐趣和意义。成长中的人以乐观的态度对待人，将形成较为全面发展的、聪颖、开朗和进取的个性。

乐观能促进身体健康。乐观者一生中收益最大的是他们的身体机能完好。人们常说“笑一笑，十年少”，没错，乐天派自然心宽体胖，乐天派会笑对生命中的坎坷与挫折。

既然做一个乐观的守护者有这么多的好处，那么何乐而不为呢？让我们满怀希望地等待明天的朝阳。

“天才”是双倍努力换来的

天才的标志就是他做每一件事时都愿意付出200%的努力。天才之所以被称为天才，也许一开始是因为先天的优秀，但是没有一个天才不是靠自身努力来捍卫天才的称号的。正是因为有这份压力，才有这种加倍努力的动力，这种动力就要求做每一件事情的时候都竭尽全力并力求完美。放眼全球，不管是什么领域，只要达到了世界级水平的大师，都是对自己相当苛刻的人，因为他们明白，只有这样苛刻才会有辉煌的成功。

卡罗斯·桑塔纳是一位世界级的吉他大师，他出生在墨西哥，7岁的时候他随父母移居美国。由于英语太差，桑塔纳一开始在学校的功课是一团糟。

有一天，他的美术老师克努森把他叫到办公室，说：“桑塔纳，我翻看了一下你来美国以后的各科成绩，除了‘及格’就是‘不及格’，真是太糟了。但是你的美术成绩却有很多‘优’，我看得出你有绘画的天分，而且我还看得出你是个音乐天才。如果你想成为艺术家，那么我可以带你到旧金山的美术学院去参观，这样你就能知道你所面临的挑战了。”

几天以后，克努森便真的把全班同学都带到旧金山美术学院参观。在那里，桑塔纳亲眼看到了别人是如何作画的，深切地感到自己与他们的巨大差距。

克努森先生告诉他说：“心不在焉、不求进取的人根本进不了这里。你应该拿出 150% 的努力，不管你做什么或想做什么都要这样。”

克努森的这句话对桑塔纳影响至深，并成为他的座右铭。

2000 年，桑塔纳以《超自然》专辑一举获得了 8 项格莱美音乐大奖。

一个人若想有所成就，该花心血的时候一定要投入；该有过程的时候，一定要努力付出。相信自己的选择，不间断地努力，你觉得怎么做是正确的就怎么做。这样你的人生才会拥有意义。至于要怎么努力，你把眼光放远一点，想想十年后的事，或者去看看已经比你强的人在做什么，我想你就知道自己要怎么努力了。

一个人倘若对待自己都马马虎虎，能懒就懒，那么对待别人的时候，可想而知会让人多么担心了。这样的人也容易失去别人的信任。无论是谁，都应该先学会拿出全部的精力对自己。

人生中任何一种成功和获得，大多来自勤奋努力，这会是一种无形的资产，可以给人以无穷的力量。不管是多么有天赋的人都不能跨过努力直接获得成功，勤奋努力是通往成功的道路上必须经过的桥。而且勤奋是可以感染周围人的，自然而然地，你的勤奋也会得到别人的认可，那么当你获得成功的时候，每个人都是心悦诚服的眼神，而不是嫉妒或者其他。

一个普通的灵魂，在勤奋努力的火中燃烧，才有可能发出夺目的光芒。每一天，我们都应该问问自己：今天你努力过了吗？

第二章

西点军校送给男孩的第二份礼物：要珍惜责任和荣誉

找方法而不是找借口

凡事第一反应：找方法，而不是找借口。因为借来的东西总是要还的，“借”得多了，自然还得也多。

一个人的一生可能不撒谎，但是一个人的一生不可能没有找过借口，哪怕只有一次。

如果说谎言说三遍就成了真理，那么借口说三遍就没人再相信。找借口某种意义上比说谎更可恶，至少这世上还有善意的谎言，但却没有一个有价值的借口，没有存在价值的东西当然不会有保留的理由。所以，千万别把找借口养成习惯。

这说明不找借口才是正确的，值得人们去尊崇的习惯，甚至可以说是一个有价值的人生的存在。

在现实生活中，我们缺少的不是找借口的人，而是那种想尽办法去完成任务的人。很多时候，与其找借口不如实话实说，这种以退为进的人生策略常常会收到意想不到的良好效果。被人当作一时的傻气总比自己一辈子心虚强。

美国列克公司总裁在一次员工大会上，讲了一个他的好友——网球教练彭皮尔给他讲的故事，其意在于告诉每位员工拒绝借口的意义！ 故事是这样的：

有一次有位学生向彭皮尔请假，因为他想随网球队到外地比赛。

彭皮尔问他："你是自愿，还是不得不去？"

"我真的没办法不去。"

"不去会有什么后果？"

"他们会把我从校队中剔除。"

"你希望有这种结果吗？"

"不希望。"

"换句话说，你为了想待在校队所以要请假，可是缺了我的课，后果又如何呢？"

"我不知道。"

"仔细想一想，缺课的自然后果是什么？"

"你不会开除我吧？"

"那是社会后果。缺课会有什么自然后果？"

"我想大概是失去学习的机会。"

"不错，所以你必须两相权衡，做个决定。换了我，也会选择网球队，但请决不要说你是被迫这么选的。”

最后这个学生当然还是参加比赛，但却是出于自己的选择。真诚地面对自己的选择，也是对自己的肯定。心口一致的人更容易获得信任。其实，一个人遇到类似问题的时候，是想找借口还是积极面对，是可以预见的。我们常说“性格决定命运”就是这个道理，积极与消极两种不同性格类型的人在这个问题上的表现会大不相同。

下面我们以日常沟通的语句为例，真切反映一个人对环境的态度。习惯于消极被动的人，言语中就会流露出寻找借口、推卸责任的个性。例如：

“我就这脾气。”仿佛是说：注定改不了。

“他太气人了欺人太甚！”意味着：责任不在我，是别人控制了我的情绪。

“我根本没时间去做。”就是说：是外在的条件不允许。

“要是某人不那么较真就好了”，意思是：别人的行为会影响我的效率。

“你以为我愿意？”意味着：迫于环境或他人。

“如果没堵车我不会迟到。”就是说：错不在我，是遇到不可抗力。

相反的，一向不找借口敷衍别人的人，属于积极主动的人群，言语中自然会流露出对可能性的追求和对自我能力的自信与肯定。例如，他们常说：

“再试试看有没有其他办法。”就是说：即使希望再渺小也不会轻易放弃。

“我相信我可以选择不同的风格。”意思是：遇到问题解决办法不止一条。

“我可以控制自己的情绪。”就是说：对自我控制能力的自信表现。

“请等一下，我可以想出更有效的方法。”意思说自己有一定的解决问题的能力。

两组比较看看，寻找借口、推诿责任的话语往往会强化宿命论。消极被动的人一遍遍地给自己做心理暗示，变得更加自怨自艾，怪罪别人的不是、埋怨环境等一切外在因素，甚至把自己的遭遇和星座运势好坏相联系。人逐渐变得神经质起来，越发不现实越发离谱。而积极承担责任又有自信的人，凡事的第一反应：找解决问题的方法而不是找借口。这才是成功者应有的态度。

视荣誉如生命

菲尔将军说："在西点军校，荣誉制度是非常重要的，我认为，这一荣誉制度是西点军校不同于其他学校的关键所在。我非常珍惜这一制度，如果我们去掉它，我宁愿从后备军官训练团和候补军官学校接收陆军军官，而把西点军校忘掉。这就是荣誉制度的重要性。"

第二次世界大战前，美国向全世界发表宣言，表达自己的政治主张和发展战略。这个时候，西点军人看到了自己的责任，看到了自己的使命。他们默默伫立了很久，似乎在静静地等待着召唤。几乎每个学员都充满了成就感、责任感、使命感，并为这种召唤做着准备。

"现在轮到我了。"一位西点人如是说。

西点人独特的做事方式和手段营造了一种氛围，一种类似"以天下为己任"的群体氛围。这种使命感使每个西点人对工作充满了责任与热爱，努力追求卓越，没有丝毫懈怠。

一名西点校友有这样一段真实回忆：

“每一个从西点毕业的人都怀有这种使命感。在西点毕业30年之后的一天，我在五角大楼一间办公室里与我两个最好的朋友喝着咖啡。一个是西点同学汤姆·温斯坦，另一个是经由预备军官训练队加入陆军的鲍勃·黎斯卡西。这时我们都已是三星将领，都感叹着我们在华府——无论在五角大楼还是在国会山——会碰到这么多一心只想往上钻营的人。

“汤姆是个精明的人，这时他担任陆军情报署署长。我问他：‘你为什么还是谨守着那套别人都不当回事的伦理与道德标准活着？为什么不像别人那样也去钻营高位？’

“他想了一下才答复这个问题：‘当我进西点的时候，我只是个来自新泽西州、什么都不懂的小孩。在西点的四年里，他们教给我们的那套玩意儿你都还记得吗？好，我告诉你，我真的相信那套玩意儿。’

“是的，我也相信，那就是责任、荣誉、国家。”

每个走进西点军校的新学员都要参加宣誓仪式，他们的誓词是：“为了保卫我们的国家和生活方式，随时准备献出生命。”

祖国，是西点人心中的圣碑。

在其他院校，大学生的生活方式正在快速改变，然而，选择了西点军校，是不能受这种变化影响的。选择了当兵，就意味着奉献与忠诚；选择了西点，就选择了牺牲与执着。西点军校对于荣誉极其重视，男孩们也同样要重视荣誉的重要性，从小就有荣誉观，长大后也必定是一个栋梁之材。

勇于坚持自己的原则

西点的荣誉训练是体现在日常生活的小细节中的。比如说，一个新生走在走廊上，突然，被学长碰到并问："你早上有没有刮胡子？"问题来得太过突然，但是，新生必须立刻回答，于是，他的眼前马上浮现出自己一脸泡沫的样子，回答说："报告学长，有。"

但事实也许是，他想起的影像是前天刮胡子的情景：18 岁的青年并不需要天天刮胡子；然而他所犯的错并不是存心欺骗，所以与说谎也有着本质的区别。但尽管他并没有真正违反"荣誉守则"，学长和其他军官还是会希望他事后承认自己的错误。因为，勇于认错，知错能改，才是真正的修养。

在很多人看来，这都是无法理解的一种行为：这样一点小小的无心之过，何必如此小题大做呢？然而，这就是西点的教育，因为如果一个人无须面对自己的错误，无须为自己的错误负责，将来就有可能故意说谎，自圆其说，并认为这样理所当然。

西点把培养学员的品格放在首位。正直被认为是一名军人最核心的品格，这恰恰是现在许多年轻人所缺乏的。因此，成为西点学员之后，长官都会多次强调正直谦逊这一品格。没有正直的品格就没有个人的荣誉。

只有勇于坚持自己原则的、有正直品格的人才不会在迷茫或是困境中迷失自己的方向。而一旦丢弃了品格，那就等于丢弃了一切，即使这个人有着万贯家产，也将得不到他人的认同与尊重，更不可能实现自己对幸福和成功的愿望。

荣誉感是一个人拼搏向上的动力，为了追求它，人往往更能爆发出自己的潜能。在西点，所有学员都把荣誉看得十分重要。

手术室里，一位年轻护士第一次与著名的外科医生合作，并且担任责任护士。

手术进行了很久，在即将缝合之时，女护士严肃地对医生说："我们手术总共用去了15块纱布，可我只见您取出了14块。"

医生摇摇头："纱布一块也没漏下，别在这儿耽搁时间了。"

"不！"女护士非常执拗，说，"我非常确定您用了15块，而且还有一块没有取出来，因此，我们绝对不能缝合。”

医生还是不予理睬，并对其他人说：“手术一切正常，现在听我的，赶紧缝合。”

女护士叫了起来：“您不能这样，我们要对病人负责。”

医生脸上露出了一丝笑容，他松开了一直捏在左手心的那第15块纱布，赞赏地对年轻的女护士说：“从今以后，你就是我的正式助手。”

西点需要荣誉，国家需要荣誉，世界需要荣誉，而荣誉正是由良好品格所组成，一个人只有有了高贵的品格，才有荣誉、幸福与成功的可能。品格高尚的人光明磊落，他们能无所畏惧地面对这个世界。

做个有担当的男子汉

西点军校前校长班尼迪克说过：西点军校所致力的教育目标，不仅是培养一流的军官，而且要把一流的年轻人培养成真正的男子汉。但是，真正的男子汉是要有所担当的，有担当就有责任。只有责任可以让弱者变强，让强者变得更强。放弃承担责任，或者蔑视自身的责任，就等于在可以自由通行的路上自设路障，摔倒的只能是自己。而承担起自己的职责来，则可以战胜自己，对待每件事都能做到尽职尽责，这样才能赢得足够的尊重和荣誉，才能体现自己的真正价值。作为男孩，双肩上有了担当，才能慢慢成长为真正的男子汉。

二战时，艾森豪威尔将军指挥英美联军横渡英吉利海峡，计划在法国诺曼底登陆。这次登陆事关重大，然而就在万事俱备之际，英吉利海峡却狂风暴雨、风云突变。数千艘战舰泊在海湾等待时机，数十万名军人被困于岸上进退两难。

终于气象学家送来了好消息，天气将在3小时之后变得晴朗。艾森豪威尔明白这是个能够对敌人攻其不备的绝佳时机，但是其中仍然暗藏危机，假如气候情况不如预期，那么军队就有可能遭受重创。

艾森豪威尔慎重考虑之后，决定发起总攻，之后的结果想必大家都知道，这一场战役就是历史上著名的扭转二战局势的“诺曼底登陆”。

但在发起总攻之前，艾森豪威尔在日记中记下这一刻的决定并承诺了责任的归属，他写道：“我决定此时此刻发起总攻，是基于当时情况下所能得到的情报和现实状况所做出的最佳决定。但如果事后有任何不尽如人意之处需要有人承担责任，那么就由我来一并承担。”

在承担责任的过程中，你会将个人的得失看淡，将精力放在应尽的职责上。责任就像一根绳子，拉着放任的心，使它归于正位。所以，我们要敢于承担责任：能让我们尽职责的一切——家庭责任、社会责任。漠视责任的人生是危险的人生，也是最为痛苦的人生。人生因责任而充实，也因责任而完整！一个男孩子，只有承担了责任，才能成长为一个顶天立地的男子汉。

大连市巴士司机黄志全，在行车途中突发心脏病，在生命的最后一分钟里，他做了三件事：把车缓缓地停在路边，并用生命里最后的力气拉下了手动刹车闸；把车门打开，让乘客安全地下了车；将发动机熄火，确保了汽车和乘客的安全。他做完了这三件事，趴在方向盘上停止了呼吸。黄志全只是一名平凡的司机，他在生命的最后一分钟里所做的一切也并不是惊天动地的大事，然而许多人却牢牢地记住了他的名字。当一些人在为自己要不要承担责任而挣扎思考时，我们或许可以说，他们还没有完全具备这种高尚的品质。因为“担当”是男子汉的内在属性，根本不需要犹豫。

敢于担当的意思是：敢于接受并负起责任。西点军校看中的是每一位学员都能将“责任”二字贯彻一生，能够从始至终。责任不需要整天挂在嘴边，这是一种意识，我们希望男孩明白，在遇到事情的时候必须承担后果。

那么，如何培养自己勇于担当的品质呢？

1. 体验当家做主的权力

家是培养男孩一切优秀品质的摇篮，家也是男孩体现一切品质的舞台。男孩在家里呈现最自然、最真实的自我，任何品质都会淋漓尽致地流露出来。从小当家，学做主人翁，就是早日培养家庭责任意识。具备强烈的家庭责任意识，不仅会对父母孝顺，也能让自己的未来收获更多的幸福。从对家庭负责，进而学会对自己负责、对工作和社会负责。

2. 安排家务劳动表

每一个家庭都会有一些公共家务，可以安排一个家务日程表，安排每天的值日人员，自己也是一分子。例如早晨取牛奶、报纸，周末大扫除，晚上收衣服等。这样会让男孩更强烈地感觉到家庭的责任及义务，使他更像一个主人。

一个男人意识到家庭的重要性，一个男人应该如何保护、照顾他的家人，主人翁意识才更加强烈，这样才会为了家庭挡风遮雨，才会更有担当、更有责任感。

先对自己负责

人生所有履历都排在勇于负责任的精神之后。西点的学员不论在什么时候，无论穿军服与否，无论在西点校内还是校外，不论是担任值勤还是宿舍值班员，都有义务、有责任履行自己的职责，而这一出发点就是为了对自己负责，也能对别人负责。作为男孩，就是要做到这一点。

诺曼·施瓦茨科普夫，美国陆军上将，中央司令部司令。

1934 年 8 月 22 日，施瓦茨科普夫出生于美国新泽西州特伦顿市，1951 年进入西点军校学习，1956 年毕业；毕业后曾在第 101 师空降师任少尉排长，后调入柏林旅并晋升中尉；1961 年被选派到本宁堡步兵学校进行步兵军官高级课程学习。

1964 年，施瓦茨科普夫获洛杉矶南加利福尼亚大学机械工程学硕士学位，之后到西点军校担任机械工程系教员。1965 年，他以少校任南越空降部队顾问，随后还担任过驻越美军指挥部参谋，第二十三步兵旅营营长，1970 年自越南战场归国后进入五角大楼工作。1976 年，施瓦茨科普夫出任美军第 9 步兵师第 1 旅旅长，1978 年调任美军太平洋司令部计划部副部长。此间，他参与了陆海空三军联合指挥部的工作。1980 年，施瓦茨科普夫晋升为将军，赴欧洲美军第 8 机械步兵师任副师长，1982 年任驻佐治亚州第 24 机械化步兵师师长。1983 年，施瓦茨科普夫任美军入侵格林纳达军事行动联合特遣部队副总司令，奇袭格林纳达成功后，晋升为陆军作战副总参谋长帮办。1986 年，他任驻华盛顿美军第 1 军军长，并晋升为中将，1987 年任美军陆军作战副参谋长。

1988 年 11 月，施瓦茨科普夫晋升为四星上将，任美国中央司令部总司令。

施瓦茨科普夫一生经历过无数次的战斗，其作战成果受到世界各国的关注。能取得这样的成就，与他信奉的人生格言息息相关：下令要部下上战场算不了英雄，身先士卒上战场才是英雄好汉。

这就是西点军校以及美国军队中每一个人所持有的做事理念。为自己负责，才能对别人负责。对于一个男孩子，一个未来的男子汉来说，你必须对自己负责。

> 20世纪初美国有一位意大利移民叫弗兰克，经过数年的积蓄开办了一家小银行，但一次银行遭抢劫导致了他不平凡的经历。他破产了，储户失去了存款。当他带着妻子和4个儿女从头开始的时候，他决定偿还那笔天文数字般的存款。所有的人都劝他："你为什么要这样做呢？这件事你是没有责任的。"但他回答："是的，在法律上也许我没有责任，但在道义上，我有责任，我应该还钱。"偿还的代价是30年的艰苦生活，当寄出最后一笔"债务"时，他轻叹："现在我终于无债一身轻了。"

弗兰克用一生的辛酸和汗水写出：对别人负责，为自己负责。他寄出的不是债务，而是他闪光的心。勇于承担自己的责任，即便是还债，也无悔无憾，他带给社会巨大的财富，因为他教会了人们如何做一个对社会负责任的人。

西点军校强化的是每一位学员想尽办法完成任何一项任务，哪怕这个任务是属于自己的，也是如此。作为男孩，就是要做一个对自己负责的人。无论遭遇什么样的困境，都必须学会对自己的一切行为负责！

那么作为男孩，怎样做才能培养为自己负责的行为呢？

1. 做到自己的事自己做，决不依赖父母

在日常生活中，男孩可以做的事情，应自己去做，养成独立的习惯。

责任心是男孩健康成长的基石，也是男孩为自己负责的最基本的条件之一。一个不能对自我负责的男孩，根本无从谈起为他人负责。

2. 强化为自己负责的生命价值

负责的本质在于得到心灵的净化，而并非仅金钱、物质所能企及的，用负责的态度对待生命，对待人生，便是对得起良心，对得起生命的价值。

责任是对心灵的拷问，负责则是对心灵最好的答谢。负责不是隐忍，而是欣然接受；责任不是负担，而是一种享有，一种荣誉。生命以负责的姿态挺立于世，才能博览世界的风采，挖掘生命深处的宝藏。责任心其实是每个人生命中不可缺少的重要组成部分，所以无论何时，都要强化为自己负责的生命价值和意义，都应该以负责任的态度面对成长和学习，面对生活和父母，面对同学和老师。

1920年的一天，美国一位12岁的小男孩正与他的伙伴们玩足球，一不小心，小男孩将足球踢到了邻近一户人家的窗户上，一块窗玻璃被击碎了。

一位老人立即从屋里跑出来，勃然大怒，大声责问是谁干的。伙伴们纷纷逃跑了，小男孩却走到老人跟前，低着头向老人认错，并请求老人宽恕。然而，老人却十分固执，小男孩委屈地哭了。最后，老人同意小男孩回家拿钱赔偿。

回到家，闯了祸的小男孩怯生生地将事情的经过告诉了父亲。父亲并没有因为其年龄还小而开恩，却是板着脸沉思着一言不发。坐在一旁的母亲为儿子说情，开导着父亲。过了不知多久，父亲才冷冰冰地说道："家里虽然有钱，但是他闯的祸，就应该由他自己对过失行为负责。"停了一下，父亲还是掏出了钱，严肃地对小男孩说："这 15 美元我暂时借给你赔人家，不过，你必须想法还给我。"小男孩从父亲手中接过钱，飞快跑过去赔给了老人。

从此，小男孩一边刻苦读书，一边用空闲时间打工挣钱还父亲。由于他人小，不能干重活，他就到餐馆帮别人洗盘子刷碗，有时还捡捡破烂。经过几个月的努力，他终于挣到了15 美元，并自豪地交给了他的父亲。父亲欣然拍着他的肩膀说："一个能为自己的过失行为负责的人，将来一定会有出息的。"

许多年以后，这位男孩成为美利坚合众国的总统，他就是里根。后来，里根在回忆往事时，深有感触地说："那一次闯祸之后，使我懂得了做人的责任。"

不许推卸责任

西点人认为，推卸责任是一种奇耻大辱。当国家把安危交付给他们的时候，西点军人觉得没有任何事情能比承担起这个责任更为重要和伟大。就如西点毕业生罗伯特·爱德华·李所说的那样：“责任在我们的语言里是一个最崇高的字眼，做所有的事情都应尽职尽责。”

人生在世，每人都有着不可推卸的责任。西点军校就十分强调学员的责任感。

西点学员都必须宣誓要忠诚，并把自己和其他人区别开来。学员接受了与职务相符的所有特权，也必须承担应尽的义务。摆在学员面前最棘手的问题是“不容忍”条款。这一条款每天都提醒学生记住，要承担神圣的职责，它远高于个人感情。

学生必须有鲜明的集体荣誉感，不能容忍或袖手旁观任何学生的任何有损荣誉的行为。容忍某一学生的违法违纪行为与学生的标准不符，也与社会对正直者的要求不符。“不容忍”是全体学员遵循军校座右铭“责任、荣誉、国家”的具体体现。任何违反荣誉准则或军校规定，甚至漫不经心以及找寻各种借口开脱的行为，都是西点所不能容忍的。不管是无意还是有意地违反规定的行为，有人见到不报告，同样也被视作违反了规定，甚至处罚更重，这就是西点独特的军规。

在规定时间内，学生如果未向上级报告与荣誉有关的尚未解决的事情，那么，这个学生就是以“容忍”的方式违背了荣誉准则。这个规定的时间长度被认定为不超过24小时。每个学生都必须牢记，迅速解决问题对所有牵涉其中的人都最为有利。否则，学员就很有可能受到牵连，一并受到严厉处罚。

假如某位学员确信发生了违反荣誉准则的事情，他可以当面询问有嫌疑的学员，并给他解释自己行为的机会。有时会发生一些看来可能是违反荣誉准则的事情，但一经严肃地查问后，发现那只不过是一种误解或错觉。遇到这种情况，学生可放弃干预此事。但如果学生仍怀疑确有违纪发生，那么他有责任：鼓励涉嫌学生向相关荣誉代表报告此事，同时必须向自己的相关荣誉代表报告“嫌疑案”。

在别人看来这么做是不近人情，但唯有“不容忍”违反纪律、玷污荣誉、逃避责任的行为发生，才是一个尽职尽责的真正军人应该做的。

可以说，任何一位西点精英都没有推卸和逃避责任的习惯，而在现实中，只有勇担责任、重视责任的人才是受人欢迎的人，受人尊敬的人。

"5·12"汶川大地震发生后，震区疮痍满目，但一所镇办初中——安县桑枣中学的校长却把孩子们全部安全带到了家长面前，告诉家长"娃娃连汗毛也没有少一根"，这真是一个奇迹！

创造这个奇迹的人叫叶志平，一位普通的中学校长。2200 名学生，上百名老师，在地震中安然无恙，桑枣中学被首批授予"抗震救灾先进集体"称号，叶志平也被网友称为灾区"最牛校长"，他用自己的责任心换来了全校师生的生命安全。

叶志平认为，责任高于一切，责任心比任何东西都重要。在接受采访时，他说："在桑枣中学，我们学校的墙上有句话就是'责任高于一切，成就源于付出'。这句话是在哪本书上看到的，我已经记不清楚了，但这句话写得挺好。我认为老师只是一个非常非常普通的职业，我当了老师，又是校长，要对这个责任有一个清醒的认识，这个责任比什么都高，因为你的责任就是对孩子的生命负责，这是高于一切的责任。同时，这个责任又是对你最基本的要求，孩子到了学校，即便你不是校长，也不是老师，你作为一个善良的人，保护孩子的生命也是应该做的。所以我说这个责任对于我们来说，不但是高于一切的、最高的责任、最大的责任，同时也是对教师的一个最基本的要求，那就是保护孩子的生命。”

在2008年5月12日14点28分，四川省汶川县发生了8.0级强烈地震以后，桑枣中学的全体师生，包括2200多名学生，100多名教师，分别从各个教学楼以及各个教室里，全部冲到了操场上，以班级为团队站好，总共花了1分钟36秒。地震发生时，校长叶志平正在绵阳县办理事务，手机没有信号，电话也打不通，他从绵阳县疯一般地冲回学校，眼前出现了这样的情景：学校外面的房屋全部遭受了地震的侵袭，学校内的八栋教学楼也震塌了一部分，都变成了危楼，最让他担心害怕的、加固了许多年的实验楼，却相对完好。当听到老师汇报“学生和老师们都安然无恙”的时候，他流下了激动的泪水。

叶志平自从出任桑枣中学的校长之后，就一直担心学校当时的实验楼。20 世纪 80 年代中期建造的这栋楼，因为没找正规的建筑公司，也就没人敢验收此楼。于是，叶志平自 1997 年起，接连几年都在改造加固这栋楼，新建的时候才用了 17 万元，可仅加固就用了 40 多万元。学校里没钱，叶志平就一点一点地向教育局申请维修费。他心里清楚，光修建结实的教学楼还远远不够，在出现紧急情况时，有序地疏散学生也非常关键。自 2005 年起，每个学期，他都组织全体师生进行一次紧急疏散的实战演习。学校规定好各个班级固定的单行疏散路线。在疏散时，要求两个班共同使用一个楼梯，每个班一定要排成一线。各班疏散到操场上的地方也是指定好了的，每一次每个班级都站在各自的位置上。

10 多年来，校长叶志平好像都在和死神进行着一场争分夺秒的赛跑。依照良心与责任，叶志平校长做了他觉得自己一定要做的那一点事情，在拯救全校 2200 多名师生生命的同时，也为人们提供了一个反思汶川地震灾难的全新视角。

叶志平曾说："我经常想，如果学生出事了，我们怎么给学生家长交代啊，就是这么简单的道理。我大事做不了，你叫我去修三峡电站，我修不了，你给我惊天动地的大事业我也做不了，但是，我一定能够把小事做好。哪一件小事？就是当我发现我们学校有安全隐患，我又有能力想办法把它排除掉的时候，我一定要想办法把这个事情做好。"

正是校长叶志平强烈的责任心，才使桑枣中学的2200多名学生以及100多名教师在地震中能够平安生存下来，没有一个人伤亡！

在现实生活中，很多人只想着能够从工作中或社会上获得什么东西，却很少主动去付出什么，不付出怎能有收获？你只有在自己的工作岗位上尽职尽责，全心全意地做工作，才能在工作中有所成就。

是我们的责任，我们就必须认真履行。西点学员意识到了责任的重要，并以履行自己的职责为使命，他们做每一件事都要全心全意。如此，才能够获得荣誉，也才能获得成功。西点学员对于责任的这种精神激发着他们的潜力，成就了许多荣耀。

最大的罪恶就是说谎

西点军校的《学员荣誉准则》里明确规定“学员不得撒谎、欺骗和行窃，也不得容忍他人有上述行为”。

举例来说，如果学员从图书馆借阅的图书过期不还，就会被视为撒谎，绝不是罚些“滞纳金”或说声“对不起”便可了结的。

如果学员考试作弊，就会被视为行为恶劣的欺骗，而给作弊者提供“帮助”的学员，不仅也会被视为同犯，而且还会罪加一等，处罚也更加严厉。

如果考试时监考老师说了“停笔”，学员没有放下笔，还继续作答，那他就是违反了荣誉守则，这在西点军校视同作弊。听到停笔命令立刻把笔放下，这应该变成一种条件反射。如果他继续作答，就必须站出来承认错误，而其他同学看到他继续作答，也必须提出检举。

如果学员在撰写论文时，对一些引用的观点和文字不加以说明，一经查出，轻者就要被严厉批评，重者则会面临被勒令退学的危险。

对于签名，西点军校这样认为：个人签名或姓名起首字母肯定了一种书面信息。学员在文件上签了名就表明：他认为，文件是真实准确的，否则就不能签上高贵的名字。

对于缺席卡，西点军校规定：缺席卡简化了说明的程序，当学员在缺席卡上打记号或指定别人打记号时，即等于这个学员正式声明：在此时间内，他将缺席。此卡反映的是学员的踪迹。如果学员无意超过时间期限必须尽早向上级报告说明，否则校方将以说谎论处。

签名和缺席卡在我们的生活工作中也会经常用到。而西点军校对之所做的严格意义的规定则是我们普通人难以想象的。西点军校对学员生活的每个方面和细节都做了严格的约束，这些苛刻的规定，我们又有几个能保证做得到呢？

从这些我们看来是“小错误”的惩罚规定中，我们见识了西点军校对“荣誉”的坚决无条件拥护。西点军校关于诚实和不许说谎的标准真是比美国国家标准还要高。西点军校认为一个真正不说谎的人，不但不能对别人说谎，也不能对自己说谎。学员不单单在军队中要诚实可靠，在任何其他环境中都应该保持这种品格，因为荣誉是西点军校的生命。

西点军校毕业生、Compass 集团总裁约翰·克里斯劳曾经回忆说：“我以前的一个室友违反了荣誉准则。当他把所做的事告诉我时，我并没有网开一面，而是告发了他。这并不是由于我不在乎他，我深深地关心他。但我知道，与他被给予第二次机会相比，原则更重要。我当时 18 岁，我知道我首要的责任是坚守荣誉的原则。”

在西点军校，“说谎是最大的罪恶”，必须给予严厉的惩罚。如果一个人无须面对自己的错误，无须为自己的错误负责，那将来他就会认为犯错误是理所当然的事情，根本无须担责任。久而久之，便把说谎犯错当成一种习惯，甚至对说谎得心应手、自圆其说，时间一长，便害人害己，至于荣誉更无从谈起。

西点军校对于学员违反荣誉的行为给予的严厉处罚也是我们闻所未闻的。对于犯错误的学员，学校会召开“荣誉听证会”——类似法庭审判一样，有关学员违规行为的正反证据都在听证会上一一列举，最后由荣誉委员会共同表决。如果最后判决的结果是该生确实违反了荣誉守则，违规学员就必须退学。西点军校曾经有这样一个例子：一位学员因为拷贝另一位学员电脑上的程式，然后修改了档案名称和一些细节后，以之充当了自己的设计交给老师。这名学员因此被其他学员控告欺骗（抄袭他人作品）而在听证会上接受调查。经荣誉委员会调查后判决，该名学员同时违反荣誉守则的两项规定。最后该学员被判欺骗(抄袭他人作品)以及说谎而遭到退学。

这在我们看来实在是匪夷所思，因为“抄袭”在当今社会已经是一个普遍存在的现象，即使法律也不能使之规范。而西点军校却能坚持令出必行，对违反荣誉原则者严惩不贷，以鲜明的事实论证了在任何情形下都言行一致的必要性。

的确，只有诚实，才能长久。正是有了对荣誉至上的拥护才成就了西点学员在许多领域尤其是商界的非凡成就。通过诚实合法的劳动取得的成功，其价值远比从欺骗中得来的利益大过千倍。

然而在现实生活中，谁又能保证自己从来没有说过谎呢？也许是迫于无奈才说的谎，也许是一种善意的谎言，但这种情况毕竟比较少。更多的谎言是从自身膨胀的欲望出发，甚至还有很多人都认为，欺骗、说谎是一种有利可图的勾当。他们利用着普通人的善心，以各种各样欺骗的手段博取善良人们的同情，以之牟取金钱和名誉，有时候为了达到目的，他们甚至披着行善的外衣让人们辨不清真伪。从西点军校的事例中，我们又能借鉴什么呢？我们又该如何组织我们的“荣誉听证会”来审判那些说谎的人呢?

的确，“诚信”会让人变得高贵而强大。它是人类的“第二个”身份证，是最美丽的外套，是心灵最圣洁的鲜花。天底下没有一种广告比诚实不欺、言行可靠的美誉更能博取他人的信任。一个言行诚实的人，自有正义公理做后盾，所以才能毫不畏缩地面对世界。而一个不讲诚信的人，是可悲的、可怜的、可恨的，也是可怕的。当他说谎时，他会在内心听到这样的声音：“我是一个说谎话的卑污者，一个戴假面具者”，而审判他的自有头顶的星空和心中的道德法庭。

有诚信才会被人尊敬

有一个老锁匠，技艺高超，一生开锁无数，且为人正直。他把自己的姓名和地址告诉每个修锁的人，说：“如果你家有贼进入，只要是用钥匙打开的家门，你来找我！”

老锁匠渐渐老了，为了后继有人，他开始物色徒弟。最后老锁匠将一身技艺传给了两个年轻人。

一年之后，两个年轻人有了一手技艺，但他俩之中只有一个能得到真传，老锁匠决定用一次考试来确定。

老锁匠拿了两个保险柜，分放在两个房间，让两个徒弟去打开，看谁花的时间短。结果大徒弟只用了半小时就完成了任务，众人都觉得大徒弟必胜无疑。老锁匠问大徒弟：“保险柜里装的是什么？”大徒弟顿时两眼放光：“有很多钱，全是百元大钞。”老锁匠转过脸又问小徒弟，小徒弟支吾了半天说：“师傅，我没看，您只让我开锁，我就打开了锁，但没往里看。”

老锁匠很欣慰，郑重宣布二徒弟为他的真传弟子。大徒弟不甘心，众人也很纳闷，老锁匠微微一笑：“人行事都要讲一个‘信’字，尤其是开锁这个活计，更需要高尚的道德情操。我是要把徒弟培养成一个技艺高超的锁匠，他心中只能有锁而不能有任何杂念，要对钱财视若无睹；否则一点点贪欲，就会引发杂念丛生，私心膨胀，登门入室或打开保险柜简直易如反掌，这对别人不负责，对自己更不负责。修锁的人，心中要有一把永远不能打开的锁。”

人心是把锁，有时能打开，有时决不能打开，比如私心贪欲的那部分。打开了私心和贪欲，结果反而什么都得不到。

老锁匠的话带给我们的思考也是深刻的。诚信是人的立身之本，一个人如果没有诚信就不会有人相信你；没有诚信，你也很难赢得别人的尊重。

西点就深明诚信对人发展的重要性，在西点学员的心里一直牢记着这样一句话：诚实是做人的第一美德，诚实守信是一个人最优秀的性格之一，诚实守信应该成为人永久的伴侣。

的确，一个人因为有了诚信，才会处处受人尊敬；因为有了诚信，才可能会梦想成真；因为有了诚信，才可能把握住机遇大门的钥匙；因为有了诚信才可能由平庸变得伟大。

当你步入社会之后，一定会遇到很多问题，也会遇到很多诱惑，当你面对这些问题和诱惑的时候，能否把持住自己内心的那把锁，能否保持诚信，也是关系你最终成败的关键一环。

用真诚赢得信任

真诚地对待别人，也许无法让所有的人都喜欢你，但至少可以让大多数人都信任你。

一个人如果只懂得关心自己，那么他是一个自私的人，也不会被很多人喜欢。

要想他人喜欢自己，首先要喜欢他人。这种喜欢不一定要刻意的表达和赞美。也许，只是在别人感冒时，递了一张面纸一杯热水，但这份关心却是真诚的，发自内心的，别无所图。这样的人，自然会获得更多的朋友，赢得更多人的青睐，遇到更多好的机会，丰富自己的人生。另外，这里的“诚”除作“真诚”解释外，还有“诚信”的意思。只要心存诚信，不管千难万险，我们的生活都会充满阳光，走在成功的路上也不会太累。

生活中，倘若你欠了十元钱赖着不还，那么你的信誉也就只值十元了。诚实守信不仅是一个人品行的证明，同时，它还使人树立起对家庭、对社会的强烈责任感。要获得他人的信任，除了要有正直诚实的品格外，还要有敏捷、正确的做事习惯。即使是一个资本雄厚的人，如果做事优柔寡断、头脑不清，缺乏敏捷的手腕和果断的决策能力，那么与他合作的人就不免担心自己的投资是否能有应得的回报，所以他的信用仍然维持不住。

信任是极其宝贵的个人财富，就像是后天培养的珍贵资源，一个人一旦失信于人一次，别人下次再也不愿意和他交往了。只需要一次就可能会失去信任，但换回信任就难了。所以说，成大事希望最大的人倒不是那些才华横溢的人，而是那些最能以真诚的心，良好的信誉给人以好感的人。与这样的人往往可以保持良好的较为长久的合作。通常，教师认为最有前途的学生往往就是那最能博得他欢心的孩子；老板认为最称心满意的员工，也就是那最能投合自己心理的人。

人类仿佛有一种共同的心理，那就是如果有人能使我们感到高兴喜悦，即使事情与我们的心愿稍有相背，也不太要紧。我们生活中的许多例子都可以证明，能博得人的欢心，获得人的信任，是为人处世必不可少的。

要想博得人们的欢心、获得人们的信任，首先一条就是要有一种令人愉悦的态度，表情亲切，行为活泼。相反的，无论你内心中是否对别人有好意，但如果人们从你的脸上看不到一点快乐，那么谁也不会对你产生好感。

与人交流，最好少说自己的隐私和好恶，你应该学会做一个倾听者，常常流露出对别人谈话的兴趣，能仔细听对方说话。这样做对你自己丝毫无损，说不准还可以从别人那里学到更多的东西。而你所表现出的对别人的同情却往往能达到雪中送炭的效果，成为他们心中最重要的礼物。在这个过程中，无形地增加了对方对你的好感和信任。

任何成大事者都需要持之以恒的精神，同样，要获得别人的信任也是如此。良好的态度要一以贯之，千万不要今天扮了一天笑脸，明天难以自制而故态复发，显出粗俗急躁的本性。这样的人是极其虚伪和惹人厌恶的。良好的态度需要平和心做基础，而平和心又需要以真诚的意念为前提。

一个志向高远、决心坚定的人，做任何事情都会有始有终，不会半途而废。获得别人的好感只是个好的开始，还需要用心去呵护它，这也是为自己今后的成功做铺垫。

第三章

西点军校送给男孩的第三份礼物：要懂得谨慎自制

耐心会带来胜利

“永不放弃”是西点军校的军规之一。西点军校有这样的规定：在任何时候、任何情况下，学员都应精神振奋、斗志昂扬，不允许有颓废之情。在西点校园内，很少听到“我不行”的话。在工作、学习和生活中，一旦上司有要求，你都必须回答“我一定做到”“我能行”，至少要回答“我执行”或“是”，任何想放弃的商量都不被允许。

在西点军校建校之初，曾经历了一段黑暗的日子，由于不良的管理，差点儿让西点夭折。但是“西点军校之父”塞耶却用他的耐心，用他永不放弃的精神和意志挽救了风雨飘摇中的西点。

那是在奥尔登·帕特里奇执掌大权、成为西点军校专职校长之后。帕特里奇性格古怪，喜欢拉帮结派。当时的西点军校只有几个人，而帕特里奇将他的亲朋好友安排在军校里，因此在他任西点军校校长期间，犯下了严重的任人唯亲和滥用职权的错误。这种错误差点儿毁了西点军校。帕特里奇对教职员很不信任，他偏袒的学员可以不经过教官的考核就允许毕业，这造成了其他学员的普遍不满。在他执政期间，军校军规被滥用，一些对学员的惩罚甚至到了严酷的地步，军校内结党营私，帮派主义泛滥，学员们逃避责任和艰苦的风气蔓延，这一时期成为西点军校历史上的“黑暗时期”。帕特里奇成为学员们共同仇恨和“惧怕”的“敌人”。

帕特里奇喜欢任人唯亲，有目共睹。西点军校的炮兵连几乎全是由他的亲人组成，他的外甥担任指挥官。1814 年，帕特里奇安排他的叔父艾萨克在西点军校里出任学员餐厅的伙食管理员一职，这件事曾经引发了一场“人羊大战”。艾萨克打着改善学员伙食的旗帜买来一群羊，名义上是给学员改善伙食，实际上只有死羊肉才会出现在学员的餐桌上。由于有帕特里奇的庇护，艾萨克肆无忌惮，他任凭那些羊到处乱跑，整个学校成为羊群的“散步场”。这些让人愤怒的羊跑到教学区的操场上，跑到校园外，弄得学校到处臭气扑鼻，一些气愤的学员会抓住那些跑到校园外的羊，将它们杀死吃掉或扔下悬崖。

在提拔学员方面，帕特里奇喜欢一意孤行。他从不听取教官的意见，对那些准备提升的学员的名字从不与教官商议。而最有才能的学员却不被重视，甚至被贬抑。在这种情况下，西点军校的教学停步不前，学区内杂乱无章，有人断言：西点军校要垮下去了。

就在西点陷入一片混乱，即将垮下去时，西尔韦纳斯·塞耶少校来到了西点。

说实话，当塞耶亲眼看到了西点的形势后感到震惊，学员们肆意酗酒、赌博，没有一点规矩，整天混日子，甚至有些人还负债累累。但塞耶没有被眼前的一切吓倒，他决心要把西点整出点样子来。

就在塞耶到西点的当天晚上，帕特里奇不辞而别，但这并没有影响塞耶。他和一些反对帕特里奇的教官一起拟订计划，大张旗鼓地开始了对西点的整顿。但是当整顿工作正顺利开展时，帕特里奇又回来了，他想要夺权！

帕特里奇径直走进塞耶的办公室，傲慢地说：

“这里是我的位置，请你出去!”

“不!”塞耶毫不让步。

但是学校里仍然有拥护帕特里奇的学员，他们除了是他的亲朋好友外，还有一些是想继续过无拘无束的日子、不求上进的学员。因此，当帕特里奇走到阅兵场，并大声宣布“西点的负责人是我”时，那些学员欢呼雀跃起来。

塞耶看到学员们的样子备感头疼，但他没有退缩，他知道想要整顿这样的学校需要时间和毅力，还需要耐心。于是他暗下决心，一定要想办法平息这场骚乱，将危害西点军校的有害分子彻底从军校里驱除。他冷静下来，仔细考虑了一番，最后他给陆军部部长写了一封信，信中详细报告了帕特里奇闹事的场景，并主动离开军校动身前往纽约待命。

当陆军部部长看到塞耶的信后，立即对惹是生非的帕特里奇以叛乱、渎职、藐视指挥官和不服从命令等罪名进行军事审判。塞耶又重新回到了西点军校。

帕特里奇的“革命”虽然没有得逞，但摆在塞耶面前的麻烦依然不少：军校内部依然有很大一部分“不安分”的人，帕特里奇的遗毒还在校园里广泛存在。这些人经常会给塞耶制造出一些令他意想不到的事，他们继续在学校里兴风作浪，甚至许多学员都曾私自出卖过学校的军用物品。为保证各种新的规章制度的顺利实施，塞耶坚决果断地开除了一些违纪的学员，其中就有将军的儿子。

西点军校保证，不管学员的社会背景如何，学校都将对他们一视同仁。要做到这一点很有难度。1818 年，塞耶亲自写信给当时的美国政要平尼克将军。通知他由于他的儿子没能够按时返校，军校决定勒令其退学，平尼克将军解释说是由于天气不好，自己才把儿子留下的，塞耶明白考验自己的时候到了，他冒着得罪权贵的危险，果断地开除了平尼克将军的儿子。

塞耶的这一做法达到了杀一儆百的效果，之后很少有学员再敢藐视校规校纪了。

把几个“害群之马”开除之后，塞耶开始按照他制定的规章制度办学。由于在他来之前，学员的水平参差不齐，有的只会“读、写、算”，就顺利进入了西点，这个水平随便一个美国男孩都能达到。为了改变这种现状，塞耶规定只招收高中毕业生，而且申请入学的人必须经过严格的考试，学员根据不同的水平分年级，接受不同的授课。

而且塞耶还严格依照规章制度办学，学员必须遵守纪律、坚定果敢并忠于职守；学员不得结婚，在校期间不准看小说，甚至看报也必须经过特许。

塞耶大刀阔斧的改革很快就见成效了，西点军校的面貌大为改观，渐渐地走上了正轨，并开始在美国崭露头角。美国各地的年轻人都纷纷慕名而来，执意要在塞耶手下学习。杰斐逊·戴维斯，艾伯特·约翰斯顿，菲利普·乔治·库克，以及南北战争时期最著名的将领罗伯特·李，都在塞耶任职期间在西点军校中学习。

塞耶凭借着不屈不挠和永不放弃的精神改变了西点，创立了严谨的校风，并流传至今。为纪念他的丰功伟绩，西点军校在西点校园的“大厅”前为他竖起了一尊铜像，上面醒目地刻着几个大字：“西点之父”。

塞耶永不放弃的精神值得每个小男子汉学习。只有不放弃，有耐心，迎难而上，我们才能有机会取得胜利，才能有机会证明自己能行。永远都要记住：“我能行！”

勇敢前要先沉着

曾经有人说过："控制情绪保持冷静是一种高度的智慧。"只有这样的人才是真正的勇者。

西点军校1965年毕业生利富顿·卡尔曾经被派遣至越南。他在越南待了一段时间之后，被晋升为陆军中尉，换防至越南中部的一个偏远地区。

有一天傍晚，卡尔正准备回营帐，突然一枚炮弹在距离他前方9米的地方轰然爆炸，他的战友在前方高呼："卡尔，我受伤了。"卡尔立即奔向前去，发现战友浑身是血。此时此刻炮火更为密集，敌人正在开展一场猛烈的地面攻击。

卡尔跑回营帐，抓起无线电话卧倒在地。他在若干年后的诉说中提到："当时我卧倒在地，有那么一瞬间完全不知所措。在我过去二十几年的人生中，从未有什么事情威胁到我的生命，而这一次的攻击却是要置我们于死地。但是我知道，越危险的情况越需要保持冷静……”

卡尔在冷静下来之后，开始有条不紊地处理：他呼叫炮兵营进行火力支援，命令下属士兵进行反击，通知医护人员立即撤出受伤人员……正是他的这种冷静，才使得一系列行动有序开展，防止了更惨重的结果。

西点军校给所有学员设置了高难度的训练课程，其中很多课程不仅仅是在锻炼学员的体能，也是在培养学员在各种情况下保持理智和冷静的头脑。

比如在拳击和摔跤等方面的训练中，对方的拳头和招式眼看就要过来时，作为新手，难免会心慌，甚至连最基本的躲闪或是已经学会的防守招数都会忘记。

可是，在经过了严格的训练之后，情况就会有所不同，无论面对多么强大的对手，都会保持理智，寻找突破的机会。

面临危机和困难时，我们最需要也必须首先做到的便是沉着和冷静。一个临危不惧、镇定自若的人才能在危难面前不乱阵脚，充分运用他的理性在最短的时间内集中力量想出解决问题的最佳方案。而另一方面，沉着和冷静还能起到稳定人心的作用，让所有的人都能安心地共渡难关。

从小，我们就常听人说“做事要三思而后行”，意思是在做事前要经过多次考虑，然后再行动。虽然这个哲理在我们的脑海里早已经根深蒂固，但现在能够真正去遵照执行的人却屈指可数。

当然，倡导“三思而后行”，并不是要求我们都谨小慎微，更不是让大家遇事优柔寡断拿不定主意，而是劝告大家遇事多动一动脑子、周密考虑，特别是在一些关键时刻、关键问题上，不要人云亦云、信口开河，不要心血来潮、随心所欲，而应该多问几个为什么。

学会反省自己的不足

西点军校强调一个人要有完美的德行，要学会时刻反省自己的不足，这样才有可能前进，才能让自己更加无懈可击。 而这种完美的德行，也正是优秀男孩所需要的德行。

虽然杰克逊反对南方蓄奴州脱离联邦，但他认为南方各州人民有权决定自己的前途，是战争还是和平，完全是华盛顿联邦政府的选择。杰克逊对联邦政府动辄以武力威胁的做法感到震惊，“看他们轻描淡写地谈论战争并以此相威胁，着实让人心痛。他们似乎并不知道战争的恐怖。我有机会经历战争，知道这是所有罪恶的总和而深怀惧意”。

杰克逊是南北战中南方著名将领，他指挥的谷底战役，以少胜多，并且多次击退北军的围攻，后来成了军事教材，并且彪炳战史。

但是，能够使他彪炳战史的不仅仅是他的指挥艺术和作战成就，还有他那近乎完美的德行。他很自律，而且还经常反省自己的不足，经常会为自己的不完美之处懊悔不已。尽管如此，人们对他确实爱戴有加，无论是跟随他的石墙旅老兵、他的上级领导，还是后来的军事学家，都对他评价颇高，身后能够拥有如此殊荣，在南北将领中是颇为少见的。

这就是西点军校以及美国军队中每一个人所持有的做事理念。

西点人特别强调一个人的德行，认为一个人自觉遵守纪律，特别重要。西点人认为，自觉自律是意志成熟的标志。作为男孩，就要懂得时刻自我反省，让自己更加无懈可击，因为自律可以锻造卓越。

本杰明·富兰克林，是 18 世纪美国最伟大的科学家和发明家，著名的政治家、外交家、哲学家、文学家和航海家以及美国独立战争的伟大领袖。他一生中最真实的写照是他自己所说过的一句话：“诚实和勤勉，应该成为你永久的伴侣。”富兰克林在他的自传里写道：“我的目的是养成所有美德的习惯。”“最好还是在一个时期内集中精力掌握其中的一种美德。当我掌握了一种美德后，接着就开始注意另外一种，这样下去，直到我掌握了13种为止。因为先获得的一些美德可以便利其他美德的培养。”

成大事者皆反省。西点有这样一句名言：向自己的经历学习，如果这不比从书本上学习更重要，起码和它同等重要。只有不断反省自己的人，才能从自身吸取经验教训，从而不断取得进步。正如西点的一位教官所说：反省的好处在于——可以修正自己的作为和方向，可以修正作为来使自己进步。西点从学员进入军校开始就十分强调纪律的重要性。作为男孩，就要敢于做自我反省。

怎样做才能培养出反省自身不足的能力呢？

1. 要重视反省能力

对男孩来说，自我反省是成长的一个秘诀，一个不会自我反省的男孩是永远也长不大的。男孩通过自我反省，能够及时修正错误，不断调整精神信息系统接收信号的敏感度和准确度，以确保信息系统不会出现紊乱。学会自我反省的男孩，等于掌握了自我完善和健康成长的秘诀。

2. 学会总结经验教训

总结经验教训，实际上就是对自我行为的一种反省。不断总结经验教训的人，才会避免再犯同样的错误。

例如，一个孩子经常晚上先玩游戏再做作业，结果作业总是做得很不认真、错误百出，因此他受到了老师的批评，这时他会想：“我先玩游戏，再做作业，留给做作业的时间总是不够用，这才是导致我作业写不好的原因。下次我是不是应该先做作业，留给做作业更多的时间呢？”

虽然说，男孩预见事物的结果能力相对较弱，但他在做事之前，还是会对自己的行为做一个预先的评价，看是否会出现他所预想的结果，如果结果正如他所想的，那么他以后会继续这样做；如果结果和他想的不一样，男孩就会总结经验教训，调整自己的想法，这也是一个人做事的一种反应机制。

保持有分寸的激情

这是一个充满机遇和诱惑的时代。比如在投资市场，有些人充满激情，敢于冒险，从而最终把握了投资市场的机会，获得了巨大的成功。其实，神话和现实往往只在一念之间，纵观那些成功案例的背后，我们可以发现他们都有一个共同的特质，那就是富于激情、敢于冒险，在与风险的搏击中获得了成功。有人说，没有冒险就没有成功者，这句话虽然说得有些绝对，但冒险在某种程度上意味着成功的开始。但这并不意味着追求成功只需要激情而不需要理智。一个真正成功的人，必当是二者兼备的。

西点军人的特质是：在开始做事之前，总是充分信任自己的能力，深信所从事的事业必能成功。这样，在做事时他们就能付出全部的精力，破除一切艰难险阻，直到胜利。然而，西点军人也并不是鲁莽行事，为了冒险而冒险。在决定做某件事情前，他们一定会挖掘足够的信息，然后才能够准确预测出“有所作为的风险”和“无所作为的风险”，这样的冒险才是智慧的选择，才能使自己立于不败之地！

生活中的男孩们正是处在“初生牛犊不怕虎”的阶段，做事容易欠缺考虑，很容易走弯路。而实际上，只有用理性指导激情，才会让成功来得更容易。

克劳塞维茨说：“只有通过智力的这样一种活动，即认识到冒险的必要而决心去冒险，才能产生果断。”犹太人被公认是非常精明并且敢于冒险，正是兼备了这两种品质，他们才能解决遇到的危机。有一个故事颇能说明这个问题。

约瑟夫在1835年投资了一家小型保险公司。但是在他投资不久，纽约就发生了一场特大火灾事故。很多同行心慌手乱，认为自己这次赔大了，纷纷低价转让自己的股份。这时约瑟夫剑走偏锋，出人意料地买下了这所公司全部股东的股份。这真是一场大的赌博。然而在处理完理赔后，他的公司的信誉突然增加了。虽然约瑟夫把保险金提高了一倍，但很多新的客户却很放心地在他这儿投保，约瑟夫由此也发了大财。

在有的人看来，约瑟夫的做法是冒险的。但约瑟夫并不是有勇无谋，他正是掌握了人们对保险这一行业的消费心理，只有自信，才能让他人相信自己。约瑟夫很好地处理了赔偿正是向人们证明了他的公司的信誉。

每一次风险都隐藏着许多成功的机会，只有敢于冒险的人，才会赢得财富。

> 20 世纪 50 年代，欧美兴起塑料花热，李嘉诚迅速投资生产塑料花；60 年代后期，香港经济起飞，地价开始跃升，他迅速投资购买大量土地；70 年代后期，香港股市炒得很热，他果断迅速投资入市。
>
> 了解李嘉诚的人都知道，在这一次次的投资中，每一次都伴随着风险，但李嘉诚却最终获得了成功。这其中的原因之一就是李嘉诚能及时把握政策，看清时势，果断投资。洛克说过，“一个理性的动物，就应该有充分的果断和勇气，凡是自己应做的事，不应因里面有危险就退缩”。

生活中的男孩们从中也应该有所启发。如果我们细细揣摩一下这些成功者的经历，他们看上去都很冒险，似乎有些不可思议，但其实这些都是表面现象。就拿投资而言，其实在这些成功案例的背后，有着他们理性分析后所发现的投资潜在的巨大价值，而正是潜在的巨大价值才使得他们敢于在看似危险的时候果断进入。在这里，我们恰恰看到的是一种敢作敢为的精神。有专家认为，现代社会充满竞争，而要想在竞争中脱颖而出，风险意识是必须具备的一种现代意识。只有敢于冒风险，又能冷静下来理性思考，才能开拓崭新的事业，创造出一番新天地，获取巨大的财富。

在追求成功的过程中，只有充满激情、敢于冒险，并用理性指导自己的行动，学好更多的专业知识，做好更为周全的规划，这样才能在风云变幻的当今社会中取得成功。

这一启示更验证了《孙子兵法》里的一句名言“知己知彼，百战不殆”，要真正做到知己知彼才能把握机会。

1. 知己

虽然说富贵险中求，但每个人的风险承受能力都是不一样的，所以冒险也要因人而异。比如对于事业处在起步阶段的男孩们，你们的风险承受能力大一些，可以从事一些“高风险”的冒险活动。而对于那些经历过失败的男孩来说，情况就不一样了，需要三思而后行。

2. 知彼

男孩们除了需要把握自身情况以外，尽量让自己的努力与社会和市场接轨。另外，你还需要给自己留条后路，能够保证最基本的生存条件，这样才能有“东山再起”的机会。

有勇更要有谋

科学家蒲柏曾说："我们航行在生活的海洋上，理智是罗盘，情感是大风。"

西点出身的巴顿被人称为"铁血将军"，在电影里端着机枪打飞机，显得十分鲁莽。其实他的勇敢之中虽有"血气"成分，但一点也不乏智慧的内涵。他不仅在西点时学习成绩不错，还曾留学法国，主办过坦克学校，担任过旅长、师长、军长、集团军司令官，他的学历、阅历、资历，是他"血气"的基础。中国人说"艺高人胆大"，巴顿是真正学过"艺"的，是在"艺"的基础上或是在"艺"与"血气"结合起来后形成的勇敢。

不仅巴顿将军是个有勇有谋的人，在西点，鲁莽行事、硬碰硬被视为一种极其愚蠢的表现。西点人看重勇气与决心，但也重视智慧和方法。西点人认为一场没有方法的进攻只能导致失败，只有勤于思考的人才能领导人们走向胜利。

在长期的军事生涯中，西点军校1915年毕业生、五星上将布莱德雷非常注意斗争策略，从不逞匹夫之勇硬冲硬打，鲁莽行事。在战斗中，有时候敌人的力量相对强大，布莱德雷总能够保持冷静的头脑，从不冒险去攻击敌人，甚至会做出某些让步。在一次攻坚战中，敌军的力量相当强大，布莱德雷奉命在天黑之前攻下敌人的山头。在攻打了几个小时后，敌军强大的武器装备使布莱德雷的军队难以抵挡。于是，布莱德雷便率兵退下阵来。得知他们撤退的消息后，布莱德雷的长官非常生气，以为布莱德雷是败退。晚间，长官正要找布莱德雷训话，却听到了山后传来枪炮声。原来，布莱德雷退下来后便率兵悄悄地绕到敌人阵地的后面，准备给敌人一个突然袭击。

布莱德雷很清楚，在军事斗争中，只贪一时之功、图一时之快，危险非常大，有时很可能导致全军覆没，前功尽弃。只有具备了长远眼光和全局观念，有屈有伸，才有可能夺取最后的胜利。

很多男孩都以为男子汉就是那种“路见不平拔刀相助”的英雄豪杰，是那种有所不屑就会出手相搏的血气方刚之人，这样的人才有英雄气概。其实，鲁莽和冲动并不是勇敢的表现，有激情、敢于冒险的人并不是那些做事冲动的人，而是那些能够在理性地分析事情之后，采取行之有效的措施的人。

理性的勇敢建立在客观理性的分析和清晰的头脑之上，而冲动的勇敢却建立在主观失控的情绪和混乱的头脑之上。

相信作为一个小小男子汉，你具备区分勇敢与冲动的能力，请记住一句话：冲动是魔鬼。在你失去理智的时候，不妨先静下心想想，事情还有更好的解决方式吗？在你被人误解甚至激怒而热血沸腾、忍无可忍的时候，一定不要毫无理智地动用拳头来解决问题，这不是勇敢，也不是男子汉所为，更何况，这样根本解决不了问题，你必须要考虑和预见到自己的行为将会产生什么样的后果，而自己能否承受这样的后果。

一切行动听指挥

“一切行动听指挥”是军人的一种本能，成为军人要学会的第一件事情就是服从。

西点退役上校唐尼索恩在他的回忆录里讲述了当年刚进西点时的一个小故事：

1962年，当时我还是一个对未来充满幻想的18岁青年，报到那一天，我穿着一件红色T恤和短裤，提着一个小皮箱来到西点军校。在体育馆办理完报到手续之后，我走向校园中央的大操场。

在操场边上，我看到了一位穿制服的学长，他当时的样子只能用完美无瑕来形容：他肩上披着红色的值日星带，表明他是新生训练的负责人之一。他远远看到我就说：“嘿，穿红衣服的那个，到这边来。”我一面走向他，一面伸出手说：“嘿，我叫唐尼索恩。”我面带笑容，期待着他对我亲切的问候。结果出乎我的意料，他非常严厉地对我说：

"菜鸟，你以为这里有谁会管你叫什么名字吗?"你可以想象得到，我当场被他驳得哑口无言。紧接着，他命令我把皮箱丢在地上，单是这个动作就折腾了我半天。一开始，我弯下腰把皮箱放在地上。他说："菜鸟，我是叫你把皮箱丢下。"这一次，我弯下身，在皮箱离地面5厘米左右松手让它掉下去，可他还是不满意。我一再重复这个动作，直到最后一动不动只把手指松开让皮箱自己掉下去，他才终于满意。

这种斯巴达式的训练方式是西点军校的一大特色，它使学员们的身体疲惫不堪，而这正是训练学员们服从权威的有效手段。西点强调服从，训练学员们通过服从统一意志，统一行动，达到既定的目标。在西点，为了培养服从意识，每个学员都被要求切记避免"对总统、国会或自己的上级做任何贬低的评论"。

西点教育学员："不要传递那种不受上级欢迎的文件和报告，更不要发表使上级讨厌的讲话。"如果摸不准自己的报告或发表的讲话是否符合上级口味，可以事先征求一下上级的意见。西点军校还教育学员养成"公务员的性格”，坚信当权者是完美无缺的人，对当权者不要有任何怀疑。这一做人原则是西点的传统道德。

一位知名的西点教官对服从做了非常生动的描述：“上级的命令，好似大炮发射出的炮弹，在命令面前你无理可言，必须绝对服从。”

一个真正的将军，必须具有服从精神和严守纪律的品格——需要发表意见的时候，坦而言之，尽其所能，当上级决定了什么事情，就坚决服从，努力执行，绝不表现自己的聪明。

成为权威前先学会服从

在西点餐厅里，一位高年级学员心血来潮，命令新学员凯恩背诵《新学员须知》。

“凯恩先生，现在背诵斯科菲尔德对纪律的定义。”

“长官，斯科菲尔德对纪律的定义是：纪律使士兵成为自由国度战争时可以依赖的对象，纪律并非来自严酷或暴虐的惩戒，相反，这种惩戒更可能的是破坏而不是造就一支军队。”

“我不喜欢你的语调，那么柔柔弱弱的，简直不像个男人。现在大声说话，要像个军人的样子。你比谁强?”

“先生，我强过校长的狗，校长的猫，食堂招待员，军乐队，空军的将军和整个该死的海军的全部海军上将。先生。”

“你又说错了。一句话里为什么要说好几个先生?”

"一个，先生！"

"吃！"

这个"平民"立刻把刚刚为了执行命令而从嘴边拿开的面包又塞回嘴里。

"不够快。笨蛋，坐直！再做一次！"

"是，先生！"

这不是一则笑话。在西点军校学员眼里，上级就是上级，上级就是权威，而权威的命令必须服从。即使不管叫你做什么都要照做不误，不容许有任何猜疑。这正是为了训练学员们一种向权威低头的勇气。因为只有懂得在权威面前低头的人，才是明智的人。

西点军校是一个让人脱胎换骨的地方，它所培训出的能够建立自己权威的领袖层出不穷。在整整一个世纪中，其他任何学校都没有像它这样在"光荣册上写下如此众多领袖的名字"。西点军校造就的将军中，仅1915届就有3位四星上将，两位五星上将和陆军参谋长，一名当了美国总统。而西点军校更是超越了商学院的价值，为经济领域培养了大批叱咤风云的人物，其中包括像杜邦、通用、可口可乐这样的跨国公司的总裁。西点军校之所以取得如此辉煌的成绩，与领导者对权威理念的阐释是分不开的。因为只有先学会向权威低头才有可能使自己变成权威。

权威人物无疑都具备一种出色的感召力和被拥戴、信仰的基础。作为社会精英的他们本身在人格或才能上具有非凡魅力，使他们不同凡响，从而产生特殊的吸引力和感召力，成为权威人物。而那些追随者也因为有拥戴和服从这个人物的需要，使他们能够心甘情愿地服从这种权威，在权威面前低头。

对西点人来说，服从权威就是军人的灵魂。上司的地位、责任使他有权发号施令，上司的权威就是整体的利益，权威之所以成为权威必然经历了历史的论证和战争的检验，绝不允许抗令而行。战争的结果只有两个：要么消灭敌人、要么被敌人消灭。在残酷的战争中，服从权威其实是使军队在最短的时间内迅速地为共同目标凝聚在一起，以争取最大的胜利。否则战争付出的将是残酷的代价。西点军校毕业生、钢铁公司总裁卡尔·劳恩说："上司的意识通过下属的服从将很快变成一股强大的执行力。"这样就先为战役从时间上争取了先机。因此，向权威低头是"无条件服从"的基础，更是一种美德。

懂得向权威低头，对现代社会的我们来说，是一种智慧。学会在权威面前低头，可以塑造你的勇气和自信。因为通过所有困难的考验，你的自尊和自律也都会随之增强。抗拒权威肯定会让你付出代价。或许这种代价有时候并不明显，你甚至对它视而不见，但它所传播的信息，在领导者看来：这个人是不会成为团队的忠诚干将的。

但是，有时权威的判断也有失误的时候，但即使是你认为错误的命令也要服从，因为在军队中这种服从是无条件的，而这个时候，学员们就要学会掌控自己的情绪。

无疑，西点军校是一个特别能打消人傲气的地方。新学员从在西点军校门口走下汽车的那一刻起，便告别了平民生活的“友善世界”，准备要服从无数的命令。这些命令本身不会告诉你应该怎样做——而仅仅是“你必须完成它”。不管你以前有如何锋利的刺，到了西点都会被脱胎换骨。而接下来的西点军校残酷的魔鬼训练告诉你，不论你以前的光环有多大，在这里，你只有对上级命令绝对地服从，你只不过是如同白纸一样的婴儿，你必须要掌控好自己的情绪，一切从零开始。

艰苦的训练只是西点军校培养超级人才的第一课，因为只有在困难面前学会掌控好自己的情绪才能为坚强意志力的形成打下基础。1909年西点军校毕业生巴顿将军说："作为男人，只有对艰苦和严格习以为常，在困难面前才能尽职尽责。"

弱者被思绪控制行为，而强者会让行动指引思绪。在生活中，我们又该怎样才能控制情绪呢？让我们看看陆军部长斯坦顿（曾经向林肯总统告格兰特的状）和林肯总统之间发生的一件小事。

斯坦顿曾气呼呼地对林肯说一位少将用侮辱的话指责他偏袒一些人。林肯建议："那你就写一封尖刻的信狠狠地骂那家伙一顿。"

于是斯坦顿立刻写了一封措辞激烈的信拿给总统看。

"好极了，对了。"林肯高声说，"就是要好好训他一顿，写绝了，斯坦顿。"

当斯坦顿把信叠好，装进信封里时，林肯却叫住了他。

"为什么不让我寄出去呀？"斯坦顿有些摸不着头脑了。

"这封信不能发，不要胡闹。"林肯大声说，

“快把它扔到炉子里烧毁吧。我都是这么处理生气时写的信的。你想想看，写这封信的时候你已经解了气，现在感觉好多了吧，那就把它烧掉，再写第二封吧。”

学会服从权威就要掌控好自己的情绪，这是军人必修的课程，更是男孩必备的素质之一。我们可以借鉴林肯教导斯坦顿控制情绪所采用的睿智方法，对愤怒情绪要学会驾驭，沉着冷静，学会沟通协调，合理地宣泄，应避免急躁，才能摆脱消极情绪。一个人如果能够控制自己的激情、欲望和恐惧，那他就胜过国王。

“懂得服从权威才能成为权威”，看似简单，这其中所要经历的磨难却是痛苦的，但唯其如此，西点军校作为“美国将军的摇篮”才在世界上拥有了至高无上的殊荣。

有纪律才能强大

西点军校的纪律无疑是非常严格的，学员们一开始也许只是为了形式而严格遵守军校的每一条纪律，但时间一长，学员们就会渐渐把西点的目标变成个人的目标，将原本被纪律所强调的行为变成一种自觉的行为。

西点人认为，纪律能使人无坚不摧，自觉自律更是个人意志成熟的表现。西点的职业教育总方针这样说：自我约束是一种特别值得关注的品质，它与正直精神一样，贯穿于模范地履行职责和个人行为的所有方面。

在希望学员自觉遵守纪律的同时，西点还有许多纪律用来约束和处罚学员，如“点子”制度。所谓点子制度就是指，学员凡有任何小过错和失误，一律作为点子由长官记录下来，当点子积累到一定数量时，这名学员就要受到各种处罚。当然，除了点子制度之外，西点对学员大过错的处罚还有很多种，如降低排名、撤职、留级、勒令退学、军法审判，甚至关进监牢等。

一般情况下，即使不触犯国家法律、不违反军纪的小过错，只是违反军校的荣誉信条，也就是撒谎、欺骗、偷盗、考试作弊等，无论情节大小，都要受到重罚。

四星上将巴顿可以说是美国个性最强的一名军官，但他在对纪律的遵守和对上司的服从问题上，态度从不含糊。巴顿说："纪律是保持部队战斗力的重要因素，也是士兵发挥最大潜能的关键。因此，纪律应该是根深蒂固的，它甚至比战斗的激烈程度与死亡的可怕性质还要强烈。如果你不执行和遵守纪律，你就是潜在的杀人犯。"他不仅对自己有着这样的要求，对于他的士兵和部队，他也同样要求有严格的纪律。

第二次世界大战期间，根据自己长期的治军经验，巴顿认识到，如果军队纪律松懈、军容不整，那这支军队肯定是不会有所作为的。因此，巴顿决心从整顿军纪入手，对军队进行一次严厉的整顿。

巴顿到任后的第二天，早上7点，他按作息规定准时来到食堂，但他却发现只有他的参谋长加菲来到了食堂。于是，他当即命令厨师马上开饭，1小时后停止供餐。同时发布命令："从明天起，全体学员准时吃饭，且半小时之内必须吃完。"这样，不久之后士兵上岗迟到的现象被杜绝。

不过，巴顿的整顿才刚刚开始，紧接着，他又发布了强制性的着装令：凡在战区，军人都必须戴钢盔、系领带、打绑腿，即使是后勤人员也不例外。违反命令者被处以罚款：军官 50 美元，士兵 30 美元。巴顿的这种做法让许多人都觉得非常反感，甚至背地里咒骂巴顿。然而，他的这种做法却使这支军队有了翻天覆地的变化。而这一切的完成仅仅用了 11 天的时间。

巴顿之所以能在短短 11 天之内就改变一支部队的“执行力”，依靠的就是对“纪律、服从”的强调。只有纪律才能使人无坚不摧，才能保证强而有力的执行力。“执行”不是嘴上说说就可以，而是在遵守纪律、服从指挥的前提下去完成任务。西点校方认为，一名合格的军人必须被打上纪律的烙印，只有这样才能保证今后即使是在非常严苛的条件下也能完成任务。

无规矩不成方圆，不管是团队还是个人，只有纪律才能保证一切正常进行。 而个人对纪律的遵守以及对自我的约束更是一种高贵的性格品质，它贯穿于履行职责与个人行为等所有方面。当你具有强烈的纪律意识，并且懂得无条件执行的重要性时，你就会猛然发现，个人的学习与工作都会有一个崭新的开始。

纪律是一种非常必要的约束手段，团队只有拥有铁一般的纪律，才能使凝聚力和战斗力更强；个人只有懂得遵守纪律，服从命令，才能无坚不摧，勇敢地完成任务。

学会控制自己的情绪

西点 1971 年毕业生汤玛斯·梅兹中将说过：“如果任凭感情支配自己的行动，那便会使自己成为感情的奴隶。一个人，没有比被自己的感情所奴役更不自由的了。”

控制自我情绪是一种重要的能力，也是一种难能可贵的艺术。一个不懂得控制自我的人，只会任由其情绪的发展，使自己犹如一头失控的野兽，一旦不小心闯到熙熙攘攘的人群中，则会伤人伤己。人是群居的动物，不可能总是一个人独处，因此，一旦情绪失控，必将波及他人。控制自我是一个人必须具备的能力。传说有一个“仇恨袋”，谁越对它施力，它就胀得越大，以致最后堵死我们生存的空间。因此，当我们遇到令人生气的事情，不必再将怒火重新点燃，实际上这也于事无补。你打我一拳，我必定想方设法还你两脚，即使是好汉不吃眼前亏，也必当日后补上——大多数人都会这样想。这样做只能使对抗升级而无助于解决问题，更不论是谁对谁错了。

很多男孩都不能适当地控制自己的情绪，或乐极生悲，或郁郁难解，使得自己被情绪影响了判断力。例如，当天气不好的时候，有的男孩就会情绪低落，做什么事情都没有干劲；当到了一个陌生的环境时，有的男孩就会紧张无措，防卫过度，或者消极逃避；当际遇不如意时，有的男孩就会落寞消沉，难以振作，甚至还会自怜自艾，把所有的不幸都归结于命运。

可是，如果做人处世只是如此情绪化，那就说不定什么时候会像定时炸弹一样爆发，伤害了别人也伤害了自己。一个男孩即使再有才华，如果他的情绪不能够受到控制，那他的生活是不会幸福的。

一个成功的人必定是有良好控制能力的人，控制自我不是说不发泄情绪，也不是不发脾气，过度压抑会适得其反。良好的控制自我能力就是不要凡事都情绪化，任由情绪发展，而是要适度控制，这是一种能力的体现。

控制好情绪才能成大事。人们只有用理性来平衡自己的情绪，接受理性的指引，先“谋定而后动”，管住自己的言行和举止，而后才能引导所有积蓄的力量流入成功的海洋。相反，如果一个男孩缺乏自制的能力，总是让自己的情绪主导着一切，口无遮拦、行无规矩、随心所欲、没有规划也没有目标，那样的话，要么他所有的努力如同脱缰野马，根本控制不了，也达不到既定的目标；要么他的行为与环境格格不入，最终也达不到成功的彼岸。

有效地控制情绪能使你的人生之路变得平坦，还能为你开辟出许多新道路。如果你没有自我控制的能力，就会缺乏忍耐精神，既不能管理自己，也不能驾驭别人。

在某国的特种部队，流传着这样一个故事：一个间谍被敌军捉住以后，他立刻装聋作哑，任凭对方用怎样的方法诱惑、威胁他，他都绝不为诱骗、威胁的话所动。最后，审问的人故意和气地对他说："好吧，看起来我从你这里问不出任何东西，你可以走了。"这个间谍会怎样做呢？他会立刻带着微笑，转身走开吗？不会的！要是他真的这样做，那就说明他的自制力是不够的，因为只要他一跨步，就意味着已经暴露了他的身份，死亡的危险马上就会降临。这个间谍听了审问者的话依然毫无动静，仿佛审问还在进行，审问者相信他确实是个残疾人，说："这个人如果不是聋哑的残废者，那一定是个疯子了！放他出去吧！"本来，审问者是想以释放他，在他自由的地方来观察他的聋哑是不是真实的。就这样，这名有经验的间谍，以他特有的自制力，使自己免遭一劫。

如果你想为人生的画卷描绘美丽的图案，则有必要学会在大小事上进行自我控制。你必须学会容忍和控制，感情必须服从于理性判断。你必须尽量避免坏的心情、坏的毛病等。这样，成功的钥匙才有可能掌握在你自己手中。

情绪化将扼杀你的幸福。一时的情绪化，常常是你自身幸福的杀手。众所周知，《红楼梦》中的林妹妹就是个极端情绪化的人。她多愁善感的个性使得她忽喜忽悲，一会儿涕泪纵横，一会儿又满腹欢喜，这让她原来就柔弱的身体更加憔悴。身体的不适也会令她伤春悲秋，如此循环往复竟造成了最终的悲剧。也许就是因其过分情绪化的表现掐断了她通往幸福的道路，因为王夫人等是不会让一个情绪多变的人来接掌贾府的，他们必然是选择性情老成持重的薛宝钗。林妹妹的多愁善感甚至掩盖了她技压群芳的才华，她不是输给了宝钗，而是输给了自己的情绪化。反之，一个会控制自己情绪的人即使面对困境，也依然会获得幸福。

过度的情绪化除了带给人不快乐的情绪，更多的则是与成功无缘。情绪化会让你周围的人认为你喜怒无常，不敢委以重任或信赖你，因为你显得不够成熟。情绪化还会让你丧失判断力，冲动之下说出错话，做出错误的决定。总之，如果你想获得生活的幸福与美满，或者事业的成功与辉煌，那么你就要避免情绪化。

自制力助你安全生存

托马斯·杰斐逊是美国第3任总统，在他给孙子的忠告里，他提到了以下10条生活的原则：

1. 今天能做的事情决不要推到明天。

2. 自己能做的事情决不要麻烦别人。

3. 决不要花还没有到手的钱。

4. 决不要贪图便宜购买你不需要的东西。

5. 决不要骄傲，因为那比饥饿和寒冷更有害。

6. 不要贪食，吃得过少不会使人懊悔。

7. 不要做勉强的事情，只有心甘情愿才能把事情做好。

8. 对于不可能发生的事情不要庸人自扰。

9. 凡事要讲究方式方法。

10. 当你气恼时，先数到10再说话，如果还气恼，那就数到100。

看到杰斐逊的这10条自律原则，你想到了些什么呢？ 每一位成功人士往往都有着超乎常人的自我管理能力，因为他们严格按照自己的原则在办事，所以，他们往往能够在最短的时间内达到自己的目的。

的确，自制力对我们而言有着不可低估的重要作用。既能很好地激励我们勇敢地去执行决定，又能很好地帮助我们抑制那些不符合既定目的的愿望、动机、行为和情绪。在某种程度上说，自制力是坚强的重要标志。

因为如此，才会有人这样说："在人生路上，自制力是你顺利通过悬崖边的安全屏障，失去自制力，你将在欲望的泥沼中无法自拔。"

想要在未来成就一番事业的男孩，好好问一问自己：你是否算得上一个自制力强的人？你是否会为了看喜欢的电视节目而彻夜不眠，不顾明日的课程？你是否会为了一顿美餐而大吃特吃，忘了自己减肥的初衷？

如果你在生活中没有犯过上面那些类似的错误，那么恭喜你，你是一个自制力不错的男子汉；如果你不小心曾经管不住自己犯过这些类似的错误，那也没有关系，从现在开始用严格的自律意识来要求自己，给自己定下一些规定，严格按照这些规定去做，相信，只要能坚持下来，用不了多久，你也能成为一名自制力极强的男子汉。

控制自己，征服自己

被人们称为“黑珍珠”的世界球王、巴西足球运动员贝利，自幼酷爱足球运动，并很早就显示出他超人的才华。有一次，小贝利参加了一场激烈的足球赛，累得喘不过气来。

休息时，贝利向小伙伴要了一支烟。他得意地吸起烟，嘴里吐出一缕缕淡淡的烟雾。小贝利有点儿陶醉了，似乎刚才极度的疲劳也烟消云散了。

这一切，全被父亲看到了，父亲的眉头皱起了一个大疙瘩。晚上，父亲坐在椅子上问贝利：“你今天抽烟了?”“抽了。”小贝利意识到自己做错了事，红着脸，低下了头，准备接受父亲的训斥。

但是，父亲并没有发火。他从椅子上站起来，在屋里来来回回走了好半天，才平静地对贝利说：“孩子，你踢球有几分天资，也许将来会有出息。可惜，你现在要抽烟了，抽烟，会损害身体，使你在比赛时发挥不出应有的水平。”小贝利的头垂得更低了。父亲又语重心长地接着说："作为父亲，我有责任教育你向好的方向努力，也有责任制止你的不良行为。但是，是向好的方向努力，还是向坏的方向滑去，取决于你自己。我只想问问你：你是愿意抽烟呢，还是愿意做个有出息的运动员？孩子，你该懂事了，自己选择吧！"说着，父亲还从口袋里掏出一沓钞票，递给贝利，并说道："如果你不愿意做个有出息的运动员，执意要抽烟的话，这点钱就作为你抽烟的经费吧！"父亲说完便走了出去。

小贝利望着父亲远去的背影，仔细回味着父亲那深沉而又恳切的话语，不由得哭了。他哭得好难过，过了好一阵，才止住哭声。小贝利猛然醒悟了，他拿起桌上的钞票还给了父亲，并坚决地说："爸爸，我再也不抽烟了，我一定要当个有出息的运动员。"

从此以后，贝利不但与烟无缘，还刻苦训练，球艺飞速提高，15 岁参加桑拖斯职业足球队，16 岁进入巴西国家队，并为巴西队永久占有"女神杯"立下奇功。如今，贝利已成为拥有众多企业的富翁，但他仍然不抽烟。

控制自己不是一件容易的事情，因为我们每个人心中永远存在着理智与情感的斗争。然而，有时候，想要达成某个伟大的目标，我们又必须要控制自己。

西点著名学员和教官约翰·阿比扎伊德中将曾这样说：“一个人想要征服世界，首先要战胜自己。”

因为如此，西点军校将“控制自己”作为学员入校后重点培养的一个方面。

为了保证学员们在任何情况下都能足够冷静与自控，西点为学员们设置了很多高难度的课程。比如西点著名的拳击和摔跤等方面的训练，对新手而言，对方的拳头和招式眼看着就要招呼过来，很多新人难免心慌，于是连基本的躲闪或者已经学会的防守招式都会忘记。但在经过严格的训练之后，情况就会有所不同，无论他们面对多么强大的对手，都会保持理智，在对方的狂风暴雨中寻找突破的机会。

不错，一个人想要成就大事，就必须先要有征服自己的勇气。一个连自己都征服不了的人，我们也很难奢求他能做出什么成就来；一个连自己都征服不了的人，也很容易就会受到外界环境的诱惑，在人生的道路上陷入很多弯路、岔路。

其实，“征服自己，控制自己”不仅应该成为西点学员训练的标准，更应该成为每一个男子汉所必须培养的一项能力。知道哪些事情是自己应该做的，哪些事情是自己不应该做的，在人生的道路上，管住自己内心的感性冲动，用理性的舵盘把好人生的方向，才能让你更好地奔向成功。

第四章

西点军校送给男孩的第四份礼物：要时刻宽容谦虚

学会宽恕

林肯在入主白宫之前，生活颠沛困顿，又加上其貌不扬，不修边幅，因此，在他初到白宫任职时，内阁中的阔佬没有一个瞧得起他。陆军部长斯坦东曾公开宣称："我不愿意与那个笨蛋、老憨、长臂猴为伍。"林肯听后，大度地说："我决心牺牲一部分自尊，要派斯坦东任陆军部长，因为他绝对忠于国家。"

斯坦东任职后仍不停地对林肯进行谩骂，甚至拒不执行林肯的指示。有一次，有位议员带着林肯的手令去找斯坦东，斯坦东竟公开抗命，并拍案大叫："假如总统给你这样的命令，那么他就是一个浑人。"那位议员满以为林肯会因此而将斯坦东撤职，可是，林肯听了汇报后却说："假如斯坦东认为我是一个浑人，那么我一定是了，因为他几乎一切都是对的。"林肯为了顾全大局，能够容才之短、用才之长的博雅气度让斯坦东极为感动。事后，斯坦东马上到林肯跟前表达了诚挚的歉意。

海纳百川，有容乃大。荷兰哲学家斯宾诺莎说："人心不靠武力征服，而是靠爱和宽容大度去征服。"林肯以宽容大度之心化敌为友，既消除矛盾隔阂，赢得了对手的尊重，又形成了合力，成就了事业。

德国知名剧作家席勒曾经说过："不尊重别人的人，别人也不会尊重他。"

哲学家汉纳克·阿里德更是指出："堵住痛苦回忆的激流，唯一的办法就是宽恕。"

宽容是一种气度，包容他人更是一种涵养。在非原则性的问题上，以大局为重，包容他人，你会体会到化干戈为玉帛的喜悦，更可能赢得永久的朋友。

的确，每个人都有弱点和缺陷，每个人都可能犯下这样那样的错误。面对别人的不足和错误，真正的男子汉该怎么做？用博大的胸怀去容纳别人，用宽广的胸襟去宽容别人。

英国诗人济慈说："人们应该彼此容忍，每个人都有缺点，在他最薄弱的方面，每个人都能被切割捣碎。"

男孩，如果你想成为一个受人尊重的人，如果你想赢得别人更多的好感与信任，就请学会宽容吧！当你能够以宽容博大的胸襟与别人相处的时候，你会发现别人也会回报给你意想不到的尊重与信任。

放低自己，接纳世界

要想拥有百川的事业和辉煌，首先应拥有容得下百川的心胸和气量，从而接纳世界、接纳周围的一切。俗语讲，眉间放一字“宽”，不但自己轻松自在，别人也舒服自然。宽容是一种豁达的风范，也许只有拥有一颗宽容的心，才能从容面对自己的人生。男孩们，年轻的你无论现在处于什么样的境遇，都不要抱怨、不要放弃，既来之则安之，坦然地接受外界赋予自己的一切，才能奋起直追，用宽阔的胸襟拥抱理想，拥抱未来。

从西点学员那里，我们发现，有时候宽容是一种坚强，而不是软弱。宽容所体现出来的退让是有目的、有计划的，主动权掌握在自己的手中。他们进入西点之后，没有任何时间来抱怨，而是必须以最快的速度适应这个环境，只有接受周围赋予自己的一切，一切从零开始，才能重新塑造自我。这一点，年轻的你能做到吗？你能真正做到放低自己去接纳整个世界吗？

一个满怀失望的年轻人，千里迢迢来到法门

寺，对佛家学者法明说：“我一心一意要学丹青，但至今没能找到一个能令我心满意足的老师。”

法明笑笑问：“你走南闯北十几年，真没能找到一个自己的老师吗？”年轻人深深叹了口气说：“许多人都是徒有虚名啊，我见过他们的画，有的画技甚至不如我呢！”法明听了，淡淡一笑说：“我虽然不懂丹青，但也颇爱收集一些名家精品。既然施主的画技不比那些名家逊色，就烦请失主为老僧留下一幅墨宝吧。”说着，便吩咐一个小和尚拿了笔墨砚和一沓宣纸。

法明说：“我的最大嗜好就是爱品茗饮茶，尤其喜爱那些造型流畅的古朴茶具。施主可否为我画一个茶杯和一个茶壶？”年轻人听了，说：“这还不容易。”于是调了一砚浓墨，铺开宣纸，寥寥数笔，就画出一个倾斜的水壶和一个造型典雅的茶杯。那水壶的壶嘴正徐徐吐出一脉茶水来，注入那茶杯中去。年轻人问法明：“这幅画您满意吗？”

法明微微一笑，摇了摇头。

法明说：“你画得确实不错，只是把茶壶和茶杯放错位置了。应该是茶杯在上，茶壶在下呀。”

年轻人听了，笑道："大师为何如此糊涂，哪有茶壶往茶杯里注水，而茶杯在上茶壶在下的?"法明听了又微微一笑说："原来你懂得这个道理啊！你渴望自己的杯子里能注入那些丹青高手的香茗，但你总把自己的杯子放得比那些茶壶还要高，香茗怎么能注入你的杯子里呢？涧谷把自己放低，才能吸纳融会百川，成汹涌之势啊。"

法明的话很有道理，一个人只有先放低自己，愿意接纳世界，才能获得外界的恩赐，为自己注入新鲜的能量。男孩们，可能现在的你正遭受着某种苦难，可能你认为这个世界对你是不公平的，可能你满腔怨气，但你想过没有，即使你抱怨又能怎样？ 会改变现状吗？ 当然不能。那么，何不坦然地接受，然后鼓起勇气，从零开始寻找新的出路呢?

对于过去，我们不要太执着，而是要接受现在，把握现在。 放宽心，把握现在，才能收获未来！

那么，男孩们，你该怎样才能做到接纳整个世界呢?

1. 接纳自己的现状

即使你正面临很多困难、痛苦和烦恼，你不必做任何改变，不必增添什么，或消除什么，此时此刻的你是完美的，让这样的认知进入心中。你若真能如此，所有的批判就会自动销声匿迹。

2. 接纳别人的现状

不论他们有什么习性或可靠与否，你不必改变他们，他们也不必改变自己来博取你的接纳。他们无须你的认可，而你也无须他们的认可。他们没有问题，而你也没有问题。没有谁对或谁错，你们都是并肩而立。当你接纳了别人，你的心灵就开放了。当你接纳了别人，你对自己也会更加慈悲。

3. 接纳目前的生活现状

你不必改变生活的现状，每一情境本身都是完美无缺的，所有的人际关系本身也一样是完美无缺的，每一种人生课程都有助于你的成长，每一个外在障碍都在帮你深入爱的终极泉源。不必设法诠释你的生活，否则你会发现有所缺失，其实你没有失落任何东西。但是，不论是正面或反面的诠释，都是你这一生必须突破的幻境。

接纳就是这么简单，但同时也是最难的一门学问。有了接纳，小我才会让路，这就是接纳之路。凡是你无法接纳的，你会抗拒到底，这种对立便成了你的束缚；凡是被你接纳的，就会轻轻地进入你的心房。没有任何东西强迫得了你，也没有任何东西牵绊得住你，这就是你接纳之后的心境。

具有一切从零开始的心态

每一位能够进入西点军校并且顺利毕业的学员都是百里挑一的天之骄子，他们通常对自己具有强烈的信心。西点军校鼓励学生相信自己，但同时又要求学生具有一切从零开始的心态，并且懂得虚心进取，低调行事。

两年前，佳佳在一家公司打工，老板是位广东人，对下属非常严厉，从不给一个笑脸，但他是个说一不二的人，该给你多少工资、奖金，不会少你一分钱，佳佳他们都拼命工作。

公司有个规定，不准相互打听谁得多少奖金，否则“请你走好”。虽然很不习惯，开始工人们还是一直遵守着，努力克制着从小就养成的好奇心和窥私癖。有一个月，大家都发现自己的奖金少了一大截，开始不敢说，但情绪总会流露出来，渐渐地大家都心照不宣了。那天中午，吃工作餐时，大家见老板不在公司，就有人摔盆碰碗地发脾气，很快得到众人响应，一时怨声盈室。

有一位来公司不久的下岗妇女，一直安安静静地吃饭，与热热闹闹的抱怨太不相称，引起了大家的注意。

工人们问她，难道你没有发现你的奖金被老板无端扣掉一截？她有些吃惊地回答：“没有啊！”工人们比她更吃惊了，整个饭厅一下子安静下来，每个人都一脸疑惑，每个人都在心里揣摩，人人都被扣了，为何她得以逃脱？莫非她与老板有那种瓜葛？她这把年纪，至少有三十几了吧，且瘦得一把骨头一张皮的，哪个男人会对这种肉干一样的女人感兴趣？那么是什么原因使她独享优惠政策？后来才知道她是被扣得最多的一个。不久她被提升了，其他人又嫉妒又羡慕，她的工资会高出一大截来，还有奖金。

很久以后，她向工人们描述当时自己的心情，她的确没有装，她是这样想的，这个月我一定做得不好，所以只配拿这份较少的奖金，下个月一定努力。为何别的人没有这样的想法呢？她是这样分析的，那时她工作了近20年的工厂亏损得已很厉害，常常发不出工资，开工不足，工人们都在等待（那时还没有下岗的说法），她等不下去了，因为家庭负担太重，上有生病的老人，下有读书的孩子，还有因车祸落下残疾的丈夫，于是她就出来打工了，收入比起她以前的工资要高出百十元钱，这让她喜出望外，非常珍惜这份工作，甚至有一种感激的心情。

后来，佳佳离开了那家公司，跳了几次槽，至今都没有跳到一个满意的地方。去年10月，在一次商务茶会上佳佳又碰到她。她认出了佳佳，而佳佳已认不出她来，不仅是因为她胖了些，白了些，那身合体的高级职业装和与脸型非常相称的发型，精致的妆容把她烘托得典雅且老到，那神态有一种阅尽人世变迁的沉稳与平易，让人一见就会产生与她打交道做生意是可靠的、有保障的感觉，此时，她已做到了经理助理的位置——公司的二老板，是标准的白领丽人。谁能想到四年前，她不过是个战战兢兢的下岗女工，且人到中年。看她很熟练且极有分寸地与人周旋，佳佳内心的感慨是无法用语言来描述的。

男孩，由于你年轻，拥有很多优势，所以你总是觉得应该得到更多更好的东西，对生活，你从不习惯放低姿态，面对眼前五光十色、流金淌银的社会，你认为索取是最重要的，于是，你越是不满足，越是得不到想要得到的林林总总。

其实，海纳百川，成汪洋之势，是因为它位置最低。男孩生活在社会上，只要务实肯干，总能寻找到一个属于自己的位置。

你现在站得低并不代表没有乘着热气球跨越式升高的可能，地位低不是尊严低，只要肯以虚心的姿态追求着自己的梦想，珍惜着到来的机会，那么生活也会满腔热忱回报给你的。

勇于面对错误

犯错是人生必要的经历，因为错误提供的重要信息能帮助我们应付变局。在每一次错误中，我们都能找到未来成功所需的宝贵的经验教训。

现代社会中的大部分人，都抱着谨慎与保守的心态，害怕自己一不小心犯下错误，于是墨守成规，了无新意，久而久之便丧失了应有的勇气。

热情敬业的人却完全不同，他们愿意冒险，敢于冒险，也不会因为犯了错误而沮丧。著名的企业家、钢铁大王卡内基曾说："没有完美无缺、从不犯错误的人，即使犯了错误，世界也不会因此而灭亡。我主要根据掌握到的信息做决策，有时信息不够完整，就会导致决策错误。这种错误可以让我积累经验，让我换一种方法解决问题。我从来不会因为犯错而苛责自己，经营企业所需的决策成千上万，不可能每个都正确无误。"我们能够防范某些错误，尽量减少错误，但不可能完全杜绝错误。值得庆幸的是，我们若能认识错误，认真检讨错误，分析造成错误的原因，就能帮助自己更有效地做好工作，以至于改变自己的处境。

犯了错误敢于承认，是走向成功的第一步。错误对于人们是有教育意义的，人们可以从错误中学到不懂的东西。小的错误可以警告人们避免大的错误。有些人碍于情面和虚荣心，不愿和不敢承认错误，则失去了避免犯大错误的宝贵经验，以后难免会犯同样的错误，最终的结果往往是停滞不前或哀叹自己悲惨的命运。

1929年夏天，波士顿红袜队一垒手卡尔·耶克斯成为美国棒球史上第七个击出3000次本垒打的人，所有的新闻媒体都把目光投到他身上，数百名记者在破纪录前一个星期就开始报道他的一举一动。其中有一位记者问他会不会被这些成绩所产生的压力击垮，耶克斯笑着回答说："在我的运动生涯中，我击球已经超过10000次，其中有7000次没有成功击出本垒打，没击中的球是击中的球的两倍。所以，没击中是很正常的事，我不会为此而垮下来。"

成功和失败是相对的，事实上，它是一页书的两面，以耶克斯为例，打中和打不中都可能发生，不会永远打中，也不会永远打不中。这个道理同样适用于思考和行动，它能孕育成功的机会，也能产生错误。而害怕犯错误，不敢大胆地去做，你就会因此而丧失一切成功的机会。

不要羡慕成功的人和对自己的屡屡失败嗟叹不已。要知道成功者往往是失败次数最多的人，能够一蹴而就的人是极少数的。

人生本是充满试验和错误的过程，那些一生从来没有犯过错误的人，必定是碌碌无为、无所事事的人。错误并不可怕，它是上天给你的一次机会，让你下一次能明智地重新开始。

综观人们所遇到的各种各样的困境或难题，不难发现有许多是由于自身的错误造成的。然而，一些人不能客观地看待自己，不愿意承认自己的错误，以至于使自己在错误的泥潭中越陷越深，造成无法挽回的损失。

那些成功者，不仅能坚定不移地向正确的目标前进，而且在发现自己犯了过错时，也能勇敢地面对，他们应对错误的策略主要有五种，当然这也是他们用来改正错误的常见方法。这些方法不仅体现出他们智慧的头脑，还展现了他们的勇气。

1. 承认错误

这需要一定的勇气，还需要一定的头脑。勇气是敢于认错的前提，头脑是正确分析错误的基础。只有承认自己犯了错误，才有可能指出和改正错误，然后总结经验，吸取教训！

2. 分析原因

承认错误之后，接下来就要分析产生错误的原因。遗憾的是，有些人根本就无视自己的错误，根本不把它当回事；而有些人却无论如何也忘不了自己所犯的错误，长时间地处在自责之中。分析错误最主要的作用是把握产生错误的真实原因，使你将来不再犯类似的错误。

3. 制订改正计划

很多人在承认错误与分析错误之后就万事大吉了，其实接下来应该制订控制损害计划，并着手纠正错误。

世界上最好的东方地毯大多来自中东的小山村，而且这种地毯全部采用手工织成。织工通常是在背面看不见正确花纹的情况下编织，如果一时心不在焉，就会编错花纹或颜色。出现这种情况后，如果把织错的地方拆掉不仅浪费时间，而且会造成浪费，于是他们将错就错，把织错的花纹和谐地织进原设计图案中去，除设计师以外任何人都看不出破绽来。

4. 向相关人员道歉

说一句“对不起”是消除错误的最有效方法。成功人士中有95%的人表示他们会在犯错之后道歉，并一致认为这是消除错误影响的关键。

既然知道是自己的错，你完全可以大大方方地说一声“对不起”，然后问对方如何做才能弥补你的错误。当对方告诉你他们想要的东西时，你必须仔细倾听他们所说的话。如果对方的要求合理，就应照做；假如你无法同意，也应该告诉对方，并建议采用其他方式进行弥补。

5. 调整自己的思维方式

这个策略能够帮助你解脱对于自己错误的悔恨，调整做法，避免再犯类似错误。

当我们做错了事，即使没有被人察觉，自己也会内疚，自己承认错误，同样会起到警示的作用。

完善自我源于谦逊

“我们的荣誉来自谦逊，我们看到了每个人身上的优点，去尊崇、超越，从而完善自我。”——西点军校毕业生、美国著名军事家——谢尔曼将军这样说。

一个有教养的人必定是一个崇尚礼节、谦恭有礼的人。谦恭礼让不仅是良好内在素养的体现，还能改善我们的人际关系，减少很多不必要的摩擦。

乔治·林肯是西点军校 1929 年的毕业生。他仕途顺利，升迁迅速，38 岁时就成了陆军准将，是美国陆军在第二次世界大战结束时最年轻的将军。

林肯在美国陆军总参谋部担任过战略规划和计划职务，做过马歇尔上将的助手，曾为 1945 年罗斯福总统、丘吉尔首相和斯大林元帅在苏联雅尔塔举行的重要会议做过直接的组织工作。

战争结束后的 1947 年，已经是少将的林肯，完全可以向老首长马歇尔将军要求美军中的任何一个职务和岗位，但他竟出人意料地主动再三要求去西点军校的社会科学系教书，给当时任系主任的一位准将军衔的老战友做副主任。

但西点的系副主任至多只能是上校军衔，林肯为了能到西点社会科学系任职，向上级要求连降两级，从少将变成上校。

马歇尔再三劝阻无效后，只得批准了林肯的请求。这段“能上能下”的佳话，显示了林肯追求“百年育人”事业的卓越见识和为了理想抛弃名利地位的出众品格。

林肯后来在西点社会科学系主任的职位上又升为准将。按美军惯例，军官以退休时的军衔为最终和最高军衔，故林肯楼里，有关林肯的记载和牌匾都称他为林肯准将。

每个人都希望生活在一个和谐的环境中，希望得到别人的尊重和友谊，要实现这样的目标，离开谦恭礼让是绝对不行的。

无论是同学、朋友、家人之间，还是陌生人之间，多一分谦恭，就能得到多一点认同，多一些礼让，就能少一些冲突。

对于青少年而言，谦恭礼让就是要摆正自己的位置，时刻保持谦逊有礼的态度，在为人处世方面宽容一些，多为别人想想，多帮帮别人，不能为一点小事就斤斤计较。

但是，谦虚并不是说要放弃努力、放弃竞争，在学习的过程中，你大可以竭尽全力，学好每一门专业知识，然后在考试中充分发挥，争取每一科都比别人考得优秀。

谦让并不是不努力的借口。

当然，谦让也不代表退缩，谦让虽然是一种崇高的美德，但退缩怯懦的性格，会使你缺乏与人正面交锋的勇气，丧失很多机会。

因此，谦让也要讲原则，它是一种手段与方法，而不是目的与结果。

永不满足于现状

西点学子为了在激烈的竞争中胜出，他们从训练中吸取经验，探寻智慧的启发以及有助于提升效率的方法。不管西点学员是要攀上国防部的顶峰，还是希望在目前位置上获得良好声誉，他都得不断地提升自己的能力，让自己的专业技能随时保持在巅峰的状态。

如果沉溺在对昔日以及现有表现的自满当中，学习以及适应能力的发展便会受到阻碍。要是没有终生学习的心态，不断追寻各个领域的新知以及创造力，员工终将丧失自己的生存能力。终生学习能够去除自满的心态，或是避免自满心态的扩大。

西点学员对自己的技能层次时时保持警觉，并且探寻能够让他的专业技能更上一层楼的机会。通过阅读、聆听、训练、冒险以及吸取新的经验，西点学员可以克服无知的障碍；避免无知滋生出自满，损及他的军人生涯。专业能力需要不断提升技能组合以及刺激学习的能力配合。不论是在军界生涯的哪个阶段，学员学习的脚步都不能稍有停歇。

不管你有多成功，都得在业余时间不断地给自己充电，如果不这么做，表现自然无法有所突破，终将陷入日复一日重复的陷阱里头。维系成功的唯一法门在于终生学习，在新的方向不断探寻、适应以及成长。

不管你有多能干，千万不要自我膨胀到目中无人的地步。开放心胸接受别人的指点，了解自己有哪些能够加强的地方，发挥自己的才能，并且探寻新的机会。你所需要的是能够对你直言不讳的人，并且激发你接受未知挑战的力量；这样的人将是你在专业领域的无价宝藏。

唯有虚心学习，才能够成功掌握未来。看看毕业于西点军校的 ABC 晚间新闻的主播彼得·詹宁斯在电视上侃侃而谈的样子，实在很难想象他刚在西点军校电视台出道时青涩的模样。他退伍后刚在电视上出现的时候，不过是个初出茅庐的年轻小伙子，实在看不出来日后会成长为如此成熟稳健又广受欢迎的主播。

年轻的彼得·詹宁斯当了 3 年主播之后，就做了一个很大胆的决定——他辞去了人人艳羡的主播职位，决定到新闻第一线去磨炼记者的工作技能。

在《主播生涯》这本书当中，罗伯特·戈德堡以及杰拉尔德·杰伊对彼得·詹宁斯的生涯历程有很清楚的描述。彼得·詹宁斯虽然毕业于西点军校，但是却以事业作为他的教育课堂。他在国内报道许多不同路线的新闻，并且成为电视网头一个常驻中东的特派员，后来他搬到伦敦，成为欧洲地区的特派员；经过这些历练之后，他才回到ABC主播台的位置。

还有这样一个故事：

徒弟去见师父："师父！我已经学足了，可以出师了吧？"

师父问："什么是足了呢？"

"就是满了，装不下去了。"

"那么装一大碗石子来吧！"

徒弟照做了，师父问："满了吗？"

"满了。"

师父抓来一把沙，掺入碗里，没有溢；师父又问："满了吗？"

"满了。"

师父抓起一把石灰，掺入碗里，还没有溢出；师父再问："满了吗?"

"满了。"

师父又倒了一盅水下去，仍然没有溢出来。不少年轻人抱着雄心壮志走上社会，可是几年后，取得了一些小小的成就，棱角也开始磨平了，追求也消磨殆尽，他们开始对一切感到乏味，于是满足于现有的一切，喝酒、打麻将、打游戏……有多少机遇都在酒桌和麻将桌上被错过了。

西点军校的约翰·科特上尉建议："勇敢面对挑战，并且大胆采取行动；然后坦诚地面对自己，检讨这项行动之所以成功或是失败的原因。你会从中吸取教训，然后继续向前迈进，这种终生学习的持续过程将是你在这个瞬息万变的环境中的立足之本。"

现在的社会对于缺乏学习意愿的人是很无情的，必须负责精进自己的工作技能，否则就会被远远地抛在后面。社会呈爆炸式进步，只要没有定期充电，转眼之间就会被时代淘汰。别人固然能够鼓励你努力成长，但最后还是要你自己刺激学习的意愿，才能够吸收到所需的专业知识。你所具备的知识越是丰富，你所具备的价值也就越高。

埃里克·霍弗将军深信："没有哪个人可以永远独占鳌头，在瞬息万变的世界里头，唯有虚心学习的人才能够掌握未来。"

一滴水只有放在大海里，才能永远不会干涸，同样，只有时刻提升自己现有能力的人，才能永葆生命的活力。向西点学习吧！永不满足，生存的过程就是一个不断自我超越的过程。

成为会关心别人的人

西点军校前校长A. L. 米尔斯说："西点培养的军人不是一个让人敬而远之的角色，相反是在需要时，能为大家提供帮助的人。"

从西点毕业的学子在各个领域都取得了优异的成绩，这除了与他们本身的能力有关外，还有一个重要的原因就是，在西点，他们学会了如何使自己成为一个受欢迎的人。

西点军校所致力的教育目标，不仅是培养一流军官，而且是要把一流的年轻人培养成受人欢迎的人，培养成未来全方位的领导人才。

要使自己成为受欢迎的人并不是一件困难的事，只要能真心对别人感兴趣，不出两个月，就能收获更多的朋友。

在一些公司，许多员工却错误地用使别人对他们感兴趣的办法来赢得朋友。这种方式是没用的，别人不会对你感兴趣，他们只对自己感兴趣。

纽约电话公司对电话中的谈话做了详细的研究，想找出哪一个字眼在电话中最常被提到。你大概也猜到了，这个字就是第一人称的“我”。在500次电话谈话中，这个字被使用了3950次。

如果只是通过在别人面前表现自己来使别人对我们感兴趣的话，你永远也不可能成为一个受欢迎的人。真正的朋友，不是用这种方法交来的。

阿尔夫·阿德勒曾说：“对别人不感兴趣的人不仅一生中困难最多，对别人的伤害也最大，人类的所有失败，都出自这种人。”

优雅的举止给人力量

举止优雅、仪表整洁的人无论走到哪里都能受人欢迎，因为他们拥有着受人欢迎的通行证——良好的礼仪。

西点军校对学员的仪表、着装有严格的要求。在什么时候要穿什么样的衣服，西点军校对学员都做了详细的规定。因为保持良好的仪表不仅代表着个人的形象，更代表了西点军校的形象。一个容忍自己仪表邋遢的人是不受欢迎的。每个西点学员都明白：衣服不需要昂贵，但一定要整洁合身。

此外，西点军校对于学员的礼貌和仪表训练也丝毫不放松，学校鼓励学员通过建立自己的人格魅力，以礼貌、友好、严谨的形象赢取良好的人际关系。每个参观西点军校的普通民众一进入校园都会获得前所未有的被尊重和重视的感觉，这让他们感觉惊讶和满足，因为这和外面一墙之隔的注重自由、随意的美国风格截然不同。

西点学员的礼貌并不是虚伪造作的，在长期的训练中，它已经成为一种习惯，这种习惯来源于西点学员的谦逊和自尊，以及一种发自内心的为他人服务的愿望。经过新兵训练营的训练，学员们的父母都不敢认他们从前那个爱说俏皮话、爱高谈阔论的孩子，而新学员们也诧异，自从加入西点后，他们与父母的谈话方式也改变了，张口就是“先生、女士”。

礼仪其实是礼貌和仪表的总称，是一个人有良好教养的体现。礼仪直接影响了你给他人的基本印象，如果你行为粗鲁、衣装不整、蓬头垢面，即使你内心善良，也无法提升你在他人心目中的印象。

伊丽莎白·斯图亚特·菲尔普斯曾经说过：“干净整洁的服装是人的精神力量的源泉，这与人的良知同样重要。很多穿着浆过领的衣服、戴着干净手套的人在困难面前显得无比从容，而如果他们衣服不整，则很有可能被困难所征服。”

霍伯特·乌里兰本是铁路上一名普通的路段工，但是没过多久，他就被提拔为全纽约铁路委员会主席，这跟他注重仪表是分不开的。曾经在一个有关如何获得成功的讲演中，他这样说：“衣服不能决定一个人的命运，但是好的着装确实给很多人带来了工作机会。如果你手里有25美元，你希望找一份工作，那么，我建议你花 20 美元买一套衣服，花 4 美元买一双鞋，剩下的钱用来刮脸、理发和清洗衣领。然后你就可以去应聘了。我想要比你留着 25 美元却又着装褴褛要好得多。”

良好的礼仪有助于你成功。满身污垢、衣着褴褛的人或是那些仪态不佳的人总会被人厌恶，衣冠整洁、仪表大方的人总能受人喜欢。上天会赋予懂礼貌、懂得尊重他人并给予他人快乐的人以最大的恩赐。

爱默生曾经说过：“美好的行为比美好的外表更有力量。美好的行为比形象和外貌更能带给人快乐。这是一种精美的人生艺术。”一句简单的“谢谢”，一句真诚的“对不起”，一句温暖的问候，几句谦卑的话语都充满了友好，都会让人对你流露出欢迎的态度。

菲利在遇到钢铁大王卡内基的母亲前，只是一个百货商店的雇员。这天下着大雨，一位老妇人步履匆忙地进入了店内，被雨淋湿的衣服不断地淌下雨水，很快脚下的地板就被她从身上淌下的雨水浸湿了。店内的雇员一个个都流露出很不满的情绪，只有一位小伙子走过来问她："请问我有什么可以帮助您的吗?"

"不用了，谢谢，我只是暂时避一下雨。"老妇人用沉稳而略带感激的语调对小伙子说。但是淌在地上的雨水令她感觉很不安，她不好意思地看看地板，又无助地看了一眼小伙子。

小伙子显然看出了她的不安，于是不等她解释，赶紧搬来了一把椅子，并且说："您坐下休息一下吧。"

雨停了，老妇人向小伙子道谢，并要了一张他的名片。

几个月后，商店的老板收到了一封信，信中指明要菲利去苏格兰，接收一份装潢材料的订单和几个家族公司整个季度的办公用品供应订单。老板异常震惊，因为这两份订单给店铺带来的收益超过了他们两年的利润总和。

当他们看到落款时，才发现原来写信人正是几个月前在店铺内躲雨的老妇人——而她正是钢铁大王卡内基的母亲。

老板开始对菲利刮目相看，他立刻吸收菲利

做了自己的合伙人，就在菲利起身去苏格兰之前，这家百货商店已经有他一部分了。那年菲利才刚刚 22 岁。

菲利加入卡内基麾下不久，就凭着踏实、诚恳与良好的仪表成了卡内基的左膀右臂。随着他的作用的不断发挥，他逐渐成了美国钢铁业的灵魂人物。

一句礼貌而温暖的问候、一把解人尴尬的椅子，成就了菲利一生的成功与魅力。

良好的礼仪是成功的金钥匙，是获得他人尊重、欣赏和喜爱的法宝。良好的礼仪可以弥补一个人的缺陷，可以让一个人成为最具魅力的人。良好的礼仪比智慧和学识更重要，更容易给人留下良好的印象。光明而美好的前途往往会青睐那些具备良好礼仪的人。

做一个有礼貌的男子汉

天色近黄昏，一个年轻人骑马赶路，迎面走来一位老农。年轻人勒住马缰，在马上高喊："喂，老头儿，离客栈还有多远?"老人回答："五里。"年轻人策马飞奔，跑了十多里仍不见人烟，暗想：这老头儿真可恶。五里，五里，哪里只有五里！

年轻人喃喃着猛然醒悟："五里"不是"无礼"的谐音吗？问路不讲礼貌，怎么能得到正确答复呢？于是他掉转马头往回赶，发现老人还在原地等候。年轻人赶紧翻身下马，恭敬地叫了一声"老伯"。话没说完，老人就说道："天色已晚，如不嫌弃，可到我家一住。"

年轻人前后的态度不同，得到的回复也就截然不同。

的确，在现实生活中，那些彬彬有礼的人往往更受人欢迎，相反，那些高傲自大、目中无人的人，往往也会遭到别人的厌弃。

因为深知“礼貌”在人与人之间的重要性，西点对于学员的礼貌训练丝毫不放松，一直鼓励学员通过自己的礼貌赢取良好的人际关系。

西点要求新学员对包括学长在内的人敬礼，称呼“长官”“您”，入学之初，新学员就必须学会尊重和谦虚。另外，西点还要求每个新学员记住其余1400名学员的名字和基本情况，因为西点认为记住对方的名字是有礼貌的表现。

然而，和西点对礼貌的重视程度形成鲜明对比，现实生活中，我们很多人却缺乏一些基本的礼仪观念。比如，得到别人的帮助很少说“谢谢”，需要别人的帮助从不说“请”，做了伤害别人的事从不说“对不起”，与人见面几乎从不说“你好”“早上好”之类的话……也许你会觉得这些都是小事情，做与不做没什么区别。

这种想法大错特错。爱默生说过：“美好的行为比美好的外表更有力量。美好的行为，比形象和外貌更能带给人快乐。这是一种精美的人生艺术。”对所有的人都以礼相待，尊重每一个人，这样的人才能更受欢迎，人们才更愿意与之交往。而忽略了基本的礼仪，则会给人留下无礼的印象，让他人对你的好感大打折扣。

作为社会的人，每个人都无可避免地要跟别人打交道，如果你因为没有礼貌而受到大家的疏远，而遭到大家的嫌弃，无疑是一件非常遗憾的事情。

所以，作为男孩，向西点军人学习吧！ 做一个既能力出众又彬彬有礼的男子汉，你会发现，彬彬有礼的你，会更受大家的欢迎与喜爱。

要不断自我提升

在西点军校，所有的学员都知道，人生是一个漫长的过程，需要持续的动力，而要想保持这种动力，就只有不断地学习，不断地积累知识。在他们看来，学习是一种非常重要的能力，只要具备这种能力，就能不断自我提升，就没有得不到的成功。

人生需要不断学习，如果不继续学习，就无法使自己适应急剧变化的时代，就有被淘汰的危险。只有善于学习、懂得学习的人，才能具备高能力，才能够赢得未来，在漫长的人生道路上留下精彩一页。

英国杰出的军事家、英国陆军元帅伯纳德·劳·蒙哥马利曾经多次到西点军校访问和讲演，他对学习的浓厚兴趣和执着精神，成为西点学子学习的重要榜样。

据说，蒙哥马利没有太多的嗜好，他不喝酒，不抽烟，不好女色，不爱交际，他一生中唯一的兴趣和爱好就是军事。在他的心中，训练、作战、胜利是全部的内容。正是这种别人无法相比的敬业精神，使蒙哥马利能够在同辈人中出类拔萃，声名显赫，战功卓越。

蒙哥马利对自己的职业几乎达到了狂热的程度，为了把事业做得更好，他不断学习。为了争取到印度服役，与印度士兵沟通，蒙哥马利刻苦学习印度的乌尔都语和普什土语；为了能使用和管理营里的运输工具，他对有关骡马的知识也做了深入的了解，把野战勤务条令背得滚瓜烂熟。他这种不断学习和热爱职业的敬业精神使他在世界军事史上留下了光辉的形象，成为无数人心中的大英雄。

没有什么东西能随着时间的流逝历久弥新，知识、技能皆如此。停下就意味着被超越，在战场上就意味着牺牲。因此，只有不断为自己补充能量，才能使自己保持强劲的动力，一直向前进。

在西门子公司的车间里，有一位做杂活的年轻人。这个年轻的小伙子非常憨厚，平时不爱说话，每天只是闷头干活。

平时，员工们在工作之余会坐在一起聊天，说些笑话，但这个小伙子却很少在休息时间里与人聊天，和大家说笑，他自己也并不歇着，而是站在一些生产设备前看个不停，一会儿摸摸这儿，一会儿动动那儿，时不时他也会和大家沟通几句，但内容都是一些关于生产的问题，有兴致的时候，他也能饶有兴趣地和工人讨论一些产品生产中的问题，大家在一起讨论得非常开心。

其实一开始，他的行为遭到了同事们的嘲笑和不屑："你这么拼命、这么努力，难道还想做技术工人不成?"但他每次对这样的嘲笑和奚落却只是笑笑，并不在意，该怎么做依旧怎么做。他的努力真的没有白费。

一天，车间的一台机器出了问题，技术师傅忙了半天也没修好，小伙子自告奋勇，过来摆弄了一会儿，机器就恢复正常，继续工作了。此举让所有人大吃一惊。原来，这个憨厚又执着的小伙子已经在这两个月中学习了产品生产的全过程，并且对机器的操作也非常熟练了。大家都非常惊讶地说：

“你的学习能力真强!”

很快，这件事情就被主管知道了。主管非常欣赏他的学习精神，于是就把他提升为车间负责人。然而，小伙子并未因此停下学习的脚步，依然像原来一样，抓住各种机会学习。在学习产品生产和其他知识的同时，还自学了外语，并每个月自费去总部参加培训。1 年之后，这个其貌不扬的年轻人又被提拔为总公司生产制造部的主管，由于深得总裁信赖，3 年以后，他成了经理。

尽管西点学员是在最好的军校受训，但他们还是有很强的危机感。没有人希望自己不被社会认可或被淘汰掉，西点学子也是如此，他们更不能接受被淘汰的命运。走进西点，就意味着成功和进步。因为西点赋予每一个学员这样的使命：要保持西点永远的经典，要保持学员永远的优势和荣誉感。为此，西点为学员准备了很多“加油站”，努力学习，不断提升自我，从而取得了伟大的成功，让西点的经典成为永恒。

总之，一个具备学习能力，能够积极利用一切条件学习的人，就能克服任何困难，实现自己的理想。也就是说，人不光是靠他生来就拥有的一切，而是靠他从学习中所得到的一切来造就自己。

男孩，你准备好了吗？ 你一定要趁此大好年华，努力学习，培养自己不断学习的能力，让自己养成爱学习的习惯。

中国有句话叫作："活到老，学到老。"要想让自己站在时代的前沿，就一定要终身学习，不断提升自我。

向每个人学习

美国第三任总统托马斯·杰斐逊签署法令，宣告西点军校诞生时，说过这样一句话："每个人都是你的老师。"这句话让西点军校的学生们受益终身，也给后来很多人以警示。

有研究表明，一般人的智商差别并不是很大，也不会因此给各自的生活道路造成多大的影响，而真正起决定作用的是后天的努力。这些努力，其中就包括从他人那里得到的经验。

落后就要被淘汰。对于现在的年轻人来说，落后就有保不住职位的可能，所以大家都会意识到学习的重要性，忙着去充电，去拿必要或不必要的证书，而忽略了另外一种学习，从身边每个人身上学到有用的东西，从而提高自己。

职员小王是个刚毕业不久的大学生，社会经验少，业务不熟练，但所幸她是个谦虚好学的女孩，尽管目前工作还不熟练，工作效率也不是很高，但她并不气馁，一直注意向身边每一个人学习。一次她从饭店出来后打了一辆车说去机场，其实她去的是机场附近的一个小区。因为是个新兴的小区，一般人不知道。可是那个司机却说："你是不是要去某某小区啊?"

小王当时就吃惊地瞪圆了眼睛，连问你怎么知道。那个司机像个神探，给她推理说："我刚才看到你跟朋友道别，只是象征性地挥了挥手，看来你不是要出远门。一般人要是出差，都会有个行李箱，而你也没有，你的手里只拿着一本杂志，神情很悠闲，也不像是去接人。这么一分析，你去机场的可能性就不大，而那附近就那么一个小区，所以你只能是去那里了。"

小王非常佩服这个司机的职业水准，能够分析得这么透彻，他一定是个很投入的司机。果然，在接下来的聊天中，司机说自己因为爱动脑子，比较职业化，收入比同行都要高。

从这个师傅那里，小王学到了要对自己的工作投入和主动，才可能掌握好它所需要的技能和知识。

但也有一些男孩，总觉得向别人学习会降低身份。他们的问题是，将自己看得过高，自认样样都最好，而别人则个个不如自己，这样的人，怎么能够取得进步呢？

在向别人学习的过程中，不但要学习别人的经验，还要学习他失败的教训。借鉴吸取别人的教训，以铜为镜，谨言慎行，就会少走许多弯路。

只有在勤学好问中，才能不断地提升自己的能力，孔子曰："敏而好学，不耻下问。"千万别骄傲自满，在生活、工作中你还得多积累经验，否则你会陷入孤立的状态，停滞不前。

有一个博士生被分配到一家研究所，他是所里学历最高的人。

有一天，他到池塘去钓鱼，正好正副所长也在钓鱼。他只是勉强点了点头，心想："跟这两个本科生有啥好聊的呢？"于是他就独自垂钓。不一会儿，正所长放下钓竿，伸伸懒腰，噌噌噌从水面上如飞似的走到对面上厕所。博士睁大了眼睛，怎么回事？但他又不好去问，自己是博士生嘛！

过了20分钟，副所长也噌噌噌地飘过水面上厕所，速度如疾飞。这下博士生更加惊呆了，以为到了一个江湖高手集中的地方。他想着想着，觉得很奇怪，这时他也内急了。看看池塘对面的厕所，心想：“这两个本科生能过的水面，我就不相信自己过不去。”只听咚的一声，博士生栽到了水里。两位所长忙将他拉了上来，问他为什么要下水，博士生问：“为什么你们可以走过去呢？”

两位所长相视一笑：“这池塘里有两排木桩子，由于这两天下雨涨水正好淹在水面下。我们都知道这木桩的位置，所以可以踩着桩子过去，你怎么不问一声呢？”

这位博士生栽到水里的事例，不正是反映了当今许多人自视清高，以为学历高就什么都精通，不闻不问，结果栽跟头的现象吗？

“三人行必有我师焉！”这是前辈留下的智慧结晶，在现实生活中，可以让你踩着别人的脚印朝前走，避免落水和跌倒。我们要学会从其他人身上去学习他们的优点，不断创新，发挥个性特长，这样做了，你将是一个非常优秀的男孩。

第五章

西点军校送给男孩的第五份礼物：要擅长团队合作

携手，难事可成

生活在海边的人常常会看到这样一种有趣的现象：几只螃蟹从海里游到岸边，其中一只也许是想到岸上体验一下水族以外世界的生活滋味，只见它努力地往堤岸上爬，可无论它怎样执着、坚毅，却始终爬不到岸上去。这倒不是因为这只螃蟹不会选择路线，也不是因为它动作笨拙，而是它的同伴们不容许它爬上去。你看每当那只企图爬离水面的螃蟹，就要爬上堤岸的时候，别的螃蟹就会争相拖住它的后腿，把它重新拖回到海里。人们也偶尔会看到一些爬上岸的海螃蟹，但不用说，它们一定是单独行动才上来的。

非洲有一种鳄鱼，每次吃完食物之后，就会把嘴张开。这时，就会有一只牙签鸟飞进它的嘴里，替它细细地清理牙齿，把齿缝间的食物残渣啄食干净。鳄鱼获得了舒适，牙签鸟也填饱了肚子。假如鳄鱼不留神把嘴合上了，鸟儿就用它尖硬的翅膀戳一下，鳄鱼感觉到就会张开嘴。鳄鱼与牙签鸟默契合作让鳄鱼轻松除去了牙缝中的东西，牙签鸟也吃饱了。它们在合作中互生互存，多么美好的合作啊！

这两则关于动物之间团队合作的故事相映成趣，说明这样一个道理：掣肘，易事难为；携手，难事可成。螃蟹的“拖后腿”，很像生活中某些人，由于嫉妒心、“红眼病”和一己之私作祟，他们惧怕竞争，甚至憎恨竞争；一旦看到别人比自己强，就拆台阶、下绊子。鳄鱼与牙签鸟互相合作，是力量的凝聚，是团结协作的手段，为互惠共生、更好生活做出必要的努力。

靠团队生存

每个人都不能离开团队的配合，单靠个人能力很难取得成功。只有与人合作，靠团队的力量才能完成任务，实现最终的目标。记住：团队是最佳生存之道。

团队，就是要让一加一等于三，等于四甚至更多；团队的目标，就是要创造出比团队成员个人所能创造出的总和更多的价值。

狼群最伟大的品质就是它们的团队精神。我们几乎可以将狼群的行动看成是“合作”的隐喻。

在广阔的草原上，大雪过后，大地一片白茫茫，许多动物都早已经进入了冬眠。可是，狼却必须寻找食物。狼群很少贮存食物，而在这样的环境中寻找食物是非常困难的。狼群必须保存它们的体力，因为往往奔波忙碌数天后，却还是一无所获。如果它们不尽量地保存自己的体力，那么连续的劳累再加上饥饿和严寒的折磨，它们就很可能丢掉性命。聪明的狼群在这时采取单列行进的办法，一头接一头，这样它们就能保证狼群消耗最少的体力。跑在最前面的狼体力消耗最大，它必须在厚厚的雪地上，踩出第一行脚印，这样后面的狼就能节省许多的体力。领头的狼跑不了多久就会疲惫，这时它就会自动退到队伍的最后面，休息一下，养精蓄锐，以便能够保存体力，继续战斗。

再来看看狼捕猎时的场景。狼群在围猎时，有严格的战术和作战纪律。每头狼都有自己的任务，任何狼都不能擅离职守。有的狼要做先锋，去骚扰猎物；跑得快的狼去围追或堵截猎物；强壮的狼去猎杀强壮的猎物；弱小的狼去猎杀弱小的猎物。一切分配得井然有序。

每年两次的南北迁徙，对大雁来说都是非常漫长和遥远的路程。任何一只大雁都不可能单独完成长达十几天的旅程。它们靠的就是团队的紧密合作。大雁在飞行的时候总喜欢排成“一”字或“人”字，在这种团队结构中，每一只大雁扇动翅膀都会为紧随其后的同伴添一股向上的力量。每只大雁都能比单飞的情况增加70%的飞行效率，从而减少体力消耗，这样它们才能顺利地到达目的地，完成长途旅行。

不仅仅是动物生存需要团队，我们每一个人也同样需要团队做支撑。今天，是一个团队至上的时代。所有事业和成就都是团队精神的一种反映。依靠个人的力量已经不可能取得什么成就。

小李刚毕业时，立志要闯出一片天地来。他独自一人来到北京，在举目无亲的京城，小李感到一切是那么茫然，面对复杂的社会有点不知所措。几经周折，他终于在中关村的一家科技公司找了份工作。找到了新的工作，小李兴奋不已，可是由于涉世不深，没有什么社会经验，加之专业不是很对口，小李的工作业绩一直很差。就在心灰意冷，准备“打道回府”之际，他想到了团队，想到了和蔼的领导、亲切的同事。小李决定好好置身于团队，请求他们的支持和帮助。在日后的工作中，小李所在的团队给了他巨大的帮助，同事们帮助他怎么工作，领导告诉他怎么和客户打交道。如今，小李已经连续3年被评为优秀员工。

小李认识到，一个人只有在团队中才能生存，才能发展。

现代社会科技高度发达，社会分工越来越细，任何人都已经不可能在某个领域凭借一己之力取得很大的成就。也许，站在领奖台上的只是某一个人，但我们绝不能忽视站在他身后的团队成员。没有团队成员的支持和帮助，即使是天才，所能取得的成就也将十分有限。以前，科学家独自一人扎在实验室里潜心工作，就可能研制出许多新发明和新技术。但现在，所有的科学成就都是团队合作的成果。如今的诺贝尔奖多为两三个人同时获得，就是最有说服力的证据。

所以说，团队是最佳的生存之道。

信任你的“战友”

西点军校第一任校长乔纳森·威廉斯说：“对团队伙伴的信任是团队赖以生存的条件，没有这种条件，团队就会完全萎靡不振。”在西点军校，大家所信奉的是：“我们这样团结起来可以创造一种集体观念的气氛。”因为信任你的“战友”是团队精神的体现，更是团队成功的开始。

在西点军校，学员们总是自觉地帮助学习较差的同学。如果某学员的车坏在路上，他绝对不会求助无门，因为他的伙伴一定会伸出援助之手，不管认识还是不认识，他都相信自己的伙伴一定会竭尽全力帮助自己。这是一种基本的素养，也是西点军校的学员们长时间形成的习惯。

要知道，在一个团队中，缺乏信任是很可怕的一件事。

弗朗西斯、埃尔维斯和丹尼尔三人去沙漠探险，但是他们被困在了沙漠之中，已经好几天没有喝水了。为了不至于渴死，他们决定分别去找水源。为了不至于在遇到危险、迷路的时候无人搭救，他们约定，一旦发现水源或者需要帮助，就要向天鸣枪，然后其他人就要立即赶过去。

弗朗西斯带上5发子弹，把手枪别在了腰间，独自向东出发，寻找水源。大约在走了5公里的时候，由于口渴得厉害，他再也走不动了，加之中午的太阳光很毒，似乎把大地都要烤焦了。弗朗西斯心想："必须让大家来救我了。"于是他朝天鸣了一枪。

可是，枪声过后，弗朗西斯认为自己太天真了，一定不会有人来救自己。转念他又想，或许是他们没有听到枪声，于是，他又鸣了一枪。第二声枪响许久之后，依然没有见到有人来救自己，弗朗西斯开始着急了，他想："这次他们肯定能听到枪声了，可是他们却见死不救，可能这是他们早就商量好了的，这是个阴谋，这些谋财害命的家伙，设计好圈套让我钻，然后等我死了，霸占我的财产。"

弗朗西斯边想边往回走，而且又鸣了第三枪、第四枪。

当其他两个伙伴带着已经找到的水源汇聚到枪声响起的地方时，发现弗朗西斯已经死了，他用最后一颗子弹射穿了自己的心脏。因为他不信任自己的伙伴，最终一个人永远地躺在了沙漠里。

这是一个悲剧，因为不信任自己的“战友”，造成了这场悲剧。

然而在西点，这样的悲剧永远都不会发生。训练有素的学员总是充分信任自己的伙伴，他们知道，信任是取得团队胜利的基本保障，是与人沟通交流的首要条件，只有信任才能让彼此的力量凝聚在一起，才能保证团队最强大的战斗力并赢得胜利。

其实，信任在任何组织中都扮演着关键的角色。在一个企业中，上司和员工之间、员工和员工之间也需要相互信任。对一个长期运作，以求不断发展的企业来说，为了保持竞争力，很多时候都会面临改变自己的情况，而且每一次改变都会遭到质疑，因此，只有信任才能让员工忍受变化带来的不确定性、困惑和痛苦，才能让员工一如既往地为企业效忠。另外，只有员工们互相信任，精诚合作，才能为企业的发展带来源源不竭的动力。

比如，在一个足球比赛中，规则要求将部分队员的眼睛蒙上，而只有被蒙眼睛的队员才可以踢球，因此，他们必须信任队友，听从队友的指挥，这样才可以准确无误地踢进球。在这样的比赛中，只有队友互相信任，默契配合，才能赢得比赛的胜利。

然而，现在有很多人却将信任置于可有可无的位置，因此引发了人们之间的信任危机，而这种危机，不但加大了人们之间的距离，也使人与人之间的沟通越发困难。尤其是在一个企业里，员工之间互不信任，互相猜疑，对一个企业的发展会有很大的不利影响，它就会变成一只负重的蜗牛，艰难地爬行，至于何时到达终点就不得而知了。

可以说，没有信任就没有合作，没有合作就没有团队精神，没有团队精神就意味着这个利益共同体迟早要被淘汰。所以，年轻人，如果你想成为一名成长在优秀团队中的优秀员工，就一定要信任你的合作伙伴，让信任之花永不凋零，你和你的团队就会逐渐走向卓越。

集体的力量助你成功

西点军校教育学生不应该立足于“我”，而是凡事能够考虑到“我们”，因此西点要求学生之间在许多事项上要相互通报。在西点军校中，当一个学生了解情况后，就把信息发布在网络上，让所有学生快速了解信息。比如新生们需要相互转告“每日一问”的内容，需要彼此通知第二天的制服要求，彼此提醒各种活动禁忌等。

1862 年 5 月 30 日，杰克逊的主力部队在查理镇，距离斯特拉斯堡 70 公里；北军弗雷蒙特的主力部队位于莫菲尔德，距离斯特拉斯堡 53 公里；谢尔兹师已经越过蓝岭，其前锋于 30 日下午进占福让特瑞尔，距离斯特拉斯堡不足 30 公里。杰克逊的部下得知敌情，都暗自捏了一把汗。有人问杰克逊：如果北军会师斯特拉斯堡截断后路怎么办？杰克逊泰然自若地指了指西面的群山，说道：“那我们就进山绕道回去。”其实杰克逊心里有数，他通过活动在谷地的骑兵分队侦察敌军的一举一动，一切都在“石墙”的掌握之中。

杰克逊先将散布于各地的部队收拢到温彻斯特。5月31日清晨大军出发南撤，骑兵照例在前面开路；后面是两千北军战俘；然后是满载物资的马车长龙，排成两列纵队，绵延10公里；部队跟在最后面。杰克逊的部队以难以置信的速度急行军80公里，于6月1日下午从斯特拉斯堡穿城而过。与此同时，北军两路人马按照计划向斯特拉斯堡进逼。弗雷蒙特军团进抵斯特拉斯堡西郊几公里的地方，已经同尤威尔的侧卫部队交火，但谢尔兹师从福让特瑞尔出发以后错上了去温彻斯特的公路，结果未能按时同弗雷蒙特会师。弗雷蒙特显然被杰克逊的威名所震慑，不敢单独与其决战，只得后撤。

斯特拉斯堡以南，马萨纳腾山脉骤然崛起，将谷地劈成两条河谷。北军两路人马会师斯特拉斯堡以后，分别沿着东西两条河谷南下追击，相约在马萨纳腾山脉南端再次会师，合击杰克逊。北军这次兵分两路又为杰克逊制造了一个各个击破的机会。6月3日，杰克逊大军撤到新集市，派人登上马萨纳腾山脉东南角的顶峰，从那里观察山脉两侧北军的动向，并用旗语及时报告。

杰克逊现场观看了十字钥匙战斗的整个过程。此战弗雷蒙特拙劣的指挥给杰克逊吃了定心丸，他决定避实就虚，集中优势兵力进攻路易斯顿的三千北军。

杰克逊一直在冷静地观察战局的发展，他看到烧炭高地北军的炮火完全覆盖了南军的进攻路线，立刻命令刚刚到达战场的特罗准将率领第8旅对高地发动强攻。由于此时已经没有时间迂回到高地的侧后方了，特罗指挥的4个路易斯安那步兵团不得不从正面仰攻烧炭高地。勇敢的南军士兵冒着北军步枪和火炮霰弹的近距离齐射，前仆后继，终于冲上高地。北军指挥官泰勒马上调集3个步兵团发动反冲锋，双方士兵挺着刺刀进行白刃搏斗，高地几度易手。最后北军由于寡不敌众，被彻底地赶出高地。

共和港战斗结束以后，杰克逊的部队在杉安道河南岸严阵以待，但此时无论弗雷蒙特还是谢尔兹都已经斗志消沉，各自领军北撤。

休整几天以后，杰克逊留下数千部队监视谷地的北军，自己则亲率主力南下里士满增援李将军。彪炳战史的杉安道谷地战役到此落下帷幕。

西点军校就是要让学生知道，自加入西点的那一刻起，他们的观念中就不仅仅只有自己，而是一个团队。许多西点名将都聊起过西点学生中“等待吹号”的乐趣。

在西点军校，上课不能迟到，下课也必须准时。一旦下课号吹响，不管什么课程都必须立即结束。因此学生们在同学遇到困难时，就开始了“等待吹号”。比如说，有哪位同学被老师点名回答问题，这位同学支支吾吾答不出来，这时候，就会有很多同学纷纷给予帮助。帮助者会不断向老师提问，试图岔开老师的思路，只要拖到“吹号”，那位回答不出问题的同学就可以逃过一劫。据说，艾森豪威尔的好人缘就和他擅长帮助同学拖延至“吹号”不无关系。可以看出，这种行为确实培养了西点学生的团队意识。

自加入西点的那一刻起，不再仅仅考虑“我”，而是凡事都要想到我们。男孩要想成长为一个懂得竞争与合作的人，男孩要知道：作为男孩，就要懂得合作，懂得相互帮助，从“我”到“我们”，最终达成取长补短、共同发展、获取双赢的目的。

那么作为男孩，怎样做才能学会与别人分享呢？

1. 用正确的合作方法，分享团队中的快乐

一个懂得合作的孩子会很快适应新的环境并发挥积极的作用；而不懂得合作的孩子在生活、学习中会遇到很多的麻烦，产生更多的困难，以致感到无所适从。

每个人都不可能孤立地生活在这个社会中，总要与人交往、合作。尤其是现代社会的发展与特点，更需要人们具有合作精神和善于合作的能力。因此，一个男孩学会正确的合作方法，将关系到他们能否与人愉快地游戏、把事做好，也关系到他们今后的生活、学习和工作的质量。

当孩子在集体活动时，按照活动的规则进行，不要违规，融入集体活动中去，和大家一起分享自己的快乐感受；或者是发表对活动的看法，也可以提出自己对活动的良好建议。

2. 品尝合作的力量，分享团体情谊

团队是由一群有缺点的人构成的，因为没有哪一个个体是完美的，只有总体搭配起来，才能够发挥出团队的最大力量。 各种不同人才的搭配，才会实现一个完美的团队。 所以每一个人都应该明确，在团队当中应该扮演一个什么样的角色，你在这个团队能够起到多大的作用。

当今已经进入互相合作、和谐发展的时代，事实说明，许多天才并不是输在智慧上，而是败在了人际关系上。 可以说，一个不善于合作的人就不是一个现代人，一个不会与人合作的人终将一事无成。

多参加各种体育活动。 体育是一种直接与人正面接触和竞争的群体活动，总是要有两个以上的人参与才有意义。 更重要的是，体育活动不但需要智慧和力量，也需要胆量。 而这胆量，正是人际交往中所必需的一种要素。 孩子一旦爱上体育，就会主动寻找对手，这种寻找，就是交际；而合适的对手，往往也就是具有深厚情谊的伙伴。

训练你的团队意识

西点学员日常流行一句话：“精诚团结直到毕业。”这与美国陆军军人中流行的“同志间要友谊和忠诚”十分相似。

在西点军校，大家所信奉的是：“我们这样团结起来可以创造一种集体观念的气氛。”军官在人行道上相遇，总是彼此问候致意；学员们总是自觉地帮助学习较差的同学；如果某人汽车坏在路上，毫无疑问，过路者一定会伸出援助之手。这是一种基本素养，是西点军校长时间形成的习惯。

训练团队意识。你代表的不是个人，而是一个团队。实际上，精诚团结使西点获得了意想不到的成就和荣誉。一个有着悠久历史，有着光荣传统，有着辈出的名人的教育团体，一个始终以集体精神、团结一致进行灌输的团体，逐渐形成了一种社会网络，以致在美国的各行各业都能体现出来。西点人用西点人，帮西点人，成就西点人，光大西点的影响，几乎成为西点人的自觉行动。

团结就是力量，即使很多微小的力量凝聚在一起有时也会产生很大的能量。

每到秋天，当你见到雁群为过冬而朝南方飞去的时候，你是否想过它们为何以“人”字队形飞行呢？

其实这是有道理的。当前面一只鸟展翅拍打时，其他的鸟可以更省力地跟上。借着“V”字队形，整个鸟群比每只鸟单飞时，至少增加了71％的飞行能力。

分享共同目标与集体感的人们可以更快、更轻易地到达他们想去的地方，因为他们凭借着彼此的冲劲、助力而向前行。

当一只野雁脱队时，它立刻感到独自飞行时的迟缓、拖拉与吃力，所以很快又回到队形中，继续利用前一只鸟所造成的浮力。如果我们拥有像野雁一样的感觉，我们会留在队里，跟那些与我们走同一条路，同时又在前面领路的人在一起。

当领队的鸟疲倦了，它会轮流退到侧翼，另一只野雁则接替飞在队形的最前端。轮流从事繁重的工作是合理的，对人或对南飞的野雁都一样。飞行在后的野雁会利用叫声鼓励前面的同伴来保持整体的速度。

最后——而且是重要的——当一只野雁生病了，或是因枪击而受伤，从而掉队时，另外两只野雁会脱离队伍跟随它，来帮助并保护它。它们跟掉队的野雁到地面，直到它能够重上蓝天或者死去。而且只有在那时，另两只野雁才会离去，或跟随另一队野雁飞走。

如果我们拥有野雁的感觉，我们将像它们一样互相扶助。

布莱克说过：没有一只鸟会飞得太高，如果它只用自己的翅膀飞升。所有的人都因在团队中得到互相的扶持而比单独奋战达到更高的目标。

除了强调团队意识，队员间互相扶持之外，西点还要求学员共同承担责任。军队是一个整体，一个人犯错，也会导致整个军事行动失败，所以在西点军校内，经常是一个人犯错，全小队一起受罚。

或许一开始许多人会觉得不公平，但是西点却一直沿袭着这个传统。这样做的目的并非为了惩罚谁，而在于强调每个人都是军队中的一员，每个人都应为自己的行为负责，并且也有义务监督或扶持其他人。

拥有团队归属感

每个人都是团队中的一分子，西点学员从不把自己孤立出来，禁锢在一个狭小的圈子里，他们知道，如果不把自己融入集体中，独来独往，唯我独尊，长此以往，将无法体会也得不到他人的友情、关爱和尊重。即使是最有独立特性的人，也必须学会把自己融入集体中去，否则单凭个人的力量是无法在西点军校立足的。对单枪匹马、刚刚入学的新学员来说，仅是应付学长的“刁难”都会把自己弄得精疲力竭。

在西点军校，没有“我”，只有“我们”，要真诚平等地对待每个人，不管他是你的长官、下属，还是同学。要知道，你周围的每个人都可能对你的前途、事业产生关键性的影响。对集体拥有强烈的归属感是信赖集体和队友的表现，这种信赖和强烈的归属感甚至可以改变一支弱小队伍的气势，造就出成就非凡的将军。

毕业于西点军校的乔治·巴顿将军是一个真正的斗士，他作战勇猛，喜欢冒险。从表面上看，巴顿将军总是一副豪迈直爽、说话粗鲁的样子，他是一员猛将但不是铁石心肠的人。只要长期与巴顿将军相处的人都会发现，出现在公众面前的巴顿与私下里的巴顿判若两人。真实的巴顿将军生性内向、善良敦厚，非常看重情感，爱兵如子。

巴顿痛恨软弱的士兵，他会毫不留情地用鞭子抽打那些软弱的人。而对于勇猛作战的士兵，他却像对待自己的孩子那样关怀备至。他说："是勇士们赢来了勋章，只不过由我们佩戴罢了。"

虽然巴顿将军讨厌去医院（他自己受伤了只要不是性命攸关，他都只是简单包扎处理即可，很少去医院就诊），但战争期间，只要是有时间他总要到医院去看望伤员。一方面，巴顿把看望伤员当作自己的工作内容和崇高职责，他认为这可以减轻受伤士兵的痛苦；另一方面，巴顿认为创伤是士兵英勇作战的标志，值得嘉奖，而他的慰问则可以给士兵带去安慰和鼓舞。

在医院里的每一个病房，巴顿将军都要停下来发表一番演讲，并且演讲的内容从不重复。但每一次都激动人心。他总是毫不厌烦地从一个病床走到另一个病床，用温柔的话语与伤员亲切地交谈，慰问他们，并亲手给他们戴上紫心勋章。紫心勋章是美国为表彰有功的普通士兵所颁发的勋章。它标志着勇敢无畏和自我牺牲精神，在美国人心中占有崇高的地位。

每当巴顿将军看到那些牺牲的将士的尸体，他都要努力控制自己的感情，以免哭出声来。在这种心理的驱使下，巴顿将军常常感到自己没有负伤简直是一种罪恶。有一次，巴顿将军来到一位戴着氧气罩、生命垂危的士兵身旁，脱下钢盔，跪在士兵身旁，轻轻地把他的头抱在自己怀里，在他耳边说了几句至今没有人知道内容的话，然后巴顿将军给他的士兵别上了一枚紫心勋章，起立、敬礼。让在场的每一个人都感动得流下了眼泪。

巴顿深知，没有士兵的英勇作战就不会有战争的胜利，更不会成就巴顿的威名。胜利的荣誉不只属于巴顿自己，也属于他英勇无敌的士兵们。巴顿已经把自己融入团队中去，他深知，只有在团队中才能实现自我的价值。巴顿的团队精神就是得益于他在西点军校所受的教育。

在西点军校，每个优秀的学员都会最大限度地将自己融入团队，因为西点军人的团队不仅能完善和提高个人的能力，还能够加强学员之间的互相理解和沟通，只有真正把自己看成团队的一分子，把团队任务内化为自己的任务，才能真正成为团队的主人，获得主动性。团队提高了个人能力，个人又促进了团队的和谐发展，这就形成了一个良性循环。这样的团队才会战胜一切困难，赢得最终的胜利。

而如何做才能形成良好的团队基础呢？对西点学员个人来说，诚实、正直、廉洁的内在修养是与人交往的前提。每个人都有被别人重视的需要，特别是那些某方面有特长的学员更是如此。这就需要端正态度，正确看待自己的长处，对优点不自满，有特长的学员会发挥自己的特长帮助那些在此方面不擅长的学员，这样做既帮助了别人，提高了团队的整体水平，又收获了队友真诚的友谊和感谢。

而那些自认为水平有待提高的学员，则会从自身水平出发，认识自己的不足，虚心向其他学员请教，而别的学员也乐于伸出双手帮忙。当你对别人寄予希望时，别人也同样会对你寄予希望。就这样，有了愉快的合作氛围，整体团队的战斗力也会增强，团队的协作会变得很顺畅，一个优秀的团队便形成了。

在团队训练中，每个成员的优缺点不尽相同，西点教官们强调最多的便是：鼓励学员们寻找并学习其他学员的积极品质，消灭自己的缺点。如果团队的每一位成员都去积极寻找其他成员的优秀品质，那么任务完成的效率就会提高。这也是西点学员获得成功的一项至关重要的因素。

西点军校的学员还非常注重检视自己的缺点，比如自己是不是言辞锋利、对人冷漠，是不是固执己见。只要一发现问题就立刻改正。因为这些缺点是团队合作中的禁忌，会成为个人进一步成长的障碍。如果无法听取他人的意见，或无法和他人达成一致，就不可能真正融入团队，团队的工作就不能开展下去。西点学员这种克服自身缺点的方法，也值得我们借鉴。

把自己融入集体中

在西点的课堂上，教员们总是会给学员们讲这样两个“团队力量大于个人力量”的例子：

——世界上的植物当中，最雄伟的当属美国加州的红杉。它的高度大约为90米，相当于30层楼那么高。一般来讲，越是高大的植物，它的根应该扎得越深。但是，红杉的根只是浅浅地浮在地表而已。而根扎得不深的高大植物，是非常脆弱的，只要一阵大风，就能把它连根拔起，更何况红杉这么雄伟的植物呢。

可是红杉却生长得很好，这是为什么？

原来，红杉不是独立长在一处，红杉总是一片儿一片儿地生长，长成红杉林。大片红杉的根彼此紧密相连，一株连着一株。自然界中再大的飓风，也无法撼动几千株根部紧密相连、上千公顷的红杉林。

——在南美洲的草原上，有一种动物演绎过这样的奇迹：酷热的天气，山坡上的草丛突然起火，无数蚂蚁被熊熊大火逼得节节后退。大火的包围圈越来越小，渐渐地，蚂蚁们似乎已变得无路可走。

然而就在这时，出人意料的事情发生了：蚂蚁们迅速聚拢起来，紧紧地抱成一团，很快就滚成一个黑乎乎的大蚁球。蚁球滚动着冲向火海……

尽管蚁球很快就被烧成了火球，在噼噼啪啪的响声中，一些居于火球外围的蚂蚁被烧死了，但更多的蚂蚁却得以绝处逢生。

看完这两个例子，我们可以想一想：是什么让根基不深的红杉林能够屹立不倒？是什么让小小的蚂蚁能够在火海之中得以逃生？就是团队的力量。

常言道："单丝难成线，独木难成林。"一棵红杉、一只蚂蚁可能轻易就会被风吹倒，可能也会轻易被火烧成灰烬，然而，当成百上千棵红杉、成千上万只蚂蚁聚集在一起组成一个庞大的团队时，就仿佛无数滴水汇成一条溪流甚至是汪洋大海一样，其力量便不容小觑了。

因为深明这个道理，西点就十分重视团队精神，重视到甚至有时要扼杀学员个性的程度。比如说，深知团队协同重要性的校长塞耶，就曾极力倡导甚至强制推行一种共同行为、共同理念。 结果，许多西点老学员明确喊出：“西点第一，陆军第二，美国第三。”还比如说，在西点，如果教官对一个战斗小组进行考核时，只有你一个人准备好了装备，第一个进入序列，而撇下了其他的战友，你不但得不到表扬，而且会受到学长的斥责。

作为男孩，好好想一下：你的身上是不是存在着一些个人英雄主义的思想?

当老师布置了某项任务，你觉得自己能力不错，于是闷头开始自己单干；当班级遇到了某些困难，你觉得是该自己表现的时候了，所以选择独自出头……

你要知道，现代社会已经是一个以追求团队绩效为主的世界，个人单打独斗的时代已经过去了，团队合作将越来越频繁地发挥它的作用。 如果你没有一定的团队意识，总是存在一些个人英雄主义的想法，那么固然你本身真的拥有不错的实力，也很可能会在与他人的竞争中败下阵来。

所以，学习西点学子们的团队合作精神吧，把自己融入集体，在团队合作中，将个人的力量充分发挥出来，你会发现团队合作所创下的“战绩”，往往是你个人所不能企及的。

有友谊，有忠诚

西点学员日常流行一句话：“精诚团结直到毕业。”这与美国陆军军人中流行的“同志间要友谊和忠诚”十分相似。

所有的西点学子都信奉：“我们这样团结起来可以创造一种集体观念的气氛。”军官在人行道上相遇，总是彼此问候致意；学员们总是自觉地帮助学习较差的同学；如果某人汽车坏在路上，毫无疑问，过路者一定会伸出援助之手。这是一种基本素养，是西点军校长时间形成的习惯。

黑格将军在尼克松政府里举足轻重，他从基辛格的副手一跃成为尼克松的右臂，成功的原因是夜以继日的艰苦工作，出众的参谋技能，与上司亲密无间的能力，与政客们搞政治游戏的第六官能。还有一点，就是西点的团体协作作风。这位西点毕业生的助手几乎是清一色的西点人，他们共同努力，即黑格常挂在嘴边的“直率、诚实、讲团结，并以此来证明，这就是西点人的本质”，赢得了事业的成功。

黑格将军曾自豪地说："西点军校是一个团结一致的优秀典范，美国就是根据这种精神，制定与执行国家各项政策的。"

要时时牢记，你代表的不是个人，而是一个团队。实际上，精诚团结使西点获得了意想不到的成就和荣誉。一个有着悠久历史，有着光荣传统，有着辈出的名人的教育团体，一个始终以集体精神、团结一致进行灌输的团体，逐渐形成了一种社会网络，以致在美国的各行各业都能体现出来。

所有的西点人都有着高度的团队意识，他们明白无论是否在战场上，拆散的箭总比捆起来的箭易折。

从前，有一位老人在弥留之际，把三个儿子召唤到病榻前说："亲爱的孩子，你们试试能否把这捆箭折断，我还要给你们讲讲它们捆在一起的原因是什么。"

长子拿起这捆箭，使出了吃奶的力气也没折断，"把它交给力气大的人才行。"他把箭交给了老二。二儿子接着使劲折，也是白费力气。小儿子想来试试也是徒劳，一捆箭一根也没折断。"没有力气的人，”父亲说，“你们瞧瞧，看看你们父亲的力气如何?”三个儿子以为父亲在说笑，都笑而不答，但他们都误会了。老人拆开这捆箭，毫不费劲地一一折断。

“你们看，”他接着说，“这就是团结一致的力量。孩子们，你们要团结，用手足情意把你们拧成一股绳。这样，任何人、任何困难都打不垮你们。”老人感到自己就要撒手归西了，又对孩子们说：“孩子们，记住我的话，你们要始终团结，在临终前我要得到你们的誓言。”三个儿子一个个都哭成了泪人，他们向父亲保证会照他的话去做。父亲满意地闭上了双眼。

三兄弟清理父亲的遗物时，发现父亲留下了一笔丰厚的财产，但留下的麻烦也不少，有个债主要扣押财产，另一个邻居又因为土地要和他们打官司。

开始时，三兄弟还能协商处理，问题很快解决了。然而，各自的利益又促使他们吵着要分家。此时，债主和邻居都提出申诉，重新翻案。不团结的兄弟内部分歧更大了，互相使坏，最后他们丢失了全部家产。

当想起捆在一起又被拆散的箭和父亲的教诲时，他们都后悔莫及。

很多时候，别人尊重你或对你有所忌惮，并不是因为你本身，而是顾虑你所在的强大团队。如果你脱离了所在的团队，可能就会发现自己其实是非常弱小的。

团结就是力量，即使很多微小的力量凝聚在一起有时也会产生很大的能量。

曾听人讲过这样一个原理：一个木桶由许多块木板组成，如果组成木桶的这些木板长短不一，那么这个木桶的最大容量并不取决于最长的那块木板，而是取决于最短的那块木板。

虽然木桶中其他的木板都很长，但是只要有一块木板是非常短的，那么当我们往木桶中加水的时候，水涨到最短的那块木板的长度的时候就会渗出来，根本就不再有上升的空间了，哪怕其他的木板再长，也不能改变整个木桶的容量。

团队的最大能力往往不取决于某几个超群和突出的人，更取决于它的整体状况，甚至取决于这个团队是否存在某些突出的薄弱环节。唯有通过合作扬长避短，才能发挥出团队最大的力量。

星期六上午，一个小男孩在他的玩具沙坑里玩耍。在松软的沙堆上修筑公路和隧道时，他在沙坑的中部发现一块巨大的岩石。

小家伙开始挖掘岩石周围的沙子，他手脚并用，似乎没有费太大的力气，岩石便被他边推带滚地弄到了沙坑的边缘。不过，这时他才发现自己无法把岩石向上滚动、翻过沙坑边墙。

小男孩下定决心，手推、肩挤、左摇右晃，一次又一次地向岩石发起冲击，可是，每当他刚刚觉得取得了一些进展的时候，岩石便滑脱了，重新掉进沙坑。每一次他得到的唯一回报便是岩石再次滚落回来，还砸伤了自己的手指。

最后，他伤心地哭了起来。这整个过程，男孩的父亲从起居室的窗户里看得一清二楚。当泪珠滚过孩子的脸庞时，父亲来到了跟前。

父亲的话温和而坚定：“儿子，你为什么不用上所有的力量呢？”

垂头丧气的小男孩抽泣道："但是爸爸，我用尽了我所有的力量！"

"不对，儿子，"父亲亲切地纠正道，"你并没有用尽你所有的力量。你没有请求我的帮助。"

父亲弯下腰，抱起岩石，将岩石搬出了沙坑。

故事中的小男孩，虽然用尽自己的力气，想方设法地自己去解决问题，但却一次次地失败。求助也是一种合作的能力，你不擅长的却可能是团队中其他人所擅长的。在团队里，每个员工的能力构成都是不一样的，或者说是具有互补性的。有效地整合你身边的资源，通过合作，发挥最大的能力。

第六章

西点军校送给男孩的
第六份礼物：要能够吃苦耐劳

经受住考验的人才能有大作为

有句话是这样说的："只要是在西点军校成功的人，走到哪里都能成功。"西点军校对学员们的训练无疑是在考验学员们的意志力。最后经受住了西点的挫折磨炼，并将自己锻炼得不屈不挠，这样的人在日后的生活中就没有过不去的坎儿，无论做什么都容易成功。

每个学员在进入西点军校前，都要做好被淘汰的思想准备，不但学员本人要做出保证，他们的父母也要以书面形式保证做好孩子的工作，以绝后患。因为大家都深知：即使过五关斩六将跨进了西点军校的门槛，且不说西点军校严酷似魔鬼般的训练，就是西点军校严格的纪律，也够学员们受的了，如果无法忍受中途放弃，就必须面临被淘汰的结果。

艾森豪威尔曾经说过一句话："在西点军校，学员随时随地都可能犯错误。"

这句话也几乎成了描述西点军校纪律的名言。艾森豪威尔本人在学校的经历也证明了这一点。他的学习成绩一般，品行排名也并不靠前，在 164 名学员中，他名列第 95 位。他因为做事拖拉、喜欢抽烟等毛病，多次受到学校记过的处分。由于在一次比赛中膝盖受伤，他被永远禁止打橄榄球。他还因为无视警告带着舞伴乱转而被从军士降为二等兵……

西点军校有严格的管理体制。由于管理与被管理、监督与被监督的渠道很多，使学员们无论做什么都要受到监督。

西点军校还有详细的“清规戒律”。这些纪律细则像天网一样罩住学员们的一举一动——从课内到课外、从思想到行动、从学习到娱乐，只要稍不留神，就会触犯纪律。即使在吃饭时也有吃饭的规矩：就餐的时间一到，学员们就要整齐列队进入餐厅。一声令下，所有学员同时坐下，而且必须坐在指定的位置。有 50 多名侍者为学员用餐服务。

每张餐桌还有 3 名新学员负责保证食品的供应，并且每个人都有明确的职责分工——“热饮下士”负责分配茶和咖啡，“冷饮下士”负责分配牛奶、果汁和水，“点心分配员”负责分配蛋糕和馅饼。

“学员守则”在用餐上有明确的规定：新学员要清楚地了解坐在本餐桌上的高年级学员在饮料上的嗜好，以保证服务积极主动、到位。用餐时要挺直腰杆、目不斜视，并且只准看自己的盘子。开始咀嚼食物之前，要将餐具放在盘子里……

正因为有如此多的纪律细则，使学员们随时随地都可能犯错误，所以西点学员们必须保持高度的警惕——任何时候都不能松懈，这无疑给了学员极大的压力，在西点学校的每一分、每一秒，他们都在经受着超强的意志力的考验。一旦你顶不住压力，意志松懈，无法忍受这些“清规戒律”，就有被开除校籍的可能。

西点军校的排名体系颇为苛刻，也有“三好学生”评定标准，西点的“三好学生”必须要达到体能、心智、意志三者的平衡，学员之间有着激烈的竞争和博弈。而且西点军校意在培养全方位的战争人才，因此对毕业生的要求还包括要成为一名绘制军用地图的能手。

西点军校制定了两年的课时，要求学员学习绘画课，其中包括地形学、测量制图法、直线配景法、阴影和影像绘制法、色彩理论和着色法、徒手风景画、战场侦察轮廓绘制法等。要求之高、操作之难，几乎和培养一个集工程师、画家、雕刻家和建筑学家于一身的达·芬奇不相上下。考验之重、压力之大，没有永不屈服的坚定意志力是无法接受的。

不受百炼，何以成钢。一个人的成功固然受环境、机遇、天赋以及学识等因素的影响，但更重要的是，要经受住通向成功路上的各种压力与磨难的考验。经受不住考验，遇到一点困难就妥协，遇到一点挫折就止步不前，那么你永远也无法到达胜利的终点。如果在困难与挫折面前想要妥协时，就想想西点学员们是怎样承受压力和磨难的吧！记住：只有经受住考验的人才能有大作为。

在逆境中学会坚强

世事常变化，人生多艰辛。在漫长的人生之旅中，尽管人们期盼能一帆风顺，但在现实生活中，却往往令人不期然地遭遇逆境。逆境是理想的幻灭，事业的挫败；是人生的暗夜，征程的低谷。就像寒潮往往伴随着大风一样，逆境往往是通过名誉与地位的下降、金钱与物资的损失、身体与家庭的变故而表现出来的。逆境是人们的理想与现实的严重背离，是人们的过去与现在的巨大反差。

每个人都会遇到逆境，以为逆境是人生不可承受的打击的人，必不能挺过这一关，可能会因此而颓废下去；而以为逆境只不过是人生的一个小坎儿的人，就会想尽一切办法去找到一条可迈过去的路。这种人，多迈过几个小坎儿，就会不怕大坎儿，最终就能成就大事。通往成功的道路从来都不会是一帆风顺，人生必须渡过逆流才能走向更高的层次，最重要的是永远看得起自己。当人生遭遇逆境的时候，你要直面挫折，挺直脊梁，以昂扬的斗志和积极的心态，从逆境中闯过来。

西点军校这样教育学员："面对逆境你必须振作精神，跟命运搏斗，只有把痛苦化为力量，才能有所建树。成功者大都起始于不好的环境并经历许多令人心碎的挣扎和奋斗。他们生命的转折点通常都是在危急时刻才降临。经历了这些沧桑之后，他们才具有了更健全的人格和更强大的力量。"

明代洪应明在《菜根谭》中说过一段话，耐人寻味："横逆困劳，是锻炼豪杰的一副炉锤，能受其锻炼者则身心交益；不受锻炼者则身心交损。"如果一个人生活太优裕，人生之路太过顺畅，那么他的身心便不能承受重压，他的意志将无法抗击风暴，一旦遭到坎坷和挫折，往往会一筹莫展，驻足不前，甚至长期地沉落在苦闷之中。一个人只有在磨难和挫折中成长，才能具备应付逆境的意志和驾驭生活的能力，面对人生中的大小磨难，他才会无所畏惧，勇往直前。

对一个人身体的磨难有时还让人可以忍受，但一个人往往被精神的磨难击垮。也许一个人面临的最大逆境就是走一条没人认可的道路，没有人支持，孤独地前行，甚至做出了成绩却无人为自己喝彩。精神的折磨与压抑最容易让人再无站立起来的信心。

成大事者往往会心胸豁达，以风清月明的态度从从容容的对待别人不公正的批评。这是因为他坚信天空是宽广的，走过去，前面便是一片蓝天。一个人在生活、工作、学习以及与他人交往中，总不免被人批评，受人指责。

美国许多成就卓越的著名人物都被人骂过：美国的国父乔治·华盛顿曾经被人骂作“伪君子”“大骗子”和“只比谋杀犯好一点。”《独立宣言》的撰写人托马斯·杰斐逊曾被人骂道：“如果他成为总统，那么我们就会看见我们的妻子和女儿成为合法卖淫的牺牲者；我们会大受羞辱，受到严重的损害；我们的自尊和德行都会消失殆尽，使人神共愤。”格兰特将军在带领北军赢得第一场决定性的胜利、成为美国人民的偶像之后，却遭到嫉妒、逮捕和羞辱，被夺去兵权。威廉·布慈将军被人诬告侵占了某个女人募捐而来为救济穷人的800万元捐款。这些人非但没有被批评、辱骂所吓倒，反而更加保持乐观和自信的态度，做出了影响深远的成就。

在你被人恶意批评时请记住，他们之所以做这种事情，是因为这件事能使他们有一种自以为重要的感觉，这通常也就意味着你已经有所成就，而且值得别人注意。你应该记住哲学家叔本华的话：“庸俗的人在伟大的错误和愚行中，得到最大的快感。”

多年前有个《太阳报》的记者来参观卡耐基的成人教育示范班，后来在报上撰文讽刺卡耐基。卡耐基在看了报纸之后怒不可遏，认为那是最大的人身攻击，便立刻打电话到报社去抗议，要求他们刊登事实，而不是讥诮。卡耐基骂他们这种做法太伤人格了。后来，卡耐基对当初自己的反应只觉汗颜。卡耐基了解了，买那份报纸的人有一半不会注意到那篇文章，另外看过的那些，半数也只当它是茶余饭后的消遣而已，看过就算了，没有人会记得它多久。卡耐基给我们总结道："别人不会注意你、注意我、注意人家怎么说我们，他们心心念念想的都是自己。他们宁可关心自己的一点皮毛之伤，也不会在意你我的死活。我们只是一些不相干的其他人而已。"

卡耐基认为，虽然我们不能禁止别人对自己有不公平的责难，但是却可以决定要不要让那些不公平的责难困扰自己。情感智商高的人，往往从积极的方面去理解别人的批评，包括那些不公正的责骂。他们会把别人的批评，看作是改进自己的工作、完善个性、克制情绪、提高心理承受力以及激发斗志的机会。

在美国历史上，林肯总统恐怕是受人责难、怨恨、诬陷和批评最多的总统。也许应付批评的最佳典范该推林肯总统才是。南北战争期间，国事艰难，林肯若不是有一套应付批评之道，只怕不等战争打完，他已经先垮了。他应付批评的那一段话已成了经典之作，麦克阿瑟将军把它当作座右铭，丘吉尔也当它是传世箴言，高挂在自己书房的墙上。林肯是这么说的："别说是回答，就算是我试着去听每一句攻击我的话，那么这里早就可以开店，改做别的营生去了。我只能做到我所知道的最好的地步，尽力而为而已，而且我将坚持到底。如果末了证明我是对的，那么所有反对我的意见都无关紧要了。如果证明我是错的，那么就算有一打天使宣称我是对的，又有什么差别呢？"

林肯不仅能正确应付别人不公正的批评，而且从来不以他自己的好恶来批判别人。如果有什么任务待做，他也会想到他的敌人可以做得像别人一样好。如果一个曾经羞辱过他的人，或者对他个人有不敬的人，却是某个位置的最佳人选，林肯还是会让他去担任那个职务，就像他会委派他的朋友去做这件事一样。而且，他从来没有因为某人是他的敌人，或者因为他不喜欢某个人而解除那个人的职务。在林肯所任命的高职位的人物中，有不少是曾经批评过他的人。但林肯相信：没有人会因为他做了什么而被歌颂，或者因为他做了什么或没有做什么而被罢黜。因为所有的人都受条件、情况、环境、教育、生活习惯和遗传的影响，使他们成为现在的这个样子，将来也永远是这个样子。

曾任美国华尔街 40 号美国国际公司总裁的马歇尔·布拉肯先生在回忆受批评的经历时说："我早年对别人的批评非常敏感。我当时急于让公司的每个人都觉得我是十分完美的。如果他们有一个人不这样认为的话，我就感到忧虑，于是我会想办法去取悦他。可是我讨好他的结果，又会使另一个人生气；而等我想满足这个人的时候，又会使其他一两个人生气。最后我发现，我越想去讨好别人，以免去他们对我的批评，就越会使我的敌人增加。因此我对自己说：'只要你超群出众，你就一定会受到批评，所以还是趁早习惯的好。'这一点对我的帮助很大。从那以后，我就决定凡事尽力而为，然后张一把心灵的保护伞，躲开非难的雨滴，不让它沿着我的脖子滑落，湿透全身。"

罗斯福总统的夫人曾向她的姨妈请教对待别人的不公正的批评有什么秘诀。她的姨妈说："不要管别人怎么说，只要你自己心里知道你是对的就行了。”避免所有批评的唯一方法就是只管做你心中认为对的事——因为你反正是会受到批评的。知道自己在做什么是很重要的，别人如何看待你的工作、决定、努力、动机或成就，这些都不要紧，因为只有我们自己最清楚自己所作所为的重要性。即使在上帝面前，我们也必须依据自己的价值观及信念来评估自己一生的作为。

面对非议却坚定自己的信念，坚持自己的选择，你就已经具备了冲破逆境的桎梏，走向成功的精神力量。人言并不可畏，挫折只是暂时的，只有经历风雨才能见到天边美丽的彩虹。

荷马是古希腊伟大的诗人，《荷马史诗》是全人类的文化遗产，而荷马本身的经历同样是人类历史上不可多得的精神财富。公元前870年，荷马出生于希腊境内小亚细亚的一个世袭贵族家庭，从小就受到良好的教育。然而，正所谓天妒英才，幸运女神并没有一直垂青这个孩子。就在他风华正茂的少年时代，小亚细亚城邦发生了一场可怕的瘟疫，这场灾难整整持续了半年多，一个又一个鲜活的生命被死神带向了黑暗的深渊。荷马也不幸染上了瘟疫，父母请来了最好的医生为他诊治，然而虽然荷马的生命保住了，但他一双明亮的眼睛却永远失去了光彩。

面对命运的不公，荷马曾选择了放弃，但母亲的一席话让他又重燃生命之火，“厄运是魔鬼，它夺走了你的光明。厄运也是天使，它是一座深不可测的宝藏。要在厄运中赶走魔鬼、拥抱天使，最重要的美德就是坚忍”。

通过3年的学习，聪慧的荷马已经比较熟练地掌握了弹琴的技巧，并且学会了用诗歌来吟唱故事。他的琴声和歌声都极有魅力，很快就引起了人们的关注。为了吟唱诗歌和收集古老的故事，17岁的荷马离家远行。从此，他风餐露宿，历尽千辛万苦，走遍了整个希腊的大地。在广泛收集民间故事的基础上，荷马用自己丰富的想象力和非凡的文学才华，创作出了两部史诗——《伊利亚特》和《奥德赛》，这两部永留青史的辉煌史诗，成为人类文明中的一枝奇葩，它的光辉永远照耀着人们的心灵。

面对逆境这条人生的畏途，不同的人有着不同的观点和态度。就悲观者而言，逆境是生存的炼狱，是前途的深渊；就乐观的人而言，逆境是人生的良师，是前进的阶梯。逆境如霜雪，它既可以凋叶摧草，也可使菊香梅艳；逆境似激流，它既可以溺人殒命，也能够济舟远航。

逆境具有二重性，就看人们怎样正确地去认识和把握。古往今来，凡立大志、成大功者，往往都饱经磨难，备尝艰辛。逆境成就了“天将降大任者”。如果我们不想在逆境中沉沦，那么我们便应直面逆境，奋起抗争，只要我们能以坚忍不拔的意志奋力拼搏，就一定能冲出逆境。

费希特在年轻时，曾去拜访大名鼎鼎的康德，想向他讨教，不料康德对他很冷漠，拒绝了他。费希特求教无门，但他并没有灰心，也不怨天尤人，而是从自己身上找原因。他想：“我没有成果，两手空空，人家当然怕打搅喽！我为什么不拿出成果来呢？”于是他埋头苦学，完成了一篇《天启的批判》的论文，呈献给康德，并附上一封信。信中说：“我是为了拜见自己最崇拜的大哲学家而来的，但仔细一想，对本身是否有这种资格都未审慎考虑，使我感到万分抱歉。虽然我也可以索求其他名人的推荐信，但我决心毛遂自荐，这篇论文就是我自己的介绍信。”康德细读了费希特的论文，不禁拍案叫绝。他为其才华和独特的求学方式所震动，便决定“录取”，亲笔写了一封热情洋溢的回信，邀请费希特前来一起探讨哲理。由此，费希特获得了成大事者的机会，后来成为德国著名的教育家和哲学家。

但凡一个杰出的人物，都产生在重重的磨难里，产生在十分恶劣的人生境况之下。人生的风雨是立世的训谕，恶劣的境遇是人生的老师。

瑞典科学家阿列纽斯于1882年在瑞典科学院物理学家爱德龙德的指导下，进行了测定电解质导电率的研究工作。他把测定结果写成一篇博士论文寄给母校乌普沙拉大学，由于该校学位评议委员会的成员们还不理解论文的深刻意义，因而错误地将其评为四等。“四等”就意味着参加博士考试的失败，但是，阿列纽斯在逆境面前没有退却，没有消沉，他将这篇落选的博士论文和一封信一起寄给了德国加里工学院的物理化学家奥斯特瓦尔德。奥斯特瓦尔德在仔细地阅读了论文和来信后，被深深地打动了，连呼“真了不起”。1884 年 8 月，他亲自去瑞典访问了阿列纽斯，对那篇落选的论文给予了高度的评价，并代表加里工学院授予他博士学位。阿列纽斯在此基础上继续努力，1903 年因这一成就获得了诺贝尔奖。

人间不平事，不知有多少。逆境吞噬意志薄弱的失败者，而常常造就毅力超群的事业成功者。矢志进取的人，面对逆境没有抱怨，没有烦恼，没有退却。这是因为他们深信，风雨过后必能见彩虹。从逆境中奋起，靠你坚定的意志和决心，不断斗争拼搏，不因为疲倦和失败停止前进的脚步，这样你就能最终获得成功的奖赏。

任何时候都不要懈怠

约瑟夫·华伦·史迪威是西点军校的优秀毕业生。他的名字也为中国人所熟知，他是中国人民永远的朋友。抗日战争期间，他同中国的爱国官兵并肩战斗，为打败日本法西斯侵略者立下了不朽的功勋。在周恩来总理心中，史迪威将军是中国人民心目中“最优秀的战士”。

史迪威将军在西点军校学习时就是一位佼佼者。他于1900年7月考入西点军校，是当时最年轻的西点士官生。在学校期间，他是一名优秀的运动员，曾经把篮球引入西点军校，还成为橄榄球队的队员。此外，他还是一名神枪手。1904年毕业后，他由于成绩出色，被派往驻菲律宾的第12步兵团服役。在菲律宾，史迪威第一次参加真正的军事任务时就受到了严峻的考验。

史迪威所在的连队受命清剿叛乱的普拉吉族人。神出鬼没的普拉吉族人躲在热带丛林深处。史迪威和战友们不得不在丛林中穿行，他们忍受着暴雨和酷热，还要对付野兽的攻击与蚊虫的叮咬。一次，史迪威押着一个俘虏走在队伍最后面，突然，军士长中暑晕倒了，军人的使命感使史迪威停下来照顾军士长，可是不论史迪威如何呼唤，军士长都没有醒过来，无奈之下，史迪威只好忍着酷热，背起军士长继续赶路。不幸的是，在史迪威呼唤、照顾军士长的时候，他们的队伍已经走远了，茂密的丛林遮挡了队伍的踪迹，史迪威他们掉队了。

想到曾经在西点军校接受的野外作战训练，史迪威振作精神，他知道自己不得有丝毫懈怠——因为手握大刀的普拉吉族人随时都有可能从丛林深处突然跳出来，把他们干掉。史迪威深知他们所处的不利环境：自己单枪匹马，身上又背着昏迷的军士长，而前方队伍也没有派人来寻找他们。这些不利因素考验着史迪威的信心。

史迪威没有懈怠，他鼓起勇气背起军士长继续赶路，虽然他手中只有一把自动手枪，好在史迪威在西点军校学习期间就练就了出色的射击能力。他是个优秀的神枪手。军人的职责要求史迪威不能放弃自己的战友，把军士长扔到一边。他告诉自己，必须在天黑之前找到队伍，不然他们将无法活着走出这片热带雨林。

史迪威背着军士长，凭借在西点军校时的野外训练经验一点点地摸索着前进，有时候走错了路，但他都能通过敏锐的观察很快地改变路线，返回原地继续走。在前进中，他像一只豹子，时刻保持警觉：倾听来自丛林深处的危险声音，辨别队伍远去的方向和留下的痕迹，照顾昏迷不醒的军士长。

天色暗了下来，最终，史迪威凭借着强壮的身体和猎人的敏锐追踪能力，背着军士长在天完全黑下来之前赶上了队伍，找到了营地。尽管此时他已经累得疲惫不堪。

史迪威的优秀事例还有很多。史迪威在西点军校学习期间绘制军用地图的成绩名列前茅，因此毕业后不久，他就被美国政府选中，担负了一项秘密使命——到危地马拉考察地形。

史迪威接到命令，决定全力以赴。他打着学西班牙语、度假的旗号进入了危地马拉，他在危地马拉周游了整整6个星期，有时候徒步行走，有时候骑骡子到处转悠，不知道的人看到他悠闲的样子还以为他在看风景。史迪威丝毫没有放松、懈怠，他每到一处都细心观察，认真记忆。回到住所后凭借出色的记忆能力，他把危地马拉这个国家的港口、码头、防御工事、湖泊、运河、浅滩、渡口、桥梁、铁路、公路、运货马车、拉车的马匹、电话、电报线路、城市、村庄、兵营、人1：7密度与分布、粮食、饲料、燃料、疾病、气候变化和政治动向等近30个方面的调查项目弄得明明白白，并在陆军部提供的略图上一一标示出来，这是一部翔实而准确的危地马拉军事、政治、经济地形图。史迪威出色地完成了任务，给美国政府交上了一份合格的答卷。

试想，如果在困难和挑战面前，史迪威优柔寡断、放松警惕，他就不会走出丛林，找到队伍；也不会克服常人无法克服的困难，画出准确的地图，也就不能完成上级交代的任务，这将是西点学员最大的耻辱。史迪威的成功告诉我们，选定目标后就要全力以赴，不能懈怠，要时刻保持警醒，因为也许就在你放松的那一瞬间，你所有的努力都将功亏一篑。

要做到任何时候都不懈怠，就要学会自我提醒。尤其是在安逸的环境下，也不要放松自己而是要竭尽全力。奥利弗·克伦威尔曾经说过："不求自我提醒的人，到最后只会落得退化的命运。"对我们来说，自我提醒也许只是在墙上贴一张小字条，提醒自己还有没巩固的知识，还没有完成该完成的任务；也许是在睡觉前把一整天的事像电影一样在脑海里过一遍，就可以达到温习的目的……只要养成这种好习惯，久而久之，你会发现自己变得越来越有计划了，对自己的要求也越来越严格，生活和学习也会在这个小小的改变后变得井井有条，你已经完全变成了一个对生活充满热情的人。

成功完全是努力的结果

一位西点军校的教官正在给新学员介绍西点军校的训练情况。他严肃地说："西点军校的学员们一天要练25小时！"

一个新学员嘀咕着说："可是，一天只有24小时呀！教官。"

这位教官训斥道："不要找借口！成功是你自己的事，别忘了，你完全可以每天提前一小时起床！"

在西点军校，每个学员都深深明白一点：成功完全是自己的事情，能否取得成功完全取决于你的态度。没有人会督促你去成功，同样，也没有人能阻挠你成功。一切完全取决于你自己是否能自动自发地去获得成功。

艾森豪威尔经常和家人一起玩纸牌游戏。一次晚饭后，艾森豪威尔像往常一样和家人打牌。这次他的运气很不好，总是抓到很差的牌。

刚一开始，他只是抱怨几句，可后来一再地摸到差牌，他实在忍无可忍了，便发起了少爷脾气。

和他一同打牌的母亲实在看不下去了，正色说道：“牌是上帝发的。既然选择打牌，你就必须接受上帝发给你的牌，不管牌是好是坏——好运气不可能总是都让你碰上。”艾森豪威尔没有理会母亲的话，依然愤愤不平地抱怨。

母亲又说：“其实，人生就和打牌是一样的，发牌的是上帝。不管你手中的牌是好是坏，你都必须拿着，除此之外，你别无选择。你唯一可以选择做的，就是管理好自己的态度，让浮躁的心情平静下来，认真对待每一张牌，把自己手中的牌打好，力争最好的效果。只有这样打牌，这样对待人生才有意义！”艾森豪威尔牢记母亲的话，激励自己积极进取。

后来，他一步步向前迈进，成为中校、盟军统帅，最后当上了美国总统。

的确，生活就像是玩纸牌，上帝发的牌总是有好有坏，发到手的牌是确定了的。

收到坏牌后一味地抱怨于事无补，也无法改变现状，如何把手中的牌打好，才是你应该思考的重点。但是你能否成功，能否打出好牌，却取决于你的意志和态度。

西点军校提倡的这种自动自发的精神就是主动精神，西点学员被要求：要懂得随时把握机会，积极表现，锻炼自己必要时打破陈规的智慧和判断力。西点军校流传着一句话："适合哪儿就站哪儿，关键是站在行动上！"

成功完全是你自己的事情，你的态度决定着你的成功。西点学员认为，一切都要靠努力去争取。

在获得成功的道路上，能够保持积极的心态就成功了一半。在生活的难题面前不退缩、不消沉，主动培养刚毅、果断的性格是每个西点学员追求的目标。

华盛顿是西点学员们最崇拜的伟人之一。他是一个善于主动学习的人，年轻的时候，为鞭挞自己改正一些生活上的小毛病，他曾经在练习簿上写下了一篇有趣的文章——"110 条准则"，其中规定了自己在"交友和谈吐中"必须遵守的一些准则。这篇手稿共有 10 页，它是绅士的良好行为指南，对华盛顿的性格塑造产生了极大的影响。下面列举几条：

第一条，在朋友中所做的每个举动都应该表示对别人的尊重。

第二条，在别人面前，不独自哼唱或用手敲击或脚抖动发声。

第五条，如果你咳嗽、睡觉、叹气或打哈欠，不要发出很大的声音，要私下隐蔽进行。

第六条，当别人在讲话时，你不要睡觉。

第九条，别向炉火中吐口水。

第十条，当你坐下，脚要平直不动。不要两脚交叉或叠放。

第十三条，不在别人面前打虱子、跳蚤等。

第十五条，指甲保持干净，不留长指甲。

第十七条，不阿谀奉承。

第三十二条，对你的同辈或下属，在你的住所应该安排主要的地方给他。

第四十八条，当你责难别人时，你应是无可责难的。

第五十四条，不爱慕虚荣。

第一百零一条，不在别人面前漱口。

华盛顿一生都铭记这些准则，并真正将它们付诸实际行动。他在历练自己的性格、态度方面的事迹给西点学员留下了深刻的印象。

成功取决于你自己的态度，每个人都必须找准自己的位置并积极地付诸行动。

为了能获得成功，为了每次都能让成绩提升，我们从此刻开始就要端正自己的态度：要知道成功完全是自己的事情，你如果不积极行动，如果不懂得提升自己，总是甘于堕落，那么就永远也别指望成功。

因此，我们要珍惜学习的机会，热爱每一堂课，认真听老师讲课，用心于我们的学业，总有一天我们会出人头地，成为被人们仰慕的男子汉。

立即行动，绝不拖延

西点军校最重要的一条军训就是：立即行动，绝不拖延。毕业于西点的艾森豪威尔将军的一句话最能代表西点的这种行动精神，他说：“任何语言都是苍白的，你唯一需要的就是执行，一步实际行动比一打纲领更重要。”

华裔科学家，电脑行业的先驱者王安先生童年的一段经历让他铭记终生。

一天，6岁的王安外出玩耍，发现了一只嗷嗷待哺的小麻雀。他决定带回家喂养，走到家门口，忽然想起未经妈妈允许。他便把小麻雀放在门后，进屋请求妈妈。在他的苦苦哀求下，妈妈答应了。但是，当王安兴奋地跑出去后时，小麻雀已不见了，看到的是一只意犹未尽的黑猫。

由此可见，“万事俱备”固然可以降低出现意外情况的概率，但致命的是，它会让你失去成功的机遇。企盼

“万事俱备”后再行动，你的工作也许永远没有“开始”。世间永远没有绝对完美的事。“万事俱备”只不过是“永远不可能做到”的代名词。

很多人对等待“万事俱备”的人表示不屑一顾，这是非常有道理的，等待会让你失去许多机会。而一旦你动手去做，那么情况就相反——很多机会在等着你。从某种意义上讲，“万事俱备”还是个“窃贼”，它会窃取你宝贵的时间和机遇，让你的工作不能迅速、准确、及时地完成，从而毁掉你走入老板视线的机会。

你若想以积极者的面目出现，就赶快让自己摆脱“万事俱备”的旋涡，即刻去做手中的工作吧。只有“立即行动”，才能抑制“万事俱备”的“第三只手”，把你从“万事俱备”的陷阱中拯救出来。

立即行动吧，这种态度还会消减准备工作中一些看似可怕的困难与阻碍，引领你更快地抵达成功的彼岸。

有个农夫新购置了一块农田，可他发现在农田的中央有一块大石头。

“为什么不铲除它呢？”农夫问。

“哦，它太大了。”卖主为难地回答说。

农夫二话没说，立即找来一根铁棍，撬开石头的一端，意外地发现这块石头的厚度还不及30厘米，农夫只花了一点儿时间，就将石头搬离田地。

也许，在开始的时候，你会觉得做到“立即行动”很不容易，因为这样难免发生失误。但最终你会发现，“立即行动”的工作态度，会成为你个人价值的一部分。当你养成“立即行动”的工作习惯时，你就掌握了个人进取的秘诀。当你下定决心永远以积极的心态做事时，你就朝自己的成功目标迈出了重要一步。

立即行动吧！行动会让你不断地发现惊喜，超越自我。

坚强的体魄助你成功

据说最早在西点军校大力推广体育锻炼和运动项目的是西点最著名的五星上将校长麦克阿瑟，当时他提出了“每个军校学生都是运动员”的口号，他认为，体育锻炼能够培养西点学生坚忍不拔的性格、自我控制和快速反应的能力。1915 年西点毕业生，美国五星上将布雷德利曾经说过：“我的自我约束能力得益于长期进行长跑所锻炼的耐力。”

甚至有人认为，西点军校在体能上的关注度是和美国常春藤名校最大的区别，因为那些常春藤名校常常不可避免弥漫着一些颓废消极的情绪，但是在西点军校，所有学生必须是体能良好、性情积极的年轻人。不管学生文章多么有文采，学习成绩有多好，如果体能不达标就进不了西点军校；如果为人颓废放荡，则绝对没办法在西点熬到毕业。

健康的精神需要健全的体魄，这是西点军校所信奉的格言。

西点军校 4 年的学习中，体育训练贯穿始终。所有学生都需要修习：体育原理知识课程、身体素质基础训练课程、运动技巧课程等，并且需要在4年中参加各种大大小小的体育赛事。

西点军校中各种体育运动都由专门的机构组织，涉及的面非常广泛：曲棍球、网球、垒球、美式橄榄球、英式足球、篮球、拳击、手球、游泳、排球、摔跤，还有各种类型的跑步诸如短跑、越野跑和马拉松，等等。

西点基于其学生体能优势，当然经常参加各式各样的校际体育比赛，在31项校际体育赛事中，西点有二十几项都处于绝对的领先地位。也正因为这样，西点学生尤其重视体育赛事的结果，视此为他们荣誉感的重要象征。

锻炼的关键是自觉。如果你有改进身体状况的愿望，你就可以在任何地方运动。教室、宿舍、家里、上学路上，都是可能的锻炼场所。《头文字D》中周杰伦饰演的角色，就是在帮老爸送货的过程中不经意地成了秋明山车神的。

如果说性格决定命运走向，那么健康的身体就如发动机，为我们完成人生提供着绵绵不绝的动力。美国加州州长阿诺·施瓦辛格在自己的书里说："要肌肉增长，你必须有无穷的意志力，你必须忍受痛苦。你不能可怜自己、稍痛即止，你要跨越痛苦，甚至爱上痛苦，别人做十下的动作，你要加倍磅数做足二十下。你要用不同的方法，从不同的角度去‘震撼’你的每一组肌肉，令它无法不强壮，无法不结实。不要松懈，不要懒惰，没有坚忍不拔的意志，你无法取得成功！”

埃内斯托·格瓦拉是近代最伟大的传奇革命英雄，最著名的军事家，他出生在阿根廷第三大城市罗萨里奥。他的父亲是阿根廷的著名医师，母亲则是社交名媛。他大学毕业后参加古巴起义军，是古巴党和国家的主要领导人之一，后又投身于非洲、南美洲的游击战争，甚至到了今天，他的头像都还被印在青年人的T恤上。

格瓦拉非常喜爱读书，尤其喜欢读文学名著。遇事很有主见，而且意志力很强。格瓦拉小时候身体很弱，经常伤风感冒。在格瓦拉两岁生日的前夕，他的哮喘病第一次发作，犯起病来，就喘得透不过气来，非常难受。由于疾病的缘故，格瓦拉没办法像正常的孩子一样上学，他只在学校上了两三年学，他的老师就是他的母亲。

为了使自己的身体强壮起来，格瓦拉暗下决

心，一定要好好锻炼身体，努力战胜疾病。

格瓦拉的父亲培养了儿子对于体育的热爱，并且使他相信，顽强的毅力可以令他战胜病痛带来的种种困难。格瓦拉的父母都热爱体育，喜欢大自然，这种爱好也影响了他们的孩子。在运动时，埃内斯托表现得很吃力，可他总是能坚持到最后，在不断的游泳、登山和骑马中，他的病情稳定了不少。

按照医生的嘱托，哮喘病人是不能做剧烈运动的。可是格瓦拉却每天坚持锻炼，他注意循序渐进，逐步增加运动量。他在外出锻炼中随身带上哮喘喷雾器，如果哮喘病发作了，就用哮喘喷雾器治疗一下，再继续锻炼。

格瓦拉练习体操，还练游泳，有时候还练习踢足球。

长期不懈的体育锻炼，终于使格瓦拉强壮起来了。他的胸部、背部、臂部、腿部的肌肉发达起来了，形成了肌肉块，身体也变得匀称健美了。那小小"男子汉"的形象，使许多少男少女都羡慕不已。

随着健康状况的明显好转，格瓦拉练习踢足球的时间越来越长了。有些小伙伴劝他多休息，少参加像踢足球这样的剧烈运动。可是格瓦拉却经常信心十足地走进足球场，他像战士一样冲锋陷阵，不怕疲劳，连续作战，苦练技术。很快，格瓦拉就成了一名出色的足球运动员。

说来也奇怪，随着格瓦拉体质的增强，他患伤风感冒越来越少，哮喘病也明显有了好转。

格瓦拉有了强健的体魄，这就为他长大以后投身解放运动和革命战争打下了坚实的基础。

锻炼不难，难的是坚持。总有这样或那样的主客观因素让你不能坚持，比如今天太冷或者太热，心情太差或者太好，作业太多，要准备考试……其实这是一个选择的问题。假如你觉得一样东西重要，你无论如何都会选择它，而把其他东西放在另外一边。

有的男孩常常以身体有病为由，逃避不喜欢的体育运动，这是不正确的，身体是“学习”的本钱。没有一个好的身体，再大的能耐也无法发挥。因而，再繁忙的学习，也不可忽视放松锻炼。有的男孩为了学习而忽视锻炼，身体越来越弱，学习越来越感到力不从心，这样怎么能提高学习效率呢？

站在领奖台上的体育明星是耀眼的，但你更应该看到他们在成功前的刻苦训练，因为运动素质的培养是一个漫长而艰苦的过程。意志是自觉地确定目的，根据目的支配、调节自己的行为并克服各种困难实现目的的心理过程。它是人类意识能动作用的表现，是人所特有的。意志总是在行动中表现出来，一个人的意志是坚强还是脆弱，都可在人的行动中观察到。

被誉为“西点之父”的西点军校第四任校长塞耶曾经说过：“一个人身体上有力量，心理上也就有了依赖。”确实如此，健全的体魄对于人们健康的精神影响非常之大，人们说“身心”健康，身与心总是分不开的。

离垃圾食品和饮料远点

现在的孩子对洋快餐有浓厚的兴趣。下课后，经常可以看到穿着校服的学生三三两两坐在肯德基、麦当劳里吃着汉堡包、薯条，喝着加冰的可乐。

洋快餐有“三高”和“三低”的特点，所谓“三高”指高热量、高脂肪、高蛋白质，“三低”指低矿物质、低维生素和低膳食纤维。营养学家称其为“垃圾食品”。西方国家对此早有研究，认为其危害甚大，一些相关组织甚至提出了“把快餐赶出校园”的口号，报纸刊物上关于垃圾食品的危害的报道也屡见不鲜：

2002 年 11 月，纽约肥痴儿童状告麦当劳，认为自己因长期食用洋快餐才变成了这副模样。

2003 年 1 月 29 日伦敦出版的《新科学家》杂志报道，洋快餐可引起体内激素变化，引起上瘾。

华盛顿大学内分泌学家迈克尔·施瓦茨教授认为洋快餐可引起体内激素变化，使食用者难以控制进食量。他在文章中指出：“快餐生物效应的发现具有爆炸性的意义，发胖的原因不能归结为肥胖者没有自我控制能力。”

制作某些洋快餐的油并非传统使用的植物油，而是氢化油，即把植物油加氮生产出的油。哈佛大学公共卫生学院营养学系主任威利特教授1991年提出这样的观点，将天然植物油加氢后生产的氢化油对健康有害。氢化油中含一些自然界本不存在的反式脂肪酸，反式脂肪酸会对人体内分泌系统造成不良影响。

此外，孩子们还喜欢喝碳酸饮料，有些孩子甚至用汽水代替白开水。碳酸饮料的危害显而易见，其中含有大量的色素、添加剂、防腐剂等物质，对身体没有任何益处。有些男孩认为碳酸饮料“解渴”，其实不是这样。碳酸饮料中所含的诸多成分在体内代谢时需要大量的水分，并且一些碳酸饮料中含有的咖啡因，有利尿作用，所以喝碳酸饮料非但不会解渴，还会越喝越渴。

碳酸饮料也是造成龋牙的最重要的饮食来源之一。饮料中的酸性物质、有酸性糖类副产品会软化牙釉质，促进牙齿龋洞形成。肥胖、消化不良、骨质疏松，也是碳酸饮料爱好者们的常见病症。

男孩要想健康，应离垃圾食品和碳酸饮料远点。

早睡早起，养成良好的作息习惯

只有早睡早起，才能保证身体健康。而且我们也能感觉到，如果前一天晚上有一个良好的睡眠，第二天就会感到精力非常充沛。

其实，睡眠就像空气、阳光、水分一样，是体内不可缺少的“营养”。对于正处在生长发育期的男孩来说，每天保证 9 小时的睡眠是很有必要的。

但是，有的男孩子会说，我已经养成熬夜看电视、早晨睡懒觉的习惯了，怎样才能改掉不好的作息习惯呢?

可以为自己制定一个作息时间表，然后严格按照表上时间要求自己的作息。每天 21 点之前要上床睡觉，并设定闹钟，让它叫自己起床。如果实在起不来，可以把闹钟设定得早一点，让自己有一段缓冲的时间。

另外，如果男孩刚刚被闹钟叫醒后感到身体很不舒适，可以下床做少量的运动，比如弯腰、伸腿、转动手腕等，这可以帮助自己尽快清醒过来。

男孩能长高很大程度上取决于睡眠的质量，那么如何给男孩一个良好的睡眠呢？其实睡眠环境很重要，因为噪声、缺氧以及环境污染等，都会影响孩子的睡眠质量。所以，我们应该尽量使孩子所处的环境优美、安静、空气流通、光照适宜，有合适的湿度和温度，保持清洁卫生等。以下环境因素，对男孩睡眠质量的提高有一定益处：

1. 环境绿化好

一个良好的环境应该是树木成荫、绿草如茵，身处其中能够使人心旷神怡、精神振奋，有利于提高睡眠质量。这是因为绿色植物细胞中的叶绿素，通过光合作用吸收空气中的二氧化碳，放出氧气，而孩子的脑组织对氧的需要量约占全身的20%。环境绿化得好，就等于增加了空气中的含氧量。如果空气中有充足的氧气，就可以使孩子的头脑清醒，心情舒畅，睡眠质量好，学习效率高，对身体健康有利。

绿色植物能防尘，消除噪声，可以净化空气，保持环境安静，还可调节空气温湿度，使空气湿润，温度宜人。绿化较好的环境中，除氧气含量较高外，还有大量阴离子，它对大脑皮质的影响非常明显，可以对其兴奋和压抑有充分的调节作用，从而可使自己睡得更好。

2. 环境安静

安静的环境是良好睡眠的基本条件之一，嘈杂的环境，会使男孩的心情无法平静而难以入眠，所以卧室窗口应避免朝向街道闹市，如果朝向街道，也可以加上隔音设施。

噪声不仅损伤听觉，对神经系统、心血管系统等其他系统也有不良影响。研究发现，较强的噪声长时间作用后，除可导致听力下降外，还可引起头晕、头痛、耳鸣、失眠、乏力、记忆力减退、血压波动及心律失常等症状。因此，防止噪声污染，保持环境安静，对提高睡眠质量，保护身体的健康，有着十分重要的意义。

3. 温度、湿度适宜

温度在 18℃～22℃时，最有利于男孩的学习、生活，如果室内外的温度过高，就会影响大脑活动，增加身体的耗氧量。夏日的居室如果条件允许，可以安装空调或者电风扇来调节室温，从而改善睡眠。空气的湿度太大或过于干燥也不利于健康，会感到不适，不利于正常的生活。

如果居室的湿度太大，可以通过通风、光照或安装去湿设施来调节。如果过于干燥，则可以直接在地板上洒一些水，或在睡觉前取一盆凉水放在床头。这样可以保证男孩在一个温度、湿度都适中的环境中生活起居。

世界经典家庭教育智慧

哈佛家训

秦泉　主编

四川美术出版社

图书在版编目(CIP)数据

哈佛家训 / 秦泉主编. —成都:四川美术出版社, 2018.9
(世界经典家庭教育智慧)
ISBN 978-7-5410-8325-9

Ⅰ. ①哈… Ⅱ. ①秦… Ⅲ. ①家庭教育-通俗读物
Ⅳ. ①G78-49

中国版本图书馆 CIP 数据核字(2018)第 216408 号

哈佛家训
HAFOJIAXUN

秦泉　主编

出 品 人　马晓峰
策 划 人　杨建峰
责任编辑　秦朝霞
责任校对　郑　双　任　利
出版发行　四川美术出版社
　　　　　成都市锦江区金石路 239 号
成品尺寸　186mm×126mm
印　　张　8
字　　数　260 千字
印　　刷　天津兴湘印务有限公司
版　　次　2018 年 9 月第 1 版
印　　次　2018 年 9 月第 1 次印刷
书　　号　ISBN 978-7-5410-8325-9
定　　价　150.00 元(全五册)

前　言

这是一个事实，却鲜为人知——先有哈佛，后有美利坚。15 世纪末，由欧洲通往美洲的大西洋航道被哥伦布开辟出来以后，欧洲人纷纷远涉重洋来到美洲寻找新家园。17 世纪初，首批英国移民到达北美洲，在那里开拓自己的“伊甸园”——新英格兰。移民中有一百多名曾在牛津和剑桥大学受过古典式的高等教育的清教徒，他们为了让自己的子孙后代在新的家园也能够受到这种教育，于 1636 年在马萨诸塞州的查尔斯河畔建立了美国历史上第一所学府——哈佛学院。1780 年，即美国建国后的第四年，已经有了一百四十多年历史的哈佛学院升格为哈佛大学。

哈佛被誉为“美国政府的思想库”“高等学府王冠上的宝石”，是世界最高学府的象征，其所取得的成就历来为世界所瞩目：美国独立战争以来几乎所有的革命先驱都出自于哈佛的门下；哈佛先后诞生了8位美国总统、152位诺贝尔奖得主和32位普利策奖得主；此外，还出了一大批知名的学术创始人，世界级的学术带头人、文学家和思想家；哈佛大学商学院案例教学盛名远播，培养了微软、IBM等一个个商业奇迹的缔造者。总之，哈佛无论过去还是未来，它的一举一动都决定着美国的社会发展和世界经济的走向。

哈佛靠什么打造了如此众多的社会精英？哈佛的教育中深藏着哪些鲜为人知的秘密？哈佛学子需要培养哪些品质才能成为社会精英？哈佛教授和哈佛家长们信奉和执行什么样的教育理念？

“大学的荣誉，不在于它的校舍和人数，而在于它一代又一代人的质量。”哈佛大学第二十三任校长科南特可谓一语中的——哈佛所取得的成就为世界所瞩目的秘密就在于哈佛人的质量。质量何来？来源于“求是崇真”的办学理念。哈佛大学校徽上面用拉丁文写着“VERITAS”字样，意为“真理”。哈佛大学校训是：“以柏拉图为友，以亚里士多德为友，更要以真理为友”。但似乎远远不止于此。可以把哈佛取得的巨大成就归功于先进的办学理念，追求真理的可贵精神，三百七十多年的沉淀的闪光智慧，哈佛教授杰出的贡献，哈佛学子的榜样作用……然而必须承认，哈佛所取得的巨大成功也凝聚了无数哈佛家长们的汗水、心血和智慧。

诸多哈佛学子坦言：良好的生活习惯和学习习惯是从家庭里培养起来的，许多优秀品质也是从家庭里培养起来的。父母是孩子的第一任教师，也是孩子一生的朋友，更是孩子生命中最亲密的人。无数哈佛家长秉承坚定的信念、严谨的精神，博览本国和其他国家的成功故事，总结着流传后世的家教训言，积累了丰富的教子经验，这些故事、训言和教子经验被人们收录成书，并渐渐丰富。这些流传百年的家教智慧就是如今广为人知的《哈佛家训》。

《哈佛家训》汇集了哈佛顶尖的教育理念、哈佛家训的成功案例、哈佛家训的精华训言，从正确的人生观、优秀的品质、杰出的本领、克服人性弱点、成为社会财富、能力培养等多个角度出发，充分揭示了哈佛教育的要旨和哈佛品质的精髓所在。

《哈佛家训》挖掘了诸多成功人士的成功内涵，为成长中的孩子注入了充分的精神养料，树立起孩子的精英意识，帮助孩子塑造自我，学会选择，铸就一个哈佛学子应有的优秀品质，为其成为社会精英打下坚实的基础。

也许我们暂时没有机会坐在哈佛神圣的教室中聆听教诲，但是我们可以通过阅读本书来消弭和哈佛的距离。本书以做成一本“没有围墙的哈佛大学”为起点，力求让每一个人都可以取得哈佛教育的真经，让每一个孩子、每一个家长都可以沉浸其中。它是一部教子课本，更是成年人的修身指南。阅读本书，家长和孩子将会一起成长，一起分享哈佛故事，一起更新哈佛家训。这是献给孩子们最好的礼物，这是人生中影响深远的巨大财富。

所有阅读本书的读者——无论是涉世未深的青少年，还是饱经风霜的成年人，希望你们因为本书中的一个故事或一句话而受到启迪，进而改变人生和命运，从而使自己从灰暗走向灿烂，从受挫走向进步，从失败走向成功。

2018 年 8 月

目　录

第一篇　哈佛告诉学生：树立正确的人生观

第二篇　哈佛告诉学生:培养优秀的品质

第三篇　哈佛告诉学生：训练百折不挠的精神

第四篇 哈佛告诉学生:激发灵活思维

第一篇

哈佛告诉学生：树立正确的人生观

第一章

人生——享受属于自己的生活

在生活中，有这样一种人，他们和你我一样有着大好人生，但是他们却不懂得如何去生活。一个人首要的学习任务就是学会生活，学会了生活，才有一切事业的基础，才有人生的成功。

珍惜眼前的人生

人生无常，每个人都应该去珍惜。不论是现在正在追求的，还是已经得到的，人们都应该对于自己的选择无怨无悔。不要每次都把希望寄托在“以后或者明天”。人生没有后悔药，在“现在或者此时此刻”的行为中一定要做到最好，不要给未来留任何机会，抓住眼前的，珍惜现在所拥有的，那么你将能享受到属于自己的幸福生活。

在人生的不同阶段，我们经常会碰到这种情况：在学校学习的时候，如果这一次考试成绩不理想，那么就会把希望寄托在下次；毕业后找工作的时候，如果这一次面试没有合格，那么就希望下次能成功；在相亲的过程中，如果这一次对方不合心意，那么下一次就能称心如意；在事业陷入低谷的时候，如果这一次业绩没达到目标，那么下一次再更加努力就可以。不知有多少事情，人们都在期盼和找寻下一个机会。但是，下一次真的会比这一次好吗？

在学校的时候，也许你还可能会有补考的机会。但出了学校以后，在社会上，你很难再有第二次机会来弥补自己的过失。就像在战场上，如果你没有拼杀的勇气，抱着必胜的决心，那么面对敌人时，你就不会有任何存活的机会。所以说人生是一张没有返程的车票，一旦出发了，就不能回头了。

当人们步入社会以后，不论是找工作面试，还是上级交付任务，你的每一次表现，别人都是看在眼里，评在心里的。凡是优秀的人才，在一开始的时候就做好了赢的准备与打算，所以每次行动都是以保质保量完成任务为目标，不会给自己任何理由和借口推脱过去；而普通的人都是抱着练习的态度来行事，不会特别地为难自己，跟自己过不去，并把美好的希望寄托在明天，就算有良好的机遇，也会处于被动地位，完全不懂得如何去珍惜，去更好利用；还有一些比较差劲的人，这种人是属于光说不做的，整天都指望着天上掉下一个大馅饼，殊不知光靠等待来赢取成功的概率是微乎其微的。

意大利有一位知名的哲学家，当时有很多女人被他那一股特殊的文人气质所打动，都愿意与他相伴终生，但他一直都在等待那个最完美的女子出现，所以一直都是单身一人。

有一天，一个女子来到他的家里，对哲学家深情地说："我想嫁给你，你娶我吧，错过我，你将再也找不到比我更爱你的女人了。"哲学家虽然也很中意她，但仍回答说："你先回去吧，我考虑考虑再联系你！"事后，哲学家一个人在家想了很久，他用自己一贯研究学问的精神，将结婚优势、劣势和不结婚的好、坏分别列出来，希望运用科学运算的结果来发现好坏，后来他发现好坏是一个均等的状态后就不知道该如何抉择了。于是，他陷入长期的苦恼之中，无论他又找出什么新的理由，都只是徒增选择的困难。最后，他得出一个结论：人在面临抉择而无法取舍的时候，应该选择自己尚未经历过的那一个，不结婚的处境自己是清楚的，但结婚后是一个怎样的情况还不知道。所以还是应该答应那个女人的要求。最后，哲学家来到女人的家中，问她的父亲："你的女儿在哪？请你告诉她我想明白了，我也不再去考虑了，我决定娶她为妻。"

女人的父亲看着哲学家惊讶地回答："你怎么现在才来？我女儿现在已经是4个孩子的妈妈了。"哲学家听后整个人几乎崩溃，自己竟然被一个简单的选择折磨了这么久，事到如今那些哲学理论对自己还有什么意义呢？而后两年，哲学家抑郁成疾，临死前，他将自己所有的著作丢入火堆，化为灰烬。最后人们看到他的遗言上只有一句话：如果将人生一分为二，前半段的人生哲学是"不犹豫"，后半段的人生哲学是"不后悔"。

哲学家万万没有想到向来让他引以为傲的哲学头脑最后换来的竟然是一场悔恨。如果自己当时有当机立断的决心，或者有永不后悔的气魄，那么自己就不会有如此悲惨的下场。

在生活中，人们同样应该引以为鉴，千万不要以为机会很多，所以就奢望下一次的机会，认为这次没了，还有下一次，要知道人生没有往复，当你一旦错过，就很难会有重来一次的机会。即使是当代著名艺术表演家或是知名学者，他们每一次上台表演或演讲都如履薄冰，在上台前不断地练习，严格要求自己在观众面前呈现最完美的一面。因为对他们而言，每一次都是不同的观众，所以自己的每一次表演或演讲，都应该当做是第一次也是最关键的一次来表现。

人生就像一场表演，没有彩排，每一场都是现场直播。把握好每次演出便是对人生最好的珍惜。请珍惜自己的生活，一旦选择了就请不要后悔，要充分享受生活，不要等到错过了才明白自己到底想要什么。要知道人生有限，生命弥足珍贵，所以要把握现在，珍惜眼前的幸福，只有这样才能更好地畅享人生！

人生，都是宝贵而具有价值的

人生，都是宝贵而具有价值的，每一个人的人生都是与众不同的，同时也是具有他人不可模仿的独特性。所以每一个成功者走过的路，通常都不适合其他人跟着重新再走。也就是说在每个成功者的背后，都有自己独特的、不能为别人所仿效和重复的经历。所以说人们不需要羡慕别人的生活，因为自己本身的个性就是独一无二的，只要按照自己的个性踏踏实实、认认真真地过日子，那就是最幸福的。也只有这样的人才会受到他人的尊重，得到他人的尊敬。

在很久以前，有一位国王爱民如子，喜欢微服出访。有一天当他走出宫门，走到一个烤红薯的老头面前，一时兴起，他问老头：“你觉得咱们国家谁是最幸福的人？”老头想也不想，立刻答道：“当然是国王最幸福了。”国王觉得很惊讶，于是继续问：“那是为什么呢？”老头笑笑说：“你仔细想想看，作为一国之王，有着百官差遣，平民供奉，平时想要什么就有什么，从来也不用愁吃穿这样的事情，这还不幸福吗？”国王沉思后答道：“希望如你所说吧。”

后来，国王与老头一边共饮美酒一边谈论生活上的小事，直到老头醉得不省人事，国王便命人把他抬回宫中，然后对大臣和妃子说：“老头认为国王是最幸福的，但我却不这么想，现在我就戏弄一下他，给他穿上国王的衣服，让他治国理政，你们大家配合一下，不要害怕。”王妃和大臣点头答应了国王。等到那老头醒了，宫女便上前假装说道：“大王你喝醉了，现在好点了吗？眼下还有很多事情要等你处理，请您速速上朝。”于是老头昏昏然被拥出临朝，众人都催促他快些处理事情，他却懵懵懂懂，不知所措。这时，旁边有史官记其所言所行，大臣公卿们与之商讨议论，老头一直坐了一整天，这一天下来他腰酸背痛，疲惫不堪，心里有苦说不出。

一连几天过去了，老头吃不好睡不香，竟瘦了下来。宫女上前又假装说：“大王近日为何如此憔悴不堪呢?”老头回答说:“我梦见自己是一个烤红薯的老头,辛苦求食,生活很是艰难,因此就瘦成这样了。”众人知道后都私下里偷着乐。这天,老头到了晚上,翻来覆去睡不着,想了又想:“我是烤红薯的呢,还是国王呢?若真是国王,那为什么皮肤又这样粗糙呢?若是烤红薯的,现在又为什么会在王宫里呢?难道是我是老眼昏花了?还是自己在做梦呢?”老头现在真分不清自己到底是谁了。这个时候王妃假装问:“大王近日如此劳累,不如让歌妓们来给你取乐吧。”于是老头喝起美酒,又醉得不省人事了。

再后来,国王命人帮老头穿上旧衣服,并把他送回了家,当老头酒醒后发现自己在简陋的床上,看见自己破旧的衣服和一切都是原来的样子,但却浑身酸痛,好像做了几天的苦力一样。过了几天,国王又来到他这里。老头看到后,主动对国王说:“上次喝酒,我说过的那些话实在是不对,其实,当国王也不轻松啊。你走后我梦见自己当了国王,每天都很忙碌,既要审核百官,又要受国史监督。大臣们整日都要来商量讨论国事,我心里着急，手忙脚乱的。几日下来弄得我是浑身都痛，就好像做了苦力一样。现在我才明白过来，在梦里尚且如此，若是真的当了国王，还不更加辛苦啊？相比之下，还是烤红薯好一些，简单且快乐。”国王笑着点点头，满意而去。

其实，每个人都是独立的自我，与其花过多的时间、精力去学习别人，不如找出自己的所能、所长去尽情发挥。每个人都有属于自己的人生，若是把别人的生活当作自己生活的范本，为达到别人的水平而努力，这样模仿别人最终是没有任何意义的。人与人之间有着不同的遗传密码、不同的天分、不同的性格、不同的际遇，绝不能通过简单的学习而达成一致，所以别人是别人，自己是自己，相信自己的价值，就是有意义的人生。

起点与终点没有区别

一位做生意成功的商人到国外旅游，他临时住在海边的一个小渔村里。当他闲来无事去散步时注意到那里有一位渔民，每天在大海中打捞几条鱼便回来了。

商人对于渔民的做法感到很奇怪，于是上前问：“你为什么不多花些时间多捕一些鱼呢？我看你每天就去一会儿就回来了。”

渔民笑笑，看着商人说：“我每天打的这些鱼已经够吃的了，我何必要花时间再多捕一些呢？”

商人继续问：“那你每天除了捕鱼还有那么多时间都干些什么？”

渔民乐呵呵地说：“每天打完鱼就回来晒晒太阳，和孩子们玩游戏，和老婆聊聊天，等到黄昏的时候，和老哥们一起喝喝酒。”

商人听后很不以为然，他告诉渔民：“我来教你一种方法，如果你能按照我说的去做，那么你会生活得更好。”渔民看着商人，笑着点了点头。

商人满意地坐了下来说：“以后你每天在大海中尽量多停留一会儿，抓到更多的鱼，然后把多余的鱼卖出去，赚取钱财。等到存够了一定数目的钱财之后，你就可以拥有一只大船，再利用大船招一些帮手，组建一支船队。这样下来你每天有几十吨的鱼，你再用这些资本来开办一家食品加工厂，进行直销。到后来你就会拥有大量金钱，有了钱之后你可以全世界到处拉生意，扩展自己的经营范围。”

渔夫问：“再以后我又做什么呢？”

商人说：“等你做到这一步，你可以做更大的生意，变成一个名副其实的大富翁，到时候你的钱财一辈子也花不完。”渔夫问：“那么，再然后呢？”

商人哈哈大笑：“再以后你就可以退休享清福啦！到时你就可以搬到你家乡的小渔村来住。每天睡到自然醒，出海随便抓几条鱼，和孩子玩儿玩儿，与老婆说说话，到了黄昏再和老哥们喝喝酒，快快乐乐享受下半生。”

渔夫笑道：“你帮我计划了这么多以后，那时的生活和我现在的生活有什么不同吗？”

商人一时无语，接下来他陷入一阵沉思中。商人心想：我为赚钱耗尽大半辈子的青春，结果到了风烛残年才开始享受生活，但此时的我已经不再年轻，现在还剩下多少时间来享受余生的日子呢？虽然说曾经的经历让商人觉得自己的一生过得很饱满，年轻时的生活感觉也很充实，但是看着渔夫幸福的笑脸，商人不得不思考：自己走的路难道是错的？

著名女作家池莉曾经说过：人生没有起跑线和终点的区别，一切都是过程，每一个阶段都需要认真地经历、感受和体会。正因为有了这些不同的过程，人们活得才更有意义。有的人认为如果省略了那些曲折动人的奋斗历程，那么也就失去了辉煌而精彩的人生；也有人认为平淡的生活才是真，一辈子没有大风大浪的历险故事也是另一种幸福。

其实，生活本身就是取决于自己，起点和终点并不重要。人是为生活而活，不是为其他而活，自身的快乐和幸福才是人生的真正目的。虽然说生活中有太多的选择，也有太多的无奈与不如意，但是无论你选择怎么走，只要最后能感觉幸福就好。

人生不是一杯酒，醉了的不是好汉，没有醉的不是英雄。所以你我只能半醉半醒，当走到人生尽头，回首人生过往的时候，只要你能够无悔于自己的一生，你就可以欣慰地和自己的生命告别了。

第二章
原则——不可逾越的底线

原则并非深奥玄妙的哲理，也不属于任何特定的宗教或信仰，原则其实是人类社会颠扑不破、历久而弥新、不言自明的真理。原则是人类行为的准则，是不容置疑的基本道理，是不可逾越的底线，历经考验而永垂不朽。

不要总做“老好人”

人的种类，除了从性别分为男人、女人外，还可以大致分为好人和坏人两种。再要细分的话，就有很多种，因为好人中也有相对较坏的人，而坏人中也有相对较好的人。当然，还有一些不好不坏的人，例如：老好人、伪坏人等。

是好人的话，就应该受到大家的喜欢、尊重和爱戴，被大家所歌颂。但是有这样一种好人，他们总是一味地迁就、顺从和曲意逢迎别人，没有自己的原则，可谓成事不足、败事有余，当然他不会害人，他凡事都能够做到忍让而不与人争，只求能够本分地默默做事。一味地迁就、顺从和曲意逢迎别人表面看来是和善之举，但实际是不坚定的表现。因为做人不能没有原则，没有了做人的原则，也就没有了衡量对与错、是与非的尺度，那么，就很容易走入歧途，很容易犯错，所以，这一类的好人我们称之为“老好人”。

上班几年的杰克没别的毛病，就是天生的耳根子软，别人说什么他听什么，妻子一生气就骂他是“软骨头”。中午出去吃饭，同事问他吃什么，他犹犹豫豫地想了一会儿说：“吃牛排吧！”同事一听：“牛排有什么好吃的，就要意大利面吧。”杰克赶紧点点头：“好，好！”

杰克不但生活中这样，工作中也是如此，上班也提不出什么像样的意见，什么事都听人家的，所以单位里开会时，他永远是坐在角落不发言的那一个。领导说什么他就唯唯诺诺地答应，同事很多时候都把工作推给他做，他也不敢有半句怨言。

前不久，妻子回娘家了，说要跟他离婚，起因就是一卷墙壁纸。妻子嫌卧室里的壁纸旧了，想换上新的，正巧身体不舒服，就让杰克一个人去买。走之前一再嘱咐他按照家具的颜色搭配着买，可他却禁不住售货小姐的怂恿，买了一种深蓝色直条纹的壁纸，贴上以后，妻子总觉得自己是睡在监狱里，她觉得丈夫这个人实在是太没用了，很多同事都利用他的好说话、好帮忙而占他的便宜，领导们也把他像柿子一样随手捏来捏去……日子真的没法过下去了，妻子愤怒地收拾东西要离开这个家，而杰克则只是坐在沙发上唉声叹气……

做人没有原则，没有自己的立场，一味地迁就、顺从、迎合别人，这实际上就是一种软弱、自卑的表现。而软弱、自卑到一定程度，就会逐渐失去生活的动力和自信，要知道，一个没有动力和自信的人是很难成就什么大事业的。而且，时时看着别人的脸色行事，又怎么能走出属于自己的人生之路呢?

平时我们常听人说某人是好人，或者我们自己说“这人是个好人”。但是，仔细想一想，好人的种种条件，他真的具备了吗？比如他有高尚的道德操守吗？他有踏实的勤劳努力吗？他有豁达、乐观、积极的生活态度吗？如果他不具备这些，而只是没有主见、畏首畏尾、迎合众人、明哲保身而不敢举发坏人的“好人”，那么，这样没用的好人只能是朋友成长的拖累，是公司发展的障碍，也是社会进步的绊脚石。

一个人总是要有自己的原则、自己的立场，不能一味地迁就、迎合别人，一点主见也没有。这原则既包括办事的方法，也包括日常生活中为人处世的立场等，少了哪一个都会给你的生活带来麻烦，影响你的生活。

爱自己就是为自己负责

人们常说原则是死的，人是活的。原则有时可以根据自身的情况随时做出改变，但是，在道德问题上，有些原则不能随意更改，一旦更改付出的有可能是生命的代价。

约翰是一名刚毕业的大学生，这一天，他准备好简历以后便去了一家知名企业应聘，经过初试复试的角逐后，他顺利地进入到最后的面试阶段，面试的最后一道测试题是：有10个孩子在铁轨上玩耍，其中9个孩子都在一条崭新的铁轨上玩儿，只有一个孩子觉得这可能不安全，所以他选择了一条废弃的、锈迹斑斑的铁轨，他的行为遭到了另外9个孩子的嘲笑。

正在孩子们玩儿得专心致志的时候，远处有一辆火车从崭新的铁轨上飞速驶来。这个时候让孩子们马上撤离是来不及了。假设你此时正在现场，而你发现在新旧铁轨之间有个连接卡，如果你选择把连接卡扳到旧铁轨上，那么在旧铁轨上玩耍的那个孩子就会丧失性命；但是你如果不扳的话，只能眼睁睁看着其他九个孩子丧身在车轮下。现在，火车马上就要驶过来了，你该如何抉择？

约翰思考了几秒以后，觉得这道题很难回答，因为不论是从人性的角度还是从法律的角度，都无法挽回生命的结束，但是一看到负责面试的经理表情严肃地盯着自己时，约翰又必须做出回答。约翰仿佛看见一辆飞速行驶的火车正在向9个孩子冲过去，于是他有些紧张地说：如果非要做决定，那我还是扳吧，毕竟这边有九个孩子……

面试的经理依然表情严肃，他此时站起来对约翰说："对不起，你的面试没有通过。"约翰听后有些沮丧，当他准备离开时，觉得有些不甘心，于是他鼓起勇气问："可以告诉我应该怎么做吗？"

经理说："你为什么要去扳铁轨呢？10个孩子中，只有一个孩子做了正确的选择，另外九个的选择是错误的，为什么9个孩子的过错要让一个无辜的孩子来承担？你应该以事物的对错来做决定，而不是主观的根据自己感情来判断，既然错了，那就应该承担过错，而不是把过错推到别人身上，因为谁都要为自己的行为负责！"

很多人都会觉得这题过于苛刻，因为大多数人都考虑到如果不扳的话就是九个孩子背后的九个家庭痛苦，所以在道德和精神上都会从大局着想，替大多数人考虑。但是，对于一个企业来说，关于原则性的问题是需要坚持的，不能因为多数人犯下的错误而让少数人付出沉重的代价，因为他们觉得那样是对少数坚持正确的人的不公平。

有的时候只有坚持自己的原则才能维护法律的尊严，法律不容亵渎，人们要明白面对原则性的问题就要坚持自己的立场，而立场就是不可逾越的底线。

敢于说“不”

玛莉亚是一名大学新生，她每月都会收到家里寄来的生活费，5 英镑一个月按道理说应该够用了，可是玛莉亚却时常感到拮据。在经济困难的时候如果有同学邀她参加聚会，她也会勉强地说“行”，即使那意味着第二天自己的午饭没有着落，她也很难说“不”。

这天上午，她的姨妈邀请她一起去吃午饭。实际上，此时的玛莉亚身上只有 20 先令了，这笔钱还得维持到月底，可是就算是这样，玛莉亚也同意了姨妈的请求。因为玛莉亚觉得姨妈平时对自己很好，而且姨妈与母亲的关系更是让自己无法拒绝她的要求！

玛莉亚知道一家很实惠的小咖啡馆，在那儿可以一人花 3 先令吃顿午饭。那样的话，她就可以剩下 14 先令用到月底了。

“哎！”姨妈说，“我们上哪儿去呢？午饭我从不吃得太多，一份就够了。咱们去一处好点儿的地方吧。”

玛莉亚领着她朝那家小咖啡馆的方向走去，突然姨妈指着街对面的那家“铂金咖啡厅”说：“那儿不是挺好吗？咱们就去那吃吧，那家咖啡厅看上去不错。”

“嗯，好吧，如果比起我们要去的地方您更喜欢那儿的话。”玛莉亚只好这样说了。她可不能说：“亲爱的姨妈，我的钱不够，不能带您去那样豪华的地方，那儿太贵了，花钱很多的。”她想：“或许买一份菜的钱还是够的。”侍者拿来了菜单，她姨妈看了一遍后说：“吃这份好吗？”

那是一道法式烹饪的鸡肉，是菜单上最贵的——7先令。玛莉亚为自己点了最便宜的菜——只需3先令。这样，她用到月底的钱就还剩下10先令。

不，是9先令，因为她还得给侍者1先令呢。

“这位女士，您还想要什么吗?”侍者说，“我们有俄式鱼子酱。” “鱼子酱!”她姨妈叫道:“啊！对——那种俄国进口的鱼子酱，棒极了！我可以要一些吗?”

玛莉亚看着姨妈期盼的眼神，她只好点点头，她在心里默念道:“哦，您不能，那样我用到月底的钱就只有5先令了，以后我该怎么办啊!”

于是，姨妈要了一大份鱼子酱，还有一杯酒以及一份鸡肉。玛莉亚只剩下4先令了，她在心里又开始盘算起来:4先令够买一周的奶酪面包，然后该怎么办呢?可是，姨妈刚吃完鸡肉又看见一个侍者端着奶油蛋糕走过。“嘿!”她姨妈说，“那些蛋糕看上去非常好吃，我不能不吃！就吃一小块好了。”

只剩3先令了。

这时侍者又端来一些水果，姨妈肯定该吃一些。当然，还得喝些咖啡，尤其是在她们吃了这么好的午饭之后。可是玛莉亚已经没有钱啦！甚至准备给侍者的1先令也没有了。

账单拿来了：20先令。玛莉亚在盘里放了20先令——没有侍者的小费。

她姨妈看了看钱，又看了看玛莉亚。

“那是你全部的钱？”姨妈问。

“是的，姨妈。”

“你全用来招待我吃一顿美味的午饭，真是太好了——可是太傻了。”

“啊不，姨妈。”

“你在大学是学语言的吗？”

“对。”

“在所有的语言当中，哪个字最难念？”

“我不知道。姨妈。”

“就是‘不’这个字。随着你长大成人，你得学会说‘不’，即使是对非常亲近的人。我早就知道你没有足够的钱上这家餐馆，可是我想让你得个教训，所以我不停地点最贵的东西，并且注意着你的表情——可怜的孩子！”姨妈付了账，并给了玛莉亚5英镑做礼物。

“天啊！”姨妈说，“这顿午餐差点撑死你可怜的姨妈了，我通常的午饭只是一杯牛奶。”

玛莉亚明白了姨妈的一片苦心，在以后的日子里，她学会了坚持自己的原则，也学会了鼓起勇气，勇敢地说“不”。

其实，拒绝本身就是一门艺术，如何才能恰到好处地掌握它，这就需要人们拉得下面子，坚持自己的原则，当然，这也是人们踏上幸福之路的第一步。

第三章
真爱——生命中最好的养料

人生一世，可能得到很多，但终将全部失去，人生就是这样一个不断努力，再不断失去的过程。这样看起来也许难免流于悲观，但是事实就是如此。当一切价值都不存在了，在人的记忆里，只有真爱永存。那才是人类最美好的情感。

爱心的接力

一天，一个贫穷的小男孩为了攒够学费正挨家挨户地推销商品。饥寒交迫的他摸遍全身，却只有一角钱。于是他决定向下一户人家讨口饭吃。

然而，当一位美丽的年轻女子打开房门的时

候，这个小男孩却有点不知所措了。他没有要饭，只乞求给他一口水喝。这位女子看到他饥饿的样子，就倒了一大杯牛奶给他。男孩慢慢地喝完牛奶，问道："我应该付多少钱？"年轻女子微笑着回答："一分钱也不用付。我妈妈教导我，施以爱心，不图回报。"男孩说："那么，就请接受我由衷的感谢吧！"说完，男孩就离开了这户人家。此时的他不仅自己浑身是劲儿，而且更加相信上帝和整个人类的美好未来，在此之前他都打算要放弃了。

多年之后，那位女子得了一种罕见的重病，当地医生对此束手无策。最后她被转到大城市医治，由专家会诊治疗。大名鼎鼎的霍华德·凯利医生也参与医疗方案的制订。当他听到病人来自的那个城镇的名字时，一个奇怪的念头瞬间闪过他的脑际。他马上起身直奔她的病房。

身穿手术服的凯利医生来到病房，一眼就认出了恩人。回到会诊室后，他心想一定要竭尽所能来治好她的病。从那天起，他就特别关照这个对自己有恩的人。

经过艰难的努力，手术成功了。凯利医生要求把医药费通知单送到他家，他看了一下，便在通知单的旁边签了字。当医药费通知单送到她的病房时，女子都不敢看。因为她确信，治病的费用将会耗费她整个余生来偿还。最后，她还是勇敢地翻开了医药费通知单，旁边的那行小字引起了她的注意，她不禁轻声读出来："医药费已付：一杯牛奶。霍华德·凯利医生（签名）。"

喜悦的泪水溢出了她的眼睛，她默默地祈祷着："谢谢你，上帝，你通过人类的心灵和双手传播了爱。""施以爱心，不图回报"，一句话树立了霍华德·凯利的自信心，也挽救了这位年轻女子的命运。

帮别人也是等于帮自己，一个小小的恩惠，一声简单的问候，哪怕平时都是施于微不足道的小事，都是对人以爱的鼓舞，我们是不是在别人需要"牛奶"的时候也做到"施以爱心"了呢?

爱心是一种精神的传递，只要真心地帮助别人，自己也同样能得到帮助，爱心是无限循环的，当然，真爱是不图回报的，但得到爱心的人会永远记住你。 有朝一日，会再回报一些“爱心”给你。

爱的力量

科菲是纽约一家大报社的记者，由于工作的缘故，经常去外地跑新闻，外地采访，像往常一样，收拾好行李，一共三件，一个大皮箱装了一件衬衣、几条领带和一套讲究的晚礼服。一个小皮箱装着采访用的照相机、笔和几本工具书。还有一个小皮包，装一些剃须刀之类的随身用品。

然后，像平常一样和妻子匆匆告别，奔向机场。工作人员通知他，他要搭乘的飞机因故不能起飞，这对于他来说是一件很普通的事，于是他耐心在机场等了两个多小时，等到下班飞机来时，他才搭上飞机。

飞机起飞时，科菲像往常一样，开始计划到达目的地行程安排，利用很短的时间做好采访前的准备。正当他绞尽脑汁地投入工作时，飞机突然剧烈震荡了一下，接着，又是几下震荡，他的第一个反应是：遇到了故障。

空中小姐告诉大家系好安全带，飞机只是遇到了气流，一会儿就好了。科菲靠在坐椅上，也许是出于职业的敏感，从刚才的震荡中，他意识到飞机的问题并不像空中小姐说的那么简单。

果然，飞机又接连几次震荡，而且越来越剧烈。广播里传来空中小姐的声音，这次，其他乘务员也站在机舱里，告诉大家，飞机出了故障，已经取得联系，设法安全返回。现在飞机正在降落，为了安全起见，乘务员要求大家把行李扔下去，以减轻飞机的重量。

科菲把自己的大皮箱从行李架上取下来，交给乘务员扔下去，又把皮包交出去，飞机还在下落，他犹豫片刻，才把小皮箱扔下去。这时飞机下落速度开始减慢，但依然在下落，机上的乘客骚动起来，婴儿开始哭闹，女人也在哭泣，有的男人已经开始咒骂。

科菲深深吸了一口气，尽量使自己保持平静，但他想起了妻子，早晨由于走得匆忙，只是匆匆地吻了一下，假如他们就此永别，这将是他终生的遗憾。他把随身的皮夹、钢笔、小笔记本掏出来，匆匆给妻子写下简短的遗书：

亲爱的，如果我走了，请别太悲伤，我在一个月前刚买了一份意外保险，放在书架上第一层那几本新书的夹页里，我还没来得及告诉你，没想到这么快就会用上。如果你从我身上发现这张纸条，就能找到那张保险单的。原谅我，不能继续爱你。好好保重，爱你的科菲。

科菲以最大的毅力驱除内心的恐惧，帮助工作人员安慰那些因恐惧而恸哭的妇女和儿童，帮着大家穿救生衣。在关键时刻，越冷静危险就越小，生还的可能性就越大。

最后的时刻终于到了，科菲闭上眼睛，在一阵刺耳的尖叫混合着巨大的轰隆声中，他感到一阵撞击，他在心中和妻子、亲人做最后的告别。不知过了多长时间，科菲睁开眼睛，周围一片哭喊，发现自己还活着。他不可思议地站了起来，眼前的一切惨不忍睹，有的倒在地上，有的在流血，有的痛苦地呻吟，他连忙加入救助伤员的队伍。

当妻子哭着向他奔来的时候，他还抱着不知是谁的孩子。这一回，他长长地吻着早晨刚刚别离却仿佛别离一世的妻子。那一次，只有1/3的乘客得以生还，而科菲竟然毫发无损。当然，他损失了3件行李，损失了一次采访好新闻的机会，不过，他上了纽约各大报纸的头版。

爱可以让死神望而却步。
人生并不需要太多的行李，只要一样就够了——爱。

你是上帝的妻子吗

寒冷的街头，一个衣衫破烂的丹麦小女孩站在一家蛋糕店的门前，看着橱窗里的大蛋糕，小女孩拼命地吞咽着口水。她已经在寒风里站了很久，还是没有离去。

这时，蛋糕店的门被推开了，走出了一个漂亮的女店员。她问门前的小女孩：“在这里等人吗？天快黑了，还是赶紧回家吧！”

“不，我是在向上帝祷告，请他赐给我一块又漂亮又美味的大蛋糕。”小女孩认真地说。

“姐姐，你说上帝能够听见我的请求吗？”

“会的！”女职员认真地点点头，接着，她把小女孩带进了蛋糕店。小女孩看着缤纷的蛋糕和光亮的蜡烛，一脸的羡慕与陶醉。

一会儿，女职员端来了一盆热水，拿了一条毛巾。她把小女孩带到一边，开始擦洗女孩的脸。小女孩的脸已经在外面被寒风冻得通红了，她睁着一双大眼睛看着这位女职员，小女孩一脸的疑惑。到了最后，女职员用碟子端来了一块大蛋糕，上面放着许多亮晶晶的果仁，小女孩看看大蛋糕，看了看女职员，眼眶里蓄满了泪水。

女职员看着小女孩，说：“小妹妹，还有什么需要吗？”

“我可以吻你一下吗？”小女孩渴望地看着女职员说。

“当然可以啊。”女职员微笑地看着她。

小女孩亲了一下女职员，然后俯在她的耳边轻轻地说：“你是上帝的妻子吗？上帝派你来给我爱吗?”

此时，女职员眼睛湿润了，她轻轻抱了下小女孩，小女孩在她怀抱中甜甜地笑了，那是她一辈子也忘不了的纯洁笑容。

可是我们的肉眼无法看见上帝的真身，更别说时刻寻找了。其实，上帝无处不在。只要我们每一个人都拥有一颗博爱之心，用自己的行动去关爱周围的人，那么离上帝的距离将不再遥远。

有爱的人，上帝就在你身边。

第四章
热情——鼓满船帆的风

热情，是点燃人心的一团火，没有人不愿意和热情的人在一起，和热情的人在一起，即便是在严冬之中，也会感到阵阵温暖。热情是鼓满船帆的风，它将带着你，去你想去的任何地方。

热情的代表——微笑

1919年，希尔顿把自己好不容易赚来的三千美元以及父亲留给他的一万两千美元全都投资出去，开始了他在饭店业的冒险生涯。凭借着精准的眼光与良好的管理，很快的，希尔顿的资产就由一万五千美元奇迹般地扩增到几千万美元，他欣喜地把这个好消息告诉了自己的母亲。

可是，母亲意味深长对希尔顿说："我想，钱多钱少对我来说，你都跟以前没有什么两样……你必须把握比五千万美元更值钱的东西，你除了对顾客诚实外，你还得想办法让在希尔顿饭店住过的人还想来住，你得想一种简单、容易，又不花钱且能行之久远的办法来吸引顾客。只有这样，你的饭店才有前途，也才能长远经营。"

母亲的话让希尔顿猛然醒悟，自己的饭店确实面临着这样的问题，那么如何才能达到既简单、容易，又不花钱且能行之久远的办法来吸引顾客呢？希尔顿想了又想，始终没有想到一个好办法。于是，他每天都到商店和饭店里参观，以顾客的身份来感受一切，他终于得到了一个答案："微笑服务"。只有这种服务才能实实在在地实现吸引顾客的目的。

从此之后，希尔顿就在饭店里引入了"微笑服务"的经营策略。他要求每一个员工不管多么辛苦，都要对顾客报以微笑，就连他自己都随时保持微笑的姿态。

所以，在美国经济危机爆发的几年中，虽然有数不清的大饭店纷纷倒闭，最后仅剩下20%的旅馆，但是在这样残酷的环境中，希尔顿饭店的服务人员却依然保持着微笑。这使入住饭店的人能暂时忘记经济危机带来的烦恼，因此，经济危机引起的大萧条刚刚过去，希尔顿饭店就率先进入黄金时代，并将触角延伸到世界各地。

“笑是人类的特权。”微笑是人的宝贵财富，微笑是自信的标志，也是礼貌的象征。人们往往依据你的微笑来获取你的印象，从而决定对你所要办的事的态度。只要人人都献出一份微笑，办事将不再感到为难，人与人之间的沟通将变得十分容易。

的确，如果说行动比语言更具有力量，那么微笑就是无声的行动，它所表示的是：“你使我快乐，我很高兴见到你。”

这种热情是工作中最好的名片，正因为这种热情的态度才使人类文明得到迅速的发展。

分享热情

热情是让人生变得主动的催化剂。热情之所以有非凡的力量，是因为它能给人激励、给人鼓舞。

一个在工作中投入热情的人，其他人在他的影响下不会感到一丝一毫的疲倦、劳累，而且常常觉得自己有使不完的力气，能够完成平时根本不可能完成的事情。

查利在一家服装厂工作，依照他的学识，本来应该可以有更好的工作，但因为身体缺陷，他只能揽一些不需要站立和行走的工作，因此，他成为一名缝纫工。但查利并没有为此而苦恼，而是很热忱地投入到这份工作中。每天，他都在休息时间给同事们讲笑话，在一天的工作结束后，他又痴迷于服装经验交谈，每天晚上，他都会躺在床上看服装设计类的书籍。在工厂里，查利是个备受欢迎的人，就因为他这种精神鼓舞了很多人，所以服装厂的效益越来越好，他自己也被提升到主管的位置。

查利知道：陈旧、呆板、枯燥的谈吐会使人难以忍受，那样工作效率会大大地降低；新鲜、活泼、生动的交谈使人感到兴奋和共鸣，工作效率自然就会提高很多；冷若冰霜的交谈令人倒胃口，笑容可掬的谈吐会使人心中春意盎然；有一腔热血、无限深情，有心与心的相撞、情与感的交融，才能使气氛活跃起来。

查利把一份热情分享10个人，那么10个人受查利的影响再分享出去，一份热情就变成了10份热情，10份热情分享后就变成数百人，长时间下去，热情会不断翻新！

热情的人生充满了感恩和激情，热情需要分享，用自己的热情来感染周围的人吧，这样做的话，自己也会感觉到快乐。

热情创造机遇

昨天，是韦伯去美国纽约银行上班的第一天，在这之前，韦伯只是一名普通的出租车司机。

昨天下午，韦伯在曼哈顿的大道上接到一位年过半百的男子，男子此时要去一家五星级饭店赴宴。车子刚进隧道，客人突然要求掉头。韦伯说："隧道里不能掉头，只有过了桥才能转回去。"客人说："我出门时换了条裤子，没带钱。如果等到过了桥再掉头，赴宴就来不及了。"韦伯笑了笑说："没关系，我可以免费送你去。"

车子经过一处风景宜人的地方时，客人问韦伯："这是什么地方，这么漂亮?""这是著名的商业街呀。"交谈中，韦伯明白了：客人是刚刚来这边不到一个星期的美籍华人。

车到豪华饭店后，客人刚要下车，韦伯拦住他，递过一张纸条说："你身边没钱，等会儿回去，可以打上面的电话，我可以来接你，送你再回去。"

客人收下纸条后留下一张名片。韦伯忙着做生意，没看这张名片随手放在仪表盘上。直到很晚，他借着路灯的亮光才看清楚名片上写着："纽约银行总经理……”

等到几个小时后，韦伯接到电话准时来送客人回了住处。客人回去的路上对他表示了感谢。两人一路在车上交谈得很愉快，那天受到韦伯热情的感染，客人的心情也是异常的好。

两天后的下午，韦伯的手机响了。一位自称经理秘书的人打电话给他：“老板很欣赏你的为人，特别是你热情的服务态度让他很难忘，他问你是否愿意来纽约银行做他的司机?”

这天晚上，韦伯在家仔细地思考了下白天的电话，自己与出租公司签订了三年的合约，才干了两年就走，公司会同意吗？这对公司公平吗？一番激烈的思想斗争后，韦伯打定了主意。

第二天，韦伯找到经理告诉他自己的情况，婉言谢绝了经理的盛情邀请，并说明了自己是一个看重承诺的人，自己与公司还有一年的合同，所以必须完成这项合约。经理听后表示：“我尊重你的人格，那么一年后请你再来本公司任职，我提前预约了你明年的行程。”

一年后，韦伯开着新老板专门为他新买的奥迪 A6，到新公司办理了入职手续。韦伯从此过上了幸福的生活，再也不用为生计问题而苦恼。

热情是闪耀在你眼中的光芒，是你轻快的步履，是你有力的握手，使你用充沛的意志和精力去达成你的理念。

第五章
价值——对自己的肯定

世间万物都有其自身的价值，对于一个人来说也是如此。我们每一个人都有自己的价值，不要急着去否定自己，如果一个人自己都否定自己，难道是要等别人去肯定你吗？我们来到世间，注定要对这个世界产生影响。不管你对自己是什么态度，请相信，你在这个世界上都拥有着独一无二的价值。

价值体现生活

在时下的焦虑人群中，人们时刻意识到自己在社会中的位置，或是与熟人的比较、亲人的攀比，生活上的差异让很多人迷失了，找不到属于自己的价值。

有一对孪生兄弟因为逃难而失散，多年后重逢，个性活泼的哥哥在饥寒交迫时投身寺院当了和尚，个性安静的弟弟则在机缘巧合下娶了妻子生了儿女。兄弟俩过得极不快乐：哥哥羡慕弟弟娶妻生子，享尽家庭温馨；弟弟羡慕哥哥皈依佛门，远离尘世纷扰。

一天，兄弟俩相约在半山腰的小凉亭闲谈。正要离开时，发生了山崩。慌乱中他们躲进了一个小山洞，幸免于难。半夜，哥哥怕弟弟着凉，脱下僧衣给弟弟盖上；清晨，弟弟感激哥哥的照顾，脱下上衣给哥哥盖上。几天后，兄弟俩获救了。但哥哥被送回了弟弟家，弟弟被送回了寺院。

他们将错就错住下了，体会自己向往的生活。哥哥为了衣食拼命干活，累得半死也撑不起一家温饱，丝毫享受不到在家的温馨；弟弟为了准时撞钟、诵早课，和衣而睡、彻夜未眠，半点感受不到出家生活的悠闲。兄弟俩在疲惫不堪下恢复身份，这才发觉，还是做自己最好。

每个人的生活有苦有甜，关键是要看清自己的美好生活所在，自身价值要自己发现，自身的价值要自己在生活中才能慢慢体现。这样你才能发现，只有做自己最好。

你很重要，你们更重要

有一天，五根手指头聚集在一起，召开重大的会议，讨论谁是真正的大哥，谁对人类最有价值。

大拇指首先发言说："如果要比大，我才是真正的大哥。你们看，五根手指头当中，我排行第一，我最粗大，当人们赞叹某人最优秀的时候，总是翘起我，因此我是大哥。"

大拇指的话才讲完，食指马上迫不及待地抢着说道："我们兄弟之中，属我最重要。中国话说：民以食为天。民生问题，是每个人每天必须面对的大事，饮食不能解决，个人会因为营养不良而致病死亡，国家则会因为饥荒而成为乱邦，乃至灭国。况且当我这根食指如果大动的时候，就可以大快朵颐，有美食可吃了。人们在煮菜烹调的时候，总是以我食指来品尝食物，因此我应该最大。另外，当人们问路的时候，通常用我来指明方向。我有如此多种的功能，最有资格当你们的大哥啰！”

听完了食指的长篇大论，中指不以为然地抢白：“哼！你们两位不要不自量力了，尽往自己的脸上贴金。大拇指你长得又矮又胖，食指你常常乱动，一点也不稳重威仪。那像我长得最适中，站在最中间，你们就像众星拱月一般围绕着我。另外，我长得最修长，好比将帅统领群兵，白鹤立于鸡雉之中，因此我才是大哥中的大哥。”

耐着性子聆听中指自得其满的演说，无名指终于无法忍耐，霍地一下站了起来，趾高气扬地大声说：“你们各位都自吹自擂说自己多么了不起，多么伟大，其实我才真正最伟大。你们听说过‘无名乃大名’的古训吗？无以为名，以无为名，故为大名。我无名指岂是世间的符号名相可以局限的，因此我比你们都大。还有当人们举行订婚结婚的仪式，最爱把金戒指、钻石戒指套在我的身上，我是多么的有分量，大哥的位置当然非我莫属了。”

四个手指头争着要当大哥，彼此谁也不礼让谁。正争得不可开交时，突然发现小指头坐在一旁，一语不发，一副神闲气定的老僧模样。四指异口同声问道：“咦！小指老弟！你怎么不说说你的想法？难道你不想当大哥吗？”

小指悠悠闲闲地回视四指，慢条斯理地说：“各位大哥！你们每一位都有显赫的成就，在各位面前哪有我小指头说话的余地。不过，当我们双手合十拜佛，或者向人打躬作揖问好的时候，我最靠近真理和对方。”

小指的一番话，惊得四指瞠目咋舌，无言以对。

在社会生活中，每个人既是主体，又是客体，当一个人作为主体时，他是价值满足的目的；当他作为客体时，则又是实现价值的手段。因此，在价值评价中，便可以在不同意义上看待人在社会上的目的和手段。同样，五指的价值也没有明确的定义，它们作为人类生活的必需品，充当人类不可缺少的好帮手，每个都是至关重要，缺一不可的。

从个人与社会、与他人的价值关系来看，没有绝对的目的，也没有绝对的手段，实际上是互为目的、互为手段的。人的价值本身就内含着目的与手段的统一。

“人人为我，我为人人”。

价值不会被贬值

在一次讨论会上，一位著名的演说家没讲一句开场白，手里却高举着一张20美元的钞票。面对会议室里的200个人，他问：“谁要这20美元？”一只只手举了起来。他接着说：“我打算把这20美元送给你们中的一位，但在这之前，请准许我做一件事。”他说着将钞票揉成一团，然后问：“谁还要？”仍有人举起手来。

他又说：“那么，假如我这样做又会怎么样呢？”他把钞票扔到地上，又踏上一只脚，并且用脚碾它。尔后他拾起钞票，钞票已变得又脏又皱。

“现在谁还要?”还是有人举起手来。

“朋友们，你们已经上了一堂很有意义的课。无论我如何对待那张钞票，你们还是想要它，因为它并没贬值，它依旧值20美元。人生路上，我们会无数次被自己的决定或碰到的逆境击倒、欺凌甚至碾得粉身碎骨。我们觉得自己似乎一文不值。但无论发生什么，或将要发生什么，在上帝的眼中，你们永远不会丧失价值。在他看来，肮脏或洁净，衣着齐整或不齐整，你们依然是无价之宝。”会议室里传来经久不息的掌声。

人的价值不会随着时间的推移而贬值，不要因为昨日的沮丧令明天的梦想黯然失色。每个人在这个世界上都是独一无二的，所以每个人要对自己有信心，要重视自己的能力培养，让自己的能力不断提高，这样，我们才会活得有意义，有价值。

第二篇

哈佛告诉学生：培养优秀的品质

第一章
诚实——比金子还珍贵

诚实是最基本的人格要素，也是做人最基本的道德要求。成功，往往与诚实结伴而行。诚实是成功的基石，也是一个人走向成功的“路标”。诚实无价，它比金子还要珍贵，是我们最美丽的外套，是心灵最圣洁的鲜花。

诚实无价

有一位求职者到一家公司去应聘，由于各方面的条件都很不错，他很快便从众多的应聘者中脱颖而出。等到面试的最后一关，由公司的总裁亲自主持。当这位求职者一跨进总裁的办公室，总裁便惊喜地站起来，紧紧握住他的手说：“世界真是太小了，真没想到会在这儿见到你，上次在东湖游玩时，我的女儿不慎掉进湖中，多亏你奋不顾身地跳下水去将她救起。我当时忘记询问你的名字了，对了，你叫什么？”

这位求职者被弄糊涂了，但他很快想到是总裁认错人了，因为自己从来没有做过那件事。于是，他平静地说：“总裁先生，我从来没有在东湖救过人，你一定是认错了。”但无论这位求职者如何解释，总裁依然一口咬定自己不会记错。这位求职者，一直都坚信自己的记忆，就是不肯承认自己曾经救过总裁的女儿。

过了好一会儿，总裁才微笑着拍了一下这位求职者的肩膀，说：“你的面试通过了，明天就可以到公司来上班，你现在就到人事部去报到吧！”求职者觉得很奇怪。上班后不久他无意向同事提起这件事，同事听后笑道：“从来没有听说总裁还有个女儿，总裁只有一个儿子。”

原来，这是总裁导演的一场心理测试。在这位求职者前面进来的几位，因为都想将错就错，乘机揽功，结果全被淘汰了，而这位求职者却在面试的时候，成功地展示了自己诚实的美德，所以轻松地获得了成功的机会。

诚实带给你的影响是深远的，是无价的。

8 美元的鞋

不管是个人与个人之间，还是企业与客户之间，都要坦诚相待。企业的成功并非靠一时的运气，而是要以诚信为本。坦诚地面对他人，既是对他人的尊重，也是对自己的尊重。

有位女游客在伦敦的一家百货公司里闲逛，在百货公司入口处看到有一堆鞋子，牌子上写着："超级特价，只付一折即可穿回。"她挑了一双鞋，原来80美元的一双漂亮的大红皮鞋现在只需要8美元！她很惊讶也很高兴，拿一双试了试，感觉皮软质轻，穿在自己脚上很舒服，便决定买下。

她拿着鞋招呼服务员，服务员走过来了，对她说：“您好，您喜欢的这双鞋正好配您的红外套！”接着服务员伸手想去拿她手里的鞋，说：“能不能再让我看一下？”她把鞋交给服务员，有些担心地问：“有什么问题吗？是价钱？”那位服务员连忙说：“不！不！我只是要确认一下是不是那两只鞋。嗯，确实是！”“怎么是两只鞋，明明是一双啊！”她有些不明白。

那位服务员说：“既然您这么中意，而且打算买了，我们一定要把实情告诉您，它原本真的不是一双鞋，只是皮质相同，款式相同，尺寸大小也一样的两只鞋。虽然颜色看起来几乎一样，但还有一点色差，不仔细看是看不出来的。我们也不知道是以前卖错了，还是顾客弄错了，剩下的左右两只正好又凑成了一双，但我们不能因此而欺骗顾客。”

听到服务员诚恳的话语，她非常感动。在她看来，穿鞋走路不是让人蹲着看鞋、仔细对比两只鞋有什么不同的。况且，不仔细分辨的话，这两只鞋根本看不出颜色有什么差别。想了想，她决定买下那“两只”鞋。

事情虽然过去几年了，但那双鞋仍是她的最爱。当朋友们夸起那双鞋的时候，她总是告诉别人这件事情。现在唯一留下的“后遗症”，就是她每次去伦敦时候，都会到那家百货公司买几双鞋。

诚实不是嘴上说说而已的，诚实必须拿出你的实际行动来，不论是个人还是集体，用真诚的心来打动别人，这样说不定能获得意料之外的收获。

诚实的回报

布奇是小镇上公认笨拙的人，他在大学时的导师威尔先生对他早有评价，威尔先生经常说布奇是一个勤奋的人，同时又认为一个勤奋的人往往就暗示了这个人可能是笨拙的。威尔先生还说，勤奋的品质是上帝给笨拙的人的一种补偿。也就是说，在威尔先生眼里，布奇就是得到上帝这种补偿最多的人。

在大学毕业这一年，布奇接受威尔先生的推荐，到安东律师事务所应试。这是伦敦最著名的一家律师事务所，很多著名的大律师都是在这家事务所里接受起初的训练，然后才走上成功之路的。这里的工作以严格、准确和讲求实效而著称。

临出门前，母亲很正式地告诫布奇要学得聪明些，不要呆头呆脑得让人看成一个傻瓜。母亲说这也是父亲的想法，这么多年来，布奇第一次发现父亲对母亲的话报以赞同的微笑和点头，平日他们总要为哪怕一个词的细微差别辩论上半天。布奇吻了吻母亲的前额，轻声地说："我会做好的，请放心吧。"但实际上他直到迈进事务所的大门时心里还是一片茫然：怎样才算做得聪明呢？

来应试的人很多，他们个个看起来都很精明，布奇努力地让自己面带微笑，用眼睛去捕捉监考人员的眼神，希望这样会给他们留下机灵的印象。但这一切都毫无用处，他们个个表情严肃，忙着把一大堆资料分发给所有的面试者，甚至不多说一句话。

发给面试者的资料是很多庞杂的原始记录和

相关案例及法规，要求在适当的时间里整理出一份尽可能详尽的案情报告，其中包括对原始记录的分析，对相关案例的有效引证，以及对相关法规的解释和运用。这是一种很枯燥的工作，需要耐心和细致。威尔先生曾经为布奇详细讲解过从事这种工作所需的规则，并且指出，这种工作是一个优秀律师必须出色完成的。

周围的人看起来都很自信，他们很快就投入到起草报告的工作中去了，布奇却在翻阅这些材料时陷了进去。在他看来，原始记录一片混乱，并且与某些案例和法规毫无关联，需要他首先把它们一一甄别，然后才能正式起草报告。时间在一分钟一分钟地流逝，他的工作进展得十分缓慢，他不知道要求中所说的“适当的时间”到底是指一个小时还是两个小时，他发现如果要完成报告，至少需要一个晚上的紧张工作。可是周围已经有人完成报告交卷了，他们与监考人员轻轻的交谈声几乎使他陷入了绝望。越来越多的人交卷了，他们聚集在门外等待所有的人都完成考试后听取事务所方面关于下一步考试的安排，当时布奇也认为安东事务所的考试不会只有这一项。他们一起议论考试的嗡嗡声促使屋子里剩下的人都加快了速度。只有布奇脑子里一遍又一遍地想着母亲的忠告：要学得聪明些。“可我怎么才能聪明些？我干不下去了。”

终于，屋子里只剩下他一个人面对着只完成了1/3的报告发呆。一个秃顶男人走过来，拿起他的报告看了一会儿，然后告诉他：你可以把材料拿回去继续写完它。当他抱着一大堆材料走到那一群竞争者中间，他们眼睛里含着嘲讽的笑意。在他们看来，布奇是一个要把材料抱回家去完成的十足的傻瓜。

但安东事务所的考试只有这一项，这一点出乎他们的意料。母亲对他通宵工作没有表示过分的惊讶，她可能认为他肯定会接受忠告，已经足够聪明了。布奇却要不断地克服沮丧情绪说服自己完成报告并在第二天送到事务所去。

事务所一片忙碌。秃顶男人接待了布奇，他自我介绍说是尼克·安东，事务所的负责人。他仔细翻阅了布奇的报告，然后又询问了布奇的身体状况和家庭情况。这段时间里，布奇窘迫得不知所措，回答问话显得语无伦次。但最后，他站起来向布奇伸出手，说：“祝贺你，年轻人，你是唯一被录取的人，我们不需要聪明的提纲，我们要的是尽可能详细的报告。”布奇兴奋得快晕倒了，他想回家去告诉母亲：他成功了，但并没有学会聪明。

真正的傻瓜是那些满脑子馊主意的人，他们成事不足败事有余，却还总是喜欢自以为是，到处兴风作浪。只有当他们彻底惨败的时候，才会灰溜溜地离开。

第二章
勤奋——通往成功的必经之路

华罗庚说："聪明出于勤奋，天才在于积累。"人的才能不是天生的，而是靠坚持不懈的努力换来的；成功不是偶然得来的，而是勤奋努力的结果。勤奋是一生的事业，是通往成功的必经之路。

不断努力才能不断成长

斯帕奇在小学时门门功课亮红灯。有一次物理考试他的成绩竟然是零分，他的拉丁语、代数、英语成绩表现也很差，他还参加了学校的高尔夫球队，却成为整个赛季输得最彻底的一个人。

斯帕奇幼年时期还笨嘴拙舌，他最害怕的就

是社交场合。大家与其说讨厌他或不喜欢他，还不如说是根本就对他视而不见，如果有人主动问候他，他会感到受宠若惊。另外，因为他太害羞，所以从来不敢跟女孩约会。

斯帕奇在大家眼中几乎是一个彻底的失败者，对于这一点他却丝毫不在乎，他在乎的事情是“画画”。他的那些涂鸦作品，其实从来没有人欣赏，除了他自己，但他认为自己就是有画画的天赋，而就是因为这份坚持才让他获得了后来的成功。

斯帕奇也给几家公司寄过自己的作品，但都很快就收到了退稿。即使被否定，但斯帕奇的绘画热情依然没有消减。

中学毕业后，斯帕奇勇敢地给迪士尼公司写了一封自荐信。他收到了一封回信，该公司让他把自己的漫画作品寄过去给公司看一看，还给他规定了漫画的主题。从这个时候开始，他决定为自己的前途来奋斗。斯帕奇投入自己的全部精力，一丝不苟完成了迪士尼规定主题的漫画作品。当他满怀信心地把自己的作品寄出后，却最终石沉大海，迪士尼公司并没有看中他的作品。斯帕奇再次遇到失败，他的人生仿佛一下子进入低谷。画画是他生活中唯一的亮光，有了这丝亮光，他受到再多的讽刺与忽视也不抱怨。处于极度苦闷的斯帕奇意识到这点后，再次勇敢地拿起画笔。

他对自己说："我要画，我不怕打击。"斯帕奇又开始创作，他把自己这些年来的压力和忧伤全部倾注到画里。他没日没夜地画画，他的稿纸在不断地增加，画笔也越来越多，他把全部的心血放在了画画上。等到系列作品全部完成之后，他给它取了一个名字《花生》，讲述的是一个失败者，漫画主人公叫查理·布朗。

故事中布朗的风筝从来没有飞起过，考试从来没及过格，球也是一场都没踢好过，还被人家讽刺为"木头脑袋"。但是就是这样一个角色打动了出版公司，也打动了成千上万的读者，他的书火了起来。这个在现实生活中从来不受人欢迎的角色，却在漫画书中成为大家追捧的对象。

大家改变了对斯帕奇的印象和看法，他因此一举成名，他终于收获了丰硕的成果，现在的斯帕奇无论走到哪儿都充满着自信。

辛勤劳动的目的

玛丽·居里于1867年11月7日出生在沙皇俄国统治下的华沙，父亲是中学教员。16岁时，她以金质奖章毕业于华沙中学，因家庭无力供她继续读书，而不得不去担任家庭教师达六年之久。后来靠自己的一点积蓄和姐姐的帮助，于1891年去巴黎求学。在巴黎大学，她在极为艰苦的条件下勤奋地学习，经过四年，获得了物理和数学两个硕士学位。

居里夫妇结婚后次年，即1896年，贝克勒尔发现了铀盐的放射性现象，引起这对青年夫妇的极大兴趣，居里夫人决心研究这一不寻常现象的实质。她先检验了当时已知的所有化学元素，发现了钍和钍的化合物也具有放射性。她进一步检验了各种复杂的矿物的放射性，意外地发现沥青铀矿的放射性比纯粹的氧化铀强四倍多。她断定，铀矿石除了铀之外，显然还含有一种放射性更强的元素。

居里以他作为物理学家的经验，立即意识到这一研究成果的重要性，放下自己正在从事的晶体研究，和居里夫人一起投入到寻找新元素的工作中。不久之后，他们就确定，在铀矿石里不是含有一种，而是含有两种未被发现的元素。1898年7月，他们先把其中一种元素命名为钋，以纪念居里夫人的祖国波兰。没过多久，1898年12月，他们又把另一种元素命名为镭。为了得到纯净的钋和镭，他们进行了艰苦的劳动。在一个破棚子里，夜以继日地工作了4年。自己用铁棍搅拌锅里沸腾的沥青铀矿渣，眼睛和喉咙忍受着锅里冒出的烟气的刺激，经过一次又一次的提炼，才从几吨沥青铀矿渣中得到1/10克的镭。由于发现放射性，居里夫妇和贝克勒尔共同获得了1903年诺贝尔物理学奖。

1906年，比埃尔·居里因车祸不幸逝世，年仅47岁。比埃尔·居里去世后，居里夫人忍受着巨大的悲痛，接任了她丈夫在巴黎大学的物理学教授职位，成为该校第一位女教授。她继续放射性的研究工作。1910 年，她和法国化学家德别爱尔诺一起分析出纯镭元素，确定了镭的原子量和在元素周期表中的位置。她还测出了氡和其他一些放射性元素的半衰期，整理出放射性元素衰变的系统关系。由于这些重大成就，又荣获 1911 年诺贝尔化学奖，成为历史上仅有的两次获得诺贝尔奖的科学家。

居里夫妇亲自体验了镭的生理效应，他们曾不止一次地被镭射线烫伤。他们与医生一起研究将镭用于治疗癌症，开创了放射性疗法。第一次世界大战期间，她为了自己的祖国波兰和第二祖国法国，参加了战地卫生服务工作，组织 X 光汽车和 X 光照相室为伤兵服务，还用镭来治疗伤兵，起了很大的作用。

大战结束后，居里夫人回到巴黎她创建的镭学研究所，继续自己的研究工作并培养青年学者。晚年完成了钋和锕的提炼。居里夫人在无任何防护设施的情况下从事了 35 年的镭元素研究，加上大战期间 4 年建立 X 射线室的工作，射线严重地损害了她的健康，引起她严重贫血。1934 年 5 月她不得不离开自己心爱的实验室，并于 1934 年 7 月 4 日与世长辞。

居里夫妇一生淡泊、为人谦虚，不喜欢世俗的恭维与赞扬，不关心个人的名利与地位。在发现并成功提炼出镭以后，他们不申请专利，也不保留任何权利，他们认为，镭是一种元素，应该属于全人类。他们向全世界公开他们的提镭方法，并将他们花费十几年时间提炼出来的约值十万美元的一克多镭，全部交给了镭学研究所，不取分文。对美国妇女界捐赠给她的一克镭，也不据为私有，一半给了法国镭学研究所，一半给了华沙的镭学研究所。

在将镭用于治疗癌症时，他们本可以一夜之间成为百万富翁，但是他们商定，不要他们的发明带来的一切物质利益。他们辛勤劳动的目的，是为人类从新发现中获得幸福。

真正的“金子”

自从传言有人在萨文河畔散步时无意间发现

金子后，这里便常有来自四面八方的淘金者。他们都想成为富翁，于是寻遍了整个河床，还在河床上挖出很多大坑，希望借助它找到更多的金子。的确，有一些人找到了，但更多的人却一无所获，只好扫兴而归，也有不甘心落空的，便驻扎在这里，继续寻找。

保罗就是淘金者其中的一个，他在河床附近买了一块没人要的土地，一个人默默地工作。他为了找金子，把所有的钱都押在这块土地上。他埋头苦干了几个月，直到土地全变成坑坑洼洼的时候，他也失望了——他翻遍了整块土地，但连一丁点金子都没看见。6个月以后，保罗连买面包的钱都没有了。于是他准备离开这儿到别处去谋生。就在他即将离开的前一个晚上，天下起了倾盆大雨，并且一下就是三天三夜，最后终于停了，保罗走出小木屋，发现眼前的土地看上去好像和以前不一样：坑坑洼洼已被大水冲刷平整，松软的土地上长出一层绿茸茸的小草。“这里没找到金子”，保罗忽有所悟地说，“但这土地很肥沃，我可以用来种花草拿到镇上去卖给那些富人。他们一定会买些花装扮他们的家园。如果真是这样的话，那么我一定会赚许多钱，有朝一日我也会成为富人……”

于是，他留了下来。保罗仿佛看到了将来，他美美地说：“对，不走了，我就种花草。”保罗花了不少精力培育花苗，不久田地里长满了美丽娇艳的各色鲜花。他拿到镇上去卖，那些富人一个劲儿地称赞：“瞧，多美的花，我们从没见过这么美丽的花。”他们很乐意付少量的钱来买保罗的花，以便使他们的家变得更加的富丽堂皇。几年后，保罗终于实现了他的梦想——成为一个富翁。

有的时候通往财富的路不是只有一条，换个方法也能到达，但是，不管选择哪一条路，都必须勤奋努力地走下去，这样才能成功。

第三章

坚持——会有天使来吻你

人生贵在坚持，坚持到底就能成功。任何事情都不可能一蹴而就，都需要一如既往的努力和坚持。如果说成功有什么诀窍，那就是坚持，持之以恒。只有坚持、坚持、再坚持，才能踏入胜利的天堂，才能得到天使的胜利之吻。

百折不挠，永不言弃

坚持是一种无形的精神支柱。拥有了坚持，就拥有了一切，也就拥有了成功。只要你没有失去坚持走下去的信心，就没有做不成的事，就没有实现不了的愿望。

他叫苏桑尼·查金，母亲是裁缝，父亲是穷工匠，他在纽约市贫民区的学校半工半读念完高中。他热爱戏剧，非常渴望能去看一场百老汇的表演，但是买不起门票。后来他凭着无限的精力和坚强的意志，当上了电视台的舞台监督。不过他希望为那些像他一样永远买不起门票去看百老汇戏剧表演的人创作一些戏。于是他办了一个剧团，先是在教堂的地下室演出，后来租了个露天圆形剧场来表演。剧团初期演出莎士比亚的戏剧，受到观众欢迎，却没有剧评家来观看。他想，要是没有宣传，又怎么会有人肯捐助演出经费呢？

因此有一天，苏桑尼·查金找到了《纽约时报》，指名要见戏剧评论家布鲁克斯·艾金生。艾金生的助手亚瑟·吉尔布说他要见的剧评家当时正在伦敦。

“那我就在这里等艾金生先生回来。”他坚定地说。于是吉尔布请他道明来意。这位工匠的儿子激动地说他剧团的演员如何优秀，观众的掌声如何热烈，又说他的观众大多数都是从未看过真正舞台剧的移民，如果《纽约时报》不写剧评介绍他的戏，他就没有经费再演下去了。吉尔布看到苏桑尼·查金这样坚定，大为感动，同意那天晚上去看他的戏。

吉尔布到达露天剧场时，天上乌云密布。中场休息时，滂沱大雨把舞台浸透了。苏桑尼·查金看到吉尔布跑开去避雨，就赶上去说："我知道剧评家通常是不会评论半场演出的，不过我恳求您无论如何破个例。"

那天夜里，吉尔布写了一篇简短介绍，对那半场戏给予了很高的评价，又提到剧团急需资助。第二天，就有人给剧团送去了一张 100 美元的支票。在 1977 年，这笔钱已经足够剧团继续演出这场戏，一直到夏季结束。艾金生从伦敦回来后，去看了这场戏，并在他的星期天专栏里大大称赞这出戏。

没多久，苏桑尼·查金就开始在纽约各处经常免费演出莎士比亚名剧。他于 1991 年去世，他的一生对美国戏剧界产生了巨大的影响。他曾经说过，他坚持不懈是因为他深信戏剧对人们的生活很重要，"如果你不相信这一点，那么就此放弃算了。”

很多成功的人，在成功之前都是和我们大多数人一样普通，是坚持送他们到达了成功的彼岸，是坚持让他们的成功体现出价值。但是，他们与我们所不同的是，他们都有一颗坚持不懈的心，可以说，如果没有坚持之心，他们也不可能成功。

不要向命运低头

“贫苦的孩子有更多与苦难较量的经历，这个过程造就了他们”。纵观各界中的成功者，他们起初往往是贫苦的孩子。这一切，都不是所谓的天资聪明和学校教育能解释的问题。很多有成就的人回顾自己的进取历程后都会说，苦难是一所大学。那些生活自小较为优越的人，不但会缺少追求成功的动力，还会缺乏面对困难去抗争的勇气。这是他们的潜能未能得到激发的原因。

吉恩上高中时，只有 1.5 米的身高，36 公斤的体重，是一个地道的“侏儒”。他的脊柱有些弯曲，整个上身看上去像一个问号的样子，那也是他面向自己将来人生的疑问：“我是谁？我将来能干什么？”他不知道。唯一确知的事是：自己是一个矮子，他的身高连普通标准都达不到。

由于吉恩身材矮小，势单力薄，学校体育队的队员们老叫他“侏儒”。他们常拿他取笑。知道他打不过他们，便常来欺负他，故意绊倒他，抢他手里的书。吉恩经常生活在被恐吓的阴影之中。而且，学校里每一个人都可能是潜在的恐吓者。体育课是他最难受的一门课，有竞赛的项目，哪一方也不愿要他，他经常像皮球一样被踢来踢去。

一天，老师把吉恩叫到一边：“吉恩，我们决定替你转一个班，从现在起，你到特殊教育班去上课吧！”

“特教班？可那是为残疾学生开的班呀！”

“我很抱歉，”老师说后拍拍吉恩的肩膀，“但我们是为你着想。”

放学了，吉恩回到家，“砰”的一声关上房门，在镜子前仔细端详自己：弯腰驼背，手臂细得像牙签。他失望地倒在床上。“为什么？为什么我会长成这样?”吉恩站起身来，望着父亲在院子里干活的身影发呆。父亲虽然也是小个子，却曾在海军里服过役。人虽矮小，但身上肌肉发达，没人敢欺负他。吉恩暗自下了决心。

父亲帮助他自制了一个举重用的杠铃。每天晚上，他都到楼下的储藏室去练习举重。一次次地，吉恩逐渐能举起杠铃了。他又不时往上加重量，往往一次加上五磅，他必须要拼尽全部力气才能举起来。对吉恩来说，这不仅仅是举杠铃，更是向自我挑战。他要改变自己弱不禁风的形象。但不管吉恩能举多重，他总觉得自己仍然不行，因为他的个子太小。怎么办?他狂吞富含蛋白质的牛奶、鸡蛋等营养品，在各种健美杂志中去寻求帮助。六个月后，在吉恩17岁生日的这一天，他仍然只有1.52米高，体重40公斤。

父亲替人做船上用的帆布帐篷。吉恩常帮父亲干活。一天，他把一卷帆布从汽车里搬到山坡上的工场去。这卷帆布大概有六英尺长、80多公斤重。他把它扛上肩，往前迈了一步。哟！真重！

但是，他不能扔下！他踉踉跄跄地爬上山坡，累得满头大汗。但是，最终他一个人把这卷帆布扛上了山坡！他惊讶不已，简直不敢相信自己的锻炼已经初见成效！

吉恩便做了一个实验：在杠铃上放上迄今为止能举起的重量，然后再加上额外的50磅。“不要去想你的个子，”他告诉自己，“举就是了，你能行。”他举了，居然举起来了！他知道为什么自己能举起这么重的东西了。过去，他总认为自己的个子小，越是这样，就越是限制了自己潜能的挖掘，更说不上发挥了。

从此，吉恩开始正规地学习举重，每天都去体育馆训练。他的肌肉增加了，力气增大了，微驼的脊背伸直了。有不少在这里锻炼的人都爱掰手腕，他也加入进去。最初，当吉恩在他们面前坐下的时候，他们都以嘲笑的眼光看着他。吉恩不理会这些，他把他们一个一个地都打败了。

一天，吉恩在健美杂志上看见一则东海岸将举行掰手腕比赛的广告，欢迎各路精英参加。他告诉鲍勃，自己也想去参加比赛。“想都别想，”

鲍勃说，“那都是一些专业人士，他们一年到头都在训练。弄不好，你还会受伤的。”

吉恩不相信，他走进了东海岸掰手腕比赛的现场，遇到了同样轻视嘲笑的目光。然而，那天结束的时候，吉恩成了比赛的冠军，他打败了所有的对手，成了一个真正的强者。

的确，不论在什么样的境遇中，倔强地挺直腰身，不向命运低头，勇敢追求自己的梦想，并为之不懈努力与顽强奋斗，必将能摘取成功的丰硕之果。对于一个有思想的人来说，没有任何一个地方是荒凉偏僻的。在任何逆境中，他都能充实自己。

安徒生童话的由来

安徒生很小的时候当鞋匠的父亲就过世了，留下他和母亲二人过着贫困的日子。虽然日子清苦，但母亲温暖的教导让安徒生有了愉快的童年，在童年，他就为自己树立了目标，并一直都在为此努力奋斗着。

一天，他和一群小孩获邀到皇宫里去晋见王子，请求赏赐。他满怀希望地唱歌、朗诵剧本，希望他的表现能获得王子的赞赏。

等到表演完后，王子和蔼地问他："你有什么需要我帮助的吗？"

安徒生自信地说："我想写剧本，并在皇家剧院演出。"

王子把眼前这个有着小丑般大鼻子，和一双忧郁眼神的笨拙男孩从头到脚看了一遍，对他说："背诵剧本是一回事，写剧本又是另外一回事，我劝你还是去学一项有用的手艺吧！"

但是怀抱梦想的安徒生回家后不但没有去学糊口的手艺，却打破了他的存钱罐，向妈妈道别，到哥本哈根去追寻他的梦想。他在哥本哈根流浪，敲过所有哥本哈根贵族家的门，没有人理会他，他从未想到退却。他一直写作史诗、爱情小说，未能引起人们的注意，他虽然伤心，仍然坚持写了下去。

1825 年，安徒生随意写的几篇童话故事，出乎意料地引起了儿童的争相阅读，许多读者渴望他的新作品发表，这一年，他30岁。

此后安徒生坚持写作，他用他那丰富的思想为孩子们构建了一个童话王国。

直至今日，《国王的新衣》《丑小鸭》等许多安徒生所写的童话故事，陪伴了世界上许多儿童健康地成长。

沙地虽然贫瘠干燥，绿色的仙人掌还是挺直身躯，让自己开出缤纷的花朵。无论环境如何困苦，不要向它低头，要坚持。

当一夜成名、一日暴富的故事在我们身边一再上演时，人们总是习惯称之为奇迹，然后津津乐道，艳羡不已。的确，奇迹往往在瞬间产生，谁不渴望一觉醒来，好运突然降临到自己头上。然而，世上没有哪个人创造奇迹是偶然的，成功一定是存在某种必然。

第四章

专注——才会有令人吃惊的成绩

一个人的精力是有限的，只有专注于一个目标，集中精力做好一件事，才可以在这件事情上比其他任何人都做得出色。只有专注，才能抵制诱惑，才能心无杂念，才能坚定不移，才能认准一个方向而全力以赴。只有专注的人，才能最终获得成功。

只有“专”才能“精”

所谓“术业有专攻”，只有“专”才能“精”。

著名的科学家牛顿是一个注意力高度集中的人。

牛顿一生中的绝大多数时间是在实验室度过的。每次做实验时，牛顿总是通宵达旦，注意力非常集中，有时一连几个星期都在实验室度过，不分白天和黑夜，直到把实验做完为止。

有一天，牛顿请一个朋友吃饭。朋友来了，他还在实验室里工作。朋友等了很长时间，还不见牛顿从实验室里出来，于是就自己把煮好的鸡吃了。

过了一会儿，牛顿出来了，他看到碗里有很多鸡骨头，不觉惊奇地说："原来我已经吃过饭了。"于是，牛顿又回到了实验室继续工作。牛顿将所有的注意力都集中到了做实验上，竟然会忘记自己有没有吃过饭。正是这种高度集中的注意力，使牛顿在科学领域取得了丰硕的成果。

通常人们在面临考验时，就会聚精会神、一丝不苟，如果思想不专一，神情不专注，杂念和顾虑太多，那么等待你的只有失败。如果人们对事从容不迫，全力以赴，集中精力把困难一一突破，用专注的意念去完成事情，那么，就可以找到成功的方向。

专注才能全力以赴

一个人要想干好一件事情，成就一番事业，就必须心无旁骛、全神贯注地追逐既定的目标。在漫漫人生路上，当我们克服自己的惰性，专心致志地前行时，才更容易找到能赢的出路，最终走向成功。

在公元前300多年的雅典，有个叫台摩斯顿的人，年轻时立志做一个演说家。于是，他就开始四处拜师，学习演说术。为了练好演说，他每天都要在自己建造的地下室练嗓音；为了迫使自己不能外出郊游，一心训练，他把头发剪一半留一半；为了克服口吃、发音困难的缺陷，他口中衔着石子朗诵长诗；为了矫正身体某些不适当的动作，他坐在利剑下；为了修正自己的面部表情，他对着镜子演讲。经过苦练，他终于成为当时"最伟大的演说家"。

正如拿破仑在回答打胜仗的原因时所说的："就是在某一点上集中最大优势兵力，也可以说是集中兵力，各个击破。"可见，集中精力对于成功的重要性。

剃刀或斧头的刀刃虽然薄如纸片，然而，正是它们在披荆斩棘，起着决定性的开路先锋作用。在生活中，能够克服艰难险阻，最后顺利到达成功巅峰的人，也必是那些能够在某一领域集中精力、学有所长，有着刀刃般锐利锋芒的人。

做事不能三心二意

弈秋是古代有名的棋手，有两个人慕名而来，同时拜他为师。弈秋一心想把自己的棋艺传授给他们，讲课特别认真。一个学生专心致志地听他讲课。另一个学生表面上也在认真地听课，而实际上思想很不集中。他看到大雁从窗外飞过，联想到要吃天鹅肉……

弈秋讲完课，就叫两人对弈。学生根据老师的要求，就对弈起来。开局不久，就见分晓：一个从容不迫地能攻能守，一个手忙脚乱地应付。弈秋一看，两人的棋艺相差悬殊。他对棋艺差的学生说："你们两个人一起听我讲课，他能专心致志，而你呢，心不在焉，所以对弈的结局一目了然。"

所以说不论听课还是做事情必须专心致志，只有把自己的注意力和精力集中在已经确定的目标上，并且贯穿到为实现目标采取的行动上，才能保证成功。因此，一个人在做一件事情时，不能同时想着另一件事情，而应该把注意力集中在此时此刻所发生的事上，排除一切分散注意力的干扰，使思维完全集中到当前的工作状态。

集中精力不仅对人生理想这样的"战略"抉择有着重要意义，而且对日常生活中的每一次"战斗"也同样具有很大价值。我们发现，许多人十分努力地工作，甚至经常加班加点，但收效甚微。这就是因为在工作中没有集中精力，没有用心。在工作时，我们应该集中精力于当前正在处理的事情。如果注意力分散，头脑不是在考虑当前的事情，而是想着其他事情的话，工作效率就会大打折扣。

即使事情再多，也要一件一件地进行，做完一件事情就了结一件事情。全神贯注于正在做的事情，集中精力处理完毕后，再把注意力转向其他事情，着手下一项工作。要想提高效率，就必须集中精力，全神贯注，就必须“用心”。如果不能专注，集中精力干一件事情，那么就会像下山的猴子一样，一路走来，看见一样拿一样，看见一样丢一样，到最后跑去追兔子，追不到兔子只好空着手回家去了，猴子的结果最终是一无所获。

其实，生活中的有些人正如这只猴子。做事总是三心二意、心绪不宁、焦躁不安，干什么都不能静下心来，不能集中精力做好手头的工作，结果不是耽误了时间，就是错过了机会，到最后一事无成。

第五章
分享——促进人类共同进步

分享并不意味着失去，独占也不意味着拥有。“赠人玫瑰，手有余香”，分享是快乐的源泉，是幸福的开端，懂得分享的人生，可以让我们收获更多。正如培根所说：“如果你把快乐告诉一个朋友，你将得到两个快乐；如果你把忧愁向一个朋友倾诉，你将被分掉一半忧愁。”

开放的花园最美丽

就像花草不能没有阳光，人生也不能没有快乐。快乐能驱散心头的阴霾、缓解精神的压力，给平凡的生活增添色彩，给忙碌的人生注入甜蜜。但是，生活当中快乐的真谛到底是什么呢？

洛雷斯是一个有名的大富翁。他有美丽的洋房和大片的花园。但他也有一个令自己头痛的问题：这么多的财富肯定有好多人在打自己的主意。怎么办呢？于是洛雷斯让仆人在房子四周建了很高的围墙，洛雷斯认为有了围墙就等于有了部分保障，至少可以对那些不法人士起到威慑作用，可是围墙建成不久就出了事。

春天一到，花园里鲜花怒放，阵阵花香飘过围墙，令全镇的人都很神往。几个好奇的孩子想，院子里肯定种着奇花异草，听说有一种长着大眼睛的花还会给孩子唱歌呢。于是孩子们打起主意，决心探个究竟。

月色朦胧的夜晚，孩子们搭起人梯跳到院子里，他们在花丛中寻找着，踏坏了许多鲜花和嫩草。后来，他们被仆人发现，赶出了院子。洛雷斯大为恼火，他把这事讲给朋友听。朋友笑着说："为何不把围墙拆了呢？"洛雷斯说："那样我会丢失好多的财产！"朋友笑了，说："有围墙又怎样？连一群孩子都拦不住，何况身手不凡的大盗呢！"

洛雷斯终于听从了朋友的劝告，彻底拆掉了

围墙。于是，孩子们首先冲入花园。他们仔细寻找那些的神花，结果，根本没有什么奇花异草。洛雷斯的朋友把孩子们请到客厅，并让他们美餐了一顿，然后给了孩子们一包种子，他对孩子们说："在花园中种下你们心中的神花吧！"孩子们高兴得跳起来，然后跑到花园里。

因为洛雷斯拆掉了围墙，全镇的人都可以欣赏到花园的美丽。洛雷斯得到了全镇人的爱戴和敬仰。

一天，一伙大盗闯入洛雷斯的家，准备将他家洗劫一空，刚闯入花园不久就被守护神花的孩子发现。小杰克跑到房子里报告情况；小詹森跑去镇上通知大人们。结果大盗们被及时赶到的居民和洛雷斯的佣人们捆绑了起来。

庆功宴上，洛雷斯对所有人说："我要感谢你们，你们使我懂得了一个伟大的道理——这个世上只有敞开的花园最安全最美丽。"洛雷斯的话博得了所有人最热烈的掌声。

你的心灵是不是一座开放、敞开的"花园"？ 让本该独占的“花园”不再独占，把本该分享的“花园”与众人分享，这需要大度的胸襟，也一定会获得更多的幸福和快乐。

给予是快乐的源泉

给予是快乐的源泉。给别人帮助，为别人带去快乐，自己也会收获更多的快乐。

一个男子坐在一堆金子上，伸出双手，向每一个过路人乞讨着什么。这时，一个神仙走了过来，男子向他伸出双手。“孩子，你已经拥有了这么多的金子，难道你还要乞求什么吗？”神仙问。“唉！虽然我拥有如此多的金子，但是我仍然不满足，我要乞求更多的金子，我还要爱情、荣誉和成功。”男子说。

神仙从口袋里掏出他需要的爱情、荣誉和成功，送给了他。

一个月之后，神仙又从这里经过，那男子仍然坐在一堆黄金上，向路人伸着双手。

“孩子，你所求的都已经有了，难道你还不满足吗?”

“唉！虽然我得到了那么多东西，但是我还是不满足，我还需要更多的刺激。”男子对神仙说，于是神仙把他想要的刺激也给了他。

一个月后，神仙又见那男子坐在那堆金子上，向路人伸着双手——尽管有爱情、快乐和刺激陪伴着他。

“孩子，你已经拥有了你想要的，难道你还乞求什么吗?”

“唉！尽管我已拥有了比别人多得多的东西，但是我仍然不能感到满足，老人家。请把满足赐给我吧!”男子说。

神仙笑道：“你需要满足吗？那么，请你从现在开始学着付出吧。”

神仙一个月后又从此地经过，只见这男子站在路边，他身边的金子已经所剩不多了，他正把它们施舍给路人。他把金子给了衣食无着的穷人，把爱情给了真正需要爱的人，把荣誉和成功给失败者，把快乐给了忧愁的人，把刺激送给了麻木冷漠的人。现在，他一无所有了。

看着人们接过他施舍的东西，满含感激而去，男子走了。

“孩子，现在，你拥有满足了吗?”神仙问。

“拥有了！拥有了!”男子笑着说，“原来，满足藏在付出的怀抱里啊。当我一味乞求时，得到了这个，又想得到那个，永远不知什么叫满足。当我付出时，我为我自己人格的完美而自豪、满足；我为自己能对别人有所帮助而感到由衷的高兴，为人们向我投来的感激目光而快乐。”

我们应该怀着无私奉献的心来对待生活，对待身边的人。多想想自己拥有什么，能付出些什么，生活将会是幸福而快乐的。

为什么不快乐了

西米曾经是世界上最快乐的叫花子。

“我为什么不快乐呢？我每天都能吃得饱饱

的，有时甚至还能讨到一截香肠，我每天还有这座破庙可以挡风遮雨，我不为其他的人做工，我是自己的上帝。我为什么不快乐呢？”西米这样回答那些羡慕他的人。

然而有一天，西米却好像突然丢了什么宝贝似的，一下子变得闷闷不乐了。事情是这样的，一天，西米在回破庙的路上捡到一袋金币，准确地说是99块金币。

其实捡到金币的那个晚上，西米是最快乐的。“我可以不做叫花子了，我有了99块金币！这够我吃一辈子啊！99块，哈！我得再数数。”西米怕这是一个梦，他不敢睡觉。直到第二天太阳出来时，他才相信这是真的。

第二天，西米很晚也没有走出破庙，他要把这99块金币藏好，这真的需要费一番工夫。“这钱不能花，我得攒着。我要是拥有100块金币就好了。我要有100块金币。”从来没有什么理想的西米开始有了理想。他还需要一块金币，这对一个叫花子来说，绝对是一个非常远大的理想。

晌午西米才出去讨饭，不！他开始讨钱，一

分一分的。中午他很饿，他只讨了一点儿剩饭。下午，他很早就“收工”了，他得用更多的时间守着他的金币。

“还差97分。”晚上他反复地数着他的金币，他开始忘记了饥饿。

一连几天，西米都这样地度过。这样过日子的西米就再也没有吃饱过，同时也再没有快乐过。

“西米，你为什么不快乐了？”

“咱是叫花子，快乐个啥！”

西米越来越忧郁，越来越苦闷，也越来越瘦弱。终于有一天，西米病倒了。这一病西米就几天也没有起来。病后的西米整天想着的就是一件事：还差16分就100块金币了。

给予是快乐的源泉。一个整天想着索取而不想着与人分享的人是体会不到真正的快乐的。你要学会分享，在给予中体会分享的快乐。

世界上一切美好的东西和一些痛苦的事情，都需要有人来分享。让我们记住高尔基给儿子信中的一句话：给，永远比拿愉快！分享促人成长！

第六章

正直——造就伟人高尚品格的土壤

居里夫人说："如果能追随理想而生活，本着正直自由的精神，勇往直前的毅力，诚实不自欺的思想而行，则定能臻于至美至善的境地。"正直是造就高尚品格的土壤，是孕育伟大成功的摇篮！

大象的故事

> 大象是一种天性安静、温和、勇敢、体格硕大的动物。但它们并不是不会发怒，当它们受到攻击时，即使是狮子，它们也不怕。在英国伦敦的马戏团里，人们把钱扔在地上让大象把钱捡起来，它们喜欢玩这样的游戏。

有一次，一个人扔的钱币滚到了离墙不远的地方，大象伸长了鼻子，但是还是够不到，它就站在那里一动也不动，似乎在思索解决的办法。

过了一会儿，大象将鼻子笔直地展开，然后用力地对着墙吹气。结果，气流从墙上反弹了回来，把硬币吹到了它的鼻子底下，它轻松地就捡起了钱。

有一个印度士兵，他经常和大象一起喝酒，他们成了最要好的朋友。有一天，士兵喝醉了，突然发现他的长官来了，于是他就躲在大象身下寻求庇护。那位军官发现要将士兵从大象身边带走是不可能的，于是他就放弃了要把士兵带走的想法，独自走了。

当士兵清醒时，发现自己正在大象的肚子底下，如果大象卧下来，自己一定会被压成肉饼的。但大象似乎并没有打算那样做，它用长长的鼻子轻轻地抚摸着这个受到惊吓的人，好像在说："不要怕，走吧。"

城里瘟疫横行，人民生活痛苦不堪。王子骑着大象从街道上走过。大街上到处都是生病和垂死的人，而王子只管走他的路，丝毫没有考虑大象是否会踩到地上的人。大象却有着善良的心，它小心翼翼地走着，从地上躺着的人身上跨过去，生怕踩到一个人。有时候实在是迈不过去了，它就用有力的鼻子把人托起，然后再轻轻地放下。当它走过去的时候，没有一个人因为大象而受伤。

大象的温厚敦实一直都让人们喜爱不已。很多人从大象的身上体会到了为人处世的道理。其实，做一个正直而善良的人是人们共同的愿望，人们也一直以它为准则，大多数善良的人身边都是朋友，而邪恶的人身边都是敌人。多交一点善良的朋友，远离一点邪恶的敌人，做个正直的人吧。

破碎的窗户

多林刚从爸爸那里收到了他的新年礼物，那是一枚闪亮的银币。这正是他需要的，因为他有许多东西要买，他的愿望就要实现了，他此时手里握着银币，心里是特别的开心。

刚刚下过了一场雪，地上的雪还没有融化，阳光轻柔地照在地上，所有的东西都变得明亮了。于是多林拿着他的银币上街去了。刚出家门，多林就被伙伴们拉着打雪仗去了，这是冬天小伙伴们最喜欢的一项活动。

多林揉了一个很大很硬的雪球使劲向梅森掷去，但是狡猾的梅森躲过了雪球，雪球飞向了街道另一边的窗户上。只听“啪”的一声，玻璃落了下来。

多林因为害怕，就飞快地跑开了。但是没跑多远就停了下来，他为自己所做的坏事受到了良心的谴责。他知道，逃避责任不应当是一个男子汉所做的事。他决定回去，用自己那唯一的银币来补偿打碎的玻璃。

他按动了门铃，从屋子里出来一位先生，多林说：“先生，是我把你家玻璃打碎的，我非常抱歉，但我并不是故意的，希望您能原谅我。”说着，他把自己那仅有的一枚银币拿了出来，然后把它递给那位先生说：“这是我父亲给我的新年礼物，希望它能够赔偿您的损失。”

这位先生接过了钱说：“你还有钱吗?”

多林说：“没有了。”

“好，”那位先生说，“你会有更多钱的。不过你能告诉我你家的住址吗?”多林告诉了他。多林回家后，当父亲问及他是怎么花那个银币的时候，多林把白天发生的事情如实地告诉了父亲。父亲对他的行为表示了赞扬。

吃完晚饭，父亲让多林去看他的帽子，多林在他的帽子里发现了两枚银币。原来那位先生是一名非常富有的商人，他不仅把多林的那枚银币退了回来，还另外送给他一枚银币。这件事情并没有结束。没过几天，那位先生又来找多林的父亲，希望能得到他的允许，因为他的店需要一个帮手，他认为多林是最好的人选。多林家从此改变了窘迫的生活环境，一家人过上了幸福的生活。

做了错事只要敢于承认，就是一个高尚、正直的人。

盲人与狗

一天，一个盲人带着他的导盲犬过街时，一辆大卡车失去控制，直冲过去。主人当场被撞死，他的导盲犬为了守卫主人，也一起惨死在车轮底下。主人和狗一起到了天堂门前。

一个天使拦住他俩，为难地说："对不起，现在天堂只剩下一个名额，你们之中必须有一个去地狱。"主人一听，连忙问："我的狗又不知道什么是天堂，什么是地狱，能不能由我来决定谁去天堂呢？"

天使鄙视地看了这个主人一眼，皱起了眉头，她想了想，说："很抱歉，先生，每一个灵魂都是平等的，你们要通过比赛决定由谁上天堂。"

主人失望地问："哦，什么比赛呢？"

天使说："这个比赛很简单，就是赛跑，从这里跑到天堂的大门，谁先到达目的地，谁就可以上天堂。不过，你也别担心，因为你已经死了，所以不再是盲人，而且灵魂的速度跟肉体无关，越单纯善良的人速度越快。”主人想了想，同意了。

天使让主人和狗准备好，就宣布赛跑开始。她满心以为主人为了进天堂，会拼命往前跑，谁知道主人一点也不忙，慢吞吞地往前走着。更令天使吃惊的是，那条导盲犬也没有奔跑，它配合着主人的步调在旁边慢慢跟着，一步都不肯离开主人。天使恍然大悟：原来，多年来这条导盲犬已经养成了习惯，永远跟着主人行动，在主人的前方守护着他。可恶的主人，正是利用了这一点，才胸有成竹，稳操胜券，他只要在天堂门口叫他的狗停下，就能轻轻松松赢得比赛。

天使看着这条忠心耿耿的狗，心里很难过，她大声对狗说：“你已经为主人献出了生命，现在，你这个主人不再是盲人，你也不用领着他走路了，你快跑进天堂吧！”

可是，无论是主人还是他的狗，都像是没有听到天使的话一样，仍然慢吞吞地往前走，好像在街上散步似的。果然，离终点还有几步的时候，主人发出一声口令，狗听话地坐下了，天使用鄙视的眼神看着主人。

这时，主人笑了，他扭过头对天使说：“我终于把我的狗送到天堂了，我最担心的就是它根本不想上天堂，只想跟我在一起……所以，我才想帮它决定，请你照顾好它。”

天使愣住了。

主人留恋地看着自己的狗，又说：“能够用比赛的方式决定真是太好了。只要我再让它往前走几步，它就可以上天堂了。不过它陪伴了我那么多年，这是我第一次可以用自己的眼睛看着它，所以我忍不住想要慢慢地走，多看它一会儿。如果可以的话，我真希望永远看着它走下去。不过天堂到了，那才是它该去的地方，请你照顾好它。”

说完这些话，主人向狗发出了前进的命令。

就在狗到达终点的一刹那，主人像一片羽毛似的落向了地狱的方向。此时他的狗急忙掉转头，狂奔着追到了主人。满心懊悔的天使张开翅膀追过去，想要抓住导盲犬，不过那是世界上最纯洁善良的灵魂，速度远比天堂里所有的天使都快。

所以，导盲犬又跟主人在一起了，即使是在地狱，导盲犬也永远守护着它的主人。

天使久久地站在那里，喃喃说道：“我一开始就错了，这两个灵魂是一体的，他们不能分开……”

对于一个正直高尚的人来说，追求的不是个人的利益，而是忠诚地对待自己的朋友。这样一个正直高尚的人，在危急关头，他们总是乐于舍己为人的。

第七章
节俭——本身就是一个大财源

辛尼加说：“节俭本身就是一个大财源。”爱默生说：“节俭是你一生中食用不完的美宴。”的确，勤劳可以创造财富，而节俭本身就是一个大财源、聚宝盆。一粥一饭，当思来之不易；半丝半缕，恒念物力维艰。

勤俭是一种智慧和能力

有位年轻人从农业区来到工业城市，没有什么文化的他进入一家印刷厂，成为一名最普通的工人。他非常节俭，每次其他工人找他去喝酒的时候，他总是委婉地拒绝了。但是他在银行开了一个账户，每个月把自己节省下来的钱购买银行推出的一种债券。因为他听说这种债券比银行的利息高一些。很多年过去了，他还是一位普通的工人，每天做着一样的工作，还是每月把自己的钱存入银行。他甚至都不知道自己到底在银行里存了多少钱。这几乎都成了他的一个习惯。30 年过去了，当时的年轻人已经成了老头。很多当初和他一起工作的人有的因为疾病已经去世了。这一年经济大萧条，印刷厂因为资金问题陷入了困境，面临倒闭的危险。经理到处寻求帮助无果，于是员工们纷纷把自己的积蓄贡献给公司。可是作为普通的工人又能有多少积蓄，就是所有的工人把全部积蓄都贡献给公司也无济于事。

老人想起了自己在银行的那笔存款，虽然本来是准备给自己养老用的，但现在显然印刷厂更需要这笔钱，于是他去了银行。

在柜台，银行职员拿到老人的存折，先拍了拍上面的灰尘，当她打开存折之后，抬头看了看眼前的老头，又低头看了看存折：“先生，你确定全部取出来吗？”老人点了点头。“80 万美元，对吧？”职员接着问。“啊？80 万？有这么多？”老人怀疑自己听错了。

的确，老人没有听错。30 年的积蓄，加上银行利息和债券的增值，老人一共拥有了 80 万美元。当他兴奋地把钱拿到印刷厂经理办公室，经理完全不知道发生了什么事情。

后来印刷厂利用这笔钱渡过了危机，而老人也因此成为公司最大的股东，每年可以从这家工厂里拿到巨额的分红。老人没有想到自己当初节约的习惯让自己成为公司最大的股东，也成为当地有名的富翁。如果说老人的成功带有幸运色彩，那么很多人的创业故事就更能说明节俭对事业成功的巨大作用。

勤俭不仅是一种美德，更是成功者的一种智慧和能力。青年人若要想成就一番事业，勤俭是必不可缺的成功因素之一。

节约是另一种创造

美国的《财富》杂志公布 2003 年度世界财富排名

500 强“龙虎榜”，美国知名品牌的大公司——沃尔玛，以总资产 200 多亿美元的不凡业绩，连续三年蝉联榜首。沃尔玛的成功，离不开它的严格管理，离不开沃尔玛的“知名”，也源于它的高效益和出手的“俭”与“阔”。

沃尔玛的“俭”的确是从一张纸做起的。如果你没有复印纸？找沃尔玛的员工要。对方一定是轻描淡写的一句：“地上盒子里有纸，裁一下就好了”，再强调要打印纸，对方一定会回答：“我们从来没有专门的打印纸，我们用的都是废报告的背面。”据报道，“2001 年沃尔玛集团中国各地的经理级以上代表所住的，只不过是能够洗澡的地方而已。”

沃尔玛的节俭不只是针对员工的。企业老总坚持率先做榜样，尽管是亿万富翁，但他节俭的习惯从未改变，经常开着自己的旧货车进出小镇，每次理发都只花 5 美元——当地理发的最低价，外出时经常和别人同住一个房间。

沃尔玛的办公室都十分简陋，而且空间狭小，即使是城市总部的办公室也是如此。除了办公设施简陋外，沃尔玛还有一个很重要的措施，就是一旦商场进入销售旺季，从经理开始所有的管理人员全都到了销售一线，他们担当起搬运工、安装工、营业员和收银员等角色，以节省人力成本。这样的场景只会发生在一些小型公司里，而且这种行为常常被人视为“不正规管理模式”，但在沃尔玛这样的大集团中却司空见惯。

沃尔玛人也有“阔气”的时候。摆“阔”主要体现在兴办公益事业上：山姆·沃尔顿不仅在全国范围内设立了多项奖学金，而且这个“小气鬼”向美国的五所大学捐出数亿美元。沃尔玛赢在“吝啬”上。

许多人都知道吝啬可以创造财富，但是很少有人能像沃尔玛那样，并且让吝啬成为公司的一种经营理念。在创富的道路上，我们听到过许多理念，每一个都有大量的理论支持。但是沃尔玛却用家庭式的节俭之道创造了巨大的财富。

父爱的磨炼

在美国，有这样一个年轻人，他是个大学生，每逢学校过礼拜或放假，他都得赶到父亲开设的工厂去上班。他用打工的工资去偿还父母为他垫付的学费和伙食开支。在工厂，他跟其他工人一样，排队打卡上下班，月底就凭记工卡和工作量结算工资。有一次，他因候车晚点而迟到了两分钟，那个月的奖金就被扣除一半。

终于熬到了大学毕业，他以为自己可以接管父亲的公司了，可父亲不但不让他接管公司，而且对他的工作更加苛刻。他想不明白，作为一家公司的董事长，家里并不缺钱，并且还经常捐款支持福利事业，可是父亲为什么却舍不得多给他一分钱。他终于被父亲逼出了家门，他狠狠地想，他肯定不是自己的亲生父亲。

这个年轻人想去银行贷款做生意，可父亲坚决不给他担保，于是他只得去给别人打工。打工期间，因为复杂的人际关系，他被人挤出了公司。失业后，他将打工积累的一点资金用来开了一家小店。小店的生意不错，不久他自己开了一家小公司，小公司慢慢地变成了大公司。

令这个年轻人万分心痛的是，公司因为经营不善最后倒闭了。但他没有灰心丧气，决心咬紧牙关、挺起胸膛从头再来。就在他振作精神准备再干一番事业的时候，父亲出人意料地找到了他，并决定让他来经营家族的公司。父亲说："孩子，你虽然跟几年前一样，依然没有金钱，但你拥有了一段可贵的经历，这段经历对你来说是一场苦难的磨炼，拥有了这段经历，你就会珍惜自己的公司，而且会把它管好。"这个年轻人果然不负期望，将一家规模不大的公司发展成了今天全球瞩目的星级公司，他就是伯克希尔公司总裁，有着"美国股神"称号的沃伦·巴菲特。

受父亲的影响，沃伦·巴菲特一生节俭，谨慎从事。他经常穿着旧西服，钱包是旧的，汽车也是旧的，甚至他住的房子也是旧的。他现在拥有六百多亿美元的资产，是个真正的富翁。但是数十年来，他从不向银行借贷，负债几乎为零。

巴菲特如此低调地生活，其实是他金钱观、价值观和财富观的又一体现。他以自己的劳动成果来回报众生，以自己的财富能够最大限度地回报社会作为自己人生的最大目标。多少年来他的善举一次次感动世界，他对慈善事业的热爱和贡献，有目共睹。

第八章

惜时——扩大生命的价值

赫胥黎说："时间最不偏私，给任何人都是24小时；时间也最偏私，给任何人都不是24小时。"懂得珍惜时间的人，会在有限的生命内，扩大生命的价值；而那些浪费时间的人，只会一事无成。

爱迪生的故事

爱迪生一生只上过3个月的小学，他的学问是靠母亲的教导和自修得来的。他的成功，应该归功于母亲自小对他的谅解与耐心的教导，才使原来被人认为是低能儿的爱迪生，长大后成为举世闻名的"发明大王"。

爱迪生从小就对很多事物感到好奇，而且喜欢亲自去试验一下，直到明白了其中的道理为止。长大以后，他就根据自己这方面的兴趣，一心一意做研究和发明的工作。他在新泽西州建立了一个实验室，一生共发明了电灯、电报机、留声机、电影机、磁力析矿机、压碎机等等总计两千余种东西。爱迪生的强烈研究精神，使他对改进人类的生活方式，做出了重大的贡献。

"浪费，最大的浪费莫过于浪费时间了。"爱迪生常对助手说，"人生太短暂了，要多想办法，用极少的时间办更多的事情。"

一天，爱迪生在实验室里工作，他递给助手一个没上灯口的空玻璃灯泡，说："你量量灯泡的容量。"他又低头工作了。

过了好半天，他问："容量多少？"他没听见回答，转头看见助手拿着软尺在测量灯泡的周长、斜度，并拿了测得的数字伏在桌上计算。他说："时间，时间，怎么费那么多的时间呢？"爱迪生走过来，拿起那个空灯泡，向里面斟满了水，交给助手，说："里面的水倒在量杯里，马上告诉我它的容量。”助手立刻读出了数字。

爱迪生说：“这是多么容易的测量方法啊，它又准确，又节省时间，你怎么想不到呢？还去算，那岂不是白白地浪费时间吗？”助手的脸红了。

爱迪生喃喃地说：“人生太短暂了，太短暂了，要节省时间，多做事情啊！”

爱迪生一生勤奋好学，善于思考，努力工作。他热爱科学，惜时如命。几十年间，他几乎每天工作十几个小时，晚间还要在书房读3~5小时的书，所以他最后才有如此卓越的成就。爱迪生珍惜时间的故事值得每一个学生来学习。

每个人都希望能有爱迪生一样的成就，但成功却似乎远在天边遥不可及，倦怠和不自信让我们怀疑自己的能力，放弃努力。其实，对于时间的珍惜来源于我们勤奋的思考，有的时候找对方法做事就能事半功倍，我们不必想以后的事，只要想着现在我要做些什么，怎样才能快速地做好，然后努力去完成，就像时钟一样，每秒“滴答”摆一下，成功的喜悦就会慢慢浸润我们的生命。

时间管理和机会把握

一天，老师在桌子上放了一个装水的罐子，然后又从桌子下面拿出一些正好可以从罐口放进罐子里的鹅卵石。老师把石块放完后问他的学生："你们说，这罐子是不是满的?"

"是!"所有的学生异口同声地回答。

"真的吗?"老师笑着问。然后再从桌底下拿出一袋碎石子，把碎石子从罐口倒下去，摇一摇，再加一些，再问学生："你们说，这罐子现在是不是满的?"

这回他的学生不敢回答得太快："也许没满。"

"很好!"老师说完后，又从桌下拿出一袋沙子，慢慢地倒进罐子里。倒完后，他再问班上的学生："现在你们再告诉我，这个罐子是满的吗?"

"没有满。"全班同学这下学乖了，大家很有信心地回答说。

"好极了!"老师又从桌底下拿出一大瓶水，

把水倒进看起来已经被鹅卵石、小碎石、沙子填满了的罐子。

当这些事都做完之后，老师正色地问他班上的同学："你们从上面这些事情中学到了什么重要的道理？"

一位学生回答说："无论我们的工作多忙，行程排得多满，如果要挤一下的话，还是可以多做些事的，这门课讲的是时间管理。"

老师听到这样的回答后，点了点头，微笑道："答案不错，但这并不是我要告诉你们的重要信息。"

说到这里，这位老师故意停顿了一下，用眼睛向全班同学扫了一遍说："我想告诉各位最重要的信息是，如果你不先将大的鹅卵石放进罐子里去，你也许以后永远没机会把它们再放进去了。"

时间不会再生，珍惜时间固然重要，但珍惜时间要讲究方法。要利用有限的时间来合理安排自己的事情，节约时间等于珍惜生命。

从今天开始，从现在的每一刻开始，好好珍惜宝贵的时间吧，不要让时间从你眼前"溜走"！

假如明天不再来临

珍妮弗从前是一个谨小慎微、循规蹈矩的人，她习惯于用保守的目光审视生活中的一切，在安排所有事情的时候，都留有余地，以便于将来。

可是，自从参加了一个好友的丧礼之后，珍妮弗几乎完全改变了生活的信念。就在那天晚上，珍妮弗省察了自己全部的生活，她发了个誓，不要学“泰坦尼克”号上的那个女人，在大船下沉生死未卜时，才苦恼地哭泣说：“早知道这样，我就把那甜饼、巧克力和奶酪痛快地吃个够。”

珍妮弗先从那个放满了旧裤袜的抽屉动手，把那些穿不了而且一看就讨厌的旧东西统统扔进垃圾箱。把放在门厅那支积满了灰尘的玫瑰形大蜡烛点燃烧掉。还有车窗——有一条5厘米长裂缝的车窗，原来一直要等卖车的时候再修好，现在已经修好了。珍妮弗还请苏茜和艾米到家里吃了一顿饭。她们曾在一次宴会上见过面，每次都说“我们该聚一聚”，可是5年过去了，却一直“没有时间”见面。还有那一大罐橄榄菜也被开了封，因为家里只有珍妮弗一个人爱吃，以前总是舍不得开，怕吃不完浪费。珍妮弗拿出一块贝壳形粉红色的肥皂洗手，丈夫对她说：“我以为你会把它留起来，原来你说，一弄湿它就不像贝壳了。”

珍妮弗低头看了看一手的肥皂泡，说：“贝壳只是容纳生命的，现在我给它一个机会变得更有价值。”

珍妮弗决定去银行提出全部存款，然后到非洲做一次长途旅行；她想去艺术学校报名学芭蕾舞，因为这是她多年的夙愿；她想把假花统统扔掉，然后种一片青葱的蔓藤和花草；她还准备把一块块小地毯收起来，让赤裸的脚想踩在哪里就踩在哪里。

珍妮弗说，她已经开始重新认识生活，她要把每个日子当作一生中最后的一天。

如果生命还只剩最后一天，如果明天不再来临，我们还会像原来一样安排自己的生活吗？

第九章
真诚——保存本性的淳朴

真诚是人类的宝贵品质，是人生最高的美德。真诚是一种心灵的开放，它通向信任、荣誉与成功之路。敞开真诚的心，让温暖、纯真、美好、淳朴、快乐、幸福进驻！

吃葡萄的人

格拉迪斯小的时候在自家的院子播种了一些葡萄种子，但等了多年未见果实。忽然一年枝繁叶茂，果实累累，格拉迪斯很是欢喜。于是在葡萄熟了的季节，格拉迪斯装上了一篮子葡萄想与别人一同分享她的喜悦，一同分享那美味的葡萄。

格拉迪斯来到商人的面前，热情地对商人说，“我家的葡萄熟了，这不是当地的葡萄，请您尝尝吧！”商人立刻问她：“你的葡萄多少钱一斤？”她说：“这葡萄我不卖，只是想让你尝尝鲜。”“不卖？尝鲜？”商人露出一脸的困惑，最终商人都没有敢吃葡萄，因为他认为这葡萄一定不会那么简单地让他吃。

格拉迪斯又来到一个官员面前，热情地对官员说：“我家的葡萄熟了，这不是当地的葡萄，请您尝尝吧！”官员露出一脸的不解，悄声问她：“你有什么困难？你找我有什么事吗？”她说：“我找您没什么事，这是我们家新鲜的葡萄，只想让您尝个鲜。”“没事？尝鲜？”官员露出一脸的困惑，最终官员还是没有吃葡萄，因为他心里断定这是一个阴谋。

格拉迪斯在大街上走了很久，最终她来到一对年轻的夫妇眼前，热情地对他们说：“我家的葡萄熟了，这不是当地的葡萄，请你们尝尝吧！”男人立马睁大了警惕的眼睛，感觉请他们吃的不是葡萄更像是毒药：“你请我们吃葡萄？”她说：“是呀，这是我们家新鲜的葡萄，我们这地方没有的，想让你们尝个鲜。”男人小心翼翼地拣了一颗慢慢放进了嘴里，那神色告诉格拉迪斯，这葡萄一定是酸的！女人看到男人吃葡萄的神情就不敢伸出手去吃了。

格拉迪斯在回家的路上遇上了一位老人，她热情地对老人说：“老人家，我们家的葡萄熟了，想请您尝个鲜。”老人脸上露出了灿烂的笑：“是吗？那谢谢你了，我就来尝个鲜。”老人痛快地从篮子中取出了一粒，放进了嘴里，然后脸上露出了满心的欢喜：“好孩子，你家的葡萄真好吃，真好吃！我们这地方真的没有这样的美味葡萄！”

经历了辛苦，格拉迪斯终于露出了自己的欣慰：“还好，终于有一位没有戒心的吃葡萄的人。”

人与人之间，除了利益外，还有真诚。学会真诚待人，有的时候放下戒心，你吃到的葡萄将会很甜。

司机的真诚

一个客人在机场坐上一辆出租车，这辆车地

板上铺了羊毛地毯，地毯边上缀着鲜艳的花边，玻璃隔板上镶着名画的复制品，车窗一尘不染。客人惊讶地对司机说："从没搭过这样漂亮的出租车。"

"谢谢你的夸奖。"司机笑着回答。

"你是怎么想到装饰你的出租车的？"客人问道。

"车不是我的，"他说，"是公司的。多年前我本来在公司做清洁工人，每辆出租车晚上回来时都像垃圾堆，地板上净是烟蒂和垃圾，座位或车门把手上甚至有花生酱、口香糖之类的东西。我当时想，如果有一辆保持清洁的车给乘客坐，乘客也许会多为别人着想一点，自觉保护环境，如果大家将这种精神传播出去，那么人人都讲卫生，爱护公共设施，这难道不是一件很让人高兴的事情吗？领到出租车牌照后，我就按自己的想法把车收拾成了这样。"

顾客听了司机的话很感动，他回去谨记司机的话并让更多的人来支持司机的行动。

每位乘客下车后，出租车司机都会察看一下，一定替下一位乘客把车收拾得十分整洁。所以出租车回公司时仍然一尘不染。

每天都有很多乘客问司机同样的问题，司机都很有耐心地一个个解释给顾客听，有一天一个记者碰巧坐上司机的车，问了同样的问题，司机微笑地回答后说道："从开车到现在，客人从来没有让我失望过。没有一根烟蒂要我捡拾，也没有花生酱或冰激凌蛋筒，更没有一点垃圾。先生，我觉得，人人都欣赏美的东西。如果我们的城市里多种些花草树木，把建筑物弄得漂亮点，我敢打赌，一定会有更多的人愿意把垃圾送进垃圾箱。"

记者被司机的真诚话语所感动，于是他将司机的行为传播了出去，利用媒体的力量让世界变得更加美好。很快，司机的真诚让城市变得更加干净和整洁。

可见，真诚的人可以改变周围人的看法，让大家自觉参与到这项公益活动中，让世界变得更加和谐，请参与到真诚的行列中吧。

真诚不会贬值

一天，赫瑟尔和儿子一起在农场里工作。儿子刚刚大学毕业，前途未卜。赫瑟尔环视着他那有溪流、树林和大片青草的几十万平方米的土地。“这地方真美。”他说。想到儿子未来的前程，以及他将要为赢得一个美好的未来所要付出的努力，赫瑟尔感慨万千，他决定把这片土地的来历告诉儿子。

他的第一个女儿出生不久，他和妻子在他长大的那个镇上当老师。他们很想有一块土地，在上面建造一座房子。他注意到，在镇南面牛羊成群的那片很宽阔的土地，是九十多岁的阿瑟斯先生的。阿瑟斯是个退休商人，有许多的土地，但是却早就声明自己一块也不卖。尽管如此，他还是到家里拜访了阿瑟斯。

“对不起，我不能卖，”阿瑟斯说，“我已经将这块土地许诺给一个农民放牧了。”

“我知道，”他感到有点紧张，“我们是这里的老师，也许你会卖给打算在这里定居的人。”

“你说你叫什么名字？”阿瑟斯问。

“赫瑟尔。”

“那么，知道格列弗·赫瑟尔吗？”

“当然知道，先生，他是我的爷爷。”

阿瑟斯先生有些惊讶，然后他指着椅子，让他坐下来。

“格列弗·赫瑟尔是我曾经雇用过的最好的农场工人，”阿瑟斯先生说，“他总是早来晚走，用不着我吩咐，就主动把所有要干的事都干了，他用他那颗真诚的心把这片农场打理得很好……如果有活当天没干完，他会觉得不好受。”

老人眯缝着眼，沉浸在遥远的回忆当中。良久，他和蔼地问道：

“再说一下看，你要什么，赫瑟尔？”

赫瑟尔又将想买地建房的意思重复了一遍。

“好吧，让我考虑考虑，过两天你再来。”

一周后，阿瑟斯先生对赫瑟尔说，他已经考虑好了。赫瑟尔紧张地看着老人。“3500 美元怎么样?”老人开口了。

4000平方米3500美元，80000平方米要付出7万美元，这岂不是变相拒绝吗?

“3500美元?”他艰难地问道。

“是的，80000多平方米卖3500美元。”老人微笑着点了点头。就这样，赫瑟尔无限感激地以象征性的3500美元买下了那80000平方米土地。

事情过去将近60年了，赫瑟尔的这片土地越来越美丽。“孩子，”他说，“这全都因为一个你从未见到过的人的真诚的心换来的。”

赫瑟尔说，在他爷爷的葬礼中，人们纷纷告诉他说，爷爷博爱、真诚、宽容和正直。

美好的声誉就是爷爷留给他们的遗产，他希望儿子将来在脚下这片土地散步时，也把这个故事告诉他的下一代。

我们要选择的，不是财富，而是待人的真诚；不是闪亮的金子，而是爱的恩泽。

第三篇

哈佛告诉学生：训练百折不挠的精神

第一章
自制——不要过于放纵

柏拉图说：“自制是一种秩序，一种对于快乐与欲望的控制。”陀思妥耶夫斯基说：“如果你想征服全世界，你就得征服自己。”人如果征服自己的弱点，不过于放纵自己，就一定可以成为主宰生活的强者！

克制自己的行为

消极对待人生的时代正在宣告结束，科学化的人生需要科学的自我管理。人们如果能清醒意识到这一点，就会产生一种觉悟，即自己不科学地管理自己，就会失去人生的主动权，就会被人远远地抛在后边。有了这种觉悟，就会主动地发展自己。

贝利从小就显现出非凡的足球天赋，他常常踢着父亲为他特制的“足球”——用一个大号袜子塞满破布和旧报纸，然后尽量捏成球形，外面再用绳子捆紧。

贝利经常光着黑瘦的脊梁，在家门前那条坑坑洼洼的小街，赤着脚练球。尽管他经常摔倒，但他始终不停地向着想象中的球门冲刺。

渐渐地，贝利有了些名气，许多认识或不认识的人常常跟他打招呼，还向他递烟。像所有人一样，贝利喜欢吸烟时的那种“长大了”的感觉。

有一次，当贝利在街上向别人要烟的时候，父亲刚好从他身边经过，父亲的脸色很难看，贝利看到父亲就低下了头，不敢看父亲的眼睛。因为，他看到父亲的眼睛里有一种忧伤，有一种绝望，还有一种恨铁不成钢的怒火。

父亲说：“我看见你抽烟了。”

贝利不敢回答父亲，一言不发。

父亲又说：“是我看错了吗？”

贝利盯着父亲的脚尖，小声说：“不，你没有。”

父亲又问：“你抽烟多久了？”

贝利小声为自己辩解："我只吸过几次，几天前才……"

父亲打断了他的话，说："告诉我味道好吗？我没抽过烟，不知道烟是什么味道。"

贝利说："我也不知道，其实并不太好。"

说话的时候，贝利突然绷紧了浑身的肌肉，手不由自主地往脸上捂去，因为，他看到站在他跟前的父亲猛地抬起了手。但是，那并不是贝利预料中的耳光，父亲把他搂在了怀中。

父亲说："你踢球有一点天分，也许会成为一名优秀的运动员，但如果你抽烟、喝酒，那踢球就只能到此为止了，因为你将不能在90分钟内保持一个较高的水准。这事由你自己决定吧。"

父亲说着，打开他瘪瘪的钱包，里面只有几张皱巴巴的纸币。父亲说："你如果真想抽烟，还是自己买的好，总跟人家要，太丢人了，你买烟需要多少钱？"

贝利感到又羞又愧，眼睛里涩涩的，他抬起头来，看到父亲的脸上已是泪水纵横……

后来，贝利再也没有抽过烟。他凭着自己的

勤学苦练，终于成了一代球王。

自制对于一个人的成长进步有着十分重要的意义和作用。每个人都应当树立自我管理意识，在心中培养自我管理意识的紧迫感。这种紧迫感不能是别人强加的，必须是自己切身感受到的。

这种紧迫感来自个人成长和发展的强烈渴望。有了这样的愿望，才能形成如何有效管理自己的思想、言论和行动的意识，才能自觉地去管理自己。反之，一个人没有成长枷锁控制自己的愿望，当然不会产生如何管理自己的意识。

当今的社会，管理正在作为一门科学迅速占领人们生活的各个领域，整个社会的经济管理、政治管理、思想管理、法律管理、道德文化管理等正在走向科学化，越来越多的人已经开始把管理科学运用于人生过程之中。

一个人要成就大事业，就不能随心所欲、感情用事，对自己的言行应有所克制，这样才能使自己的错误、缺点得到抑制，不至于铸成大错。高尔基说："哪怕是对自己的一点克制，也会使人变得强而有力。"德国诗人歌德说："谁若游戏人生，他就一事无成，永远是一个奴隶。”一个人要想成为能够主宰自己命运的强者，成就一番事业，必须对自己有所约束、有所克制。

大院里的“问题学生”

俄罗斯前总统普京的童年是在一个普通居民区里度过的，当时他家住在圣彼得堡市中心巴斯科夫胡同一栋5层楼里，这栋楼的设备相当简陋，既没有热水，也没有洗澡间，厨房是公用的，楼道里还经常有老鼠出没。为了不让老鼠溜到自己家，普京经常带着邻居家的孩子们在楼道里展开“人鼠大战”。

普京从小就是个不安分的孩子，上小学之前，父母把他看得很紧，告诉他未经许可，不许出他们的居民楼大院。但是小普京根本不理会这一套，自从5岁那年的“五一节”偷偷溜上街以后，他就深深地被“外面的世界”吸引了。有一年冬天，他居然同几个小伙伴乘电气火车到郊外玩，并在那里过了夜。不过由于准备不够充足，他们冻坏了，也饿坏了，次日回到家，普京还被父母用皮带教训了一顿。

将近八岁的时候，虽然自己不大情愿，普京还是在父母的要求下上了小学。据他自己回忆，那时候他几乎从来不遵守上课的规矩，为了追求“自由”，带头上课捣乱，成了班上的“问题学生”；此外，他还经常和其他一些调皮孩子打架，不过几场架打下来，他倒成了班里的“孩子王”。

虽然普京不是“乖学生”，但是他的成绩在班里还是数一数二的，而且他几乎从不迟到，为了做到这一点，他在冬天的早上不穿外套，一路跑到学校，以节省时间。

一个人自制力的强弱也决定着你是否能成功，它是成功的重要因素之一。自制力强的人，生活一定是快乐的，因为他知道自己应该去做什么，因此他的生活必然是充实的。自制力也等于毅力，毅力不强他的自制力也不会强。普京就是一个典型的例子，他的成功离不开自制力与毅力，他的辉煌自然也理所当然。

自制力强的人，是一个具有超凡魅力并且容易成功的人。

失去自我控制或自制力减弱都往往发生在紧张的生理和心理状态中。因此通过松弛训练，学习消除紧张，可以提高自控力。紧张状态伴随着肌肉紧张、呼吸急促、心跳加速等过程，松弛训练可产生有意识地控制这些过程的作用，获得生理反馈信息，从而控制和调节自身的整个心理状态。

自制力是必备的美德

在邻居看来罗瑞尔先生非常喜欢跑步，尤其喜欢长跑，每天早上他都会做 5 公里慢跑。不论严寒酷暑，刮风下雨，他的晨跑总是坚持着。其实开始时，情况并不如此。

罗瑞尔原本非常不愿意早起，每天早晨他都赖在被窝里为起床做着激烈的思想斗争。他总是使出吃奶的劲儿，才勉强把自己从被窝里拽出来。早上在床上的每一分钟都是如此让人珍惜，很多次罗瑞尔都迷迷糊糊地打上几个盹儿。罗瑞尔也同样不喜欢跑步，尤其是长跑，他觉得它又艰苦又乏味，还会让人腰酸背痛。因此，早起跑步，对罗瑞尔来说无异于天方夜谭。那么，这个最不可能坚持下去的懒虫，究竟是如何转变成今天的长跑爱好者呢？

那还要从罗瑞尔的祖父的那番教诲说起。祖父告诉罗瑞尔说，为了成为一位“行动者”，一定要做到自制。他解释道，不论罗瑞尔做什么，也不论他多么努力，如果不能做到掌握自己，那么，将永远不能发挥出自己最大的潜力。这便是祖父的“空想家”与“行动者”学说的核心思想，即克己自制。为了解释如何做到克己自制，祖父引用他最喜欢的名人马克·吐温的一句话说：“关键在于每天去做一点自己心里并不愿意做的事情，这样，你便不会为那些真正需要你完成的义务而感到痛苦，这就是养成自觉习惯的黄金定律。”祖父把这叫作“磨炼法则”，并鼓励罗瑞尔说，只要他能够坚持一个月，就一定能把自己改造成行动者。罗瑞尔听从了祖父的建议，并选定了晨跑这件对身体有好处但对自己来说是那么艰苦的差事，开始亲身实践祖父的“磨炼法则”。虽然罗瑞尔知道长跑益处多多，但仍然讨厌它。自己的身体状况很差劲，从家门口到近40米开外的信箱，往返一趟就让罗瑞尔气喘吁吁了。他确实是需要某种有助于提高心肺功能的运动，于是，长跑便成了一件不折不扣的，他每天都必须做的不感兴趣的事情。

罗瑞尔的转变非常艰难，非常缓慢。每天的早起，只能得到腰酸背痛的奖励，他有时会感到无比的畏惧。罗瑞尔跑不了几步便气喘吁吁，上气不接下气。这样子下去，估计“磨炼法则”对自己很难生效了，罗瑞尔的克己自制的目标也渺茫了起来。但唯一让自己牢记心中的是，必须强迫自己坚持一个月！罗瑞尔做到了，一些意想不到的事情也就开始发生了。不久，罗瑞尔的身体状况开始变好，跑步逐渐变得轻松起来，起床也变得不再那么艰难了。月底的时候，跑步这份苦差事似乎不再那么恐怖了，尽管早起仍然有点儿困难，有点儿费劲，但似乎可以克服。一切都变得越来越容易，越来越自然，直到他竟然不自觉地渴望晨跑！这时，罗瑞尔才开始真正感觉到，原来清晨长跑是一种享受。回想起来，罗瑞尔只不过是每天早上都爬起床去跑步罢了。然而，清晨长跑竟成了他的一个习惯，成了他的日常行为的一个部分。

自制力的培养是良好习惯养成的关键，养成克己自制的习惯是充分发挥潜能的关键所在。正如亚当·斯密所言："自我控制并不单是一种非凡的美德，它更是使其他美德焕发光彩的源泉。"

第二章
责任——获得别人信任的基础

“责任”不是一个甜美的字眼，它如岩石般冷峻，一个人真正地成为社会一分子的时候，责任作为一份成年的礼物已不知不觉地落在肩上。它是一个你不得不付出一切呵护的孩子。而它给予你的，往往只是灵魂与肉体上感到的痛苦。这样的一个十字架，我们为什么要背负呢？因为它最终带给你的是人类珍宝——获得别人的信任，获得人格的伟大。

我们相信你

责任心是指个人对自己和他人、对家庭和集体、对国家和社会所负责任的认识、情感和信念，以及与之相应的遵守规范、承担责任和履行义务的自觉态度。

在开往芝加哥的火车上，一位孕妇意外临盆，列车员广播通知，紧急寻找妇科医生。这时，一位妇女站出来，说她是妇产科的。女列车长赶紧将她带进用列车隔开的病房。毛巾、热水、剪刀、钳子什么都到位了，只等最关键的时刻到来。

产妇由于难产而非常痛苦地尖叫着。那位妇产科的妇女非常着急，将列车长叫到产房外，说明产妇的紧急情况，并告诉列车长，她只是妇产科的护士，并且在一次医疗事故中已被医院开除。今天这个产妇的情况不好，人命关天，她自己没有能力处理，建议立即送往医院抢救。

列车行驶在开往芝加哥的路线上，距最近的一站还要行驶一个多小时。列车长对她说：“你虽然只是护士，但在这趟列车上，你就是医生，你应该有这能力，我相信你！”

列车长的话感染了护士，她准备了一下，可在走进产房时又问：“如果万不得已，保小孩还是保大人？”

"我们相信你。"

护士明白了。她坚定地走进产房。列车长轻轻地安慰产妇，说现在正由一名专业医生为她手术，请产妇安静下来好好配合。出乎意料，那名护士几乎单独完成了她有生以来最为成功的手术，婴儿的啼哭声说明了母子平安。

这对母子是幸福的，因为遇到了热心人；但那位护士更是幸福的，她不仅挽回了两个生命，而且找回了信心与尊严。因为责任，因为信任，她由一个不合格的护士成了一名最优秀的医生。

一个人应该具备的基本素养，是健全人格的基础，是家庭和睦，社会安定的保障。具有责任心的人，会认识到自己的工作在组织中的重要性，把实现组织的目标当成是自己的目标。如果你做到了，就代表着你成功了。

瑞恩的责任

加拿大有一个 6 岁小男孩儿叫瑞恩·希里杰

克。有一天，他在电视上看到非洲有成千上万的儿童没有水喝，他们渴急了就去喝残留在水洼里的脏水，甚至牲畜的尿！这则报道激起了瑞恩的责任心，他瞪大了眼睛，他根本不相信这世上居然会有人没有干净的水喝，而且会因此死去。他难过极了。忽然，电视中传出来这样一句话——“60块钱可以挖一口井”，这话让瑞恩激动不已。他想，我一定要为他们挖一口井，明天就要带60块钱去。

电视节目结束后，他迫不及待地向妈妈伸出手：“妈妈，给我60块钱。”面对瑞恩的请求，妈妈根本没当回事。瑞恩只好沮丧地走开了，可是一整天，电视中那些非洲孩子因没水喝而死去的画面充斥着他的脑海。晚饭时，瑞恩又向爸爸妈妈提起了这件事。“不。”妈妈说：“60块钱是不能解决那里的问题的。况且你还是个孩子，你没有这个能力。”瑞恩把求助的目光投向了爸爸。“这是个可笑的想法，瑞恩……”爸爸还想说下去，瑞恩哭着叫起来：“你们根本不明白，那里的人没有干净的水喝，孩子们正在死去，他们需要这笔钱。”

从此，瑞恩每天都要向父母请求，好像不给他60块钱，他就没办法生活下去一样。瑞恩的爸爸妈妈不得不认真地讨论这件事，然后他们告诉瑞恩：“如果你真想要，你可以自己赚，比如为家里打扫房间、清理垃圾，我们会给你报酬。”这一天，瑞恩干了两个多小时，经过妈妈的“验收”后，他的储蓄罐里多了两块钱。此后，瑞恩经常利用业余时间做家务。

渐渐地，家族里的人都知道了瑞恩的这个梦想。瑞恩的爷爷责问儿子说：“为什么不直接给他60块钱？”瑞恩的爸爸说：“孩子的想法太可笑，根本就不可能实现！这样做主要是锻炼他的劳动能力。他很快就会厌烦的。”瑞恩的妈妈也附和道：“这肯定是一个梦，一个6岁孩子的梦，谁会认真对待这种胡思乱想呢？”

可半年过去了，瑞恩非但没有放弃，反而干得更加卖力了。每当爸爸妈妈劝他停止时，瑞恩就说：“让我再干一会儿吧，我一定要赚取足够的钱，为非洲的孩子挖一口井。”瑞恩每天睡觉前都这样祈祷：让非洲的每一个人都喝上干净的水吧。

附近居住的人知道了瑞恩的梦想，都被瑞恩的执着感动了，纷纷加入“为非洲孩子挖一口井”的活动中。不久，瑞恩的故事出现在肯普特维尔《前进报》上，题目就叫“瑞恩的井”。随后《渥太华公民报》也刊登了同样的报道。瑞恩的故事迅速传遍加拿大，不断有电视台要求采访。

一周后，在瑞恩家的邮筒里出现了一封陌生的来信，信封上写着“瑞恩的井”，里面有一张50万元的支票，还有一张便条：“但愿我可以做得更多。”在不到一个月的时间里有上千万元的汇款来支持瑞恩的梦想。5年过去了，这个梦想竟成为上万人参加的一项事业。瑞恩这个普通的男孩儿被媒体称为“加拿大的灵魂”。加拿大总督克拉克森颁发给瑞恩国家荣誉勋章。他还被评选为“北美洲十大少年英雄”之一。如今，在缺水最严重的非洲乌干达地区，已有56%的人能够喝上纯净的井水了。

瑞恩的梦想正在一天一天慢慢实现，他希望有一天非洲的人都能喝上干净的水。虽说当时这件事对于自己有难度，但是瑞恩一定会坚持下去的。

作为父母，一旦决定将某件事情交给孩子负责，就要“监督”孩子的行为，而不能采取“不管”或“无所谓”的态度，这样只会滋长孩子的不负责任，使孩子缺乏责任心。像瑞恩父母的诱导行为激发了瑞恩持之以恒的态度，也考验了瑞恩的责任心，所以值得广大家长和孩子学习。

炮弹下的农舍

巴黎近郊住着一位名叫菲利帕的农民，妻子和3个孩子同他一起过着清贫的日子。经过多年的辛勤工作和清苦生活，菲利帕终于积攒了一笔钱，买下了他们已经居住了十来年的小农舍。农舍虽小，却是红瓦白墙，屋后有一个精心调理的小花园，园里栽满了招人喜爱的各色植物。在把这幢小房子买下来的那一天，全家举行了一次小小的宴会庆祝了一番。大家都为这个小农舍感到开心。

不久，爆发了1870年的德法战争。菲利帕应召加入了军队，因为他曾是一名技术精湛的炮手。菲利帕的家乡很快陷入敌手，村民们都随着逃难的人群远走他乡。法国人的一支炮兵部队依然占据着河对岸的高地，菲利帕就在其中。

一个冬日，他正在一门大炮前当班，一位将军走了过来，用望远镜仔细地观望河对岸的小村子。

“喂，炮手。”将军没有回头。

“是，将军！”菲利帕应道。

“你看到那座桥了吗？”

“看得很清楚，将军。”

“也看到左边那所小农舍了吗？就在丛林后面。”

菲利帕的脸色煞白：“我看到了，将军。”

“这是德国人的一个住宿地。伙计，给它一炮。”

炮手的脸色更加惨白。这时，风很大，天气寒冷，裹着大衣的副官们在凛冽的寒风中打着寒战。但是菲利帕的前额上却滴下了大粒汗珠。周围的人们没有注意到这位炮手的表情变化。菲利帕服从了命令，仔细地瞄准目标开了一炮。

硝烟过后，军官们纷纷用望远镜观察河对岸的那块地方。

“干得棒，我的战士！真不赖！”将军微笑地看着炮手，不禁喝起彩来，“这间农舍看来不太结实，它全垮啦！”可是，将军吃了一惊，他看到菲利帕的脸颊上流下了两行热泪。“你怎么啦，炮手？”将军不解地问。

“请您原谅，将军，”菲利帕用低沉的喉音说，“这是我的农舍，在这世界上，它是我家仅有的一点财产。”

当国家的利益和个人的利益发生冲突时，对任何一个人来讲都是一种两难的选择。但相信任何一个有血性有骨气的人都会选择牺牲个人，而保全国家利益。这些牺牲者不会被湮没在历史的尘埃里，他们会被人们永远地记在心中。

第三章
勇气——推开未知的一扇门

塞·约翰逊说："人的勇气能承担一切重负。"约·弗莱彻说："我们的勇气就是我们最好的上帝。"的确，命运从来都是眷顾勇士的，勇气是命运赐予我们的最美丽的羽翼，只要有勇气，推开那一扇未知的门，我们就可以迎风而起，就可以击败一切厄运，自由翱翔于天空。

再试一次，奇迹就会出现

生活中确实有许多的"不可能"驻扎在我们心头，它无时无刻不在侵蚀着我们的意志和理想，许多本来能被我们把握的机遇也便在这"不可能"中悄然逝去。其实，这些“不可能”大多是人们的一种想象，只要能拿出勇气主动出击，那些“不可能”就会变成“可能”。我们很多时候之所以不能成功，缺乏的不是才能和机遇，而是缺乏那种大胆尝试的勇气。

1943年，美国的《黑人文摘》刚开始创刊时，前景并不被看好。它的创办人约翰逊为了扩大该杂志的发行量，积极地准备做一些宣传。

他决定组织撰写一系列“假如我是黑人”的文章，请白人把自己放在黑人的地位上，严肃地看待这个问题。他想，如果能请罗斯福总统夫人埃莉诺来写这样一篇文章就最好不过了，但是总统的夫人会回信给自己这样一个无名小卒吗？她能答应自己的请求吗？思量再三，于是约翰逊便给她写去了一封非常诚恳的信。寄出信后的约翰逊心里忐忑不安，他在焦急中希望能等到总统夫人的回信。

罗斯福夫人回信说，她太忙，没时间写。但是约翰逊并没有因此而气馁，他又给她写去了一封信，但她回信还是说太忙。以后，每隔半个月，约翰逊就会准时给罗斯福夫人写去一封信，言辞也愈加恳切。

不久，罗斯福夫人因公事来到约翰逊所在的芝加哥市，并准备在该市逗留两日。约翰逊得此消息，喜出望外，立即给总统夫人发了一份电报，恳请她趁在芝加哥逗留的时间里，给《黑人文摘》写那样一篇文章。

罗斯福夫人收到电报后，没有再拒绝。她觉得无论多忙，她再也不能说“不”了。

这个消息一传出去，全国都知道了。直接的结果是，《黑人文摘》杂志在一个月内，由2万份增加到了15万份。后来，他又出版了黑人系列杂志，并开始经营书籍出版、广播电台、妇女化妆品等事业，终于成为闻名全球的富豪。

成功从来就不会是一条一帆风顺的坦途，面对每一次挫折与失败，我们应该始终怀有“再试一次”的勇气与信心。也许再试一次，我们就听见了成功的脚步声！

趟过生命之河的小泥人

有一天，上帝对着人间的泥人宣旨说，如果哪个泥人能够走过指定的那条河流，他就会赐给这个泥人一颗永不消失的金子心，赐给他天堂的美景。

这道旨意下达之后，泥人们久久都没有回应。不知道过了多久，终于有一个小泥人站了出来。

“泥人怎么可能过河呢？你不要做梦了。”

“你知道，肉体一点点失去时是什么感觉？”

“你将会成为鱼虾的美味，连一根头发都不会留下。”泥人伙伴的话此时丝毫没有影响小泥人过河的决心，事实上，小泥人也是经过深思熟虑后决定过河的，这对小泥人来说需要莫大的勇气。

然而，这个小泥人对伙伴们说，他不想一辈子只做个小泥人，他想拥有自己的天堂，想拥有一颗永不消失的金子心。但是他知道，要到天堂，得先过地狱。而他的地狱，就是他将要经历的这条河。

小泥人来到河边，犹豫了片刻，他的双脚终于踏进水中。一种撕心裂肺的痛楚顿时覆盖了他，他感到自己的脚在飞快地溶化，灵魂正一分一秒地远离自己的身体。

“快回去吧，不然你会毁灭的!”河水咆哮着。

小泥人没有回答，只是沉默着忍受剧痛往前挪动，一步，又一步。这一刻，他忽然明白，他的选择使他连后悔的机会都没有了。如果倒退上岸，他就是一个残缺的泥人；如果在水中迟疑，只能加快自己的毁灭。而上帝给他的承诺，却遥不可及。小泥人孤独而倔强地走着。这条河真宽啊，仿佛要耗尽一生的时间来走过，小泥人安慰自己想象天堂美景的样子，有快乐飞翔的小鸟、青青的草原、碧蓝的天空，也许那就是天堂的生活，可是他付出一切似乎也不能抵达。

上帝没有赐给他出生在天堂成为花草的机会，也没有赐给他一双小鸟的翅膀。但是，这能怨上帝吗？上帝允许他做个泥人，这也很不错，是他自己选择放弃了安稳的生活。

小泥人继续向前挪动，一厘米，一厘米，又一厘米……鱼虾贪婪地咬着他的身体，松软的泥沙使他摇摇欲坠，有无数次，他都被波浪呛得几乎窒息。

小泥人真想躺下来休息一会儿啊，可他知道，一旦躺下来，他就会永远站不起来了，连痛苦的机会都会失去。他只能忍受、忍受、再忍受。奇妙的是，每当小泥人觉得自己就要死去的时候，总有什么东西使他能够坚持到下一刻。不知道过了多久——简直就到了让小泥人绝望的时候，他突然发现，自己居然上岸了。他如释重负，欣喜若狂，正想往草坪上走，又怕自己身上的泥土玷污了天堂的洁净。他低下头，开始打量自己，却惊奇地发现，他的身体已经不再是泥土，他已经变成了一颗金灿灿的心！

小泥人的勇气让它最终的梦想成为现实，只有勇气才能为自己铺出一条金子般的道路，鼓起你的勇气，勇敢追逐自己的梦想，总有一天，梦想的天堂会出现在你的眼前。

推开虚掩的门

勇于走进禁区，会让你采摘到丰硕的果实。而这种打破条条框框的束缚，敢为天下先的精神正是开拓者的风貌。如果因循守旧，丧失勇气，那么，失败对于你来说，就是明天的事情。

在一家颇有规模的公司里，总经理叮嘱几名新招聘来的员工："谁也不要走进8楼那个没挂门牌的房间。"但他没解释为什么，员工都牢牢记住了总经理的叮嘱，上班很久都没有人敢越雷池半步。

一个月后，公司又招聘了一批员工，总经理对新员工又交代了同样的话。

"为什么？"这时有个年轻人小声嘀咕了一句。

"不为什么。"总经理满脸严肃地答道。

回到岗位上，这个年轻人还在不解地思考着总经理的叮嘱，其他人都劝他做好自己的工作，不要瞎操心。他问老员工经理这么做的原因，大家都摇摇头，没有人知道。

下班时，这个年轻人受好奇心的驱使，来到了 8 楼那个没有门牌的房间门前。他轻轻地敲门，没有反应，再轻轻一推，门竟然没有上锁，而是虚掩着的。他走进房间，只见屋子里的桌子上放着一张落满灰尘的纸牌，上面用红笔写着：把纸牌送给总经理。

这时，闻知他闯入那个被视为禁地的房间的同伴开始为他担忧，劝他赶紧把纸牌放回去，大家都替他保密，但这个年轻人却径直奔向 15 楼的总经理办公室。当他将那张纸牌交到总经理手中时，总经理宣布了一项惊人的结果：“从现在起，你被任命为销售部经理。”“就因为我把这张纸牌拿来了？”“没错，我已经等了快半年了都没有人把纸牌送来。我相信你能胜任这份工作。”总经理充满自信地说。

果然，这个年轻人把销售部的工作做得红红火火。

只有勇气，才能把人们带到成功的彼岸。因为勇气是通向成功的桥梁。

何谓超越自我，人人皆知，恐怕谁都想达到，却总有可遇而不可求之感。也许当你抛开了尘嚣琐事，凝神面对自我，寻求极限、挑战极限时，在极静与极动转换间，你会发现，超越自我变得那么自然；你也会发现，自身蕴藏着无尽的潜能。

第四章
竞争——不要轻易放弃或退却

有对手就有竞争，而有了竞争，才会有发展，才会有前进。竞争使我们集中精神，学会思考，激发我们的潜能和创造精神，全力以赴地迎向挑战。在激烈而残酷的竞争中，不要轻易放弃，不要轻易退却，竞争会让我们变得越来越强大，越来越有战斗力。

残酷的竞争

普莉斯是一名犹太商人，他移民到了澳大利亚，一到墨尔本，他就开了一家食品店，这是他的老本行，对于他来说轻车熟路。

可是，很不幸，一场激烈的竞争就此展开

了——在他的店对面，早已有一家食品店，是意大利人卡尔斯开办的。

卡尔斯眼看新的竞争对手出现，十分焦虑，他苦思冥想了很久，最后决定以降价的方式进行竞争。于是，他便在自家店门前立了一块木板，写道："火腿，1 磅 5 毛钱。"他希望这样能让对面的普莉斯知难而退。没想到普莉斯很快就行动起来，也在自家门前立起木板上写："火腿，1 磅 4 毛钱。"这令卡尔斯气愤不已，竞争进一步激化。

卡尔斯即刻把价格写成："火腿，1 磅 3 毛 5 分钱。"

这样的价格，已经降到了成本之下。卡尔斯认为，这次无论如何普莉斯都无能为力了。自己虽然亏点，但是能把普莉斯赶走也是值得的。

可是，让人愤怒的是，普莉斯更离谱，他把价钱改写成："火腿，1 磅 3 毛钱。"这个价格已经让卡尔斯无法承受了，卡尔斯这几天天天在家想应对的策略，但一直都毫无头绪。

几天下来，卡尔斯终于撑不住了，他气冲冲

地跑到普莉斯的店里大吼道："小子，有你这样卖火腿的吗？这样疯狂地降价，知道会是个什么样的结果吗？咱俩都会破产的！"

普莉斯抬起头微微一笑："什么'咱俩'？我看只有你会破产吧！"原来他的食品店压根儿就不卖火腿！

有的时候，在与对手开展竞争的时候，自己先不要盲目开炮，要先了解对方的状况，弄清楚自己的优势和劣势、机会和风险，选择对自己有利的竞争策略，知己知彼，才能百战百胜。

感谢对手

法国科学家普鲁斯特和贝索勒在进行了长达9年的辩论之后，最终，普鲁斯特提出了定比定律，成为这场大辩论的最后胜利者。

普鲁斯特并未因此而趾高气扬，得意忘形。他对贝索勒表达了衷心的感激之情，说："要不是你的质难，我是难以深入地去研究定比定律的。”他向人们宣告，对于定比定律的发现，贝索勒有一半功劳。

而贝索勒作为这场争论的失败者也全然不为此懊恼，反而因为在科学的争论中发现了真理而欣喜万分。于是，他提笔写信给普鲁斯特：“您发现了定比定律，可喜可贺，9年的争论，结出了果实，我向您——真理的发现者致意！”

有时候，将我们送上领奖台的恰恰不是我们的朋友，而是我们的对手。

有位动物学家在对生活在非洲奥兰治河两岸的动物进行考察时发现了一个奇怪的现象：生活在河东岸的羚羊繁殖能力比西岸的强，后代也更健康。更奇怪的是，两岸羚羊的奔跑能力也大不一样，东岸羚羊的奔跑速度每分钟要比西岸的羚羊快13米。如果两岸的羚羊相同的处境下被敌人追赶，那么，显而易见，东岸的羚羊会存活下来，而西岸的羚羊则可能会落难。

仅仅间隔一条河，两岸的羚羊差别就这么大?对此，人们一直百思不得其解。后来，动物学家找到了造成这些差别的原因：东岸的羚羊之所以强健，是因为它们附近生活着一窝狼群，东岸的羚羊为了生存，天天生活在一种竞争气氛中，时刻要提防狼群的袭击，在被狼群追赶的时候，更是锻炼了自己的奔跑能力，在天敌的“威迫”下，它们越来越有战斗力。而西岸的羚羊之所以弱小，恰恰是因为它们缺少天敌，没有生存的压力。

还有一个故事：

非洲的一位酋长和其他的一些渔民经常去打鱼。其中有一种鱼卖的价钱非常高，但是大部分时候，这种鱼被捕捞上岸以后都是死的，只有酋长每回捕捞的这种鱼上岸后活着的总是比其他渔民的多。后来，直到临死前，他才将这个秘密告诉了其他渔民。原来他在那种鱼群里放了几条鱼的天敌，在与天敌同处一隅的危境下，那种鱼不停地游动，以避免“羊落虎口”的灭顶之灾，这样也就延长了寿命，酋长也就能卖更多的鱼，赚更多的钱。

自然界的这些稀松平常的自然现象会带给人类很重要的启示。人与其他动物一样，也需要一个对手、一个天敌来“胁迫”自己更顽强地活下去。

一个成熟的人是懂得欣赏对手的。面对“对手”我们应该多些宽容心，而不是要憎恨对手的成功让自己不舒服。我们应该感谢对手让我们思考，让我们越来越成熟，越来越强大，越来越有战斗力。

让我们对对手说声谢谢吧，为对手祝福吧。

竞争，让每个人疯狂

在巴拉圭街上，辛巴达所居住的那座普通的住宅楼里的业主们的竞争气氛，辛巴达用相当浓烈来形容。

起初，在很长一段时间里，他们的竞争的焦点只在于养狗、养猫、养金丝雀或鹦鹉。最具异国情调的也不过是养只松鼠或海龟。辛巴达本人有一只可爱的纯种蜘蛛。

前不久的某一天，辛巴达在给蜘蛛格特鲁德喂食的时候，一位素未谋面的邻居从他家门口经过，他两眼直勾勾地看着格特鲁德，显然对它着迷至极。他的目光中有一种东西令辛巴达战栗不已，那就是竞争。第二天，他再次经过辛巴达家门口时，向辛巴达展示了他刚买到手的一只蝎子。辛巴达和那个人在走廊上谈论了蜘蛛、蝎子以及扁虱的生活习性和喂养问题。这碰巧被住在隔壁的姑娘听到了，当天下午她的老爸就为她抓到了一只螃蟹。

此时，辛巴达的境遇已经大不如前了。当有一天妻子提出和他分居时，辛巴达终于意识到，妻子再也无法忍受辛巴达将一只卑贱的纯种蜘蛛作为宠物了，3天之后，辛巴达调用自己全部的存款和关系，买到了一只人们绝对无法想象的气质非凡的美洲豹。

和缺乏审美修养的人打交道是最令人痛心的事，这些人不求质量但求数量。在辛巴达的美洲豹到来之时，没有一位邻居不对他卑躬屈膝。然而不久，他们就被另一位邻居牵来的美洲虎那硕大的体形模糊了视线，完全对是非丧失了判断力。在强大的竞争压力下，邻居们频繁地更换宠物。辛巴达不得不承认，自己那只曾经风云一时的美洲豹，如今已是英雄末路了。

面对妻子偷偷地和一位买了巨型蜥蜴的邻居通电话的事实，辛巴达更加狠下了心，他卖了家具、冰箱、洗衣机和地板打蜡机，连电视也顺手卖了。总之，能卖的都卖了，就为了买一条稀有的超级大水蟒。

贫穷的日子很难过，辛巴达这位可怜的宠物英雄仅仅辉煌了3天！在这个窄小破旧的住宅楼里，陆续出现了狮子、老虎、大猩猩、鳄鱼……甚至还有动物园里都难得一见的黑豹。如今的住宅楼日夜回荡着各种千奇百怪的叫声，令人彻夜难眠；猫科动物、脊椎动物、爬行动物和反刍动物的气味混合一起，空气浑浊得让人无法呼吸；巨型卡车每天拖来成吨的肉食、鱼类和各种蔬菜，这类景象恐怕只有在战争片里才能看得到。

住宅楼现在已是遍地狼藉、江山尽毁了。此时的辛巴达正躲在楼顶上写这篇报道：

下面的情形十分糟糕：7 楼养的大象不时发出哀号声，弄得我不寒而栗；每隔 8 分钟，我就得到楼梯中躲一躲，防止 6 楼喂养的蓝鲸定时喷射出的水柱子毁了我的稿纸；我的桌子从来没有平稳过，因为 5 楼喂养的长颈鹿以头撞墙，一刻不停，乞求人喂它饼干……

此时，辛巴达明白了一个道理——竞争，让每个人疯狂。他坐在这个嘈杂的楼顶，不禁怀念起过去：那些喂养蝎子、螃蟹和鹦鹉的艰难日子，那些唐·吉诃德式的美好时光，已经是那么遥远。

第五章
理智——掩埋火焰最好的方法

理智是一种自我管理能力，是一种自我修养的美德，更是一种为人处世的智慧。愤怒熄灭不了的火焰，理智能掩埋它；慌张避免不了的陷阱，理智能绕过它；狂热所引起的愚昧无知，理智能浇灭它；恐惧所不能战胜的困难，理智能消除它。

“管理”恐惧

直到克利夫顿·卡尔作为陆军中尉被派驻越南，在越南待了7个月，成了战场上的老手时，他才体会到学校的学习对他的帮助有多大，这一点他在之前从学校毕业前后的好长一段时间里都不明白。

有一天傍晚，当一枚迫击炮弹突然在他前面几米外爆炸时，他正端着晚餐准备回到营帐里吃饭，走在他前面的少尉排长大叫："卡尔，我中弹了！"卡尔连忙跑过去，只见他全身是血。这时炮火像阵雨一样更密集了，显然，一场全面的地面攻击又开始了。

跑回营帐，卡尔立刻卧倒在地上，抓起无线电话。事隔几十年，今天卡尔仍清楚地记得当时自己趴在地上时心里所想。"我好怕，吓死我了。"他回忆道，"我才25岁，以前从来没有人想置我于死地，现在我却面对着将近两百个敌人，更糟糕的是，他们个个都想要我的命。"

然而令他感到奇怪的是，在这样危险的时刻，内心里却有另外一个力量战胜了恐惧，过去，连他自己都不知道自己的头脑竟然能够在生平最恐惧的一刻仍然保持敏锐和理智，并能够设法做他要做的事——"管理"他的恐惧。

在这紧张的关头，卡尔并没有方寸大乱，他立即下令军官动员部队还击，呼叫炮兵火力支持，同时通知医护直升机撤出受伤人员，当然其中也包括那名排长。

卡尔就是这样在实战中保持理智、化解危险的。他就是后来的美国艾克森公司董事长。

在学校里学习专业的知识，提升操作技能，这些非常重要，因为这些学习和锻炼可以使人掌握生存的方法，培养人的自信心，塑造勇敢坚毅的性格，当面对危险时，可以从容冷静面对。

为了使人们在重要关头能够保持理智，需要掌握必备的知识，具备迅速反应的能力，坚强的毅力。

紧要关头明白自己该做什么

赛场上，训练有素的各种宠物狗表演着各自的绝活，赢得了观众的阵阵掌声和欢笑。这是小镇上正在举行的一场热闹的宠物狗大赛。最后一只狗出场了，它的表演看起来与众不同——在场上随意跑了一圈，叫了两声便回到了主人的身边。

这引起了观众一阵哄笑，大家都认为这只农夫养的家狗没什么出彩的表演，只能等待被淘汰的命运了。

可是意外发生了，突然，一个小男孩从两米多高的看台上掉了下来，只见这只狗突然冲过去，趴在地上，小男孩正好落在了这只狗的背上而没有受伤。然而此时，其他的狗都一动不动乖乖地待在主人的身边。

瞬间，全场响起了雷鸣般的掌声。

颁奖典礼上，这只“英雄狗”获得了冠军，它得到了 500 元奖金。比赛结束后，许多人都向农夫讨教“训练秘诀”，农夫淡淡一笑，说：“我从来没有对它进行过什么特殊训练，它也不会表演什么绝活，不过它知道在紧要关头自己该做什么，我想，这就足够了！”

就像文中提到的农夫的狗——平常的处境里几乎看不出它有什么出奇之处，但紧要关头知道自己该做什么。我们应该成为具备这种优良素质的人。

不理智的后果

美国男子网球运动员麦肯罗是世界第二号网球明星，他球技精湛，身体素质好。他在比赛中动作矫捷，步法灵活；他重扣轻吊，变化莫测，他的直线球、大角球更是鬼神难料。他曾多次登上冠军的宝座，在历次比赛中，无论何种比赛态势，他都能凭着超人的体质，卓越的球艺，最终掌控局面，赢得胜利。然而遗憾的是，麦肯罗球风恶劣，缺少起码的运动品质。

在一次英国女皇俱乐部举行的伦敦草地网球比赛中，麦肯罗过五关斩六将，战胜了所有的对手，第三次蝉联了这项比赛的冠军。但是，在这次比赛中，他却多次表现出极端恶劣的球风。他不服从裁判员的判决，蛮横地质问女裁判员克拉克："你为什么要破坏这次比赛?"当场外观众对他的这种无礼的行为进行批评和指责时，他又把怒气转向观众，大骂道："笨蛋，住口!""一群猪猡！”“你们跳到湖里去洗洗头脑吧！”最后，当他对一个边线球的裁判提出质疑时，甚至十分野蛮地捡起地上的网球，狠狠地向女巡边员身上砸去。裁判员克拉克实在无法忍受这种极不文明的举动，向麦肯罗出示了“非运动员行为”的警告牌。比赛结束后，麦肯罗不但不认真检讨自己的过失，反而向大会提出荒唐无理的建议：不要女裁判员裁判男子比赛。

他的粗鲁无礼，遭到人们激烈的反对，使他失去了众多的支持者。但麦肯罗的恶劣球风并未因此彻底改正，最后，他终于受到严厉的惩罚。

1981 年 6 月 23 日，在伦敦温布尔登网球赛的第一轮比赛中，他又因一个球不服从裁判判决并且辱骂裁判，被大会组委会处以 1500 美元的罚款，并慎重警告他，如果今后再有类似事情发生，他将被罚款 10000 美元，甚至取消他的比赛资格。

在这次受罚和严重警告以后，麦肯罗才冷静下来，开始注意自己的球风，并且在后续的实际比赛中有了很大改进。在以后的一场双打比赛中，裁判员错判了一个边线球，他没有吵闹，十分规矩地接受了这个错判，并以友好和认真的态度打完了这场比赛。事后，记者评述道：“在这场比赛中，麦肯罗的行为是无懈可击的。”

期望得到他人的认同，这一点本无可厚非，但是当遭到外界的质疑时，我们应该客观冷静地审视自己，听取别人的建议，不可使用过激的行为，这样才能使自己变得更成功。

一个人的真正长大是从真诚地欣赏对手并且理智地完善自我开始的。

第六章

行动——汇聚大海的水滴

行动孕育着成功。行动而不拖延是一种习惯，是一种做事的态度，也是每一个成功者共有的特质。不管梦想是大是小，目标是高是低，我们都必须要付诸行动。只有积极地行动起来，紧紧抓住行动这根箭，才能射中梦想、目标与成功的靶心。

想干什么，马上去干

人们做事往往习惯于往后拖延一步，在行动之前先让自己享受一下最后的安逸，然而在休息之后又想继续享受，这样直到期限已满行动也还未开始。 事实就是，拖延直接导致行动的失败。 只有马上付出行动，才会有成功的可能。

安东尼·吉娜是纽约百老汇最年轻、最负盛名的演员之一，她曾在著名的脱口秀节目《快乐说》中讲述了她的成功之路。几年前，吉娜是大学艺术团的歌剧演员，毕业的时候，她向人们展示了一个璀璨的梦想：先去欧洲旅游一年，然后到百老汇拼搏，争取成为一名优秀的明星。

吉娜的心理学老师找到她，问道："你旅欧之后去百老汇，跟一毕业就去有什么差别?"吉娜仔细一想：是呀，赴欧旅游并不能帮我争取到百老汇的工作机会，于是，她决定几个月后就去百老汇。老师又问她："你几个月以后再去和现在就去有什么不同?"吉娜有些激动，想想那个金碧辉煌的舞台和那双在睡梦中萦绕不绝的红舞鞋，她情不自禁地说："好，给我一个星期的时间准备一下，然后就马上出发!"老师步步紧逼："所有的生活用品在百老汇都能买到，为什么非准备一个星期呢?"吉娜终于双眼含泪地说："您真的认为我可以吗?"老师坚定地看着她说："你当然可以！”

“好，我明天就动身。”老师赞许地点点头，说：“我马上帮你订好明天的机票。”第二天，吉娜就坐飞机到了全世界最巅峰的艺术殿堂——纽约百老汇。当时，百老汇的制片人正在酝酿一部经典剧目，几百名各国演员蜂拥前去应聘该片主角。

按当时的应聘步骤，是先挑选十来个候选人，然后让他们按剧本的要求表演一段主角的道白。这意味着要经过百里挑一的艰苦角逐。吉娜到了纽约后，没有急着去漂染头发和购买衣服，而是费尽周折从一个化妆师手里拿到了将要排练的剧本。以后的两天中，吉娜闭门苦读，悄悄演练。初试那天，当其他应聘者都按常规介绍自己的表演经历时，吉娜却要求现场表演那个剧目的道白，最终她以精心的准备出奇制胜。

就这样，吉娜来到纽约的第三天，就顺利地进入了百老汇，穿上了她演艺人生中的第一双红舞鞋。吉娜在老师的追问下，迈开了脚步，最终收获了成功，这是及时行动的结果。

若想做一番事业，仅仅有美好的梦想是不够的，你必须坚定信念并开始行动，否则，梦想、计划、目标都变成了空中楼阁，再远大的梦想离开了行动都只能在脑海里渐渐模糊直至消逝。

不要给自己留退路，说什么“以后还有机会”“时间还比较充裕”。拖延只会消耗你的热情和斗志。在制定好计划以后，你唯一的选择就是立即行动。立即行动，使你保持较高的热情和斗志，能够提高办事的效率。

“梦想一旦被付诸行动，就会变得神圣”，一个好的想法如果被你放着“改天再说”或“等待好时机”，那么它将变得毫无价值。

成功者必是立即行动者。对于他们来讲，时间就是效率，时间就是金钱，时间就是生命，拖延一分钟，就浪费一分钟。只有立即行动才能用比别人更多的时间去抓住机遇。

没有行动就没有收获

有人说，判断一个人是否成功，就看他走路的速度和力度。速度快、力度强的人是沉稳而又干练的人，成功的概率比较大，而拖延者的脚步始终是“慢三拍”，而成功需要的是“快三拍”。

玛奇是个普通的年轻人，他的收入并不多，家中有妻子和两个小孩，全家人住在一间小公寓里。夫妇两人都渴望有一套新房子。他们希望有较大的活动空间、有比较干净的环境、有宽敞的地方供孩子们玩耍。买房子的确很难，必须有钱支付分期付款的头款才行。有一天，当他签发下个月的房租支票时，突然意识到，每月的房租其实跟买新房分月付款差不多。

玛奇跟太太说：“下个礼拜我们就去买一套新房子，你看怎样?”“你怎么突然想到这个?”她问，“开玩笑！我们哪有能力！可能连头款都付不起!”但是他已经下定决心：“跟我们一样想买一套新房的夫妇大约有几十万，其中只有少部分人如愿以偿，原因是，大家都像我们过去一样，被头款吓退了脚步。我们一定要想办法买一套房子。虽然我现在还不知道怎么凑钱，可是一定要想办法。”接下来的一个礼拜，他们真的找到一套两人都喜欢的房子，朴素大方又合理实用，头款是1200美元。现在的问题是，如何凑够1200美元。玛奇知道，他无法从银行借到这笔钱，因为这样会妨害他的信用，使他无法获得抵押借款。

玛奇突然有了一个灵感：为什么不直接找承包商谈谈，向他私人贷款呢？他真的这么做了，但承包商起先很冷淡，因为他几乎没有遇到过这样的情况。由于玛奇一再坚持，他终于还是同意了。他愿意借玛奇1200美元的借款但要每月偿还100美元，利息另外计算。现在玛奇要做的是，每个月如何另外凑够100美元。夫妇俩想尽办法，一个月只可以省下25美元，还有75美元要另外设法筹措。这时玛奇又想到一个办法。第二天早晨上班之后，他直接跟老板说了这件事，他的老板对于他要买新房感到很高兴。

玛奇说："德恩先生，你看，为了买房子，我每个月要多赚75美元才行。我知道，当你认为我值得加薪时一定会加的，可是我现在可能还不够条件，但我确实很想多赚一点钱。公司的某些事情可能在周末做会更好，你能不能答应我在周末加班呢？有没有这个可能呢？”

老板被玛奇的诚恳和雄心感动了，真的找出许多事情让他在周末工作十小时，于是他得到了他需要的薪水，很快他们全家就欢欢喜喜地搬进新房了。

玛奇通过行动，实现了自己的计划。宇宙中存在着惯性定律，对于任何事情，你一旦拖延，你就总会再次拖延，而你一旦开始行动，通常就会一直做到底。

如果你努力行动起来，一些困难自会迎刃而解，不仅如此，你的行动也会感染你身边的人，他们会尽力帮助你实现你的目标。当然，这些身边的人，就是你的家人、好友、同事，甚至萍水相逢的陌生人。

迟疑会让成功打折扣

这个世界没有不可能的事情，也没有来不及的行动，只要你从现在马上开始做，并坚持下去，你会看到奇迹发生的。所以不要轻言放弃。

马培尔是一个打猎爱好者，他最喜欢的生活是带着钓鱼竿和猎枪步行五十里到森林里，过几天以后再回来，筋疲力尽、满身污泥，却快乐无比。这一嗜好唯一令他感到不便的是，他是个保险推销员，打猎钓鱼太花时间。有一天，当他依依不舍地离开心爱的鲈鱼湖，准备打道回府时，突发奇想：在这荒山野地里会不会也有居民需要保险？这样我不就可以在户外逍遥的同时工作了吗？结果他发现果真有这样的人：他们是阿拉斯加铁路公司的员工。他们散居在沿线五十里各段路轨的附近，他们是需要保险的。

马培尔当天就积极地开始做计划。他向一个旅行社打听清楚相关信息之后，就开始整理行装。他不肯停下来，因为怕恐惧乘虚而入，会让自己迟疑，会放弃自己的计划而导致失败；他也不思前想后给自己找借口，而是搭上船，直接前往阿拉斯加。

马培尔沿着铁路线开始了他的工作。很快，他就成为那些与世隔绝的家庭最欢迎的人，这不只是因为没有人跟他们打交道，而他却前来拉保险，还因为他代表了外面的世界。不但如此，他还学会了理发，替当地人免费服务。并且他无师自通地学会了烹饪，由于那些单身汉吃厌了罐头食品和腌肉，他的手艺自然使他变成了最受欢迎的贵客。同时，他也正在做自己最想做的事，徜徉于山野之间、打猎、钓鱼，过着自己想要的生活，他的工作也得以很好地开展。

行动，永远不晚。即使我们曾错失了一些好的机会、条件，又或者因为自己错误的行为产生了一些不好的后果，但是，在一切以前的事态已经成为事实的情况下，我们仍然可以开始新的行动。否则，就只能是永久的失败。

马培尔在第一时间将自己的想法付诸实施，没有让迟疑左右自己的行动，最终收获了自己想要的生活。

如果没有实际行动，只是在心目中描绘目标，或者只是把目标挂在嘴边，是永远也无法将它实现的。所以，必须积极地行动起来，如果每天都能实现当天的目标，你就会越来越有信心。胸怀大目标，行动从小处着眼，这就是实现你计划的最可靠手段。

萤火虫只有在振翅的时候，才能发出光芒。不要把今天的事情留给明天，明天还离得太远。现在就去行动吧！即使行动没有带来成功，但是你依旧会有收获硕果般的充实。

这样经过日积月累，你离最终的大目标的实现也就不会觉得那么遥远了。

第七章

希望——任何时候都不要放弃

人生不会总是一马平川，不会总是春风得意。在太多的不顺心、不如意甚至挫折沮丧面前——在任何时候，我们都不要放弃希望，在等待中学会保持自己平和的心态，在挫折中积聚人生的力量，最后实现灿烂地绽放。

镀着阳光的“金项链”

那是一颗坚硬的满是棱角的砂粒，蚌将它置入皮肉中，日复一日，饱受千般苦难，终于用血肉将砂粒磨成了一颗光滑圆润的珍珠，是蚌用生命和心血把一粒棱角尖锐的砂粒硬是磨砺成了闪光的珍珠。生命中的苦难正如那一颗棱角尖锐的砂粒，在考验着每一个人，磨砺人的意志。能够经受得住这些磨砺者，人生被打造成一串闪光的珍珠。逆境中，只要抱有对美的向往之心，对生活怀有希望，人生终究会闪光。

一个摄影家略微懂得一些非洲语言，所以争取到了随同新华社记者去索马里难民营采访的机会。他一直有那样一个愿望，要用相机记录下难民们一个个水深火热的日子，唤醒全世界的善良来拯救这样一群在死亡边缘挣扎的人们，他们有黑色的皮肤，有褴褛的衣衫，有在贫苦中依然闪亮的眼睛……

那是一个怎样的居住地啊，像城市里某个垃圾处理场，臭气熏天，尘土飞扬，战争让他们流离失所，饱受了上帝揣在口袋里的所有苦难。

在那里，他摸到了儿童们瘦如鸡爪的手，听到了老人们临终时的哀号和呻吟，看到了妇女们惊恐的眼神……这些都在他的心底烙下了深深的印记。那里的每一个人，随时都有可能死去。一粒药片比一粒金子更珍贵，一次小小的感冒引发的高烧就会将人推下生命的悬崖，死亡就像随便哪堆篝火的熄灭一样，平常得已经不能让人感到伤痛了。

但让他无比惊讶的是，在他给他们照相的时候，不论男人还是女人，都纷纷去洗脸梳头，把自己收拾得干干净净的，似乎要赶赴一个节日一样。他想，再贫苦的人，对生活也是充满向往的。

其实，他们是在为自己守着那最后一点尊严，让全世界都尊重的、非洲的心。

摄影家朋友倾其所有，为他们照满了整个口袋里的胶卷。就在他要离开的时候，一个小姑娘跑过来拽住了他的胳膊，央求他为她照张相。他看到她将自己收拾得干干净净，特别是她的胸前，竟然还戴了一串金光闪闪的项链。她似乎看出了他眼中的惊讶，笑着对他说了项链的秘密。原来那是她用泥巴搓出来的一个个泥球，然后用花粉涂在外面，串成了项链。

就为了做这个“项链”，她才耽搁了照相。

摄影家拿着相机的手在颤动，他不能告诉她相机里已经没有胶卷了，他不能让这朵开在人世间最苦难之地的花在瞬息之间凋谢，那是一颗真诚地热爱着生活的心啊。

她对着他的镜头绽放着灿烂的笑，他也不停地摁着谎言的快门，用一个个闪光灯骗过了她的期待。非洲女孩黑黑的脸和灿烂的笑，在那一刻永远定格在了摄影家的灵魂里，再也剜不掉。

回到大使馆后，摄影家想尽办法向工作人员要了几个胶卷。他的心很乱，迫不及待地要求再回到难民营一趟，他想为那个女孩补拍几张照片，前后辗转约有二十多天。他不知道，这二十多天，一个满怀期待的生命已经走到了尽头。

她纤细的生命一直在飘飘荡荡，一次普通的感冒，就让她永远地睡着了。

小女孩躺在母亲的怀里，已经离开了苦难的人世，胸前的那串项链依然镀着阳光的色彩，刺得人的眼睛有种无法回避的疼痛。

那位母亲说，这二十多天是孩子最快乐的日子，她每天都在盼望着能看到她的照片，看到自己在灿烂的阳光下，像花一样绽放。

那位母亲说，她临终前的最后一句话还是在

问：中国叔叔来了吗？

这就是生命。在那最贫苦的地方，一颗饱尝苦难的灵魂涂抹上阳光的色彩，变成珍珠，串成了美丽的项链……

这串项链闪烁的光彩照亮了小女孩在心灵深处对于美的向往，让人深深的感动。当生命之舟遭遇风浪、桅杆折断时，困境中我们应继续心怀希望，坚强地活着。有位哲人说过“人的一生与痛苦同在”，人生注定要经过无数次磨砺。意志不屈，希望不灭。等待生命焕发出新的光彩。

等待是美丽的

曾有人问德川家康：“杜鹃不啼，而要听它啼，有什么办法？”德川家康的回答是：“等待它啼。”等待就是一种希望。

在南美洲安第斯高原海拔四千多米人迹罕至的地方，生长着一种花，名叫普雅花。普雅花的花期仅有两个月，花开之时极为美丽，花谢之时也是整个花株枯萎之时。然而谁能想到，普雅花为了两个月的花期竟等了100年！

用100年等待一次花开，等待一次两个月的美丽，值吗？神奇的普雅花也许从来不曾思考过这个问题。它只是静静地伫立在高原上，默默地用叶儿采集阳光的芬芳，默默地用根儿汲取大地的养料，默默地努力营造自己的花事，默默地等待了100年，只是为了用100年一次的花开来证明生命的美丽和价值。

几米的《希望井》中有这样一段话："掉落深井，我大声呼喊，等待救援……天黑了，黯然低头，才发现水面满是闪烁的星光。我在最深的绝望里，遇见最美丽的惊喜。"

几米用诗意盎然的语言写出了耐人寻味的哲理：人生不会风平浪静，生活不会一帆风顺，任何时候都有可能出现困境，这时候你应该学会等待，在等待中你也许会发现生活的另外一个出口，"上帝在为你关闭一扇门时，会为你打开一扇窗"。

对普雅花来说，等待是一种美丽的坚持。毛毛虫熬过了漫长的蜕变过程，等到了破茧成蝶的美丽；登山者跋涉过重重艰险，等到了一览众山小的时刻。哲学家卡莱里说："首先要做的事不是去看远方模糊的目标，而是要做手边最具体的事情。”现实世界里，人们缺乏的正是普雅花的毅力，表现为眼高手低，好高骛远，只重成功后的辉煌，忽略或忽视成功前的努力和等待。

生命是一个奋斗的过程，也是一个等待的过程。

救命的希望

有一个人掉到河里去了，水流湍急，他被水冲得流向下游。他拼命地在水中抓，想要抓住什么东西来救自己一命，但是手里能抓到的只有水，连水草都没有！

他心想：“这下完了，没救了！”这样想着，他马上就没有了力气，停止了挣扎，慢慢地向水下沉去。

忽然，他想起在不远处的河岸边有一棵树，树枝一直伸到河水里面，他可以抱住那棵树……希望又在他心中重新燃起，于是他使出浑身力气挣扎到那棵树那里。可是伸到河里的那一截树枝早已枯死了，他刚拽到树枝，就听到“咔嚓”一声，树枝断了……他的心瞬间凉了，自己再没有任何力气挣扎了，他静静地等待死亡的来临。就在这时，救援的人及时赶到，将他从河中救了上来。事后他说："要不是心中想着那截枯树枝，我根本等不到救援人员来！"一旦人们放弃了心中的希望，那就离死亡不远了。

还有一个类似的故事。

一位独行者在大漠中迷失了方向，他身上只有一个梨。他惊喜地喊道："太好了，我还有一个梨，它能救我的命，我不会被渴死了！"

独行者把那个梨紧紧地握在手中，继续在大漠里行走。他望着茫茫无际的沙海，自己的喉咙早已干的冒烟了，但他明白自己不能吃这个梨，因为这是他唯一的水源，也是唯一的希望。很多次对自己说："吃一口吧！"可是转念一想："还是留到最干渴的时候吧，不到万不得已，绝对不能吃梨，除非在最后一刻自己快渴死了……"

于是他顶着炎炎烈日，继续艰难地跋涉。他

不断鼓励自己，不断安慰自己，就这样一直坚持了3天，终于走出了大漠。等喝到水的那一刻，他笑了，事后，他久久地凝视着手中的那个梨，它早已经干瘪了，可是他还是把它像个宝贝似的攥在手里，就是这一个梨给了他希望和勇气，这个梨使他走出沙漠，挽救了他的生命。

希望可以破除死亡的魔咒，哪怕是一截枯枝、一个干瘪的梨所带来的一丝希望都可以给予人活下去的勇气，在任何时候都不要放弃，当你抬头向前看的时候，也许曙光正从山的另一边缓缓漫过来，温暖着大地。

第四篇

哈佛告诉学生：激发灵活思维

第一章

智慧——火中取栗不伤手

拉罗什富科说："智慧之于灵魂犹如健康之于身体。"财富离你并不遥远，贫穷并不是天生的命运；成功一直就在你的脚下，失败不是你固有的专利。只要肯用心观察，找到事物发展的规律，用自己的智慧冷静地分析，那么，就有可能得到比别人更多的财富，获得更大的成功。

客户的软肋

大学毕业后，娜娥应聘进了一家保险公司做业务员，不到两年的时间，其出色的业绩就在公司排到了第一名，工资也最高。公司里其他业务员拿不下的单子就会请她出面前去解决，一般都会手到擒来。

最近公司锁定了一个大客户，这个大客户不接受保险，他会将所有保险推销员都毫不留情地拒之门外，不管是哪一家保险公司的，这是做不成单子的主要原因。去过几个推销员都没有成功，老总就派娜娥前去接洽。

了解到这个情况后，花了一段时间，娜娥从侧面入手摸清了客户家庭成员的情况。恰巧这位客户的儿子在溜冰时受伤了，现在正在医院接受治疗，于是娜娥决定从客户的儿子入手来开展保险推销。她雇人到医院打听客户儿子的爱好，发现孩子十分喜欢打篮球，并且十分崇拜中国的篮球巨星姚明。

于是娜娥就买了一个很棒的篮球，又托一个球迷找姚明签了名，然后她拿着这个篮球去看望客户的儿子。男孩虽然不认识娜娥，但看到有姚明签过名的篮球，就很高兴地接受了，还一个劲地向娜娥道谢。接着娜娥开始与男孩聊了起来。

此时孩子的父亲来到医院，发现孩子正与一

个陌生人聊得那么开心，因此也十分愉快地走上前与娜娥打招呼。男孩看到了父亲，举着手里的篮球向父亲炫耀，说是眼前的这位阿姨送给他的。

见此情形，孩子的父亲知道来人一定有其他目的，于是把娜娥叫到别处问她的来意，娜娥说出了自己公司的名字。那个客户一下子就明白了。

他说道："你们公司已经有好几个业务员去过我那儿了，我都没有接见；另外很多别的保险公司的业务员也去过了，我同样是闭门谢客，不是因为我清高，是由于我确实对保险不感兴趣。今天虽然你也是冲着让我入保而来，但看在你对我儿子如此用心的份上，就请你明天直接去我公司谈吧。"

说完他递给娜娥一张名片，并约好了第二天见面的时间。

不出所料，在细致地介绍了公司的保险种类和服务后，那位客户终于接受了娜娥的推销，娜娥又一次攻坚成功。

奉劝天下想做智者的人换一种思考的方式，也许会柳暗花明；直面人类的亲情软肋，也许无坚不摧。

一个电话

利维亚是一名救护队员，一天，她正在值班，突然一阵急促的电话铃声响起，她急忙起身接起电话，大声地说道："这里是救护支队，请讲。"但电话那头却没有任何声音，埃丽诺耐心地一遍遍喊着，过了好一会儿才听到话筒那边传来微弱的声音："快来救我，我……我就要不行了……"

利维亚急忙接着问。"说出你的地址，具体的门牌号。""我住在市区的路边，灯亮着，门牌号……我……我想不起……"那边的声音突然中断，任凭利维亚如何喊叫，话筒里只剩下沉重的喘息声。没有地址如何施救呢？利维亚看着那个没有挂断的电话头脑高速地转动着。

打电话的人住在市区的路边，灯是亮着的，而且电话没有挂断……利维亚想着这些有价值的信息忽然灵感突现：让救护车拉响警笛沿市区的公路搜索。这样，如果求救者在附近的话，警笛声就会从话筒里传出来，而此时再通知救护车上的工作人员到路边亮着灯的人家去找，这样可以节省很多宝贵时间。

于是，利维亚果断地让救护车边拉响警笛边沿着市区的路边搜寻。果然，过了一会儿，利维亚就从话筒里听到了越来越清晰的警笛声，这时，她急忙给救护车上的人打电话让他们在附近灯亮着的人家里寻找求救者，结果很快就找到了。

原来，打电话的是一位孤寡老人，她的身体很虚弱，夜里起来时因头晕而摔倒了，费了很大的劲才挪动身体到电话机旁，但是电话没有打完就晕了过去，若不是利维亚及时想出了有效的搜救办法使救护车尽快赶到出事地点，为老人赢得了宝贵的救援时间，老人很可能会离开人世。

为此，领导表扬了利维亚，并且提升她为救护站的副站长。

在危急情况下，保持冷静头脑，利用有限的条件，用没有办法的办法，或许也能找到一个解决问题的良方，重要的是，行动就有希望。

开拓思维，抓住问题的关键

维斯特先生的职业是一个保险推广员，他在工作上的表现非常优异。他被派到美国新兵培训中心推广军人保险，并一直保持很高的业务推广成绩——听他演讲的新兵100%都自愿购买了保险。从来没人能达到这么高的成功率，以至于培训主任很想知道维斯特做到这一点的原因。于是，培训主任悄悄来到教室里，听维斯特对新兵讲些什么。

“兄弟们，我是维斯特，要向你们解释军人保险带来的保障。”维斯特说，“假如发生战争你不幸阵亡了，而你生前买了军人保险的话，政府将会给你的家属赔偿20万美元。但如果你没有买保险，政府只会支付你的家属6000美元的抚恤金……”

“这有什么用？多少钱都换不回我的命！”这时，有一个新兵沮丧地打断了维斯特的话。

“这位兄弟，你错了。”维斯特和颜悦色地说，“想想看，一旦发生战争，政府会先派哪些士兵上战场——买了保险的，还是没有买保险的?”

没有人不佩服维斯特的智慧，因为他抓住了士兵们心中真正关心的问题，并把保险与这个问题进行了紧密的联系。这样一来，士兵们就对保险产生了兴趣。聪明的人往往能够抓住问题的关键，开拓思维，吸引人们的注意力，从而更容易解决问题。

第二章

创新——一股清新的空气

创新如一股清新的空气，带给我们与众不同的感受和体验。成功往往青睐于那些新颖奇特的好创意。人们只要抓住了“创新思维”这根神奇的“缰绳”，那么成功就指日可待了。

把人关进笼子里

为了在这个城市修建一座动物园，决策者举行了一个专家会议，讨论怎样才能把用来关押动物的笼舍盖得结实一些，以保证游客的安全。专家想了很多办法，但结果都不满意，有的是成本太大了，有的是运输过于麻烦，有的是游客管理不便等等。

这时，有位学者站起来说："要把一只狮子关进笼子里，的确不是一件容易的事，但把一个人关进笼子里却很简单。"

包括决策者在内的所有人都听得莫名其妙。其实，这位学者说的是"变换"的原理：把笼子的内部变成外部，外部变成内部，这样一来，不管哪里有老虎，都可以"捉"到。此时，决策者恍然大悟。于是，这个大胆的想法就促成了世界上第一个野生动物园的诞生。狮子、老虎和其他野兽在自然环境下生活，参观者则被"关"进活动的"笼子"中——在密封的汽车里游览。这种方法很快取得卓越的成效，不仅解决了关动物的难题，而且游客群体的庞大让动物园生意更加红火。

变化你的思维定式往往能够给你自己，甚至给这个世界带来意想不到的惊喜。当你习惯于旧有的思维模式，而寻找不到新的出路时，何不将思维变化一下。要知道，创造力是一流人才和三流人才的分水岭。

新行业的开辟者

创新，是人类前进的根本原因，是培养新世纪人才的标尺；是一个国家不断前行的不竭动力和源泉。正因为有了不断创新的人，才有了被创新的职业，而苏珊就是这其中的一位。

苏珊是位女明星，她不但会演电影，而且很有经济头脑。在生活中，苏珊发现：由于工作需要，电影明星们演出时所穿的衣服多得数不胜数，而演出过后这些衣服又大多沉睡在衣橱里。旧的没去，新的又来，演员们难以保管，扔掉又很可惜，为此心烦的演员绝不只她一个。

可是苏珊并没有就此发一通牢骚了事，而是联系多方面的情况做进一步的思考。世上追星族众多，而明星们演出穿用过的衣饰本来质量就好，在追星族的眼中更会放出耀眼的光芒，如果把它们标价出售，一定会有不少明星的崇拜者不惜重金购买。苏珊本人作为好莱坞的女明星要弄到这样的衣饰自然比别人更方便。于是，苏珊经过一番张罗，就在洛杉矶开了一家明星旧衣专卖店。

如果仅仅这样，也许苏珊并不会经营得多好，她着实在经营上动了一番脑筋。她知道顾客之所以购买这些旧衣饰完全是冲着明星们的光彩而来的，所以要在店堂布置时注意突出明星们的光彩：店堂里挂着大幅的明星剧照，在剧照旁边配置实物——剧照中明星们所穿戴的各种衣物，及买衣服可以赠送的签名照。

苏珊的小店开起来之后，明星崇拜者接踵而至。他们在崇拜欲的支配下，在这些衣饰面前激动不已，必欲购得而后快，一般不在乎价钱的高低。有的明星迷甚至专程从外地赶来，指名要买自己崇拜的某某明星在某剧中所穿的某件衣裳……

苏珊的明星旧衣专卖店获得了极大的成功，一举三得：明星们不必再为保管这些“层出不穷”的多得不得了的演出服而发愁；追星族如愿以偿，使自己崇拜之情有所寄托；经营者苏珊费力不多，赚钱不少。她不仅是好莱坞的明星，而且也是商界的明星，崇拜者越来越多。

成功不是平白无故的，所有的成功者都是有原因的，他们的成功就在于他们不沉醉于已有的成功中，并能从自己的成功出发，只要将你平时做事的方式方法做一些小小的改动，你会惊奇地发现，这些小小的改动会进而使你赢得更大的成功。

做别人没有做过的事

很多啤酒商都发现了一个奇怪的问题，要想打开比利时首都布鲁塞尔的啤酒市场非常难。于是就有人向畅销比利时国内的“哈罗”牌啤酒厂取经。哈罗啤酒厂位于比利时首都布鲁塞尔的东郊，无论是厂房建筑还是生产设备都没有很特别的地方。但该厂的总监林达是轰动欧洲的策划人员，由他策划的啤酒文化节曾经在欧洲多个国家盛行。

林达刚到这个啤酒厂的时候还是一个不满二

十五岁的小伙子，那时他看上了厂里一个很优秀的女孩，然而那个女孩却对他说："我不会看上一个像你这样普通的男人。"女孩的这句话伤害了林达的心，于是林达决定做些不普通的事情。

那时的哈罗啤酒厂市场份额正在一年一年地减少，因为啤酒销售的不景气而没有钱在电视或报纸上做广告。销售员林达多次建议厂长到电视台做一次演讲或者广告，但都被厂长拒绝。林达决定冒险做自己想做的事情，他贷款承包了厂里的销售工作，正当他为怎样去做一个最省钱的广告而发愁时，他徘徊到了布鲁塞尔市中心的于连广场。广场中心的铜像启发了他，广场中心撒尿的男孩铜像就是用自己的尿浇灭了侵略者炸城的导火线从而挽救了这个城市的小英雄于连，林达久久地看着于连，似乎想到了什么。

林达毅然决定了他要做一件让所有人都意想不到的事情。

第二天，路过广场的人们发现于连的尿变成了色泽金黄、泡沫泛起的"哈罗"啤酒，旁边的大广告牌子上写着"哈罗啤酒免费品尝"的广告语。一传十、十传百，很快全市老百姓都从家里拿出自己的瓶子杯子排成队去接啤酒喝。电视、报纸、广播电台争相报道。年底结算，该年度的啤酒销售产量是上一年的18倍。

林达因为这件成功的案例而成了远近闻名的销售专家。林达创新的思维使他获得了巨大的成功。

勇于发现，善于思考，最重要的是要有突破的精神，敢于做别人没有做过的事情，如果你的正面行为足以让人震惊，那么你就是第一个吃螃蟹的人，你将会永远被人所记住。

第三章
潜能——出奇制胜的行事风范

潜能，是相对显露出来的能力而言的，但更多的是那些尚未为人们所挖掘的其他才能。一个人到底能有多大的潜能？谁也不能准确地回答这个问题。你是你自己的潜能的开发者，更是自己潜能的受惠者。所以，要持续不断地开发自己的潜能，是哈佛学子的终身任务。

潜能蕴藏的能量

每一个人都有自己的潜能，潜能其实就是蕴藏在人体内的一种强大力量，一旦激发就会创造超越自我的奇迹。一项调查说明，常人潜能的利用率只有6%～8%，像爱因斯坦这样伟大的科学家也仅使用了百分之十左右，换句话说，人所利用的潜能只是蕴藏在体内潜能的极少的一部分，如果这些未被利用的潜能全部释放出来，人人都是超人！

在法国一个位于野外的军用飞机场上，一位名叫桑尼耳的飞行员正在专心致志地用自来水枪清洗战斗机。突然，他感到有人用手拍了一下他的后背。回头一看，他吓得大叫一声，拍他的哪里是人，一只硕大的狗熊正举着两只前爪站在他的背后！桑尼耳急中生智，迅速把自来水枪转向狗熊。也许是用力太猛，在这万分紧急的时刻，自来水枪竟从手上滑了下来，而狗熊已朝他扑了过去……他闭上双眼，用尽吃奶的力气纵身一跃，跳上机翼，然后大声呼救。

警戒哨里的哨兵听见了呼救声，急忙端着冲锋枪跑了出来。两分钟后，狗熊被击毙了。事后，许多人都大惑不解：机翼离地面最起码有2米的高度，桑尼耳在没有助跑的情况下居然跳了上去，这可能吗？如果真是这样，桑尼耳不必再当飞行员了，而是当一名跳高运动员，去创造世界纪录。然而，事实确实如此。

后来，桑尼耳做了无数次试验，再也没能跳上机翼。

潜能的挖掘主要有两种：

1. 主观因素。即自己刻意为之，用各种手段或训练锻炼自己，譬如说，每天举哑铃以加强自身力量的锻炼，（著名演员李小龙就经常使用电击来增强自身肌肉的力量与心脏负荷）；经常性使用左手以利于对右脑的开发，因为人们一般习惯性用右手，但右手所对应的是左大脑，右大脑基本处于“休眠”状态，这就是为什么一般情况下左撇子比正常人聪明的原因。

2. 客观因素。即客观外来因素的刺激，这种来自外界的刺激能激发人的潜能，譬如，遇到危险的时候，人变得比平时聪明，或者力气会比平时大好多，一个手无缚鸡之力的人有可能会掐死一头发怒的雄狮。

去掉各种猜想之后，这件事的解释只剩下一个，那就是他激发了自己的潜能。一位研究人体潜能的专家说：“此事完全有可能发生。人在遇到危急情况时，体内会分泌一种奇异的激素，此激素能激发人体所潜藏的超常能力。情况越危急，潜能越易发挥，而在平常情况下，潜能皆处于沉寂状态。”

善于向自己的潜能挑战

一位农夫在粮仓面前注视着一辆轻型卡车快速开过他的土地。当时，他14岁的儿子正开着这辆车，由于年纪还小，他还不允许考驾驶执照，但是他对汽车还是很着迷，似乎已经能够操作一辆车子，因此农夫准许他在农场里开这辆客货两用车，但是不准上外面的路。但是，农夫眼看着汽车突然间翻到水沟里去了，他大为惊慌，急忙跑到出事地点。他看到沟里有水，而他的儿子被压在车子下面，躺在那里，只有头的一部分露出水面。

这位农夫并不很高大，他有170厘米高，70千克重，但是他毫不犹豫地跳进水沟，把双手伸到车下，把车子抬了起来。直到让另一位跑来援助的工人把失去知觉的孩子从下面拽出来。

当地医生很快赶来了，给孩子检查一遍，只有一点皮肉伤，其他毫无损伤。这个时候，农夫却开始觉得奇怪起来了。刚才去抬车子的时候根本来不及想一下自己是否抬得动，由于好奇他就再试了一下，结果根本就动不了那辆车子。

一个人通常都存有极大的潜在体力，农夫在紧张情况时产生一种超常的力量，并不只是身体的反应，他还涉及心志与精神的力量，当他看到自己的儿子快要淹死的时候，他的反应是救自己的儿子，一心要把压在儿子身上的卡车抬起来，而再没有其他的想法。

每个人都有自己的潜能，而人的潜能犹如一座待开发的金矿，蕴藏无穷，价值无比，虽然我们每一个人都有一座潜能金矿，但是，由于没有进行各种潜能训练，很多人的力量没有能够得到极致的发挥。可以说是精神引发出潜在的力量，据专家认定，潜意识的力量是有意识力量的3万倍。

让他们的潜能尽情绽放

人类关系学家 Rosanne · E · Galvez 认为，孩子的潜能如果在6岁以前就被发现并得到培养，那么，他的未来将会更容易突破平庸，孩子也能产生更多的自我满足感和成就感。而孩子6岁之前的大部分时光都是在家里度过的，所以，父母一定要多多注意观察孩子，并且注意引导孩子，让孩子的潜能更早体现出来，并且加以培养，使之激情绽放。

威尔逊先生在他的孩子们一路成长的过程中，就非常注重引导孩子。让孩子去发掘一些他们自己都没有意识到的潜能。威尔逊先生曾经语重心长地对他的儿子说："当你上高中的时候，我要你去曼哈顿就读，因为我希望你独立，想让你发现自己可以做一个十分独立的人；当你进哈佛的时候，我要你自己选择科系，因为我希望你决定自己的未来，想让你发掘自己未来的道路。"与儿子的大胆外向不同，威尔逊先生的女儿珍妮是一个相对内向，听话的乖乖女，每天就喜欢待在家里看书拉琴，这样反而让威尔逊有些担心，总想着要挖掘一下女儿在社交方面的潜能。威尔逊总是想方设法让女儿的生活丰富多彩，经常带她去参加各种社交活动，并且鼓励女儿，让她当众表演小提琴，以此来挖掘她的社交能力、表现能力等方面的潜能。

有一天，威尔逊父女俩在一个湖边散步，微风吹来，湖面被风吹起了涟漪，于是，威尔逊便让女儿观察湖面上的变化，结果她没看几分钟就回房间练琴了。

这让他很担心，他觉得女儿在观察力方面有所欠缺。于是，为了提醒女儿要注意在这方面挖掘自己的能力，他就针对湖面上水波的变化，结合自己的观察写了一篇日记，拿给女儿看，教会女儿注意观察生活。

我们应该向威尔逊先生学习，在引导孩子时，一方面，要注意观察孩子有哪些地方做得不够好，然后注意引导孩子去发掘这些做得不够好的地方，让他们完善自己；另一方面，要注意观察孩子哪些地方做得很好，在哪些地方有优于常人的地方，然后引导孩子着重发展这些才能，这样就可以让孩子的潜能得到最大限度的发挥。所以，在这个过程中，观察就显得非常重要了，比如说：妈妈发现小茱莉亚能坐在钢琴旁自己弹一些很简单的曲子，比如说生日歌。没有人教过她，全是她听过后，凭感觉摸索着弹出来的。而且她的听觉比一般人要敏锐，还能够学着用试错法纠正自己弹得不对的地方。杰克的爸爸看了孩子随笔画的涂鸦中，发现孩子有很好的布局感和色彩感，而且对绘画还很有兴趣，画起画来非常投入。安的幼儿园老师告诉安的妈妈，安很会表演，且表情非常丰富，有时还能自己即兴来一段模仿秀，而且还能自己改编一些，很有创造性。当出现这种类似的情况时，请不要忽略，因为它很可能意味着：你的孩子在某方面有着比其他人更为优秀的才能。

可能这样说，您会觉得比较零散，比较偶然，对于潜能具体表现在哪些方面，您还是没有深入了解，到底，应该从哪些方面注意观察，才能了解到孩子的潜能呢？

专家认为，孩子的潜能可能表现在以下 7 个方面：

1. 注意力：孩子能够在做一件事情的时候，比同龄孩子持续得更久，如在看自己喜欢的电视或听自己喜欢的故事时聚精会神，且不容易因为周围的事情而分神。

2. 记忆：当你教给孩子儿歌、生字、算术等方面的知识时，他都学得很快。语言：比别的一般孩子说话要早，而且能自己区分词汇间的微妙差别，表达更准确的意思。或者，他能够比同龄孩子更早学会用抽象意义的词，比如“可是”“假如”等。善于讲故事，甚至自己还会编故事。

3. 空间排序：孩子外出时很少迷路，喜欢搭积木，而且很早就能识别各种平面和立体的形状，或者擅长拼图游戏。

4. 时间排序：对一些表达时间的词掌握得比同龄孩子更早，比同龄人更早学会按时间顺序来讲一个故事。

5. 运动：孩子的动作协调性好，而且动作的平衡能力强，跳舞时更容易学会，比同龄孩子更早学会握笔、写字等。

6. 抽象思维：孩子的逻辑性很强，学数学、做推理题时觉得很容易。

7. 社交：孩子不怕生人，与同龄小朋友能够相处得很好，而且其他人都很喜欢和他交往。比较有领导才能，能主动组织大家一起玩。遇到问题时能很快根据实际情况想出解决办法。很少有人讨厌他，而他也热情开朗，喜欢和很多人相处。

实际上，很少有孩子能够同时在这7个系统上卓尔不群。在同一个孩子身上，这七种能力的发展也可能有先后之分。不要因为别人的孩子在某方面表现得特别优秀，而自己的孩子在这个方面没有表现好，就觉得自己的孩子不如别人的。很可能，你的孩子在另一个方面要比别的孩子更为优秀，只是你没有发现而已。很多哈佛的优秀学子，之所以比我们的孩子更成功，就是因为他们的家长及时地发掘了他们的潜能，并做出了充分的引导，让孩子总能在某些方面优于其他孩子。

总的来说，我们要仔细观察自己的孩子，或者借助其他对孩子并不是很了解的人一起观察，因为不熟悉的人反而更容易发现孩子异于常人的地方。通过各种方法，尽早了解孩子的发展水平，找到他喜欢什么擅长什么，接着，就创造条件并加以鼓励和引导。对于孩子的弱项，也不要责怪或者贬低孩子，或者对孩子丧失信心，而是要学会用孩子的优势来带动。

发掘孩子的潜能并不是一个等待孩子表现的过程，而是一个主动发掘留意的过程；发现孩子的潜能后，也并不就是等着孩子成长成才，而是要利用各种条件引导孩子，让他成才。

第四章
敏锐——看清事情的真伪

敏锐，是动物的重要生存能力；敏锐，是人类观察、感受生活必不可少的基本才能，更是人类进行科研、考古、破案等活动重要的能力。能否看破事情的真伪，是否具备一双敏锐的眼睛，是哈佛大学素质教育的重要考察内容之一。

哨兵的发现

在著名的苏联卫国战争期间，有一次激烈的战斗，有一位哨兵被派往前沿阵地侦察敌情，他奉命观察阵地前那片树林的动静。那天的天气不太好，不停地刮着风，树林中密密的树枝随风摆动着，发出阵阵沙沙的声响。

忽然，他发现有一根树枝不是顺着风向倾斜，而是逆风而立。他感到非常奇怪，按照常理来说，树枝是不可能逆风而立的，这其中一定有其他的什么原因。他想了片刻，意识到前方很可能有德军埋伏。于是，他连忙给部队发出了炮击的信号，引导苏军的炮火轰击树林。炮击过后清扫战场时，苏军果然在树林中发现了数十具德军尸体。

原来，一批德军士兵正潜伏在苏军阵地前的小树林里伺机偷袭。可在潜伏过程中，有一个德军士兵感到很疲劳，顺手把身上的水壶解下来挂到了身旁的树枝上。正是这个水壶使树枝弯到了逆风的方向。那个苏联的哨兵及时发现了这一反常现象，从而意识到有敌人埋伏，最终确保了阵地的安全。那些德军士兵，直到临死的那一刻，也未能知道究竟是如何被发现的。

苏联哨兵通过常识判断和合理的逻辑分析，出色地完成了侦察任务。 他的成功之处，就在于他具有良好的思维能力，从一个不太明显的现象中发现其背后隐藏的奥妙，并最终赢得了战斗的胜利。

确实有这种情况，在生活中，有一些人天生就对身边的人、物、环境，具备敏感的反应能力，不会错过一丝细节，能善于发现，并知道这些细节的变化，就是敏锐的洞察力。所以，培养洞察力不容易，要做到敏锐，就更难。如果从身边的微小细节开始注意观察人、物、事件的话，相信你的敏锐程度会有很大的提高，说不定还会有更多的新发现。

鲁克的失误

布伦和鲁克是一对非常要好的朋友，他们一同外出旅行。到达目的地后，布伦在酒店里看书，鲁克到街上闲逛。

在一个拐角的地方，鲁克看见一个旧货商店，他一进去就被一只装饰猫吸引了。鲁克随手拿起装饰猫，发现猫身很重，似乎是用黑铁铸成。然而，就在他准备把装饰猫放回去的时候，发现那一对猫眼竟然是两颗珍珠！鲁克对珍珠一向很有研究，他确定这珍珠的价格一定不菲，一般不是懂行的人根本看不出来。

鲁克为自己的发现欣喜若狂，赶紧问老板这只装饰猫的价钱。老板说，这是一件寄卖品，30美元便可以成交。鲁克想了一想说：“那么我出10美元买走这两只猫眼可以吗?”老板在心里合计了一下说：“如果你买走猫眼，猫身就没人要了。如果你肯出20美元的话，我还可以考虑。”鲁克欣然答应了。

鲁克回到旅店，兴奋地对布伦说：“我仅仅花了20美元就买下了两颗珍珠，真是意外收获!”布伦发现两只猫眼的确是罕见的大珍珠，便询问了事情的经过。听完鲁克的讲述，布伦立即放下手中的书，跑到街上找到那个商店，要买那只装饰猫。老板说：“猫眼已经被别人买去了，如果你要买，就给10美元吧。”

布伦花了10美元将猫身买了回来。鲁克听说后大惑不解：“你为什么花10美元去买一块废铁呀?”布伦并不在意，他向服务员借来一把小刀，刮开猫的一只脚。黑漆脱落之后，居然露出亮灿灿的黄色。他兴奋不已地大喊道："果然不出所料，这个装饰猫身是纯金铸成的！"

鲁克后悔不已，他问布伦是如何知道这个秘密的。布伦笑道："你虽然能发现猫眼是珍珠的，但你没有想到，既然猫眼是由珍珠做成，那么猫身会是普通黑铁吗？世界上哪里有这样的搭配？"

这个社会其实是充满内在的逻辑联系的，几乎没有超乎逻辑的例外，所以当我们遇到一件事情的时候，首先应当想一想它们符合逻辑吗？ 有时会因为利益蒙蔽心灵，逻辑会被欲望所代替。 我们用敏锐的观察力去发现，用智慧去思考，那么，结果一定会出乎你的意料的。

熟悉的地方有风景

一个人要想拥有敏锐的观察力，前提是对于一件事物的注重程度，当你从一件小事情做起，完成的越多，经验也就越多，习惯也就会养成，出错的次数就会变小，当有一天，你掌握了事物发展的规律，并努力去模仿与突破，这个时候也就具备了敏锐。

成功学的创始人拿破仑·希尔曾经聘用了一位年轻的小姐当助手，替他拆阅、分类及回复他的大部分私人信件。她的主要工作就是听拿破仑·希尔口述，记录信的内容。

有一天，拿破仑·希尔口述了下面这句格言：“记住，你唯一的限制就是你自己脑海中所设立的那个限制。”当她把打好的信件交还给拿破仑·希尔时，她说：“你的格言使我得到了启示，对我很有价值。”

对此，拿破仑·希尔并没有怎么在意，但对女助手就不一样了。从那天起，她把这句格言深深地刻在了自己的心里，并付诸行动。她开始比一般的速记员提早来到办公室，而且在用完晚餐后又回到办公室，从事不是她分内而且也没有报酬的工作。

她开始研究拿破仑·希尔的写作风格，不等口述，直接把写好的回信送到拿破仑·希尔的办公室来。由于她的用心，这些信回复得跟拿破仑·希尔自己所能写的完全一样好，有时甚至更好。

她一直保持着这个习惯，直到拿破仑·希尔的私人秘书辞职为止。当拿破仑·希尔开始找人来补这位男秘书的空缺时，他很自然地想到这位小姐。实际上，在拿破仑·希尔还未正式给她这项职位之前，她已经主动地接受了这项职位。

这位年轻小姐的办事效率太高了，因此也引起其他人的注意，很多更好的职位对她虚位以待。对这件事拿破仑·希尔实在是束手无策，因为她使自己变得对拿破仑·希尔极有价值，她的价值还不止于她的工作，更在于她的进取心和愉快的精神，她给公司带来了和谐和美好。因此，拿破仑·希尔不能冒失去她的风险，不得不多次提高她的薪水，她的佣金达到她当初来拿破仑·希尔这儿当一名普通速记员的4倍。

如同每个人的视觉里都存在盲点，我们的思维里通常也存在着一个盲区，那就是熟悉的地方无风景。 在自己生活的地方，在自己熟识的领域，在自己熟识的人身边很难发现有价值的东西。 因为熟悉，就难以看到伟大的光环，这就在无形中失去了好多让自己受益的资源和发展的时机。

对于这位年轻的女速记员来说，把拿破仑·希尔的话记下来，整理好，然后交给他也就完事了。而她与众不同之处就在于，她能透过熟悉的环境发现身边人的伟大，能穿越简单的白纸黑字发现文字所蕴含的深刻的思想价值，能不止于认识而付之以身体力行的行动。正因如此，她能够不必万里迢迢去西天讨取“真经”，而就在近旁把身边看似平淡无奇的景物，演绎成人生亮丽的风景。

其实，在我们生活的这个世界上并不缺少风景，缺少的只是发现的眼睛和体味风景的心情。

第五章
团结——一股坚不可摧的力量

如果不能够做到团结，任何单个强大的力量都是弱小的。一个充满了矛盾和纷争的队伍、组织很容易被征服、被打败，团结的队伍是最有竞争力的。

蚂蚁的壮举

很久以前，有一个人亲眼眼见了蚂蚁的壮举：突如其来的水包围了一小块陆地，那一小块陆地有许多的蚂蚁，是蚂蚁的家园。蚂蚁们对水是很敏感的，因为它们不会水。天要下大雨了，它们总是能够预先知道，于是就能看到它们浩浩荡荡搬家的场面。但是这一次它们无法预先知道，因为这一次是人祸，那个人挖开了沟渠，要浇灌他的菜园子。天灾可以预知，但是对于人祸蚂蚁们就无法预知了。蚂蚁们爬出了洞穴，一阵慌乱，蚂蚁们又保持秩序了，它们聚拢成了一个大大的蚂蚁团，这时，水漫了上去，蚂蚁团就漂在了水面，而且在微风的吹动下，蚂蚁团在水面上向前滚动。没有一只蚂蚁松手，那蚂蚁团好像向前漂得很轻灵。终于，它们抵达了陆地，它们分散开来，它们一定会又一次开始重建家园。

那人看得呆了。他在想，假如有蚂蚁不想在最外边而是想在里边安全着，还会有那紧密的蚂蚁团吗？假如有更多的蚂蚁这样想，还会有蚂蚁团吗？他的脑海闪现了一个词：团结。这是他因为目睹蚂蚁的壮举而创造的一个词！他想：这是一个多么好的词啊！

他把蚂蚁的壮举讲给他的子孙，临了总要说一句："团结啊！"

他的子孙把蚂蚁的壮举讲给他们的子孙，临了总要说："这就是团结啊！"

后来蚂蚁的故事传开了，一代叮嘱一代："团结啊！”

单个蚂蚁的力量微不足道，团结的心态可以战胜一切困难。当蚂蚁寻到自己无力搬运的食物时，它会发信号让同伴倾巢而出，依靠团队力量，暂时摒弃个人利益，最终到达目的地，这也是蚂蚁为什么能搬动比自己身躯庞大数倍的食物。而这种齐心合力的精神往往是拥有更高智慧的人类也无法超越的合作状态。

目标的统一可以让本来拥有的力量增长数倍，万众一心，其利断金。“让羊群逃跑的是狮子，让狮子逃跑的是大象，让大象逃跑的却是蚂蚁。”

折箭的道理

遥远而古老的吐谷浑国的国王布里奇有20个儿子。他这20个儿子个个都很有本领，难分上下。可是他们自恃本领高强，都不把别人放在眼里，认为只有自己最有才能。平时20个儿子常常明争暗斗，见面就互相讥讽，在背后也总爱说对方的坏话。

布里奇见到儿子们这种互不相容的情况，很是担心，他明白敌人很容易利用这种不和的局面来各个击破，那样一来国家的安危就悬于一线了。布里奇常常利用各种机会和场合来苦口婆心地教导儿子们停止互相攻击、倾轧，要相互团结友爱。可是儿子们对父亲的话都是左耳朵进右耳朵出，表面上装作遵从教诲，实际上并没放在心上，还是依然我行我素。

布里奇的年纪一天天老了，他明白自己在位的日子不会很久了。可是自己死后，儿子们怎么办呢？再没有人能教诲他们、调解他们之间的矛盾了，那国家不是要四分五裂了吗？究竟用什么办法才能让他们懂得要团结起来呢？布里奇越来越忧心忡忡。

有一天，久病在床的布里奇预感到死神就要降临了，他也终于有了主意。他把儿子们召集到病榻跟前，吩咐他们说："你们每个人都放一支箭在地上。"儿子们不知何故，但还是照办了。布里奇又叫过自己的弟弟慕布里诺说："你随便拾一支箭折断它。”布里诺顺手捡起身边的一支箭，稍一用力，箭就断了。布里奇又说：“现在你把剩下的19支箭全都拾起来，把它们捆在一起，再试着折断。”布里诺抓住箭捆，使出了吃奶的力气，咬牙弯腰，脖子上青筋直冒，折腾得满头大汗，始终也没能将箭捆折断。

布里奇缓缓地转向儿子们，语重心长地开口说道：“你们也都看得很明白了，一支箭，轻轻一折就断了，可是合在一起的时候，就怎么也折不断。你们兄弟也是如此，如果互相斗气，单独行动，很容易遭到失败，只有20个人联合起来，齐心协力，才会产生无比巨大的力量，可以战胜一切，保障国家的安全。这就是团结的力量啊！”

儿子们终于领悟了父亲的良苦用心，想起自己以往的行为，都悔恨地流着泪说：“父亲，我们明白了，您就放心吧！”

布里奇见儿子们真的懂了，欣慰地点了下头，闭上眼睛安然去世了。儿子们以后常记得父亲的教诲，他们把国家治理得很好，一直到老都很团结。

这个折箭的故事直接告诉我们这样一个道理：团结就是力量，只有团结起来，才会产生巨大的力量和智慧，去克服一切困难。

团结所有的力量

传说中有一个遥远而古老的王国，拥有巨大的财富，国家成千上万的人民在这片和平的土地上幸福地生活着，王国因为和平存在了很多年，没有任何战争，人们逐渐忘却了自我保护，只知道和平、快乐地生活着。

终于，人们缺少防范意识引来了外族的入侵。外族控制了城外的百姓，迫使他们向国王发起进攻，城内人民因为长时间没有经历战争，所以根本不是外族的对手，只有退回城镇，只有在这里才是安全的，外族是不敢进入城内的。

为了保卫家园，全体人民团结在了一起，人们开始锻炼自己，王国开始训练自己的军队，无数的勇士诞生了，英勇的反击战开始了，人们为了保卫自己的家园而团结在了一起。

强大的敌人节节深入，人们终于明白敌人是有备而来的，在人们幸福和平的生活的时候敌人早就已经开始蠢蠢欲动了。虽然眼前的敌人十分强大，但是，只要大家团结在一起，就有希望，就有奇迹，所有的人都坚信这一点。

人们的团结终于没有使王国遭到毁灭，在最后的关头坚持了下来，守住了几座重要的城池，等待自己的勇士成长起来之后再把入侵者赶出自己的家园。

在城内，国王的勇士开始了自己艰难的历练，他们不断地与敌人抗争和周旋，在不断的斗争中使自己逐渐成长起来，他们始终把抗击侵略者，保卫自己的家园作为与敌人做斗争的动力，在此过程中，勇士们发现单个人的力量是有限的，而团结的力量是强大的，只有大家团结在一起，才能发挥出最大的勇气和力量。

王国的智者时刻告诫人民要团结，这是他们最厉害的武器，为了把敌人赶出自己的家园，为了让人民能过上平安、幸福的生活，所有的人都团结在了一起，现在，驱逐入侵者的时机到来了，无数的勇士发誓保卫自己的国家，保卫自己的人民。

有了团结以后，人民和勇士有了力量的源泉，在国家和人民的支持下，他们成为最强的勇士，在抗击外来入侵的斗争中成为主力军，他们之间相互团结，人们也相信他们，支持他们。

敌人的力量自然也就开始减弱，也许是害怕了人们团结一致造成的强大力量源泉，他们开始逐步地撤退，人民的勇士乘胜追击，把入侵者赶出了自己的家园。

一场可歌可泣的保卫家园，抗击侵略的战争终于结束了，人民团结一致，共同抗敌，最终正义战胜了邪恶，人民取得了胜利！ 但是他们用的武器就是“团结”！

第六章
细节——决定成败的重要因素

小事成就大事，细节成就完美。细节是一种责任，细节是一种力量，细节是一种效率。细节之中隐藏着机会，表达着修养，体现着艺术，决定着人生的成败。

最后一关

有一年圣诞节前的一天，夏洛特去一家公司应聘，招聘一名营销经理，年薪10万。夏洛特一路闯关，从99位应聘者中杀出，终获总裁召见。

那一天，夏洛特飘飘然地走进总裁办公室。总裁不在，只有一位年轻漂亮的女秘书洋溢着一脸职业性的微笑，对夏洛特说："先生，您好，总裁不在，总裁让您给他打个电话。”

夏洛特掏出手机，拨了一串号码。但就在这时，他看见办公桌上有两部电话，就问那小姐：“我可以用用吗？”

“可以。”女秘书依然微笑着。

夏洛特拿起电话，终于跟总裁联系上了。总裁在那端兴奋地说：“夏洛特，我看了你的简历，打听了你的答辩情况，的确很优秀，欢迎你加盟本公司。”

夏洛特高兴得心花怒放，第一个反应就是要将这个好消息与他的女友分享。半个月前，女友出差去了国外。夏洛特刚拨了手机，却又迟疑了：这可是国际长途啊！这时，夏洛特又看了看那两部电话，忽然想到：我都快是公司的人了，他们是大公司，不会在乎一点儿电话费吧？于是夏洛特便拿起电话：“喂，米妮吗？告诉你一个好消息，总裁刚才对我宣布了……”

恰在这时，另一部电话响起。

“先生，您的电话。”女秘书送了夏洛特一个诡秘的笑。

“对不起，夏洛特，刚才我的话宣布作废。通过 DVP 监控，你没能闯过最后一关，实在抱歉……”总裁在电话里温和地对他说。

“为什么？”夏洛特呆呆地问。

女秘书惋惜地摇摇头，叹道：“唉，许多人和您一样，都忽略了一个微小的细节。在没有成为公司正式员工之前，明明身上有手机，干吗不用手机呢？”

在公司的利益面前，个人随时都应该维护，不应该把个人的方便建立在公司的业务上，这是一种过于自私的表现。人会产生这样一个苗头，也就会有更多邪恶的想法，公司的拒绝无疑是有原因的。“粗心”制造的很多细节是碎片，它除了分散我们的时间和精力外，没有任何意义，我们需要把自己的精力放到有用的细节上，这样时刻提醒自己，保持警惕，这样才能获得更大的成功。

做生活的有心人

在整个漫长的人生旅途中，总有些片断当时看着无关紧要，而事实上却牵动了大局。

日本有一家高科技公司，公司上层发现员工一个个萎靡不振。经咨询多方专家后，他们采用了一种简单而别致的治疗方法——在公司后院用圆润光滑的小石子铺成一条石子小道。每天上午和下午分别抽出15分钟时间，让员工脱掉鞋，在石子小道上随意行走散步。起初，员工们觉得很好笑，觉得在众人面前赤足很难为情，但时间一久，人们便发现了石子小道的好处，原来这些小石子起到了一种按摩的作用。

后来，很多人都知道了这件事，然而只有一个年轻人由此受到启发开始做生意。他选取了一种略带弹性的塑胶垫，将其截成长方形，然后将小石子一分为二，粘满胶垫，经过反复修改，他开始批量生产。随后的半个月里，他每天都派人去做推介。产品的代销稳定后，他又开拓了几项上门服务：为大型公司在后院中铺设石子小道，为幼儿园、小学在操场边铺设石子乐园，为家庭铺设室内石子过道、石子浴室地板、石子健身阳台等。紧接着，他将单一的石子变换为多种多样的材料，如七彩的塑料、珍贵的玉石，以满足不同人士的需要。小石子铺就了这位年轻人的成功之路，成为改变其人生的契机。

机会通常都钟情于生活中的有心人，或者说，只有生活中的有心人才能从细微处发现机会，把握机会。

那些被我们忽略的细节往往都是最美丽的，美丽的细节是一滴滴润物细无声的露珠，是一缕缕清爽怡人的春风；美丽的细节，是一串串拨动心弦的音符，是一次次感动生命的诗句。美丽的细节，充盈着爱意，传递着真情，散发着美的芳香……珍视那些美丽的细节，就是在珍视迎面走来的一个个成功的机遇。

机会藏于细节

有时候，会有一个非常奇怪的现象，就是人们对待陌生人的一点恩惠，竟然会给我们带来意想不到的结果，机会往往就藏于细节当中。虽然你本来并不指望别人报答你。总是想让人报答而去做好事，早晚有一天会被别人“暴打”。

一个阴云密布的午后，由于瞬间的倾盆大雨，行人们不得不纷纷进入就近的店铺躲雨。一位老妇也蹒跚地走进费城百货商店避雨。可是面对她略显狼狈的姿容和简朴的装束，所有的售货员都对她心不在焉，视而不见。

这时，一个年轻人诚恳地走过来温柔地对她说：“夫人，我能为您做点什么吗?”老妇人莞尔一笑：“不用了，我在这儿躲雨，一会就走。”老妇人随即又心神不定了，不买人家的东西，却借用人家的店堂躲雨，似乎不太好，于是，她开始在百货店里转起来，哪怕买个头发上的小饰物呢，也算给自己的躲雨找个心安理得的理由。

正当她犹豫徘徊时，那个小伙子又走过来，微笑着说：“夫人，您不必为难，我给您搬了一把椅子，放在门口，您就坐着休息休息，别再累着了。”两个小时后，雨过天晴，老妇人向那个年轻人道谢，并向他要了张名片，就颤巍巍地走出了商店。

几个月后，费城百货公司的总经理詹姆斯收到一封信，信中要求将这位年轻人派往苏格兰收取一份装潢整个城堡的订单，并且让他承包写信人家族所属的几个大公司下一季度办公用品的采购订单。詹姆斯惊喜不已，匆匆一算，仅这一封信所带来的利益相当于他们公司两年的利润总和，他在迅速与写信人取得联系后，才知道，这封信出自一位老妇人之手，而这位老妇人正是美国亿万富翁“钢铁大王”卡耐基的母亲。

詹姆斯马上把这位叫菲利的年轻人，推荐到公司董事会上。毫无疑问，当菲利打起行装飞往苏格兰时，他已经成为这家百货公司的合伙人了。那年，菲利22岁。

随后的几年中，菲利以他一贯的忠实和诚恳，勤奋努力地做好自己的本职工作，成为“钢铁大王”卡耐基的左膀右臂，事业扶摇直上、飞黄腾达，成为美国钢铁行业中仅次于卡耐基的富可敌国的重量级人物。

菲利只用了一把椅子，就如此轻而易举地与“钢铁大王”卡耐基攀亲附贵、齐肩并举，从此走上了让人梦寐以求的成功之路，这真是“勿以善小而不为”。

其实，我们所说的机会，往往都隐藏在细节之中。这是那些总是抱怨自己没有发展机会的人必须知道的，你不是没有机会，而是你不注重细节，当然，你做了这些细节，未必能够遇到如此平步青云的机会，但如果你不做，你就可能永远也不会有这样的机会。机会只给那些有准备的人，所以只有我们平时不断充实自己，注重生活中的小细节才能取得更大的成就。

第七章
方向——找准属于自己的道路

最好的方向不是最高的方向，是适合自己的方向。选对方向，才能顺利到达你想去的地方；选错方向，轻则伤心，重则伤身，而不能实现自己的愿望。有明确方向的人才是最容易成功的人。从现在开始，给自己一个信念，给自己一个信心，给自己一个信条，给自己一个信仰，认准属于自己的方向，勇往直前，相信自己所相信的，坚持自己所坚持的，你一定会成功！

方向决定成败

我们常常会因为选错了前进的方向，或者没有掌握解决问题的关键因素，最后让自己白忙一场。所以在开始行动以前，一定要找准方向，然后才能认定目标，勇往直前。

艾戈尔是德国汉堡的自由职业画家，当年从法国来到德国时，为了绘画艺术，他整天饿着肚子，竭尽千般努力，吃尽万般苦头，梦想着有朝一日出人头地当名画家。然而，经过数年努力，历经痛苦挣扎，仍然事与愿违，一张又一张呕心沥血创作的油画无人问津，还是个口袋空空的落魄艺术家。这时，他才意识到，自己的想法和做法不切实际，必须换个前进方向，找到一种适合自己的生存方式，方能实现当名画家的理想。

艾戈尔经过观察发现，德国一般的传统家庭，都很注重每天全家在一起的聚餐，并以此为亲情交流沟通的美好时光。为了营造共进晚餐时的气氛，虽然食品简单得只是些面包、果酱和香肠，但场面绝对高贵典雅、最富特色的是这样的晚餐都要铺上艺术餐巾纸，并根据不同的天气、当天幸运色以及不同的节日来挑选合适的艺术餐巾纸；若是品东方茶，就配上东方茶具和东方图案的餐巾纸；而如果喝咖啡，则垫上印有巧克力豆的餐巾纸。因此，在德国，10张一包的艺术餐巾纸的价格一般都在4～5欧元左右，而且销售行情很好。

这时，艾戈尔有了自己的想法，决定改变自己艺术追求的方向。他成立了自己的餐巾纸设计公司，将法国人的浪漫充分体现在自己的纸巾设计作品中，将德国人的严谨应用到他的企业管理中。经过十几年的努力，终于从一个食不果腹的自由职业画家，成功地转型为一位设计师，尤其在艺术餐巾纸的设计和销售方面，更是名声远扬。现在，他正在考虑如何实现多年来想当一名著名画家的梦想，还想建立一个属于自己的博物馆，将他设计的所有艺术餐巾纸陈列出来，供人参观、收藏。

在实现成功目标的努力中，很多时候，除了顽强斗志和不懈奋进外，更需要正确的方向。一味蛮干，只低头拉车，不抬头看路，也许永远到不了自己的目的地，方向决定成败！

大多数人做的事不一定是对的

1925年4月15日，在英国北部的小城市——格兰森市，杂货店主艾尔弗雷德·罗伯茨家里，第二个女儿降生了。父母给她取名叫玛格丽特·希尔达·罗伯茨。艾尔弗雷德年轻的时候，由于家境贫困，未能实现自己的远大志向，因而在女儿身上寄托了很大的期望。但他怎么也没有想到，自己的女儿将来竟能成为英国女首相！

那么，人们一定会好奇，生长在这样一个普通家庭的玛格丽特，是如何形成自己个性的雏形，逐渐走上成才之路，并最终成为伟大领袖的呢？

在玛格丽特6岁那年的一个星期天，一家人从教堂做完礼拜回来，走在回家的路上。星期天是基督教徒聚到教堂做礼拜的日子，玛格丽特一家笃信宗教，自然一次也不会错过这样的活动。玛格丽特在路上一边走，一边回想着牧师布道的内容。正想得入迷，突然被一串银铃般的笑声打断了。那笑声是那么响亮，又那么悦耳，使她不由得转过头去看，同时心里纳闷：“是什么人这么高兴呀?”

原来是一群在街角玩耍的孩子。他们与玛格丽特年龄相仿，有男孩也有女孩，一共七八个，像小鹿一样奔跑着互相追逐，有的还推推搡搡，不时地爆发出特别开心的笑声。玛格丽特不知道他们玩的是什么游戏，因为她自己从来不玩游戏，但那兴高采烈的气氛却深深地吸引和感染了她。她多么希望自己也能像那些孩子那样，尽情地奔跑，尽情地欢笑啊！她不由得放慢了脚步，脑袋扭过去，目不转睛地盯着那些孩子，直到走远了再也看不见为止……

回到家里，玛格丽特的心再也无法平静下来。她内心深处孩子的天性被唤醒了，使她一心向往玩乐。可是以往的生活中，她就像个小大人，不苟言笑，天天跟在父亲的后面，不是忙着店铺的生意，永远也干不完的家务活，就是参加各种大人的活动。那种生活虽然使她养成了勤劳俭朴的性格，长了不少见识，却也使她的童真过早地失去了。今天，她才发现，其他同龄的孩子简直是与她生活在两个世界里！

一想到自己错过了那么多的欢乐，玛格丽特不由得委屈起来，她忍不住撅着小嘴问父亲："爸爸，为什么咱们家的孩子，不能像别人家的孩子一样，经常玩耍呢？"父亲听到玛格丽特这个突如其来的问题，一点也没有表现出吃惊的样子。因为，他早就料到玛格丽特迟早会问这个问题。他既没有责备玛格丽特，也没有像一般父母一样哄着委屈的孩子，而是严肃地给她讲道理。

他说："你做事情必须有自己的主见，不能因为你的朋友在做某种事情，你也去做或者想去做它。不要因为怕与众不同而随波逐流，要决定自己该怎么办。如果有必要，就去领导群众，但不要随大流。"

聪明的玛格丽特听了父亲的话，顿时感到豁然开朗。她的童心被争强好胜的心理代替了。她的委屈也烟消云散了。她明白，父亲之所以用特殊的方法教育她，是为了让她将来有所作为。这种观念在她幼小的心灵里扎下根来，并成为她

“终生奉行的准则”。

要知道这样一个道理，并不是多数人认为对的，就一定是对的，人应该有自己的主见和判断途径。而且有句话说，真理往往掌握在少数人手中。你必须坚持你自己，前提是你通过缜密的思考和论证，得知自己是正确的。所谓的坚持自己，实际上不是一意孤行，而是坚持自己认为的正确的东西，你要知道，你坚持的不是你自己，而是真理。只有这样，你才会拥有比同龄人更成熟的个性和更加出众的能力。

世界经典家庭教育智慧

犹太人
教子枕边书

秦泉 主编

四川美術出版社

图书在版编目(CIP)数据

犹太人教子枕边书 / 秦泉主编. —成都:四川美术出版社, 2018.9
(世界经典家庭教育智慧)
ISBN 978－7－5410－8325－9

Ⅰ. ①犹… Ⅱ. ①秦… Ⅲ. ①犹太人－家庭教育－通俗读物 Ⅳ. ①G78－49

中国版本图书馆 CIP 数据核字(2018)第 216406 号

犹太人教子枕边书
YOUTAIREN JIAOZI ZHENBIANSHU

秦泉　主编

出 品 人　马晓峰
策 划 人　杨建峰
责任编辑　秦朝霞
责任校对　郑　双　任　利
出版发行　四川美术出版社
　　　　　成都市锦江区金石路 239 号
成品尺寸　186mm × 126mm
印　　张　8
字　　数　260 千字
印　　刷　天津兴湘印务有限公司
版　　次　2018 年 9 月第 1 版
印　　次　2018 年 9 月第 1 次印刷
书　　号　ISBN 978－7－5410－8325－9
定　　价　150.00 元(全五册)

前　言

犹太民族一直以人才辈出闻名于世。伟大的政治思想家马克思、著名心理学家弗洛伊德、伟大的科学家爱因斯坦、西班牙画家毕加索、英国经济学家大卫·李嘉图、美国石油大王洛克菲勒、金融大亨索罗斯、华尔街金融巨头摩根……这些在各个领域成就辉煌、享誉国际的名人都是犹太裔。犹太人自称是上帝的选民，从某种程度上说，这并不是自大。第二次世界大战后，美国诺贝尔奖的获得者大约有一半是犹太人，从诺贝尔奖设立以来，全世界的获奖者大约有22%是犹太人，从人口总数来看，全世界犹太人最多的时候只有1500万。由此可见犹太人非凡的创造力。

为什么犹太人会取得如此卓越的成就呢？有专家认为，原因是犹太人对家庭教育的高度重视。犹太民族的一大优良传统便是重视亲子教育。家庭是人生的第一所学校，父母是孩子的第一任老师。父母对孩子的家庭教育，将会影响孩子的一生。他山之石，可以攻玉。犹太人家庭教育的成功经验，值得我们每一个中国父母学习和借鉴，也是当前实行家庭素质教育的最好参考。

《犹太人教子枕边书》是一部科学教子的真经，能培养孩子良好的品质，让他们从平凡走向杰出；这也是一份成功人生的向导，熏陶孩子的灵魂，让他们从普通变为卓越。你想让孩子变得跟犹太人一样聪明吗？那么选择这本书一定没错，它将是你不可或缺的枕边教子读本。

2018 年 8 月

目　录

第一章　成功人生的基础:品质

第二章　开启成功的大门:智慧

第三章　生活的调味剂:心态

第四章　决定未来的力量:习惯

第五章　团结助人，广交朋友：情谊

第六章　塑造更完美的自己:进取

第七章　知识贵在学习:成长

第八章　犹太人的财富观：财商

第一章

成功人生的基础：品质

迎难而上，勇于挑战

曾经有一个叫伍德的学音乐的学生，有一次，当他像往常一样走进练习室的时候，他看见钢琴上放着一份他从来没有见过的谱子。“难度好高……”他认真看了看钢琴上的乐谱，自言自语，突然觉得自己之前的信心已经一去不复返了。3个月的时间了，新来的指导老师老是给他这样的高难度的乐谱，不明白这位老师为什么一定要这样刁难他。

他忍着自己就要爆发的怒火，开始慢慢地奋战，奋战……琴声把从外面走进来的指导老师的脚步声都给淹没了。指导教授声名极高。在他们见面的第一天，他把一份新的乐谱交给刚收的学生：“试着演奏一下吧。”那份谱子难度极高，伍德勉强弹奏完了，几乎没有正确的地方。“如此生涩，回去一定要加紧练习！”这节课结束时，那位老教授如是要求伍德。

一星期练习之后，他打算下次上课时让老师检查。但是，老师给他另一份更加高难度的乐谱：“试试看吧！”之前的那个，老师从头至尾都没有再说起过。伍德没办法，只好继续对着更高难度的乐谱。第三周，像往常一样的事情又发生了。

事情就这样一直持续下去，他每次上新课的时候老师都会交给他一个更高难度的乐谱，等他拿回去好好练习，然后再来找老师的时候，等待他的是更加具有挑战性的谱子，因此他没有一点成就感，之前的练习仿佛对现在的帮助一点都没有。伍德也因此愈加感到自己的泄气。

老教师再次走进来了。伍德这回再也忍不住了，他把这段时间以来的烦恼和压力都给老教授说了。

教授不作声，他找到那份最初的乐谱，然后递给伍德。“试试这个吧!”他对伍德信心满满。结果有点奇妙，伍德自己也震惊了，教授刚给他的曲子他弹得特别好，真的是前所未有地好！接着是原先的第二堂课的曲子，伍德依旧表现出了极好的造诣……

最后，伍德唯有呆呆地看着老师，不知道说什么话好。

“假设，你每次都给我展示，现在的你可能依然在演奏最初的那份谱子，绝对达不到现在的水平。”那位老教授语气缓和地说道。

坚持不懈方能成事

平常的日子里，大多数人的工作都是很普通的。但即使是这样，也要认真地去做，和身边的同事朋友合作得好，一样可以取得不平凡的成就。千万不能有大事干不了、小事不愿干的心理。不论是我们个人，还是大型的企事业单位，那些已经取得成功的，无一不是从最普通的工作中慢慢累积起来的。

早在18世纪的时候，瑞典的一位名叫舍勒的化学家为该国的化学领域做出了很大的贡献，彼时该国国王却对此毫不知晓。在一次很偶然的旅行中，瑞典的国王才知道舍勒对化学事业做出的巨大贡献，就决心授予他一枚勋章以示奖励。遗憾的是，国王派来负责颁奖的那位官员也没有听说过舍勒，做事又不牢靠，在找到的时候也没有好好确认身份，结果勋章给了另一个与舍勒同姓的人。

那个时候，舍勒还是一名普通的药剂师，对于国王要给他发勋章的事情是知道的，他得知发给了其他的人，却毫不在意，压根儿没有理会这件事，继续做自己的化学研究。在空闲时间，舍勒用自己制作的一些比较简单的设备，发现了一些新的化学元素和化合物，比如氧、氯、氨、氯化氢等。在酒石中他提取出了酒石酸，还一次写出了两篇论文，他把自己的文章提交到当时的斯德哥尔摩科学院。但是科学院认为他的论文不符合格式，退回了他的论文。他没有因此而放弃，研究成果积累了很多之后，他根据之前实验写出的论文还是成功面世了，他也因此被选为瑞典科学院院士。

假如我们也像舍勒那样拥有醉心研究、坚持不懈的精神，学会在平凡渺小中追求成功，成功也就指日可待了。很多青年人，特别是知名学府里学历水平还很高的毕业生，刚入职的时候，总觉得自己比其他人优秀，不想做很简单的事，觉得是在浪费自己的才能；复杂的任务，又不会做。哪怕是碰到自己不懂的问题，也不想请教别人，觉得是件丢脸的事情；当别人指出的时候，还不接受批评。有句俗语说得好："山外有山，人外有人。"因此，刚刚迈进社会的时候，一定要不耻下问，谦虚向学！

因为，任何人都不可能凭空或突然取得成功。

不要逃避责任

古时的先哲们这样说道："幸福可以分享，责任不可以分担。"因为无论将事情推给谁，还是责备周围环境，人都必须为自己负责，因此犹太人基本不会把自己肩上的责任附加给其他人，相反是自己亲力亲为。

母性和父性让人们生来就知道关爱孩子。然而，关爱和照顾孩子的同时，要学会自己承担自己的责任，这一点有些家长却忽略了，他们不舍得孩子吃苦，所以，帮孩子做值日，帮孩子洗衣服，甚至帮孩子写作业……长此以往，孩子就会无法自立，就更不用说对别人、社会负责任了。犹太家长们认为孩子在这样的生活环境中生长，在溺爱中长大，就会不善于思考，自我观念很强，即以自己为中心；另外，他们也会缺乏同情心和同理心，更缺少基本的责任心。

1922 年，一个 11 岁的美国男孩儿玩足球，把邻居家的玻璃不慎打破，他需要向受害者支付 12.5 美元的赔偿费。在那时，12.5美元意味着125只鸡蛋。这个小男孩儿向爸爸承认了自己所做的错事后，爸爸要求他为自己的失误负责。儿子苦于自己身无分文，爸爸提出："这些钱我可以先帮你垫上，但是一年后你必须还给我。"从此，他开始打工赚钱。努力了半年之后，这个孩子终于挣到了12.5美元，向爸爸还清了欠款。这个小男孩儿就是已经故去的美国前总统里根。他告诉大家自此他明白了责任的意义。

犹太人的理解是，孩子犯了错误后，最能将父母的教导记在心里。由于他们做错事后心里面比较内疚和不安，所以他们想要得到别人的帮助，此时他们理解的道理就会很深刻而且也会铭记于心。无论孩子做出什么错事，都该给予他们能够承担的责任，这便是父母真正爱护自己的孩子。犹太孩子经常会听到家长们给他们讲故事，用具体的事例向孩子讲解责任感的重要性，使自己的孩子可以记住："我应该负责任。"

曾经，一个犹太老板招聘中国员工，面试的老板把房间里面的一个凳子推倒放在地上，以此来测试前来应聘的人的素质。由此看来，如果我们想要在社会上有一席之地，就必须要有责任感。有的父母或许会说："这对于孩子来说还很早，日后他们就懂得该怎么做了，要适度地要求孩子。"但是，孩子所拥有的责任感是他们在日常生活中积累的，家长们却忽略了这一点。平日里溺爱孩子的家长，想让他们的孩子长大之后能懂得自己要有所担当，这简直就是天方夜谭。

不负责任是罪过的，因此在现实生活中，犹太人始终尽到自己的责任。在他们眼里，责任大于生命。由于他们做到了这一点，所以他们在任何时候对待自己的责任都非常认真，他们以诚信著称。

以前有个犹太人，和美国芝加哥的一个食品公司签了一份三万个西餐厅餐具的订单，双方将交货时间定在了9月1日。这就是说他必须在8月初将这些货物运出本港，才能确保在规定的时间内如期交货。然而，意想不到的事情发生了，商人不能及时出货。这个商人很困惑，然而他却没有出现任何动摇，而是真情实意地写封信请求他们谅解，以此来请求推迟一下交货日期并致以诚意的道歉，因为这样的做法不符合契约，更不是他们犹太商人的经商之道，同时也是推卸自己责任的做法。最后，这个犹太商人动用了大笔资金租借了几架飞机来运送货物，损失了1万美元，换来了诚信。

犹太人认为人必须面对责任。然而人不是与生俱来就有责任感，孩子“先天”有这个缺点，不要过多地批评孩子，那是家庭教育的失职之处。家长们溺爱孩子，却穷于教育孩子要有责任感。他们潜意识里认为孩子年龄还小，随着时间的不断流逝他们会慢慢理解的。有个小孩儿自私又不合群，他的母亲很着急，于是去向著名的达尔文先生求助。这个生物学家问道：“孩子几岁了?”她答道：“将要4周岁了!”这个生物学家立马表情严厉起来：“你应该从他出生起就好好教育他!”我们从这个故事中得到启发，家长应该从孩子出生起就开始教育他要有责任感。

不要不懂装懂

我们在医学院三年级时开始实习，练习怎样看病。大家都紧张得心率加快，口袋里满是医疗用具和用书，看起来非常鼓。我们的听诊器被犹太老师拿走放在护士办公室了。

我们在第一位病人的床头前站下。老师仔细看了我们几眼。“这位病人是沃特金斯先生，”他说，“我向他解释了我们的实习安排，只要你愿意，他已经同意让你们听听他的心脏。他患的是心脏僧帽瓣硬化症。这是非常典型的病例，以免日后你们碰到这样的案例不知所措。”

“关于心脏僧帽瓣硬化症的病理知识，我们很早都已经学过了。这种病人的心跳先是清晰的强音一声，后是微弱的声音两声。”

指导老师把听诊器递了过来：“你们认真听，沃特金斯的心跳强音现在处于显著期。”

我们相继接过听诊器，全神贯注听诊。“噢，没错，很清晰呢。”大家赞同道。我们互相凝视，发现每个人表情都很轻松。实习课居然这么顺利就成功了。

结束了实习课后，我们跟着老师来到办公室。“你们确定听清楚了?”指导老师问。我们点点头。老师不再说话了，只是把那个听诊器拆开，掏出镊子将一团棉球从里面夹了出来。

原来这个听诊器是坏的，只是个花架子！它什么音都听不清楚。

“以后不能这么做了，”老师说，“没听到就是没听到，没理解别人所说，直接说你不理解就行了。明明不知道却装懂，无论是对同事、对自己还是病人都没一点好处。”

一时间，我们非常尴尬难堪。现在，这事情已经过去25年了，我想，这堂课我此生都难以忘怀。

我们学习的过程中，本来就有很多不懂的，不懂并不是什么大事，而不懂装懂，那才是愚蠢的表现，既欺骗别人又欺骗自己。“知道就是知道，不知道就是不知道”，实事求是，遇到不懂的问家长、老师、同学，才能逐渐进步。因此，要从小培养孩子这种品质。

游戏中的礼让

前不久，一位加拿大人在以色列做了一个实验。他随机抽取了三个以色列儿童作为实验对象：两个女孩儿，一个十岁，一个六岁；一个男孩儿，八岁。

加拿大人拿出一个口小肚大、像井一样的玻璃瓶。瓶底躺着三个刚能通过瓶口的小球，每个小球上都系有一根丝绳。他对三个孩子说："今天我要看一看你们以色列人是不是最聪明的人。"三个以色列孩子都非常紧张。

加拿大人宣布游戏规则：这个瓶子代表一口干井，而你们三个人就用这三颗球来表示。假如你们正在井里玩。突然，干井里开始涨水，而且水势凶猛，看看你们谁最机灵。听清楚喽，我数八下，也就是八秒钟，如果八秒以后谁还在井里，谁就会被淹死在井里了。

加拿大人示意孩子们游戏开始。只见最先从瓶里拉出了自己的球的是那个六岁的女孩儿；接下来是八岁的男孩儿，他与十岁的女孩儿相互对视一眼，接着迅速地将自己的球拉出瓶口；最后是十岁的女孩儿，从容地拉出自己的小球。不到六秒就完成了整个游戏。

加拿大人为此感到震惊。他先问那个小男孩：“你为什么不抢着跑出去?”小男孩儿勇敢地仰起了他的头，看着旁边的小女孩说：“她最小，我如果先出去了，她跑不出来怎么办？我应当让着她呀!”

他又问十岁的女孩儿，女孩儿说：“我是他们两个人的姐姐，我有责任保护他们。”

加拿大人又问：“那你自己可能会被淹死。”

女孩儿答道：“就算会被淹死，我也要保护他们。”

加拿大人的眼睛湿润了。

他曾经去许多地方做过这个实验，几乎没有一个国家的孩子能够这样完美地完成它，他们总是争抢着向外逃命……

这种礼让他人的文化传统让一个民族世世代代都非常优秀。一个民族能出多少伟人并不是衡量一个民族的发展与崛起的唯一指标，而在于他们内在的精神和价值，在于这种礼让背后的一种尊重——对生命、对信仰、对价值……这些都早已深深地刻在他们的生命中，所以才能那么浑然天成。对于我们的孩子，我们必须在他们的血液中也融入这些宝贵的信仰。

善有善报

在第二次世界大战期间，彼得格勒被德军包围了，他们想要炮轰全城，赢取战争的胜利。所有人都对突围不抱任何希望，都做好准备要决一死战了。

有一位昆虫学家也被围困在彼得格勒中。军营附近的生物被战争的硝烟破坏得惨不忍睹，非常有爱心的昆虫学家施万维奇很是痛心。这天，他突然发现有一只漂亮的蝴蝶正停在附近的树上，在阳光的映衬下，伸展着美丽翅膀的蝴蝶格外漂亮。他向蝴蝶挥了挥手，希望蝴蝶离开以免受到伤害，然而蝴蝶反复振翅都没能成功飞走。经验丰富的施万维奇明白这只蝴蝶一定是受伤了，以至于无法飞行。

施万维奇轻轻地把蝴蝶从树枝上救下带走。果然蝴蝶的翅膀受了伤，施万维奇给它上药后，没过几天蝴蝶就渐渐地康复了。施万维奇让它回归大自然的怀抱。

蝴蝶飞走的第二天，施万维奇惊呆了，原来就在昨夜，他们的门前停满了漂亮的蝴蝶，花花绿绿的，它们美丽的翅膀在阳光下格外醒目。施万维奇非常激动，研究昆虫多年，他还从来没有过如此特殊的经历。一个想法瞬间闪过施万维奇的脑际，假如用这些蝴蝶将军事基地伪装起来，那么他们不就可以隐藏起来不被发现了吗？然而，问题是上哪里找那么多的蝴蝶来铺满整个军事基地呢？这些蝴蝶还是不够的。最后，他从这些蝴蝶身上受到启发，把军事基地涂上黄、红、绿三种颜色，将军事基地装扮成了一件大大的迷彩服。因此，德军在飞机上无法发现军事基地的具体位置。尽管德军费尽心机，军事基地最终并没有被找到，一直安然无恙，为赢得最后的胜利奠定了坚实的基础。

受到这个故事的启示，迷彩服被发明了出来，战斗中的伤亡大大减少了。由于蝴蝶的翅膀在阳光下时而金黄，时而翠绿，有时还由紫变蓝，就为他们生存提供了有力的保护条件。通过将蝴蝶翅膀色彩变化的原理应用到军事中，为军事防御带来了巨大的发展。

战后，施万维奇对那次蝴蝶集会赋予了一个感恩的解释：受伤的蝴蝶为了感谢他的救助，号召同伴利用自己天生伪装的特长来向施万维奇报恩的。

愈高尚愈成功

犹太父母除了注重从小培育孩子的智慧外，还要注重给他们讲品德方面的智慧，鼓励孩子从小就应树立起高尚的道德和情操，让乐于助人、实事求是的优良品德伴随孩子的一生。实际上，只有那些具有高尚的道德情怀的人才能取得巨大的成就，在日常生活中，犹太父母通过真实的事例，培养孩子高尚的道德。下面通过犹太人广为流传的关于道德的故事和犹太人的亲身经历展开关于如何培养孩子的讨论，以培养孩子良好的道德品格。

列宁的父母乌里扬诺夫夫妇致力于把孩子培养成道德高尚的人。他们千方百计，如解释、亲身示范、言传身教、及时提醒、耐心培养习惯等，教会孩子要尊老爱幼，待人和气，宽容大度。列宁幼年时，乌里扬诺夫夫妇就常常嘱咐他说话要轻声细语，公共场合不可以到处打闹；应该主动谅解别人偶尔犯下的错误；假如有同学发音不准，不应该讥笑，而是应该用委婉客气的语气帮助他纠正；如果别人心情不好、心中有难过的事，应该安慰他，使他高兴起来；睡觉前要向所有的家人互道晚安，不能忘记任何一个人。在乌里扬诺夫夫妇良好的教导下，不光光是列宁，他们的其他子女的行为举止都很端庄得体，从不欺负别人，除了那些行为卑劣的小人之外，他们尊重任何一个人。

列宁小时候尊重他身边的任何一个人，无论是谁，列宁的老师、伏尔加河河畔的纤夫、搬运工人、洗衣妇女都会受到列宁的尊重。小时候，他经常在喀山省柯库什基诺村外公家度假，当他和邻居的小孩儿一起玩耍时，他总把他们当成自己的表兄弟，真心相待。对于需要帮助的人，他总是主动伸出援手。在一个下雨天，一个贫苦农民赶的大车陷入沟里，列宁不仅不嫌弃他，还帮他拉车并捡起手套，很恭敬地跟他交谈，离开时他们依依不舍地互相道别。列宁的父亲有一位文化不高的信差，列宁的哥哥亚历山大·伊里奇·乌里扬诺夫对待这位老人十分亲热，每次见面都要拥抱问候。

列宁一生都坚持着自己高尚的道德标准，保持行为谦恭有礼的本色。和列宁很熟的人都称赞他的举止得体，列宁在车上给老人和妇女让座，对别人给予的任何帮助都保持感恩的心，如果自己犯了错误会非常真诚地求得原谅，每晚睡觉前都会亲吻母亲的手和她道晚安。最难得的是，无论他身在何时、身处何地、面对何种对象，他总是不失这样的高尚本色。正是他高尚的道德情操和对任何人的尊重，使他从未脱离人民大众。因此，人民也对列宁无比亲近，把他当成交心的朋友。

父母在帮助孩子树立道德情操时，可以借鉴乌里扬诺夫夫妇的教育方法，教育孩子："品德决定一个人能否成功。"

举世闻名的居里夫人，不仅自己的道德品质非常高尚，还对自己的子女和学生产生了积极的影响，她采用各种方法帮助孩子们树立良好的道德品格。居里夫人的丈夫皮埃尔·居里去世以后，她开始一人担起抚养孩子的重担。她不仅要养育孩子，还要把收入用于科学研究，生活非常艰苦。尽管当时她拥有价值不菲的科研成果，却从来不曾为了钱而卖掉它们。在居里夫人眼里，镭是她的生命，无论生活多么拮据她也不会把镭卖掉。居里夫人大公无私地将镭无偿献给了实验室。当美国总统为了表彰居里夫人为科学所做的巨大贡献而赠送给她一克镭时，她告诫女儿："镭不是我自己的，它属于科学，属于全人类。"她亲身立榜样，教导女儿从小养成勤俭朴素、无私奉献的精神。

一战期间，居里夫人再次无私地奉献出她的所有，将她所获得的诺贝尔奖奖金全数捐出，以支持政府和国家打赢战争。居里夫人还带着女儿伊伦娜亲自上前线，用X光机为士兵服务，并帮助检查伤病员。战后，居里夫人和伊伦娜在战争中为国家所做的贡献得到了政府的肯定，伊伦娜获得了一枚政府奖励的勋章，这可以说是巨大的荣誉。居里夫人对孩子的培养目标得以实现，尤其是伊伦娜在战时的经历使她的思想变得更为成熟，品德更加高尚。

之后，居里夫人的孩子都致力于为社会服务，尤其是伊伦娜夫妇，不但将居里夫妇的科学事业传承了下去，还将母亲所推崇的高尚品德继承了下去。1940年，国家科学研究中心得到了他们的无偿捐助，他们此次捐赠的是建造原子反应堆的专利权。

具体如何树立孩子高尚的品德呢？下面将为犹太

人所推崇的居里夫人的品德教育方法概括为以下四点：

第一，必须培养孩子热爱祖国的品德。居里夫人一生致力于祖国科学发展和帮助波兰留学生，她用这一实际行动来教育两个女儿如何热爱祖国。居里夫人还以祖国波兰来命名首次发现的新元素“钋”，可以看出她对祖国的热爱之情。

第二，教育孩子面对挫折时要有勇敢的心。他总是提醒两个女儿：“恒心不可缺，自信心更重要。”

第三，教育孩子脚踏实地，注重实际的品格。她与子女共勉道：“我们不应该虚度此生。”

第四，教育孩子要勤俭节约、艰苦朴素。她在女儿身上表现出一种理智的爱，她从不放纵女儿，不许女儿追求享乐。她教育女儿说：“贫困固然不方便，但富裕也不一定是好事。你们应该简单地、朴素地生活。”

家长们都很重视教育自己的孩子，当一个小孩儿开始记事的时候算起，就开始讲很多自古流传的与人为善的故事给他们听，这些篇章讴歌仁爱、友情、度量、勇气、牺牲，想以此培养孩子们的高尚品德。

自强不息

犹太儿童从小就聆听各种关于拉比的传说，也从父母讲的各种故事中明白：犹太民族遇到的困难和挫折吓不倒他们，迫害和残杀也减退不了他们向前的步伐。早从罗马帝国时期开始，犹太民族就经历了家乡被侵略占领，被迫离开自己的故土，从此浪迹天涯的遭遇。在漫长的逃亡年代里，犹太人始终都在面临灾难，甚至整个民族几近毁灭消失。

1900 多年过去了，犹太民族的特性、文学、传统、历法、宗教、语言、文化习俗和勤劳智慧的资质依旧完整地保存下来了，并没有跟随这些悲凉的历史远去，整个民族的特性和向心力直至今日也依然不曾泯灭。他们遭受长期的大放逐、大迁移、大捕杀，但丝毫不妨碍他们完成各种伟大的事业。千百年过去了，犹太人人才辈出，在全球范围内的顶尖人才中总能看见犹太人的身影。虽然身处困境却依然硕果累累，这个民族的旺盛生命意识和自强不息的进取精神就是这样被表现得淋漓尽致。下面这些故事是犹太家庭中广为流传的，尤其是孩子们总能从父母那里听到。

卢宾最早创立了世界连锁店，他是 1849 年出生于俄国的犹太人。他随父母生活在俄国，因为在俄国受到不公平待遇，所以后来移居到了英国，在英国生活的两年甚至食不果腹，因而不得不又迁居到美国纽约。到纽约后还是没有条件上学的他在 16 岁那年，正好赶上淘金热，于是他跟着去了加州淘金。他很不幸，没有淘到黄金，而不得不开始找些别的出路谋生。刚开始的时候，他摆小摊贩卖一些小东西，后来慢慢扩大成商铺店面。他踏踏实实地做好每一件事，最后创造出连锁商店经营模式，成为大富豪。

卢宾成功的最大法宝是从没有被挫折打倒，而是愈挫愈勇，淘不到黄金，他就迅速地转战到下一个战场。他能够动脑筋，想办法，以身边的淘金者为突破口，考虑到大量淘金者的涌入导致生活用品的稀缺，因而他开拓了经营市场的规模化和销售的连锁模式并就此起步发家。

巴拉尼出生在一个犹太家庭，他在很小的时候就患有骨结核病，受家庭条件所限，病情并没有得到很好的治疗和控制，他的膝关节永久性僵硬了。但是，他并没有就此对生活失望而一蹶不振，反而，身体上的磨难坚定了他努力生活和积极创业的心愿。他立志钻研医学，经过艰苦奋斗，最后终于成功了，他的医学水平博大精深，尤其在耳科绝症的研究上见解独到。他一生发表了无数的学术文章，光科研论文就有184篇，其中《半规管的生理学与病理学》《前庭器的机能试验》这两本著作极具科学价值。奥地利皇家因为他对医学科研的显著贡献，授予了他爵位，他还获得了1914年的诺贝尔生理学及医学奖。可以说，这些奖誉正是他的自强不息得到的最好回报。

犹太人的自强不息还能从以色列这个国家得到印证。以色列的人口构成以犹太人为最，占全国人口的83%以上。犹太民族饱经磨难，直到1948年才在亚洲西部，地中海东岸建立了一个国家，这就是占地面积约2万平方千米的以色列。这个国家不但历史短暂，占地面积小，而且土地资源匮乏，自然环境也不好，全国面积的80% ~90% 是沙漠和荒丘，几乎是“不毛之地”。全国资源稀缺，淡水资源尤甚。可以说，以色列缺乏天时地利。但以色列的犹太人自强不息，用整个民族的顽强不息和强烈的求生欲完成了“人和”，经过40 多年的努力，这块土地让世人看见了重生的奇迹，“不毛之地”变成了硕果累累的沃土。在农业方面以色列人取得了巨大成就，而且工业和其他行业也发展得极好。现在以色列的国民生产总值已人均年超1 万美元，在世界各国已属先进之列。

可见，自强不息能成就成功。反过来，若做不到自强不息，则会妄自菲薄。自我发展的想法和潜力会被抑制，这种人很难获得成功。家长在教育孩子的时候也应该注重犹太人的这种品性，在孩子面对困难时要指导他们而不是替他们解决问题，培养孩子坚持不懈、自强不息的精神。

言出必行

犹太人常用“言出必行”来形容一个人信守诺言、说到做到。他们在日常生活中，也真正做到了每时每刻都遵守承诺。而且他们很注重教育孩子要守信，告诉他们“君子一言，驷马难追”的道理。下面的故事也是孩子们常常从父母口中听到的。

陀力卡拉和劳伦司基是好朋友。两个人都很有学识，德行也广受赞誉，不分伯仲。有一年，洪水泛滥，大片村庄和良田被洪水冲垮，百姓苦不堪言。陀力卡拉和劳伦司基的家乡也遭受洪灾，房子也在洪水中被毁，盗贼也都趁着乱世出来捣乱，流窜作案，闹得人心惶惶。非常无奈，陀力卡拉和劳伦司基只得让邻居们乘船到别处去逃难。最后人们都上船了，物品也装妥了，一切安排妥当正准备离岸起航。就在此刻，从远处跑过来一个人，他背着包袱跑得上气不接下气，脸上汗如雨下。这个人忙得顾不上擦汗，边跑边挥手边大喊：“等等我，先别开船，等等我呀！”他气喘吁吁地跑到岸边船前：“已经没有船了，也没有人肯收留我，我远远看到这边还有一条……船，就跑过来了……求求你们……带上我……一起走吧……”陀力卡拉听了，皱着眉头思量了一下，就对这个人说：“实在是很对不起，我们的船也坐不下了，你还是再想想别的法子吧。”劳伦司基却不同意说：“陀力卡拉兄，做人要大度，我们的船明明还有空位子的，能救人就不要错过了，让他上来吧。”陀力卡拉见劳伦司基这样说，就没有再坚持，稍微想了一下，便让那人上了船。

陀力卡拉和劳伦司基的船才刚刚平安无事地航行了几天，就在海上遇见了盗贼。盗贼们划着船在后面追着，盗贼的船越追越近了，船上的人们都陷入了恐慌中，束手无策，只好催促船家快些、再快些。劳伦司基也很恐惧，他找陀力卡拉商量说：“盗贼在我们后面，情况突发，船上人的数量过多会影响船前行的速度。我想我们应该让后上船的那个人下去，这样可以减轻船的重量。”陀力卡拉听了，严肃地回答道：“一开始我犹豫着没答应，就是担心我们的船会出事，才不想让那个人上船的。现在已经答应了人家，又怎么能说话不算话，以情况紧急为由让人家下船呢？”劳伦司基听了这番话，羞愧得面红耳赤，一时间说不出话来。在陀力卡拉的坚持下，他们还是带着最后上船的那个人继续航行。他们号召大家一起努力划船，在大家的共同努力下，最终甩掉盗贼，安全地到达了目的地。

劳伦司基看起来很慷慨，实则是在自己的利益不受损时做个顺水推舟的人情。而一旦自身的利益受到了威胁，他的自私自利之心、背信弃义之本性则暴露得一览无余。而陀力卡拉才真正做到了言出必行，他不轻易承诺，然而一旦承诺就一定要遵守。我们应该向陀力卡拉学习，守信用、讲道义，也应该摒弃劳伦司基那种行径。

古往今来，很多人都轻易许诺，也轻易食言。他们比那些信守一诺千金的人活得轻松潇洒多了。只可惜好景不长，如果一个人总是食言，诺言成戏言，且不说诺言变得不值钱、不可信，就连别人也会看轻自己，就连他自己也会慢慢地感到无聊和倦怠。人一旦和那种潦倒的气味粘在一起，就很难再有大放异彩的人生了。

犹太家长是各位家长的典范，教育孩子要谨言慎行、言出必行，这样的人才能有所作为。

给予会给你带来更多快乐

某年圣诞节前，保罗收到的圣诞节礼物是哥哥送他的一辆新车。平安夜时，保罗办完事从他的公司出来时，看到新车旁有一名男孩在走来走去，时不时地用手去摸车，一脸羡慕。保罗饶有兴趣地看着这个小男孩儿，就在这时，小男孩儿抬起头，问道："先生，您是这辆车的主人吗?"

"是啊，"保罗说，"我哥哥送给我的。"

小男孩儿睁大了眼睛惊讶地问："你的意思是，你哥哥送一辆车给你，你一分钱都不用出?"保罗点点头。

小男孩儿羡慕地说："哇！我也希望……"保罗以为小男孩要说他也希望有一个哥哥。没想到小男孩儿是这样说的："我希望自己也能当这样的哥哥。"

保罗被这个小男孩儿打动了，便问："我开车带你去兜风好不好?"小男孩儿特别开心地点了点头。

车开了没多久，小男孩儿转身向保罗说："先生，可不可以麻烦把车停在我家门前一小会儿?"保罗微微一笑，他心想男孩儿一定是想在小朋友们面前炫耀一番，他是坐这么好的车回家的，但事实并非如此。

“您能把车停在台阶前面，然后等我一小会儿可以吗?”小男孩儿从车上跑出去，快速地向屋里奔去，没多久就又出来了，身边带着一个更小一点儿的男孩儿，应该是他弟弟。他的小弟弟因患有先天性小儿麻痹症而跛着一只脚。他扶着弟弟坐在最下面的台阶上，自己也紧靠着在一旁坐下，然后指着保罗的车子说：“你看，我没有骗你，是不是很好看？这是他哥哥送给他的圣诞礼物，他一分钱都没有花！等我有钱了，我也要送给你一样漂亮的车子。”

保罗被彻底感动了，他下了车，将小弟弟抱到车子前排的座位上，他的哥哥眼睛里满是惊喜和感激，也爬了上来，于是一段属于他们三个人的美好的圣诞之旅就此启程了。在这个圣诞节，保罗深深地懂得了：付出比得到真的令人更快乐。

人要学会付出，只有真诚地付出爱，生活才会更具意义，变得富足厚重。

宽容自己的敌人

在很久以前，犹太国王罗波安想传位于自己的三个儿子其中的一位。一天，国王叫来三个孩子跟他们说：“我老了，已经不能很好地管理国家了，王位传给你们三兄弟中的一个，但你们都需要花一年的时间去外面游历。一年后回来告诉我，你们这一年内都做了哪些事情。谁是真正做过高尚事情的人，谁就有资格得到王位的传承。”

三个儿子在一年后游历归来，向国王汇报自己这一年来在外面的经历、感悟和收获。

大儿子首先开口了：“在游历期间，我遇见一个陌生人，他托我把他的一袋金币交给他的儿子，他们住在另一镇上，等我到了他儿子所在的那个镇上后，我把金币原封不动地交给了他的儿子。”

国王说：“你确实做到了诚实，但诚实是为人基本的品行，算不上是高尚的事情。”

二儿子接着说：“我在一个村庄旅行的时候，碰巧遇上一伙强盗打劫，我二话不说帮助他们打败了劫匪，减少了财产的损失。”

国王说：“你很棒，能救人于危难之中，但救人也是你应该做的事情，也不能说得上是高尚的事情。”

最小的儿子迟疑地说：“我不小心在外面结了仇人，他一直想置我于死地，处处陷害我，我差点儿就在他的手上丧命。我这次出去，一天晚上，我骑着马走到了一个悬崖旁边，我发现我的仇人正酣睡在悬崖边的一棵大树下，那时我只要稍稍用力一推，他就丧命于悬崖了。我的内心告诉我，这并非君子之举，我把他喊醒，告诉他睡在这里很容易掉下去丧失性命，劝说他继续往前走。后来，当我遇见一条河，正准备走过去时，突然一只老虎从旁边的树林里窜出来，扑向我，正当命悬一线时，刚刚还是我的仇人的那个睡在悬崖边上的小伙子从后面赶过来，他一刀就制服了老虎，救我于险境。我很好奇，问他：‘你怎么会救我？你不是一直都很想杀我吗？’他说：‘是你救我在先，你的宽容去除了我对你的仇恨。’”

小儿子接着说：“父亲，这……这也不过是些小事。”

“错了，孩子，能对仇人不计前嫌怀有宽容之心而出手相助，你做的就是一件高尚的事情。”国王认真地说，

"来，孩子，你做了一件高尚的事，从今天起，你就开始继承王位了。"

心有定见，而又善于宽容，若有人二者兼备，那么他就十分优秀。在日常生活中，恩将仇报的人和事也不少见；看见仇人陷于危险，第一选择不是趁火打劫地报仇而是主动帮助其脱离困境的人和事才很难得。如此宽容和豁达的人，绝对能真切地享受人生的真谛与美好！

第二章

开启成功的大门：智慧

利用想象力拓展人生

在一般情况之下，自动的潜意识往往会受到意识努力的抑制而不能起到应有的作用，甚至还会带来不好的影响。在一般的社交场合中，有的人太过于关注自己的每一个细小的动作，像是每一个动作都是经过了深思熟虑似的，好像每一句话都要经过深思熟虑之后才能说出口。这样的人就是典型的“抑制型”的人。这种“抑制型”的人往往很难使自己的创造性得到很好的发挥。

有了创造性的思想，在接受新点子的时候就显得更加容易，更加能够接受一些新奇的观点，而且能够很好地吸收，转化为新的东西。拿破仑曾经说过：“想象力具有统治整个世界的力量。”格林·克拉克也曾说：“在人类拥有的所有才能之中，和神最相似的莫过于想象力了。”想象力是那些敢去拼、想获得成功的人打破常规、取得快速进步的智慧来源。用尽一切努力去发现和发挥自己的想象力是获得成功的一条必经之路。

曾经有一个北京青年，过着很清贫的生活，但是他却有着极其丰富的想象力。有一天，他随手将自己穿坏的一只皮鞋丢在地板上，谁料这只脚尖已经坏了的皮鞋，像是在嘲笑他一样。当他正在气头上准备将鞋扔到楼下的那一瞬间，忽然从中得到了灵感。因为这只皮鞋看起来特别像一张脸谱。从此之后，他就开始收集各种烂皮鞋，对它们进行精心的改造，把它们变成一个个表情十分丰富的面具，有的像是在开口大笑，有的像是在发怒，看后让人忍俊不禁，趣味无穷。在这些各具特色的面具进入市场之后，获得了很好的市场反应，这个曾经穷困潦倒的青年也因此发了大财。

还有一个陕西的青年，尽管他失业了待在家里，但他有一个特点，就是特别爱思考问题。之后他开始做地板砖的生意，因为做这个生意的人很多，市场上的竞争十分激烈，生意一直做得不是很好。有一天，他去厂家进货，当他无意间看到堆在地上的被人遗忘的地板砖时，意识到这是一个难得的赚大钱的机会。只要对这些破损的地板砖稍稍加工，就能加工成一些有用的地板砖了。因此，他马上就购进了大量的无人问津的地板砖，用自己已有的几台切割机加工，再按照适当的价格卖出去，获得了很丰厚的利润。

事实上，很多废品都还是具有一定利用价值的，只要遇到了一双善于发现的眼睛，就算是处于荒郊野岭，也能成为珍宝，还有可能是价值连城呢！要在最短的时间里练就一双“火眼金睛”，当然也是充满挑战性的，但也有一条快速成功的道路不妨去尝试一下，就是在这些丢弃的东西上面竭力寻找它们隐含的价值，这样就能做到变废为宝了，成为商场上的抢手货。

想象力在人获得财富过程中所起到的作用是不可替代的，无数的事实也已经很好地说明了这个道理。但是在种类繁多的想象力之中，尤其突出的当属“预见性想象力”。预见性想象力的作用在人们的创富之路上，其实还有着一套人们平时容易忽视的运作套路，它要求人们：

第一，必须重视能够获得的所有的信息，对这些信息进行正确合理的分析，很好地预见它所具有的商业价值。

第二，在最短的时间内验证这些信息的可靠性，估计它在取得成功的过程中所起到的作用的大小。

第三，当你的确看到了这个征兆的时候，就要抓住时机制定相应的方案，尽快着手去做。

也就是说，应该要善于从大量的信息当中，快速、科学、准确地抓住机遇到来之前的各种信号，并很好地去利用，最后取得成功。菲利普就正确运用了他的预见性想象力，曾经帮助他经营的肉食品加工厂取得了不小的成功。

有一次，菲利普因为看到了报纸上的一条新闻而异常兴奋：在墨西哥发现了疑似“瘟疫”的案例。他马上就想到要是那里真的发生了瘟疫，那么和它邻近的加利福尼亚和得克萨斯这两个州也一定会受到牵连，最后整个美国都会受到牵连。实际上，这两个州是美国肉食品的主要来源。要是事实真是这样的话，肉食品的价格一定会大幅上涨。于是他立刻派自己的私人医生前往墨西哥考察情况的虚实，马上集中自己的资金买下了邻近墨西哥的两个州的牛肉和生猪，及时地将它们全部运到了东部。果不其然，不久之后美国西部的几个州纷纷受到这次瘟疫的传染。美国政府立即下令禁止这几个州的食品牲畜等往外运输，一下子美国的肉类市场极度紧缺，价格飞快地上涨。菲利普就利用了这个难得的机遇，获得了 900 万美元的净利润。

在他取得成功的过程中，菲利普先生充分运用信息——就是无意之间读到的一条新闻，也结合了他自己所了解的地理知识——和墨西哥相邻的是加利福尼亚和得克萨斯州，而它们又是美国肉食品的主要来源地。此外，按照常理，当发生瘟疫的时候，政府就一定会禁止一切的食品外运，这样一来肉类市场就会陷入极度紧缺的境地，价格就会飞快上涨。政府会不会下令禁止外运，就在于是否真的有瘟疫。因而，是否有瘟疫发生就成了肉类紧缺、价格飞涨的前提。经过仔细考虑的菲利普就派了自己的私人医生去考察情况，来证实新闻的可靠性。就是因为他这样去做了，最后才获得900万美元的利润。由此可以看出，预见性想象力，的确能够让人在一夜之间成为大富翁。

思想决定价值

一个盲人，靠乞讨维持生活。一年到头都在到处奔波，才能勉强保证不被饿死。他心想，要是一直都是这样的话，等到他走不动的时候，那不就会被饿死吗?

一年春天，他来到了一个地方，此起彼伏的笑声将他包围，他觉得顿时有了灵感，于是就写了这样一个牌子：春天到了，我却看不到这美丽的画面!

就在那一天，他把全年的饭钱都讨齐了。

有一个青年，在街上擦皮鞋。他很热情地招揽着每一个可能成为客人的路人，努力地去擦拭，一天下来最多能擦 30 双。除掉买鞋油和吃饭所花的钱，最后只剩下 20 元。

他心想，要是想攒下可以买下对面那栋楼的钱，至少还得擦 500 年。但那个时候，不仅这个世界上没有他了，甚至连对面的那栋楼也不复存在了。这样的擦法肯定是不行的。

有一天，他心想，要是我组织 500 个人擦皮鞋，每天让他们交 4 元钱给我，在 5 年之后，我就可以买那栋楼了，于是他就创立了一个擦鞋公司。5 年之后，他真的买下了那栋楼。

有一个大学生，在上学的时候，他帮人开发程序。他白天的时候上课，利用课余的时间去开发程序。他可以在吃一顿饭的时间内做好一个财务程序，还能赚 3000 多元钱。他想，要是我创办一个公司的话，雇用几百个人，到那时岂不是财源滚滚？说做就做，20 年之后，他真的成了世界上数一数二的富豪。

富翁并不是“干”出来的，全都是“想”出来的，这也道出了一个真理。要是你现在有一个好主意的话，那就放心大胆地去尝试，因为一个好主意的价值，和你辛辛苦苦工作一百天的价值差不多，甚至比得上你一百年创造的价值。

有个做家具生意的人，有一次他的家里突然失火，这场大火几乎夺去了他家里的一切，只有一些粗壮的松木，外面都被烧焦了，但木心保存了下来。要是一般人的话，很有可能只是把这些看似没有价值的东西给扔掉，但是他却从这些烧焦的木头中发现了商机。他从这些烧焦了的木头的纹理和独特的质感中找到了灵感，就决定要做一些很有特点的仿古家具。

他用碎玻璃刮去了废木上的尘灰，再把这些废木用砂纸磨得亮亮的，之后涂上一层清漆，那古朴、典雅、端庄的光泽立即就被凸显出来。就是这样，他制造的这些家具很受大家的欢迎，从此他的生意也越来越红火。

有人说他是“因祸得福”，其实并不是这样，只是他平常就比较留心和思考一些细小的事物。要是换一个并不善于思考的人去看这些废木头的话，再怎么看也不能得到什么灵感。我们不只是看，还需要有一定的发现，更需要运用自己的智慧去思索这些看似简单的现象，并在有一定灵感的时候深度挖掘，才会有不一样的发现。

其实这个世界上有很多的事情都是这样的，要是肯动脑筋的话，每一件看似平凡的事情都有其与众不同的一面，而且很多智慧的发现就来自一些很小的事情，只是很多时候你自己疏忽了而已。那么怎样才能培养出这种能从平凡的事情中看到不平常的心态呢？那就必须要有一个善于思考的脑袋，只要敢于思考、仔细观察，就一定会抓住任何一个身边的机遇。

你最值得称赞的价值非你的思想莫属，物质上的财富早晚都会离你而去，但是没有人能够夺走你的思想。没有人能够控制你的思想，就算是最残酷的统治者也没有能力使你去接受一些你不愿接受的事情。当你深思熟虑之后，不断吸收一些积极的具有建设性的想法，到那个时候，你就能够把握自己的命运。有了什么样的想法，就决定了你会取得什么样的成就。不要畏惧人生中遇到的艰难险阻，因为当你在想尽办法找出最好的解决办法的时候，也会有最好的机会在等待着你，你会因为不断地给自己锻炼而渡过难关，与此同时你也会练就坚韧的性格。就像是老樟树一样，只有不得不竭尽全力生长之后，才能变得更加强壮。

好点子助你成功

美国好莱坞在越南战争期间举行过一次募捐晚会。当时民众还处于很浓的反战情绪中，募捐晚会以1美元的收获而收场，成就了一次好莱坞吉尼斯纪录。一个叫卡塞尔的小伙子在这次晚会上一夜成名，他是苏富比拍卖行的拍卖师，这仅募集到的1美元来自他的智慧。

当时他让大家选出当晚最美丽的女孩儿，将这位姑娘的一个亲吻拍卖出去，才募集到了这珍贵的1美元。好莱坞把这1美元寄往越南前线的时候，美国的报纸媒体纷纷予以报道。

当人们看到这一消息，都惊叹于卡塞尔对战争的嘲讽，然而德国的某一猎头公司一眼相中了这位“天才”，他们发现了卡塞尔的聪明才智，认为他是棵“摇钱树”，谁能掌握他的头脑，谁就能财源滚滚来，于是建议业绩不断下滑的奥格斯堡啤酒厂重金聘他为顾问。

后来，卡塞尔搬去了德国，受聘于奥格斯堡啤酒厂。他果然没有辜负猎头公司的众望，用他的奇思妙想开发了美容啤酒和浴用啤酒，从而使奥格斯堡啤酒厂一夜之间跃居啤酒厂规模世界首位。

后来卡塞尔任德国政府顾问，他主持拆除柏林墙。这次他的智慧和才华更是表现得淋漓尽致，他使柏林墙的每一块砖都以“收藏品”的形式走进了世界各地200多万个家庭和公司，创造了城墙砖售价的历史新高。

后来，卡塞尔回到了美国。在他刚出机场的时候，美国大西洋赌城——拉斯维加斯上演了惊人的一幕：霍利菲尔德的半块耳朵被泰森咬掉了。令人意想不到的是，三天之后“霍氏耳朵”巧克力出现在欧洲和美国的许多超市里，其生产厂家是卡塞尔所属的特尔尼公司。这一次，卡塞尔虽因在霍利菲尔德的起诉中败诉而输掉了赢利额的80%，然而再一次证明了自己敏锐的商业洞察力，也因此赢来年薪3000万美元的身价。

迎接新世纪到来的那天，他应母校休斯敦大学校长的邀请，做创业方面的演讲。演讲后的提问环节里，有位学生这样问他：“卡塞尔先生，您能在我单腿站立的时间里，和我们分享一下您创业的精髓吗?”那位学生刚做好准备姿势，卡塞尔就答复完毕：“生意场上，不管是多少钱的生意，出卖的都是‘智慧’。”这次他不仅博得了满堂喝彩，还荣获了一个“荣誉博士”的头衔。

一个好点子有利于你和他人之间的互动，结交好朋友也是需要智慧的；一个好的想法能调和家庭爆发的矛盾和冲突，使全家人都其乐融融；一个好的想法可以有效地促进谈判顺利进行，达到双赢；一个好的想法也许会成为一家企业的救命稻草；一个好的想法也可能使你赚到金钱、占据市场，成功挖掘到很多桶金。

美国谈判专家史蒂芬斯想做一个专供家庭使用的游泳池，他提出的建筑设计要求很简单：9 米长，4.5 米宽，有温水过滤设备，而且需要在圣诞节来临前完工。

俗话说得好：隔行如隔山。史蒂芬斯虽然是有名的谈判专家，但在游泳池的造价及建筑质量方面完全是个门外汉，但这对他来说也不是什么难事。史蒂芬斯首先在报纸上登了个建造游泳池的招商广告，明确了具体的建造要求。很快有三位承包商前来投标，他们都列明了自己的承包详细标单，里面详细介绍了各项工程的费用，预算费用也都清楚地列出来了。史蒂芬斯认真对比了这三份标单，发现了四个共同点：所提供的抽水设备、温水设备、过滤网标准和付钱条件等都不一样，然而，总开销却存在着明显的差额。

于是，史蒂芬斯请这三位承包商到自己家里面谈。第一位约定在上午八点半，依此往后延时二十分钟。三位承包商都按时前来赴约，史蒂芬斯非常有礼貌地告诉他们自己有个紧急的事情要及时处理，会尽快与他们商谈。三位承包商只能坐在客厅里等待，他们也开始闲聊起来。九点半的时候，史蒂芬斯出来请第一位承包商先生进到书房去商谈。这位先生一进门就说自己的游泳池工程从来都是最令人满意的，建造史蒂芬斯家庭游泳池实在是胸有成竹、小菜一碟。同时，他还顺便告诉史蒂芬斯，第二位承包商的过滤网很少会用新的；第三位承包商总是不能顺利完工，多次半途而废，手上还有很多烂尾工程，公司马上就要破产了。

史蒂芬斯只是礼貌性地点点头，没把第一位先生的话当回事，他又请第二位承包商先生到书房商谈。第二位先生也告诉史蒂芬斯，其他人所提供的水管都是塑胶管，只有他们公司所提供的才是真正的铜管。

后来，史蒂芬斯又和第三位承包商先生进行商谈。第三位先生告诉史蒂芬斯，其他公司所使用的过滤网的质量都是没有保障的，而且不能保质保量地完工，往往收到了工程款就开始漫不经心，而自己则绝对能做到保质、保量、保工期。

不怕不识货，就怕货比货，有比较才能知好坏。史蒂芬斯已经掌握了这三家公司的大致情况，通过耐心的倾听和旁敲侧击的提问，已经大致了解了游泳池建造的基本要求，第一家公司的所需费用最多，第二家的建筑设计质量最好，第三家的价格最低。经过一番比较和衡量，史蒂芬斯最后决定把工程交给第二家公司，但只给第三家公司提出的标价。经过一番讨价还价之后，谈判终于达成一致。就这样，三个精于计算的商人，最终也没能斗过一个谈判专家。史蒂芬斯只花了很少的时间，就使自己从外行变成了内行，而且还找到了价廉质优的承包商。

这个质优价廉的游泳池建好之后广受亲友好评，好友都夸他是“谈判专家”，对史蒂芬斯的谈判能力也很是佩服。史蒂芬斯却说：“这不是因为我会谈判，而是我用的竞争机制好。我之所以成功，主要是因为这个公开挑选的舞台搭建得好，然后就看他们拿出自己的拿手好戏在台上比拼。竞争机制的作用，远远胜过我驾驭谈判的能力。总之，我选承包商，不是靠‘相马’，而是靠的‘赛马’。”他的话是非常值得我们深思的。

智慧才是真正有用的财富

犹太人的信念里非常尊敬学者。学者地位甚至超然于国王之上，足见其重视程度。对于这个传统，犹太民族是非常自豪的，因为其他民族并不如此，甚至学者地位还不如王公贵族、军士、商人等。

有这样一则寓言在犹太儿童中流传：

传说中，古耶路撒冷有一种精灵，他们做的就是仆役的工作，煮饭、打扫、修理花园。有这么一位小精灵负责管理一个小康之家的花园。他虽然平时闷不作声，但是勤勤恳恳，热爱这份工作和这家主人。主人非常满意他的卖力工作。这种精灵有一个特性，那就是身轻如燕，想去什么地方都是可以的，但是作为一个忠仆，他还是守在家里。但是同行相嫉，其他精灵在背后不停地说他的坏话，精灵头目最终下令，让他去照料北极的一所终年被雪覆盖的房屋。

走之前，精灵说道：“我也不知道为什么，我被逼迫离开你们这里。我停留在这里的时间会很短，一个月甚至是一个星期。不过我可以帮你们实现三个愿望，但最多不能超过三个。”

主人夫妇首要的愿望便是财富。果然，他们能装的箱子和柜子里都塞满了金钱，小麦堆满仓库，酒整整齐齐在地窖里，都快容纳不下了。可他们又不知道该怎么样管理这些财富了，怎么做账？得花多少时间和精力？两人顿时迷惑了，如果有贼来偷，高官贵族要求借贷，国王对他们征很多的税，夫妇俩觉得太过富有反而给他们带来了痛苦。

“还是帮我们消除这些财富带来的烦恼吧！”俩人说道，“穷人的幸福是多么纯粹！财富也并不是那么美好。财富散，贫穷回！”一说完，刚才的一切又全部消失得无影无踪，他们重新过上了安乐祥和的生活。精灵为他们的觉悟而高兴。

关于最后一个愿望，他们请求得到智慧。他们懂得了，智慧才是真正有用的财富。

犹太人不赞同一般的学习形式，一般的学习只是单纯地模仿而没有创新。事实上，学习对思考起着基础作用。《犹太法典》如是说：“学识和能力是无价之宝。”

动脑可以让你脱颖而出

福瑞迪是个 16 岁的小男孩。暑假马上就要来了，他认真说道：“爸爸，暑假我不需要你的钱，我要自己赚钱。”

父亲非常惊讶，欣然同意：“好啊，福瑞迪，我来给你找个工作，但是不容易呢。最近很多公司都不招人。”

“你还是没有领会我的意思，我要自己去找工作而不是通过你。此外，事情并没有那么糟糕，工作总是有的，有些人即使是在经济最不景气时也能找到工作。”

“哪些人？”父亲感兴趣地问道。

“能够动脑思考的人。”儿子自信答道。

福瑞迪开始在报纸的广告版块仔细翻找，发现一份非常适合他专业的工作，广告上要求第二天早上 8 点在 42 街进行面试。福瑞迪提前了自己的时间，8 点差一刻就来了。然而在那里已经排了 20 名男孩，他成了第 21 名。

如何才能让别人注意到他而成功应聘呢？这还真是

难办呢！据福瑞迪描述，唯一的办法就是动脑筋思考才行。一旦思考，就一定会有解决问题的办法。他拿出纸写了些东西折好交给前台秘书小姐：“小姐，请一定把这张重要的纸条交给你们老板。”

她知道了，若他是很一般的男孩儿，她也许会说：“不好意思，请您继续耐心等待。”但是她预感到他不是，他透露着自信的气质。前台小姐收下了纸条。

“好啊！”前台小姐说，“那我先来看看你写了什么。”她不禁微微一笑随即站起来，走向老板办公室，将纸条交给了老板。老板也忍不住大笑，只见纸条上写着：

“先生，我是第 21 个，请不要在没看到我之前做决定。”

他最后得到了工作吗？答案是肯定的，他是那么善于动脑筋。善于动脑的人总是能很好地发现问题、分析问题并解决问题。

面临激烈的竞争，想让自己脱颖而出，表现自己与别人的不同，站在原地傻等着别人或让时间来证明自己是不行的。你必须要学会主动去争取，充分运用你的智慧吧，你会从中找到好办法！

不做井底之蛙

以色列国立大学教授卡兰德拉的同事给他打了个电话，邀请他担任一个试题的评分鉴定人。那位同事想给他的学生答的题目零分，而学生持相反意见。学生对这种测试制度很不满，认为自己理应得满分。老师和学生决定找一个公正无私的鉴定人评判，而卡兰德拉正是那个人。

到了办公室后，卡兰德拉对这个试题进行了仔细地阅读。试题是："请叙述如何用气压计测量一栋大楼的高度。"

学生的答案如下："带着气压计到楼顶，把气压计系在一根足够长的绳子上，往下抛绳子直到气压计垂到地面，在绳子上做个记号；再从楼底下将气压计拉上来，绳长即为楼高。"

这答案很有意思，但学生是否应该获得肯定呢？卡兰德拉认为学生理应得到赞赏，他的答案确实是正确的。但是，若学生完全正确，那么物理考试成绩就是高分；而高分意味着他对物理学知识是了解的，然而他的答案又与此相悖……

卡兰德拉决定再问一下学生这个问题的答案，限时 6 分钟，在他的回答中要体现物理学的知识……最后一刻，学生写下的答案是这样的：带着气压计到楼顶与屋顶边缘持平处并让它自然下落，同时记录下落时所用的时间，根据自由落体定律，由此计算出建筑物的高度。

卡兰德拉就这个答案询问他同事的意见。同事表示认同，这个学生得到了几近完美的评价。卡兰德拉正准备离开时，突然想听听那位同学的其他答案。于是他问学生其他的答案是什么。学生说道：“啊，这个问题的办法是非常多的。例如，在太阳底下测量气压表及其影子的高度，再测出建筑物影子的高度，利用它们之间的比例关系就可以计算出建筑物高度。”

“很好，”卡兰德拉说，“还有其他的吗?”

“有呀，”那个学生说，“还有一个你们理想中的答案。带着气压表上楼，你在登楼的同时，根据气压表上的汞柱高度就可以计算出楼高。这是最简单也是最容易得到的答案。

“当然，还有获得更精确答案的办法，让气压表自然摆动，分别测量地面和楼顶的 g 值。根据两者 g 值差，在理论上来讲可以测算出楼高。”

他接着说：“回答这道题的方法不限于物理方法的话，方法更多。例如，拿个气压表去敲下物业管理的门。当管理人员答应了之后，你只需要向他询问这栋楼的高度并表示把气压计送给他就可以知道了……”

《塔木德》上说：解决问题有很多种途径，不要把自己的思维限制得死死的。相比标准答案，开放式的思考更值得人们去追求！你会知道，原来你不再是井底之蛙，只要跳出井口，你会发现外面的世界如此之大。

第三章

生活的调味剂：心态

世界因心态而不同

塞尔玛因为丈夫的原因随军驻扎在一个沙漠的陆军基地里。丈夫接到命令到沙漠里去演习，她自己待在陆军基地的小铁皮房子里，天气很干燥闷热，差不多到了华氏 125 度。她周围也没有可以聊天的人——除了墨西哥人，就是印第安人，但他们因为不会说英语而没法跟她交谈。她很伤心，便写了一封信，寄给在遥远的以色列的父母，信中说了这些令她伤心的事情。

不几天，父亲就给她回信了，信里没有多少字，就这两行字却让她始终铭记，而且把她之后的生活完全改变了："同样是铁窗，一个人看到的外面是泥土，另一个看到的却是星星。"塞尔玛反反复复地看了好多次，自己觉得很过意不去。她下定决心要在沙漠中找到星星。

她开始跟周围的人交朋友，跟他们学习纺织和制作陶器，他们送给她最喜欢但不舍得卖给观光客的纺织品和陶器。她还开始研究平日里不会被人注意的仙人掌和各种沙漠植物，研究沙漠里动物的习性。她会在沙漠里观看日落时分，寻找珍贵的海螺壳……原来无法忍受的环境成了鼓舞人心、令人留恋的奇景。

故事中的主人公内心为什么发生了如此大的转变呢？

一切都没有变化，沙漠和周围的人都没变，唯一改变的只是这位女士的想法，她改变了心态。想法的差别，让她把起初认为恶劣无比的情况变为最有价值的探险。她为现在的生活而高兴，还自己写了一本书，书名就叫《快乐的城堡》。她按照父亲的回信，终于看到了星星。

另外，在犹太人中有这样一个广为流传的推销员的故事：

两个人都到非洲去推销皮鞋。但是非洲的天气炎热，他们从来都不穿鞋子。第一个推销员一见到这种情况，马上打了退堂鼓："这些人都不穿鞋子，我的鞋子怎么卖出去呢？"所以他就很失望，失败而归。而另一个推销员看到这一情形，十分兴奋："他们全都没有鞋，此处的皮鞋市场有很大的空间去开拓。"所以他利用自己的嘴皮子功夫，让非洲人开始买鞋子，最后带着大量财产归来。

就是一念之差带来了不同的结果。同样的市场，同样的情形，只是一念之差，一个人失望不已，失败而归；而另一个人信心百倍，满载而归。

看一个人是不是成功，首先看他的心态。如果有积极的心态，对待人生很乐观，他就会积极地想办法去解决，这就成功了一半。人与人之间存在的差异是极小的，但这种很小的差异造成的结果有时却会有天壤之别。这点差异就在于我们当时是如何想的，我们小时候接受的教育决定了这种很小的差异，最大的差别就是最后的成败。

凡事认真才能成功

犹太人十分强调专注和执着。犹太家长时常给孩子讲这样一个故事：

柯比是一位木匠，他擅长砍削木头制造一种乐器，那个时候人们把那种乐器叫作镰。柯比做的镰，看到的人都惊叹不已，认为是鬼斧神工。柯比的君主闻听此事后，召见柯比问："你是用什么方法制成镰的?""我只是个简单的工匠，没有什么新鲜技法。"柯比回答说，"我只有体会，在做镰时，从来不分心，而且做到绝对静心。斋戒到第3天，不敢想到庆功、封官、俸禄；到第5天，不把别人对自己的非议、褒贬放在心上；到第7天，我就不知道自己是谁了。此时，心中早已不存在觐见君主的奢望，既不希求赏赐，也不惧怕惩罚。"柯比先让自己不受外界的打扰，再开始选择材料，直至一个完整的镰成竹在胸，这个时候才开始动手加工制作。"如果不是这样，我不会开始的!"柯比向君主详细介绍制镰过程后，继续说：“以上的方法就是用我的天性和木材的天性相结合，我的镰能够闻名天下，大概就是这个缘故。”

这个故事告诉人们，要想成就任何事情，都必须专一、执着、忘我。故事虽然有些夸张，但是强调做事情精神专注、摒除杂念是非常重要的。

卡拉出任纽兰西镇的长官。有一天，他和以前的学生奥莱偶遇，三句话不离本行，他与奥莱探讨治理地方和管理纽兰西的方法。两人相谈甚欢。卡拉讲到自己的治理经验，认为处理政务绝不能鲁莽从事，管理农民更需要从长计议。两人从治理之道又谈到种田之道，卡拉说自己曾种过庄稼。那时，他耕地马马虎虎，无所用心，果实结出来稀稀拉拉；粗心锄草伤到了庄稼，一年下来，到了收获季节，收成无几。听了卡拉的讲述后，奥莱很关心地打听他以后的状况。卡拉吃一堑长一智，总结自己种田的教训，第二年变得细心认真。他告诉奥莱，从此他开始精耕细作，认真除草，细心护理庄稼，没想到当年就大丰收了。

有了种田的失败和成功，卡拉明白了认真的重要性。现在他当镇长，便坚守这条做人的准则。奥莱也常常和别人讲卡拉的事情。一分耕耘，一分收获。种庄稼是这样，干其他任何事都是这样。家长要培养孩子凡事认真的态度，如此孩子方能成器。

乐观者谓之强者

在犹太社会中有一个关于“飞马腾空”的童话故事。

很久之前，一个人由于激怒了国王而将被处死，这个人请国王放过他，他说：“只要你给我一年的时间，我就能让您心爱的马飞上天去。要是一年之后，您的马没能在空中飞翔，我宁愿被处以死刑，也不会有一点怨言的。”国王答应了。

在他回到了牢房之后，另一个囚犯对他说：“你不要夸下海口，马怎么能飞上天呢?”

这个人却说：“在这一年中，可能我自己病死了，又或许国王死了，也有可能那匹马死了。不管怎样，在这一年中，谁又知道会发生些什么呢? 所以只要有了一年的时间，说不定马真的能够飞上天呢!”

犹太民族向来就是一个懂得苦中作乐的民族。我们回顾犹太人经历的流浪的生活，尽管大部分时间他们都在经历着苦难，但他们从来没对生活失望过，始终保持乐观的心态。要不然他们的民族也不会在经历了这么多的磨难之后还能存活下来。正是他们经历的种种苦难练就了他们积极向上的乐观精神。欢笑是犹太民族心中必备的良药，这让他们能始终保持着乐观向上的生活态度。可以这样说，饱经磨炼的犹太民族就是因为心中始终对未来充满信心，有了这种乐观向上的精神，他们才能活下来。

有一对犹太族的孪生兄弟，其中一个特别乐观，而另一个却对生活充满悲观。父亲打算改变兄弟俩的性格。有一天，他买了很多色彩鲜艳的玩具给那个悲观的孩子，把乐观的孩子关在一间全是马粪的房间里。第二天早晨，父亲听到那个悲观的孩子放声大哭，就问："你为什么不去玩那些玩具呢?"

"我会把玩具弄坏的。"孩子还在哭。

父亲叹了口气，来到马房，看见那个乐观的孩子正在兴致勃勃地寻找着什么。

"我给你说，爸爸，我觉得马粪堆里说不定还有一只小马呢！”那孩子兴高采烈地告诉父亲。

乐观的人和悲观的人，他们之间存在的差别是很有意思的：乐观的人看到的是油炸圈饼，在悲观的人看来就是一个窟窿。犹太民族中流传着这样一句话："有十个烦恼远远胜过只有一个烦恼。"在他们看来，当只是遇到一个矛盾时，这个烦恼就会变得十分深刻，因此要是一个人同时有了很多的烦恼，他就应该心存感激。我们经常听说有的人因为一个烦恼而自寻短见，但很少听说有谁因为十个烦恼而想要自杀的。犹太人的这个解释是很有意思的，也可以从中看出犹太人面对苦难时的镇定自若。

珍珠港事件发生之后，尼米兹元帅成为美军太平洋舰队的司令。他为人和蔼可亲，遇到事情时沉着稳定，留着一把大胡子，士兵们都戏称他为"老山羊胡"。有一次，他乘坐的旗舰在海上遇到了敌方的军舰，双方展开了激烈的对决，他一连指挥了好几个钟头，觉得有点支持不住了，就叫旁边的一个水兵给他端一杯咖啡。水兵奉命去端咖啡的时候，因为日机突然来袭，尼米兹就下令关灯，顿时四周都变成漆黑的一片。水兵端来了咖啡，在黑暗中寻找尼米兹，可找了很久都没有找到他，很不耐烦地说："您的咖啡来了，'老山羊胡'在哪儿呢?"不料尼米兹就站在他旁边，说："山羊胡子就在这里呢，不过记住啦，下次可要去掉那个'老'字哟!"

幽默感能够很好地调节精神生活，让我们紧张的情绪得到缓解，进一步促进人与人之间的情感交流。因为尼米兹有了十足的幽默感，所以听到下属的戏称时他并没有生气，而是很轻松地化解了十分尴尬的场面。"幽默能让人得到放松，只有那些真正的贤者才能在任何情况下，时时刻刻都是开开心心的。"

对于犹太人来说，勇气和希望深深地埋藏在他们的心底，是谁都不能夺走的。因此，他们一直都积极向上，哪怕是在世界上最恶劣的环境中。苦中作乐是犹太民族突出的智慧。犹太人经常说："笑是人生中最好的疗伤药。"在犹太人看来，只有真正的强者才能拥有真正的幽默感，因此他们都很看重幽默。笑能让他们在痛苦中得到安慰，能让快乐的犹太人更加充满激情，但是，犹太人觉得笑还具有更大的力量；只要看重笑，它就会成为人类拥有的所有的能力中最有力量的武器。犹太人觉得幽默就是要让人能够笑起来。在犹太人看来，他们都面临着巨大的生活压力，他们难以用泪水和呻吟来化解它。再大的痛苦也不能让他们停止享受快乐的生活。

幽默是人拥有的最强大的力量。它能让人的心情得到放松，拥有随和健康的心态。因而，每当遇到尴尬的情况，犹太人总是爱用笑话来活跃气氛。犹太人也经常教育他们的孩子把幽默当作一种不可或缺的精神食粮。因为他们觉得只有那些真正坚强的人，那些不轻易屈服的人，才能在遇到危机的时候，能在最短的时间里逃离那些困难的境地，从客观的角度来审视自己、观察自己。在犹太人看来，幽默既能代表强者的韧性，也代表着强者的那种胆识。因而，他们也要让自己的孩子拥有这样的幽默。

打开紧锁的心门

“今天，我一定不会答应他们的要求。”犹太老妇人在出门之前这么想。

这一天，雨特别大，她却顾不上天气恶劣还是跑了出来，就是想赶紧结束眼下这件事。犹太老妇人是个有名的慈善家。时至今日，她总是不时地捐东西给遭到天灾人祸的难民，还常给穷苦的市民送去衣物。可是，这一次却和以往都不一样，她无法像平时那样爽口答应。虽然是为了解救孤苦无依的孩子，可是他们的条件也太过分了，居然要她捐出祖传的土地来建造孤儿院，她实在很难接受。世世代代传下来的那一片土地，对于她来说有着特殊的意义，在她的内心深处有着太深厚的感情，何况，她自己也年岁已高，以后还要靠这块土地来养老，这关系到她以后的生活。说得严重一点，如果她的生活中失去了这块土地，那么她整个生活都将被打乱。

“无论他们怎么请求，一丁点儿同情心我也不能有，否则……”想着想着，犹太老妇人加快了脚步。

狂风大作，雨也倾盆而下。一会儿，她就到达了目的地——一家古色苍然的慈善机构。她推开大门，走进去。因为雨天的关系，走廊上很湿。她在门口寻找拖鞋，却找不到。

“请进！”突然响起一声明朗的声音，一位女办事员走了过来。那位女办事员看到犹太老妇人没有拖鞋穿，就毫不犹豫地把她自己的拖鞋脱下来给犹太老妇人穿上。

“实在是抱歉，所有的拖鞋穿完了。”那位小姐还连连向她恳切地赔不是。

犹太老妇人看到那位小姐因为把鞋让给自己而站在湿漉漉的地上，袜子瞬间浸湿了，内心十分感动。与此同时，她也突然领悟到了“施与”的真正意义。

她想：“平时，大家都说我是个慈善家，可是，我的慈善行为究竟为社会做出了多大的贡献？我捐出去的到底是些什么？不过都是些自己不用的旧货，或者是挪用多余的零用钱罢了。那根本都算不上是‘施与’，顶多可以说是一种‘施惠’。所谓的‘施与’，应该是拿出对自己来说是最重要的东西，那才弥足珍贵吧！”

犹太老妇人的内心改变了主意，她决定捐出那块祖传的土地给这个慈善机构，为那些孤儿搭建一个温暖的家。

“拖鞋很暖和。”犹太老妇人对那位女办事员说道。女办事员红了脸，尴尬地说：“不好意思，我一直穿着，所以……”

犹太老妇人发现她误解了，就连忙打断她的话：“不，不，你理解错了，我是想说，你让我感受到了温暖，我从这温暖里得到了很多，也明白了很多事情！”

犹太老妇人对她亲切地笑了笑，然后朝着经理办公室急步走去……

《塔木德》是犹太人的经典之作，它告诉我们：“黑夜里不只是只有你一个人，有人愿意弯下腰点一堆火来温暖他人，就会有人再接着这样做。”很多时候我们觉得这样已经足够了，而众多的犹太拉比却教会孩子们懂得：真正的关心与施与，需要付出真心真意，只有心里时刻装着别人的人，才能从别人那里获得相应的感受。

用耕耘除去荒芜

休谟的弟子，每一个都才华横溢。这位先哲在他的晚年弥留之际就已经做好一切打算，一天，这位先哲意识到自己将不久于人世，但心中还是不大放心这些弟子，于是就下定决心露天讲授最后一堂课。

“你们看，这田地里有什么?”休谟问。

“杂草。”弟子们齐声回答。

“有什么办法可以除掉杂草吗?”

众弟子不禁有点摸不着头脑，心里说：这不是很容易做到吗?

首先开口的是大弟子：“我只需要一把锄头。”

二弟子马上就补充说：“我看还是用火烧更快。”

三弟子反驳说：“除草要除根，必须深挖。”

待弟子们依此回答完，休谟微微一笑，站起来说：“课就上到这里。作业就是，你们回去后按照自己的方法去清除一片杂草，一年后我们再回来看看成效。”

一年时间过得很快，当弟子们再次相聚时，个个都面面相觑，都很苦恼，因为无论他们采取什么方法，都除不净这些杂草，有的反而更多了。因此，他们焦急地等着向老师求教。

然而先哲休谟已经与世长辞了，但留下了一本书。书中有一段话是这样讲的：“你们说的那些方法远不能根除杂草，因为杂草具有顽强的生命力。要将田野里的杂草除掉，最好的办法就是在田野里种上庄稼。从某种意义上来说，其实你们的心灵也是一片田野。”

犹太哲人们认为，心灵就像一片田野，根除杂草的最好的办法就是在田野里种上庄稼。田野杂草丛生的原因，有时并不在于杂草本身，而是因为这片田野确实荒芜得太久了。所以多多在你心灵的田野撒播希望、快乐……在孩子的心中播种这些美好的种子，他们心中的杂草自然就会被除干净，他们将享受到美好的心灵，拥有美好的人生。

带给别人阳光

从前，有个叫埃尔莎的犹太小女孩。她的奶奶年纪很大了，头上布满了白发，脸上也满是岁月的风霜。

在山上，埃尔莎的父亲有一座大房子。每天，太阳从南边窗户照进埃尔莎的房间，照亮了房子里的一切，闪闪发亮。可奶奶却住在另一边，太阳无法照进她的屋子里。

一天，埃尔莎认真问道："为什么太阳照不进奶奶的屋子里呢？我想，她肯定也渴望着阳光。"

"太阳公公的头没有办法探进北边的窗户。"她父亲说。

"那要不，我们转个房子的方向，爸爸。"

"房子转不动啊。"爸爸说。

"那奶奶没有办法得到一点阳光了吗?"埃尔莎问。

"当然了，好孩子，但你也许可以给她带进去一些。"

从此，埃尔莎就拼命地想，想着怎么样才能把阳光带给奶奶。

当她在田野里玩耍的时候，小草儿向她微笑，花儿向她招手。鸟儿在树和树之间跳来跳去的，还一边唱着动听婉转的歌儿。

太阳之下的大地万物仿佛都在说：“我们热爱阳光，明亮、温暖的阳光。”

“奶奶也渴望着阳光呢，”孩子想，“我一定可以带给她阳光的。”

一天早晨，在花园玩耍时，她的金发被太阳温暖的光线照得更加闪耀。她看见衣摆上也是满满的阳光。

“我可以用衣服包住阳光，”她想，“这样就能带到奶奶那儿去。”于是，她高兴地跳了起来，赶紧跑到奶奶的屋子里去。

“看，奶奶，看！我把一些阳光给你带了回来！”她叫着，迫不及待地打开衣服，但是一丝阳光也没有。

“孩子，阳光正在你的眼睛里闪耀呢，”奶奶说，“你金色的头发里也闪耀着阳光呢。你就是我的阳光啊。”

埃尔莎还不太明白阳光怎么又钻到她眼睛里去了。但奶奶高兴，她就非常高兴。

每天早上，她在花园里玩耍之后，都要快速地跑进奶奶的屋子里，让奶奶看到她眼睛里和头发上的阳光。

为了能够给奶奶带去阳光，小埃尔莎每次都通过自己的眼睛和头发为奶奶带去阳光。尽管幼稚却甚是可爱，足以看出她具有高尚的心灵。小埃尔莎在行为上所表现出来的，正体现了她关爱奶奶的纯洁心灵。

我们每天沐浴在阳光之下，是否能把阳光带去给那些寒冷的地方呢？我们是否愿意用爱的阳光去解救在黑暗中的人以慰藉他们冰冷的心？

当我们理所当然地享受的同时，让我们尽自己所能来关心需要帮助的人，让他们也一同感受那份温暖，一旦我们这样做，我们也会成为别人心中的太阳。

永远保持乐观

美国一家餐厅的经理叫詹姆斯，他的心情总是非常好。每当有人问起近况时，他总能够带来一些好消息。他总是回答说：“我过得太幸福啦！”

即使他跳槽，服务生们也跟着他换工作，这是什么原因呢？詹姆斯很善于激励员工，如果有某位员工走了霉运，詹姆斯总是能够很好地开导他，让他想法积极点。

约翰很好奇这样的情景，有一天约翰忍不住问：“肯定会有烦恼的时候吧，你是怎样才做到那么乐观积极的？”

詹姆斯回答：“我每天早上起来对自己说，摆在我面前只有两种选择，要么选择好心情，要么选择坏心情，我当然选择好心情。即使发生了不好的事情，我也可以选择因受伤害而悲伤，但我更愿意从中吸取教训，避免下次再犯同样的错误。每当有人向我诉说烦恼和抱怨，我可以陪他一起抱怨，或是指出生命的光明面，但生命的光明面总会成为我的选择。”

“但并不是所有事都可以轻易这么做啊！”约翰很是

不理解他的这个回答。

“事实确实如此，”詹姆斯说，“生命中有很多的选择，每一次抉择都面临一种情境，你该如何选？你的选择最终又会导致什么结果？你选择好心情还是坏心情，关键看你选择过一种怎样的生活。”

数年后，约翰听说了詹姆斯做了一件别人无法想象的事：有天晚上打烊时詹姆斯没有关餐厅后门，不巧有三个歹徒入室抢劫，威胁詹姆斯打开保险箱。由于当时实在是太紧张了，詹姆斯将一个号码弄错了，歹徒惊慌之下竟朝詹姆斯开枪射击。不幸中的万幸，邻居不久发现了受伤的他，赶紧将他送到医院进行抢救，经过 18 个小时的抢救和长时间的休养，詹姆斯基本痊愈出院，但是他身上还留有子弹。

此事约一年半后，约翰和詹姆斯相遇，约翰问他最近生活如何。他还是那句：“我简直太幸福了，让你看看我的伤痕。”约翰婉拒了。约翰问起了关于歹徒闯入当晚所经历的一切，和他的心路历程。詹姆斯答道：“我首先想到的是我当时应该锁门的。当他们把我击倒在地板上时，还记得当时我自己还是面临两种选择：是生存还是毁灭，我选择生存。”

“你就没有害怕吗？”约翰问他。

詹姆斯继续说："医护人员真是让人佩服，他们一直安慰我。但是在被推往急救室的路上，他们的脸上有掩饰不住的焦虑与忧愁，我当时真的害怕了，从他们脸上仿佛可以看出——这个人已经没救了！我知道要依靠自己的顽强求生。"

"那你采取了什么行动呢?"约翰问。

詹姆斯说："有个护士大吼着问我问题，她问我有没有过敏的东西。我回答：'有。'这时，所有人都不再说话了，等着我的回答。我平静了一下自己说：'子弹!'他们哈哈大笑之后，我直接跟他们说，'我的选择是继续活下去，请把我当作一个活生生的人来开刀，而不是一个活死人。'"

詹姆斯的成功获救当然得益于医生的妙手回春，但同时他令人惊异的态度也是非常重要的。我们可以思考，要选择享受你的生命还是憎恨你的生命。这是关乎你自身的选择权利，你的态度是没有人能够控制或夺取的。你若能意识到这一点，生命里许多事情就会相对简单一些。

有生命才有希望

有位不甘于平庸生活的青年，他觉得所有的一切都是无聊和痛苦的。为了能够获得刺激，青年去参与极限挑战。

活动是这样的：独自一人在山洞里待 5 个昼夜，没有任何光、火和粮食，每天只供应 5 千克水。

第一天，青年很兴奋。

第二天，饥寒交迫和恐惧感的侵袭，再加上周围都是漆黑一片，没有任何动静，他开始怀念以前的平安无忧的日子。想起母亲从很远的乡下赶过来，就为了给他送点小菜或是一双棉鞋，想起了日夜与自己相伴的妻子在寒夜给自己盖好被子，想起了懂事的儿子，颤颤巍巍地拿给他水，甚至想起了前天吵架的同事也曾帮助自己买了一份工作餐……

渐渐地，他后悔起以前的生活态度来：无所事事，整天不知道干什么；懒懒散散，对什么都不上心。

第三天，他快坚持不住了。可是世间的种种美好的事情让他坚持了下来，第四、第五天，他在饥饿、孤独、后悔中不断反省自己。

他痛恨自己把母亲的生日给忘了；他懊恼妻子怀孕时自己没有尽到照顾的责任；他悔恨不信任朋友，仅凭一面之词就和对方断交……他这才发现竟然有那么多需要自己努力弥补的事情。可是，他自己真的没有办法确信，他能不能扛过去。此时，正悔恨懊恼时，洞门开了。

阳光照射下来，天上白云朵朵，花香飘来，鸟鸣传来——他重新回到了那个充满鸟语花香的人间。

青年缓缓走下石洞，脸上终于浮现出很少见的微笑。有一句话是他这 5 天一直用心记着的，那就是：活着就是一件很幸福的事。

丢掉烦恼，敞开怀抱，乐观快乐地对待生命的每一天，你才能好好生活。

一位名人去世了，他的追悼会有很多朋友来参加。昔日令人羡慕的人如今也不过归于一方骨灰盒，他失去了万贯家财，宽敞的楼房，骨灰盒就是他最后的安息之所，其他什么都没有了。

从追悼会上回来，差不多所有人都会受到很大启示，那么自信耀眼的人，所有人都无法与他斗智斗勇，可他终究斗不过命。一旦人死了，什么都没有了。

有人想：活着的每一秒都要过得幸福，无论有什么利益、权力和权势，风光了一世，还不得一个人孤零零地离开这个世界？

每次追悼会都是一次洗礼。从死亡的地平线上走过之后，才认识到活着的意义是什么。

死亡如此震撼，活着如此琐碎，死亡容易引起我们的震撼，然而活着的琐碎更容易把我们淹没。看淡那些纷繁的琐事纠葛，让我们珍惜活着时幸福快乐的每一天。

第四章

决定未来的力量：习惯

独立思考

一个小学生在认真地做作业。这是一系列加、减、乘、除的四则应用计算题，非常难，非常复杂。他额头上不知不觉地渗出细珠般的汗水。正在这个时候，一个微型机器人出现了，手里提着火柴盒般的一个小箱子，一跳一蹦地来到小学生跟前，细声细气地冲他问："朋友，你在演算吗?""嗯，是——"小学生看了一眼就继续学习。他不愿分散注意力，爱理不理地嘟囔一声了事。"你计算遇到了困难了吗?""唔，有点儿——"小学生不情愿地回答。"那么，"细声细气的声音紧接着响起来，"我送给你一台计算机吧。""做什么?"小学生的声音显然很不高兴。"不做什么，只是想帮帮你。"细声细气的声音倒是很和气，仿佛在赔不是似的。小学生似乎余怒未消："怎么帮?帮什么?……""这个你也知道，"细声细气的声音又开始了，"你何必苦思苦索呢?按几下我带来的计算机就得了。我可以帮你把所有的问题都写完，而且正确无误，速度快。"余怒未息的小学生，用粗嗓门儿说："不，我不想要计算机!""你不要我帮助?”机器人十分失望，大声问道。“不，不，”小学生摇摇头，“我要靠我自己！我要的是自力更生!”后面四个字说得很响很清楚。机器人吃惊地说：“你、你、你要开发新的计算机？……”“嘻嘻!”小学生笑出声来，“计算机本来是人发明的，他帮助人们工作，但它并不能代替人思考！你知道吗?”机器人细声细气的声音现在变得软弱无力，低声下气地说：“那么……那么计算机何用之有?”“人能思考，独立自主地思考一切。”小学生说着，指指自己的脑袋，“我先要使用我自己的‘计算机’，然后才使用你带给我的计算机——是我主宰你做什么!”机器人被小学生揭去了罩在身上的神秘面纱，恍然大悟地说：“噢，原来如此：我和计算机都不过是按照人指定的程序动作办事，难怪我没有自己的想法!”“哈哈，你明白这个道理就好。我相信依靠我自己不断的努力思考，一定能把算术题全计算出来，日后还会有新的计算机和机器人。”小学生放大了嗓门儿说话，但是很有礼貌地一字一顿地说：“再见，机器人!”

小朋友们应该欢迎人家帮助，也应该乐于接受帮助，可要让对方在自己努力的基础上来启发自己，帮助自己，最后能够依靠的还是自己。否则，别人的帮助反而会使你养成依赖的坏习惯和不良的惰性。这个小学生虽然年龄不大，却懂得自主思考，这很值得孩子们学习。

“学而不思则罔，思而不学则殆。”意思就是说，只是单纯地学习而不去思考就会使你迷茫，得不出结果；单纯地思考而不去学习就会使你产生疑惑，也得不出什么正确的结论。其实这句话讲的就是思维的意义所在。培养孩子的思维能力并不仅是老师的事情，也是家长的事情，几乎可以说随时随地都可以做到。思维是一项高级的智力活动，它有一定的规律可循，在实际操作中，可以多加利用。如此看来，培养孩子的思维需要注意什么呢？犹太家长是这样做的：

第一，让孩子处在问题情景之中。问题被提出才得以开始，接着便是一个问题的解决过程，所以说问题是思维的引子，解决大量问题的大脑才比较灵活。当孩子爱提各种各样问题的时候，家长要跟孩子一起讨论、解决这些问题，家长的积极主动对孩子影响很大。若自己也无法解决，可以通过请教他人、查阅资料、反复思考获得答案，这个过程最能提高孩子的思维能力。孩子一两岁以后，就不像以前那么爱向家长提问题了，家长要相应进行提问。

第二，利用想象打开思路。想象力让思维不受束缚。因此，要善于提出各种问题，让孩子通过猜想来打开思路。牛顿从树上掉苹果而产生想象，进而研究出万有引力定律。某物理学家在评论爱因斯坦时说："他的力量源于想象。"这些都从一个方面说明了想象的重要性。让孩子开始想象不是件难事，关键在于家长随时随地的启发。比如，当看到汽车圆圆的轮子时，可以让孩子想象一下圆的轮子还可以用在什么上面。随便提出什么需要想象的问题，孩子们都会告诉你各种匪夷所思的答案，大大出乎你的预料，这个时候千万别嘲笑孩子的创意，打击他的积极性。

第三，要有丰富的知识与经验。随着知识的丰富，孩子的思维还会变得更加活跃，因为丰富的知识和经验可以使孩子产生广泛的联想，使思维灵活而敏捷。著名的化学家门捷列夫，他的主要贡献是元素周期表的制定，但他不仅仅懂化学，还对物理、气象等科学领域都有涉猎，才制定出元素周期表。孩子的阅读能力有限，家长可以让孩子多阅读画本，还可以和孩子一起找动脑筋的故事，如寓言故事、科普性读物等，可以常常拿出来和孩子一起讨论。

第四，培养孩子独立思考的习惯。有的孩子遇到疑难问题，时常依赖父母；有时候孩子还在自己思考的过程中时，家长就急着告诉孩子答案。虽然当时解决了问题，但从长远来说，这对发展孩子智力没有好处。因为家长经常这样做，孩子必然会等家长的答案，而不是自己去寻找答案，这不利于培养孩子的独立思考能力。高明的家长面对孩子的问题，应告诉孩子寻找答案的方法，引导孩子分析解决问题，怎样运用自己学过的知识和经验、怎样看书、怎样查参考资料等。得到答案的孩子获得成就感，也有了进步的动力。

第五，讨论、设计解决实际问题的思路。孩子面对任何问题，家长都应引导孩子并与孩子一起共同讨论、设计解决问题的方案，并付诸实施。这个过程中，需要分析、归纳、推理、解决问题。这对于提高孩子的思维能力和解决实际问题的能力大有好处。

树立好榜样

犹太家长教育孩子树立榜样的第一件事是看身为榜样的人是否值得自己学习,这样可以避免日后发现榜样让自己失望时孩子所受的伤害。犹太儿童经常听大人们讲这个故事:

在一个寂静的夜晚,黑暗中,一只色彩斑斓的蝴蝶,没有目标地乱闯。忽然,它发现远方有一点点火光。“那是什么啊?”蝴蝶被火光吸引。它想都不想就向火光快速地飞去。它靠近了火光,兴奋地绕着火焰飞啊飞,多么美丽哟!不过,蝴蝶还想要更近地感受火焰,它还想品尝一下,就像吮吸田野上的花蜜一样。它优美地在火焰上方盘旋。啊!多么可怕的教训!它惊恐地一跳,逃开了。在火光的照耀下,蝴蝶发现自己缺了一条腿,非常漂亮的翅膀尖儿也被烧焦了。“发生了什么?”蝴蝶不知道怎么会这样。这美丽的“光亮”竟然伤害了自己?真是难以想象!蝴蝶带着这种疑虑,休息了一会儿,等恢复了力气，又重新开始“品尝”。被火光迷惑的蝴蝶，眼睛紧紧地盯着跳跃的火焰，它奋不顾身地扑向了火焰。蝴蝶没有遇到任何东西的阻拦，一下子跌在油灯的油盆里。在生命弥留之际，蝴蝶低声嘀咕道：“可恶的火焰，你太让我失望了！我现在唯一能做的就是为自己疯狂的梦想哭泣！可惜，我马上就要死了，是你害了我！”火焰听见蝴蝶的抱怨，心平气和地回答道：“你真可怜，我又不是太阳！我是火焰。你知道吗？火焰！不谨慎的人不但不会使用我，而且还会自焚！”

犹太父母用这则寓言教育孩子：盲目崇拜会像蝴蝶一样。无论是在学习还是在自己的成长过程中，我们都要选对榜样，不能像故事中的蝴蝶一样，错把火焰当作自己的偶像，结果断送了性命。选择正确的偶像，积极地学习，从身边做起，才能离目标越来越近。

在很久远的时候，鹰王就被认为是价值、尊严和权力的象征。很多国家的国徽中都有鹰王的形象。

有一只高傲的鹰王，年老之后独居高处，并在那里独居多年。一天，他感到死期将近，唤来自己的孩子。等他们聚齐了，鹰王一个一个地看着他们，说："我养育你们，是希望你们有一天可以拥有仰望太阳的力量。我把那些视力低下的孩子——你们的兄弟们都饿死了，因此，你们有资格也有能力比其他鸟类飞得更高。那些还想活命的鸟都会远离你们的巢穴。"孩子们恭恭敬敬地听着鹰王的教诲，不断地点着他们高傲的头颅。停了片刻，鹰王继续说道："惧怕你们的还有野兽，但是，你们不能伤害尊敬你们的野兽，并且应该把你们吃剩的食物让给他们吃。""是的，我们遵命……"所有的鹰一齐低声回答。"我就要死了，"鹰王说，"但是，我绝不会死在巢里，我要飞向那辽阔的苍穹，飞到翅膀能把我带到的天空，我要飞向那万能的太阳。若能飞到太阳身旁，我的羽毛会被阳光焚烧，我会飞速地俯冲入海。在大海中，我会神奇地复活和恢复青春，获得新生。这就是鹰的天性，这就是我们高贵的命运。"之后鹰王就飞走了。他庄重、威严地先围绕孩子们居住的高峰飞了一圈。接着，他猛然向高空飞去，飞向太阳。

从鹰王那里，孩子们懂了尊严的宝贵。故事中的鹰王选择最高贵、最勇敢的方式结束自己的生命，他将自己变成了山鹰们的标志，成为他们的楷模。

“榜样的力量是无穷的。”对青少年来说这一点更为重要，榜样对于幼小的孩子影响更为深远。犹太人对这个问题是这样看的，他们认为，孩子出生以后，首先接触的就是父母及其家庭成员，孩子最初的行为都来自父母。因此，家长要特别重视榜样对孩子的巨大影响，时时处处给孩子树立好榜样。苏联的著名教育家马可连柯曾经讲过：“最重要的教育方法是家长的榜样作用。”如果家长处处以身作则，其一言一行都会成为孩子的表率，这不但会让孩子更加信服父母，也能帮助家长更好地管理孩子的言行。

所以，在日常生活中，家长要做好带头作用。要求孩子做到的，家长首先要做到；要求孩子好好学习，做一名好学生，父母首先就要事业有成；要求孩子和同学团结友爱、互相帮助，家长自己首先要与邻里和睦相处、友好往来，不小心眼儿，不占小便宜，公正无私。

如果家长能始终如一地这样严于律己，就会在不知不觉中影响孩子，也就会赢得孩子的信赖与尊敬，因为家长本身的言行就具有一种实实在在的巨大的教育力量。

亲身实践

你是否听过《小马过河》的故事?

从前有一匹小马驹，它从没渡过河，不知道河水有多深，就去请教正在河旁的老水牛和小松鼠。老水牛对小马驹说:“这条河的水很浅，可以过得去。”小松鼠却给了它相反的回答。小马驹听老水牛和小松鼠说的不一样，顿时就没了主意，跑去问妈妈，妈妈建议说:“你自己下水去试试，不就明白了吗?”小马驹听了妈妈的话，小心翼翼过了河。原来河水并不像老水牛说的那么浅，也没有小松鼠说的那么深。

这个故事中的小马妈妈教育小马的方法就很得当。小马妈妈没有给出直接的答案，而是鼓励小马亲自尝试寻找答案，让它在这个过程中自己得出结论。这种方法与我们很多父母的“训诫”教育相比，能使孩子更深刻地体会到实践的重要性。

犹太人经常强调的一点是：父母是孩子的启蒙老师。但很多父母在教育孩子时，往往只是直接灌输自己的过往经验，代替孩子回答问题，而不是启发孩子，帮助孩子自己寻找答案。

孩子的成长过程也是认知的过程，大人已经获得的经验无疑可以帮助孩子更好地成长，但孩子的亲身体会要比大人的教诲深刻得多，即使孩子在亲身体会的过程中犯了错，我们也要给孩子犯错误的权利，因为就算他们犯了错误，也有能力改正自己的错误，而他们从中得到的经验教训才是最宝贵的。

犹太长辈们还时常给孩子们讲这样一个故事：

很久以前，森林中的所有动物，谁也弄不清楚森林里到底发生了什么灾祸，不知道古树下面的秘密。这个消息传开之后，传闻变得越来越玄乎，大家议论纷纷，最后，大家都说古树下面出现了可怕的怪兽，森林动物的末日就要到了！动物们害怕极了，大家一起商量解决的办法。经过大家的苦思冥想，最后，他们不得不求助于狐狸。他们说："狐狸老兄，你最聪明，请你发发善心，想想办法弄清楚到底发生了什么事，打探一下古树的秘密。”

在动物们的苦苦哀求下，狐狸一再推辞，最后才勉强答应去看看。但是，狐狸不想让别人陷自己于险境。因此，他迟迟不肯动身。狡猾的狐狸想了半天，决定先派自己的朋友、好奇心极强的喜鹊去看个究竟。喜鹊在古树上空盘旋了很久，才发现在茂密的古树树叶下有两颗闪闪发光的亮点，还听到了不停扇动翅膀的声音。喜鹊自己也吓得胆战心惊的，便急急忙忙地飞回来，将自己的发现告诉了狐狸。狐狸立刻召集森林中的动物开会，说：“朋友们，我们大难临头啦！森林要毁灭啦！古树下面的秘密就是，那里有个大怪物。目前，我们还没法看清怪兽的獠牙和鬼脸，也无法听到他的鸣叫和怒吼。不过，我不想拿自己的生命冒险，我也奉劝各位，别拿自己的生命开玩笑！”狐狸的话音刚落，就夹起大尾巴，窜入密林深处逃命去了，其他动物听了也纷纷逃进了森林。

其实，那棵古树下并没有什么怪兽，只是一只大眼睛的猫头鹰在茂密的叶丛中栖息着。它现在也很困惑，不知为什么森林中的动物都惊恐地逃跑，也不知为什么森林变得死一般沉寂。动物们都不亲自尝试，没有弄清楚事情的究竟，结果搞得自己惶惶不可终日。

对于孩子来说也是一样的。孩子在日常的学习和生活中会有许许多多的疑问。家长们要明白，孩子的疑问会有助于他们自己的学习。犹太家长在孩子有了疑问的时候，先不忙着给孩子正确的答案，而是引导孩子自己寻找答案，借此启发孩子的探求欲望，这样，孩子的分析问题能力和解决问题能力将会得到提高。家长们应该像犹太家长那样，鼓励孩子自己寻找答案。

不以貌取人

有一个没有见识过什么大世面的小老鼠，有一次回家对母亲说：“妈妈，我被吓到了！我发现了一个很大的东西，不知道那是什么东西。在它头上有一个红冠，眼神也特别凶，一直盯着我看。它的嘴巴尖尖的，靠两条腿走路。突然，它伸出了长长的脖子，把嘴巴张得很大，发出的声音特别吓人，我以为它要把我吃了，我就使劲儿往回跑。我真是倒霉。因为我之前看到一个十分可爱的动物，个子很高大，要不是出现了那个庞然大物，我会和那个可爱的东西成为好朋友的。他的眼神很温和，像是没有睡醒一样。它的毛跟我的一样柔软，不过它的颜色是灰白的。它看我的眼神很是温和，还摇着长尾巴。我觉得它想跟我说话，我原本想靠近它，就听见那只可恶的大家伙开始叫了，我就只好跑回来了。”

母鼠听后说：“傻孩子，你跑回来就对了。你看到的那个恶狠狠的东西是不会伤害你的，那是一只不会伤害我们的公鸡。反倒是那个你很喜欢的动物很危险，它是猫，它会一口把你吞进肚子里，那是我们最大的敌人。”

还有一个关于孔雀的寓言：

百鸟聚在一起要选出鸟中之王。孔雀翘起了尾巴，展示自己美丽的屏，自诩为鸟中的佼佼者。因此所有的鸟儿都选它为百鸟之王，因为它的确是太漂亮了，任何鸟儿在它的美貌面前都显得那么平庸。但是喜鹊说话了：“孔雀，请你给我们说说，要是你成了鸟中之王，万一有敌人来危害我们，你会怎样来保护我们呢?”孔雀被问得哑口无言。

我们在对待人和事物的时候，不能够仅仅盯住眼前的一点表象，因为它只反映了这个人或者这件事目前的状态。我们要懂得美丽的白天鹅是从丑小鸭变来的，美丽的蝴蝶是从丑陋的蛹变来的，不要以貌取人，应该将目光放得长远些，对人和事从本质上进行分析、判断，只有掌握了这种能力，才可能做出正确的决策，否则就可能会犯急功近利的错误。

分清主次

萨缪尔森教授在给马上就要毕业的 MBA 班的学生上最后一次课，让所有的学生都觉得很费解的是，他在讲桌上只放了一个大铁桶，铁桶周围还有一堆不大不小的石头。“我把能教的都教给你们了，现在我们就开始做最后的测验吧。”教授将所有的石块都放进了铁桶。

当再也不能往铁桶里面放石头时，教授停了下来，问道：“现在铁桶是不是已经没有空间容下任何东西了?”

“是的。”学生们异口同声地回答。

“事实果真是这样吗?”教授又问。

接着，他不慌不忙地又从桌子下面端出一桶小的碎石。他抓起了一把碎石头，铺放在装满石块的铁桶上面，然后慢慢摇了摇，接着又抓起一把碎石……一会儿之后，全部的碎石就被装进了铁桶。

“现在我们是不是再也不能往里面加任何东西了?”教授继续问。

“还能继续装吗？”经过前面的事情之后，学生们不再盲目地说出答案了。

“是的!”教授说着，又从桌子底下端出了一小桶细沙，将它们全都倒在了铁桶的表面。 教授又轻轻地摇晃着铁桶。 一会儿之后，铁桶表面的细沙就全部融到铁桶里去了。

“现在铁桶被完全装满了吗?”

“应该没有吧。”虽然学生们嘴上是这样回答的，但是心里对自己的答案并不是很确定。

“确实是的!”教授脸上露出了满意的笑容。 这一回，他又从桌子下拿出了一罐水，小心翼翼地将这些水倒进铁桶。

水罐中的水全都被倒完了，教授抬起头来，笑着说：“你们能从这个小实验中明白些什么呢?”

一个学生抢着回答说：“它说明了，就算你的日程排得再满，只要你愿意去挤，就会有更多的时间。”

“有点儿意思。 但你还是没有抓住问题的关键。”

教授停顿了一下，说道：“这件事情告诉我们的是，如果你第一次放进铁桶的不是石块的话，那么你就再也没有机会把石块装进桶里了，因为铁桶早已被碎石、沙子和水占满了。 要是你先放的是石块的话，铁桶就会出人所料地装下很多其他的东西。 在以后的职业生涯中，你们必须很好地区分什么是石块，哪些是沙子，哪些又是水，并且要把石块放在最重要的位置。”

那些习惯于用最高的效率去做一些毫无意义的事的人是最没有效率的。总是最先做最重要的事情的人，常常就会有很多空闲的时间。做完最重要的事情之后，他们还有很多时间去做那些不是特别紧要的事儿，仿佛就像即使装满了石块的铁桶还是会有装下碎石、细沙和水的空间一样。犹太人总是会教育自己的孩子，要把自己最主要的精力集中到能够给自己带来最大价值的事情上，别在那些毫无意义的事情上停留太久。

创新无处不在

在 1926 年的时候，犹太人兰德才 17 岁，他是一名哈佛大学的新生。有一天晚上，当他走在繁华的百老汇大街的时候，强烈的汽车灯光刺得他睁不开眼。他突然想到了一个问题：有没有可能既让车灯照亮前面的路，又可以不危害到行人？他觉得这是一件很有价值的事情。于是他说干就干，第二天就去学校办理了相关的休学手续，全身心地投入到了偏光车灯的研究中。

两年之后，他的第一块偏光片制成了。他急忙赶去申请专利，不料在他之前已经有几个人申请了这个专利。他花费很大心血做出的成果就这样付之东流了。三年之后，他改进了自己的偏光片，终于在 1934 年获得了自己的专利，这是他人生的第一项专利。

在 1937 年，他成立了“拍立得”公司。有朋友把他推荐给一些华尔街的大老板，他们都十分看重这个年轻人的才华和胆识，给他提供了 30 多万美元的贷款，寄希望于他能让美国所有的汽车都能安装上这样的车灯，从而减少车祸，保证人们的安全。

1939年时，拍立得公司在纽约的世界博览会上展出的立体电影更是吸引了众多的眼球。观众必须要带上该公司定制的眼镜才能进场，这又让拍立得狠狠地赚上了一笔。

有一回，他给女儿拍照。小女孩极不耐烦地询问爸爸："爸爸，我要等到什么时候才能看到照片啊？"女儿的这句话深深地触动了兰德，又经过几年辛勤的研究，他研制成功了瞬时显像机，名为拍立得相机。该相机可以在短短60秒的时间内让人看到自己拍的照片，也被称作"60秒相机"。

在1937年公司刚刚成立的时候，拍立得一年的销售额仅为14.2万美元，四年之后就达到了100万美元，在1947年的时候就达到了150万美元，比十年前多出了好几倍。拍立得相机进入市场之后，公司的销售额从1948年的150万美元猛增到1958年的6750万美元，在短短的十年时间里销售额就增长了45倍之多。

但是兰德并没有因此停下他继续探索的脚步，之后他又研制出了一种价格更加便宜、即刻就能拍出色彩绚烂的彩色照片的新型相机。他说："一个真正的企业，不只是考虑要不断开发出各种各样的新品种，让人们的生活得以改善，方便人们的日常生活，还需要考虑接下来的路应该怎么走。只有这样，企业才不会永远在原地踏步。”

当人们问兰德是什么让他取得如此大的成功的时候，他只是微笑着说：“我相信每个人都有很大的创造力，每个人的潜力永远都是无穷无尽的，我们只要将它挖掘出来，就可以做到自己想要做的任何事情。”

《圣经》中提到：创造力是上帝送给我们的最有价值的礼物，它能带给我们很多意料之外的惊喜。但应该如何开发你潜在的创造力呢？我们可以从兰德的事例中看出：创造并不是可望而不可即的，只要你关注生活中的每一件事，你就会发现灵感无处不在，创造其实就在我们每个人的身边。

原谅错误，鼓励尝试

犹太人很重视的一点是：父母是孩子的启蒙老师，对孩子来说，父母的言传身教影响是很大的。父母应该鼓励孩子敢于去尝试，让孩子逐步完善自己。

拉比常常给孩子们讲这样一个故事：

在18世纪下半叶的时候，英国画坛突然出现了本杰明·韦斯特这样一个极具天赋的艺术奇才。这个英国皇家学院的院长，一生的作品中除了少数一些宗教、神话题材之外，大多数的作品描绘的都是英国在殖民北美洲时期的一些事件。英王乔治三世奉他为上宾，雷诺兹爵士把他看作最值得尊重的奇葩。

他于1738年10月在美国出生，年纪轻轻在纽约就已经很出名了。说到自己的成功，他说是母亲的一个吻造就了他今天的成就。

他的母亲叫萨拉·皮尔森，是一个贵格会信徒，当她和同样是贵格会信徒的韦斯特结婚之后就一直居住在宾夕法尼亚州的印第安人居住地。他们一共生育了10个孩子，本杰明是最小的一个。韦斯特的家庭条件不是很好，几乎是他母亲一个人扛起了养育10个孩子的重担。

1745年，本杰明·韦斯特7岁，这年夏天的一天，母亲让他去照看亲戚家的一个小孩子，吩咐他用扇子帮婴儿赶走脸上的苍蝇。那天中午，在本杰明的精心照顾下，婴儿进入了甜蜜的梦乡。婴儿熟睡时的美丽场景深深地吸引住了小小的本杰明·韦斯特。他用手在扇子上画着，好像是在描摹婴儿的脸庞。母亲看到了这一切。

“你是想画下宝宝的脸吗?”母亲微笑着问道。

“可是我不会画画，我画不出这么美丽的脸。”本杰明说。

“但是你都没有画，又怎么知道自己画不出来呢?”母亲指着桌子上放着的两瓶墨水说，“你可以试一试。”说完母亲就离开了。

本杰明拿出了一张纸，打开了墨水瓶，认真仔细地画了起来。一会儿过去了，他虽然画好了，但是他的脸上、衣服上到处都是墨水，桌子也被他搞得一团糟。他担心母亲会为此狠狠地责怪他。谁知母亲过来后，慈祥仔细地看了那张画，惊叫起来：“哦，我的天啊，你画得太真实了!”接着便搂着本杰明的脖子，亲吻了他，说道，“在将来你会是一个很出色的艺术家。”

孩子的成长过程其实也是一个认知的过程，大人的行为无疑会对孩子产生很大的影响，但是孩子自己的亲身体会要比那些所谓的教诲要深刻许多，就算是孩子在这个过程中犯下了一些错误，我们也应该对此报以宽容的态度，因为他们有犯错误的权利，同时也能够自行改正自身的错误，在犯错误的这个过程中找到正确的答案，这才是最有价值的。

只有亲身经历了才知道真相

迈尔要坐车去纽约旅行。出发前，他的舅舅嘉乐来看望他，打算跟他讲一些旅行时的注意事项。

“你上火车之后，首先要选一个位置坐下，千万不要左顾右盼的。”舅舅说，“当火车开动之后，通常情况下会有两个打扮得像乘务员模样的人来查车票，你千万不要理他们，事实上他们都是一些骗子。”

“好的，舅舅。”迈尔认真地点了点头。

“车行驶不到 30 里，你会遇到一个面相和善的年轻人来跟你搭话，给你一支烟。你就说你不会抽烟，那烟卷上是有麻药的。”

“我明白了，舅舅。”迈尔虽然有点不敢相信，可还是点了点头。

“你去餐车的时候，会在路上遇到一个打扮得漂亮时尚的女子跟你撞个正着，还险些就抱住了你。可是，你一定要经受住诱惑。那个女子其实是一个妓女。要是她故意引你说话，你就假装是一个聋子。只有这样你才能够脱身。”

“我知道了，舅舅。”迈尔有些惊讶，还是照例点了点头。

“我已经去过外面很多次了，我刚刚所说的都是事实，先给你说这些吧！”

“还有一件事情，”嘉乐又想到了一点，嘱咐道，“在晚上睡觉的时候，记得把钱放在自己的鞋筒里，把鞋放在枕头下面，头睡在上面，可千万不要睡着了。”

“好的，舅舅，非常感谢您传授给我的这些经验！”迈尔给舅舅深深地鞠了一躬。

次日，迈尔踏上了旅途，向目的地纽约出发。

那两个穿制服的确实是来查票的工作人员，可没有看到带烟来的青年，也没有出现舅舅所说的那个漂亮女子。

第一个晚上，迈尔把钱放进了鞋筒，也把鞋放在了枕头下面，一整夜都没有睡觉。但是，第二天他就不再相信舅舅所说的话了。

到了第二天，他反而请一个年轻人吸烟，那个人很乐意地接受了。在吸烟室里，他们打起了扑克。在餐车里的时候，他特意挑了一个跟年轻女子面对面坐着的位子。还有很久才到纽约，迈尔已经和车上的很多人都熟悉了，客人也都认识他了。

火车在通过俄亥俄州的时候，迈尔和那个欣喜地接受他的卷烟的年轻人，还有两个女孩子组成了一个合唱队，他们在火车上欢快地唱着，旅客们都对他们的演唱赞不绝口。

迈尔觉得那次旅行是再美好不过了。

迈尔从纽约回来之后，舅舅又到家里来看望他。

“我知道，你并没有发生什么不愉快的事情，你按照我说的做了吗?”一见到迈尔，舅舅就很自豪地问他。

“是的，舅舅!”迈尔仍旧是点了点头表示赞同。

舅舅很是开心地说道：“你因为我的经验而变得这么顺利，让我也觉得很是开心!”

很多人总是习惯于主动地为他人提供各种意见和建议，虽然本意是很好的，但他们却忽视了他们的经验仅仅是从他们遇到的特定的情况中得出的，可是别人是有自己的经历的，在这一点上两者有很多的不同。人们常常把自己的判断和思考强加在别人身上，其实并没有什么必要。要是曾经有人这样告诉过你，也不要放在心上。最重要的是自己能够去亲身经历一下，并能从这些经历中感受酸甜苦辣，这样才能收获真正有意义的人生。

养成感恩的习惯

在露露、安利和亨利还小的时候，每次他们要向人表达感激之情的时候，就会说出感谢的话，由他们的妈妈——犹太信徒贝德福德帮他们记录下来。但是孩子长大了一些之后，能够自己写谢柬了，却要花很大力气才能说服他们自己记录。

妈妈就会问："你是不是给爷爷写信了？表达对他送书给你的谢意没有？"或是："罗斯阿姨送了一件毛衣给你，你是否已经向她表示感谢了？"他们的回答总是磨磨叽叽，或者只是耸耸肩。

有一次，在圣诞节之后母亲催了好几天，孩子们并没有一点行动，她很生气，就说："在没有寄出谢柬之前，就不能去玩玩具，也不能穿新衣服。"

他们还是不写，还对妈妈的行为表示很不满。

贝德福德突然想到了一个好主意，说："你们跟我一起上车。"

"这是去哪里啊？"露露觉得很莫名其妙。

"我们去买圣诞礼物呀。"

“可是圣诞节早就已经过去了啊。”她反问道。

“不要说废话了。”妈妈说道。

等到孩子们都上了车，妈妈又说：“我要让你们都明白，别人为了送一个礼物给你们，要付出多少心血。”

妈妈对安利说：“你记清楚我们是何时出的门。”

来到镇上之后，安利按照妈妈的吩咐记下了到达的时间。三个孩子和妈妈一起走进了商店，帮她挑选要送给妹妹的礼物，之后他们就一起回家了。

三个孩子一下车就打算去玩滑雪。妈妈说：“不行，还得包礼物呢。”孩子们都失望地回到了家里。

“安利，你是否记下了到家的时间呢？”安利点了点头表示已经记好了。

“好的，那再麻烦你记一下我们包装礼物的时间。”

在孩子们包礼物的时候，妈妈给他们冲了可可，终于把礼物都包好了。

“我们一共用了多长时间来做这个事情呢？”妈妈问安利。

安利算了算回答道：“去镇上的时候，一共用了 25 分钟，花了 18 分钟买礼物，回家又用了 40 分钟。”

“我们花了多少时间包装这几个盒子呢？”露露问。

“你们都是用两分钟的时间包好一个。”安利说。

“把礼物寄出去，需要多长时间呢?”妈妈又问。

安利算了一下说：“来回需要60分钟，算上要在邮局排队等候的时间，要75分钟。”

“这样的话，要送别人一件礼物一共需要多长时间呢?”

安利随即又仔细地算了一下，说：“两小时42分钟。”

这时妈妈给了每个孩子一页信纸、一个信封和一支笔。

“现在就写谢柬吧。写清楚礼物是什么，说现在已经在使用了，觉得很开心。”

他们仔细地思考，接着就开始在信纸上认真地写起来。

“我们用了3分钟写好了信。”安利边说边将信封封好。

“人家选一件合适的礼物送给你，就要花去将近3个小时的时间，我现在只是要求你们花3分钟的时间表示感谢，这样你们都觉得不公平吗?”妈妈问道。

三个人垂下了头，摇了摇头。

“你们最好现在就要养成这个习惯，总有一天你们会发现在很多地方都是需要写谢柬的。”

我们谈到的那些孩子肯定是因为怕麻烦才拒绝写谢柬，母亲一定要让他们懂得感恩。我们对待身边的任何一件事物都要抱有感恩的心态。人们更加倾向于去索取，所以难以体会到给予的重要性，心里常常计较的是自己可以得到些什么，却从来没有想过自己已经得到了些什么。写谢柬并不是最终目的，母亲的本意是很多时候我们都需要学会感恩。

第五章

团结助人，广交朋友：情谊

不能与人分享也是一种惩罚

有这样一个故事，有一个犹太长老，非常喜欢打高尔夫球。在某一个安息日，他一时兴起，特别想去打高尔夫，但是犹太教义明确规定，信徒在安息日必须休息，不能从事任何活动。

这个长老实在是难以克制自己，就悄悄地去高尔夫球场，心想只打 9 个洞就行了。

因为在安息日犹太教徒都不会出门，因此球场上一个人影也没有，长老心想是不会有人发现他的行为的。

但是，在长老打第二杆的时候，天使发现了他的行为。天使很生气地去向上帝告长老的状，说这个长老犯了教义，在安息日出门打球。上帝听了之后，告诉天使说，一定会使这个长老得到应有的惩罚的。

从接下来的第三个洞开始，他都打出了十分完美的成绩，基本上都是一杆进洞。长老显得异常兴奋，在长老打第七个洞的时候，天使又去找了上帝：“上帝啊，你不是说要惩罚这个违反教规的长老吗？为何还没有惩罚他呢？”上帝回答说：“我正在惩罚他呀。”

直到打完了9个洞，长老的手气都非常好。因为他打得实在是太好了，于是他决定继续打9个洞。天使又去找上帝了："您到底是怎样惩罚他的呢？"上帝只是笑而不答。

18个洞打完之后，他的成绩比一个世界顶级的高尔夫球手都要好很多，这可让长老高兴坏了。天使很生气地说："您就是这样惩罚长老的吗？"

上帝说："是啊，你想一想，他打出了这么好的成绩，又有这么好的心情，却不能告诉任何人，这不正是对他最大的惩罚吗？"

我们的生活是需要伴侣的，我们需要和他人分享我们的快乐和忧伤。没有人一起来分享的人生，无论经历的是快乐还是忧伤，都是一种实实在在的惩罚。

原来当我们不能和他人分享我们的快乐的时候，那就相当于一种惩罚。要是快乐能够和他人一起分享，就会觉得更快乐，如果能让他人来分担你的痛苦，你就不会觉得那么痛苦了。

曾经有一个名人举过一个例子，他把他的想法表现在一个常用的物理公式中，他说：在表示压强的公

式 $P=F/S$ 中，压强的大小是由外力和面积的商决定的，即是说，当外力一定的时候，如果接触面积变大，压强就会随之变小。当我们的心里存在压力的时候，是因为有什么事情绊住了我们，或许我们没有办法改变这件事情，如果想要减轻自己的心理压力，我们就要找一个倾诉的对象，扩大我们的受力面积。当然你还要记得，不是只有痛苦的时候才找他人分担，快乐也要和他人分享，否则以后没有人会再和你交流分享。最后，你也可以想一想，要是你愿意做那个分享人家快乐或者分担他人痛苦的人，我相信，你也会从中收获到很多的幸福，因为很多的人都会感激你的。

任何成功者都需要他人的帮助

15 世纪的时候，在纽伦堡附近的一个小村子里住着一家犹太人，这个家里一共养育了 18 个孩子。就是为了简单的伙食，作为一家之主的父亲每天都要工作 18 个小时——或是在他的作坊，又或者在邻居家做些零工。

尽管他们家里的条件不好，但这个家里的两个年长的孩子都想成为艺术家。他们心里都很明白，父亲没有能够把他们送到纽伦堡艺术学院学习的经济能力。经过无数次的商量之后，最终他们决定用掷硬币的方式来决定——输了的人要到附近的矿井下去打工四年，用自己的收入来供养在纽伦堡上学的兄弟；胜利者就有在纽伦堡大学上四年学的机会，学成之后用自己的作品卖钱来支持其他的兄弟上学，要是有必要的话，还需要下矿井去挣钱。

在某一次做完礼拜之后，兄弟俩进行了他们之间的约定。最后阿尔勃累喜特成功了，于是他去纽伦堡上学了，而输了的艾伯特就只有去从事危险的矿井工作，以便于他能在以后的四年中资助他的兄弟。阿尔勃累喜特很快在学院得到了其他人的帮助，他的很多作品都超过了教授。在毕业的时候，他已经获得了很好的收入。

当这个年轻的画家回到老家的时候，全家人都在欢迎他回家。在这顿充满意义的会餐中，满是大家幸福的笑声。晚饭后，他起身向他的兄弟敬酒，正是兄弟的牺牲才有了自己今天的成就。“此时此刻，艾伯特，我的好兄弟，现在可以换一下了。你能去纽伦堡实现你的梦想了，换我来支持你了。”阿尔勃累喜特用这番话结束了他的敬酒。

大家纷纷把目光转向了餐桌的另外一端，艾伯特静静地坐在那里，泪水从他深陷的眼眶流了出来，摇着低下的头，哭着说：“不……不……不。”

接着，艾伯特起身擦掉泪水，低头看了看那些他爱的人，将手举到额前，温和地说：“不，我的兄弟，我再也没机会去纽伦堡了。这些对于我来说已经来不及了。看……四年困苦的矿工生活已经从很大程度上改变了我的手！每根骨头都至少被折断过一次，这些年来我的手甚至被关节炎折磨得不能端起酒杯来向你敬酒，更别提用笔画出精美的线条了。不，我的兄弟……这些对我来说都已经不可能了。”

为了对兄弟的牺牲表示由衷的感谢，阿尔勃累喜特画下了艾伯特的那双饱经沧桑的手，细细的手指伸向了天空。这幅感动人心的画被命名为《手》，整个世界似乎都被他的作品深深打动了，他又赐予了这幅画一个新的名字——《祈求的手》。

要是你有机会看到这幅动人的作品，请为它多停留一下。请记住这幅画，记住和它有关的故事，它会告诉你，永远都不会有人仅靠着自己的力量取得成功。

选择结交益友

从前有一个农夫和蛇成了好朋友。我们都明白，蛇是很狡猾的，不久之后它就让农夫对它变得很亲热。农夫只会夸赞它并且把它放在了很重要的地位。从此，农夫以前的亲朋好友们，没有一个到他家里来做客了。

“这是为什么呢？”农夫问他以前的一个朋友，“请告诉我，你们都不来看望我，这是为何呢？是我的老婆招待不周吗，还是我们的食物不合你们的胃口？”

“不是的，”他的朋友说，“这不是问题的根源所在！我们很喜欢跟你一起聊天。你们夫妻，没有什么地方让我们觉得不舒服，没有人会这样想你们的，这是我可以保证的！但是，如果到你家做客，总是要提心吊胆的，时刻谨防你的那条蛇不会来咬我们一口，这又有什么乐趣呢！”

交上了损友的人，就很难得到其他人一如既往的尊重了。

农夫和蛇成了朋友，因而失去了其他的好朋友，就算这条蛇不会对其他人造成危害，别人也会在和农夫交往的时候心存芥蒂，这对农夫来说是不值得的。因此在鼓励孩子交友的时候，要明确自己应该交怎样的朋友。

犹太人十分看重人际关系对孩子性格发育的重要性，他们把孩子的性格发育和人际交往看得同等重要。当然，孩子的人际关系最初是和父母开始的，当然也少不了同伴对他的影响。在孩子7~8岁的时候，开始不受父母的影响，他们更加重视同龄人对他的喜爱、支持以及赞成。尽管他们主要从父母身上获得精神的慰藉，但也能从朋友身上得到一定的精神慰藉。小时候的友谊能从很大程度上影响孩子的自尊心和交友习惯等，它所起的作用可以和父母的关爱相提并论。

孩子要想在儿童期之后很好地习得交友技能就有些困难了，就和学习游泳有些类似，对刚开始会走路的孩子来说可能很容易，但要是孩子在童年时代没有了这个机会，在成年后再学习的话就会更加困难了。当然，并不是说在孩童时期没有朋友就意味着以后就没有朋友，但必须承认，有的情商技能的发展还是有一定的时间性的，恰当的时间过去之后，同样技能的学习难度就会增大。因此要鼓励孩子去交朋友，但是在择友的过程中需要更加谨慎。

此外，犹太父母还给孩子讲起下面这个故事，以此来告诫他们交友一定不可掉以轻心。

鸡蛋确实很美味，但是老鼠想要偷运鸡蛋还是一件比较浩大的工程。老鼠甲想出了一个好办法：它将朋友乙找来，在鸡窝中，让老鼠乙仰面朝天，用脚把鸡蛋紧紧地抱在怀里，老鼠甲就咬住乙的尾巴，连它的朋友和战利品一并拉回了家。

一路上，老鼠甲觉得非常自豪："不是我吹牛，这绝对是鼠界史无前例的壮举！"它唱起了歌。老鼠乙却很不开心地打起了自己的小算盘：它偷偷地用牙齿咬开了蛋壳，吃起美味的鸡蛋来。

终于回到家了，老鼠乙推开已经吃完的鸡蛋壳："真是倒霉！没有挑好，选了一个空的！再见吧，我的朋友。"边说着，它擦了擦嘴巴，挺着吃得饱饱的大肚子走了。

看着老鼠乙远去的背影，老鼠甲哑口无言。有再好的主意，也要选对自己的伙伴啊！

在孩子不同的交友阶段中，父母也必须提供不同的意见和建议。

1. 以自我为中心（0~7岁）

在这个阶段中，父母应该找一些活动，邀请对这个活动感兴趣的孩子来一起参与。在活动中，孩子们是怎样相处的并不是最重要的，重要的是他们可以借这个机会在一起交流玩耍，这些经历能为他们往后的交往打下一定的基础。当孩子进入学校之后，更加倾向于和自己的同龄人交往。如果在这个时候父母还在孩子的交往中扮演主要角色，这对他们是不好的。

2. 需要满足阶段（4~9岁）

孩子一旦喜欢和同伴们相处，你就需要让他们了解朋友的重要性，鼓励他们相互交往，更加重视和伙伴们的友谊。要是你的孩子对另一个孩子表现出了积极的情感，即使你对对方并不是很满意，也不能去诋毁他人。同时，要是孩子被他人欺负了，心里会有一些不好的情绪，你也不能再火上浇油。不要鼓励孩子对其他的小朋友心存不满，否则就会让他变得更加孤僻，你只要当好孩子的一个倾吐对象就可以了。

父母应该在这个过程中起到一定的带头作用，经常和孩子谈一谈自己的朋友，谈你们一起做过的事情、你为什么觉得朋友对你很重要等。让孩子去参加你们的活动，让他们学习你们相处的过程和友谊对你们的重要作用等。

3. 双惠阶段（6～12岁）

在这个阶段中，父母的支持和参与，会让孩子感受到极大的安全感和满足感。在孩子们交友的过程中，体会到了各种滋味之后，你的知识就会给孩子带来很大的好处。当孩子和朋友之间的友情存在危机的时候，为人父母就要用自己的经历给孩子提供一些帮助，但是千万不能给他任何的劝告。应该培养他们容忍他人的性格，忍受生活中一些难以避免的伤害，要他自己决定怎么去处理这些负面的情绪。不管他们最后是怎样决定的，是会选择坚持这段友谊还是放弃，或者是去寻找新朋友，这些都是正确的，只要不就此远离自己的伙伴就好。

4. 亲密相处的阶段（8～15岁）

当孩子有了很亲密的朋友之后，父母就应该在这个阶段扮演一个指导的角色：让他们树立正确的价值观，确定和孩子相适应的限制，鼓励孩子注意个人的发展和人际关系的维护。与此同时，孩子对你的依赖会慢慢变少，一方面你会觉得自己解脱了，另一方面心里也会感到一点失落，这都是很正常的。

父母在帮助孩子学会交友的时候要牢记拉比的话：结交一个“好朋友”对孩子的成长有着很重要的作用，这会影响到他以后的人际关系，要确保孩子具有和同龄人交往的技巧。

亲和的力量

犹太父母常常会给孩子讲这样一个故事。

有一座山，十分富饶，有一群羊生活在半山腰的地方，羊群守着天赐的财富，过得很滋润，自诩为整座山的统治者。直到有一天从山顶忽然冲下来一群狼，羊群在遭遇了重大的损失之后才意识到山顶是狼的世界，狼是这个世界上最大的威胁，羊群的日子开始变得很痛苦了。老羊头领是一个典型的投降派，为了保命一直不敢抵抗，甚至还主动地给狼送去那些不听指挥的小羊，这样一来，羊群觉得“攘外必先安内”，于是就造反了，他们选出了新的领导。

这个领袖有超常的智慧和胆识，羊群都十分崇拜他，都称他为“阿水”，特别是在他带领众羊群打退了一次狼的进攻之后，羊群更加崇拜他了，他们把阿水的肖像挂在自己的家中，每次说话都会谈到阿水，他们还制作了阿水语录，每只羊一本，到处流传。但是狼还是在吃羊，羊群没有力量去抵抗，只能整天到处躲藏，过着提心吊胆的生活。

终于有一天，阿水召集大家开会。阿水说他决定和狼举行一次谈判，狼群都同意阿水说的每天给狼提供足够的羊，这样一来狼就不会再下山来捉羊了，在狼吃饱的情况下，羊群就可以过上安全的生活了。羊群都被这个结果给吓到了，要是这样的话每天都会有大量的羊落入狼口，那么羊群不就会被吃光了吗？阿水为什么会这样做呢？但是羊群还是很信任阿水，他可是羊族里前所未有的优秀的领袖。羊群看着阿水，祈祷他只不过是开了一个玩笑而已。

阿水语气十分沉痛地说，这也是迫不得已的，这并不是一个玩笑，而是即将要实行的法律。阿水说他将亲自组建一支铁血的执行队，每天让羊群抓阄，被抓到的羊不能反对，由铁血部队给送到山上去。该队中的羊也不例外，也要参加抓阄，为了不使任务受到任何干扰，每天都会派铁血队的一只羊去参加。阿水申明自己和小羊有权不参加抓阄。阿水不参加抓阄并不是因为他怕死，阿水说要是他死得太早就没有人来领导这项活动了，等到阿水选出真正有能力的新的领袖时，他就自己上山去喂狼。讲到这些，阿水早已是泪流满面，羊群都被镇住了。为了他们共同的理想，羊群热情高涨。最终，羊群全都赞成阿水的新政策，那就是每天送十只羊给狼。 在阿水的建议之下，考虑到要照顾母羊和小羊，每天只需要一半的母羊参与抓阄，除非狼提出了要求，否则小羊就不参加抓阄。

除此之外，他们还通过了一系列的补充条款，比如说，羊群要努力学烹饪，虽然他们并不吃荤，但是却需要练就好手艺；又比如说，羊群也要更加注重生育事业，鼓励多生，只要能生，就要一直生下去。 再比如说，羊群还要加强自己的外语学习，特别是要学习狼的语言，要作为羊的第二语言普及教育等等。 日子就这样一天天过去了，狼和羊的世界都慢慢地发生了变化。

首先是羊的数量得到了很大程度的增加，就算狼再能吃，每天吃十只羊也够了，想想以前穷追猛打的时候，一天也没有这么多的收获，狼现在像是活在天堂一般。但是羊呢？ 就只有抓阄的时候比较残酷，其他的时候，羊群不用再过着东躲西藏的生活，一日吃三餐睡两觉，过得很有规律，身体也变得健硕起来，半山坡上水草充足，在吃饱喝足之后又可以安心地繁殖后代，后来每天都能生出几十上百只羊。 但是狼呢？狼的生育能力本来就没有羊那么强，而且狼也比较看重文明，狼群一定要有感情才能生孩子，不像羊族那样很看重后代的繁殖，加上每只狼都过得很舒坦，物质生活水平提高了，精神生活随之提高，狼群都不愿意为了生孩子让自己变得很累，于是狼的后代越来越少。很多年轻的狼都说这辈子不会结婚。

在这个时候，小小的半山坡这块地已经不能容下大量繁殖的羊群了，有远大理想的羊都开始想要闯入狼的世界，虽然那里与他们的家有很大的不同，但是好歹也要换一个身份嘛，变成了“狼”之后就不用再遵守羊国的法律了，至少不会担心每天有生命危险，就算是羊国的大款也比不上狼国的小厮啊！

就在阿水的孙子成了第一个去狼国生活的羊那一年，阿水就离开了这个世界。他选了一个叫阿山的作为下一任羊的头领。阿山很好地理解了阿水的主张，他在阿水刚颁布法律的时候就是它最忠实的支持者。

狼族的生活方式发生了翻天覆地的变化，主要是因为大部分的狼都不用去捕食，整天什么事情都不用做，一闲下来怪点子就多了，狼的后代性格就变得十分诡异。最明显的就是有一批自称为护羊党的狼出现了，它们强烈要求不要再歧视生活在狼国的羊，要平等地对待他们，狼和拥有了狼国籍的羊有着同等的地位等等。甚至还有的说，羊是狼最好的朋友，号召狼不要再吃羊。狼就集中全部的精力，只想着去捉兔子，即使是不吃羊也不会饿死的。

最后一只纯种的狼去世了，并没有引起狼国的重视，但是在羊国里面，却引起了很大的轰动，因为羊的领袖说，已经可以打开阿水首领以前留下的盒子了。这时候离阿水去世已经两百年了，阿水当年的事迹已经成了神话，现在居然成了现实，每只羊都来到了安葬阿水遗体的地方。

羊的领袖很是崇敬地取出了阿水棺材中的盒子，打开来看，看到一张已经发黄的纸片，上面写满了密密麻麻的字。领袖的嗓子有些发颤，但是他还是念得很清晰："我的子孙后代们，要是你们能听见下面我说的话，那就说明我的梦想已经实现了，我一直都相信会实现的，真的到了这一天的时候，我在天上也会很开心的。我用的方法是什么，我想聪明的你们已经猜到了。对，我们是羊，狼吃羊是自古以来的固有规律，要是我们跟狼硬碰硬的话，则世世代代都逃不脱被吃的命运，因此，只有暂时忍一忍，用我们的长处去谋求长远的胜利。那我们的长处到底是什么呢？就是亲和力。那我们又要追求什么样的最终胜利呢？那就是再也没有吃羊的狼了。我们要对狼亲和一些，学会忍让，学会他们的生活，要融入他们的生活，甚至还要变成他们的样子。我相信，要是比生命的顽强力，羊要比狼强得多。为了活下去，我们什么样的苦都能忍受。狼原本也是善于生存的，但是，要是我们让他们生活得越来越舒服，他们生存的能力就会一天天变弱，他们到最后就什么都得依赖我们了，我相信他们最后就连生育也得靠我们，到了那个时候，就到了羊统领狼的时候了。”

羊群按照阿水的主张做了，最初忍受了狼的霸道，牺牲了一部分羊的生命，却换来了长久的和平生活。从中可以看出，亲和有着无穷的力量。

亲和是指在人际交往之中，因为彼此之间有某些共同点，因而觉得彼此之间更容易接近彼此。这种相互接近，常常会使交往对象之间产生亲切感，并且变得更加友好、更加亲密。交往对象从接近变得亲密、由亲密而达到进一步接近这样的相互作用，常常被人们称作亲和力。犹太人很早就意识到了亲和的重要性，并且用自己的实际行动去做。家人应该从孩子还很小的时候就注意培养他们的亲和力，从而帮助孩子们在以后的生活中变得更加亲和，与人为善，做出一番成就。

助人即助己

在犹太人中流传着这样一个寓言：

狐狸和鹤成了好朋友。有一次，狐狸邀请鹤到自己的家里做客，她请鹤来吃晚饭。“我亲爱的朋友，来吧，可一定要来啊！真的，我会好好地招待你的！”

鹤难以拒绝狐狸的盛情邀请，只能去赴宴。这个时候狐狸已将饭煮好了，装在了盘子里。她端来盘子，对鹤说：“请用吧，我亲爱的朋友！”

鹤用嘴碰碰盘子，可是它的嘴实在是太尖了，什么都吃不到。但是狐狸却很巧地吃着盘子中的饭，于是狐狸就把饭菜全都吃光了。当狐狸吃完饭之后说：“亲爱的鹤，你千万不要见怪！就只有这些可以吃的东西了。”

鹤答道：“亲爱的狐狸，我怎么会怪你呢？我还要感谢你呢！明天我回请你吧。”

次日，狐狸来到鹤的家里，鹤已经做好了冷杂拌汤，并把汤倒进了颈部细长的一个罐中，把罐放在桌子上说：

“亲爱的狐狸，请用吧！说句实话，我也没有什么东西可以招待你的。”狐狸只能围着这个罐子打转。它一会儿绕着走，一会儿又闻闻，一会儿又舔一舔罐子，总的来说，不管它怎么做，也没有办法吃到罐里的东西。但是鹤却能用尖尖的嘴喝汤，把罐中的汤喝得精光：“我的狐狸，你千万不要见怪！没有其他的东西来招待你了。”

狐狸觉得十分懊恼。它原本想在鹤家吃上一个星期，然后再回家，现在却只有灰头灰脸地回去了。

狐狸要是真心地对待鹤，根据鹤的具体情况为它准备饭菜，让鹤好好地吃一顿饭，那么在鹤回请的时候，也就不会让狐狸空着肚子回去了。这就是我们常说的“以其人之道，还治其人之身”。

犹太拉比告诉世人说：当他人有求于自己的时候，只要是正当的要求，就要尽自己最大的努力来帮助对方；当看到别人遇到困难的时候，要主动地去帮助他人，这样就能让别人发现你的价值和作用，这样的结果必然是“爱人者，人恒爱之”。

犹太父母经常教育自己的孩子：人不自立，就会变成寄生虫；但要是自己只考虑自己，就会成为现实中的吸血鬼。完美的人生，是助人和助己这两个方面的结合！现在他们经常给小孩子们讲这个故事：

弗莱是一个很穷的英格兰农夫。一天，当他在田里劳作的时候，听到从泥沼传来的哭泣声，于是他赶忙跑过去，看到一个小孩子掉进了粪池，于是他救起了这个小孩儿。

第二天，一辆崭新的马车停在农夫的家门口，一个很有风度的男士从车里出来，说是被救的那个孩子的父亲。绅士很诚恳地说："是你救了我的孩子，我要好好地感谢您。"

农夫却说："我之所以救你的小孩儿只是出于我对生命的敬重而已，我不能因为救了你的孩子而得到报酬。"

就在这个时候，农夫的儿子从茅厕走出来，绅士说："我们就做一个交易吧，让我把你的孩子带走，让他接受良好的教育。要是这个小孩儿将来能像他的父亲那样乐于助人，他以后也一定会造福这个世界的。"

农夫答应了这个协议。后来这个小孩儿就进入圣玛利亚医学院学习，在毕业时也取得了很好的成绩，成了一个名人，最后发明了盘尼西林，还因此获得了诺贝尔奖。

几年之后，绅士的儿子不幸得了肺炎。在这之前，这是一种绝症，是不能被治愈的，但是，自从有了盘尼西林，他的儿子就获救了。这个绅士又是谁呢？他就是上议院的议员丘吉尔。那他的儿子又是什么人呢？就是英国有名的政治家丘吉尔。

犹太父母告诉孩子们说：真诚地对待身边的人是很重要的为人处世的方法，要发自内心地去关心他们。互惠互利能够让这个世界变得更加美丽。汉语中的“人”字，很形象也很有韵味，那就是两个人之间的相互支持——大家互相帮助，这是最简单的解释。犹太民族之所以有这么强大的生命力，就是因为他们之间能够相互帮助，这不但能给当事人带来好处，也让这个世界变得更加温馨、和谐。

好名声是一笔财富

一个夏天，拉姆的父亲吩咐他去买一些材料。那时拉姆只有 16 岁，很是喜欢驾驶自家的小货车。但是这次他并没有以往的好心情，因为这次他的父亲让他去一家商店赊货。

16 岁是一个充满了骄傲的年龄，一个把尊重看得重于怜悯的年龄。那个时候是 1934 年，欧洲犹太人的生活被浓浓的种族主义笼罩着。拉姆曾经看到过自己的好朋友在赊账时很屈辱地低下了头，而那个老板却得意地质问他是否有能力偿还。拉姆心里很明白，像她这样一个犹太人走进商店，售货员就会紧紧地盯着他。他的父亲是一个很守本分的人，一直都会按时还欠债。但是别人会相信他这样一个年轻人吗?

拉姆来到一家百货店，看见老板正站在出纳机的后面，正在和一位中年男子攀谈。老板的身材比较高大，看上去经历了很多。拉姆在向五金专柜走去的时候，向老板点了点头。拉姆用很长的时间选好了需要的商品，心里有些害怕地拿到了付款处。他十分诚恳地对老板说：“很不好意思，老板，我得向您赊账一次。”

那个刚刚在和老板谈话的人轻蔑地看了拉姆一眼，立刻露出了鄙夷的神情。但是老板的脸色却没有什么变化，他很是随和地说道：“好的，行啊。你父亲向来都是很讲信用的。”还对中年人说：“他是詹姆斯·威廉斯的儿子。”

就在那个时候，拉姆，这个年仅16岁的年轻人，感受到了好的名声可以给人带来如此自豪和愉快的感觉。他的父母拥有的好名声，不仅让他们全家人都得到了邻居们的尊敬，也为他们将来创办企业打下了坚实的基础。好名声就相当于一笔财富，它所具有的价值是不能用数字来简单描述的。

朋友与环境的重大影响

每一个天真无邪的儿童都是一缕纯洁的白丝，环境就是色彩不同的染缸，好的环境就像一个色彩明朗的染缸，染出来的丝明艳耀眼；不好的环境却像一个色彩混浊的染缸，染出来的丝暗淡无光。丝一经染过，就无法回归本色了。

从前，一对师生路过一家染厂，看见主人把一缕一缕洁白的丝丢进染缸里，立即变了颜色。这位老师看了，非常感慨地说："丝本来是多么纯洁呀，可却近朱者赤近墨者黑；我们人在一出生的时候不也是很纯洁吗？可是却因为后天的影响，竟被塑造成不同的人。"

孩子们也是一样，一旦在不好的环境里学坏了，想要学好就十分困难。

从前，有个叫沃伦的人，博学而且善良，待人忠实厚道，从不跟人家耍心眼儿。沃伦的家教极严，他对晚辈十分负责，所以他家形成了优良的家风，家庭中的每一个成员都待人和气、品行端正。沃伦家的好名声远近闻名。

康而思州州长法兰克是个正直的人，他为官清正耿直，秉公执法，达官贵人威逼利诱都奈何不了他，为此他得罪了很多人，很多高官对他怨恨已久，总想除去这块心病。终于，法兰克被革了职。

法兰克被罢官以后，一家人只好从壮丽的大府第搬了出来。到哪里去住呢？法兰克不想随意定居，他颇费了一番心思，离开住所，四处打听，看哪里的住所最符合他的心愿。很快，他就从别人口中得知，沃伦家的家风特别好，不禁大喜。法兰克来到沃伦家附近，发现沃伦家子弟个个温文尔雅，知书达理，果然名不虚传。说来也巧，沃伦家刚好有邻居要搬走，打算把房子卖掉。法兰克赶快去找这家要卖房子的主人，愿意出 1100 万美元的高价买下那套房子，很快就谈好这件事。于是法兰克将家眷接来，就在这里住下了。沃伦过来拜访这家新邻居。两人互相客套了一番，沃伦问法兰克："先生买这幢宅院，花了多少钱呢？"法兰克据实回答，沃伦很吃惊："据我所知，这处宅院已不算新了，也不很大，你为何出此高价？"法兰克笑了，回答说："我这钱里面，只有100万美元是花在宅院上面的，1000万美元是用来买您这位道德高尚、治家严谨的好邻居的啊!”

法兰克宁肯出高得惊人的价钱，也要选一个好邻居，源于他深知环境的影响之大。所谓“近墨者黑，近朱者赤”，环境对于一个人各方面的影响是不容忽视的，孩子们要好好对待身边的良师益友。

从前，有一个叫菲克兰的人，他是一名哲学家，当时比较有名气。菲克兰和路易斯是好朋友，但在哲学上他们又是一对观点不同的对手。路易斯与菲克兰经常在一起讨论切磋学问，他们在讨论中不断进步。特别是路易斯，从菲克兰那里受到很多启发。后来菲克兰死了，路易斯再也找不到像他那样才智过人、博古通今、帮助自己成长的朋友了。因此，路易斯感到十分痛惜。一天，路易斯给一个朋友送葬，路过菲克兰的墓地，伤感之情油然而生。为了缅怀这位曲高和寡、不同凡响的朋友，他和同行的人讲了这样一个故事:

有这样一个泥水匠，有一次，他在自己的鼻头粘了一小块白灰，然后请自己的朋友、一位姓石的木匠用斧子将鼻尖上的白灰砍下来。石木匠点头答应了。他果敢地挥起斧头，一阵风似的向前挥去，一眨眼工夫就削掉了泥水匠鼻尖上的白灰。石木匠很轻松地做到了这一点，但他却丝毫没有伤到泥水匠的鼻子；泥水匠呢，敢于接受挥来的斧子也是需要勇气的，他也十分镇定，一点也不紧张。倒是旁边的人为他们捏了一把汗。后来，这件事被州长知道了。州长十分佩服这位木匠的高超技艺，便派人把他找了回来。州长对姓石的木匠说："你能否再展示一次高超的技艺?"木匠摇摇头说："小人的确曾经用斧头砍削过朋友鼻尖上的白灰。但是现在不行了，因为那位朋友已不在人世，我再也找不到像他那样跟我配合默契的人了。"路易斯讲完了故事，十分伤感地看着菲克兰的坟墓，深深叹了口气，感慨道："自从菲克兰先生去世以后，我再也没有那么默契的朋友了，直到现在，我再也没有能够找到一位与我进行辩论的人了!"

路易斯和石木匠之间的故事表明，高深的学问和精湛的技艺，是离不开外界环境的；红花虽好，还要靠绿叶衬托。一个人如果不注意从周围的人和事中吸取营养，就难以充分发挥他的心智。

真诚的友谊

在二战的时候，犹太人组成的一支游击队在森林中遇见了敌军，战后两个战士和部队失去了联系。这两个战士是一个镇子的同乡。

两人在森林中艰难地走着，他们彼此鼓励、彼此关心，十多天之后，还是没有联系上他们的部队。有一天，他们打死了一只鹿，依靠着鹿肉又度过了几天，可能是战争使得动物四处逃窜，从此之后他们再也没有看到过其他的动物。他们只有一点儿鹿肉了，由年轻的战士背着。有一天，不幸的他们又遇上了敌军，经过又一次激烈的战争，他们很巧妙地避开了敌人。就在他们认为已经摆脱了敌军的时候，只听一声枪响，走在前面的年轻战士中枪了，幸亏没有伤到要害！后面的战士很惶恐地走过来，他吓得直哆嗦，抱着战友的身体直流泪，立刻撕下自己的衬衣为队友包扎伤口。

晚上，没有受伤的士兵一直不停地喊着母亲的名字，两只眼睛直勾勾的。他们都觉得快要支撑不下去了，尽管极其饥饿，但他们谁也没有打鹿肉的主意。谁也不知道他们究竟是怎样度过那个晚上的，第二天，他们得救了。

30 年过去了，那个受伤的战士说：“我知道是谁开的那一枪，就是我的战友。当他在抱我的时候，我感觉到了他枪管的余热。但是我怎么也想不明白，他为何会对我开那一枪。我并没有记恨他。我知道他是想得到我身上的鹿肉，我也知道他是为了他的母亲才这样做的。在之后的 30 年，我装着自己根本不知道这件事情，也从来不会主动提起。战争确实是太残忍了，他还是没能见到母亲最后一面，我们一起去拜祭了他的母亲。那天，他跪在地上，请我原谅他，我阻止他往下说。我们到现在仍旧是很好的朋友，我原谅了他。”

在犹太人看来：“以恨去还恨，就永远不能消除恨；用爱去解恨的话，恨很快就会消失。”宽宏大量会让你达到一种很高的精神境界，就算是一个很宽容的人，也会有无法原谅他人对自己恶意中伤的时候。但是只有以德报怨，将伤害留给自己，最终才能得到真正的友谊，才能感受到一个充满爱的世界！

嘲笑者与被嘲笑者

一棵无花果树上长满了青青的果子。无花果树发现，一棵大树挡住了它，让它不能接受到足够的阳光，这棵树上没有一个果子。

“你是谁啊，竟敢把我的阳光给挡住了！”

大树回答说：“我是一棵老榆树。”

无花果树又问：“你一个果子都没有，还敢站在我面前，你就一点不觉得羞愧吗？你给我等着吧，等我的果子成熟之后，我所有的孩子们都会长成一棵棵参天大树，成为一片茂盛的森林，将你团团围住！”

无花果一天天成熟了，青果子也慢慢变成了红果子。不久之后，一队士兵经过这里，看到这棵硕果累累的无花果树，他们马上爬上树去摘果子。结果就是，树枝被踩断了，树叶也被弄掉了，树上看不到一个果子了，都被摘光了，可怜的无花果树只剩下了光秃秃的树干和残枝断叶。

榆树很有感慨，十分怜悯地对无花果树说：“无花果树啊，要是你没有果实，要是你不乱想的话，也不会落到今天这个可怜的下场！”

儿童会嘲笑他人也是有一定的原因的。他们倾向于和自己相似的人交往，嘲笑他人就能让这些孩子们团结在一起，孩子们也把嘲笑他人当作了表达自己竞争意识的一种方式。在学校中，在运动或是学习方面，孩子们常常要参加各种考试，以便分出高下，而嘲讽则是他们取得成功后炫耀的一种方式。孩子的语言能力的发展会对嘲笑他人起着一定的推动作用，年龄稍微大一些的孩子不但能够表达一些更加复杂的思想，而且还能够将自己的价值观念和自己的观察结合起来。一个小孩子会凭自己的感觉说另一个小孩儿太胖了，但稍微大一些的孩子就会说他是“傻胖蛋”。在这个例子中，这些附加带来的作用都是不好的，因为他们会觉得这个孩子笨手笨脚的。

犹太家长从小就注重教育孩子，不要去嘲笑他人。还会经常给孩子们讲下面这个故事。

美国的第九任总统威廉·亨利·哈里逊出生在一个小镇上。他小的时候很害羞，大家都说他是一个小傻瓜。小镇上的人都把捉弄他当作一种乐趣，人们将一枚一角和一枚五分的硬币同时扔到他的面前，让他随便捡一个，人们总是嘲笑他每次都捡起五分的那个硬币。

有一天，一个老妇人看到小威廉，觉得他很可怜，就把小威廉拉到一边，问道："难道你不清楚一角比五分有更大的价值吗?"

威廉慢慢地说："我当然知道啊，但是，要是我捡的是一毛的硬币，以后他们就可能再也不会丢钱给我了。"

在这个事例中，嘲笑者却被被嘲笑者给愚弄了，这或许并不是嘲笑者最初的目的，但是嘲笑者并没有意识到自己才是被嘲笑者，这是更大的悲哀。后来威廉成了美国总统，会不会有哪些曾经嘲笑过他的人去奉承他呢？说自己曾经救济过他呢？当然，这个小故事的流传，并不因为故事的主人公是总统，而是因为这个故事本身具有的一种幽默。

嘲讽他人能让孩子感受到一种居于主导地位的优越感，嘲讽者很快就会发现嘲笑是会有两个结果的：其他孩子的嘲笑和被嘲笑者的反应。大部分的孩子承认自己是为了寻找乐子才去嘲弄自己的伙伴的。作为父母，就要像犹太人那样，在孩子小的时候就要教育他不能去嘲笑他人。

第六章

塑造更完美的自己：进取

独立自强

到 1974 年，洛克菲勒家族就将自己的资产总额积累到 3305 亿美元。权衡约翰·戴维森·洛克菲勒的人生经历，他自身的独立和严厉的父母为他的成功带来很多帮助。洛克菲勒的父母对他的家教很严，为了得到自己想要的零花钱，他只能为父亲“打工”。一大早他就到农田里干活，偶尔还帮母亲挤牛奶。他喜欢在专门的本子上面记账，把自己所干活的时间都记在上边，每小时0.4美元，让父亲在最后结账。他做得最认真的一件事就是这件事，他认为这件事十分有意义也十分有趣。比较有意思的是，洛克菲勒家族后几代，都遵从了这个比较严格的规则，并且孩子定期要受到家长的检查，不然的话，就没有零花钱。

洛克菲勒的父母并不是因为家里面没有钱而让孩子如此干活，同样，也不是对孩子的某种惩罚，其目的是让孩子从小时候就培养勤俭节约和自力更生的美好品德。孩子的记账本上并不只是记载了他们的辛苦钱，而是对孩子的一种锻炼！

从小时候开始，犹太人的爸爸妈妈就教育自己的孩子，无论做什么事都要亲力亲为，如此方能融入社会，不断充实自己，迈向成功的大道。

曾经有一位富商有两个儿子。大儿子特别受爸爸喜爱，爸爸就想让大儿子继承他的全部财产。然而妈妈却比较偏袒小儿子，于是富商的妻子就请求丈夫关于财产的分配情况暂时保密。她希望可以为小儿子争取些财产。妻子对富商丈夫的劝告起了作用，于是他没有告诉两个儿子这件事。

有一天，富商的妻子在窗户前默默流泪，一位路人停下来，询问她哭泣的原因。她解释说："我无法不伤心。两个孩子对我而言一个是手心一个是手背，然而丈夫想让大儿子继承他的全部遗产，对小儿子来说却什么也没有继承到。我现在不知道怎么做，我劝告丈夫暂时不要将遗产的继承情况告诉给我的两个儿子，然而到目前为止我还没有想好任何办法解决这个问题。"过路人说道："这没有什么难的？你让你的丈夫告诉他们实话就好了，之后他们就各自过自己的生活吧。”

听说自己没有得到任何遗产的小儿子，便告别了家人去耶路撒冷谋求发展了。他掌握了很多技艺。但是从小依靠爸爸生活的大儿子，却没有学到任何东西，他自认为很有钱。爸爸离开人世后，不会做任何事情的大儿子，所有的财产最终都被他花光了；小儿子却懂得如何发家，过得很好。

现实中，在很多发达国家，家长也十分严厉地教育孩子。在日本，不少学生充分利用不上课的时间打些零工，通过这种方式为自己支付学习费用以及供自己日常花销。一直鼓励孩子自力更生的美国人，使得处于童年的孩子就成了“小富商”，依靠卖自己的“产品”供日常消费。美国中学生主张自力更生。每到假期，他们便组成打工族，自力更生。

这个时代是孩子们的，世界是孩子们的。现代社会中到处充满激烈的竞争和瞬息万变的社会节奏，每一个社会成员都应该拥有强大的适应能力，这是这个社会对他们的要求。现在的家庭通常只有一个孩子，由于生活条件比较富裕，许多家长都会为他们的孩子做各种事情，饭来张口，衣来伸手，孩子依赖性很强，这样不利于孩子将来在社会中与别人竞争。所以，孩子的独立能力要从小开始培养。把孩子培养成一棵茁壮成长的参天大树，可以独自面对任何风吹雨打，这才是家长们的责任。

曾经有一个男孩子在一周岁左右时，和妈妈一起到公园广场散步，在上一个阶梯层数比较多的台阶时，母亲的手被这个小男孩甩开了，他要自己独立爬上去。借助自己弱小的手慢慢向上爬，他的妈妈在旁边看护着他。他登上两个台阶之后，潜意识里认为这台阶实在是太高了，用眼神问妈妈，妈妈没有帮他，而是用一种母爱和鼓励的神情注视着他。孩子鼓起勇气，放弃了让妈妈将他抱上去的想法，决定依靠自己。孩子吃力地爬着，高高地将屁股撅起来，由于比较累，脸蛋儿也开始变得红红的，满身狼狈，然而他终于爬到头了。母亲轻轻地走到孩子跟前，慢慢地拍去他身上的尘土，给了他一个奖励的吻。

众所周知，学习、工作和生活就是所谓的人生中的无数台阶。我们应该怎么做好这些呢？相对孩子而言，是手把手拉着上，还是抱起来上？答案因人而异。不言而喻，倘若父母手把手拉着孩子上，便会养成孩子的依靠性行为，无法独立。假如父母抱着孩子爬台阶，将孩子抱在自己的怀里，这样，孩子会变成温室里的花朵，不经磨炼，没有见识，就很难在社会上有立足之处。日常生活中，如果孩子什么都依靠父母，学业完成后孩子找工作时，家长不但要找单位，又要扮演“中介”的角色……如此下去，孩子很难适应社会。

犹太家长们认为，就算家里面再有钱也不能宠着孩子，让他爬自己的“台阶”，如此下去，孩子才能有所成就。

不做自大者

犹太人认为，自大的人会失去前进的动力，自满自大的人很容易犯错。因此，《犹太法典》虽不把自大当作一种罪过，也把自大当作一种愚昧。自大的人感受不到周边的重视，日久天长，不但敌视他人也敌视自己。在犹太人看来，敌视自己也是自大的一种。这种自我厌恶同样也是虚荣心的表现。

犹太人常说："自满的心中没有神的存在。"因此对于犹太人来说，在夸奖别人之前，绝不会先夸奖自己。

犹太人时常用《圣经·创世记》里的话教育孩子不要自满自大。它提到，神首先把光明和黑暗分开，再使天空和地面分离，再把地面划分为海洋和陆地，然后他才开始创造生物，最后才创造了人，即亚当。因此，人是地球上最年轻的生物，没有自满的资本。

同时，犹太人也十分重视谦虚这一品德。因此《犹太法典》对谦虚有很严格的规定，它告诫人们说：

“炫耀的人不可能拥有智慧。”

在很多人的印象中，应该也有这样一个发生在中国古代的事情。

从前，有个小国，国土面积极小，人口稀少，土地贫瘠，物产贫乏，国王却目中无人。有一次，一个国土面积大概是该国10倍的大国使臣访问该国，这个国王竟厚颜无耻地与其比领土大小。后来这个故事被广为流传，用来比喻妄自尊大的人。

如上文中国王，自大者不明白一山更比一山高。

人的某种盲目性的产生，多半来自无知。人之所以高傲或者自卑，是因为他们对自身缺乏一定的认识。事实告诉我们，自知的人才最懂得自己的位置。因此，如何定位自己是很重要的。

不论是上司还是下属，只要都是人，他们就会有许多相似的地方。对于一个男子来说，他是祖父母的孙子、父母的儿子、妻子的丈夫、孩子的父亲、兄弟姐妹的手足。再比如上司乘专车外出开会，此时上司和司机，一个是为了前去参加会议，另一个是为了保证参加会议的人能够及时到会，两个人目标一致；第二天吃完饭，两人一起逛商店，相互出主意购买各自喜欢的东西，彼此可以相互借鉴；晚上司机对文艺节目感兴趣，可上司却想让他陪自己下象棋，若司机便同意了，二人也算是朋友；上司在街上遇到歹徒的袭击，司机制住了凶犯，此时的司机可算得上上司的保镖，这种情况很多，不一一而举。由此可见，这些角色不是由一个职位决定的。

一个人的角色是多种多样的，职务只是其中的一个。角色会随着时间、地点、条件的变化而变化，而不是固定的。一个做上司的人，如果能够认识到这一点，他就可以事业有成。因此可以说，人们要想做到有自知之明，就一定要分析自己的多种角色，做不到这一点就无法自知。

此外，《犹太法典》还警示人们要注意自大的危险："金钱让人自大，自大让人犯罪。"

犹太家长时常告诫孩子：内敛的人最聪明。不自大，也是犹太民族的处世技巧之一。

世界上最成功的残疾人

在海伦刚出生的时候，和别的孩子一样，可以看东西，听父母对她讲话，也可以呜呜大哭。但是，一岁半的时候，意外的病痛夺去了她的听觉和视觉。

对于小海伦来说，这就犹如晴天霹雳。她变得脾气暴躁。小海伦的父母实在没有办法，情急之下，把她交给盲人学校的沙莉文老师照顾。

通过莎莉文老师的耐心教育和关心，小海伦健康茁壮地成长，努力汲取知识。

有一天，老师对她讲：曾经有一个诗人，他叫荷马，也是一个盲人，可是对于自己的发展荷马却没有失去信心，还克服了自己的缺陷，扬名天下。倘若你想取得成功，那么坚持奋斗就是你一生中要记住的，在正确的道路上执着前行，总会到达目的地。

对于小海伦来说，老师的话就像黑夜中的灯塔，指引了小海伦的内心世界，她铭记在心。

当小海伦刚满 10 岁的时候，美国人民就已经知道了海伦这个名字，她成为年轻的强者、有缺陷的成功者。

1893 年 5 月 8 日，对于海伦来说是非常特别的一天，对电话发明者贝尔来说也有着特别的意义。贝尔在这一日建立了著名的国际聋人教育基金会，而为会址奠基的正是 13 岁的小海伦。

海伦并没有因为自己所取得的成功而感到骄傲，她还像以前一样坚持学习。1900 年，刚满 20 岁的海伦，不但学会了指语法，还学会了凸字以及发声学，有着丰富知识的海伦被哈佛大学拉得克利夫学院录取。

“我已经不是哑巴了！”这是她对世人说出的第一句话，她因自己的付出得到回报而兴奋不已，“我已经不是哑巴了！”她不停地说着。

海伦是世界上第一个上过大学的盲人，那时她才 24 岁，她为哈佛大学的生活画上了圆满的句号。

除了学会开始讲话，海伦还精通用打字机打字著书。尽管她看不见，却有着相当大的阅读量。并且，她写了 7 册书，和普通人相比较，她对音乐的鉴赏能力是别人所不及的。

在触觉方面，海伦极其精通，可以通过碰触嘴唇理解别人；她把手放在钢琴、小提琴的木质部分，就能“鉴赏”音乐；她能以收音机和音箱的振动来辨明声音，还可以通过碰触别人的喉咙欣赏别人的歌曲。

倘若你曾经和海伦握过手，那么相隔几年后，你们再相互握手时，她单凭碰触你的手就可以将你辨认出来，也记得你的特点是什么。

海伦做到了我们普通人所做不到但对于残疾的她来说却可以做到的事情，由此她吸引了全世界的目光。就在海伦取得大学学位那年，为了纪念这个伟人，世人在圣路易博览会上设立了“海伦·凯勒日”。

她从未对生命失去信心，她从未对生命心生厌恶。

海伦克服了重重困难，向世界展示了一个全新的自己，我们能从中得到什么呢？我们不难从中得到这样的答案：倘若在你一生的人生路途中，充满自信和热爱，努力前行，终有一日你会到达目的地。

重整旗鼓，永不放弃

著名的塞洛斯·菲尔德退隐商界时，自己留下了很多财宝。当时他很想在大西洋中铺设海底电缆，如此就可以使欧洲和美洲之间的沟通建立起来。菲尔德耗尽了自己的所有财富来成就这一伟业。前期工作是建造一条1600多千米长的从纽约到纽芬兰的电话线路。由于其间有一座原始森林阻挡着，而且这个森林长600多千米，因此他们只能在建造电话线之前修造一条跨越式道路。建设者们还不得不费力完成通过法国布列塔尼的200多千米电缆，同时还要铺设通过圣劳伦斯的电缆。

经历了一番艰苦奋斗，菲尔德得到了英国政府对他公司的援助。可是他却受到了颇富影响的团体在国会中强烈的反对，在最后表决时，菲尔德的方案险些没有通过。英国海军派出了驻塞瓦斯托波尔舰队的旗舰阿农号来、美方派出了新建的护卫舰尼亚加拉来铺设电缆。不幸的事情发生了，之前铺好8千米的电缆被机器卡住了，机器把它弄坏了。第二次试行的时候，电流在船只驶出300多千米的时候突然消失，所有人都以为必死无疑。

随即菲尔德命令工人切断电缆，但是突然间电流又神奇出现了。之后的一个晚上，电缆延伸速度是 10 千米/小时，船只的移动却是 6 千米/小时，电缆被突然刹车的船只卡断。

菲尔德的毅力非常坚定。他又花钱制备了 1100 多千米的电缆，找了专家为铺设电缆设计了更好的设备。当时英国和美国的知名有才能的人团结一致，终于下定决心以大西洋的中央为起点，往两边开始铺设。就这样，两艘船从两边忙碌起来，一艘船开往纽芬兰，另一艘船开往爱尔兰，每个船负责它们各自的任务。这样，可以将两个大陆连接在一起。电缆在两艘船相距 5 千米的时候再次断了。不得已之下，人们又接上了电缆，然而在两艘船相距 120 多千米时，突然间电流又消失了。接上的电缆在铺设 300 千米后再次断开，后来阿伽门农号回到了爱尔兰海岸。

所有人都对此持消极态度。倘若没有菲尔德坚持不懈地劝说大家，用自己的真心去打动别人，一切早就无法继续了。最终，在最后一次实践中，他们成功了，电缆被铺设完整。然而，在信号传送将近 1000 多千米时，电流又奇怪地消失了。

好多人都没有了继续努力的信心，唯独菲尔德先生和他的一两个朋友对此还充满希望。他们没有放弃，一面工作一面寻找投资人。一条崭新的更为高级的电缆由大东部号负责铺设。大东部号的铺设工作缓慢进行着。每件事都进行得非常顺利，但是在接近纽芬兰1000公里处，电缆又莫名地沉入大海，并折断了。打捞工作也以失败告终，因为该工程又不得不搁置近一年时间。

然而，菲尔德却没有被这个失败所打败，他还是坚持着不断工作着。他重整旗鼓，将当时最好的电缆制造出来。终于在1866年7月13日这一天，工程又开始了，这一次向纽约传送的信息没有让人们失望：

“我们很快乐很知足，7月27日。上午9点我们顺利到达。亲爱的主啊！电缆铺设没有出现故障。

塞洛斯·菲尔德”

同时，他们找到了那个曾经沉到大海的电缆，把它们又重新接到一块儿，直通纽芬兰。相当长的时间内这两条线路都被人们继续使用。

利用好自己的缺点

一位神父需要三个男孩儿的帮助，帮助自己销售主教分配给的任务，那就是销售1000本《圣经》。

神父认为自己只能卖出300本，所以，他就下定决心找几个比较厉害的小孩帮他完成其他的700本《圣经》的销售。神父将“能干”做如下定义：能言善辩，语言得当，说话时可以使人们乐于买这本书。神父找到两个符合标准的男孩，两个小男孩以为自己可以不费吹灰之力就能完成各自300本的销售任务。纵使这样，还有100本没人卖，为了早日完成主教的任务，神父又找了一个男孩子，虽然没之前的孩子好，但是还可以凑合着用。第三个孩子的任务是尽量卖出去100本《圣经》，原因是他因为口吃无法完整说话。

过了5天，两个能干的小男孩儿带着坏消息回来了，他们只卖了200本。神父感觉非常诧异，为什么会出现这个现象呢？正在神父百思不得其解的时候，那个口吃的孩子回来了，他将《圣经》全部卖了出去，同时也要告诉神父一个天大的好消息：在他的一个顾客中，有一个人希望买下他的所有《圣经》。这样他就可以超额完成主教的任务，这样的话，主教会非常欣赏神父的。

神父顿时更糊涂了。能干的小男孩儿没能完成任务，可是当时不怎么看好的口吃男孩儿却给自己带来了意外的成功，神父想仔细询问究竟。

神父对小结巴说："你口吃得那么厉害，是用什么方法卖掉我的书的?"小结巴回答说："我……跟……见到的……所有……人……说，如……果不……买，我就……念《圣经》给他们……听。"

这个故事里，小男孩儿明白自己的劣势是什么，因此，他借助自己的缺点来完成自己的任务，取得成功。由此可见，具有缺点虽然不是一件好事情，倘若利用得好的话，也许缺点也是优点。

将自己的缺点转化为强大的优点，对我们来说难能可贵。格兰恩·卡宁汉自小双腿因烧伤无法走路，可他却是奥运会历史上一流的长跑运动员。

对于他来说，运动员能否成功，大部分在于他的自信心和积极的态度，也就是说，你要有自信、要执着。他说："生理、心理与精神是你必须要努力的三个方面，其中最重要的是精神层次，在我眼里所有的事情都办得到。”

如果你的心态比较积极，可以帮助一个人实现缺点到优点的转化，这个过程就好比焊接金属一样，有裂缝的东西在焊接之后，它的坚固性反而加强。这是因为温度比较高，它的热力使金属的分子结构结合得更为严密。

如果你不知道怎么做，可以参考以下步骤。

（1）仔细认真地研究自己的弱点，有计划地克服。

（2）将自己的预期详细地表述出来。

（3）在头脑中构建弱势转化为优势的场景。

（4）马上采取行动，变强变大。

（5）用最严厉的手段对待最脆弱的地方。

切勿自怨自艾

这个故事发生在两个被欧洲外交官家族收养的亚裔犹太孤儿身上。这两个孤儿都曾经在世界各地有名的学校有过留学经历，两个人却有着非常不同的人生轨迹：一位40岁刚出头儿就成为商业巨贾，他准备放下事业、享受生活；而另一个只是某个不知名学校的教师，收入微薄，始终觉得自己是一个失败的人。

一次两人一起参加一个晚宴。晚餐在烛光的映衬下，显得高贵而典雅，不知不觉中谈论的话题滑向了国外生活。由于在座的各位都有过周游列国的经历，因此话题自然转到了他们在国外的生活趣事上。随着聊天的继续，那位学校教师开始叙述自己辛酸的人生历程：她是一个如何可怜的孤儿，她又如何跟随养父母远赴欧洲，她觉得自己是如何孤独。

最开始一起用餐的人都很同情她的遭遇。然而，她的抱怨却越来越多，那位商人变得越来越不耐烦，终于忍不住打断了她没完没了的抱怨："你到底要抱怨多久？你一直在讲自己有多么不幸。你有没有想过如果你的养父母当初没有把你带走，你又会过着什么样的生活?”

教师回答他说：“你根本就不明白，我不开心的根源在于……”她又开始继续讲述发生在她身上的不公平的事。最终，商人说：“没有想到你的思维如此幼稚。我年轻的时候无法忍受周围的世界，周围的每一件事、每一个人，我都恨，几乎任何人任何事都不合我的心意。我很伤心无奈，也很失落。当时的我仿佛就是现在的你，当生活不顺时，我们都有足够的理由抱怨。”他越说越激动，“你不应该一直用这种方式虐待自己！让我们从另一个角度审视自己的人生，你是孤儿，没错，但这并不能阻止你乐观地对待生活，你在富裕的家庭过着幸福的生活。你不光要自己生活得很好，还负有帮助别人脱离贫困的责任，而不是现在这样生活在围城之中。当我摆脱了顾影自怜的思想，就意识到自己究竟有多幸运，我才振作起来，取得了事业上的成功!”

那位老师也彻底反省了自己。以前从没有人对她说过这样的话，她不再感慨自己的不幸，因为那一切回忆非常容易博得同情。

有一种选择叫坚持

我们心里都有梦，然而不是每个人都可以完成。

有一对好朋友科尔和马克，他们一起去看病，他们的鼻子有问题。在他们等待结果的时候，科尔告诉马克自己如果得的是癌症，就要出去远行。马克也赞成这种做法。

后来，诊断出来了，科尔得的是鼻癌，马克得的是鼻息肉，科尔就像之前说的那样离开了，但是马克却没有跟着去。科尔希望观赏一下古希腊的风光，在金字塔旁边照一张相，再参观一下他们的文明，然后把莎士比亚的作品全部看完……

在一张记录他的经历的纸上写道："我的理想很多，有些还没有实现。在这不多的时间里，为了满足自己的愿望，我计划实现我之前的梦想，完成我人生的最后一章。"就在那时候，科尔辞职到埃及和希腊旅游，现在正在打算出一本著作。

有一次，马克在一页报纸上看到科尔写的文章，就打电话关心他的近况。科尔答道："真是没法想象如果没有这场病，我的人生会是多么不堪回首。它是我人生的警钟，引导我做自己想做的事，完成自己想完成的梦想。我到今天才懂得生命和人生。你应该也生活得不错吧?"

马克沉默着，他已经忘了最初的话。

人的一生都会走到终点，只是大家的速度不同。步伐迅速的人及时地完成了自己想要完成的事情，给自己的生命画上了一个完美的句号。但是步伐慢的人，总以为实现梦想的时间很充裕，拖拖拉拉，最终没有完成自己的愿望，平淡地度过了自己的一生。

立即行动

大学时，安妮是艺术团的一个歌剧演员。她将自己的梦想展现在校际演讲比赛中：完成学业后，她先到欧洲游玩了一年，然后在纽约百老汇当女一号。

就在那个时候，安妮的心理学老师找到她，对她说："你现在去百老汇和毕业之后去那儿的不同之处是什么?"安妮沉思了一会儿，答道："也是，大学生活和我去百老汇也没什么关系。"因此，安妮下定决心，一年后就去百老汇工作。

此时，心理老师又开始严厉地对她说："你今天去百老汇和一年之后去有什么差别?"安妮沉默了一会儿，她下定决心下学期就去。老师又追着问："那么你下学期去和你现在去有什么不同?"安妮有些蒙了，但是想想那里的美好生活和自己向往已久的表演梦想，她决定一个月后就去百老汇。

老师还是坚持问她："一个月后和现在去，有什么不一样呢?"安妮情绪激动地说："好吧，我收拾一下，一周之后就立马去百老汇。"老师又追问："百老汇可以买到你需要的任何东西，那里什么都有，你一个星期后去和现在去的不同在哪里?”

安妮最终忍不住说：“我决定明天就出发。”老师高兴地点点头，说：“机票已经给你订好了，明天的。”隔天，安妮就踏上了百老汇奋斗路。那时候，制片人正在百老汇筹备一个非常经典的作品，好多名人都去应征。按规则，先选出10个候选人，之后候选人每个人表演一段对白。这说明想当一个经典剧里面的主角并不是一件容易的事，是需要层层筛选的。到达纽约之后，安妮并没有心急地打扮自己，而是费尽苦心地从一个化妆师那里弄到了将要排的剧本。在这之后的两天时间里，安妮苦心学习，独自表演。在正式面试那一天，安妮的出场被排到了最后，是第48个，制片人询问她的表演经历，安妮只是笑了笑，说：“我想向你们表演一下我在学校之前表演的一个剧目，可以吗？一分钟而已。”制片人同意了，他想给热爱艺术的少女希望。而当制片人听到传进自己鼓膜里的声音，竟然是将要排演的剧目对白，并且，这个孩子表演得惟妙惟肖。制片人被那动人的表演所感染，他立马告诉大家面试到此为止，主角就是这个姑娘。因此，来到纽约之后，安妮就顺利地进入了百老汇，开始了她的百老汇之路。

第七章

知识贵在学习：成长

多问几个为什么

英国著名物理学家瑞利小的时候就很喜欢问问题。有一次家里有客人到访，母亲倒了一杯茶出来给客人喝，碟子太滑了，以致茶杯在上面晃动了一下，杯子里的茶有些飞溅到碟子上，此时的茶杯就不动了。就这样一件最平凡不过的小事，他却开始由此思考：一开始茶杯是因为什么动的呢？而一旦有茶水溅到碟子上之后，为什么就不动了呢？他心想：真好玩儿，我一定要把它搞清楚。

经过多次验证，他认为应该这样解释之前的现象：茶杯和碟子上多少会有些油腻在上面，这样会减少它们之间的摩擦力，造成一开始的滑动，等茶水洒在上面后，油腻没了，摩擦力大了，就不会像之前那么容易滑动了。然后，他由此开始了对油的研究，指出润滑油能够减少摩擦力。再后来，润滑油在各个行业都得到了广泛的应用，瑞利也因此成为诺贝尔奖得主。

每个孩子都喜欢问问题。对他们来说，世界是以一个个的问题呈现在他们面前的，因此他们会有很多很多的问题，作为父母要教育孩子善于发问，鼓励他们发问。没有人会对所有的事情都知晓，所以一旦有怀疑，有疑问的地方也会越来越多，不断地寻找答案，这样得出的答案通常都是没错的。

《犹太法典》中有句话是这样说的："提出好的问题已经解决了一半的问题。"由此得出，好的问题甚至跟好的答案是一样的重要。问题提得有新意，答案也是耐人寻味的。怀疑和答案组成了我们的思考，没有好奇，疑问便无从谈起。所以说，智慧的人就是懂得发问和回答的人。

犹太人看重知识，更看重孩子能力的培养。他们会给孩子灌输这种思想，平时的学习，很多都只是一般的照抄照搬。学习应该建立在思考的基础上，怀疑和答案就组成了我们的思考。经常怀疑和不时地发问就是学习。怀疑是打开智慧之门的钥匙，知晓的东西越多，外面的世界就会越广，未知的问题也会越多。

不要害怕太多的怀疑，最终都可以通过实践来停止。因此，不管有多少困惑，都要积极地去寻求答案。成功人士，都是喜欢怀疑的人，因此要养成孩子遇到事情多问几个为什么的习惯。哪怕是再不起眼儿的问题，如果不断地追问，或许就会发现一座“金矿”。

牛顿在学校的时候成绩并不优秀，他只喜欢做不同的模型。一次，他做了一个水车碾粉机模型，很是骄傲，还给同学看如何用这个模型做实验。实验达到了预想的结果，但是，班上一个学习成绩很好的学生让他解释，他所做的水车的运作原理时，他却无法解释。

那个同学就很不屑地说：“既然你不知道原理，你充其量只能算是手指灵活的呆子。”周围的同学也都哄然大笑，牛顿受不了同学的侮辱，扑过去与同学厮打在一起，最后他挨了一顿揍。不过自此之后，不管遇到什么事情他都要问为什么，最终成为一名世人敬仰的科学家。

喜欢提问题的孩子都有很强的求知欲望，不过很多时候，大人都自动忽视了他们的问题，他们可能会说：“笨孩子，这哪是什么问题啊?”可是作为父母必须要知道的是：孩子发问的都是经过自己思考的，如果我们认真地加以对待和回答，他就会产生进一步寻求答案的欲望，由此开启通向智慧殿堂的通道。积极的思维是走向创新的必由之路，积极的思维离不开问题。所以，家长要激发孩子多发问的欲望，在对待他们的提问时，首先要仔细耐心地听孩子讲完；还有，孩子提出问题的时候，不应该马上就给出想当然的答案，要给孩子独立思考的时间，关键是让孩子自己也认真地思考；最后，给孩子简单明了、能够理解的明确答案，最好的做法是在回答了孩子的问题后再顺着这个问题找出一些更有意义的问题，这对孩子思维能力的发展有很大的作用。

具有怀疑精神，积极地发现问题，在孩子思维的发展中起着无可替代的作用。可能有的父母不理解，怎样可以激发孩子爱提问的精神呢？在这方面，可以借鉴犹太人的做法：为孩子创设一个适于学习的情境，让孩子乐于问问题。这里所说的给孩子安排“情境”，可以遵照下面几点建议。

第一，让孩子有好奇之感。比如说玩猜字谜的游戏，给孩子一些提示；把故事讲得曲折迂回一点，故意让孩子想知道结果等，之后启发孩子把问题讲清楚，教育孩子提问的时候要恭恭敬敬地提问，而不能态度恶劣或是言辞激烈。

第二，充分发挥孩子思考的主动性，让孩子积极地问问题。幼儿的天性使然，会对一切都感到好奇，他们心中会有无数个“为什么”等待解答，想去探求我们身处的奇妙世界的真实样子。但是一般成人根本不拿他们的问题当作孩子的思考，将孩子的求知欲望慢慢抑制了。所以，父母一定要下意识地保护孩子的好奇心，让他们觉得自己提出的问题是有意义的，不要对孩子的提问表示出不耐烦，而是积极参与孩子的思考，跟孩子一起去找答案，这样孩子就会源源不断地提出新的问题。

不管如何，为人父母一定要记住这一点：不断地发问是积极思考的表现，孩子提问的问题多了，就能扩展他们的思维。

与书为友

犹太民族真不愧是“书的民族”。他们对书的痴迷，对知识的无上追求，已经不能用一般的求知好学来形容了。在他们自己的眼中，一切知识和财富都来源于书籍。他们甚至达到了可以用性命来换取读书机会的地步。以色列的耶路撒冷每年都会如期举办国际图书博览会。在这期间，全世界各地的人都会来洽谈商议，每个人都可以找到自己想要的书。

他们自己的地方还会举办“希伯来图书周”，这是专属于犹太人的图书节日。很多人提前准备好钱，无比欣喜地盼望着这一盛会的到来。《塔木德》上还说过：以书籍为友，以书架为庭院，拥有读书的机会真的是世间的美妙之事！

犹太家族中有一个世代不变的传统：所有的学习用具都必须放在床头，而不是床尾。这样规定的用意是：书籍神圣不可侵犯，千万不能对书籍大不敬。犹太人不管是在什么时候，见到自己以前从未见过的书，百分之百会买下这本书，把它带回家乡给周围的人看。因为他们认为书籍是别人智慧的结晶，要汲取其中的精华，为自己的将来积蓄力量和知识。

在犹太人心中，人们之间存在的隔阂是不可避免的，但是知识是属于全人类的，不会有其他的隔阂，不应该因为任何别的因素阻碍知识的存在和传播。所以，不管你的处境如何，都要与书籍为友。为确保书本能够世世代代相传，1736 年拉脱维亚的犹太社区专门设立了一门法律。该法律上写明：有人来借书，如果主人不肯借，应被罚款；如果有人死去，棺材里也要带上几本生前喜爱的书，让他死时也有书籍的相伴，使他的灵魂得到慰藉。这些都能展现犹太人对于知识和书籍的态度：学习是人生中最大的善行。

有个故事是这样的：

故事发生在以色列，一个富家子弟特别不喜欢学习，后来，他的父亲也不再抱有任何希望，只是继续教他《创世记》一书。很久之后，他们所在的城市遭到了侵略者的攻击，这个小孩子也被抓了，他被关在一个很远的监狱里。几年的时间很快就过去了，国王到他们攻占的这个城市，正好到男孩在的监狱视察。途中，国王想要看看监狱中有什么收藏的书籍，正巧看见了《创世记》这本书。

“这本书出自犹太人之手，”国王说，“在此的人有会读《创世记》这本书的吗?”“有一个!”典狱官回答说，“我马上带他过来面见您。”男孩儿就这样有了见到国王的机会，典狱官说，“这是你最后的机会，如果你不会读这本书，国王就会把你处死。”“父亲只教过我这本书。”男孩儿这样回答。典狱官把他带到了国王面前，国王把《创世记》递给他。男孩拿到书就开始大声念起来。国王听了之后很有感触地说：“《创世记》的含义很明了，上帝让我救助这个孩子。”

后来，国王不仅放了他，还给他一些钱，让两名士兵把他送回到父亲身边。

这是一则流传很久的关于犹太人的故事。它想要阐释的道理是：即使这个孩子的父亲仅仅教他读了一本书，但是上帝也还是会奖赏他。假设，一个小孩子受到的教育更多，那么他就得到上帝更多的赐福！

综上所述，读书自有其用处。

任何时候开始学习都不晚

1921 年的时候，作为印度科学家的拉曼要在英国皇家学会上做有关声学与光学的研究报告，途中经过地中海。很多乘客在甲板上散步，他对一对印度母子的对话十分感兴趣。

“妈妈，这是什么大海?”

“地中海啊!”

“为什么要叫它地中海?”

“因为它处在两个大陆之间。”

“那为什么海水是蓝色的呢?”

年轻的母亲顿时不知道怎么回答，抬起头碰到了拉曼，拉曼此刻一直在听他们讲话。拉曼跟男孩儿说：“海水的蓝色，是因为反射了天空的颜色。”

之前的很长时间，很少会有人不认可这一解释。因为那是英国物理学家瑞利勋爵所揭示的，他因为发现惰性气体而被人称颂于世，他认为天空的颜色是由于大气分子的散射，所以就得出，海水的蓝色是因为反射了天空的颜色。

奇怪的是，回到自己的位子之后，拉曼总是怀疑自己解释的正确性，那个一直在发问的小男孩儿，那个不断地求知的大眼睛，那些让人应接不暇的一个个“为什么”，都让他不安。作为一名已经十分渊博的学者，他忽然发觉自己已经失去了男孩儿从“已知”中去追求“未知”的好奇心，他因此受到了很大的震动！

回国后，他马上开始研究海水为什么是蓝的，后来发现瑞利的解释是不可信的，不能提供让人绝对信服的证据，所以他着手进行新的研究。

他最先研究的是光线散射和水分子的相互作用，采用了爱因斯坦等人的涨落理论，得出了一些有关光的散射的充足数据，得出海水之所以是蓝色是因为水分子对光线的散射，这一机理与大气分子散射太阳光而使天空呈现蓝色是完全相同的。

接着在固体、液体和气体中，他又发现存在一种广泛存在的光散射效应，成为后来的“拉曼效应”，为科学界在 20 世纪初终于认可光的粒子性学说打下了基础。

1930 年的时候，正是因为在地中海轮船上遇到的那个男孩儿的问题，拉曼获得了诺贝尔物理学奖，他也因此成为亚洲历史上首位获此殊荣的科学家。

向每个人学习

美国第三任总统托马斯·杰弗逊 17 岁时是威廉与玛丽学院的学生，所学的各门成绩都很突出，尤其是在历史和语言这两方面。其他的科目像农艺、数学和建筑学等，他也很喜欢。此后由他设计的蒙蒂塞洛宅地，除了传统的古典建筑风格之外，又别具一格，可以算是当时美国最好的建筑之一了，如今依然是最好的乡间府第中的一个。

出身贵族的他，父亲是赫赫有名的军中上将，母亲也是出身名门贵族。其他的贵族只会向老百姓下命令，不会有世俗的交往。但他却没有这种不好的阶层恶习，即使是普通的民众，他也积极进行交往。虽然他的很多朋友都是有名望的贵族，可他还有很多朋友是普通的民众、教师、农民或是手工业者。善于向各种各样的人学习是他的一个优点，因为他深知每个人身上都有值得学习的地方，都有自己值得骄傲的闪光点。

他长得一表人才，说话很有气质，又很热心，交际圈甚广。他对于小提琴演奏很是在行，由此也在上流社会混得很好。身处于社会名望阶层的杰弗逊，很多时间用来跟他们谈论，学到了不少的知识。甚至连法国伟人拉法叶特也受到他的鼓动："你也应该像我一样到普通的老百姓家中去坐一坐，吃一吃他们的食物，看一看他们的境况。唯有亲身实践，你才会知晓老百姓为什么抱怨，也会因此知道为什么要进行法国大革命了。"

向不如自己的人学习，是他之所以做出一番伟绩的原因之一，正因为这些，他显得比其他的领导者更理解民众真实的想法是什么，最需要的东西又是什么，这是他成为名人的第二大原因。

在做人和做学问上面，道理是一样的，只要是有一技之长的人，我们都应该向他学习，只要是有见解、有思想的书籍，我们都应该去阅读。如果认为"我比周围的人聪明，因此我完全不用理会别人说什么"，这种观点是不对的。学习的东西包罗万象，每个人的优缺点不同，任何一个人的身上都有值得学习的东西，要有善于发现别人长处的眼睛，来弥补自己的短处。

林肯总统在美国人心中备受爱戴。一说起他，大家都知道他父亲只是一个并不起眼儿的木匠，母亲也只是一个非常普通的家庭妇女。那么他身上的卓越的领导和管理才能是后天得来的吗？大多数人都将这归因于林肯可能受过良好的教育。但实际上呢，也有不少人知道，他受到的正规教育少得可怜，他从小到大几乎没上过几天学。就职国会议员的时候，他本人也在公众面前坦诚地认可了这一事实。那么是谁教给了他这些本领呢？据他自己说是肯塔基州森林地带数位巡游的村儒学究，林肯就是在他们的无意帮助之下得到了很大的提高。

伊里诺州第八司法区的许多人也是他的教师。他也曾经和各种各样的人讨论过国家和世界大事，在他们那里他也学到了很多的知识和道理。他的成功法宝就是：向每一个人学习。

犹太人这样教育他们的孩子，你周围的每一个人都可能成为你请教的对象，每一个年轻人，实际上不存在所谓的最好的环境，也不可能有最好的老师，你最好的老师就是你周围不断变化的环境，持之以恒地向各种人请教才是最好的老师。

记住多读一遍

俄国有一位比较出名的音乐家叫拉赫玛尼诺夫，他记忆力超强，很长时间以来，大家都觉得十分神奇。一次，另一位著名音乐家到他的老师家做客，并即兴演奏了他的一部新作。那位老师说要和他打赌——他让拉赫玛尼诺夫躲在卧室里，当来访者弹奏完自己的曲子后，老师便把他从卧室里叫出来，让他把刚才的曲子再演奏一遍，他居然演奏得一模一样。那位音乐家听后十分纳闷：这确实是我的一个新作啊！这个学生是怎么知道我这个曲子的呢？

上文中的拉赫玛尼诺夫因此超凡的记忆力被人称奇。实际上，人的记忆力的确是很强的，这种记忆也可以持续地保存很长时间，一般来说会保持 8～9 年的时间，90 岁的人，对自己五六岁时的经历时常能够记起。我们所进行的一切事情，不管是简单的活动，还是复杂的活动，都必然少不了记忆功能的参与。记忆对我们的一生所起的作用实在是太大了。假如没有了记忆，人们也就没有了思考的根基。记忆储存着我们的过往。幼儿时期是智力发展最重要的时期，记忆发挥的作用更有价值。苏联心理学家维果斯基曾经说过：记忆在学前儿童心理活动的各个方面都占有优势地位，它处在我们意识的中心。假设一个孩子没有记忆能力，那么他只能每见到一次事物就重新认识一次，就不可能会获得任何有用的经验。因为有记忆，人的各种经历才能发生交互作用。因为有记忆，人们才可以使自己的知识得以丰富，形成自己独特的心理特性。因此说，孩童记忆的发展直接作用于科学文化知识的学习。

所以，古希伯来教育普遍采用背诵和记忆的教学方法。多读一遍的教育方法一直被人传诵。几乎所有的学者，都觉得能完整无误地背下《圣经》是一件无上光荣的事情。犹太拉比说过：要想成为一个成功的人就要手脑并用，并在熟读和记忆的基础上进行思考。

公元前3世纪，古希伯来的学校刚刚出现，学校教授的内容由古代律法转向了解民族衰败和兴旺的各种问题，以求了解人生的真谛，对一些具体事物的知识进行学习。老师会要求学生先把一段内容背过，之后再每一段、每一句加以解释，让学生全部掌握圣典的内容。另外，希伯来人不仅要求学生单纯记忆，也要求学生进行积极的思考。当学生背过了教师要求的内容，教师就会启发学生多问问题，他们会对这些问题进行讨论。谈论的时候，让学生把习得的知识提高到一个新的认识水平上。

很多人因为“费脑筋”而不去思考一件事情，思考的确不是一件容易的事情。但是，那些天才之所以成功，正是因为他们喜欢用脑思考。

爱迪生很小的时候，就立志要创造二重发报机并由此开始了他的科学发明生涯。从积极的思考获益颇多的他，之后就在墙壁上专门贴上一张纸条，上面写的是：“成功之人总不会躲避思考。”然后在下面贴了他自己的一句话：“只要下决心去思考，就会找到生活的最大乐趣。”这句话给我们很大的启发：一是，思考是不容易的；二是，思考也是生活的最大乐趣！换句话说：只要积极思考，艰苦可以被超越为“快乐”！

爱迪生有一句脍炙人口的话：“天才就是百分之一的灵感加上百分之九十九的汗水！”这里所说的“汗水”的

实际含义是，在他从事发明创造的时候，积极地动脑筋，并持续地加以思考。

因为意识到了勤于思考的重要性，爱迪生这个“发明大王”有近2000件的发明作品，可以说每过15天就有一个新作品问世，人们授予他“世界发明大王”的称号。

犹太人在教育孩子的时候会告诉他们，遗忘没什么好伤心的，关键是要正确地去认识它。

首先，遗忘是正常的事情，只要遗忘的数量在一定限度内，就是可以接受的。遗忘也是有好处的，它让我们把那些不需要的，对社会或个人来说并没有价值的东西过滤掉，只有对人很重要的内容才会被保存下来。“只要能记住就是好事”这种观点是错误的，因为我们每天接收的信息量实在是太多了，有的无用知识如果不及时过滤掉，就会阻碍记忆其他的知识，记忆的效果也会因此受到影响。平日的生活中，有的同学就会出现这样的情况，只把讲话人的口头禅给记住了，却不记得主要的讲课内容，这样对生活和学习的影响都不好。

再者，让孩子们学会与遗忘做斗争。也就是希望记住的东西不要遗忘，复习可以说是最好的方法了。复习的意义在于，使记忆加强并抑制遗忘。先秦儒家的代表人物孔子说过一句话：“学而不思则罔，思而不学则殆。”意思是教育孩子的时候，要引导他们把记忆和思考相结合，学习的效率会提高，学习效果就会更好。

和书籍做朋友

以前犹太人在墓碑前也会放上书籍,相传死去的人在半夜会出来看书。除此之外,这也寓意生死有命,学无止境。很久以来犹太人家庭中的一个习俗是,书籍一定要放在床头的位置,如果一不小心放在了床尾,就会被人说对书大不敬。犹太父母自己不仅爱读书,也会把历史上的伟大人物喜爱书籍的逸事说与孩子。

拿列宁的例子来说，他父母从他很小就培养他热爱读书的好习惯。父亲根据他们的不同年龄购买适合的书籍，各种各样的儿童书本也买了好多。他们家的图书馆中有好多书，孩子们还可以从市里的图书馆中借来读。他的父母很多时候都是借助书来发展他们的智力，书籍也以各种各样的知识开阔了孩子们的视野。

不管身处何地的犹太人，他们对研习古书的沉迷不只是因为喜欢宗教，而是喜欢从书中汲取成功的资本与知识。哪怕是在书中有抨击犹太人的地方，他们也不会禁止其传播。犹太人早已养成了爱书的好习惯，人人如此。如今的以色列，处处都可以见到犹太人读书的身影。据真实的数据表明，以色列一年出版的书籍就有2000之多，这里面是不包含教科书和再版书的，大于14岁的国家公民每月看过的书平均多于一本。全国拥有各类图书馆超过100所，公民与图书馆的比例大概是4000∶1。450万全国居民总数中，就有100多万人办有借书证。以色列国家中犹太人占多数，以色列还是世界上人均拥有图书馆、出版社和每年人均读书的比例最高的国家，比世界上所有的其他国家都要多。另外，以色列出版的各类刊物超过890种，报纸就达到了29种。任何一处报刊亭，都可以买到当天的《泰晤士报》《纽约时报》《世界报》等诸大报纸。概括地说，犹太人被认为是“知识的民族”“书的民族”一点都不为过。正是因为有了这种优良的传统，犹太人的教育思想才别具一格。

想要得到真知，也需要注意读书的方法。

世界著名的物理学家爱因斯坦就是犹太人，其伟大之处在于创立了相对论。他被人们称为“20世纪的哥白尼”“伟大的自然科学的革新家”。他在读书的时候就很关注这一点，他读书的方式可以称为“淘金式”。

他的这种读书方法的核心是：注重关注能够找到事物本质的内容，对其他的起阻碍作用的东西置之不理或是直接放弃。

爱因斯坦曾被问道是什么成分组成了钢，他给那人推荐《冶金手册》；也有人请教爱因斯坦芝加哥到纽约的距离，他给对方推荐的是《铁路交通》。他说：“凡是词典上已经记录在案的知识我都不会去背诵。”很明显，他的阅读经历很丰富，但他更关注如何提取书中的核心知识，其他的只要记住其来源和出处就行了，重点还是找到事物的本质，放在背诵核心的问题上，独立思考和革新创造也同样重要，头脑中就像是有书的目录一样。爱因斯坦认为只有靠自己才能获得真正的知识，他喜欢抓问题的本质，不过几乎不去背诵。只要他拿到一本书，几乎马上就可以将此书中的精髓说出来。有人对他的读书方法很是敬佩，向他请教其中的秘诀，爱因斯坦回答：“取其精华，去除糟粕而已。”

如果你的孩子对读书表现出浓厚的兴趣，这是给他灌输应该多读书观念的好机会。不妨在他不识字的时候念给他听，而且要持续地按时地这样做。所选的书籍最好能够引起孩子的很大兴趣，比如比较精美的绘本书。孩子们对精美的图片比较感兴趣。当然了，动物图片也是孩子们的最爱，童话故事可以说是小孩子们的最爱。已有的理论知识表明了它们的意义，它们可以让孩子安全地了解这个世界，懂得现实并不等同于虚幻。除此之外，他们对儿童智力发展也能起到很大的作用。

让我们来学习一下，如今的犹太人在为孩子挑选书籍时一般都关注下面几条：

首先呈现在孩子面前的书籍必须是短小的，就几页纸，这比较符合孩子们的注意力只能维持一小段时间的特点。还有，他们也会选择有很大插图的书，这些书都不会有很多文字。儿童当然更喜欢有图而没有字的书籍。文中有字的地方一定要使得儿童能够看懂。虽然字号大、字数少，但是或许有很多生僻的字，因此家长要首先通览一下书本，确保孩子能够理解书中的文字部分。

另外，在读书的时候，还要营造良好的氛围，让孩子们受这氛围的熏陶而爱上读书。你可以用手指划过正在念给孩子听的文字，但不一定非要让孩子跟随你手指移动或看着书本上的字。可以让孩子假设一下故事的发展，鼓励孩子看图画讲故事。如果他照你说的做了，要适时地给予鼓励。如果孩子愿意，不妨多读几遍，重复地给他读比较喜欢的书也是必要的。

想知道孩子是不是对某个部分感兴趣，就看他有没有时常提及它，也可以看他主动地读自己喜欢的书的次数。如果孩子向你要书读，一定要给他喜欢又能读的书，哪怕他对其中的文字已经记下了。因为以后当他们再看到这些已经记住的东西时，就能更加深刻地理解它们的意思了。家长要记得给孩子预备些新书，里面的故事最好是经常出现的，这样很多词就会多次出现，尤其要记住，准备给孩子的书的种类要多。

当孩子可以单独读书的时候也要继续读书给他听。当日后想起你们曾经一起读书的美好时光，他会觉得这是很美妙的事情。家长也要培养孩子爱护书本的习惯，不弄脏、不折叠书籍，摆放整齐。书本放置以方便孩子取放为准则。

第八章

犹太人的财富观：财商

把赚钱当成一种游戏

犹太人对钱有一种我们没有的平常心,在他们的观念之中,金钱就像是衣服一样,不过是一件用品。

甚至有很多的犹太大亨,当他们面对财富时,总觉得就是一堆纸张,并不觉得有多么重要。若是他们将钱财看得很重,也就不会像这样心平气和地赚钱了。

若是你想要赚钱,就不能失了方寸,要非常冷静、从容地对待每一件事。对于金钱,你需要的是兴趣,但是不能把钱看得太重,否则就会给自己添加负担。

犹太人把金钱当筹码。金钱刺激着每一个人的神经,使得每个人可以付出十二分精力的投入,每一次投入资金就像是投入了游戏之中。若是将赚钱当作自己一项沉重的工作而不是游戏,甚至将命运当作赌注的时候,心理会不堪重负,无法下决定。

犹太人总是这样评说赚钱:赚钱即是游戏。而你作为游戏的参与者,需要和对手不停地较量。手段是过程,目的是赢,超越所有的人才能成为最终的胜者。

摩根是一位著名的金融家，他就有着这样的赚钱观念，即认为赚钱不是负担，只是一种非常新鲜又刺激的游戏。他认为有这样的态度，才最利于赚钱。

摩根迷恋赚钱。他总是有这样的习惯：黄昏时分，到小报摊上买一份载有股市收盘的当地晚报回到家中阅读。当别人玩乐的时候，他却说："在别人研究棒球或者足球的时候，我却在研究赚钱的方法。"

他不去投资不喜欢的事情，他研究的总是如何赚更多的钱。另外一些同事就曾开玩笑般说道："摩根，你现在已经是百万富翁了啊，来谈谈感觉吧。"他给出的答案颇有深意："但凡是我想要的，对我都没有意义，因为这些对于我来说都是没有必要得到的。"

他所喜欢的，仅仅只是在游戏时的感觉，将一次次投入的资金再一笔笔赚回来的感觉，即便是如此艰辛而又充满了风险，却也是非常刺激，而他最喜欢的，也无非就是刺激罢了。

将钱看作平常的东西，将赚钱作为游戏，这才是大智慧，就这样成就了很多的犹太大亨。

即使1美元也要赚

犹太人认为，只要可以多赚1美元，我就绝对不放弃。这表明，犹太人擅长采取“化整为零，积少成多”的战略来战胜强大的对手。

犹太人拥有与众不同的赚钱观念，他们从不认为钱丑恶肮脏，而是把钱视为人生无法或缺的一部分，认为“只要赚钱就行”。

古今中外，有许多名人都曾对金钱做过精彩的论述。比如莎士比亚曾经这样说：“金钱可以让盲人重见天日。”索尔·贝娄则这样看待金钱：“金钱是唯一的阳光，照到哪里，哪里就亮。”而早在2000多年前，犹太人就有这样的谚语：“钱既不是罪恶，也不是诅咒，相反，钱会给人带来祝福。”

犹太人认为，如何赚钱才是最重要的，钱的性质并不重要，因为钱没有高低贵贱之分。所以，犹太人的经商思想极其灵活，他们认为只要不做违法的生意，什么钱都可以赚，什么生意都可以做。犹太人喜欢创建公司，但是，即使他们兢兢业业、辛辛苦苦地在商界闯出自己公司的品牌，只要能获得高额利润，他们也会毫不犹豫地把它卖掉。因为他们认为，创办公司就是为了赚钱，一旦公司不能再创造利润，就是食之无味、弃之可惜的鸡肋，即使再心疼也要忍痛割爱，或拍卖，或宣布倒闭。

犹太民族在世界各地流浪，不管身处何方，他们都会不问世事，专心地做生意。

1917年，苏联刚刚成立，局势极不稳定。许多商人对苏联避之不及，只有犹太人哈默独辟蹊径，前往苏联“淘金”：他用小麦在苏联换皮毛和皮革，把数百万双美国的军用皮鞋销往苏联，还把数千万支“哈默牌”铅笔卖给苏联的学生，他因此还受到列宁的嘉奖，赢得了“红色商人”的美誉。哈默的事迹，可以说是犹太人的金钱观和生意观的典型体现。

犹太人自称“上帝的选民”，极讲信誉，遵守契约。

对于犹太人来说，生活在这个世界上赚钱是最重要的事。然而，唯利是图、不择手段的拜金主义者在犹太商人中却少得可怜，他们之中大部分人是合法地赚大钱，正所谓“君子爱财，取之有道”。这些“君子”知识面广，反应敏捷，判断准确。只要有钱可赚，他们不会放过一切机会。他们总是千方百计寻找所有赚钱的机会，就是在别人看起来无可借助的条件下，犹太商人也能顺顺当当地谋钱成功。从某个角度讲，犹太人全方位的谋钱术是值得借鉴的，它体现了一个优秀商人的经营意识，抛开了许多人为的观念障碍，是赢得财富人生的开放思维。

放长线钓大鱼

《塔木德》说："仔细权衡利弊得失之前，不要采取盲目的行动。"这句话对犹太商人的影响非常大，聪明的犹太人都懂得"放长线钓大鱼"的道理。

我们总是不断地给自己树立目标，很多目标又是交叉的，所以就会有主次之分。犹太人的聪明之处就在于总能适时地抓住主要目标，他们认为赢得财富的关键在于是否用长远的发展的眼光看事物，抓住了主要目标才能更好地获得成功。

犹太人认为，要学会用敏锐的眼光看到事物在发展中创造的经济价值，然后再放长线钓大鱼，不去计较一时的毫厘得失。

犹太人中流传着这样一个哲理故事：

从前，两个饥饿的人在路上行乞。有一天，他们遇到了一位慈爱的长者。长者允诺要帮助他们。长者说："我这里有一根渔竿和一篓鲜活硕大的鱼，你俩自由选择。”于是，一个人要了一篓鱼，另一个人要了一根渔竿，然后他们分道扬镳。

得到鱼的人原地就用干柴搭起篝火煮起了鱼，他狼吞虎咽，还没有品出鲜鱼的肉香，转瞬间，连鱼带汤就被他吃了个精光。不久，他便饿死在空空的鱼篓旁。

另一个人则提着渔竿继续忍饥挨饿，一步步艰难地向海边走去，可当他看到前面不远处那片蔚蓝的海洋时，他浑身最后的一点力气也使完了，他也只能眼巴巴地带着无尽的遗憾撒手人寰。

后来，又有两个饥饿的犹太人，同样得到了长者恩赐的一根渔竿和一篓鱼。但是他们并没有各奔东西，反而商定共同去找寻大海，他俩每次只煮一条鱼，仅够填饱肚子即可。经过遥远的跋涉，他们来到了海边，从此，两人开始了捕鱼为生的日子。几年后，他们盖起了房子，有了各自的家庭、子女，有了自己建造的渔船，过上了幸福安康的生活。

所以说，如果一个人只顾眼前的利益，得到的只是短暂的欢愉。一个目标高远的人，只有懂得把理想和现实结合起来，才有可能成为一个成功之人。有时候，一个简单的道理，就足以给人意味深长的生命启示。

还有一个在犹太民族广为流传的故事：

伊莱·科恩是以色列情报机构的高级间谍。为了获取叙利亚的军事机密，他秘密打入了叙利亚的情报机构，担任了顾问要职。

在二战时，纳粹分子曾经丧心病狂地杀戮犹太民族，因此，战后由犹太民族为主体的以色列以追捕逃脱的纳粹分子为己任，而且取得了很大的成果。

一次，科恩获悉，老牌纳粹费朗茨·拉德马赫尔匿藏在叙利亚。费朗茨是个残害了600万犹太人的刽子手，是个久捕不获的漏网头子，如果抓获了这个纳粹分子将能大大振奋以色列国民的精神和官兵的士气。

科恩立即把这个情报发给以色列情报机构的高官摩沙迪，建议由自己就近将这个纳粹刽子手除掉。这个建议确实有着巨大的吸引力，但是摩沙迪却下令给科恩：“切勿行动，请放弃这个目标！”

个中原因只有摩沙迪清楚，除掉费朗茨势必要暴露科恩的身份。而当时，中东形势非常紧张，科恩的主要任务是搜集叙利亚的军事情报。费朗茨虽然罪恶滔天，但现在对以色列已经构不成任何威胁，而叙利亚正虎视眈眈地准备和以色列进行战争。两者相比，摩沙迪当然宁可牺牲一个次要目标，而要抓住一个主要目标。科恩接到了总部的指令，心有不甘，所以再次请示：“让我给那个纳粹分子寄一枚炸弹去，恐吓他一下。”

摩沙迪仍旧指示：“切勿行动，请放弃这个目标！”

身为间谍，科恩必须服从上级的命令，不得已，他只好放弃了唾手可得的刺杀机会。后来，科恩终于明白了总部的意图，专心致志地搜集叙利亚的备战情报，他发现在戈兰高地，叙军正在修筑强大的工事，就把这个情报发给了总部。

不久，第三次中东战争爆发了，以色列根据科恩提供的情报很快攻占了戈兰高地，从而使以色列在第三次中东战争中大获全胜。

犹太人告诉孩子们，要想获得财富就应该很好地运用长远的眼光看待问题，用发展的眼光去分析事物。

取之有道

虽然犹太人很爱钱，但也有赚钱的原则。他们总是抵抗得了金钱的诱惑，绝对不会让自己的灵魂被金钱腐蚀。犹太人所追求的财富，要堂堂正正地获利。在犹太人看来，若赚钱手段不对，则遭天谴。

有一位犹太妇女在购买东西之后，回家收拾的时候，发现里面多了一枚戒指，而这并不是她买的东西，所以她告诉了儿子这件事，然后一同出门，向拉比请教该怎么办。

拉比讲了个故事：

有一位拉比平时靠砍柴为生，砍柴后再到城里去卖。他为了节省时间，打算买头驴来代替他走路。

所以他向阿拉伯人买了一头驴牵回家了。徒弟们很兴奋，就将驴牵到河边打算给驴洗澡，哪知道驴身上有颗宝石。徒弟们非常高兴，都以为可以从此摆脱贫穷的樵夫生活，可是拉比要求他们还给卖者。拉比是这样对他们说的："我买的是驴不是钻石，我所拥有的是我买到的东西，这是原则。"

阿拉伯人对此感到非常吃惊："钻石是在驴的身上，而驴是被你买走的，完全可以归于你。但你为什么还要还给我呢？"

拉比对阿拉伯人说道："这是我们犹太人所拥有的传统。我们讲原则，所以这个钻石是属于你的，我必须还给你。"

阿拉伯人听后对拉比感到非常敬佩，说："你的信仰真伟大。"

听了这个故事之后，妇人决定还回戒指。拉比只是跟她说："若是问你退还戒指的原因，你只需要说：'因为我们是犹太人啊。'让孩子看着，他会永远记得你的伟大与正直。"

从此故事中我们可以得知犹太人的原则，正所谓"君子爱财，取之有道"。

如果一个民族的灵魂变得肮脏不堪，那么这个民族也就彻底完了。犹太民族是个伟大的民族，是非常值得我们去学习和借鉴的。世界上最大的美德就是灵魂的纯洁。商人要贯彻取财有道的原则，不拿不属于自己的钱财。

犹太人向来拿的都是只属于自己的东西，也就是付过钱的。他们认为这是一种不可以破坏的传统。

作为商人的犹太人最看重的就是道义了，他们坚持赚钱的原则，从不用任何的手段来骗取钱财。从意识的层面来说，对利益的追求其实是有一定的制约的，要有自制力。

以义制利是赚钱的原则，对获得私利的要求当中，凡是可以符合义的要求的即为正当的，凡不符合的即为不正当的，这也就是俗称的“取之有道”。这个问题的关键不是是否追求私利，而在于你的追求是否合理。若是符合了义的要求，例如尧让位于舜，这也是合理的；与此相反的是，不符合义的要求的就是不合理的，再少也不能攫取。

得知了这一原则，在有利可图的时候，若是合乎道义便可取，若是不合道义便不可取，也就是“见利思义”，也就是符合道义的行为。

罗斯曼是个犹太年轻人，工作非常出色，很快便升职为负责和法国进行贸易的主管。一次，他与法国另一家公司合作，在经过很辛苦的谈判之后，双方都以自己想要的利益达成了一致的协议。法国那边十分重视，市场部主管亲自来到以色列签约。之后，双方很快就进行了交易。可是在交易之后，公司财务通知罗斯曼，为什么公司的账目上无缘无故多了5000万法郎。他们花了一些时间终于找到了原因，原来是法国公司那边造成的失误。罗斯曼当时就给法国公司打电话，更携款亲自前往。对于罗斯曼的举动，法国公司感到非常感动，也由此看出了他的为人。法国公司为了表示对罗斯曼及其公司的感谢，主动将条约的条款放宽了很多，又主动在原协议基础上放弃了200万美元。

罗斯曼的做事原则使他获得了更大的好处。

把握流行趋势赚大钱

犹太人的赚钱术里有这样一句话："越是流行的东西，越有钱可挣。"对此他们坚信不疑。当今社会，市场需求瞬息万变，能够准确把握流行趋势非常困难。这就要求每个生意人在做出决策前，必须对市场仔细分析研究，赶上潮流，甚至还要超前于潮流。

当今社会，人们的需求不断变化，市场也随之不断变化，今天还颇为畅销的产品，明天就可能无人问津。把握好市场的流行趋势就像是跳舞一样，快于节奏或慢于节奏都是不行的。所以说，要操纵好顾客的心理，抓住机会，就需要从以下几方面进行观察和分析：

首先就是市场上的流行风。犹太商人认为，消费者购买产品的趋势，是紧随着市场的流行风而产生的，只有抓住市场的流行风，投入产品，才有可能取得成功。这个流行观使得以色列的很多商人成为一流的商人，拥有上百亿美元的资产。比如下面这个故事：

以色列汉堡大王伯恩就是因为适时地抓住了社会的流行风而发迹的。伯恩虽因汉堡包而大发其财，但他还做诸如钻石、时装、高级手提包等。在营销过程中，他把购买对象定位在上流社会的有钱人，瞄准他们的流行趋势，然后在钻石的花样、服饰的色彩、手提包的样式上，根据有钱人的喜好进行一些特殊的设计。他的产品一经上市就大受欢迎，成为一种时尚。历经20年，从来没有“大甩”的事件发生。当然，伯恩先生之所以能够获得这样的成就，都是靠着“把握流行趋势，灵活多变”的经营策略，这是他取得成功的基础。

值得一提的是，抓住流行风必须与迎合市场特点相结合。比如伯恩在经销服饰的时候会根据各国人各自不同的特点，量身制作不同的款式。所以，那些只知随波逐流的商人，虽然在某一方面能够赶上有钱人的时髦趋势，但并没有考虑到各国风俗情况，在营销中，恐怕避免不了亏本的出现。而伯恩先生的做法要比一般人精明很多。

现代市场的需求和流行趋势瞬间万变，能够把握流行趋势的人一定是很高明的人。他们能认真分析判断市场走势，研究它的流行程度，以选择“攻击”的对象。因为，人们的需求不同，市场的需求量也就不同。在追随流行风的同时，它的流行程度也要考虑，适时投放产品，这样才能取得成功。

当然，想要掌控某种商品是否流行，需要一定的诀窍。流行的缘起一般分为两种：一种是起源于有钱人，另一种是发端于普通老百姓。发源于普通老百姓的东西一般来势比较凶猛，并且流行面广，但维持的时间往往比较短。但是，发源于富人的流行趋势虽然发展较慢，却往往可以持续很长时间。根据犹太人的统计和分析，在富有阶层流行的商品，一般在两年左右的时间就会在中下层社会流行起来。所以，如果能在这两年内把握住流行趋势，你就可以发大财了。道理非常简单，人们常常会听到这句话：“人往高处走，水往低处流。”一般来说，人们都羡慕上流社会，而且愿与上流社会的人交往，于是，上流社会的流行趋势便常常成为流行和时尚的风向标。上流社会中流行的衣饰风格对一般人有很大的影响，很多人都爱跟风模仿。于是，犹太商人就常常利用人们的这种“向上看”的心理去操纵流行趋势，把握住这种流行趋势赚大钱。

温柔也是生意之道

世间有两种强大武器，第一种是力量，第二种是温柔。上帝创造人的时候，把力量给了男人，把温柔给了女人，但是，拥有了力量的男人要娶温柔的女人，就是说，男人也想拥有温柔。

聪明的犹太人懂得利用温柔的力量。犹太商人总是呈现一副笑脸，不管能否做成生意，甚至因为合约而产生不同意见时，他们也总是满面笑容地说出否定的意见。即使有时对方发脾气，双方不欢而散，犹太人还是会向对方说声再见。假如第二天他再遇上你，他会像没有发生过任何不愉快似的，仍然以微笑向你问声“早上好”。

犹太人普遍具有一种“谦和”的耐性。犹太商人也善于利用自己的这一耐性，在经商的一切活动中充分发挥“和气”的作用。犹太人待人客气谦逊，态度柔和。这种和气的仪表，在人际交往中确有黏合剂的作用，它很容易把对方吸引住。

在商务活动中，以柔克刚是一种促销的手段。为什么这样说呢？因为人是群体动物，人与人之间能否和睦相处，对事业影响很大。企业家提供商品或服务，因受人欢迎而赚钱发财；政治家开展政治工作，因得到人们的支持而有所成就；歌唱家演唱，因得到乐队的伴奏和观众的捧场而被接受、传唱……一切都离不开其他人的支持和帮助。犹太人领会这一道理，所以把人与人的关系处理好，已成为他们事业成功和发财致富不可或缺的技巧。

犹太人都颇有感恩的美德。在犹太人看来，哪怕只是一点小小的关心，都会让别人几天几夜都想着他的恩德。这样做当然不难，然而在日常生活中，你会惊奇地发现，这种小小的关心竟使你的群众关系截然不同。每个人都希望得到关心。温柔是最有效、最经济，也是最好的管理工具。阿迪·达斯勒兄弟的创业史就充分说明了这一点。

20世纪30年代，阿迪·达斯勒兄弟在他们母亲的洗衣房里开始了制鞋业。他们边做边卖，生意很好。弟兄俩重视质量，不断地在款式上创新，并且十分注重服务。

他们不厌其烦地为顾客量脚的尺寸、形状，然后因脚制鞋，使每一双鞋都能满足消费者的要求。由于种种有利于顾客的经营方式，他们的家庭制鞋作坊发展很快，没几年时间就扩展成一家中型制鞋厂。

可以说，阿迪·达斯勒兄弟的成功与他们出色的服务密不可分。在赛场上，人们总会看到阿迪达斯公司的职员在为运动员殷勤服务。只要哪位运动员感到鞋子不舒适，阿迪达斯公司的人马上就为他解决问题。

有一次，正值世界杯足球赛，一位德国主力队员的脚腱受伤，阿迪达斯公司连夜为他赶制了一双特殊球鞋，才使他能够重上球场。

还有一次，在西班牙世界杯足球赛上，有一位俄罗斯足球队员穿的鞋子不合脚，阿迪达斯公司的人员马上描下他的脚样，立即坐飞机回公司，连夜为这位俄罗斯足球队员赶制了一双合脚的鞋子。阿迪达斯公司出色的服务使它赢得了广阔的市场。

1954年，世界杯足球赛在瑞士举行，比赛前下了一场雨，赛场上满是泥泞，匈牙利队员在场上踉踉跄跄，穿着阿迪达斯球鞋的联邦德国队却健步如飞，并第一次获得了世界杯冠军。从此，阿迪达斯名扬海内外。

由于阿迪达斯兄弟的种种努力，在蒙特利尔奥运会上，147 枚金牌中有 124 枚的金牌得主是穿“阿迪达斯”的运动员。在这之后的西班牙世界杯大赛中，所有运动场上约有 3/4 的运动员是全身披挂“阿迪达斯”的产品。

阿迪达斯的成功告诉我们：细致入微的温柔作风为阿迪达斯赢得了顾客的好感，再加上出色的赞助艺术，如今“阿迪达斯”已成为世界上最大的体育用品公司。

《塔木德》中的一个小故事，就充分体现了犹太人温柔的伦理传统。

一次，犹太拉比召集 6 个人开会商量某事，邀请他们第二天来自己家。可是，到了第二天却来了 7 个人，其中肯定有一个人是不请自来的。但是拉比分不清这位不速之客究竟是谁。于是，拉比对大家说：“如果有不请而来的人，请自行回去吧！”

结果，7 个人中最有名望、已经受到邀请的那个人立即站了起来，然后快步走了出去。

事情很明显，未受邀请的人已经到这里了，却要承认不够资格而走出去，实在令人难堪。因此，德高望重的人挺身而出，宁愿自己的名誉受点影响，也要保护那个不请自来的人的自尊心。

那位有名望的人实在是用心良苦，他设身处地为他人着想，并采取巧妙的行动，正体现了犹太人“不要向别人要求自己也不愿做的事”的温柔精神。

在犹太人的经商学问中，温柔之道非常重要，因为，在他们眼中，温柔也是一种经营哲学。

把“死钱”变成“活钱”

一个犹太财主将自己的财产分给三个仆人保管使用。他将钱一共分了8份，第一个人5份，第二个人2份，最后一个人1份。犹太财主告诉他们，要妥善处理这些钱财，一年之后审查他们的使用。

第一个人用这笔钱进行了很多的投资；第二个仆人购买原料进行加工投资；第三个仆人思虑许久，将钱藏了起来。一年之后，犹太财主开始审查三个仆人的使用情况。前两个仆人都将归自己使用的财富价值翻了一番，财主感到非常欣慰。但是第三个仆人的钱财不增不减，他对主人解释道：“我害怕会失去钱财，为了今天可以原封不动地归还，所以将钱存在了有着安全保障的地方。”

犹太财主十分生气，并说道：“你这个仆人真是愚蠢，浪费了运用财富的机会。”

第三个仆人并不是因为乱用金钱或是因投资不善而受到责备，仅仅只是因为他将钱存了起来，完全没有发挥钱财的作用。

犹太人总是认为“有钱不置半年闲”，钱财是不能闲置的，如果依靠存在银行中的利息来补贴自己的生活费，会使人懒惰和萎缩，与其这样下去，还不如将这些钱拿去投资以获取更大的利益。

我们能够从故事中学到：要想富起来，得到更大的收益，就不能将自己的资产变成死的，要学会如何“让钱生钱”。一定不能让自己的钱变成死钱，最好要钱流动起来，学会如何投资，让钱打滚，越来越多。

犹太商人奉行彻底的金钱主义，这是他们的共同信仰。

犹太人凯尔是一个资产达到了上亿美元的富商，不过他在银行的资产却不多，他的很大一部分钱都存在了自己的保险库中。

有一次，一个日本商人表达了自己的疑问，因为他将自己的几百万存款都存在了银行。

“凯尔先生，对于我自己，若没有银行的储蓄，简直不敢想象。你有如此多的钱，为什么不存进银行中呢？能告诉我原因吗？”

“如果你已经认定储蓄成了生活上的安全保障，你存的钱越多，心理就越依赖它，长此以往，永远都不会满足于现有的情况。这样下去，将本来很灵活的钱都变成了死的，放弃了钱财的流动，也会将自己的经商才能束之高阁。再者说，哪里有仅仅只是靠着银行的利息而将自己变成世界知名富翁的?”凯尔缓缓地说道。

日本商人听后口服心不服，所以有点冲地问道：“那你就是反对我们现有的存储秩序了？”

凯尔慢慢地解释着：“我不赞同，把储蓄当成了唯一赚钱的方法，从来不会将存进去的钱取出来进行下一次的投资，使所得比利息多。我也很反对那种银行里的存款很多，所以就只依靠利息来过活的人。这会给商人带来重大危害。”

凯尔的话是非常有道理的，流动的金钱才具有价值。因为对自己来说，躺在银行中的钱，与废纸无异。

犹太人经商的经验之中，重要的一条准则就是不把钱放在银行。犹太人热衷于放贷是在18世纪中期以前，通过放贷来获取巨大的利益。而在19～21世纪，犹太人更愿意将自己的身家财产拿去投资冒险，而不会选择将钱存入银行之中。

犹太人不将钱存入银行的做法是资金管理的科学使用，做生意最需要的就是学会合理地使用资金，加快资金的周转速度，减少利息支出。这样，商品的单位利润和总额利润都会增加。

做生意是要有本钱的，但是本钱是非常有限的，世界最富有的人手中不过几百亿美元。然而一个企业的话，哪怕是一般企业一年也足以达到十几亿美元了，若是一个比较大的企业，即便它一年可以做几百亿美元的生意，但究其本身的资本，也不过就几亿或几十亿美元罢了。其中的奥妙便是在金钱的流动中扩展自身份额。

犹太人用来衡量哪个人是否有经商的才能，主要是看他是否具有使钱生钱的能力。

赫特，即美国通用汽车制造公司的高级专家对此表述道："如果一家公司是私人企业，那么它的主要目的就不再是追求利润，而是如何善加利用手中的资金。"

这个简单的道理，就算小老板也知道，然而真正利用到的人并不多。通常一旦公司有了一点小的盈利，人就会变得胆怯起来，不会像以前那样敢说敢做，害怕失败，他们总是会选择将钱存入银行以备不时之需。虽然人们想要确保资金的安全本身没有什么问题，但是在现代社会背景下，钱就应该用来扩大投资，将死钱变成活钱，获得更大的利益。这些资本可以购置住房，扩大自己的固定资产，10 年之后再看，会有比银行利息要多得多的获利，到那个时候你才能真正体会到“活钱”的魅力所在。

商业就是为了你的资产变得更多而存在的，因此要促进金钱的流转。犹太人的看法是：当你没有钱的时候，没有关系，可以先借一部分钱来用，等你有钱的时候，再还给他，不借不发财。若你只会攒钱，那你只会变得越来越穷，因为你的思维已经僵化，没有办法改变；以钱生钱才是富人之道。

节流无法摆脱贫困，唯独赚钱可以让你获得更多的财富。这并不是说攒钱就一定是错误的，关键是你不能只会攒钱，从不愿花钱，这只会让你的思想更为贫穷，永无发财的机会。

古语云：“上善若水。水善利万物而不争，处众人之所恶，故几于道。”当然还有句话是这样说的：“花钱如流水。”不过如果金钱开始流动起来，的确是如流水一般流动。因为它是流转的，在这些金钱流动的过程中，财富也因此而产生，像很久以前的土财主那样，挖个坑将钱财埋起来，无论时间过去了多久，还是只有那么多的银子，丝毫没有因为时间的流逝而产生更多的价值。

生意场上百无禁忌

对于犹太人来说，生意就是生意，在生意场上只能遵守商业规则。在商场上，一切都是商品，商品只有一个属性，那就是增值，一切都应该服从这个最高目的。

生意场上无禁忌，犹太商人在进行商业操作之前，会排除众多约束和情感的障碍，放下包袱，轻装上阵，眼界看得宽，手脚放得开，处处得心应手，无往而不利。

很多企业家对自己亲手创立的公司，都有一种特殊的感情，甚至视公司如自己的孩子，悉心呵护，终身厮守，然后传之后代，而后代对从先辈那里继承下来的公司，也就自然带上了一层祖先崇拜的色彩。这些做法在犹太商人看来，就显得非常可笑，因为创立公司的目的，只是赚钱，只要能赚钱，出售自己的公司也是生意的一种形式。

同样，犹太商人在进行商业操作时，从来没什么顾忌。他们认为只要是有利于赚钱，且不违反法律，该怎么做就怎么做，完全不必考虑过多。对待政治，他们的态度也是如此，不管你是谁，只要有钱赚，犹太人照样和你做生意。

苏联刚刚成立时，许多商人都对它避之不及，只有犹太人哈默独辟蹊径，结果在苏联发了大财。

成功使得哈默信心大增，他想，如果我回国一趟，联合机器和其他产品的生产企业，与苏联进行更多的贸易，是不是会赢得更大的成功呢？ 回国后，他说服的第一个人是亨利·福特。 福特汽车早已闻名遐迩，其创始人亨利·福特也是个有名的反苏联派。 哈默经人介绍与福特见了面，可是这位汽车巨擘开门见山地对他表达了反对意见，福特不否认在苏联市场上销售自己公司的产品可以赚钱，但是，他说：“我绝不运一颗螺丝钉给敌人，除非苏联换了政府。”

虽然福特的态度非常坚决，但是哈默并没有气馁，他说：“您要是等苏联换了政府才去那里做生意，岂不是要在很长一段时间里丢掉一个大市场吗？”哈默把自己在苏联的见闻、经商的经历以及列宁如何对自己开绿灯的事一五一十地讲给福特听，哈默说，“我们是商人，只管做我们的生意，而生意就是生意。”

渐渐地，福特对哈默的话产生了兴趣，还和哈默共进午餐。餐后，福特又陪哈默去参观自己的机械化农场，两人谈得非常投机。最后，福特终于同意哈默作为自己产品在苏联的独家代理人。哈默从福特这里首先打开了缺口，很快又成了橡胶公司、机床公司、机械公司等许多家企业在苏联的独家代理。

后来，在哈默的斡旋下，福特公司和苏联政府又达成了联合兴办汽车、拖拉机生产工厂的合作协议，福特由此获得了巨额利润，哈默自然也受益匪浅。

当年犹太人的祖先亚伯拉罕与上帝制定盟约，来约束犹太人的行为。犹太民族在生活上的禁忌之多、之严格，在世界各民族中并不多见，并且这些禁忌历经两千多年还能一以贯之，至今仍是犹太人严格遵守的传统。但是在另一方面，犹太商人在经营商品时的百无禁忌也是在各民族中不多见的。现代世界的许多原先非商业性的领域，大都是被犹太商人打破禁区而纳入商业范围的。

追求双赢

犹太人追求双赢,不求单赢,也就是所谓的"一笔生意,两头赢利"。在商务往来时,大多数犹太商人都能够通过巧妙调整取得双赢的效果。

也许莱曼兄弟的故事能够为我们理解犹太人的双赢技巧带来一些启示。

莱曼兄弟公司是一家著名的犹太银行,有着将近150年的历史。20世纪70年代末,该公司一年就有3500万美元的利润。它的创办就是基于犹太人的这种双赢的理念。

1844年,亨利·莱曼从德国的维尔茨堡移民到美国,在南方待了一段时间后,他同随后移居美国的两个弟弟伊曼纽尔和迈耶定居在亚拉巴马,做起了杂货生意。

亚拉巴马是美国的一个重要的产棉区,农民手里有大量的棉花,精明的莱曼兄弟就鼓励农民以棉花取代货币来交换日用杂货。有人会问:这样做不就与犹太商人"现金第一"的经营原则不符了吗?但莱曼兄弟却算得很清楚：这种买卖方式，能吸引暂时没有现钱的顾客，扩大销售量，而且在以物换物并处于主动的情况下，他们能操纵棉花的交易价格；经营日用杂货本来需要进货运输，现在乘空车进货之际，顺路把棉花捎去，还能节省一笔较大的运输费。

莱曼兄弟的这种经营方式就是所谓的“一笔生意，两头赢利”，买卖双方都有利可图，何乐而不为？把握双赢的技巧，是大多数犹太商人经常采用的手段，这使得他们的生意越做越大。犹太人这种“一笔生意，两头赢利”的赢钱术是符合现代经商原则的。

第一，很多公司总想独霸市场，一心想着挤垮同行，依靠垄断来赚大钱。所以，他们与同行之间互相诋毁、攻击、欺骗。正所谓“同行是冤家”“三十六行，行行相妒”。如今，现代社会的企业，提倡竞争，鼓励竞争，但竞争的目的是相互推动，相互促进，共同提高，一起发展。

第二，同行业的公司之间竞争极其激烈。但是，竞争对手应该相互学习，不应有冤家路窄的感觉，而应豁然大度友善地相处。这就像两个拳师比武，一方面既要分出个高低胜负，另一方面又要互相学习，胜不骄败不馁，通过相互间切磋技艺共同提高。

第三，两虎相争必有一伤。竞争中，谁都想要胜利不想失败。作为“敌手”，各公司在彼此的竞争中带有以下性质：一是保密性。竞争者在一定阶段一定情况下，都有一定的保密性。二是侦探性。竞争者几乎都在彼此刺探情报，以制定战胜对方的策略。三是获胜性。竞争诸方无一不想胜利，都想获取一定利润，让自已的产品占领市场。四是克“敌”性。假若市场不能容纳下全部竞争者时，任何企业都想保存自己而“灭掉”对方。即使市场能容纳下全部竞争者时，他们也还是都想以强“敌”弱。如果不遵循互惠互利的双赢原则，那么，两虎相争，必有一伤。

第四，竞争公司之间在本质上与战场上的“敌手”是不一样的。公司经营的根本目标是为社会创造金钱，生产的产品是为了满足社会需要的，公司赚的钱也被国家、公司和员工三者所用，而且，公司间的竞争手段必须是正当合法的，在这种意义上讲，公司之间完全可以相互帮助、支持和谅解，应该是朋友。

用智慧生钱

两个青年都卖石头。汤姆的工作就是将石块砸成石子，再卖给建筑商；而犹太人杰克的工作则是将石块直接运到码头，再卖给加州的花鸟商人。但因为石头造型很怪，杰克就认为与其这样卖石块，倒不如卖这种石头的造型。所以在三年之后，杰克成了富人。

后来，政府禁止开山鼓励种树，所以这里就种了很多的果树，变成了果园。而一到了秋天之后，漫山遍野的鸭梨招来了很多客商。他们将梨子送往美国，再发到了欧洲和日本。

当所有人都在卖鸭梨而赚大钱的时候，果农杰克却卖掉了所有的果树，开始买来柳树种植。因为从卖果树的过程中他发现，客户能买到好梨但买不到筐。五年过去了，他成了这个镇上第一个买别墅的人。

之后，这里成了火车中转枢纽，这儿的人坐上了火车之后，往北可以到达纽约，往南可以到达佛罗里达。而随着小镇的逐渐开放，果农从买卖转入加工。在很多人都集资办厂的时候，杰克又特立独行地在他的地头建立起了一垛3米高、百米长的墙。这堵墙面对着铁路，背靠着翠柳，旁边就是大面积的梨园。坐车路过的人在梨花中可以看到墙上有“可口可乐”四个大字。而这却是这500里的平原中唯一的广告，杰克凭借这堵墙，第一个走出了这个小镇，因为他每年都会有4万美元的额外收入。

英国壳牌石油公司美洲区代表威尔逊来到美国考察的时候，他路过这里，听到了杰克的故事并被他的经商头脑所震惊，决定发掘杰克这个人才。

当威尔逊找到杰克的那刻，杰克正和对门吵架，因为他店里的一套西装标价800美元，而对门只需要750美元。可是他降了50美元之后，对门也跟着降了50美元。就这样，一个月之后，他的售货额是对门的百分之一。

看到这种情形的威尔逊感到非常失望，觉得被人骗了。但在他知道了对门的那家店也是威尔逊开的时候，立刻决定以百万美元来雇用他。

拙于思维的人，智慧跟着别人走，只有真正会思考的人才会闯出自己的一片天地！犹太人如此善于赚钱的关键在于他们善于思考。智慧是可以创造出财富的，而更高超的智慧会创造出更为巨大的财富。

抓住商机，果断出击

犹太商人认为，聪明的生意人都能对市场的变化做出及时准确的反应，适时地捕捉商机，从而取得事业的成功。这就是所谓的“把商机拖到金库中”。

犹太商人特朗普闯荡曼哈顿，短短十几年，他从一个一穷二白的毛头小伙子摇身变为声名远扬的大富豪。特朗普对市场的变化有很快的反应速度，认准目标之后果断出击，这为他崛起于地产业提供了保证。犹太商人主张的“把商机拖到金库中”的办法，在特朗普身上得到了充分体现。

美国房地产大亨特朗普，出身犹太建筑承包商家庭。他从小立志经商，曾经在霍顿金融学校攻读商业。读书的时候，他就极其向往曼哈顿，因为曼哈顿是纽约富豪们居住的地区，而且许多跨国大公司和大银行的总部都位于曼哈顿的华尔街上。

大学毕业后，特朗普在曼哈顿租了一套小型的公寓，狭小、昏暗，面朝邻近楼房的水箱。即便如此，他也很是满足，因为，他终于在曼哈顿有落脚之地了。生活了一段时间后，他开始熟悉并了解曼哈顿。他甚至在逛街时也不忘关注这里的房地产产业的相关状况。这时的他精力充沛、野心勃勃，发誓要在这里大显身手。

渐渐地，特朗普开阔了视野，拓展了人脉，增长了知识，但是，始终没有发现他能负担得起的不动产。耐心的他久久按兵不动。1973 年，通货膨胀造成建筑费用猛涨，曼哈顿的情况突然变糟，纽约市的债务更是上升到了令人忧心的地步。人们惶惶不可终日，没人相信这座城市在这种环境还可以进行新的房地产开发。就是在这样的情况下，天性乐观的特朗普意识到这正是他大显身手的良机。他认为，曼哈顿是世界的中心。纽约在短期内不管有什么困难，它在美国的城市地位都是不可取代的。

哈得孙河边有一个荒废已久的铁路广场，几年来一直吸引着特朗普的目光。他一直在思考自己能在那儿建些什么，只是苦于资金问题，没有寻找到合适的时机。1973 年，特朗普听说一个叫维克多的人负责出售这个废弃广场的资产。于是他给维克多打电话，告诉他自己想买 60 号街的广场。但是很遗憾，广场的事最终并未落实。然而与维克多的交流使特朗普获取了另一条信息：

康莫多尔大饭店由于管理不善，已经亏损多年。

经过周密的观察，特朗普注意到，康莫多尔大饭店处在一流的好位置，因为成千上万的人每天上下班都要从这里的地铁站上上下下。特朗普把买饭店的事告诉了父亲，父亲大吃一惊，因为许多精明的房地产商都认为那一定是笔赔本的买卖。但特朗普要了一些高明的手段。他一方面让卖主相信他一定会买，一方面又迟迟不肯付订金。他尽量拖延时间，最终说服了一个有经验的饭店经营人和他一起寻求贷款。他还争取到了市政官员破例给他减免全部税务。

就这样，特朗普最终买下了康莫多尔饭店，并投资进行装修，命名为海特大饭店。新装修后的饭店富丽堂皇，楼面用华丽的褐色大理石铺就，漂亮的黄铜做柱子和栏杆，楼顶还有一个玻璃宫餐厅。它的门廊也极具特色，成了人人想参观的特色建筑。

1980 年 9 月，海特大饭店开张，顾客盈门，生意颇好，总利润一年超过 3000 万美元。特朗普拥有饭店 50％的股权。但是，特朗普没有就此满足，他的目光又落在曼哈顿繁华路段的一座 11 层大楼上。从 1971 年他搬进曼哈顿，并在那儿逛大街起，他就看中了它，那是房地产中一流的位置。如果在这个位置上建一座摩天大楼，它将成为纽约城独一无二的不动产。特朗普通过调查，了解到那栋 11 层大楼属于邦威特商店，但地皮属于一个名叫杰克的房地产商。特朗普先去找杰克。杰克虽很精明，但他不是纽约人，不懂得这块地皮的真正价值，更闹不明白在经济不景气的情况下，仍有人打它的主意。特朗普通过几个回合的艰苦谈判，最终以 2500 万美元买下了 11 层大楼和下面的地皮。

于是，特朗普决定把旧楼拆除，再建一座高 68 层的大厦——特朗普大厦。他费尽周折，得到了市规划委员会的批准。1980 年，在特朗普的极力说服下，曼哈顿银行同意为特朗普建造大厦提供贷款。特朗普把整个工程承包给了 HRH 施工公司，并委派 33 岁的高级女助手巴巴拉负责监督施工。

事情并没有想象的那样顺利。旧大楼的爆破工程开始时，《纽约时报》发表了许多文章，还刊登了炸毁门口雕塑的大幅照片，认为特朗普只顾赚钱，毁坏了珍贵的艺术品和文物，引发了很多人对他的反对。但是，意想不到的是，这场轩然大波却给特朗普出售大楼帮了大忙。特朗普大厦建造得既富丽堂皇又新颖独特，光是门廊中沿东墙下来的瀑布，就有 24 米高，造价 200 万美元。从第 30 层到 68 层是公寓房间，站在屋里就可以看到北面的中央公园、东面的九特河、南面的自由女神像、西面的哈得孙河。大楼独具特色的锯齿形设计，使所有单元住宅的主要房间至少可以看到两面的景色。

毫无疑问，特朗普大厦是富人住的地方。每套单元售价从 100 万到 500 万美元不等。特朗普大张旗鼓地进行宣传，吸引了许多电影明星和著名人士争相购房。房子还没竣工就卖出了一大半，滚滚钞票进了特朗普的腰包。特朗普大厦共有住宅单元 263 套，除了他自己留用 10 多套，全部售尽。特朗普一家住进了最顶层，夫妇二人花了近两年时间改建。特朗普曾经自豪地说："世界上没有任何一套公寓间可以与之相比。"

成功的特朗普并没有就此止步。随后，他又将目光投向了新的赚钱领域，投资了度假村、游乐场等。他的妻子伊瓦娜也非常出色，她亲自掌管的特朗普城堡，在大西洋城 12 家游乐场中收入最多，也是城中盈利最大的一家饭店，仅 3 个月就收入 7680 万美元。

可见，在商场上，一旦看准时机，就要果断出击，只有这样，才能抢占先机。

挣钱如日升月落般自然

一位没有信仰的人来看犹太拉比。

“您好！拉比。”他说。

“您好！”拉比礼貌地应答。

无神论者给他一个金币，拉比毫不犹豫地揣入口袋。

“你是有求而来，”拉比说，“或许你是想要我帮你的妻子祈祷，让她怀孕。”

“不是，拉比，我单身。”无神论者回答。

接着他又将另外一枚金币给了拉比，后者又接过。“但是你总会有问题想要问我，”他说，“也许你做了错事，前来忏悔。”

“不是，拉比，我是个好人。”无神论者回答。

他又给了拉比一个金币，拉比再次重复接过的动作。

“难道是要我为你的钱财祷告?”拉比充满期待地问道。

“不是，拉比，今年收成不错。”无神论者回答。

他又递过去一枚金币。

“那你想要什么?”拉比感到如此疑惑。

“我并不想做什么！”无神论者回答，“我只是好奇，看看你只拿钱的话可以撑多长时间！”

“钱就只是钱而已，没什么特殊含义。”拉比回答说，“我拿过来钱和捡起石头是一样的。”

对于钱可以保持自己的平常心，将它与石头并列看待，犹太人从不认为钱有干净和肮脏之分，在他们的认知中，钱就是钱，是很平常、很普通的东西。所以他们一旦失去了它，也不会感到很痛苦。这种平常之心使得犹太人淡定应对，临乱不慌，获得了更好的结果。

这种对钱的平常心，是犹太人的智慧。

犹太人认为赚钱如日升月落般自然。若是你可以从中获得利益，但你选择了放弃，那简直就是对钱的犯罪，要受到天谴。

有这样一个笑话：

一个犹太拉比、一个神父、一个牧师，他们共同在一辆火车上坐着，相互聊着教徒和天命。

牧师说，他的习惯是画个小圈，然后将募捐盘中的钱拿出来抛向空中。“落在小圈中的就是给上帝的，余下的是我的。”神父也是如此。拉比说：“我跟你们的做法不太一样，我也将钱扔向空中，上帝要多少得看他自己。若是他没有接到，那就都是我的了。”

犹太人毫不掩饰他们对金钱的渴望，即便是拉比这样的神职人员。在他们的认知中，“伟人”是对富裕和享受生活的人的称谓。即便你是一个一贫如洗却又大名鼎鼎的学者，犹太人也不会看得起你，因为他们最看不起的就是贫穷的人。犹太文化中认为贫穷是不可原谅的。因为这样，犹太民族又被称为“钱的民族”，犹太民族对钱财看得很重，善于赚钱和他们的宗教信仰同时成了一道独特的风景线。

在犹太人的谚语中，很多语句都体现了这一点：

“有钱不能带来幸福，无钱百事哀。”

“金钱无罪，它们的唯一职责就是用来造福人类。”

“金钱虽缺乏一个慈悲的主人，却是重要的仆人。”

“金钱为人打开机会之门。”

“对于人而言，金钱平常如衣服。”

中国人认为钱要来得干净，从妓院或者是色情酒吧赚来的钱是非常不光彩的，要规规矩矩赚清白的钱，在日本，中国台湾、香港等地方也是这样看待钱的，这或许是因为受到了中国几千年来优秀的传统文化的影响。然而，犹太人的观念截然不同。

他们认为，钱没有等级。他们的唯一想法就是：只要是钱，我就可以去赚，不管它是怎样的。犹太人表示金钱非但无罪，更是对人类的祝福。因为金钱给我们提供了太多的机会，它可以给什么样的人带去什么样的东西。可以说，这完全表现了他们拜金的特性。这与历史背景分不开：从罗马帝国占领了犹太人的地域之后，他们就被逐出了自己的祖国，在世界各地开始流浪，受到了太多的迫害和杀戮。他们流离失所，没有什么政治权力是可以依靠的，能成为他们依靠的只有钱。钱可以成为他们自卫的武器。一旦有了钱，就能获得一定权力。总之，金钱是犹太人安全感的来源，金钱可以用来对付歧视、买回快乐。千年的历史背景形成了他们与众不同的金钱观。

总之，在犹太人的心中，金钱不存在好坏之分。或许钱并不能做到一切，但是无钱却不可。就这方面而言，犹太人是非常现实的人，他们赚很多的钱就是为了更好地生活，赚钱是生活的保证。他们赚钱的时候，从不会考虑金钱的来源。对于钱的这种看法，犹太人打破了观念上的禁锢。

譬如希尔斯，他的始祖名为迈耶·希尔斯，他少年的时候就在另外一个非常成功的犹太商贾处当学徒，后来独立经营古董商店，专做贵族生意。在政局不稳的19世纪末，他因为善于应对突发状况和经营而获得了巨大的盈利。

还有一个例子：

加利也是一个犹太人，他曾经为了一个非常贫穷的犹太教区而写信向商人求助，希望他可以为了慈善而赠送几车皮的煤炭。

商人就回信告诉他："天上不会白掉馅饼，但是我可以半价卖给你们50车皮的煤炭。"

加利说先要一半。而在商人交给他们25车皮的煤炭之后，他们既没有付钱也没有再买煤炭了。

不久，煤商的催款信到了。几天之后他就收到了加利给他的回信：

"我们不能迎合你的催款要求。您答应半价卖给我们50车皮的煤炭，而这25车皮的煤炭正好是您减去的价钱。我们要一半，另一半不要了。”

商人在愤怒高呼上当的同时，又是无可奈何，不得不佩服加利的精明。

在这件事中，加利没耍赖，也没骗他，他们钻了口头协议的空子，就淡定地坐着等别人白白地“送”了25车煤过来。

从这个例子中可以看出犹太商人的经商智慧。

犹太人选择工作的决定也有独特性。若是一个体面的白领的工资比那些不起眼儿的小本生意赚的钱少，那么犹太人一定会去做那个不体面、赢利却颇多的小本生意。

富商凯尔就在日本见过这样的事，他深表赞同。

凯尔在路边摊喝了碗汤。因为闲来无事，就和摊主开始聊天，发现摊主原来学的是化学专业，曾在某个有名的公司做化学技师。

凯尔感到不可思议，于是就继续攀谈起来。

这位化学技师说道，他以前感觉自己就是流水线上的一枚无足轻重的卒子，没有丝毫生活的乐趣，于是就选择了辞职，快乐地自谋职业。

他的做法招来很多非议。技师是一个多么体面的工作，现在变成了一个小摊贩，这不是让自己的家人在朋友面前丢脸吗?

是的，大多数人也是这么想的，但是犹太富商凯尔就不这么想。他觉得，人不可能为了面子而做尽一切，否则会很吃亏，而自己却永远都不会醒悟过来。就像那位小摊贩一样，是的，当技师的确非常体面，但是月薪只有10万日元，生活不但与职位不符，更是如此拮据。他能认真审视自身情况、自己所必须面临的人生境况，所以他没有犹豫地改行了，更何况自改行之后，月工资近30万，他的太太和子女反而更有面子了。

犹太人向来把金钱当作世俗中的上帝，在他们的观念之中，尊重上帝之后，只剩下金钱是最值得人去尊敬和重视的。

在《塔木德》中，许多箴言都赞颂了金钱：

“伤害人们的就是烦恼、争吵和空钱包这三样东西了，最可怕的是空钱包。”

“我们的身体是依据心而存活的，心因钱财而有所依靠。”

“钱无罪。”

“钱会给予机会。”

犹太人热爱钱财，并不以此为耻。所以世人即便是在指责犹太人的嗜钱如命和贪婪成性，却又对他们在钱面前的坦荡无邪而折服。只要能获利，犹太人就一定会去赚钱，赚钱是如此自然的一件事，只有赚到钱才是真正的聪明。这是犹太智慧的精妙之处。